襄汾县老干部工作志

《襄汾县老干部工作志》编纂委员会 编

方志出版社
Publishing House of Local Records

图书在版编目（CIP）数据

襄汾县老干部工作志 /《襄汾县老干部工作志》编纂委员会编.— 北京：方志出版社, 2017.5

ISBN 978－7－5144－2429－4

Ⅰ.①襄… Ⅱ.①襄‥ Ⅲ.老干部－干部工作－概况－襄汾县Ⅳ.①D632.2

中国版本图书馆CIP数据核字(2017)第136941号

襄汾县老干部工作志

编　　者：《襄汾县老干部工作志》编纂委员会
责任编辑：张　颢

出 版 人：冀祥德
出 版 者：方 志 出 版 社
　　地址　北京市朝阳区潘家园东里9号（国家方志馆 4 层）
　　邮编　100021
　　网址　http://www.fzph.org
发　　行：方志出版社发行中心
　　电话　（010）67110500
经　　销：各地新华书店
印　　刷：山西省史志印刷厂

开　　本：889×1194　1/16
印　　张：33
字　　数：760千字
版　　次：2017 年 5月第 1 版　　2017 年 5 月第 1 次印刷
印　　数：0001 ~ 2000 册

ISBN 978-7-5144-2429-4　　定价：268.00元

《襄汾县老干部工作志》编纂委员会

主　　任　傅德明
常务副主任　王稳锁
副 主 任　毛俊峰　张治文　贾红利　赵彩虹
办公室主任　张治文（兼）
委　　员　马庙来　聂水生　柴明珠　张满仓　杨胜茂

《襄汾县老干部工作志》编辑部

主　　编　王稳锁
副 主 编　张治文
编　　审　王建刚
编　　辑　陈玉广　贾学平　房桂花
特邀审阅　尉建华　郭成家　马玉胜　成永太　刘春澍
工作人员　毛俊峰　贾红利　赵彩虹　杨丽娟　乔　飞
马惠杰　支胜玲　卫建刚　孙银香　杨建萍
张国斌　梁泽峰　张海波

春节前夕，县委书记刘浩（左三）同四大班子领导慰问老干部

春节前夕，县长乔飞鸿（左三）同四大班子领导慰问老干部

县委原书记李平郎（右二）参观老干部种植业

政府原县长王补贵（右一）参观老干部“种养加”活动

2002年1月6日，县委书记徐树荣（右）慰问老干部

2005年中秋节，县委书记陈玉士（左一）县委组织部部长郭宏（右一）慰问老干部

2009年9月25日，县委常委、组织部部长毛跟云（左）参观老干部书画展

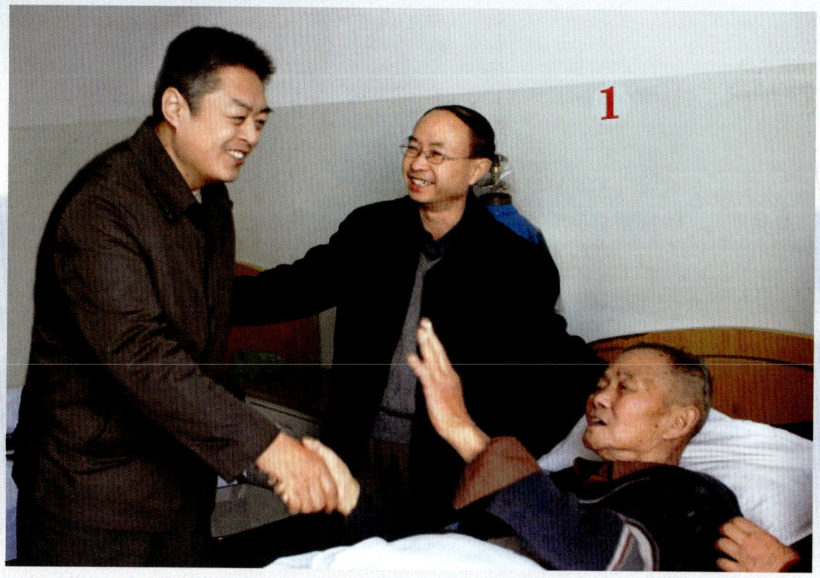

2010年2月1日，县委书记王国平（左）到医院看望老干部

2012年11月12日，市委老干部局局长李志敏（左四）考察襄汾县“四就近”工作

2013年8月27日，临汾市老年书画家协会主席张百管（前排右二）参观县老干部书画展

2013年9月20日，县委书记王国平（左三）市委老干部局局长李志敏（左四）县委宣传部部长杨建廷（左二）县委办公室主任范志军（左一）参加襄汾县老干部“丁陶墨韵书画”赴临汾展

2014年9月30日，县委常委、组织部部长王志宏（中）慰问老干部

2015年8月24日，县政协主席王建中（右一）、县委组织部副部长、老干部局局长王稳锁（左一）慰问抗战老干部

2016年9月7日，县委常委、组织部部长傅德明（右三）到医院看望体检的老干部

县委老干部局原局长马庙来（左三）同老干部参观老干部果园

1998年国庆节，县委老干部局举办“打天下功臣”座谈会后，局长聂水生（前排左七）及领导班子成员与老干部合影

2010年，县委老干部局局长柴明珠（左三）陪同市委老干部局副局长李保恩（左二）一行考察北贾村夕阳红活动中心

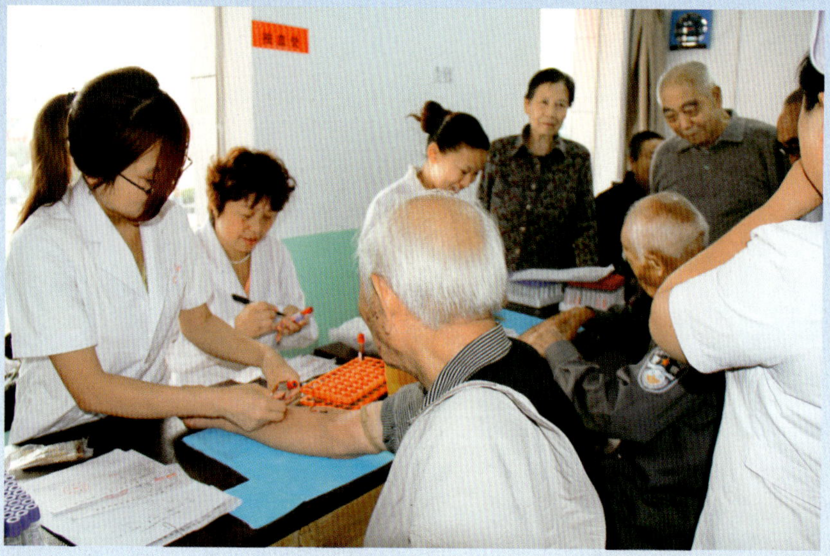

1998年开始，每年重阳节期间组织为离休干部体检

2011年4月15日，邀请民俗专家陶富海在唐人居为老干部举办民俗讲座

2011年7月，为纪念建党90周年，县委老干部局出版《丁陶大地夕阳红》一书

2012年8月15日，县委组织部副部长、老干部局局长王稳锁（左一）协同会计把拖欠工资送到老干部家中

2012年11月13日，市委老干部局组织考察“四就近”工作，图为在退休干部刘学智创办的北贾村夕阳红活动中心观看演出

2013年2月17日，县委老干部局举办新年茶话会

2013年12月20日，县委老干部局举办道德大讲堂

2014年1月15日，县委老干部局慰问代管干部

2014年5月19日，县委老干部局领导到包联村实地调研

2015年3月4日，县委老干部局局长王稳锁（左二）看望百岁老干部唐德辉

2015年11月20日，县委老干部局举办网宣员培训班

2016年1月22日，县委组织部副部长、老干部局局长王稳锁（左一），县委宣传部副部长张生祥（右一）慰问市级道德模范退休干部曹文敏

2016年6月25日，县委老干部局举办庆祝建党95周年暨红军长征胜利80周年书画展

2016年8月11日，省委、市委老干部局到襄汾调研，举办“我看从严治党新气象”老干部座谈会

2004年9月，县委老干部局举办十六届四中全会精神研讨会

2010年8月3日，县委老干部局召开建设学习型党组织暨创先争优活动动员会

2014年3月24日，县委老干部局召开党的群众路线教育活动动员会

2015年4月9日，县委老干部局召开学习讨论落实活动征求意见会

2016年6月7日，县委老干部局召开“两学一做”教育研讨会

2012年3月15日，组织老干部参观5000亩红枣经济林园区工程

2012年7月14日，组织老干部参观荷花公园

2013年9月15日，组织老干部参观考察农业园区

2014年7月2日，组织
老干部参观汾河治理工程

2015年4月4日，组织老干部参观烈士陵园展览馆

2015年8月2日，组织老干部参观襄汾县纪念抗日战争暨世界反法西斯胜利70周年大型展

2016年6月3日，组织
老干部参观考察陶寺遗址

2010年10月17日，由民盟临汾市委、临汾市三晋文化研究会共同主办的邱文选《史坛耕耘集》学术研讨会在襄汾交通大厦举办

2014年5月13日，在开展教育实践活动中，县委县政府征求老干部意见和建议

2014年5月16日，临汾市委老干部局举办房桂花先进事迹报告会

2014年5月20日，老松树文化社举办纪念刘鉴三诞辰100周年座谈会

2014年5月25日，邀请中国书法家协会会员张忠民为老干部上书法课

2015年4月3日，老干部在烈士陵园为青少年讲述革命故事

2015年5月2日，县委老干部局举办纪念抗日战争胜利70周年书画展

2015年7月29日，县委老干部局举办纪念抗日战争胜利70周年文艺晚会

2016年3月18日，襄汾县关工委与县第三小学联合举办“家校共读一本书”的“小手拉大手读书演讲”活动，图为颁奖合影

2016年7月20日，举办首届民间读书交流会

老干部编撰出版的书

2005年，举办“庆七一”老干部门球赛

2013年9月27日，举办乒乓球比赛

2014年10月13日，举办扑克赛

2015年清明节，组织老干部为烈士扫墓

2008年，举办“庆七一 迎奥运”文艺晚会

2011年，举办庆祝建党90周年文艺晚会

2016年，举办重阳节文艺晚会

县委老干部局大院

老干部活动中心

乒乓球室

健身室

麻将室

阅文室

奖状
中共襄汾县委老干部局
被评为一九九〇年全省为离休干部服务先进集体
一九九〇年六月

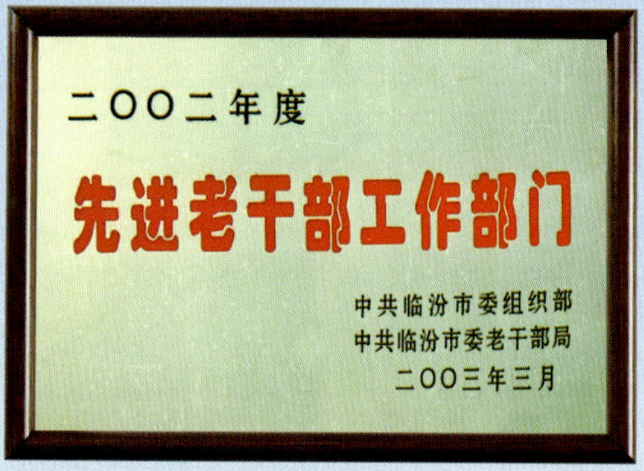
二〇〇二年度
先进老干部工作部门
中共临汾市委组织部
中共临汾市委老干部局
二〇〇三年三月

老干部工作先进集体
中共山西省委
山西省人民政府
二〇〇五年十二月

二〇〇七年度组织老干部发挥作用
先进单位
中共临汾市委组织部
中共临汾市委老干部局
二〇〇八年三月

荣誉证书
襄汾县委老干部局：
在全省离退休干部学习贯彻党的十八大精神知识竞赛中被评为集体组织奖，特予表彰。
中共山西省委老干部局
二〇一三年七月

敬老助老模范单位
临汾市精神文明建设指导委员会办公室
临汾市老龄工作委员会办公室
二〇一四年九月

襄汾县委老干部局
全省老干部工作先进集体
中共山西省委组织部
中共山西省委老干部局
山西省人力资源和社会保障厅
二〇一五年六月

临汾市文明单位标兵
临汾市精神文明建设指导委员会
二〇一六年元月

离休干部荣获的部分奖章、荣誉章、纪念章

柴聚才绘画

胡振刚书法

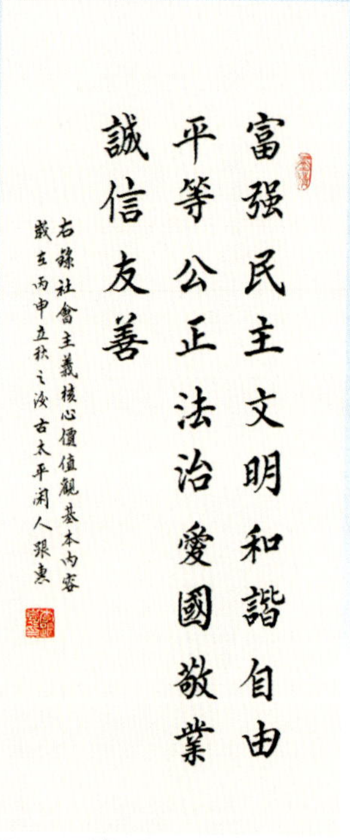

李根惠书法

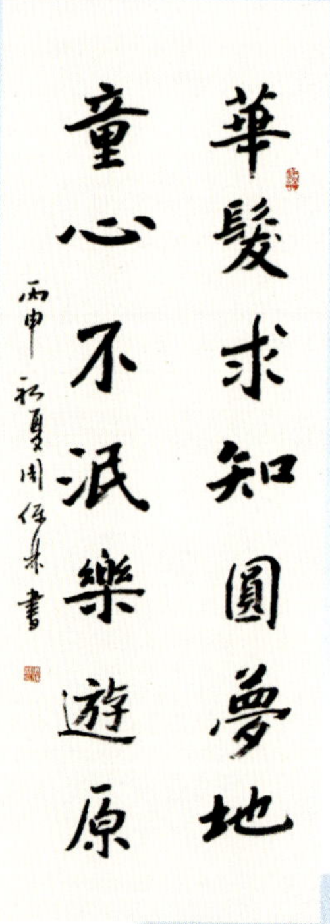

周保林书法

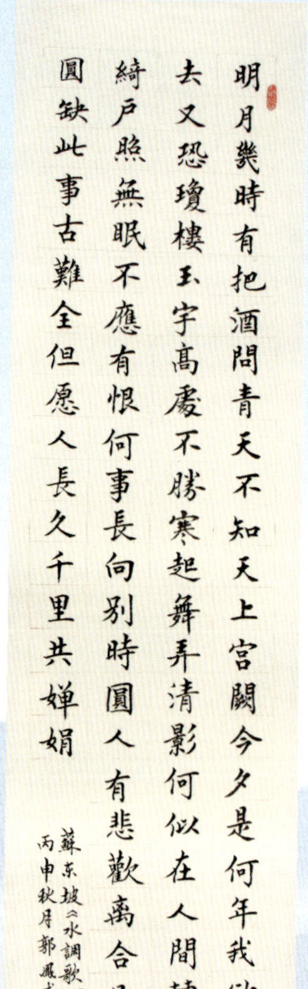

郭凤威书法

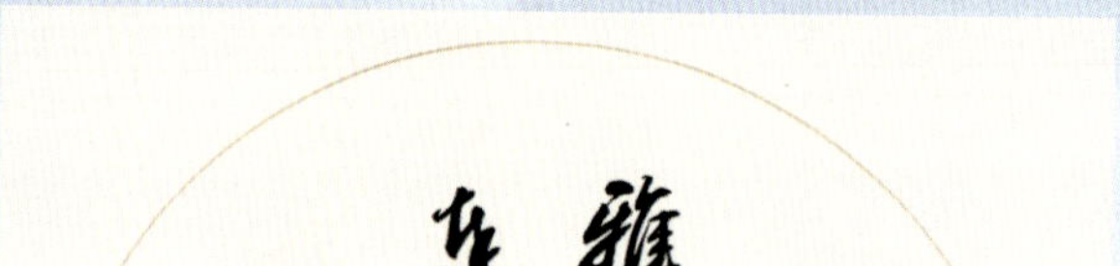

许春才书法

李连生书法

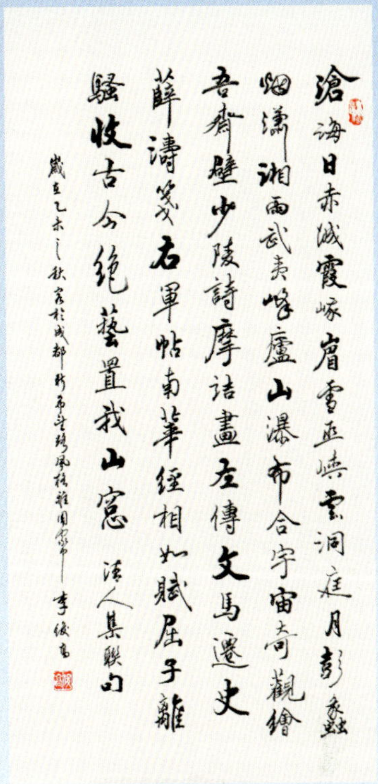

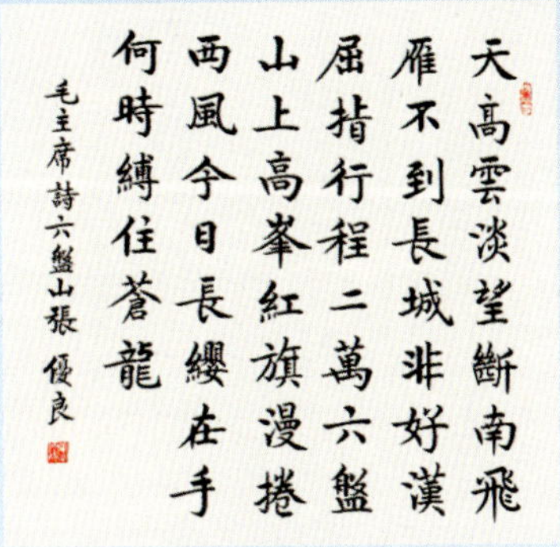

张优良书法

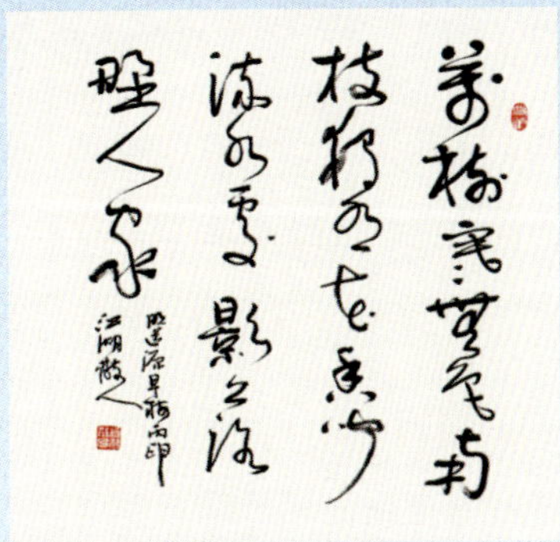

毛晓轩书法

李俊高书法

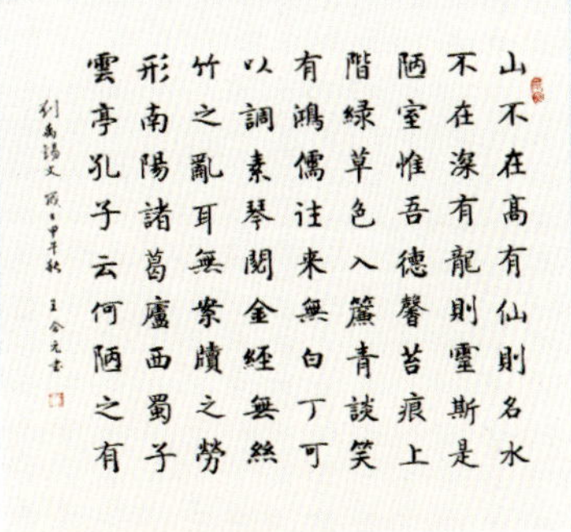

王会元书法

孙玉锁书法

王金虎书法

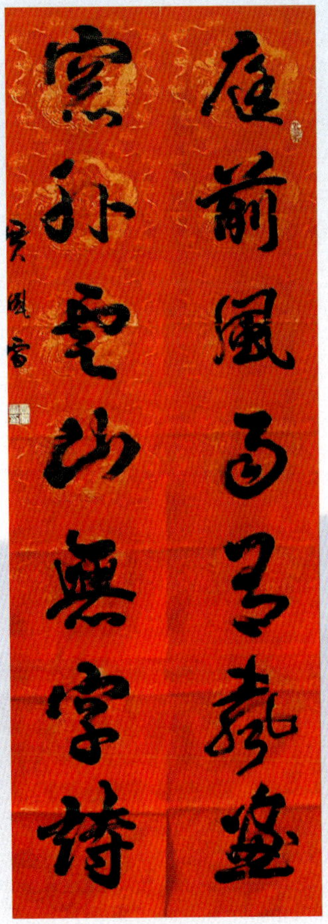

贾风雷书法

县四大班子领导听取老干部工作汇报

编辑及工作人员合影

前　言

老干部是中国革命和建设的功臣，是党和国家的宝贵财富。“老干部离退休后，一定要很好地安排照顾，基本的政治待遇不变，生活待遇还要略为从优，并注意很好地发挥他们的作用。”这是党和国家关于老干部工作的政策原则。新时期，习近平总书记指出：在全社会广泛形成尊重老同志、爱护老同志、学习老同志的良好社会氛围。要发挥老同志的政治优势、经验优势、威望优势，组织引导老同志讲好中国故事，弘扬中国精神，传播中国好声音，推动全党全社会更好培育和践行社会主义核心价值观。要切实解决好老同志的实际困难，让老同志安享幸福晚年。贯彻好党和国家关于老干部工作的政策、方针，做好老干部工作，是各级党委、政府的基本职责和光荣任务。做好老干部工作，不仅关系到老干部的晚年生活，而且关系到改革开放和发展稳定的大局。

襄汾县是革命老区，在土地革命、抗日战争、解放战争年代，无数热血青年参军参战。县域解放后，又有许多干部南下四川、云南、福建等地，支援全国解放。为此，老干部人数较多。20世纪80年代初，县上成立专门管理机构，负责离休干部的管理工作。县委老干部局在县委、县政府及省、市委老干部局的领导下，以“老有所养、老有所医、老有所教、老有所学、老有所乐、老有所为”为工作目标，勇于改革，大胆创新，敬业奋进，争先创优，各项工作取得了很大成绩，多次得到上级的表彰奖励，成为省、市、县先进单位。

老干部工作随着改革开放的深化而不断发展。90年代，好多企事业单位改制或破产，落实老干部待遇成为工作的重中之重。2000年以后，随着离休费保障机制、医药费保障机制、财政支持机制的逐步建立和完善，老干部的生活待遇得到了全面保障。发挥老干部作用，丰富老干部晚年生活就成为了老干部工作的重点。在新的形势下，如何进一步做好离退休干部工作，不断开创老干部工作的新局面，不仅是一个实践问题，而且是一个重要的理论问题，这就要求我们，不仅要在工作实践中积极大胆探索做好老干部工作的新途径、新方法、新经验，而且要在理论上认真研究和总结，揭示老干部工作的特点和规律，使之理论化和系统化，用科学的理论指导我们的实际工作。因此编写此书具有十分重要的意义。

《襄汾县老干部工作志》坚持辩证唯物主义和历史唯物主义的观点，运用科学的方法，突出老干部工作的特点，揭示老干部工作的发展规律。根据史实资料，记述了重要工作、重大活动、机构设置，老干部政治、生活待遇的落实，发挥作用及老干部简介等，反映了老干部工作的成效。在编写过程中，努力做到体例规范、内容翔实、图文并茂，并能体现时代特色、地方特色和专业特色。

在此，谨向为该志编纂出版付出心血和汗水的同志们表示衷心的感谢！

《襄汾县老干部工作志》编纂委员会

2016年12月

凡　例

一、指导思想。本志以马克思列宁主义、毛泽东思想、邓小平理论、“三个代表”重要思想、科学发展观为指导，贯彻落实习近平总书记系列重要讲话精神和治国理政新理念、新思想、新战略，以辩证唯物主义和历史唯物主义观点，实事求是、全面系统地记述襄汾县老干部工作的发展历史。

二、记述时限。上限自襄汾县老干部工作开始，下限至 2016 年 12 月。

三、结构。横分门类，纵述始末。采用章、节、目结构，目为叙事主体。

四、体裁。述、志、记、传、图、表、录并用，以志为主。

五、文体用字。采用规范现代语体文。用字执行 2001 年《中华人民共和国国家通用语言文字法》和 2013 年 6 月的《规范通用汉字表》。

六、标点符号。遵循图书出版的国家标准 GB/T15384-2011《标点符号用法》。

七、数字。遵循 GB/T15835-2011《出版物上的数字用法》。

八、计量单位。以 1984 年 2 月国务院发布的《关于在我国统一实行法定计量单位的命令》和 1993 年国家技术监督局国家标准“量和单位”为准。

九、简称使用。组织、机构、会议等名称在每节首次出现时用全称，括注简称，后用简称。

十、人物收录。主要收录在襄汾工作的离休干部和代管的离休干部，以及在襄汾县退休的副县级以上实职干部。

十一、资料来源。本志使用资料，以档案资料为主，个人提供资料为辅。

目 录

前 言 ………………………………………………………………………… 1

凡 例 ………………………………………………………………………… 2

概 述 ………………………………………………………………………… 1

大事记 ………………………………………………………………………… 3

第一章 襄汾县委老干部局 …………………………………………………… 29

第一节 机构沿革 …………………………………………………………… 29

县委老干部局机关 …………………………………………………………… 29

主要工作职责 ………………………………………………………………… 32

第二节 内设机构及下属单位 ……………………………………………… 32

概 况 ………………………………………………………………………… 32

县委老干部局综合办公室 …………………………………………………… 33

襄汾县老年大学 ……………………………………………………………… 33

襄汾县老干部活动中心 ……………………………………………………… 34

襄汾县离休干部医疗保健办公室 …………………………………………… 35

第三节 襄汾县委老干部局工作人员简况 ………………………………… 36

退休和去世人员 ……………………………………………………………… 36

在职人员 ……………………………………………………………………… 38

调离人员 ……………………………………………………………………… 41

第四节 开展活动 …………………………………………………………… 42

“种、养、加”活动 …………………………………………………………… 42

“四查四看”活动 …………………………………………………………… 43

“五员”活动 ………………………………………………………………… 43

“送温暖、办实事、抓落实”深化服务百日活动 …………………………… 43

评选好子女、好老伴、好儿媳活动 ………………………………………… 44

“为构建和谐社会再立新功”活动 ………………………………………… 44

推进“四就近”工作 ………………………………………………………… 44

慰问活动 ……………………………………………………………………… 45

体育活动 ……………………………………………………………………… 45

“我身边的最美老干部”征文活动 ………………………………………… 45

“为党的事业增添正能量”活动 …………………………………………… 45

其他活动 ……………………………………………………………………… 46

第五节 自身建设…… 47
县委老干部局党支部建设…… 47
思想作风建设…… 49
党风廉政建设…… 50
基础设施建设…… 51
档案管理…… 51
信息宣传…… 52
规章制度建设…… 53
第二章 落实待遇…… 66
第一节 落实老干部政治待遇…… 66
阅读文件…… 66
组织生活…… 67
政治学习…… 68
情况通报…… 69
参加重要会议…… 70
走访慰问…… 71
参观考察…… 72
领导干部联系老干部…… 73
第二节 落实老干部生活待遇…… 74
生活待遇的主要内容…… 74
落实生活待遇…… 78
第三章 老干部队伍…… 84
第一节 老干部概况…… 84
第二节 老干部团体…… 86
襄汾县关心下一代工作委员会…… 86
襄汾县老年学学会…… 88
襄汾县老区建设促进会…… 94
襄汾县老年书画家协会…… 95
襄汾县老年人体育协会 …… 101
襄汾县老年舞蹈爱好者协会 …… 105
老松树文化社 …… 106
襄汾县老年合唱团 …… 107
襄汾县戏迷爱好者协会 …… 109
第四章 老干部发挥作用 …… 110
第一节 发挥作用主要渠道 …… 110
创办领办老干部团体 …… 110

从事“种、养、加”活动 …… 110
创办经济实体 …… 111
从事文化活动 …… 112
进行革命传统教育 …… 112
参与县上重点工程 …… 113
从事教育卫生事业 …… 113
第二节 发挥作用先进典型 …… 114
第三节 老干部著书立说 …… 131
第五章 离休干部与县团实职退休干部简介 …… 143
第一节 2016年年底已故离休干部 …… 143
第二节 2016年年底健在离休干部 …… 299
第三节 异地回乡及条管单位离休干部 …… 327
第四节 副县级实职以上退休干部 …… 342
第六章 获奖情况 …… 348
第一节 机构团体获奖情况 …… 348
第二节 个人获奖情况 …… 352
第七章 通讯报道 …… 359
第一节 消 息 …… 359
襄汾县开展为老干部服务百日活动 …… 359
襄汾县组织“老有所为”巡回报告反响强烈 …… 360
襄汾县委老干部局全力清理拖欠医药费 …… 360
新老干部面对面 心贴心
——襄汾县坚持县级领导干部参加离休干部活动日制度 …… 361
襄汾县组织老干部参观工业园区 …… 361
襄汾县委老干部局在全县离退休干部中开展“十个一”建功创业活动 …… 361
襄汾县老促会会长被中组部授予——全国老干部先进工作者 …… 362
襄汾县委老干部局组织老干部参观 …… 363
襄汾县培训基层关工委干部 …… 363
襄汾县老年大学电脑班开课 …… 364
襄汾县委老干部局重视宣传调研信息报道工作 …… 364
郭裕怀等省级离退休老干部来我县调研 …… 365
县委老干部局完善机关工作制度提高工作效率 …… 366
襄汾县老年大学乐理班正式开课 …… 366
襄汾县老年书画班正式开班 …… 366
山西省襄汾县：举办首届老干部体育运动会 …… 367
山西省襄汾县精心组织敬老月活动 …… 367

襄汾县委老干部局建成离退休干部信息库 …… 368
山西襄汾五项措施落实老干部生活待遇 …… 368
老干部观摩我县现代工农业建设 …… 369
襄汾县委老干部局为离退休干部“同心共筑中国梦”提供有力保障 …… 369
襄汾县委老干部局发挥阵地作用大力推进文化养老 …… 370
襄汾县举行老干部庆“七一”文艺晚会 …… 370
襄汾县委老干部局着力加强“三型”机关建设 …… 371
山西襄汾县在离退休干部中开展“同心共筑中国梦”活动 …… 372
襄汾县委老干部局网站正式上线 …… 372
襄汾县“四就近”工作向农村乡镇延伸 …… 372
山西省委老干部局领导在襄汾县调研 …… 373
襄汾县“丁陶墨韵”书画展在临汾开展 …… 373
襄汾县委老干部局“道德大讲堂”开课 …… 374
襄汾县委老干部局开展志愿服务活动 …… 374
襄汾县组织老干部参观县城小区和道路建设 …… 375
襄汾县委老干部局被评为市级文明单位 …… 375
书法家张忠民为襄汾老年书画家协会进行书法讲座 …… 375
襄汾县四套班子领导走访慰问老干部、老党员 …… 376
襄汾县委老干部局举办音乐知识讲座 …… 376
襄汾县委老干部局举办健康科普知识讲座 …… 377
襄汾县委老干部局被评为“全市敬老助老模范单位” …… 377
襄汾县为107名特殊困难老干部发放帮扶资金 …… 377
襄汾县百名老干部参观荷花公园　品美食看大戏 …… 378
县委老干部局组织参观纪念抗战胜利70周年展览 …… 378
襄汾县四套班子领导慰问抗战时期参加工作的老干部 …… 379
襄汾县委老干部局举办“金秋放歌　圆梦中华”文艺晚会 …… 380
襄汾县举办离退休干部网宣员第一期培训班 …… 380
晋国史专家邱文选先生向县教育局捐赠图书 …… 381
襄汾县开展“最美老干部”征文活动 …… 381
山西襄汾以调研宣传促老干部工作 …… 382
襄汾县走访慰问道德模范 …… 382
襄汾县委老干部局领导班子走访慰问包村贫困户 …… 383
襄汾县委老干部局班子成员走访慰问代管离休干部 …… 383
襄汾县委老干部局组织离退休干部参观陶寺遗址公园 …… 383
襄汾县委老干部局组织开展向王焕杰同志学习活动 …… 384
襄汾县委老干部局举办敬业奉献道德大讲堂 …… 384

襄汾县举办纪念中国共产党成立95周年书画展…… 384
襄汾举办首届民间读书交流会促进读书活动 …… 385
襄汾县委老干部局被评为“市级文明单位标兵” …… 385
傅德明 张淑玲看望襄汾县参加体检的老干部 …… 386
襄汾举办“最美夕阳红”晚会 …… 386
襄汾县委老干部局组织学习全国“双先”表彰大会精神 …… 387
襄汾县委老干部局开展学习王焕杰典型事迹征文活动 …… 387
襄汾县委老干部局举办别开生面的冬季养生讲座 …… 388
襄汾县委老干部局党员参与微信公众号知识竞赛 …… 388
第二节 通 讯 …… 388
闪光的夕阳
——记邓庄老年福利社 …… 388
年逾古稀“山西娃” …… 390
花甲难离“征战袍”
——记襄汾县离休干部尉建华 …… 390
笔耕墨耨效春蚕
——记襄汾县离休干部邱文选 …… 392
风风火火第二春
——记襄汾县离休干部郭成家 …… 393
心血倾注夕阳红 真情奉献晚霞美
——襄汾县委书记陈玉士关心老干部工作纪实 …… 395
播撒崇高献余热
——亢思聪关心二中社区教育纪实 …… 397
马玉胜：与雷锋结缘扬雷锋精神 …… 400
倾情墨苑铸辉煌
——记襄汾县退休干部柴聚才 …… 402
小院十年春秋情
——记襄汾县退休干部刘学智 …… 404
退休不离岗 献计又出力
——襄汾县西贾乡离退休干部党支部先进事迹 …… 406
十年漫漫集书路
——记襄汾县退休干部成永太、武玉兰夫妇 …… 407
一片真情暖夕阳
——记襄汾县委组织部副部长、老干部局局长王稳锁 …… 409
赤诚的心 火热的情
——襄汾县委老干部局工作纪实 …… 411

让夕阳奏响华丽的乐章
——记襄汾县老年合唱团团长刘淑宽 …… 415
老年合唱团的特殊团员 …… 418
“五老”与孩子 …… 421
用自己的热情、真诚谱写服务老干部之歌 …… 423
老有所为
——记襄汾县曹文敏丰富的退休人生 …… 425
正能量的传播者
——点赞襄汾县退休干部房桂花 …… 427
书香播文明　传递正能量
——退休教师刘春澍读书交流会侧记 …… 431
襄汾县书画进校园作品巡回展纪实 …… 433
第三节　理论调研及其他文章 …… 434
在社会主义市场经济体制下必须加强对老干部的领导 …… 434
三集中　使两项活动扎实有序　借东风　把两个待遇落到实处
——襄汾县委老干部局工作汇报 …… 435
襄汾县从根本上保证离休干部生活待遇落实 …… 439
发挥“德高望重”老年人在农村小康建设中的作用
——襄汾县五乡（镇）十村老年活动调查启示录 …… 440
《山西老年》与我们夫妻的缘 …… 443
积极探索　攻坚克难　不断规范离休干部医保机制 …… 444
塔儿山走出“雷锋团” …… 447
提升老年人幸福指数的重要平台
——山西省襄汾县创建老年社团组织创办农村文化广场的调查 …… 450
襄汾县老年大学显活力 …… 455
利用现代科技手段　创新老干部服务管理模式 …… 456
襄汾县离退休干部发挥作用问题研究 …… 457
襄汾宣传老干部先进典型增添正能量 …… 460
浅谈建立老干部发挥作用机制 …… 462
第八章　文献辑存 …… 466
中共襄汾县委组织部　襄汾县卫生局
关于行政事业费开支的离、退休干部医药费报销的通知 …… 466
襄汾县人民政府关于贯彻执行晋政发〔1983〕33号
《山西省人民政府关于接受、安置易地离休干部建房费的通知》的几点意见 …… 466
中共襄汾县委办公室关于启用“中国共产党襄汾县委员会党校”
“中国共产党襄汾县委员会老干部局”印章的通知 …… 467

中共襄汾县委老干部局关于春节期间慰问老干部的通知 …………………………… 467
中共襄汾县委组织部关于崔占奎等同志任职的通知 ………………………………… 468
中共襄汾县委老干部局关于开展“学模范、献余热”活动的通知 ………………… 468
中共襄汾县委老干部局关于老干部协理员工作职责和要求的暂行规定 …………… 469
中共襄汾县委老干部局关于交纳企事业单位离退休干部特需经费的通知 ………… 470
中共襄汾县委组织部关于春节期间慰问离退休老干部的通知 ……………………… 470
中共襄汾县委老干部局关于在开展“两项活动”中评选模范的通知 ……………… 471
襄汾县编制委员会关于成立襄汾县老干部活动中心的批复 ………………………… 472
襄汾县计划委员会关于县委老干部局新建老干部活动中心楼基建计划的批复 …… 472
中共襄汾县委组织部关于设立襄汾县委老干部局党支部的决定 …………………… 472
中共襄汾县委办公室关于印发中共襄汾县委老干部局职能配置、
内设机构和人员编制方案的通知 ……………………………………………… 473
中共襄汾县委老干部局人员定岗分流实施办法 ……………………………………… 474
中共襄汾县委办公室、襄汾县人民政府办公室
关于成立襄汾县老年大学的实施方案 ………………………………………… 474
中共襄汾县委组织部　中共襄汾县委老干部局关于开展第十届为
老干部“送温暖、办事实、抓落实”深化服务百日活动的通知 ……………… 478
中共襄汾县委办公室　襄汾县人民政府办公室
关于印发《襄汾县离休干部医疗费管理办法》的通知 ………………………… 479
中共襄汾县委组织部　中共襄汾县委老干部局
《襄汾县离休干部医疗费管理办法》补充规定 ………………………………… 482
中共襄汾县委老干部局设置襄汾县委老干部局卫生所请示报告 …………………… 482
中共襄汾县委组织部　中共襄汾县委老干部局
关于认真做好离退休干部“非典”预防工作的通知 …………………………… 483
中共襄汾县委老干部局关于认真做好“两节”慰问
和“两费”清欠工作的通知 …………………………………………………… 484
中共襄汾县委老干部局关于2003年全县离休干部医药费管理情况的报告……………… 485
中共襄汾县委老干部局关于在全县离退休干部中开展
“十个一”建功创业活动的意见 ……………………………………………… 486
中共襄汾县委组织部　中共襄汾县委老干部局
关于进一步落实好新形势下老干部政治待遇的通知 …………………………… 487
中共襄汾县委办公室　襄汾县人民政府办公室
关于印发《襄汾县委老干部工作领导组会议纪要》的通知 …………………… 489
中共襄汾县委老干部局关于广泛开展
“爱我襄汾、树我形象、建我家乡”主题活动的实施方案 …………………… 490
中共襄汾县委老干部局关于开展纪念建党90周年活动的安排………………………… 492

中共襄汾县委老干部局关于开展党务公开工作的实施方案 …… 493
中共襄汾县委老干部局关于严禁大操大办婚丧喜庆事宜和借机敛财的通知 …… 495
中共襄汾县委老干部局关于成立襄汾县老干部健康咨询委员会的通知 …… 496
中共襄汾县委老干部局关于加强行政效能建设优化发展环境的工作方案 …… 497
中共襄汾县委老干部局关于对新闻报道工作实行奖励的通知 …… 499
中共襄汾县委老干部局关于举办迎接党的十八大召开老干部体育比赛的通知 …… 501
中共襄汾县委老干部局襄汾县离休干部医疗费管理办法补充规定 …… 501
中共襄汾县委老干部局　襄汾县财政局
　襄汾县离退休干部“特殊困难帮扶专项资金”实施办法 …… 503
中共襄汾县委老干部局关于开展
　“学习型、服务型、创新型”机关创建活动的实施方案 …… 505
中共襄汾县委老干部局关于领导班子成员调整分工的通知 …… 506
中共襄汾县委老干部局关于调整离休干部门诊费的决定 …… 507
中共襄汾县委老干部局关于在中秋、国庆节日期间强化
　“四风”问题监督检查的整治方案 …… 507
中共襄汾县委老干部局2016年党风廉政建设和反腐败斗争工作安排 …… 509
中共襄汾县委老干部局关于为离休干部进行体检的通知 …… 511
中共襄汾县委老干部局关于举办第五届老干部体育运动会的通知 …… 512
中共襄汾县委老干部局关于襄汾县第五届老干部运动会比赛成绩的通报 …… 512
中共襄汾县委老干部局关于全面推进精准扶贫工作的实施方案 …… 514
后　记 …… 517

概　述

襄汾县位于山西省临汾盆地南部，东依塔儿山，西傍姑射山，汾水纵贯南北，与浮山、翼城、曲沃、新绛、侯马、乡宁、尧都等县（市、区）为邻。县境国土面积1034平方公里。辖7镇6乡、348个行政村、497个自然村。2016年总人口50.51万人。

襄汾县系1954年由襄陵、汾城两县合并而成。历史悠久，源远流长。这里是人类文明、华夏文明和三晋文明的根祖之地。10万年前的旧石器时期，“丁村人”在这里点燃了人类进化长河的熠熠薪火。4300年前，帝尧在陶寺建都，闪现了华夏文明的最初曙光。公元前668年晋献公迁都境内今赵康古城遗址，开创了气吞山河的“春秋五霸”之一的盟主大业。考古学家无不发出“华夏文明看襄汾”的赞叹！

襄汾县作为革命老区，在土地革命、抗日战争和解放战争时期，有许许多多的先烈为革命抛头颅、洒热血，为建立新中国做出了卓越的贡献。新中国成立后，特别是中共十一届三中全会以来，襄汾人民在历届县委、县政府的领导下，走强县富民之路，创造了前所未有的辉煌。襄汾老干部在社会主义建设中仍然保持革命战争中铸就的精神和斗志，再显身手、再立新功，为襄汾县经济和社会的发展做出了积极贡献。1994年1月，襄汾县离休、退休干部实行统管。全县有离退休干部1327人，其中，离休干部662人，退休干部665人。离退休干部中，红军时期参加革命工作的5人，抗日战争时期参加革命工作的104人，解放战争时期参加革命工作的553人。享受厅局级待遇的13人，担任过县、团实职的23人，享受副县级待遇的188人，一般干部438人。退休干部中，担任过县、团实职的2人，有高级职称的2人，一般干部662人。2016年年底，全县有离退休干部4182人，分布在全县13个乡镇及县直各单位。其中，离休干部110人、退休干部4072人。

襄汾县历届党委、政府重视老干部工作。1955年，国务院以〔1955〕国秘第245号文件颁布《关于国家机关工作人员退休处理暂行办法》，老干部工作被提到议事日程，成为县组织人事部门的工作任务之一。1978年，中共中央组织部下发组通字〔1978〕40号文件《关于加强老干部工作的几点意见》，老干部工作列入县委和县政府的议事日程，在县委组织部增设老干部科，专司离休干部的政治、生活待遇落实及管理服务工作。1982年3月，为落实《中共中央关于建立老干部退休制度的决定》（中发〔1982〕13号文件）“为了统筹解决老干部离退休方面的问题，各级党委的组织部门应当建立健全老干部工作机构，专司其事”的精神，县委、县政府成立中共襄汾县委老干部工作领导组，由县委书记、县长担任领导组组长，分管组织的副书记和分管财经的副县长任副组长，成员由组织部、人事局等15个部门的行政负责人组成。同时成立中共襄汾县委老干部管理组。

1984年10月，中共襄汾县委老干部管理组升格为中共襄汾县委老干部局，为正科级建制，负责老干部工作。内设办公室（后称综合办公室）。1992年，县委老干部局成立老干部活动中心。2002 年 7 月，成立襄汾县老年大学。2003 年，县机构编制委员会批准成立襄汾县委老干部医疗办公室。另外，襄汾县 21 个乡镇均设老干部协理员，管理各乡镇辖区内的离退休干部，行政上属乡镇领导，业务上归县委老干部局指导。县委老干部局每月定期召开例会，统筹管理全县老干部的管理工作。硬件建设不断加强，1990 年建南二楼，1993 年建东办公楼，建筑面积 500 平方米。2002 年建老干部活动中心，建筑面积 441 平方米。

多年来，在县委、县政府的正确领导下，县委老干部局紧紧围绕全面落实老干部政治、生活待遇这条主线，不断加强老干部党支部建设；建立健全了离休干部“三个机制”；始终不渝抓认识提高，千方百计抓待遇落实，形式多样抓活动开展，突出重点抓发挥作用，持之以恒抓自身建设，实现了老干部工作的新发展、新突破，使老干部工作迈上了一个个新台阶，老干部“老有所养、老有所医、老有所教、老有所学、老有所乐、老有所为”落到了实处。

老干部政治待遇可归纳为“八项制度”，即阅读文件、组织生活、政治学习、情况通报、参加重要会议、走访慰问、就近就地参观考察、在职领导联系同职级老干部。老干部生活待遇主要有工资和生活补贴、安置补助费、住房及建房补助费、安家车旅费和探亲车船费、医疗保健、用车待遇、冬季取暖补贴、洗理费、书报费、肉价补贴、交通费、护理费、子女调动工作照顾、特需经费等。县委老干部局高度重视离休干部生活待遇的落实，一是建立健全老干部离休费保障机制，二是建立健全医药费保障机制，三是建立健全财政支持机制，“三个机制”规范运行。在落实好老干部政治待遇和生活待遇的同时，县委老干部局积极组织老干部开展各种文体活动，丰富老干部晚年生活。县内相继成立老年活动团体，截至 2016 年年底，有老年学学会、老区建设促进会、老年书画家协会、老年人体育协会、老年舞蹈爱好者协会、关心下一代工作委员会、老松树文化社、老年合唱团、老年戏迷协会 9 个团体。这些团体在“老有所乐、老有所学、老有所为”方面发挥了团体带领作用，活跃了城乡群众文化生活。不少老干部发挥个人特长，或参政议政，或著书立说，或创作书画，或在老年团体中担任领导职务，在襄汾县经济、政治、文化、社会、生态建设等方面做出了积极贡献。

老干部工作是党的干部工作的重要组成部分，做好老干部工作是尊重党的历史的体现，是构建社会主义和谐社会的需要，是加强党的执政能力建设和先进性建设的需要，是实现“中国梦”的需要。在县委、县政府的正确领导下，襄汾县委老干部局一定会开拓创新，锐意进取，为襄汾县社会稳定、经济繁荣做出更大的贡献。

大事记

1955 年

是年，国务院〔1955〕国秘第 245 号文件《关于国家机关工作人员退休处理暂行办法》颁布后，老干部工作被提到议事日程，成为县组织、人事部门的工作任务之一。

1978 年

是年，老干部工作列入县委和县政府议事日程，具体工作由组织、人事和老干部原工作单位负责。根据中共中央组织部〔1978〕组通字 40 号文件，县委组织部增设老干部科。

1982 年

3 月，中共襄汾县委老干部管理组成立。杨胜茂任副组长，工作人员有席绍平、张满仓。同时成立中共襄汾县委老干部工作领导组，由县委书记、县长任组长，分管组织的副书记、分管财经的副县长任副组长，成员有组织、人事等 15 个部门的行政负责人。

1984 年

10 月，中共襄汾县委老干部管理组升格为中共襄汾县委老干部局，为正科级建制，杨胜茂、李如云担任副局长。

1985 年

6 月，李如云调出。

10 月，张满仓任县委老干部局副局长。

1986 年

1 月，县委老干部局分别在县人民医院和乡镇卫生院设立 4 个床位的老干部病房，并购置小车 5 辆，为老干部提供服务。

6 月，马庙来调任县委老干部局局长。

是年，省委老干部局编印《白首新程》一书，收录了离休干部邱文选的模范事迹文章《忠诚于自己的土壤》（作者张旭东）。

1987 年

3 月，县委老干部局建立老干部工作“三项制度”。一是确定每月 15 日为老干部活动日，县级领导轮流参加老干部活动日，并听取老干部意见和建议，为老干部解决实际问题；二是实行领导分片联系制度；三是建立重大节日家访制度。

4 月 23 日，县委老干部局召开乡镇老干部工作协理员、县直各单位分管人事工作的负责人会议，贯彻临汾地区老干部工作“双先”代表会议精神，研究如何学先进、抓典型的问题。

8 月 8 日，县老年体育爱好者协会成立。张有才任主席。

9 月 15 日，县委老干部局组织 32 名懂企业、有管理经验的老干部参加县委、县政府组织的企业实行抵押承包改革的研讨活动。山西人民广播电台以新闻播放。

12 月，临汾地区老干部工作深化服务经验交流会召开，交流了襄汾县委老干部局提交的《浅谈老干部工作人员的新形象》一文。

是年，县内有 14 个乡镇建立老干部党支部。

是年，襄汾县调整老干部工作领导组。领导组由 15 人组成，组长王补贵（县长），副组长李平郎（县委副书记）。全县 21 个乡镇，配备了老干部协理员，县直有两个单位配备协理员，其余都确定专管人员。

是年，县委老干部局给 160 名县级以上老干部发放阅文证，并在全县设立 4 个阅文点，每月 3 日、13 日、23 日开放，老干部可就近阅读。

是年，邱文选出席全省老干部工作“双先”表彰会。邱文选、段永兴、王廷智、景思闵、吴来管出席临汾地区“双先”表彰会。

是年，县财政解决离休干部超支医药费 1.5 万元。

是年，县委老干部局制作发放离休干部生活待遇落实卡。

是年，县委老干部局组织举办了象棋比赛和书法评选活动。

1988 年

4 月，邱文选获山西省“老有所为精英奖”，并赴省参加颁奖大会。王希林获临汾地区“老有所为精英奖”。

6 月，襄汾老年书画研究会成立。狄西海兼任会长。

是年，县委老干部局在全县老干部中先后开展“树立老干部新形象”“争当老干部模范工作者”活动。

是年，县委老干部局开展尊老爱幼活动，评选出一批为老干部服务好的好媳妇、好老伴、好家庭、好领导干部、先进工作者、先进单位。

是年，县委老干部局组织对离休干部住房进行检查，排除离休干部住房安全隐患，并解决占用面积不达标方面的问题。

1989 年

6 月，县委老干部局慰问 1945 年以前入党的老干部党员。

6 月，县委老干部局举办书法展览；组织 30 余人的老干部合唱团，参加县上举办的迎“七一”爱党颂党文艺晚会。

9 月，县委老干部局组织 18 名老干部参加迎国庆座谈会。会上，县长李平郎听取老干部的意见和建议，解决思想问题和实际问题。

重阳节，县委老干部局举办老干部电影、录像招待会，先后有108名老干部参加。并慰问80岁以上的老干部。

国庆节前夕，县委老干部局组织慰问土地革命时期参加工作的老干部和担任过县团级实职的老干部。

10月，邱文选荣获全国“老有所为精英奖”，获证书及金质奖章一枚。

是年，县委老干部局先后10次组织老干部，学习邓小平的多次讲话以及江泽民、杨尚昆、李鹏、万里、陈云、李先念等党和国家领导人的讲话。组织45名老干部党员参加县委扩大会议。县委书记、县长同老干部座谈。老干部就当前形势，今后工作提出许多问题和建议。

是年，县委老干部局协调解决了离休干部建房补助款拖欠问题。

是年，县委老干部局在全县老干部中开展“种、养、加”活动和“十项达标创优”活动。全县从事种植业的老干部达270人，从事养殖的达138人，搞加工业的有2人。从事“种、养、加”人数占老干部总数的70%以上。年创造经济价值10万余元。

是年，临汾地区老干部“种、养、加”流动现场会在襄汾召开，参观了邓庄镇老年协会创办的电磁线厂、陶寺乡陈庄村祁春鹤的苹果园，中梁村张成才改良的乱石滩地及苹果园和小麦优种繁育地。

是年，县委老干部局组织10名老干部参加全县计量监督检查，4名老干部参加县上工业调查。

是年，在落实老干部生活待遇工作中，老干部局印制“襄汾县老干部生活待遇项目表”，逐项进行调查。至年底，行政事业单位老干部建房补助款全部解决，个别企业单位实行分期分批付给的办法解决。共解决37500元。解决超支医药费5万余元。

是年，离休干部杨景龙家的住房遭大雨侵袭发生倾斜，老干部局在帮助协调解决问题的同时，给其发放补助款300元。

1990年

3月，县委老干部局南二楼活动中心开始建设，同年竣工投入使用。设有车库和6间活动室。

5月，全省老干部种养业现场会参观张成才搞多种经营、培育小麦优种的场地和赵成林的鸡场、果园等。县委老干部局以“充分发挥党员老干部在种养加活动中的带头作用”为题，介绍了襄汾县经验，受到会议好评，并获锦旗一面。

6月，调整老干部工作领导组，县长李平朗任组长，县委副书记郑文礼、常委范荣发、副县长卢莲香任副组长，成员由9个相关部局的主要领导组成。

7月，开始为70岁以上的离休干部发放护理费。

9月，在山西省老干部工作“双先”表彰会上，县委老干部局被评为先进集体，张成才、郝广胜、王廷智、王希林被评为先进个人。

10月，县上召开老龄工作“双学”表彰会，17名老干部荣获“老有所为奖”。县委老干部局荣获先进集体奖。

12 月，杨森基创作《老年健康长寿图》《八仙庆寿图》，其中《老年健康长寿图》被省政协印发。

是年，县委制定主要领导通报工作情况制度：每年向老干部通报工作两次，由县委书记和县长分别负责。

是年，将 65 名老干部的工资由财政局代发转回原单位发放，解决人与工资分离的“两张皮”现象。

是年，把毛家岭煤矿 1 名离休干部工资转入县财政开支；县财政拨款补发制碱厂 7 名离休干部工资；县财政拨款定额补贴县农机厂 5 名离休干部工资。

是年，全县老干部从事“种、养、加”创造经济价值 40 余万元。

是年，解决老干部超支医药费 8000 元。

1991 年

6 月，县上组织人员对水利、农机、农业、商业等 10 个单位的离休干部生活待遇落实工作进行检查，并解决存在的问题。

“七一”前夕，县委、县政府领导慰问第一次、第二次国内革命战争时期参加工作的老党员、老干部、老红军；为 638 名老干部发放《四项基本原则概论》一书；给各党支部发放《毛泽东选集》一套。

7 月 1 日，被誉为“农艺师”的张成才，因实现果园收入 3000 元，并扶持两名老干部在庭院栽植葡萄，受到临汾地委表彰。史清奎担任河北村支部书记，带领群众植树育苗、修路架桥、建设学校，被县委评为模范党支部书记。

7 月 15 日，襄汾县老干部咨询委员会成立。由 21 名担任过县团级实职的老干部组成。全县 16 个乡镇成立起老干部咨询组。

是年，全县建起老干部党支部 20 个、党小组 27 个，普遍健全了“一课三会”制度。进行社会主义教育、形势教育，党的路线、方针教育，保持革命晚节的教育，党的优良传统和作风的教育等。

是年，在全县开展老干部工作“四查四看”活动，即查组织机构，看领导是否重视；查发挥作用，看有无突出典型；查生活待遇，看是否落到实处；查思想政治工作，看党支部建设制度。

是年，临汾地区组织老干部发挥作用宣讲团，县内老干部邱文选、张挺、赵俊杰、常志年参加，到全区巡回演讲，受到各县老干部的好评。

是年，县委老干部局组织“奉献杯”活动，激发老干部发挥作用的积极性。

是年，5 名老干部参加县上清房工作，13 名老干部参加清房座谈会。26 名老干部参加社会治安、市场管理工作。28 名从医老干部发挥医术专长，为老干部、为群众看病治病。南辛店乡梁段村段永兴办起正骨医院，汾城镇王恩充办起家庭医院，南辛店乡关柏年办起牙科医院。襄陵镇老干部办起“一站、六个医疗点”。

是年，7 名老干部被聘为党纪党风监督员。临汾地委信息专刊发表《襄汾县注重发挥老干部在党纪党风监督中的作用》。

是年，13名老干部参加县烈士陵园“人民英烈纪念碑”落成大会，5名老干部在烈士陵园向青少年作了革命传统报告。

是年，36名老干部参与处理信访和民事纠纷工作，省委信息专刊发表了《襄汾县发挥老干部余热搞好信访工作》。

是年，老干部们先后深入到34所学校，向3000余名青少年作革命传统报告，教育青少年做“四有”新人。

是年，全县有490名老干部参加了“种、养、加”活动，年产值27.34万元。

是年，在两个文明建设者评选活动中，评选出先进个人、专业能手30名。成景川养鸡300只，年收入6000余元。王庭智创办北陈村文化活动室，每年投资300元购买新图书，成为老年、青少年之家。邱文选在各类报纸杂志发表文章29篇，约15万余字。

是年，审批4名离休干部护理费；为15名离休干部审批建房补助费5万元；落实440名离休干部乘车费；解决离休干部超支医药费1.7万元。

1992年

9月，在全区召开的老干部“双先”表彰会议上，襄汾县委老干部局以“搞好种养加是老干部发挥作用的主战场”为题作了发言。县委老干部局、邓庄镇党委等5个单位，张成才、郝广胜等22名个人受到地委表彰。

是年，县老干部活动中心成立，为老干部局下属事业单位。

是年，襄汾县老年舞蹈爱好者协会成立。李天民任主席。

是年，县委老干部局组织老干部观看《东欧剧变启示录》等专题片，使老干部看到加强党的建设、端正党风、搞好廉政建设、反和平演变的重要性和紧迫性。

是年，12名老干部受特邀列席襄汾县第十届三次人代会，听取和讨论县人大、政府等部门的工作报告，共议振兴襄汾经济的大事。

是年，县上召开落实老干部生活待遇会议。农机、水利、二轻等10个单位负责人参加。县委书记李英明出席会议，要求一家一家地摆问题、谈措施、提要求。将会议纪要印发各单位，要求认真对照，严格落实。

是年，在老干部中开展“五员”活动。“五员”即特约组织员、党纪党风监督员、青少年教育辅导员、工农业生产调研员、市场管理协理员。

是年，邓庄镇老干部协会以股份制形式办起第一个老干部工业经济实体——福利电磁线厂。生产各种型号的电线十余吨。

是年，邓庄镇党委聘请3名老干部作为落实县委一号文件督导员，他们用半个月时间深入15个村开展工作，帮助各村成立村议事会。

是年，老干部景思闵决定每年向南赵学校捐资100元。

是年，襄陵镇16名老干部在街上开铺办厂，15名老干部被乡镇企业聘用，史清奎办起临汾地区石膏加工厂，胡玉民办脱水蔬菜厂。南辛店乡14名有医疗专长的老干部办起了家庭医院和专科门诊。邓庄镇15名老干部在集贸市场摆摊设点。贾罕乡在成景川的带领下，涌现出5个老干部养鸡专业户。县城16名老干部领取了营业执照，开店营业。

是年，在郭绍斌的参谋、建议下，县城办起童鞋厂。

是年，12名老干部经营果园。张成才经营7亩果园，全部更新了品种，并打井、建储藏窑，年收入达1万余元。王景余建2亩果园，育苗30万株。

是年，在老干部活动中心举办气功、交谊舞、中老年迪斯科培训班。重阳节期间在文化馆举办老干部书法展。在体育场举办气功、舞剑、迪斯科表演。

是年，在县城设立10个老干部活动点，各点聘请了辅导员。

是年，县委老干部局被地区评为老年体育先进单位，授予锦旗一面。

是年，襄汾县老干部"种、养、加"活动出现新特色：由单一型向多项型发展，由自食型向商品型发展，由家庭型向社会型发展，由临时型向长久型发展，由个体型向群体型发展。参加活动的老干部越来越多，社会效益经济效益越来越好。

是年，全县新增离休干部18名，为他们发放建房补助费3万余元。为90名老干部办理退休改离休手续，对领取房屋修缮费1000～1500元的，统一补贴到1500元，计发11万余元。为4名部队退休改离休的老干部增加生活补贴，执行军转离休干部的标准。对649名退休干部应享受的5元生活补贴和乘车费，由组织部、老干部局、人事局、财政局、民政局联合行文，执行规定。县上拨款3万元，解决离休干部重病住院、药费超支、家庭负担重等问题。

1993年

4月，襄汾县老干部发挥作用现场会在邓庄镇召开。参观了邓庄镇老干部协会创办的电磁线厂、老年福利社和老年商店。

7月，贾红喜参加全区老干部工作经验交流会，介绍他《离开讲台走上山，不甘清闲当羊倌》的经验，并被省委老干部工作通讯摘登。

10月，邓庄镇老干部协会代表参加全省经验交流会。

11月，县委老干部局在全县开展为老干部"送温暖、办实事、抓落实"深化服务百日活动（此后每年都在11月中旬开展此项活动，共开展10届）。

12月，县委老干部局开展工作态度、工作能力、工作实绩"三比三看"，争创先进老干部工作单位、模范老干部工作者"双创"活动。

12月24日，襄汾县关心下一代工作委员会成立。县委副书记黄文学任主任。办公室设在县教育局，景小仓任主任。有8名常委和34名委员。各乡镇成立关心下一代工作协会。

12月，县委老干部局、县老年书画协会举办"纪念毛泽东同志诞辰100周年"书画展。

是年，房改中，对老干部进行优惠：工龄每年补贴0.5%，职务补贴10%～30%。

是年，县委副书记黄文学，县委常委、组织部部长范荣发先后两次带队，组织老干部参观考察"亿元乡镇"——襄陵镇、造纸业龙头——邓庄镇、冶金业集群——陶寺乡。

是年，县委印发《关于加强乡镇老干部党支部建设的意见》。

是年，县委老干部局制定《老干部参加经济建设的八条意见》，鼓励老干部兴办、领办、帮办各种类型的经济实体；鼓励老干部大力从事“种、养、加”等经营性活动；鼓励老干部在经营活动中多劳多得。对老干部所办的经济实体免征产品税、经营税、增值税和所得税（2～3 年内）。为老干部参与经济建设提供优惠政策。

是年，全县有老干部创办的加工企业 10 个，饭店、商店 7 个，医疗门诊部、卫生所 17 个，受聘进乡镇企业 45 人，在集镇摆摊设点的 42 人。

是年，襄陵镇河北村支部书记、离休干部史清奎带领群众大办企业，该村成为年产值超千万元村。

是年，老年体协在县城设立“一站六点”，开展健身活动。李天民组织的交谊舞有 300 余人参加；张有才组织的老年迪斯科有 200 余人参加；杨森基举办的智能气功培训中心有 200 余人参加。赵俊杰在古城镇成立“松梅斋”书画室。邱文选出版《晋国史研究论文集》。

是年，县委老干部局被省委、省政府评为为老干部服务先进集体。老干部邱文选、孙学录、张安会、尉建华、王希林被省委老干部局评为先进个人。

是年，杨森基书法作品荣获深圳举办的“金鹅颂”大赛奖。

是年，景思闵受到山西省关心下一代工作委员会表彰。

是年，县上就企业离休干部提高 10％的离休费、医药费报销难、工资不能按时发放等问题，召开部门负责人会议，面对面解决问题。

是年，县委老干部局将离休干部各项生活待遇有关政策规定编印成册，印发给各单位领导及全体离休干部。

是年，为纪念毛主席诞辰 100 周年，县委老干部局组织 40 名老干部上台歌唱毛主席。11 名老干部写了当年受毛主席等老一辈无产阶级革命家接见的回忆录，1 名老干部受邀回原部队作传统教育报告。

1994 年

3 月，县委老干部局组织各乡镇老干部党支部书记，参加县委党校举办的学习《邓小平文选》（第三卷）培训班。

5 月，县委、县政府聘请老干部杨海山、李仰溪、狄如瑞、李长令、杨定宇、张长旺等分别担任全县棉花生产、教育、县城文明建设、工业、畜牧业顾问。

5 月，县委老干部局组织各乡镇老干部协理员、老干部支部书记参观了老干部创办的轧钢厂、炼铁厂、石膏厂、电线厂、编织厂、果园、枣园、养鸡场、养兔场以及庭院经济等。

6 月 2 日，县委召开 23 个企事业主管单位负责人会议，签订《落实老干部生活待遇合同书》。老干部局为甲方，原单位为乙方，县委组织部为监督方，县委副书记黄文学为监督领导，连同主管局共 5 家签字盖章，保障老干部生活待遇的落实。

7 月 1 日，襄陵镇河北村党支部被临汾地委授予“红旗党支部”称号，史清奎被地委评为“红旗党支部书记”。

7 月 4 日，王东平参加全省老红军、老干部模范事迹报告团，在临汾、运城、吕梁等地巡回报告。8月13日《人民日报》海外版刊登了他为襄汾二中师生作传统教育报告的新闻图片。

7月10日，县委老干部局全体干部职工为太旧路建设捐款3100元。

7月12日，县委老干部局组织举办老干部工作培训班，县直各单位、乡镇协理员和老干部局全体人员参加。

7月12日，县老干部工作表彰大会召开，邓庄镇、南贾镇、贾罕乡分别被评为开展老干部活动、支部建设、再创人生第二春天先进单位。45名离退休干部先进事迹入编《奉献在晚年》一书。

7月，《临汾地区老干部工作》专刊转发《老生同唱经济戏，晚年再谱奉献歌》，介绍邓庄镇老干部协会创办老年福利社的事迹。《临汾日报》以《闪光的夕阳》为题，《山西老年》以《农村养老的新路子》为题先后刊登了邓庄老年福利社事迹。

8月，王恩充编著的《血染凝辉花》出版。该书是一部反映侵华日军秘密研制细菌武器，我国人民奋起反抗的长篇小说。

9月，县长段克己、县委副书记黄文学、组织部部长范荣发带领离退休干部参观县内公路建设、汾河浮桥、电视台、杨威村棉花生产和汾河大坝等工程。

10月13日，县委老干部局组织举办老干部运动会。各乡镇和城区的20个代表队、160余名老干部参加了投篮、吊瓶、门球、团体接力等比赛。县委书记李平郎到场观看，副书记黄文学致开幕词。

11月15日，县委老干部局组织举办老干部第二届书画展。86名老干部的106幅作品参展。同时展出了王恩充创作的长篇小说《血染凝辉花》，景思闵创作的《亚洲雄狮》，狄西海主编的《襄汾民间故事集成》以及邱文选研究晋国史的成果和有关文史资料。

11月25日，县委组织部、老干部局抽调人员，分成3个组到34名老干部家中及其原单位，同主管局、原单位和老干部本人“三对面”现场解决生活待遇落实问题。

11月，县委组织部下发《关于继续开展为老干部“送温暖、办实事、抓落实”深化服务百日活动的通知》，要求各级各单位春节前后要认真为老干部办实事、送温暖、抓落实，排忧解难。

12月15日，襄汾县老区建设促进会成立。刘绍康任会长。

是年，县委办、政府办印发《关于对离退休干部实行统一管理的通知》；县委组织部印发《关于加强退休干部管理工作的若干意见》；县编委专门给教育、供销、工业、二轻、粮食等15个单位下发通知，设立老干部股。

是年，县委老干部局在老干部中开展“再创人生第二春天”活动，激励老干部发挥作用。

是年，县委老干部局决定每逢单月12日召开乡镇协理员会议，传达贯彻上级精神，听取乡镇老干部工作情况汇报，互通情况，交流经验，安排下一阶段工作。

1995年

3月，县委老干部局印发“老干部生活待遇落实情况摸底表”。

4 月，在临汾地区老干部工作表彰会上，县委老干部局被评为全区先进集体，老干部局 3 名工作人员被评为先进老干部工作者。

5 月，县委老干部局印发“离退休干部生活待遇明细表”“离退休干部生活待遇清欠表”和“生活待遇逐人落实表”，对老干部生活待遇落实情况进行大清查。

5 月，县委老干部局被山西省委老干部局评为老干部工作先进集体，马庙来被评为“1994 年度模范老干部工作者”。

6 月，邱文选完成 15 万余字的《晋国史研究专集》。

7 月 10 日，县委组织部印发《关于在全县开展老干部及老干部工作宣传月活动的通知》。通过活动开展，在全县形成齐抓共管，尊老敬老的良好风气。

8 月，为纪念抗日战争和世界反法西斯战争胜利 50 周年，县委老干部局举办书画展、慰问、报告会等活动。31 日，县五大班子领导与 53 名老干部同台演唱革命歌曲。

8 月，县委组织部、县政府组织有关部门，慰问全县抗日战争时期参加革命工作的老干部、老红军、老党员 104 人，遗孀 48 人。

9 月 29 日，县委、县政府决定将 26 名企业离休干部的基本工资转由县财政发放。

10 月 3 日，县长段克己、县委副书记范荣发带领 80 多名老干部参观考察永固乡汾河坝、汾河浮桥、古城新建焦化厂、贾罕大棚蔬菜等建设工程。

10 月 15 日，县委老干部局组织刘九年、史清奎、张成才、邱文选、尉建华等 5 名模范老干部组成老干部模范事迹报告团，在各乡镇巡回报告。

11 月 3 日，县委老干部局组织县防疫站的医生免费为城区 100 多名老干部注射流脑疫苗。

11 月 11 日，第三届为老干部“送温暖、办实事、抓落实”深化服务活动展开。县委老干部局印发“离退休干部生活待遇清欠表”，对拖欠老干部的工资、各项补贴、医疗费进行清查。

12 月，马庙来获山西省“关心下一代工作先进个人”称号。

是年，县老区建设促进会先后创办老促会医疗中心、管道维修中心、瓜菜医院 3 个实体。

是年，《山西老年》以《奉献在晚年》为题刊登史清奎的模范事迹。《临汾日报》刊登了他创办铁厂的照片。

是年，退休干部张致中创办石料厂，日产石料 8 万余吨。《临汾日报》刊登了他发挥作用的照片。李文炳创办襄陵中心幼儿园。曹清如撰写的《教育工作回忆录》、狄西海编辑的《塔儿山下的故事》出版发行。

是年，邓庄老年福利社刊印《新三字经》2200 册，赠予全镇三年级以上学生。

是年，尉建华被县总工会聘为顾问兼职工法律服务站站长。一年中，宣讲《中华人民共和国劳动法》30 余场，解决了 80 名职工的工资问题，为企业公证案件 30 余起。

是年，老干部创办、领办经济实体的有 31 人，从事经济咨询服务的 21 人，参加“种养加”活动的 119 人。

1996 年

4 月 20—21 日，26 名老干部列席县第十一届人代会第四次会议，听取和审议政府、计委、财政、县城建设等报告。

4 月，县委老干部局印发老干部生活待遇督查卡。由老干部本人填写存在的问题，县委副书记签署处理意见，单位领导报处理结果。

5 月 20 日，祖籍永固乡东吉村的《中国老年报》老年工作部主任吉人，自费购买 5000 余元图书赠送给县内老干部和老干部工作者。

8 月，县委老干部局组织开展“创先争优”和“树立老干部新形象”活动。至 11 月，评选出优秀老干部党员、模范老干部 45 名。

11 月中旬，在全县开展第四届“送温暖、办实事、抓落实”深化服务活动。县上成立领导组，县长段克己任组长，副书记范荣发、副县长卢莲香任副组长。

是年，为纪念红军长征胜利 60 周年，县委老干部局组织在县文化馆举办老干部书画展，在老干部活动中心举办“长征杯”象棋比赛。还举办了文艺晚会及电影放映等，邀请老干部观看。

是年，“夕阳红”演出队和老干部物价监督站成立。

是年，清欠“两费”796681 元。

是年，县上将 1945 年 9 月 2 日以前参加革命工作的 27 名企业老干部的工资转由财政发放。

是年，由县委书记李平郎、县长段克己带队，组织全县 100 余名老干部参观县城北铁路立交引桥、襄汾第二汾河大桥、振兴路、县委新建大楼等工程，并参加“两桥一路”竣工剪彩仪式。

1997 年

1 月，县委老干部局狠抓“两费”清欠工作，采取一借、二贷、三顶、四卖、五清、六收、七补的办法，清欠“两费”447990 元。

3 月，县委老干部局在全县开展新老干部“心连心”活动，要求各级领导要做到“一重视、三亲自”，老干部要做到“一发挥三支持”。

7 月 1 日，1946 年年底以前参加革命工作的 10 名企业老干部的工资转由县财政发放。

7 月，县委老干部局组织举办迎“七一”、庆回归系列活动，举办老干部书画展、座谈会、象棋赛、大合唱、舞会等。

9 月，邓庄老年福利社的老干部赴晋城参加全省老干部老有所为经验交流会，受到表彰。

10 月 10 日，县委老干部局组织举办重阳节文艺晚会。

10 月，聂水生任县委老干部局局长，张满仓任老干部局党支部书记。

是年，县委老干部局开展关心老干部的好子女、好老伴、好儿媳评选活动，共评选表彰好子女、好老伴、好儿媳 20 余名。

是年，王永贞参加山西省杨氏太极拳国际邀请赛，获国内 49 式太极拳第六名。

是年，县委老干部局建立离休干部拖欠生活待遇档案和特困老干部情况卡。

是年，县委老干部局组织开展“双创”活动。评选出优秀老干部党员30人，模范老干部33人，及邓庄镇、西贾乡、南贾镇3个先进老干部党支部。

1998年

1月，柴东兴任县委老干部局副局长。

2月7日，张治文撰写的记述老干部邱文选事迹的《强音——奏响在第二春天》在《老友报》发表。

7月，26名1947年和1名1946年参加革命工作的企业离休干部的工资转由县财政发放。35名企业离休干部的工资转由劳动保险所发放。

10月1日，县委老干部局举办“打天下功臣”座谈会，并摄制电视专题片《打天下功臣》，在县电视台播放。

10月27日晚，迎重阳老干部歌舞晚会在体育场举办。

10月，襄汾县委老干部局建立体检制度。规定每年重阳节期间，为全县离休干部进行免费体检，并建立老干部健康医疗档案。

是年，县委老干部局在局内组织“四个一”服务活动。“四个一”即：接待老干部要做到“来时问一声好，倒一杯茶，让一个座，走时道一声再见。”

是年，清理老干部“两费”拖欠336840元，其中离休金149917元，医疗费186923元。

是年，县委老干部局赠送老干部《心脑血管疾病的饮食预防和诊疗》300册。

是年，县委老干部局组织全体离退休干部参加省委老干部局举办的学习邓小平理论和党的十五大文件知识竞赛，获组织奖牌和奖杯。

是年，老干部华尔兹舞和筷子舞入选全县改革开放20年回顾文艺会演。

是年，亢思聪领头成立社区教育委员会，为襄汾二中筹措经费30余万元，购置了电化教学设备，为18个班配置“四机一幕”。并在各班成立家长委员会，为教育青少年创出一条新路。

是年，郭成家等5名老干部组成老干部讲师团，经常深入到各乡镇、各县直单位宣讲邓小平理论、十五大报告、法律法规等，共宣讲30余场，受教育者达3000人。

是年，尉建华被山西省总工会评为“山西省模范工会积极分子”，被全国总工会评为“全国处理劳动争议先进工作者”。

是年，李天民、尉建华、王立义、米钦录等老干部组成“三跨大桥”建设监督组。

是年，亢思聪、张如恒、郭成家等老干部组成“修复塔儿山宝塔顾问团”。

是年，老干部段培文组织成立曹家庄乡盘道村老年协会。

1999年

1月，县财政拨款3万元，对微利、亏损企业和家庭生活困难的离休干部给予特殊生活补助。

2月，张治文、邱小林撰写的记述邱文选事迹的《鞠躬尽瘁老骥心》在《交流》发表。

3月19日，在全区老干部局长会议上，襄汾县委老干部局被授予“百日活动”先进集体。

5月28日，张礼乡老干部活动中心成立。

6月，1948年前参加工作的42名企业离休干部工资转由县财政发放。

9月，县委老干部局聘请县医院大夫胡奎明、郝松武、梁登仁为全县老干部健康顾问。

9月，为庆祝新中国成立50周年，县委老干部局组织举办了“打天下功臣”座谈会、文艺晚会、茶话会、书画展、乒乓球赛、篮球表演赛、门球赛、象棋赛等活动。

10月18日，县调整关工委班子，杨志威、刘英亭任主任。

11月15日，县委老干部局聘请南开大学药物研究中心主任给全县老干部讲授保健知识。

11月，县委老干部局开展“讲学习、讲政治、讲正气”为主要内容的“三讲”教育活动。至2000年1月活动结束。

11月，在山西省老干部工作“双先”表彰会上，襄汾二中社区教育委员会被评为离退休干部工作先进集体，尉建华被评为离退休干部先进个人。

12月，张治文被评为《山西省老干部工作》优秀宣传通讯员。

是年，县委老干部局被省委老干部局评为先进老干部工作部门和《山西老年》杂志发行先进单位；被县委、县政府评为辉煌20年文艺会演先进单位和庆“三八”文艺会演优秀奖。老干部党支部被县委评为“争三优”先进党支部。

是年，县委老干部局在全县开展老干部好老伴、好子女、好儿媳和关心老干部的好领导评选活动。

是年，县委老干部局组织老干部参加省老干部局举办的老年科学保健知识竞赛。

是年，县关工委获临汾地区伟大旗帜读书组委会“中华魂”读书活动优秀组织奖。

是年，临汾地委、行署召开老干部工作“双先”表彰会，襄汾县受表彰的为老干部服务先进集体有：老干部局、粮食局、检察院、社会劳动保险所。离退休干部先进集体有：邓庄镇老干部党支部、襄汾二中社区教育委员会。离退休干部先进个人有：李天民、亢思聪、尉建华、邱文选、宋则忠、席绍平、赵俊杰、段培文、张善记。为老干部服务先进个人有：卢莲香、李燕丰、张百管、郑新岗、张治文。照顾老干部的好老伴、好子女、好儿媳有：杨存凤、杨丽平、高翠兰。

是年，在襄汾县老干部工作“双先”表彰会上，受县委、县政府表彰的为老干部服务先进集体有：邓庄镇党委政府、古城镇党委政府、丰盈乡党委政府、粮食局、检察院、教育局、公安局、城建局、农业局、卫生局。离退休干部先进个人有：亢思聪、李天民、尉建华、邱文选、宋则忠、席绍平、段培文、赵俊杰、张善记、郭成家、梁国璜、李宏基、曹胜才、李文光、乔泉发、张爱民。为老干部服务先进个人有：张百管、张志信、张爱民、杨水旺、孙效法、崔彩云、柴东兴、颜胜利、贾学平、张治文、朱玉德、孙学录、刘重阳、李宗玉、张满喜。照顾离退休干部的好老伴有：杨存凤、孙百花、史金枝。好儿媳有：魏心良、黄根巧、孙小平、张伶娥、乔秀娥、高翠兰。好子女有：杨丽平。

2000 年

1 月 15 日，县委书记段克己向老干部通报全县政治经济发展情况。

1 月，县老年体育爱好者协会换届，选举张如恒为第二届主席。

4 月，县委老干部局组织老干部考察城建工作。

5 月，投资 50 余万元，占地 400 多平方米的老干部活动中心开工建设。

9 月 7 日，临汾地区老干部局长会议在襄汾县召开。

9 月，县委老干部局获阅读《山西老年》百题知识竞赛组织奖。

10 月 6 日晚，县委老干部局在中心广场举办老干部文艺晚会。

10 月 10 日，新城镇南村籍离休干部、营口市关心下一代工作委员会委员、雷锋战友马天保到赵曲中学举行革命传统教育报告会。

12 月 6 日，襄汾县老年学学会成立。孟精华任主席。

12 月，张忠元任县委老干部局副局长。

是年，为全县 200 余名解放战争时期参加革命工作的离休干部发放护理费。并将 1949 年参加工作的 59 名企业离休干部的工资转由财政发放。

是年，县委老干部局制定印发《襄汾县老干部行为规范》。

是年，县委老干部局实行“周报工作制度”，印制“周报工作表”，每周一由工作人员填好上周工作情况，经分管领导签字、局长审阅、办公室整理汇总，月末按出勤和工作实绩进行奖惩。

是年，县委老干部局先后组织以会代训 10 次，对机关工作人员和乡镇老干部协理员进行业务知识培训。

是年，县财政拨款 3 万元，对特困企业和家庭生活困难的离休干部予以特殊生活补助。

是年，老干部医药费实行“社会统筹，财政补贴，分组管理，定点医疗”的管理机制。

2001 年

1 月 15 日，县委书记徐树荣向老干部通报全县经济社会发展情况。

5 月 15 日，县委老干部局组织全县老干部举办“党的知识”竞赛。

5 月，太极拳辅导站被省老年体协评为“山西省老年人体育健身先进指导站”。

6 月 30 日，县委老干部局组织举办老干部迎“七一”书画展。

7 月 15 日，县长陈玉士向老干部通报上半年工作和下半年经济建设计划。

7 月，县委老干部局获中央组织部老干部局、总政干部部老干部局、党建读物出版社、中国老年报社纪念中国共产党成立 80 周年党的知识竞赛活动优秀组织奖。

9 月，老朋友聊天会成立。段培武任会长，马玉胜任秘书长兼副社长。

10 月 31 日，县委老干部局领导班子成员到晋城考察“四县一区”老干部医药费管理办法。

11 月，县委老干部局获《中国老年报》“氧立得”氧疗与氧保健知识竞赛组织奖。

2002 年

4 月 4 日，县委老干部局组织全局工作人员到洪洞县参观考察老年大学。

4月8日，浪泉乡黄崖村老年协会成立。老干部孟贵柱任会长。

4月13日，县老区建设促进会换届，亢思聪任第二届会长。

4月18日，聂水生、张治文撰写的《襄汾县保障离退休干部生活待遇落实》在《临汾日报》刊登。

5月，县老干部活动中心建成投入使用。

5月，县老年舞蹈爱好者协会换届，协会领导由主席改称会长，李天民连任第二届会长。

6月29日晚，县委老干部局组织举办老干部迎“七一”歌舞晚会。

6月，《襄汾县党政机关机构改革方案》下发，确定了县委老干部局主要职责、工作任务、人员编制和领导职数。

7月，襄汾县老年大学成立。校长杨志威，副校长张志勇、聂水生、杨耀水、张忠元。

12月13日，在全省老干部工作“双先”表彰会议上，聂水生被授予“全省先进老干部工作者”称号。

12月24日，县委常委扩大会议研究通过《襄汾县离休干部医药费管理办法》。

是年，县老年体协被省老年体协评为“老年体协工作先进集体”。

是年，张治文撰写的记述老干部李天民事迹的《舞曲响在第二春天》在《山西老干部工作》刊登。

2003年

1月，《襄汾县离休干部医疗费管理办法》执行。主要内容是：老干部局负责管理；门诊费定额，每季度初发放一次；住院费实报实销，每半年报销一次。

3月，老朋友聊天会更名为老松树文化社。段培武任社长。

7月，襄汾县委老干部局荣获全省老干部知识竞赛组织奖。

7月，开展评选模范老干部和先进老干部团体活动。亢思聪、尉建华、郭成家等15名离退休干部被县委评为模范老干部，老促会、关心下一代委员会等被评为先进老干部团体。

8月23日，金秋艺术团成立（又称老年合唱团）。张登荣任团长。

是年，组织开展第十届为老干部“送温暖、办实事、抓落实”深化服务百日活动。

是年，县老年体协被全国妇联和国家体育总局评为“全国群众体育示范点”。

是年，宋则忠、王泽培、邓玉英分别被省老年体协评为“先进工作者”。

是年，县委老干部局开展学习贯彻“三个代表”重要思想活动。

是年，襄汾县委老干部局卫生所成立。为离休干部提供看病、输液、打针、量血压等免费服务。

是年，县委老干部局在县委、县政府的统一安排部署下，实施各项防范“非典”措施。一是为全县离休干部购买发放预防“非典”中药；二是召开各老干部团体领导人会议，安排部署预防工作；三是发放预防手册，老干部人手一册。

是年，老促会与开发办联合出版《构筑现代农业》一书。

是年，县委老干部局开展“树组工形象”活动。

是年，全县清欠“两费”50余万元。

是年，县委老干部局举办了迎国庆书画展、重阳节文艺联欢会、座谈会等活动。

2004年

1月15日，县委书记陈玉士向老干部通报全县经济和社会发展情况。

1月，老年合唱团换届。选举王民为第二届团长。

4月15日，县委组织老干部参观考察全县重点企业。

7月15日，县长乔建军向老干部通报上半年工作和下半年工作思路。

7月，县老年书画研究会换届。选举狄西海连任第二届会长。

7月29日，成立县重点工程老干部督查组。亢思聪任第一组组长，孟精华任第二组组长。

8月1日，县委老干部局组织全局工作人员赴西柏坡参观学习，进行革命传统教育。

11月，县老区建设促进会换届。亢思聪连任第三届会长。

11月，中共中央组织部授予县老促会会长亢思聪“全国老干部先进工作者”称号。

2005年

1月8日，市委书记张茂才、市委组织部部长郑连生看望全国老干部先进工作者亢思聪。

4月20日，县委老干部局成立襄汾县老干部医疗办公室。主任杨丽娟。

7月，省老年体协在太原举办健身操大赛，县老年体育爱好者协会获中年组优秀奖。

8月11日，县委老干部局组织老干部参观县“纪念抗日战争胜利60周年暨丁陶文化展览”。

8月30日，给参加过抗日战争的老干部颁发纪念抗日战争60周年纪念章。

9月1日，县委老干部局组织召开全县抗战老战士座谈会。

9月，老松树文化社换届，马玉胜任第二届社长。

12月20日，县关工委班子调整。孟精华任第三届主任。

是年，县委老干部局党支部开展保持共产党员先进性教育活动。

是年，县委老干部局在老干部中开展“为构建和谐社会再立新功”活动。

是年，县先后组织成立老干部“五化”工程监督队和保持共产党员先进性教育活动巡视督导组。

是年，县组织老干部参观全县文化发展展览和工农业重点项目建设。

是年，侯家坡、陈柴社区两个门球场建成。

是年，县委老干部局开展“两个引深”活动，即引深学习贯彻十六届四中、五中全会精神，引深老干部在“三个文明”建设中发挥作用活动。

2006年

3月，县委老干部局荣获第六届“捷通广告杯”阅读《山西老年》百题知识竞赛组织奖。

5 月，县老年体育爱好者协会被省老年体协评为“山西省农村老年体育带头单位”。卫荷花被评为先进个人，并出席全省体育经验交流会。

8 月，张治文任县委老干部局副局长。

8 月，邱文选《史坛耕耘集》出版。

8 月，县老年书画研究会召开换届大会。选举王民为第三届会长。

9 月，县关工委班子第三次调整。高俊峰任专职常务副主任。

9 月，中国老年学学会在北京召开学会成立 20 周年庆祝与表彰大会，襄汾县老学会获“中国老年学先进集体奖”。

是年，县委老干部局举办纪念长征 70 周年书画展。

是年，县委老干部局与老松树文化社联合编辑出版《我们的退休生活》。

是年，县委老干部局开展评选健康老人活动，评选出 136 位健康老人，为他们发放了“健康老人证书”和奖金。

是年，老干部门诊费由每人每月 60 元调整为 75 元。

是年，县老区建设促进会建成襄汾县第一个有完整记载的党支部——邓曲党支部纪念亭，开辟了又一个爱国主义教育基地。

是年，县关工委荣获全国“中华魂”（崇尚真善美，学做诚信人）主题教育读书活动“优秀组织奖”；山西省“中华魂”主题教育读书活动“优秀组织奖”。

是年，县委老干部局在全体老干部中开展了“争当进军全国百强县中的模范老干部”活动。

2007 年

3 月 30 日，县委老干部局荣获临汾市老干部首届“友谊杯”象棋赛优秀奖。

4 月 8 日，由县委老干部局、县老年书法家协会合编的《襄汾书画集》出版。王民为主编。

4 月 24 日，“纪念临汾市老年书画研究会成立 20 周年暨襄汾现场会”举办。

5 月，贾红利任县委老干部局纪检组组长。

6 月 18 日，县委老干部局举办《襄汾书画集》发行仪式。

7 月，省老年体协在榆次举办柔力球大赛，县柔力球协会组队参赛，获第三名和团体金奖。

7 月，为纪念中国共产党成立 90 周年，县委老干部局开展慰问老干部活动，并举办了文艺晚会。

8 月 8 日，老年体协召开成立 20 周年纪念大会。

12 月，县柔力球代表队参加在广州举办的首届“天泽杯”国际柔力球大赛，获第五名和团体优胜奖。邓玉英、孙爱梅获双人表演优秀奖。

是年，县关工委荣获山西省“中华魂”（团结互助友爱，共建和谐社会）主题教育活动优秀组织奖。

2008 年

3 月，贾红利、马惠杰被评为全市老干部工作先进个人。

3 月，襄汾县老年书画研究会改称襄汾县老年书画家协会。

5 月 16 日，县委老干部局组织开展“心系汶川，情牵灾区”抗震救灾捐款活动。全局干部职工 12 人捐款 3800 元。

5 月 23 日，县委老干部局组织全县副处级以上老干部及家属赴山东等地考察。

5 月，老年合唱团换届。选举卫廷杰任第三届团长。

6 月 27 日，襄汾县委组织部、县委老干部局共同举办的“庆七一迎奥运”文艺演出在襄汾大礼堂举行。县四套班子领导及全县 1000 余名离退休干部观看。

7 月，老年书画家协会换届，选举臧大海为第三届老年书画家协会主席。

8 月 3 日，县老年体育爱好者协会换届，选举韩保全为第三届主席。并在全县 13 个乡镇组建老年体育爱好者协会。

9 月 1 日，襄汾县老年大学计算机培训第一期三个班开班，开始对全县 3000 余名离退休干部分期、分批培训。县委常委、组织部部长毛跟云参加开班仪式。

12 月 30 日，县委老干部局举办老干部迎春书画展。徐树荣等四套班子领导出席开幕仪式并参观展览。

是年，曹文敏获山西省老年学学术研究成果突出贡献奖，孟精华、张登荣获山西省老年学先进个人奖。

2009 年

1 月 1 日，离休干部的生活补贴开始执行。

1 月，离休干部的门诊费由每人每月 75 元提高为 90 元。

2 月，古城镇、南辛店乡、襄陵镇被临汾市老年书画家协会评为“老年书画之乡”，并颁发荣誉牌匾。

5 月，县老年书画家协会会员、剪纸名家张满喜应邀到韩国交流。

6 月，县委老干部局和县老年书画家协会联合印发《关于开展创建“老年书画之村”活动的意见》。

6 月，李景文筹办“景云书画社”。并举办“个人书法展”，展出作品 108 件。

9 月 25 日，县委老干部局、县老年书画家协会在老干部活动中心联合举办庆祝中华人民共和国成立 60 周年书画展暨《丁陶墨韵》发行仪式。

9 月 29 日，门球协会举办“庆国庆六十周年华诞”门球赛。

9 月，书画家协会常务副主席柴聚才被评为全省离退休干部发挥作用先进个人，受到省委、省政府表彰。

9 月，临汾市老年体育爱好者协会举办第三套健身秧歌大赛，县秧歌代表队名列第一名，获团体优胜奖。

9 月，郭成家被临汾市委、市政府评为离退休干部先进个人。

9月，孟精华应邀参加国家老年学学会在安徽芜湖召开的先进集体代表会，并在会上作“坚持服务‘六个老有’研究方向”的经验发言。

10月，山西省老年书画家协会授予襄汾县“山西老年书画之县”称号。

是年，梁铁锁帮助新城镇沙女沟村挖掘整理的《四句秧歌》，被列为山西省非物质文化遗产普查“十大发现”之一。

是年，县关工委荣获山西省“中华魂”（祖国在我心中）主题教育活动先进集体奖。

是年，席韶望以《周易》的观点对世界发展趋势进行探索，写出论文《21世纪可能是中国人的世纪》。该文获国际优秀论文奖、一等奖和特等奖，被编入《和谐之光》（理论成果卷）《中国科学发展论文集萃》《中华风云人物高峰论坛获奖文集》等近40本书中。

2010年

5月，柴明珠任县委老干部局局长，毛俊峰任县委老干部局党支部书记，贾红利任县委老干部局副局长，赵彩虹任县委老干部局纪检组组长。

6月，全国关心下一代工作委员会、中央精神文明建设指导委员会联合授予县关工委秘书长尉建华全国关心下一代“先进工作者”称号。

6月，省体育局举办山西省第十三届全民运动会，县柔力球队代表临汾市参赛，获铜牌奖。

9月，张满喜创作的剪纸作品《祖国万岁》在韩国交流展出，荣获一等奖。

10月，举办全县老年重阳节书画展，参展作品120余幅。并举办国庆节广场舞会、音乐会、歌唱会。

是年，先后组织开展“争创先进”活动，“爱我襄汾、树我形象、建我家乡”活动，“讲奉献、做贡献”活动。

是年，县老年舞蹈者协会换届，选举张耀华为第三届会长。

是年，县关工委荣获山西省“中华魂”（中国精神颂）主题教育活动先进集体奖。

是年，老干部文化讲座在交通大厦会议厅举办。邀请中国科学院教授何驽讲解襄汾县悠久的文化历史和深厚的文化底蕴。

2011年

3月，县老年合唱团换届。选举刘淑宽为第四届团长。

4月28日，县委老干部局在县城中心广场举办“忆党情·颂党恩”为主题的庆祝建党90周年大型文艺晚会。

4月，组织老干部参观考察滨河公园、晋作家具文化产业——唐人居，让老干部进一步了解襄汾县悠久的文化历史及转型发展的成果。

6月，县委老干部局举办“向杨善洲同志学习，做人民满意的好党员、好干部”座谈会。

6月，在纪念中国共产党成立90周年之际，县委老干部局组织对离休干部党员进行了登门慰问，并印发了中央组织部的慰问信。

7月，县委老干部局举办“庆‘七一’·颂党恩”书画展。

7月，县委老干部局出版《丁陶大地夕阳红》一书。全书收集9个老干部团体及82名离退休干部发挥作用的事迹。

9月28日，根据临财综〔2010〕1号文件规定，补发离休干部24个月的生活补贴。

10月，县委老干部局举办老干部门球、象棋赛。

11月，退休干部张满喜剪纸艺术作品展暨《剪纸作品集》发行仪式在老干部活动中心举办。

12月31日，县老年体育爱好者协会换届，张青云任第四届主席。

12月，襄汾县“四就近”工作，被临汾市委老干部局评为老干部工作创新项目。

是年，县关工委荣获山西省“中华魂”（学党史、颂党恩、跟党走）主题教育活动先进集体奖；获临汾市妇女联合会“未成年人思想道德建设工作先进集体奖”。县老年学学会获山西省老年学学会先进单位奖。

2012年

1月8日，县委老干部局创办《襄汾县老干部工作通讯》。

1月9日，县四大班子领导慰问副县级以上离退休干部。

2月15日，县委老干部局召开“话新年颂党恩”座谈会。

2月26日，县委老干部局全体干部职工参加北贾村夕阳红老年活动中心成立十周年庆祝会。

2月26日，县委老干部局组织成立老干部健康咨询委员会。

3月15日，县委老干部局组织老干部参观新城镇500亩红枣经济林园区和滨河公园。

4月6日，县委老干部局组织老干部参加国税局第21个税收宣传月活动启动仪式。

4月15日，县委老干部局组织老干部学习解黎明先进事迹。

4月25日，柴明珠离职，王稳锁任县委老干部局局长，兼县委组织部副部长。

5月，县老年书画家协会换届，柴聚才任协会第四届主席。

5月，老松树文化社换届，马玉胜任第六届社长。

5月14日，全县发放451名离休干部拖欠待遇849549元。

5月15日，县委老干部局局长王稳锁主持召开老干部座谈会。

5月20日，县委老干部局局机关购置复印机、打印机、计算机等办公设施。

5月30日，老年大学乐理班开课。

6月12日，省政协原主席郭裕怀，省军区原司令员董云海，省人大常委会原副主任孟立正、王民、白陞，省政协原副主席刘波、宋绍华、靳承序、吴慧琴、聂向庭、徐大毅、闫爱英，省高级人民法院原院长赵耀仁，省人民检察院原检察长左祥等省级离退休老干部深入我县万亩丁村白莲燕村核心区、滨河公园等地，就我县现代农业、城镇化发展等内容进行调研。省委组织部副部长、老干部局局长陈跃钢、副局长郑兰珍，市委常委、组织部部长张明星，县委书记王国平，县政协主席王建中，县委常委、组织部部长王志宏，县委常委、县委办主任范志军，县委组织部副部长、老干部局局长王稳锁及省市县相关部门负责人陪同。

6月15日，县委老干部局举办纪念干部离退休制度出台30周年座谈会。

6月25日，县委老干部局装修办公室、活动中心、活动室等，至7月19日装修结束。

6月，在全省老干部工作“双先”表彰会上，西贾乡离退休干部党支部被评为全省创先争优先进集体，县委老干部局副局长张治文被评为全省老干部工作先进个人。

7月15日，县委老干部局组织老干部参观考察燕村农业园区。

7月30日，为破产企业原南辛店供销社离休干部张青海、贾文科解决历年拖欠工资59856元。

8月15日，老年大学举办心理健康与长寿知识讲座。

9月4—8日，县委老干部局组织全县离休干部和担任过实职的副县级退休干部体检。

9月17日，县委老干部局组织县团级老干部参加“首届中国·陶寺帝尧文化旅游节”开幕式。

9月24日—10月9日，县委老干部局举办首届老干部运动会。

9月27日，县领导对担任过实职的县团级离退休干部进行中秋节慰问。

9月，县委老干部局与东方银龄远程教育学校合作，在老年大学开设远程教育课堂。

10月9日，由县委老干部局、华鑫纺织有限公司、县老年书画家协会主办的“华鑫杯·喜迎十八大”老年书画展开幕。

10月15日，县委老干部局组织50余名老干部参观西贾双龙湖国家湿地公园。

10月23日，县委老干部局组织南辛店乡北贾村夕阳红老年中心40余人参观丁陶广场和丁村民居博物馆。

11月8日，县委老干部局组织全体干部职工收看十八大开幕盛况。

11月13日，临汾市老干部工作观摩团到县，观摩指导北贾村夕阳红活动中心和亚太小区“四就近”示范点。

11月28日，县委老干部局为离休干部赠送《十八大报告资料》和新《党章》。

12月15日，老干部例会上，宣布提高门诊费标准和缩短医药费报销周期，从2013年1月执行。

2013年

1月31日，县关工委调整领导班子，李志学任第五届主任。

1月，离休干部门诊费由每人每月90元调整为每人每月120元。住院费由半年报销一次调整为一季度报销一次。

1月，县委老干部局慰问代管离休干部。

2月2日，县老区建设促进会换届，田文阳任第四届会长。

2月5日，县四大班子领导慰问担任过实职的县团级离退休干部。

2月17日，老干部新春茶话会在老干部活动中心举办。

3月15日，县老年大学举办老干部养生知识讲座。

3月18日，县老年学学会换届，孟精华连任主席。

3月25日，李富积作品邀请展在老干部活动中心开展。

4月，县委老干部局建成离退休干部信息库，同时建立手机短信平台。

4月，县委老干部局局长王稳锁被临汾市关心下一代工作委员会评为先进工作者。

5月15日，县委老干部局组织老干部参观星原钢铁集团有限公司、景毛乡堡头村奥格姆食用菌园区。

6月15日，县老年大学举办夏季养生保健知识讲座。

6月27日，县委老干部局、老年合唱团在丁陶科技报告厅举办庆“七一”文艺晚会。

7月5日，县老年合唱团成立十周年座谈会在老干部活动中心召开。

7月8日，县老年大学诗词楹联班开班。

7月，襄汾县“三建三卡三机制”创建示范小区项目，获临汾市2012年度老干部工作创新项目。

7月，县委老干部局在全省离退休干部学习贯彻十八大精神知识竞赛中获集体组织奖。

8月，县委老干部局网站上线运行。

8月14日，襄汾县老龄人才开发协会成立。田文阳当选为会长。

8月27日，临汾市老年书画家协会主席张北管到县参观指导。

9月5—8日，县委老干部局组织离休干部和担任过实职的县团级退休干部在县医院体检中心体检。

9月，老年合唱团换届，刘淑宽连任第五届团长。

9月6日，省委老干部局生活待遇处处长王文光到县调研“四就近”工作。

9月15日，县委老干部局组织老干部参观尧京葡萄酒庄和广奇现代农业园区。

9月20日，“丁陶墨韵书画展”在临汾市老干部活动中心举办。县委书记王国平，县委常委、组织部部长王志宏，县委常委、宣传部部长杨建廷，县委办主任范志军参加开幕式。

9月22日—10月10日，县委老干部局组织举办第二届老干部运动会。

10月，县委老干部局在全县开展敬老月系列活动。

11月1日，市级文明单位验收组到县委老干部局验收文明单位创建工作。

11月15日，县委老干部局组织离退休干部学习十八届三中全会精神。

11月25日，县委老干部局全体干部职工集中收看中央宣讲团在山西举行的党的十八届三中全会精神报告会。

11月，县委老干部局“四就近”创新项目“一组、五室、六有、五送”工作法荣获全省老干部工作创新项目。

12月17日，临汾市委老干部局督察组到县督查老干部工作。

12月20日，县委老干部局组织举办以“孝老爱亲”为主题的第一期道德大讲堂。

是年，县委老干部局开展“夯实基础管理，落实工作责任”，创建“学习型、服务型、创新型”机关活动。

是年，在县档案局专业人员的指导下，县委老干部局对全部档案资料进行收集、清理、分类、登记、装订，形成永久档案67卷、长期档案68卷、定期档案111卷，各类档案共计246卷（册）。设专职档案员，配置铁门、铁柜，建立起符合标准的档案室，达到山西省三级标准。

是年，中共山西省委老干部局网站全年采用襄汾县信息145条，名列全省县级第一位。

是年，县委老干部局建立帮扶机制，开展帮扶活动。设立专项资金 10 万元，全年帮扶离退休干部及遗孀 50 余人。

2014 年

1 月 14 日，县委老干部局组织慰问代管离休干部。

1 月 23 日，县四大班子领导慰问担任过实职的县团级离退休干部。

2 月，县委老干部局被临汾市文明委评为市级文明单位。

3 月 5 日，县委老干部局组织干部职工在中心广场参加“学雷锋志愿服务队”活动，免费发放老年人春季保健知识资料。

3 月 24 日，县委老干部局召开党的群众路线教育实践活动动员大会。

3 月，县委老干部局建立的一条龙通讯报道模式被推介为 2013 年度临汾市老干部工作创新项目。

4 月 15 日，县委老干部局组织老干部参观滨河小区、授时公园、振兴路小区和丁陶大道等县城重点建设项目。

4 月 17—18 日，县委老干部局组织举办离退休干部象棋比赛。

5 月 13 日，县委老干部局召开向县级离退休干部征求群众路线教育实践活动意见会议。

5 月 14 日，临汾市委老干部局副局长李保恩到县委老干部局讲党课。

5 月 15 日，县委老干部局组织 50 余名离退休干部参观侯临农业科技有限公司和襄陵镇现代农业示范园区。

5 月 16 日，县委老干部局举办以“助人为乐”为主题的第二期道德大讲堂。

5 月 16 日，退休干部房桂花到市委老干部局作先进事迹报告。

5 月 19 日，县委老干部局班子成员到住村联系点——南辛店南吝村进行调研。

6 月 15 日，老年大学举办预防癌症知识讲座。

6 月 25 日，县委老干部局邀请中国书法家协会会员、山西师大宣传部副部长张忠民为老干部讲授书法知识。

6 月 29 日，县委老干部局、老年合唱团举办庆七一联欢会。

7 月 2 日，县委老干部局组织部分担任过县级正职的退休干部参观重点工程项目汾河大坝、滨河东路、建滔万鑫达焦化公司、尧京葡萄酒庄。

7 月 31 日，县委老干部局同县武装部共同组织，老年合唱团承办的庆八一专场文艺晚会在丁陶广场举办。

8 月 19 日，县委老干部局召开党的群众路线教育实践活动专题民主生活会。

9 月 3 日，临汾市直部分离退休干部到县参观重点工程项目荷花公园、汾河生态治理等。

9 月 9—12 日，县委老干部局组织离休干部和担任过实职的县团级退休干部在县医院体检中心体检。

9 月 29 日，县四大班子领导、县委老干部局工作人员分组慰问新中国成立前参加工作的老干部、老党员 164 人，给每人发放慰问金 500 元。

9月，县委老干部局组织举办庆祝新中国成立65周年书画小品展等。

10月9—30日，县委老干部局组织举办第三届老干部运动会。

10月15日，县委老干部局组织老干部参观古城镇美丽宜居示范村建设和农业综合开发高标准农田示范项目。

10月23日，县委老干部局班子成员到南辛店乡南吝村慰问贫困户。

10月24日，县委老干部局举办以“敬业奉献”为主题的第三期道德大讲堂。

10月29日，县委老干部局召开党的群众路线教育实践活动总结大会。

10月，县委老干部局被临汾市精神文明建设指导委员会办公室和临汾市老龄工作委员会评为临汾市敬老助老模范单位。

10月，县关工委编辑出版《五老情缘》一书。

11月14日，县委老干部局邀请中国音乐家协会会员马小光为老年合唱团进行乐理和指挥知识讲座。

11月15日，县委老干部局组织离退休干部学习党的十八届四中全会精神。

11月20日，县委老干部局、县科协、民革襄汾县总支联合举办关于心脑血管疾病防治的健康科普知识讲座。

12月1日，县委老干部局组织全体干部职工学习全国离退休干部先进集体和先进个人表彰大会精神。

12月2日，县委老干部局举办以“见义勇为”为主题的第四期道德大讲堂。

12月26日，县委老干部局召开群众路线教育学习讨论落实活动动员大会。

12月，县委老干部局对107名特困离退休干部及遗孀进行帮扶，发放帮扶资金11.3万元。

是年，《临汾市老干部工作信息》全年采用襄汾县信息27篇，名列全市第二位。

2015年

1月，离休干部门诊费由每人每月120元提高为每人每月150元。

2月2日，县委老干部局组织慰问代管离休干部。

2月11日，老年合唱团应邀参加“金羊贺岁”春节联欢晚会。

2月13日，县四大班子慰问担任过实职的县团级离退休干部。

3月4日，县委老干部局班子成员到临汾参加离休干部原县政协副主席唐德辉百岁寿庆。

3月6日，临汾市委老干部局副局长李保恩、生活待遇科科长郭临平到县调研群众路线教育学习讨论落实活动情况。

3月9日，县委老干部局组织举办廉政教育讲座。

3月30日，县委老干部局传达临汾市老干部工作会议精神，明确全县老干部工作重点，及时调整工作目标。

3月31日，县委老干部局传达晋老发〔2015〕2号《关于组织全省离退休干部开展“为党和人民事业增添正能量”活动的通知》精神，并就活动开展进行安排部署。

4月4日，县委老干部局组织党员干部和老松树文化社40余人到襄汾烈士陵园和贾罕烈士纪念碑祭奠先烈。

4 月 22 日，离退休干部党支部书记培训工作会在老干部活动中心会议室召开。

4 月 30 日，县委老干部局组织举办以“助人为乐”为主题的第五期道德大讲堂。

4 月，县委老干部局慰问易地安置在外省的离休干部关桂荣。

5 月 15 日，县委老干部局在老干部活动中心举办养生保健知识讲座。

6 月 15 日，县委老干部局组织离退休干部集体收看全国离退休干部“双先”代表巡回宣讲临汾报告会光盘。

6 月 16—19 日，县委老干部局组织参加临汾市第四届运会老年乒乓球比赛，获“体育道德风尚奖和男子团体金奖”。

6 月 26 日，县委老干部局举办以“孝老爱亲”为主题的第六期道德大讲堂。

7 月 1 日，县委组织部副部长、老干部局局长王稳锁带领 3 名工作人员走访慰问部分乡镇的老党员。

7 月 8 日，县委老干部局组织百名老干部参观燕村荷花公园。

7 月 13 日，县委老干部局组织传达学习全省离退休干部暨老干部工作先进集体和先进个人表彰大会精神。

7 月 27 日，县委老干部局组织全体干部职工学习《学习贯彻习近平总书记等中央领导同志在“双先”表彰大会上重要讲话精神宣传提纲》和《为党的事业增添正能量活动宣传提纲》。

7 月 28 日，县委老干部局组织全县 23 个离退休干部党支部的支部书记及相关负责人，传达学习“两个提纲”。

7 月 29 日晚，由县委老干部局、县人武部主办，县老年合唱团承办的纪念中国人民抗日战争胜利 70 周年文艺晚会在丁陶广场演出。

8 月 16 日，县老年合唱团到古城镇关村进行文化下乡演出。

8 月 24—26 日，县领导王国平、张瑜庆、张拽牛、王建中、苏嘉邦、范志军等分别慰问抗日战争时期参加工作的 7 名老干部，并送去慰问金。

8 月 25 日，县委老干部局在老干部活动中心举办纪念抗日战争胜利 70 周年书法展。县委常委、宣传部长杨建廷出席开展仪式。县委书记王国平，县委常委、县委办主任范志军参观展览。

9 月 16—19 日，县委老干部局组织离休干部和担任过实职的县团级退休干部在县医院体检中心体检。

9 月 22 日，襄汾县第四届老干部运动会在县老干部活动中心举行开幕式。

10 月 20 日晚，县委老干部局、县老年合唱团在县城中心广场举办“金秋放歌　圆梦中华”文艺晚会。

10 月 23 日上午，襄汾县委老干部局在老干部活动中心召开第四届老干部运动会总结表彰大会，并为获奖运动员颁发获奖证书。

10 月 25 日，县老年大学举办以廉政文化为主题的第七期道德大讲堂。

11 月 20 日，全县离退休干部网络宣传员第一期培训班在县老干部活动中心会议室举办。

12 月 7 日，老年合唱团在西贾乡东毛村举办“邻里守望　姐妹互助”巾帼服务活动文艺表演。

12 月 18 日，县委老干部局举办以“孝老爱亲”为主题的第八期道德大讲堂。

12 月 29 日，县委老干部局与老年合唱团联合举行庆元旦联欢会。

12 月，县委老干部局对 57 名特困离退休干部及遗孀进行帮扶，发放特困帮扶资金 10.9 万元。

2016 年

1 月 22 日，县委老干部局同县文明办慰问道德模范曹文敏、王泽培。

1 月 28 日，县委老干部局领导班子走访慰问南辛店乡南吝村 5 户贫困户。

2 月 1 日，县委老干部局慰问代管离休干部。

2 月 3 日，县四大班子领导慰问担任过实职的县团级离退休干部。

2 月 15 日，县委老干部局组织全体人员传达学习中共中央办公厅、国务院办公厅《关于进一步加强和改进离退休干部工作的意见》。

2 月 23 日，县委老干部局被县委县政府评为优秀单位。

3 月 8 日，县委老干部局为荣获市妇联“最美金婚夫妇”的 4 对金婚夫妇进行颁奖。

3 月 21 日，县委老干部局传达学习全省老干部工作会议精神，并对局 2016 年工作作了安排部署。

3 月 25 日，县委老干部局、老年书画家协会联合举办书法讲座。

3 月 28 日，县委老干部局传达学习临汾市老干部工作会议精神，明确全县老干部工作重点，及时调整工作目标。

3 月 29 日，县委老干部局举办以“热爱祖国”为主题的第九期道德大讲堂。

4 月 25 日，县委老干部局同老年书画家协会在第三小学召开“书法进校园”现场会。

5 月 23 日，县委老干部局召开第一次工会会员大会，选举产生第一届工会委员会委员和第一届工会经审委员会委员。杨丽娟当选为工会主席。

6 月 3 日，县委老干部局组织老松树文化社 20 余名离退休干部参观陶寺遗址公园。

6 月 6 日，县委老干部局召开全体干部职工大会，开展向“王焕杰同志学习”活动。

6 月 21 日，县委老干部局举办以“敬业奉献”为主题的第十期道德大讲堂。

6 月 22 日，由县委组织部、县委宣传部主办，县委老干部局、县老年合唱团承办的纪念中国共产党建党 95 周年“庆七一文艺晚会”在丁陶文化广场举行。

6 月 25 日，由县委老干部局、老年书画家协会主办的纪念中国共产党成立 95 周年暨红军长征胜利 80 周年书画展在老干部活动中心开幕。

7 月 20 日，县老松树文化社举办首届民间读书交流会。

8 月 1 日，县委老干部局组织全体人员学习省委组织部副部长、老干部局局长陈跃刚在各市老干部局长座谈会上的讲话。

8 月 3 日，襄汾县关工委荣获全省“中华魂”主题教育活动举办 20 周年优秀组织奖。贾怀保荣获“特殊贡献奖”。杜玉柱荣获“爱心奉献奖”。

8月4—6日，县委组织部副部长、老干部局局长王稳锁参加襄汾县第十三届党代会，被选为县委候补委员。

8月11日，由省委老干部局副局长张晓光带队的省委老干部局调研组，在临汾市委老干部局局长李志敏、副局长刘月明的陪同下，到县委老干部局就“我看从严治党新气象”进行调研。

8月12—15日，县委老干部局党支部书记毛俊峰参加县政协第十四届委员会第一次会议。

9月5日，受市文明办的委托，襄汾县委宣传部副部长、县文明办主任张生祥为县委老干部局举行“市级文明单位标兵”授牌仪式。

9月6日，临汾市委老干部局副局长李保恩、生活待遇科科长郭临平在县委老干部局局长王稳锁的陪同下到襄汾县手工布艺生产地进行调研。

9月6—9日，县委老干部局组织离休干部和担任过实职的县团级退休干部在县人民医院体检中心体检。期间，县委常委、组织部部长傅德明、副县长张淑玲到医院看望。

9月9—13日，县委老干部局组织宇彤布衣、丁村土布、赵康绣球参加山西省第十届老年产业博览会。

9月13日，县委老干部局举办以“诚实守信”为主题的第十一期道德大讲堂。

9月20日，第五届老干部运动会在县城中心广场开幕。县委常委、组织部部长傅德明致开幕词。

9月25—28日，县委组织部副部长、老干部局局长王稳锁参加临汾市第四次党代会。

9月30日，重阳节前夕，县委老干部局走访慰问本局10名退休人员。

10月6日，县委老干部局应邀到北相李村参加离休干部李景文“庭院书法展”。

10月9日晚，由襄汾县委宣传部主办，县委老干部局、县老龄委、县文体局承办，县老年合唱团表演的“最美夕阳红”晚会在丁陶科技报告厅上演。

11月1日，县委老干部局召开第五届老干部运动会总结表彰大会，并为获奖运动员颁发获奖证书。

11月21日，临汾市委老干部局县级调研员石猛、市干休所所长高潮一行到襄汾县征求新形势下做好老干部工作的意见和建议，并重点就“不忘初心，夕阳更红”为党的事业增添正能量活动进行调研。

11月28日，县委老干部局组织全体人员学习十八届六中全会《关于新形势下党内政治生活的若干准则》。

12月12日，县委老干部局支部换届，毛俊峰再次登选为支部书记。

12月20日，县委老干部局举办冬季养生知识讲座。

12月26日，县委老干部局集中学习12月24日《人民日报》头版刊登的全国老干部工作先进集体和先进工作者表彰大会通讯以及有关社论，并开展讨论。

12月26日，县老促会在爱国教育基地尧星商贸城举办纪念毛主席诞辰123周年活动。

12月29日，县委老干部局举办以“孝老爱亲”为主题的第十二期道德大讲堂。

12月30日，县委老干部局同老年合唱团举办庆元旦联谊会。

12月，县委老干部局对35名特困离退休干部及遗孀进行帮扶，发放帮扶资金8.2万元。

第一章　襄汾县委老干部局

老干部是党和国家的宝贵财富，老干部工作是党的组织工作、干部工作的重要组成部分。1955 年，老干部工作被提到议事日程，成为县组织人事部门的工作任务之一。1978 年，老干部工作列入县委和县政府的议事日程。具体工作由组织、人事和老干部的原工作单位负责办理。1982 年 3 月，为落实《中共中央关于建立老干部退休制度的决定》，县委、县政府成立中共襄汾县委老干部工作领导组，并成立县委老干部管理组。1984 年 10 月，中共襄汾县委老干部管理组升格为中共襄汾县委老干部局，为正科级建制。其后逐步建立综合办公室、老干部活动中心、老年大学、医疗办公室等机构，到 2016 年年底，有工作人员 17 人。襄汾县老干部工作部门自成立后，注重加强组织建设、制度建设、思想作风建设和业务建设等，保障老干部各项工作的开展。本章记述县委老干部局机构沿革、内设机构及下属单位、自身建设及工作人员简介。

第一节　机构沿革

县委老干部局机关

1955 年，国务院以国秘〔1955〕第 245 号文件颁布《关于国家机关工作人员退休处理暂行办法》的命令，老干部工作被提到议事日程，成为县组织人事部门的工作任务之一。1978 年，中共中央组织部下发组通字〔1978〕40 号文件《关于加强老干部工作的几点意见》，县委、县政府认真落实，具体工作由组织、人事和老干部的原工作单位负责办理。1982 年 3 月，为落实《中共中央关于建立老干部退休制度的决定》（中发〔1982〕13 号）中“为了统筹解决老干部离退休方面的问题，各级党委的组织部门应当建立健全老干部工作机构，专司其事”的精神，襄汾县成立中共襄汾县委老干部管理组，任命杨胜茂担任副组长（主持工作），工作人员有席绍平、张满仓。同时，县委、县政府成立中共襄汾县委老干部工作领导组，由县委书记、县长担任领导组组长，分管组织的副书记和分管财政的副县长任副组长，成员由组织部、人事局

2014 年 11 月 24 日，县老龄委为老干部局赠送市文明委、市老龄委授予的“敬老助老模范单位”奖牌

等15个部门的行政负责人组成。1984年10月，中共襄汾县委老干部管理组升格为中共襄汾县委老干部局，为正科级建制。同时任命杨胜茂、李如云担任副局长，杨胜茂主持工作。1985年6月，李如云调离，任命张满仓担任老干部局副局长。1986年6月，马庙来调任老干部局局长。1997年10月，聂水生任老干部局局长。同时局内设党支部，副局长张满仓兼支部书记。2007年5月，局内设纪检组，贾红利任组长。2010年5月，柴明珠任局长，毛俊峰任党支部书记。2012年4月，王稳锁任局长。

截至2016年年底，县委老干部局内设机构及下属单位有综合办公室、老年大学、老干部活动中心、医疗保健办公室、综合办公室。有干部职工17人。其中局长1人，书记1人，副局长2人，纪检组长1人，主任科员2人，副主任科员1人，股级干部3人，一般干部和管理人员6人。支部有中共党员14人。

襄汾县委老干部局历届领导干部一览表

表1—1

职　务	姓　名	任职时间	备　注
局　长	马庙来	1986.6—1997.10	—
	聂水生	1997.10—2010.5	—
	柴明珠	2010.5—2012.4	—
	王稳锁	2012.4—	—
书　记	张满仓	1997.10—2007.4	兼副局长
	毛俊峰	2010.5—	—
副局长	杨胜茂	1984.10—1997.10	1984.10—1986.6 主持工作
	李如云	1984.10—1985.6	—
	张满仓	1985.6—2007.4	—
	柴东兴	1997.10—2001.1	—
	张忠元	2000.12—2010.5	—
	张治文	2006.8—2016.9	—
	贾红利	2010.5—	—
纪检组组长	贾红利	2007.5—2010.5	—
	赵彩虹	2010.5—	—

2016 年襄汾县委老干部局人员一览表

表 1—2

姓名	现任职务	性别	出生时间	参加工作时间	入党时间	全日制最高学历	毕业院校	专业	在职教育最高学历	毕业院校	专业	任现职时间	进入本单位时间	籍贯	备注（身份）
王稳锁	局长	男	1962.5	1983.9	1985.11	中专	省水利学校	水利	大专	省委党校	经济管理	2012.4	2012.4	襄汾汾城	干部
毛俊峰	书记	男	1970.8	1990.8	1994.12	中专	省水利学校	水利	大专	省委党校	经济管理	2010.5	2010.5	襄汾汾城	公务员
张治文	副局长	男	1970.3	1992.9	1997.11	中专	山西财会学校	财政	大专	山西师大	汉语言	2006.8	1994.5	襄汾新城	公务员
贾红利	副局长	男	1968.3	1991.9	1997.6	本科	太原工业大学	水资源	—	—	—	2010.5	2007.4	襄汾古城	公务员
赵彩虹	纪检组组长	女	1970.1	1991.7	2001.1	本科	山西经管学院	经济法	—	—	—	2010.5	2010.5	襄汾永固	公务员
聂水生	—	男	1957.3	1975.1	1982.11	大专	洪洞农校	农学	大专	省委党校	党政	—	1997.7	襄汾赵康	公务员
柴明珠	—	男	1958.3	1975.1	1984.9	中专	洪洞农校	农学	大专	地委党校	党政	—	2010.5	襄汾新城	公务员
杨丽娟	办公室主任	女	1978.10	2001.8	2013.1	大专	山西广播电视大学	法律	本科	中央党校	法律	2004.5	2003.4	襄汾赵康	干部
乔　飞	医疗办主任	男	1981.11	2002.9	2010.12	中专	临汾师范	音侧	本科	山西财经大学	会计	2006.1	2005.4	襄汾赵康	干部
马惠杰	活动中心主任	男	1962.1	1979.6	1989.3	高中	襄汾中学	—	大专	太原财经大学	劳动经济管理	2002.5	1995.3	襄汾新城	工人
支胜玲	—	女	1968.10	1987.12	2001.12	高中	襄汾高中	—	大专	山西省委党校	党政理论	—	2014.5	襄汾襄陵	工人
卫建刚	—	男	1969.10	1987.7	1999.1	高中	汾城中学	—	大专	苏州商业职工大学	工程机械	—	2010.12	襄汾汾城	工人
孙银香	—	女	1972.5	1989.8	—	高中	襄汾高中	—	本科	山西大学	教育学	—	2004.7	襄汾城关	工人
杨建萍	—	女	1972.12	1987.9	2002.2	高中	襄汾高中	—	大专	省委党校	经济管理	—	1987.9	襄汾赵康	工人
梁泽峰	—	男	1973.9	1990.3	—	高中	襄汾中学	—	大专	省委党校	经济管理	—	2011.1	襄汾陶寺	工人
张国斌	—	男	1974.5	1995.10	—	高中	襄汾高中	—	—	—	—	—	2004.7	襄汾新城	工人
张海波	—	男	1976.11	1994.1	—	高中	襄汾高中	—	—	—	—	2011.6	1999.12	襄汾大邓	工人

2016 年襄汾县委老干部局党员花名表

表 1—3

姓　名	性别	出生年月		文化程度	参加工作时间		入党时间		籍　贯	职　务
		年	月		年	月	年	月		
王稳锁	男	1962	5	专科	1983	9	1985	11	汾城镇南贾岗村	局长
毛俊峰	男	1970	8	专科	1990	8	1994	12	汾城镇北贾岗村	书记
张治文	男	1970	3	专科	1992	9	1997	11	新城镇城南村	副局长
贾红利	男	1968	3	本科	1991	9	1997	6	古城镇上北戍村	副局长
赵彩虹	女	1970	1	本科	1991	7	2001	1	永固乡万宁村	纪检组组长
聂水生	男	1957	3	专科	1975	1	1982	11	赵康镇李村	—
柴明珠	男	1958	3	专科	1975	1	1984	9	新城镇柴庄村	—

续表

姓　名	性别	出生年月		文化程度	参加工作时间		入党时间		籍　贯	职　务
		年	月		年	月	年	月		
张满仓	男	1953	3	专科	1969	1	1970	1	新城镇城南村	—
杨丽娟	女	1978	10	本科	2001	8	2013	11	赵康镇李村	办公室主任
乔　飞	男	1981	11	专科	2002	9	2010	12	赵康镇绍平村	医疗办主任
马惠杰	男	1962	1	专科	1979	6	1989	3	新城镇南村	活动中心主任
支胜玲	女	1968	10	专科	1987	12	2001	12	襄陵镇四柱村	—
卫建刚	男	1969	10	大专	1987	7	1999	1	汾城镇	—
杨建萍	女	1972	12	专科	1987	9	2002	2	赵康镇西南毛村	—
侯洪福	男	1924	4	初中	1950	1	1956	10	襄汾	—
张成学	男	1924	3	初中	1942	9	1950	12	大邓乡上西梁村	—
荆国祯	男	1927	3	初中	1946	10	1949	8	汾城镇贾岗村	—
赵满锁	男	1930	4	初中	1948	5	1951	3	邓庄镇燕村	—
张　君	男	1985	9	研究生	—	—	2009	8	襄汾	—
张　岩	男	1991	1	本科	—	—	2012	12	永固乡仁佑村	—

主要工作职责

一、贯彻中央、省、市、县关于离退休干部工作的方针、政策，制定实施办法和细则。

二、开展调查研究，为县委、县政府和有关部门制定离退休干部工作的政策规定提供情况和依据。

三、负责对离退休干部工作的监督、检查、指导和协调；督促离退休干部的政治待遇和生活待遇的落实。

四、检查、督促、指导离退休干部的党组织建设，加强离退休干部的学习教育，做好思想政治工作。

五、负责组织指导离退休干部的文体健身活动及医疗保健工作。

六、组织引导老干部发挥作用。

七、完成县委交办的其他工作。

第二节　内设机构及下属单位

概况

2016 年，襄汾县委老干部局内设机构和下属单位有局综合办公室、襄汾县老年大学、襄汾县老干部活动中心、襄汾县老干部医疗办公室。

县委老干部局综合办公室

1984 年 10 月老干部局成立后，内设办公室。2012 年 5 月，改称综合办公室。办公室负责办理局内的日常工作。做好工作计划、工作总结和各种文件的起草、编排、打印、收发；做好会议、活动的安排、记录；签到、考勤汇总、通讯报道；年终考核、报表；各项规章制度的督促、检查、落实；搞好公务接待；完成领导交办的其他任务。

历任办公室主任有张治文、乔飞、杨丽娟。

襄汾县老年大学

2008 年 11 月 30 日，老年大学电脑班结业留念

2002 年 7 月 12 日，襄汾县委、县政府根据全国组织部部长会议精神和省委老干部工作领导组第七次会议提出的“关于各级各部门要将老干部活动中心建设和老年大学发展计划纳入市政建设和精神文明建设的总体规划，通盘研究，组织实施”的要求，成立襄汾县老年大学。地址设在县委老干部局内。校长杨志威，副校长张志勇、聂水生、杨耀水、张忠元。名誉校长徐树荣、陈玉士。为了适应社会发展，丰富老年人的生活，让老年人适应时代的发展。襄汾县老年大学对全县 3000 余名离退休老干部分期、分批进行计算机培训。2008 年 9 月 1 日，第一期的 3 个班开班，在开班仪式上，县委常委、组织部部长毛跟云与学员们就计算机在当今社会的重要性进行了沟通，他希望老年大学计算机培训班的学员们在保重身体的前提下，能珍惜这次学习机会，认真学习计算机知识，丰富老年人的业余生活。县委老干部局局长聂水生就计算机班的筹建工作作了说明，并宣布了学习纪律及各项规章制度。首期参加培训的共有 60 位学员，分 3 个班进行授课，为期 3 个月。开班入学有学员登记，并下发录取通知。授课期间有严格的作息时间，有严密的教学计划。毕业时有考试，有考核，并颁发毕业证书。县档案局退休干部贾学平是县老年大学计算机培训班第二批第五班学员，经过计算机培训班的学习，学会了开机、关机，上计算机查资料、看新闻，打字写文章，照相、

2012 年 5 月 2 日，邀请山西省美术协会会员李挺亮为老干部授课

发照片等。2016 年，县老年大学设有文学创作、体育舞蹈、时事政治、书法绘画、戏剧歌曲、养生保健等班。

襄汾县老干部活动中心

概况　襄汾县老干部活动中心成立于 1992 年 12 月 30 日，活动中心建筑面积 570 余平方米，设有中心办公室、多功能活动室、乒乓球室、象棋室、扑克室、麻将室、书画室、阅览室、教室、会议室等。2004 年，经县机构编制委员会批准为老干部局下属事业单位。主要职责是为全县离退休干部提供文体、健身等服务。2011 年，襄编办发〔2011〕13 号文件规定，县委老干部局保留事业单位一个，即襄汾县老干部活动中心（加挂襄汾县老年大学和襄汾县离休干部医疗保健办公室牌子），正股级建制，核定股级职数 1 正 1 副，核定财政拨款事业编制 12 名，其中管理人员 6 名，专业技术人员 5 名，工勤人员 1 名。老干部活动中心是老干部进行“学、乐、为”的阵地，发挥好老干部活动中心的职能作用，是做好老干部工作的重要环节。县委老干部局不断完善活动中心的各项制度，增加活动设施，开拓新的活动场所，积极与县城建局联系建成广场老干部活动场地，与乡镇党委、政府协调建立乡镇老干部活动室。在重大节日和纪念日，县委老干部局以老干部活动中心为依托，组织全县老干部举办书画展、舞会、音乐会、歌唱会、座谈会等活动，形式多样，主题鲜明，内容丰富，充分展现老干部的精神风貌。

老干部在活动

县老干部活动中心主任为马惠杰，管理员有马惠娟、杨建萍、张海波、孙银香、支胜玲、张国斌等人。

主要职责任务　1. 宣传贯彻落实有关老干部工作的方针政策，完成上级下达的各项岗位责任制目标任务。

2. 组织老干部进行政治、文化、体育健身等活动。

3. 定期举办各种形式报告会、理论研讨会和保健养生知识讲座。

4. 组织老干部开展联谊会和信息交流活动。

5. 办好老年大学，完善老年教育体系。

6. 承办上级领导交办的其他工作。

管理服务　1. 建立工作人员学习和业务培训制度，工作人员每月集中学习两次。举行业务培训，提高中心工作人员的政治素质和业务素质，提高服务质量。

2. 制定岗位责任制，每年进行一次述职和测评，作为提升和评奖的重要依据。

3. 制定活动制度、投诉接待制度、卫生制度、安全保卫制度、固定资产管理制度、物品管理制度、活动器材维修制度、档案管理制度、年度考核制度等 13 种规章制度。

4. 县活动中心设中心办公室、多功能活动厅、书画室、阅览室、教室、会议室等硬件设施，有活动器材十余种。

5. 活动中心各厅、室坚持每天向老干部开放，活动内容根据老干部的兴趣、爱好不断改进。做到年初有计划，月月有安排，年末有总结。

襄汾县离休干部医疗保健办公室

2003 年 1 月《襄汾县离休干部医疗费管理办法》实施。主要内容是：老干部局负责管理；门诊费定额，每季度初发放一次，住院费实报实销，每半年报销一次。同年，成立老干部卫生所。2005 年 4 月 20 日，县机构编制委员会批准成立襄汾县离休干部医疗保健办公室，为老干部局下属事业单位。负责全县离休干部的医药费管理，做好老干部的体检、门诊、住院、转院、医药费的审核报销等工作。

历任医疗办主任有：杨丽娟、乔飞。

老干部卫生所药房

附：乡镇老干部协理员

1985 年 10 月，襄汾县 21 个乡镇成立老干部工作领导组，每个乡镇配备一名专职老干部协理员。乡镇老干部协理员主要管理各乡镇辖区内的离退休干部，行政上属乡镇领导，业务上归县委老干部局指导。县委老干部局每月定期召开例会，统筹管理全县老干部工作。2003 年撤并乡镇后，全县设 13 个乡镇。取消老干部协理员配备，由乡镇副书记分管老干部工作。

乡镇历任老干部专职协理员名单如下：

城关镇：崔占奎、卢俊伟

赵曲乡：祁灵芝、张恩第

张礼乡：刘仰安

邓庄镇：贾子珍、刘春祥、刘登云

大邓乡：邢俊臣、李延龄、苏吉庆

土地殿乡：裴万录

陶寺乡：张安帮

襄陵镇：郝广胜

浪泉乡：杨万忠、宋正兴

南辛店乡：赵文俊、赵俊耀

贾罕乡：贾崇柱

古城镇：宋金钟

曹家庄乡：张满喜

景毛乡：王丽青、吕全锁、李继侠
汾城镇：朱玉德
赵康镇：张福全、杨发荣、刘重阳
南贾镇：李宗禹
西贾乡：苏发成
丰盈乡：杨恩科、王高升
贾岗乡：刘一民、高宝宝
永固乡：石如基、赵培功

第三节　襄汾县委老干部局工作人员简况

退休和去世人员

马庙来　1938年9月生，襄汾县新城镇南村人。1969年7月加入中国共产党。襄汾县委老干部局第一任局长。1957年参加工作，先后在赵康小学、城关完小、城关“五七”农校、县教育局等单位从事教育工作。1975年6月后，任陶寺公社党委副书记、革委会主任、党委书记。1983年4月，任县委组织部秘书。1985年6月，任县委老干部局局长。1999年12月退休。

杨胜茂　1942年4月生，襄汾县赵康镇西南毛村人。1965年5月加入中国共产党。1961年7月参加工作，任赵康中学管理员。1962年4月，任南五完小教师。1962年8月，任丰盈公社干事。1964年9月，任洪洞、襄汾“四清”工作队队员。1966年10月，任襄汾县供销社干事。1968年10月，任丰盈公社会计。1972年3月，任永固公社组织、宣传干事。1976年6月后，任襄汾县委组织部干事、老干部组副组长。1984年10月，任县委老干部局副局长。1990年7月，毕业于县委党校党政专业。1990年8月退休。

张满仓　1953年3月生，襄汾县新城镇城南村人。1970年1月加入中国共产党。襄汾县委老干部局第一任党支部书记。1969年4月，参加中国人民解放军。1976年9月，毕业于工程兵工程学院工程机械专业。1982年12月，任襄汾县委组织部干事。1984年12月后，任县委老干部局副局长、党支部书记。2007年5月，任县委老干部局正科级调研员。2013年4月退休。

张忠元　1957年4月生，襄汾县永固乡仁佑村人。1982年11月加入中国共产员。1976年2月，参加中国人民解放军。1999年7月，毕业于风陵渡高等专修学院文秘专业。2000年10月转业，任县委老干部局副局长。2010年5月，任襄汾县委老干部局副科级调研员。2014年8月去世。

郭小厚　1946年5月生，襄汾县新城镇南村人。县委老干部局办公室主任。1966年7月加入中国共产党。1963年8月参加中国人民解放军。1969年10月转业，任临汾钢铁公司医院医生。1987年5月，任县委组织部科员。1990年5月，任县委老干部局办公室主任。1991年7月，毕业于县委党校党政专业。2002年6月退休。

柴小月　1949年4月生，襄汾县赵康镇赵康村人。1993年5月加入中国共产党。襄汾县委老干部局司机。1968年6月，毕业于赵康中学初中。1970年10月参加工作，任襄汾县陶寺水泥厂工人。1972年9月后，在县工交办公室、工业局、手工业管理局工作。1978年8月，任襄汾化肥厂司机。1982年10月，任县科委司机。1986年4月，任县委老干部局司机。2002年5月退休。

蒋忠奎　1950年8月生，襄汾县陶寺乡兴光村人。1971年5月加入中国共产党。县委老干部局司机。1967年8月，毕业于襄汾初中。1969年4月参加中国人民解放军，在第二炮兵8347部队服役。1980年3月，调基建工程部00361部队服役。1986年5月转业，任县委老干部局司机。2002年2月退休。

张都成　1956年8月生，浮山县张庄村人。县委老干部局司机。1972年1月毕业于浮山县高中。1974年12月参加工作，任霍县许村煤矿汽车修理工。1978年6月，任霍县色织厂汽车队司机。1986年10月，任县委老干部局司机。2002年2月退休。

马惠娟　女，1964年10月生，襄汾县新城镇南村人。县委老干部局活动中心报刊管理

员。1982 年 7 月，毕业于宋村初中。1982 年 7 月参加工作，任襄汾纺织厂职工。1985 年 5 月，调县印刷厂工作。1990 年 7 月，任县委老干部局活动中心报刊管理员。2014 年 12 月退休。

在职人员

王稳锁　1962 年 5 月生，襄汾县汾城镇南贾岗村人。1985 年 11 月加入中国共产党。现任县委组织部副部长、县委老干部局局长。1983 年 7 月毕业于山西省水利学校农水专业。1983 年 9 月参加工作，任县七一水库技术员。1984 年 10 月，任县委通讯组干事、副组长。1998 年 1 月，任襄汾县纪委办公室主任、常委、监委委员。2002 年 5 月，任县纪委副书记、监委副主任。2006 年 7 月毕业于山西省委党校经济管理专业。2011 年 8 月，任县纪委副书记、监察局局长。2012 年 4 月，任县委组织部副部长、县委老干部局局长。

毛俊峰　1970 年 8 月生，襄汾县汾城镇北贾岗村人。1994 年 12 月加入中国共产党。现任县委老干部局党支部书记。1990 年 7 月毕业于山西省水利学校水利工程专业。1990 年 8 月参加工作，任城关镇政府科员。1994 年 12 月后，任县委组织部科员、副科长、科长。1996 年 7 月，毕业于山西省委党校经济管理专业。1997 年 10 月，任襄汾县委组织部组织科副科长。2010 年 5 月，任县委老干部局党支部书记。

张治文　1970 年 3 月生，襄汾县新城镇城南村人。1997 年 11 月加入中国共产党。现任县委老干部局副主任科员。1992 年 7 月毕业于山西省财会学校财会专业。1992 年 9 月参加工作，任赵康镇团委书记、办公室主任。1994 年 5 月，任县委老干部局办公室主任。2005 年 7 月，毕业于山西师范大学汉语言专业。2006 年 8 月，任县委老干部局副局长。2016 年 9 月，任县委老干部局副主任科员。

贾红利　1968 年 3 月生，襄汾县古城镇北成村人。1997 年 6 月加入中国共产党。现任县委老干部局副局长。1991 年 7 月毕业于太原工业大学水资源专业。1991 年 9 月参加工作，任景毛乡政府科员。1999 年 2 月，任赵康镇政府科技副镇长。2001 年 5 月，任陶寺乡科技副乡长、副乡长。2007 年 5 月，任县委老干部局纪检组组长。2010 年 5 月，任县委老干部局副局长。

赵彩虹　女，1970年1月生，襄汾县永固乡万宁村人。2001年1月加入中国共产党。现任县委老干部局纪检组组长。1991年7月毕业于山西经济管理学院经济法系。1991年7月参加工作，先后任县司法局科员、公律股股长、律师。2010年5月，任县委老干部局纪检组组长。

聂水生　1957年3月生，襄汾县赵康镇李村人。1982年11月加入中国共产党。襄汾县委老干部局第二任局长，现任县委老干部局正科级调研员。1988年7月，毕业于省委党校党政干部培训班党政专业。1975年1月参加工作，任丰盈中学民办教师。1978年7月，毕业于临汾地区洪洞农校畜牧专业，留校任团委书记。1982年9月，任襄汾县委组织部办公室主任。1992年7月，任南辛店乡党委书记。1997年10月，任襄汾县委老干部局局长。2010年5月，任县委老干部局正科级调研员。

柴明珠　1958年3月生，襄汾县新城镇柴庄村人。1984年9月加入中国共产党。襄汾县委老干部局第三任局长，现任县委老干部局正科级调研员。1975年1月参加工作，任襄汾县国营轧钢厂工人。1978年9月考入临汾地区洪洞农校农学专业。1981年9月，任安泽县农业局技术员。1983年1月，任襄汾县农业局技术员。1988年7月，毕业于临汾地区党校党政专业。1991年5月，任南贾镇副镇长、副书记。1997年11月后，任南贾镇统战、政协联络员、镇长，2001年3月后，任赵康镇镇长、书记，县委组织部调干。2005年6月，任县文化体育局局长。2010年5月，任县委老干部局局长。2012年4月，任县委老干部局正科级调研员。

杨丽娟　女，1978年10月生，襄汾县赵康镇李村人。2013年11月加入中国共产党。现任县委老干部局办公室主任。2000年7月毕业于山西广播电视大学法律专业。2001年8月参加工作，任永固中学教师。2003年4月，任县委老干部局医保办主任。2007年12月，毕业于中央党校函授法律专业。2012年4月，任县委老干部局办公室主任。

乔　飞　1981年11月生，襄汾县赵康镇绍平村人。2010年12月加入中国共产党。现任县委老干部局医疗办公室主任。2001年7月毕业于临汾师范学校音侧专业。2002年9月参加工作，任汾城联校教师。2005年4月，任县委老干部局科员、医疗办公室主任。2010年1月，毕业于山西财经大学会计学专业。

马惠杰　1962 年 1 月生，襄汾县新城镇南村人。1989 年 3 月加入中国共产党。现任县委老干部局活动中心主任。1978 年 7 月毕业于襄汾高中。1979 年 6 月参加工作，任县造纸厂合同工。1982 年 12 月，任毛家岭煤矿维修工。1983 年 4 月，任襄汾县造纸厂团委副书记、劳资员。1995 年 3 月，任县委老干部局办公室干事、活动中心主任。1999 年 12 月，毕业于山西财经大学劳动经济管理专业。

支胜玲　女，1968 年 10 月生，襄汾县襄陵镇四柱村人。2001 年 12 月加入中国共产党。现任县委老干部局活动中心报刊管理员。1987 年 7 月，毕业于襄汾高中。1987 年 12 月参加工作，任张礼地质队出纳员。1988 年 4 月，任县劳动局企保中心出纳、副主任。1991 年 7 月，毕业于山西省委党校政治理论专业。2014 年 5 月，任县委老干部局活动中心报刊管理员。

卫建刚　1969 年 10 月生，襄汾县汾城镇人。1999 年 1 月加入中国共产党。现任县委老干部局活动中心管理员。1987 年 7 月毕业于汾城高中。1987 年 7 月参加工作，任县粮食局饲料公司业务员。1992 年 7 月，毕业于苏州商业职工大学企业管理专业。1994 年 4 月，任贾罕乡政府宣传委员。1999 年 1 月，任南贾镇政府镇长助理。2002 年 7 月，任景毛乡政府计生办主任。2010 年 12 月，任县委老干部局活动中心管理员。

孙银香　女，1972 年 5 月生，襄汾县新城镇新城村人。现任县委老干部局档案室管理员。1989 年 7 月毕业于襄汾高中。1989 年 8 月参加工作，任县日杂公司营业员。1995 年 3 月，任古城联校教师。2002 年 3 月，毕业于山西广播电视大学小学教育专业。2003 年 1 月，任县职教中心教师。2004 年 2 月，任县委老干部局档案室管理员。

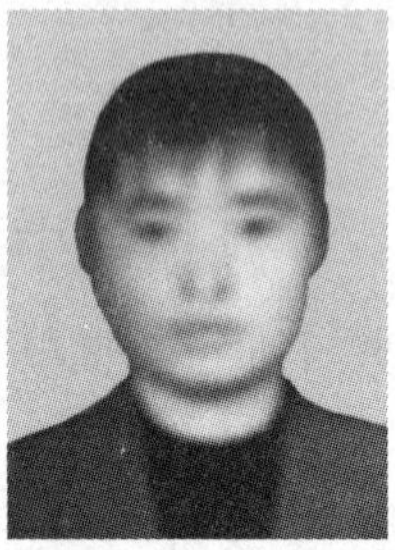

杨建萍　女，1972 年 12 月生，襄汾县赵康镇西南毛村人。2002 年 2 月加入中国共产党。现任县委老干部局活动中心管理员。1987 年 7 月毕业于丰盈初中。1987 年 9 月参加工作，任县委老干部局打印员、活动中心管理员。1998 年 10 月，毕业于山西省委党校经济管理专业。

梁泽峰　1973 年 9 月生，襄汾县陶寺乡陶寺村人。现任县委老干部局网站管理员。1989

年7月毕业于赵曲高中。1990年3月参加中国人民解放军，任天津运输工程学院战士、班长，1993年3月退伍。1994年12月，任襄汾县文化体育局司机、博物馆文物管理员、博物馆副馆长。2002年7月毕业于省委党校经济管理专业。2010年10月，任县委老干部局司机、网站管理员。

张国斌　1974年5月生，襄汾县襄陵镇齐村人。现任县委老干部局活动中心管理员。1992年7月毕业于赵曲高中。1995年10月参加工作，任县技术监督局校表员。2004年7月，任县委老干部局活动中心管理员。

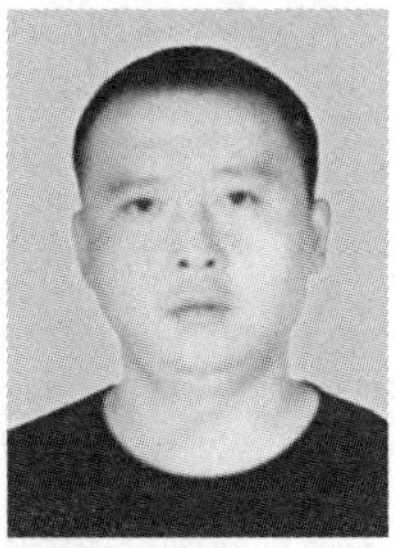

张海波　1976年11月生，襄汾县大邓乡吉柴村人。现任县委老干部局活动中心管理员。1993年7月，毕业于大邓初中。1994年1月参加工作，任县乡镇企业管理委员会司机。1999年12月，任县委老干部局司机、活动中心管理员。

调离人员

李如云　1937年3月生，襄汾县陶寺乡陈庄村人。1982年12月加入中国共产党。1963年8月参加工作，任运城农校教师。1965年11月，任曲沃农机校教研组组长。1973年10月，任县革委会办公室干事。1975年11月，任汾城公社副主任。1977年6月，任县委、县政府办公室干事。1984年10月，任县委老干部局副局长。1985年6月，任县外贸局党支部书记。1987年5月，任县畜牧局党支部书记。1988年10月，任县乡镇企业委员会党支部书记、工委副书记。1998年9月退休。

柴东兴　1960年12月生，襄汾县襄陵镇屯南村人。1985年9月加入中国共产党。1980年7月毕业于隰县师范。1980年9月参加工作，任南辛店初中教师。1986年9月，毕业于临汾教育学院中文专业。1988年7月，任县教育局干事。1991年10月，任县委组织部科员、副科长。1998年1月，任县委老干部局副局长。2000年1月后，任南辛店乡党委副书记、统战委员、政协联络员。2006年6月，任县监察委员会副主任、县监察局副局长。

唐义清　1962年6月生，襄汾县西贾乡南堡村人。1987年11月加入中国共产党。1984年7月毕业于洪洞农校畜牧兽医专业。1984年8月参加工作，任县委组织部干事。1987年7月，任县委老干部局干事。1990年5月，任赵曲乡副乡长。1993年5月，任曹家庄乡党委副书记。1996年7月，毕业于省委党校经济管理专业。1996年7月，任县委组织部干事、正科级组织员、研究室主任。2007年6月，任县人事局党支部书记。2010年5月，任县人力资源和社会保障局党支部书记。

王彦亮　1964年1月生，襄汾县南辛店乡北许村人。1988年7月毕业于山西农业大学园艺系蔬菜专业。1988年8月参加工作，任张礼乡团委书记。1991年9月，任县委老干部局科员。1997年8月，任贾罕乡政府科员。2000年1月，任贾罕乡科技副乡长。2002年7月，任南辛店乡副主任科员。2016年8月，任南辛店乡主任科员。

第四节　开展活动

“种、养、加”活动

老干部张成才介绍果园种植情况

1989年，县委老干部局采取四项措施组织老干部开展“种、养、加”活动，激发老干部从事种、养、加的积极性。一是典型引路。二是召开全县老干部“种、养、加”现场会，组织参观了全县21名老干部从事的种、养、加现场。三是实施“十项达标创优”活动，具体内容：1. 小麦旱地亩产250公斤、水浇地亩产400公斤为达标，超产为创优。2. 棉花旱地亩产50公斤、水浇地亩产100公斤为达标，超产为创优。3. 植树100株为达标，累计1000株为创优。4. 养鸡30只为达标，超出50只为创优。5. 养兔30只为达标，超出50只为创优。6. 养羊10只为达标，超出20只为创优。7. 养猪3头为达标，超出5头为创优。8. 种植食用菌收入500元为达标，超出1000元为创优。9. 养牛2头为达标，超出4头为创优。10. 养蜂三箱为达标，超出5箱为创优。四是组织16名老干部参观了曲沃县老干部搞的食用菌生产。全县从事种植业的老干部达270人，从事养殖业的老干部达138人，从事加工业的2人。年收入1000元以上的35人。老干部从事“种、养、加”年创造经济价

1989 年，县委老干部局局长马庙来带领老干部参观老干部果园

值 10 万余元。组织 10 名老干部参加全县计量监督检查，4 名老干部参加县上工业调查。全区老干部“种、养、加”流动现场会在襄汾召开，参观了邓庄镇老协会创办的电磁线厂，陶寺乡陈庄祁春鹤的苹果园，中梁村的张成才自筹资金打井配套、使乱石滩变成水浇田，苹果、小麦长势喜人。

1990 年 5 月，全省老干部种养业现场会召开，到县参观张成才搞多种经营、培育小麦优种的场地和赵成林的鸡场、果园等。参观中，县委老干部局以“充分发挥党员老干部在种养业活动中的带头作用”为题，介绍了襄汾县的经验做法。受到会议好评，并获得锦旗一面。同年，县委书记李英明、县长李平郎、副书记郑文礼、组织部部长范荣发多次召开会议，部署安排老干部发挥作用工作，并多次到示范点指导工作，还陪同县电视台录制了张成才培育小麦优种、解攀桂养兔、王仰善饲养蜗牛的电视记录片。

1993 年，县委老干部局制定《老干部参加经济建设的八条意见》，鼓励老干部兴办、领办、帮办各种类型的经济实体；鼓励老干部大力从事“种、养、加”等经营性活动；鼓励老干部在经营活动中多劳多得。对老干部所办的经济实体免征产品税、经营税、增值税和所得税（2～3 年内）。4 月，召开全县老干部发挥作用邓庄镇现场会。

“四查四看”活动

1991 年 7 月 15 日，县上成立老干部工作咨询委员会，由 21 名任过县团实职的老干部组成。全县 16 个乡镇成立老干部工作咨询组。同年，开展“四查四看”活动，即查组织机构，看领导是否重视；查发挥作用，看有无突出典型；查生活待遇，看是否落到实处；查思想政治工作，看党支部建设制度。

“五员”活动

1992 年 3 月，县委在全县组织工作会议上，决定在老干部中开展“五员”活动，促进老干部作用发挥。“五员”即特约组织员、党纪党风监督员、青少年教育辅导员、工农业生产调研员、市场管理协理员。

“送温暖、办实事、抓落实”深化服务百日活动

1993—2002 年，每年 11 月中旬开始，连续 10 届开展为老干部“送温暖、办实事、抓落实”深化服务百日活动，促进老干部各项待遇的落实。

评选好子女、好老伴、好儿媳活动

1997年，开展关心老干部的好子女、好老伴、好儿媳活动。全县共评出20余名老干部的好子女、好老伴、好儿媳，并进行了表彰。该项活动对倡导尊老敬老的社会风气，形成健康文明的家庭氛围，促进老干部晚年家庭生活幸福都起到了积极作用。

“为构建和谐社会再立新功”活动

2005年，县委老干部局在老干部中开展“为构建和谐社会再立新功”活动。采取五项措施：一是宣传发动，组织老干部学习中央有关文件、县委2005年经济和社会事业发展规划以及活动的内容和要求。二是典型引路，组织老干部观看“春花秋实”——全国老干部先进个人和离退休干部党支部事迹光盘。三是奖励，在全县组织工作会议上对发挥作用突出的老干部进行表彰奖励。四是搭建平台，先后组织成立老干部“五化”工程监督队和保持共产党员先进性教育活动巡视督导组、编纂县志老干部小组等。五是组织老干部先后参观考察了全县文化发展展览和工农业生产重点项目。

推进“四就近”工作

中组发〔2008〕10号文件提出，离退休就近学习、就近活动、就近得到关心照顾、就近发挥作用（简称“四就近”）后，县委老干部局认真落实。2013年，襄汾县委老干部局深入基层调研，先后到汾城、古城、邓庄等乡镇就利用社区资源做好离退休干部工作进行调研，将利用社区资源做好离退休干部工作向农村社区延伸，坚持重心下移、服务下延，充分整合利用社区服务资源，最大限度地发挥社区服务功能，为老干部提供亲情服务，使老干部愉快、健康地安度晚年。

2014年，老干部局将邓庄镇贾庄村“一组、五室、六有、五送”工作法延伸推广到全县13个乡镇。该村成立建设和谐家园老干部工作组，由离退休老干部、复员老战士、退休老教师、农村老模范、农村老干部组成。根据个人爱好特长、工作便利，下设5个工作室，即参政议政监察室，绘画工作室，文编工作室，书法、素描、剪纸工作室，对联书写便民工作室。且达到六有标准：活动经费有保障、长效运作有机制、创建活动有特色、发挥作用有平台、配合中心有贡献、体现奉献有实事。关爱老干部做到五送：平时学习送资料、节日活动送关爱、济困慰问送温暖、帮扶家属送实惠、寿诞丧葬送真情。老干部心情舒畅，为新

市委老干部局组织考察襄汾县“四就近”工作

农村建设出谋划策、参与监督、化解矛盾做出了巨大贡献。

慰问活动

普遍慰问。每年中秋节、春节期间，县委老干部局都组织开展慰问老干部活动，分级分系统分单位对全县离退休干部进行登门慰问。

专题慰问。2011 年，是建党 90 周年，“七一”期间县委老干部局组织对离休干部党员进行登门慰问，并印发中央组织部的慰问信。2014 年 9 月，县委老干部局组织对新中国成立前参加工作的老干部、老党员进行登门慰问，给每位老干部发放慰问金 500 元。

日常慰问。老干部生病住院，去世，县委老干部局领导都去慰问。

2015 年 8 月，县人大常委会主任张拽牛（中）慰问抗战老干部

襄汾县首届老干部运动会乒乓球比赛

体育活动

县委老干部局成立以后，每年重大节日、纪念日都组织老干部开展丰富多彩的体育活动。有乒乓球、扑克、象棋、门球等比赛。2012 年开始，每年重阳节期间都组织举办老干部运动会，已连续举办五届，项目有乒乓球、门球、象棋、扑克、定位投篮、滚篮球、投飞镖、筷子夹乒乓球、托球跑、吹蜡烛等。

“我身边的最美老干部”征文活动

2015 年，县委老干部局举办“我身边的最美老干部”征文活动。主要征集离退休干部从工作岗位上退下来后发挥作用，为党的事业增添正能量的先进事迹。通过开展活动引导广大离退休干部在体验美好生活的同时，宣讲中国梦，传播好声音，为正能量点赞。

“为党的事业增添正能量”活动

2016 年，组织老干部开展为党的事业增添正能量活动。举办了纪念中国共产党成立 95 周年暨红军长征胜利 80 周年书画展。并与教育局组织开展了书法进校园活动，先后在第三小学、下西梁小学、景毛小学、第一小学举办了进校园巡回展；举办了迎“七一”文艺晚会；先后组织关工委、老促会、老年体协、老年书画协会等团体骨干参加了市委老干部局举办的

“不忘初心　夕阳更红”培训班；组织老干部参观了“陶寺遗址”；在《山西老年》杂志以及其他网站媒体宣传了曹文敏、房桂花等模范老干部的先进事迹。

2016 年 11 月 3 日，在第一小学开展书法进校园活动

其他活动

1987 年 4 月 23 日，召开乡镇老干部工作协理员、县直各单位分管人事工作的负责人会议，贯彻落实地区老干部工作“双先”代表会议精神，开展“学先进，树典型”活动。1988 年，县委老干部局组织开展树立老干部新形象活动，激励老干部发挥作用。1991 年，组织开展老干部“奉献杯”活动。1995 年 7 月，在全县开展老干部及老干部工作宣传月活动。通过开展活动，进一步调动各方面工作积极性，在全县形成齐抓共管，尊老敬老的良好局面。1994 年，组织开展“再创人生第二春天”活动。7 月，开展为太旧路建设捐款活动，全局干部职工共捐 3100 元。1996 年 8 月，组织开展“创先争优”和“树立老干部新形象”活动。1997 年 3 月，开展新老干部“心连心”活动。同年，开展“双创”活动。1998 年，开展了“迎重阳　献爱心”免费体检活动（以后每年重阳节期间都组织这项活动）。组织开展了“学习邓小平理论和党的十五大文件知识竞赛”活动。为改进工作作风，组织征求意见，在局机关开展“四个一”服务活动。1999 年，组织老干部参加了省局举办的“老年科学保健知识”竞赛活动。组织举办了“打天下功臣”座谈会、茶话会活动。2001 年 7 月，组织老干部参加纪念中国共产党成立 80 周年知识竞赛，并获优秀组织奖。2003 年，组织开展“防非典”工作和“树组工形象”活动。7 月，组织开展了评选模范老干部和先进老干部团体活动。2005 年，开展了“两个引深”活动。即引深学习贯彻十六届四中、五中全会精神，引深老干部在三个文明建设中发挥作用活动。2006 年，组织开展“争当进军全国百强县中的模范老干部”“评选健康老干部”活动。2010 年，组织开展了“争创先进”活动，“爱我襄汾、树我形象、建我家乡”活动，“讲奉献、做贡献”活动。2011 年，组织开展了“向杨善洲同志学习，做人民满意的好党员、好干部”活动。2013 年，组织开展了“夯实基础管理，落实工作责任”活动、创建“学习型、服务型、创新型”机关、“薪火传承保本色，转型跨越立立新功”等活动。2014 年，开展“加强团体工作”活动。县委老干部局采取三项措施，加强老干部团体建设，提高老干部发挥作用的积极性。一是调查摸底，澄清各个老干部团体的组成人员。二是为所有团体成员订阅《山西老年》杂志。三是在活动中心为各团体活

2001 年 7 月，组织老干部参加纪念中国共产党成立 80 周年知识竞赛获优秀组织奖

动开辟了场所。2015 年，清明节，组织老松树文化社 40 余人到襄汾烈士陵园和贾罕烈士纪念碑举办祭奠先烈活动。2016 年，开展“向王焕杰同志学习”活动。举办了首届民间读书交流活动。每逢重大节日、纪念日，都组织老干部开展书画展览、文艺演出、舞蹈表演、戏曲演唱等。

第五节　自身建设

县委老干部局党支部建设

县委老干部局党支部成立后，坚持以马克思列宁主义、毛泽东思想、邓小平理论、“三个代表”重要思想、科学发展观、习近平系列重要讲话精神和治国理政新理念为指导，紧紧围绕老干部工作，不断探索新形势下党建工作的新思路和新举措，努力发挥党支部的战斗堡垒作用和共产党员的先锋模范作用，积极开展思想建设、组织建设、作风建设、制度建设和党风廉政建设，为促进全县老干部工作的科学发展，提供了强有力的保障，起到了积极的推动作用。

加强理论学习，提高党员干部理论素质和水平　县委老干部局党支部从强化理论学习，推进学习制度化入手，积极引导全局党员干部自觉提高自身综合素质。年初制订学习计划，要求全体党员干部记好学习笔记，写好心得体会，交流学习心得，理论联系实际，学以致用，不断提高政治理论水平和业务素质，使理论学习不断引向深入。

1. 结合活动开展抓好学习。结合“三讲”教育、“‘三个代表’重要思想教育”“党的先进性教育”“学习实践科学发展观”“保持党的纯洁性教育”“党的群众路线教育”“学习讨论落实活动”“三严三实”“两学一做”等一系列活动的开展，制定活动方案，明确活动的指导思想、目标任务、方法步骤和总体要求。组织全体党员深入学习，记笔记，进行党员承诺，使全体党员受到了深刻的党性党风教育。

2014 年 10 月 29 日，召开群众路线教育活动总结大会

2. 将学习理论与业务知识相结合。在日常政治理论学习中，及时传达县委、县政府及上级有关部门的会议精神，使全局党员干部能够全面了解和掌握理论知识，提高自身综合素质，不断增强干好本职工作的能力，同时开展老干部工作业务知识和相关法律法规学习，拓宽知识面，提升服务质量。

3. 加强法制和廉政教育。开展法律法规的学习教育活动，强化干部法制观念，努力提高依法决策、依法行政、依法管理的能力和水平，并在局干部职工中开展基本道德和社会公德、职业道德和家庭美德的教育，不断提高党员的道德素养。认真开展党风廉政建设教育，通过组织生活会、正面典型示范教育和警示教育等形式，及时通报党风廉政建设和反腐工作情况，强化教育监督机制，贯彻提倡勤俭节约、反对铺张浪费的方针，不断增强党员干部党风廉政建设的意识，自觉维护党纲党纪，筑牢防腐拒变的思想防线。

围绕全局中心工作强化服务，推进党的作风建设　1. 结合老干部工作实际，确定党支部活动的主题和载体。为推动老干部各项工作的顺利开展，真正做到让老干部满意，让上级党组织放心。结合工作实际，确定党支部开展活动的主题和载体。主题是“创新活动方式，提高服务水平，推动老干部工作科学发展”。载体是：开展“三争三创”活动，即开展争做学习标兵，创建“学习型”机关活动；争做岗位标兵，创建“服务型”机关活动；争做奉献标兵，创建“和谐型”机关活动，真正在全局形成人人讲奉献，个个做贡献的良好局面。党的十八大以后，围绕“创新型”党组织建设，要求全体党员在解放思想、更新观念中创新，在抓住问题、解决问题中创新，真正在创新中做表率，树形象，争一流。建立全县老干部党支部党员信息库、老干部手机短信平台等现代科技手段，为做好新形势下老干部工作注入新的活力。

2. 开展调研活动，提高服务水平。党支部结合重大活动开展、日常走访慰问，组织班子成员深入基层，深入老干部家中走访调研，广泛听取老干部和社会各界对各项工作的意见和建议，及时发现工作中存在的问题和不足，不断增强工作的针对性、实效性。结合解放思想大讨论活动的开展，局班子成员认真开展调查研究，写出了对推进工作、解决问题具有实际指导意义的调研报告。经过党的群众路线教育实践活动，老干部局建立《老干部局领导干部联系基层下乡调研制度》《老干部机关工作人员联系老干部工作制度》，为确保调研工作的有效性、针对性提供制度保障。

3. 改进机关作风，加强队伍建设。党支部配合局委会制定岗位目标责任制，认真落实“定、查、评”工作法。年初制定工作目标，并细化、量化、公示，年中督查检查，年底评议、考核。并制定《学习制度》《考勤制度》等 20 多项制度，规范工作行为，提高服务水平。

创新支部活动形式，增强政治思想工作的实效性　县委老干部局党支部多年坚持围绕全局中心工作，创新活动形式，丰富活动内容，不断增强政治思想工作的实效性。一是开展创先争优活动。以开展“基层组织建设年”活动为契机，狠抓局党支部和党员的承诺工作，党支部和全体党员认真承诺、践诺，热情为老干部服务。二是举办经常性的业务知识测试和政治理论考试，增强干部职工学习业务和理论的自觉性，在全局形成“比学赶超、创先争优”的良好氛围。三是开展在职党员到社区报到活动。全局在职党员到所在社区开展“两服务、一帮扶”活动，即：服务社区建设，围绕所在社区的“定查评”工作目标进行承诺，为社区建设出谋划策，贡献力量。立足认领的服务岗位，参加社区组织的各项志愿服务活动。每名在职党员都结对帮扶一名社区困难群众。四是开展干部下乡住村活动。2011 年，县委老干部局包联陶寺乡张纂村，在深入调研的基础上，帮助张纂村制定发展规划；与县农业技术部门、畜牧部门联系，为该村制作 5 块关于种植、养殖技术的版面，并发放农业技术宣传册 300 册，为农民提供技术服务。开展结对帮扶贫困学生活动，局班子成员捐款 3000 元，为张纂村 3 个孤儿每人补助学费 1000 元。2014 年开始，县委老干部局包联南辛店乡南吝村。帮助该村制定发展规划；由班子成员轮流为该村党员讲党课；为该村订阅《山西老年》《老友报》，送去《养生杂谈》《离退休人员健康必读》《中华老年自我保健经典》《合理膳食与食疗经典》等老年人养生保健书籍；慰问了5户困难老党员和群众，为每户送去200元慰问金；为该村在襄汾中学上学的一名学生（孤儿）解决学费1500元。2016年，党支部帮扶新城镇六家咀村1个贫困户，帮助解决1000元的生活费，年终进行了慰问活动。通过开展干部下乡住村活动，进一步转变党员干部的工作作风。

思想作风建设

县委老干部局采取多种措施，加强工作人员的思想作风建设和职业道德建设，着力提高干部职工的政治思想素质和敬业奉献精神，树立老干部工作人员的良好形象。通过定期组织政治理论学习，举办专题辅导讲座等形式，提高工作人员政治理论素养和解决实际问题的能力。1993年12月，全省老干部工作部门自身建设曲沃现场会后，县委老干部局加强思想作风建设，改革创新，争取领导的支持，在落实老干部待遇、发挥老干部作用、组织老干部活动等方面改进工作作风，在工作态度、工作能力、工作实绩三方面进行“三比三看”，开展争创先进老干部工作单位、争创模范老干部工作者“双创”活动。1997年8月，全省老干部工作部门自身建设大同座谈会后，县委老干部局进行认真学习和对照。组织开展“四个一”服务活动。即接待老干部时“来时问一声好，让一个座，倒一杯茶，走时道声再见”。同时要求工作人员：不管老干部态度如何，都要始终保持热情接待，对老干部提出的问题要耐心解答，做老干部的贴心人。1999年11月至2000年1月，县委老干部局全体人员，积极参加县上举办的“讲学习、讲政治、讲正气”为主要内容的“三讲”教育活动，局领导干部带头进行自我剖析，开展批评和自我批评，推动了全局干部职工思想作风的转变和提高。2003年，县委老干部局全体人员学习贯彻“三个代表”重要思想，系统学习党的十六大报告、《“三个代表”重要思想学习纲要》等重要论述。2005年，按照县上部署，局党支部开展了保持共产党员先进性教育活动。党员干部全部参加学习培训，撰写党性分析材料，参加组织生活会，开展批评和自我批评。党的十八大后，进一步加强领导班子和领导干部作风建设，着力解决领导干部作风漂浮、不负责任、官僚主义、效能低下和行政不作为等问题。认真完成市、县纪委安排的廉政建设和反腐败工作的各项任务，严格执行领导干部廉洁自律制度。2011年12月，制定《老干部局纪律作风集中整顿月活动实施方案》，对全局纪律作风进行集中教育整顿，严格按照省纪委“五不准”的工作纪律规定，匡正机关风气。

2015年，按照晋老办〔2015〕10号文件要求，将《学习贯彻习近平总书记等中央领导在“双先”表彰大会上重要讲话精神宣讲提纲》《为党的事业增添正能量活动宣传提纲》翻印，集中学习。时刻提醒工作人员在工作中要以严字当头，实字托底，更好地做好离退休干部的服务保障工作。要求全体在职人员把思想和行动统一到上级的决策部署上，以务实的态度、实干的精神、实际的成效，切实做到让县委放心，让老干部满意。

2016年，先后举办以“热爱祖国、敬业奉献、孝老爱亲”等为主题的道德大讲堂。组织开展“向王焕杰同志学习”活动，加强思想作风建设。

党风廉政建设

2007 年 5 月，中共襄汾县委老干部局纪检组设立，贾红利任纪检组组长。2010 年 5 月，赵彩虹任纪检组组长。中共襄汾县委老干部局纪检组根据县委和县纪委要求，抓党风廉政建设责任制的落实工作，把握细化内容、深化学习、狠抓落实三个环节，抓住关键，务求实效，全局党风廉政建设取得明显成效。

理想信念教育　结合开展“讲党性、重品行、作表率，树组工干部新形象”“深入学习实践科学发展观”“三严三实”“两学一做”等活动，在全局深入开展党纪条规教育、理性信念教育和反腐倡廉教育，使全局职工树立正确的人生观、价值观。

落实党风廉政责任制　认真抓好全局党风廉政建设工作，以落实责任制总揽全局。成立党风廉政建设领导小组，由老干部局局长任组长，实行“一把手”负总责，分管领导各负其责的领导体制，制定“一岗双责”制。排查廉政风险点，研究制定领导班子成员《廉政风险防控实施方案》《关于落实党风廉政建设责任制实施意见》，对党风廉政建设的各项任务进行分解细化，落实到人。年初召开全局党风廉政建设会，对全局的党风廉政建设作总体部署安排，局领导与全体人员签订廉政承诺书、公车使用自律保证书、不经商办企业承诺书、不大操大办借机敛财承诺书等。按照党风廉政要求召开领导干部民主生活会，并及时向县纪委、县委组织部报告民主生活会召开情况。2016 年在落实《党风廉政建设责任制》工作中，始终坚持半年考核和年终考核制度，制定了具体的考核办法，做到了“年初建账，年中查账，年底交账”。在贯彻落实《两个条例》工作中，单位制定了班子一把手同副职、副职同分管科室负责人谈话制度、领导干部廉政谈话制度、诫免谈话制度、述职述廉制度、廉政档案制度等五项制度，构建了日常监督的制度体系。

落实领导干部廉洁自律规定　为全面贯彻党的十七大、十八大精神，中纪委、省纪委全会精神和领导干部廉洁自律规定、“四大纪律、八项要求”的规定、《关于大力弘扬艰苦奋斗勤俭节约精神，坚决制止各种铺张浪费行为的通知》等，组织全局人员认真学习，并严格落实，杜绝奢侈浪费和大操大办歪风。对单位公车进行严格管理，杜绝购置未经审批的超编、超标车辆。规范和落实局领导班子议事规则，制定《党务公开实施方案》《政务公开工作实施方案》，设立党务、政务公开栏，规定公开的内容、程序、形式和时限。大项经费开支集体研究决定，接受监督。每月 5 日前公布副科级以上实职干部的月职务消费情况，公开离休老干部医疗费报销情况。成立单位红白理事会，制定红白理事会章程，制止大操大办、借机敛财现象。按照县纪委要求，完成单位车辆清查工作并上报相关资料。切实加强制度建设。始终把制度建设作为源头治腐的重要内容。建立健全各项管理制度，为全面落实领导干部廉洁自律，制止奢侈浪费

2014 年 3 月 31 日，党员观看警示教育片

行为提供保障。2014 年 9 月，按照县纪委要求，开展“关于公款送礼公款吃喝奢侈浪费行为等 9 项专项整治工作”，成立整治工作领导组，制定整治方案。

围绕加强作风建设，紧盯“四风”问题，深化正风肃纪专项治理　2016 年县委老干部局纪检组坚持把整治“四风”问题作为重大政治任务，切实履行纪委的牵头抓总责任。不折不扣治理在“四风”方面存在的突出问题。着力监督在乱发钱物、公务用车、公务接待、办公用房清理等方面的问题；整治“懒、庸”突出问题，集中开展“止懒治庸”专项整治行动，对公职人员上班打游戏、炒股、逛淘宝网等开展明察暗访 4 次；同时加强纪律作风建设，严格执行上下班签到制度、请假制度、销假制度；与党员领导干部签订了不出入私人会所、不接受和持有私人会所会员卡承诺书，实现了“零持有、零清退、全覆盖”；搞好廉政提醒，抓住春节、“五一”、端午等重要时间节点下发通知，群发廉政短信，提醒全局党员干部廉洁过节。

“清风丁陶”襄汾县政府服务平台各种信息资料的上报　按照县纪委文件要求，成立县委老干部局“清风丁陶”领导组，完成“清风丁陶”襄汾县政府服务平台各种信息和资料的上报工作，包括单位及每一个人的工作职责、信息资料、政策法规、医疗费报销、护理费调整工作流程、老干部诉求问题分类、工作机构等。

基础设施建设

为了丰富离退休干部的退休生活，促进老干部的身心健康和老有所为。1992 年，在迎宾路县招待所北建成襄汾县委老干部局办公大楼，建筑面积 440 平方米。同年，建成老干部活动中心，建筑面积 440 平方米。设有中心办公室、多功能活动室、阅览室、教室、会议室等。其后，襄汾县委老干部局活动中心（室）设备不断更新，规模不断扩大，活动内容不断丰富，内部管理水平不断提高，成为县离退休干部活动之家。2016 年，县老干部活动中心有办公计算机 18 台、电视机 5 台、空调 17 台、音响 3 对、12 路调音机 1 台、可控硅调光机 1 套、电子琴 1 台，以及登山机、跑步机、气血循环机、多功能健身机、台球桌、乒乓球桌、象棋桌、麻将桌等设施、设备。活动中心阅览室订有《人民日报》《山西日报》《临汾日报》《新华每日电讯》《中国纪检监察报》《山西经济日报》《老年文摘》《山西工人报》《中国老年报》《山西法制报》《中国组织人事报》《生活文摘报》《中老年生活》《山西农民报》《山西妇女报》《中国书画报》《书法报书画天地》《老友报》等 18 种报纸；订有《中国老年》《山西老年》《山西文学》《保健与生活》《家庭科学》《知音》《家庭》《健康指南》《读者》《小说月刊》《环球老龄》《咬文嚼字》《半月谈》《山西老干部工作》《特别关注》《前进》《人民文学》《先锋队》《音乐研究》《广播歌选》等 19 种杂志。

档案管理

2012 年，在县档案局专业人员的指导下，县委老干部局对全部档案资料进行收集、整理、分类、登记、装订，共形成永久、长期、定期各类档案 246 卷（册）。设专（兼）职档案员，配置了铁门、铁柜，建起符合标准的档案室，经山西省档案局认定，达到“山西省三级”标准。

信息宣传

襄汾县委老干部局围绕县委、县政府的工作重点，结合老干部工作的特色，利用各种媒体，宣传报道离退休干部的历史功绩和新贡献，宣传老干部工作的新举措和新成效。

1986 年，省委老干部局编辑的《白首新程》一书收录县离休干部邱文选的事迹《忠诚于自己的土壤》。1987 年，县委老干部局在调查研究的基础上，撰写论文《浅谈老干部工作人员的新形象》，并在临汾地区老干部工作会议上交流。1989 年，为了活跃老干部工作，老干部局创办《襄汾老干部》专刊，共出版 30 期，向省、地刊物推荐典型材料 10 篇。1991 年 7 月 15 日，临汾地委信息专刊登载襄汾《我县注重老干部在党纪党风监督中的作用》，省委信息专刊登载《我县发挥老干部余热搞好信访工作》。1994 年 2 月 26 日，《山西日报》刊发《斯诺笔下的山西娃娃今何在》；3 月 18 日，《临汾日报》刊登了介绍襄汾县老干部先进事迹的文章《闪光的夕阳》；6 月，《山西老年》以《农村养老的新路子》为题，介绍了襄汾县老干部创办经济实体的经验；8 月 13 日，《人民日报》海外版刊登老红军王东平关心下一代工作的图片。同年，《临汾日报》还登载了反映襄汾县老干部工作的文章《襄汾县重视老干部工作》《在社会主义经济体制下必须加强老干部工作的领导》《尽心尽力做好老干部工作》《为夕阳织锦的人》等。1995 年，《山西老年》以《奉献在晚年》刊登了老干部史清奎的模范事迹；《临汾日报》刊登了老干部张致中办石料厂发挥余热的照片。该年，县委老干部局组织刘九年、史清奎、张成才、邱文选、尉建华 5 名老干部模范事迹报告团，进行了宣讲报告。1996 年，在《中国老年报》《山西日报》《山西工人报》《工人日报》《临汾日报》《临汾老干部工作通讯》等报刊杂志发表各类文章、图片 50 余篇（幅）。其中邱文选 20 篇、尉建华 13 篇、梁国璜 13 篇、狄西海 6 篇。1999 年，张治文被《山西老干部工作》评为年度优秀宣传通讯员。2001 年 12 月 7 日，《老友报》刊发《襄汾县委老干部局全力清理拖欠医药费》。2002 年 4 月 18 日，《临汾日报》刊发《襄汾县保证离休干部生活待遇》，《山西老干部工作》刊发《舞曲响在第二春天——记离休干部李天民》。2005 年，县委老干部局扩大信息调研员队伍至 10 人，由副局长张忠元主抓，并制定奖励措施。该年，在《中国老年报》《老区建设》《山西日报》《交流时报》《山西老年》《老友报》《山西老干部工作通讯》《临汾市老干部工作通讯》等报纸杂志发表各类文章、信息 60 余篇。2006 年，县老松树文化社配合县中心工作在各类报纸杂志发表文章 180 余篇，并出版《我们的退休生活》一书，书中收录了 30 余位离退休老干部的先进事迹，在老干部中和社会上引起广泛好评。2011 年 7 月，为庆祝中国共产党成立 90 周年，县委老干部局出版发行《丁陶大地夕阳红》。该书收录 9 个老年团体、82 个离退休老党员、老干部、老教师的先进事迹，受到老干部的好评。2013 年 1 月，建立襄汾县委老干部局网站。网站设有动态新闻、工作公告、政策指南、老有所为、创作园地、健康指南等 12 个项目。襄汾县老干部工作网站与县政府网站、临汾市老干部工作网站、山西省老干部工作网站联网。同年，成立由离退休老干部组成的老干部工作通讯组，由局长王稳锁任组长，成员有房桂花、刘春澍、高兰生、贾学平等人。2013 年度，县委老干部局在各类报纸杂志、网站共刊发信息通信和文章 662 篇（条）。根据山西省离退休干部教育网络中心统计，2013 年中共山西省委老干部局共采用文章、信息 3109 条。其中临汾市 570 条，位列市级第一位；襄汾县 145 条，位列临汾市第一位，在全省与吕梁市的孝义市并列第一名。2014 年，在各类媒体刊发各类文章 454 篇（条）。2015 年刊发 400 篇（条），2016 年刊发 440 篇（条），名列全省前茅。

2016 年通讯报道汇总表

表 1—4　　单位：篇（条）

序　号	报刊、杂志、网站	全年刊登	消　息	理论调研	人物通讯
1	中国老年报	2	2		
2	山西日报	2	1		1
3	老友导报	17	17		
4	山西老年	9	7		2
5	先锋队	1		1	
6	山西老干部工作	6	6		
7	山西老干部信息交流	2	2		
8	山西老干部工作网文章	31	23		8
9	山西老干部工作网原创摄影展厅	123	123		
10	临汾日报	9	3		6
11	山西新闻网临汾频道	29	26		3
12	黄河新闻网临汾频道	53	36		17
13	临汾老干部工作信息	12	12		
14	襄汾政府网	22	16		6
15	襄汾电视台	10	10		
16	丁香文化	21	2		19
17	襄汾老干部工作网站	91	47		44
合　计		440	333	1	106

规章制度建设

建立和完善工作制度，搞好老干部工作。1987 年 3 月，县委老干部局建立老干部工作“三项制度”：一是坚持老干部活动日制度，每月 15 日为老干部活动日；二是坚持局领导分片联系制度；三是坚持春节、中秋节家访制。其后，历任局领导都十分重视制度建设，在工作实践中，逐步制定和完善领导分工及工作人员岗位责任制、党员组织生活会制度、老年大学制度、安全管理制度、局长办公会议制度、领导班子民主生活会制度、党员组织生活会制度、学习制度、考勤制度、请销假制度、印章管理制度、财务管理制度、卫生所管理制度、离休干部看病住院报销制度、公务接待制度、公车使用管理制度、信访工作制度、安全管理制度、门卫制度、卫生管理制度、文印制度、新闻报道奖励办法、督办督查工作制度、责任追究制度、活动中心管理制度等多项制度，为各项工作的开展提供了制度保障。至 2016 年底，共形成规章制度 23 项，进一步规范了机关的运行管理。

附：县委老干部局各项制度

老干部活动中心管理制度

为做好新时期老干部服务工作，更好地服务老干部，特制定制度如下：

1. 考勤。工作人员按规定时间上下班，不得迟到、早退。需要加班，临时安排，须无条件服从。

2. 实行请销假制度。有事提前请假，并根据中心实际工作进行安排。一天假由中心主任批准，两天以上由分管领导批准。假期满要按时上班，及时销假。

3. 坚守岗位。上班时间须坚守各自的岗位，对老干部要热情接待，细心服务，并做好活动记录。没有领导的批准，不得脱岗外出。对楼道、卫生间和各活动室的卫生，须每天清扫、擦洗、整理，保持整洁有序，窗明几净。

4. 公物管理。要爱护公共财物，不得私自转借他人使用，如有损坏或丢失，照价赔偿。

5. 安全保卫。每天下班之前要及时关好门窗，切断电源，认真检查，做好防盗、防火、防水、防爆等安全防范工作，消除各种隐患。

7. 重大节假日前，局领导要对机关人员进行安全教育，并组织有关人员统一进行检查，确保无安全隐患。

2002 年 8 月

老年大学制度

1. 凡本校师生员工，必须努力学习马列主义、毛泽东思想、邓小平理论，以实际行动践行“三个代表”重要思想、科学发展观，与时俱进。

2. 凡参加本校学习的学员，要遵守学校规章制度，按时上课，不迟到早退，有事有病向班主任请假。

3. 上课时要自觉维护课堂秩序，不吸烟，不随意讲话，静心听讲，做好笔记。

4. 要爱护公物，搞好教室和环境卫生，不随地吐痰。

5. 要尊敬老师，互相团结，珍惜学校荣誉，共同创造和谐、团结、愉快的学习氛围。

2003 年 9 月

局长办公会议制度

1. 局长办公会的主要内容和任务是：学习传达上级党委、政府的重要文件、重要会议精神和重大工作部署，研究提出贯彻落实意见和措施；研究并通过以老干部局名义出台的文件和工作规章制度；研究处理县委、县政府领导交办的事项，研究报县委、县政府领导的请示、报告等；研究决定特邀监督员的聘任和解聘；讨论决定其他需要局长办公会研究决定的事项。

2. 局长办公会一般每周一 8：30 召开，也可根据工作需要不定期召开，会议时间、地点、议题由局长确定。

3. 局长办公会由局长主持。局长办公会成员由局长、书记、副局长和纪检组组长组成。根据会议内容，有关人员可列席会议。办公室主任负责做好会议记录。

4. 会议时间、地点、议题和参会人员确定后，由办公室负责通知。

5. 根据局长要求，办公室和相关负责人对会议确定的事项，要及时落实或督促落实。

2012 年 6 月 21 日

领导班子民主生活会制度

1. 领导班子民主生活会原则上每半年召开一次，也可根据实际需要随时召开。

2. 民主生活会由局长或党支部书记召集和主持。

3. 民主生活会要按照县委规定的主题和要求，或针对当前党性党风方面存在的突出问题，确定民主生活会的主题和方案。

4. 民主生活会前班子成员要根据会议主题，认真学习相关的理论、文件，广泛征求群众意见，认真撰写发言提纲，开展谈心活动。

5. 民主生活会应遵循“团结—批评和自我批评—团结”的方针，充分发扬民主，开展积极的思想斗争和自我批评，增强政治性和原则性。要围绕议题交流思想，总结经验教训，以治病救人的态度开展批评，达到统一思想、增强团结、相互监督、共同提高的目的。

6. 因故缺席的人员可以提交书面发言，书面发言在会上宣读并列入会议记录。会后，主持人或由主持人委托出席会议的其他人员，将会议情况和批评意见转告缺席人。

7. 对民主生活会检查和反映出来的问题，要积极制定改进措施，切实加以解决；需要上级党组织帮助解决的，应及时向上级党组织报告。属于违反党纪、政纪的，应按干部管理权限进行查处。对于群众普遍关心问题的整改措施，视情况用适当方式予以公布，以便接受监督。

8. 办公室负责民主生活会的筹备、组织、记录、报告等具体事宜。

2012 年 6 月 21 日

党员组织生活会制度

党的组织生活是党的生活的重要内容。是党组织对党员进行教育、管理、监督的重要形式。每一个党员，都必须编入党的一个支部，参加党的组织生活，接受党内外群众的监督。党员领导干部除参加所在支部的党员组织生活会外，还必须参加定期召开的党员领导干部民主生活会。现制定老干部局党员组织生活会制度。

1. 每个党员必须自觉参加党员组织生活会，接受党内外群众的监督。党员组织生活要增强政治性、思想性、原则性，充分发扬民主，认真开展批评与自我批评，交心谈心，沟通思想，增进团结，推动工作。

2. 党员组织生活会每半年召开一次。由党组织负责人主持，党员应积极参加党员组织生活，如确有特殊情况不能参加，必须事先向党组织请假。

3. 明确党员组织生活会的主要内容：检查党员贯彻上级党委决议和指示情况；检查党员坚定理想信念，密切联系群众，遵纪守法，廉洁自律和履行岗位职责等情况。

4. 党组织要把每次组织生活会的主题和内容提前一周通知每位党员，认真做好准备，拟写发言提纲。

5. 会后要根据党组织决议和每位党员的提出的意见和建议，制定整改落实措施并认真落实。

6. 党组织要安排专人做好会议纪录，并将召开情况向上级党组织报告。

2012 年 6 月 21 日

学习制度

1. 局领导班子每月至少要组织集中学习一次，由局长或书记主持，办公室具体承办。

2. 机关干部职工学习，每周星期一下午为政治、业务学习时间，由书记具体组织实施，办公室配合。

3. 除集体学习活动外，每个干部都要坚持自学，自学时间每月不得少于 15 个学时。

4. 办公室要建立学习考勤制度。凡机关组织的集中学习活动，不能参加者要提前请假，缺课的要及时补课。

5. 每个重要专题学习结束后，要对学习情况进行认真检查。检查内容包括学习记录、考勤记录、学习笔记、心得体会等。检查情况要及时在机关内部进行通报。

6. 要把学习情况纳入机关年度考核范围，作为评选先进的一项重要依据。若学习超过 3 次以上迟到和缺席的，或者完不成规定学习任务的，不得评为先进。

2012 年 6 月 21 日

考勤制度

1. 每个干部职工要严格遵守上下班工作规定，切实做到不迟到、不早退、不旷工，坚守工作岗位。

2. 每个干部职工必须在上班 10 分钟内到达工作岗位，30 分钟以内未到的，且未向办公室或分管领导说明原因的，视为迟到；1 小时内未到的，视为旷工半天。

3. 由办公室安排专人负责考勤工作。考勤人员要坚持原则，认真负责，每个工作日两签到。

4. 凡因会、因公外出的，须告知办公室，上班期间工作人员临时有事外出的须向办公室主任及分管领导请假。

5. 办公室要对上班在岗情况进行不定时检查，凡早退、脱岗的要记入考勤登记。

6. 签到补助每人每月 100 元。不签到一次扣 2 元。迟到一次扣一元。早退、脱岗一次扣一元。月末办公室主任汇总考勤情况，报局长审批发放。并留存每月考勤结果，作为年终考核的一项重要内容。

2012 年 6 月 21 日

请销假制度

1. 凡因事、因病请假者，必须到办公室履行请假手续。

2. 一般工作人员请假一周以内，由分管领导批准；请假在一周以上由局长批准。

3. 书记、副局长、纪检组组长请假由局长批准。

4. 工作人员请假外出时，要保证联络畅通。

5. 请假到期返回机关后，要及时办理销假手续。特殊情况需延长假期的，必须办理续假手续。

6. 对法定的探亲假、产假、婚假和休假等，按国家有关规定执行。

7. 凡未经批准擅自离岗 3 天以上者，在机关内部进行通报批评，取消其本人的评先评优资格，取消本月考勤奖。

2012 年 6 月 21 日

印章管理制度

1. 机关、党支部、活动中心、财务印章由专人负责保管，未经允许不得转让他人代管，特殊情况由他人代管时，必须经局长批准。

2. 局机关印发各种文件、函件，开具各种证明、信件、审批表、报告等以及所有需加盖局机关印章的文件、报表等均需经局长签批后方可用印。

3. 局党支部、活动中心印章，分别由局支部书记及分管副局长签字，报局长同意后方可用印。

4. 加盖印章必须认真履行审批登记手续，注明用印时间、单位、内容、份数、经办人、批准人等，并留存签字底稿。

5. 印章管理人要认真登记，每次用印都要有记录。不得私自加印盖章。

2012 年 6 月 21 日

财务管理制度

1. 机关财务实行局长负责制，凡未经局长签字的支出手续一律不许报销入账。

2. 财务人员要加强管理，规范程序，严格执行财务管理有关规定，认真把关，堵查漏洞。

3. 日常办公用品由办公室统一购买，大宗物品由办公室联系采购中心按程序采购。各办公室所需用品在办公室登记领取。

4. 大型会议和机关集体活动，由办公室负责承办。

5. 旅差费按上级有关规定办理。因公出差所借公款，公差结束后十天内报销清账，前账不清，不得再借。

6. 办公室统一负责机关所有固定财产（包括各临时机构购置的固定财产）的管理工作。各办公室、活动室所使用的固定资产由各办公室、活动室负责人具体负责保管维护。

7. 干部职工原则上不允许借用公款，确有特殊情况需要借款时，必须经局长批准。财务人员不得擅自借出款项，一经发现从严追究。

2012 年 6 月 21 日

公务接待制度

一、接待工作由办公室统一负责，要坚持礼貌周到、丰俭适度的原则，既不失礼仪，又注重节俭。

二、接待范围：机关的各种大型会议和上级部门以及其他市、县老干部局领导来我县；

外地离休干部和原在襄汾战斗工作过的老干部来我县参观访问；在外地工作的襄汾籍老干部回乡探亲（接待时间一般控制在一周以内）；乡镇老干部及老干部工作人员回局办事；组织各老干部团体组织开展活动；邀请来襄汾授课的专家、教授等。

三、接待用车要本着方便舒适、安全快捷的原则，根据宾客人数、工作性质，由办公室统一安排。

四、公务接待标准：所有来客一般只宴请一次，其余时间吃工作餐。由局长出面宴请的，每桌标准不超过600元（不包括酒水），由副局长出面宴请的每桌标准不超过500元（不包括酒水）；工作餐每人每天限定50元。工作餐实行确定标准与点菜相结合的办法。

2012年6月21日

安全管理制度

一、每个工作人员要对工作区域安全负责。要定期进行安全检查，发现问题及时整改。财务、档案、文印、信访等要害部位要加强监管，提高安全防范意识，配齐安全设施，确保万无一失。

二、办公区域内严禁焚烧任何物品，不准堆放杂物，以保证畅通。

三、工作区域里不准私自安装电器设备，接拉电源线。因工作需要安装电器设备时，须经局长同意由专职电工进行安装。

四、不准将易燃、易爆、剧毒等危险物品带入办公室存放。

五、不准带小孩上班，因特殊情况临时需带小孩上班或学生放假到机关时，家长要加强监管和教育。

六、要加强机关值班工作，正常工作日的值班由办公室确定专人承担。法定假日期间的值班由办公室统一安排，分管领导带班。值班人员要坚守岗位，认真负责，保证机关安全和联络畅通。

七、重大节假日前，局领导要对机关人员进行安全教育，并组织有关人员统一进行安全检查，确保无安全隐患。

2012年6月21日

门卫制度

一、门卫人员要做到衣着整洁，讲究仪表、以礼待人、语言文明，不得酗酒。

二、门卫人员对安全保卫负有责任，有权对出入单位的车辆、人员进行询问、检查。小商小贩等身份不明人员一律不得入内。

三、做好报刊、信件的收发工作，要及时送交有关领导及科室。

四、做到大院内车辆有序停放。非本单位及家属楼车辆，未经领导同意一律不得停放。

五、保持大院、楼道、卫生间清洁、卫生。不得有杂物、尘土、烟头、纸屑等。

六、请假及吃饭时间的空档，自行安排人员接替，并报办公室。

七、完成领导交办的其他任务。

八、发现长时间无故空岗，或发生重大责任事故，即行解聘。

2012年6月21日

卫生管理制度

一、各室要自觉保持公共卫生，室内卫生要坚持每天打扫。

二、保持室内整洁，严禁随意乱倒脏水、乱扔烟头纸屑等废弃物。保持地面清洁，物品干净。门窗玻璃要经常擦拭，保持光线明亮。

三、办公桌椅、文件柜、计算机等办公设备摆放整齐，桌面保持整洁干净，文件柜内物品放置整齐有序。墙面不准乱贴乱挂。

四、严禁在室内、楼道内大声喧哗，严禁在楼道堆放、乱扔杂物，保持安静整洁的办公环境。

五、会议室严禁吸烟。会后，要及时进行清理打扫，关闭电器开关，保证会议室的整洁干净和设备安全。

六、门卫负责管理的区域（大院、楼道、卫生间）要保持整洁。车辆按要求停放有序。

七、办公室负责卫生监督管理，定期组织检查，对卫生状况较差的要限期整改。

2012 年 6 月 21 日

文印制度

一、办公室承担机关的打字、印刷和复印设备的管理维护任务和打印工作。打印、复印需经办公室主任批准。

二、各室和个人不得打印或复印与工作无关的文稿，也不准自行到印刷单位打印、复印材料，否则费用自理。

三、确需到外面印刷单位印刷文件、材料、书籍等，需经局长批准。

四、办公室文印人员要提高工作效率，保证打印质量，严格控制打印、复印数量，严格控制材料损耗，不得擅自接受打印、复印任务。不得让外人私自操作文印设备。

五、办公室文印人员要熟悉各类文件格式，严守保密制度，不得将打印材料随意摆放或出示，更不得将材料内容向外人透露，及时销毁有关不宜公开的废稿纸张。

六、严禁复印标识绝密、机密的文件、电报，领导人讲话内部稿、录音稿或记录稿，不准复印的文件、资料、图纸、刊物，货币、有价票证，内容反动、淫秽、封建迷信的读物、图片及违禁文字资料等。

七、对违反制度规定的行为，要视情节轻重进行处理。情节轻微的，在局机关内部通报批评；情节严重或造成泄密事件的，依照相关法律法规，移送司法机关处理。

2012 年 6 月 21 日

责任追究制度

第一条　为改进机关工作作风，提高机关工作效率和质量，特制定本制度。

第二条　责任追究制是指局机关工作人员不负责任，不履行或不正确履行自己的工作职责，构成失职行为，致使本单位和人民群众名誉和经济利益损失，必须追究行政和经济上的责任。

第三条　责任追究制度范围：

（一）本局各项规章制度的内容。

（二）县里的有关规定、制度等方面的内容。

（三）县机关效能建设投诉，监督、督查人员明察暗访所发现的问题。

（四）工作中作风拖拉、办事不力、推诿扯皮，造成损失的行为。

（五）工作时间擅离岗位，造成工作失误并产生不良后果的。

第四条　责任追究对象：本局机关全体干部职工。

第五条　处理对象和标准：

（一）与服务对象发生争吵和被服务对象投诉的，经查证核实后，责成责任人向服务对象公开道歉，在年终评选先进时视为“一票否决”，取消责任人及其所在科室当年评先资格。

（二）违反制度规定或监督、督查人员明察暗访发现问题的，经查证核实后，给予责任人通报批评，在年终评选先进时视为“一票否决”取消责任人及其所在科室当年评先资格。

（三）凡在当年度累计发生（一）、（二）款两次及以上的当事人，经局长办公会议研究，分别予以告诫、通报批评及其他的行政处分。

（四）尚不构成以上处理标准但确实存在效能建设方面有关问题的当事人，经核实后，进行批评教育，以促其纠正。

第六条　本制度自 2012 年 1 月 1 日起施行。

2012 年 7 月 20 日

卫生所管理制度

一、门诊：

1. 对老干部要热情接待，医生应详细检查，认真书写病历和处方，及时治疗。

2. 门诊室内不准大声喧哗和随意吐痰，不准吸烟，不乱抛果壳。

3. 对药品的使用，应遵照药品使用规定，指定专人开处方，其他人员不得随便使用。

二、处方：

1. 处方按规定格式用钢笔或圆珠笔书写，字迹要清楚，内容包括姓名、性别、年龄、年月日、药品名称、剂量、用法、医生签全名，处方上如有涂改，医生应在涂改处签名。

2. 处方药量以二天至三天为宜，慢性疾病七天为限，特殊情况可适当增加。

3. 药房人员不得擅自修改处方，如对处方有疑问或者处方有错误的，须亲自向医生提出更改，否则拒配。

4. 护士不得开处方。

5. 一般处方保留一年，到期经领导批准后登记销毁。

三、注射室：

1. 严格执行国家器械的消毒规定，保证无感染。

2. 严格执行注射药液的查对制度及注射皮试制度。

四、药房：

1. 按照国家药政总局制定的药品管理条例，实施药房管理。

2. 及时购进药品，做到杜绝假药、次药入库。

3. 进出库药品必须手续齐全，账目清楚。

4. 药房禁止闲人进出。

2013 年 5 月 17 日

看病住院报销制度

为严格落实中央关于离休干部“两费”的政策规定，充分体现党和政府的关怀，更好地保证离休干部看病就医，进一步加强管理，特制定本制度：

一、离休干部因病需要住院的，需由本人或者家属提供医院诊断证明来局登记。由局领导批准后开具住院介绍信方可住院。

二、离休干部的医药费报销严格按《襄汾县离休干部医药费管理制度》办理。

三、报销时必须按住院明白卡的要求，把所需手续全部办完交回，方可办理报销手续。

四、报销单据必须为公立医院开具的“山西省医疗单位统一收费票据”。

五、报销周期为三个月。

六、凡未经老干部局同意，自行购药的费用，一律不予报销。

2013 年 5 月 17 日

公车管理制度

为进一步加强公车使用管理，杜绝公车私用问题，促进领导干部廉洁从政，树立党员干部良好形象，根据市纪委《关于严禁公车私用的通知》（市纪发〔2011〕20 号）精神，结合实际，制定严禁公车私用有关规定如下：

一、凡违反下列“五不准”规定的，一律视为公车私用：

不准将公车用于探亲访友、接送子女亲属、个人迎来送往等非公务活动；不准驾驶公车进行度假、旅游、钓鱼等休闲娱乐活动；不准将公车用于婚丧等事宜活动；不准借用下属单位或其他单位公车用于非公务活动；不准出租、出借公车供个人办私事使用。

二、节假日期间，公车一律在机关院内指定位置封存停驶，有特殊公务活动需要使用公车时，必须经主要负责人批准后，凭派车单出车，公务活动结束后，车辆要及时返回封存。

三、机关领导和有科室负责人，要以身作则，率先垂范，模范执行有关规定和要求，对司机和有关工作人员加强管理，确保不发生公车私用现象。

2013 年 5 月 17 日

信访工作制度

信访工作是各级老干部部门了解、掌握、倾听老干部意见建议和呼声的重要信息渠道，是为老干部排忧解难、密切与老干部联系的重要途经，是检验老干部部门管理服务质量和态度的重要窗口，也是接受老干部监督、切实加强老干部工作的重要手段。为进一步加强新形势下的信访接待工作，特制定以下制度：

1. 认真贯彻执行党的老干部工作方针政策，全面落实中组部《老干部信访工作暂行规定》，对老干部反映的涉及政治、生活待遇落实方面存在的问题，认真接待，督促解决。

2. 对来访人员要热情接待，无论事情大小应逐人逐事逐件进行登记，认真听取所反映的问题，对提出要求解决的合理诉求，要及时、妥善处理，不得推诿、敷衍和拖延。属于政策范围内的积极与有关单位联系沟通协调予以解决，政策不明确的当面说明原因，耐心做好解释工作。

3. 坚持分级负责，归口办理，谁主管谁负责的信访处理原则，切实做好政策解释和思想疏导工作，督促有关部门解决政策范围内的实际问题，对县委、县政府领导批示的信件，按照批示的意见抓紧落实，并反馈情况。

4. 上级部门批转我县老干部信访件，要及时呈送局领导阅示，按照局领导批示意见转送县委有关领导及部门。对要求上报结果的信件，限时处理并上报结果。

5. 切实把贯彻落实科学发展观，坚持以人为本的理念要求体现到具体工作中，根据老干部“双高期”的特点和老干部身体状况较差的情况，也可采取由老干部子女代替上访或工作人员主动下访的办法，听取老干部意见建议，切实解决老干部的实际问题。

6. 落实信访首问责任制，对老干部信访中反映的问题，首问责任人应尽快按照有关规定及时办理和答复。信访中反映的重大问题，应及时报告县委分管领导。

7. 建立信访处理档案专卷，年终将来信来访接待处理情况收集整理，立卷归档，设立专卷以备查考。

2013 年 5 月 17 日

督办督查工作制度

一、督查事项立项的内容

1. 县委工作部署中有关老干部工作的事项。

2. 上级部门、县委领导及本局领导批示和交办事项。

3. 本局安排的全年重大工作及阶段性要求。

4. 局领导深入基层调研、检查工作时提出的要求。

5. 工作中发现的事关全局的政策性、倾向性和苗头性问题。

6. 县人大代表建议、议案，县政协委员提案及其他重要事项。

二、督查事项立项的程序及下达

1. 督查事项的办理要印发督查通知。

2. 局领导有明确批示、要求的督查事项，根据领导意见下达督查通知，转承办单位落实。

3. 具体督查事项，按分工分别由各分管领导处理。

三、督查事项的检查、催办

1. 督查事项下达后，要跟踪督查，及时催办；时限长的事项要定期催办，掌握进度。

2. 对督查事项要力求按督查通知上规定的时限尽快办结。对未按时限要求完成的督查事项，采取得力措施督促落实。

四、组织领导

分管办公室的副局长分管督查工作，具体工作由办公室负责。局长会议要根据情况，及时研究督查工作，局长要经常过问指导。

2013 年 5 月 17 日

新闻报道奖励办法

为了充分调动大家的工作积极性，进一步加大我县老干部工作宣传报道力度，营造尊老敬老的社会氛围，为本县转型跨越发展创造良好的舆论环境，结合本县实际，特制定本奖励办法。

第一条　奖励内容

对刊播在县、市级以上党报党刊、相关杂志、报纸以及工作通讯、信息，电视台、主流网站等新闻媒体，反映老干部及老干部工作的正面新闻宣传报道，包括各类新闻（图片）、信息、理论调研文章等。

第二条　奖励基数

每个工作人员每年的任务基数为：在市级以上新闻媒体上稿 2 条；在襄汾政府门户网站上稿 2 条，未完成任务者，不能参加通讯报道先进个人评选。

第三条　奖励标准

1. 襄汾政府门户网、襄汾老干部工作通讯采用的消息类稿件（图片）每条奖励 10 元；综合新闻、通讯类稿件每篇奖励 20 元；理论调研文章每篇奖励 30 元。

2. 临汾市政府门户网站、临汾老干部工作信息采用的消息类稿件（图片）每条奖励 20 元，综合新闻、通讯类稿件每篇奖励 30 元，理论调研文章每篇奖励 50 元。

3.《临汾日报》《临汾晚报》《山西老干部工作信息交流》、山西老干部工作网、《山西老干部工作》采用的消息类稿件（图片）每条奖励 30 元，综合新闻、通讯类稿件每篇奖励 50 元，理论调研文章每篇奖励 100 元。

4.《山西日报》《山西经济日报》《山西老年》《老友报》《先锋队》采用的消息类稿件（图片）每条（篇）奖励 50 元，综合新闻、通讯类稿件每篇奖励 100 元，理论调研文章每篇奖励 300 元。

5.《中国老年报》以及其他中央各部门主办的新闻媒体采用的消息类稿件（图片）每条奖励 100 元，综合新闻、通讯类稿件每篇奖励 200 元，理论调研文章奖励 500 元。

6.《人民日报》《经济日报》等中央级党报党刊、中央电视台采用的消息类稿件（图片）每条奖励 400 元，综合新闻、通讯类稿件每篇奖励 800 元，理论调研文章每篇奖励 2000 元。

7. 刊播在中央、省、市新闻媒体头版头条的重大宣传报道，以及其他重头稿件，除正常奖励外，再予以重奖，具体办法由县老干部局局务会研究决定。

襄汾、临汾、山西电视台采用的新闻稿件分别奖励 20 元、50 元、100 元。

在以上未涉及的报刊、网站刊登的，低一级奖励。

工作人员报送信息要经分管领导同意，同一内容信息以第一报告者为准。

第四条　稿件统计

各老干部团体、局各室将刊播稿件的信息及时报县委老干部局办公室。报送时需将所刊播的稿件登记造册，包括文章标题、刊播媒体、版面或栏目、作者、刊播日期等，并将媒体刊登的稿件及复印件、播出通知一并上报。每月 15 日前报上月刊发稿件。在统计稿件篇数时，以单人单篇为单位，两人或两人以上合作的作品，均按一篇计算。被多家新闻媒体刊播的内容相同的稿件，进行重复计算。

第五条 考核时限

所报送的新闻报道稿件，考核奖励时限从当年1月1日至12月31日为准。

第六条 奖励措施

所有报送作品由县委老干部局办公室进行整理、登记、审查，提出初步奖励意见，同时，根据当年通讯报道的数量及质量情况，评选出3～5名通讯报道先进个人，提交局务会审定后，召开专门会议发放奖金及获奖证书。

第七条 本办法执行中的有关问题由县委老干部局办公室负责解释。

2013年5月20日

领导分工及工作人员岗位责任制

为进一步提高工作效率，保障老干部工作有序开展，经局委会研究，制定岗位责任制如下：

局长：王稳锁

主持老干部局全面工作。负责人事、财务和卫生所工作；制订工作计划和岗位目标责任制并组织实施；组织学习党的路线、方针、政策；老干部工作队伍的思想及业务建设；督促检查落实老干部的“两个待遇”；总结工作典型和工作经验，开展尊老敬老活动；鼓励老干部发挥作用等工作。

支部书记：毛俊峰

负责基层老干部党支部和本局支部工作；精神文明建设、党风建设；辅导机关工作人员及老干部学习，提高全局人员及老干部的政治素质；联系城区老干部。

副局长：张治文

分管机关后勤、安全；宣传、调研、信息、通讯报道；易地安置老干部；组织、总结、推广老干部发挥作用，负责编撰老干部志；负责联系老年书画家协会、关工委、老年学学会、老促会；联系河东片老干部。

副局长：贾红利

分管老干部活动中心、老年大学、离休干部医疗保健办公室；离休干部的体检、住院、报销；负责联系老松树文化社、老干部合唱团、老年舞协、老年体协；负责收集老干部图书；联系西北片老干部。

纪检组组长：赵彩虹

分管纪律检查、廉政建设、普法教育。

综合办公室

主任杨丽娟：负责办公室日常工作。做好工作计划、工作总结和各种文件、信息、通讯的起草、编排、打印、收发；做好会议、活动的安排、记录；签到、考勤汇总；年终考核、报表；各项规章制度的督促、检查、落实；搞好公务接待；完成领导交办的其他任务。

乔飞：负责医疗保健办公室工作；发放门诊费；离休干部住院、转院登记；票据的整理、报账；老干部的体检和护理费；配合机关支部工作；办公室文印等其他工作；完成领导交办的其他任务。

孙银香：负责文件、档案管理；机关考勤、发放补助；办公室文印等其他工作；配合完成纪检工作；完成领导交办的其他任务。

张满仓：负责机关财务工作。

梁泽峰：确保安全准时完成驾驶工作任务；做好车辆的管护及保养工作；协助搞好公务接待等日常性工作；完成领导交办的其他任务。

活动中心

主任马惠杰：负责活动中心工作。搞好老干部政治学习、会议安排及各种文体活动的服务工作；搞好教室、活动室、会议室的卫生、管理等工作；完成领导交办的其他任务。

马惠娟：负责报刊杂志的管理与发放；搞好阅文室其他工作；完成领导交办的其他任务。

杨建萍：负责老干部活动厅各项器材检查保养；热情接待参加活动的老干部；完成领导交办的其他任务。

2013年6月26日

第二章　落实待遇

老干部是党和国家的宝贵财富。老干部离退休后，“基本政治待遇不变，基本生活待遇略有提高”，是党中央、国务院老干部工作的一项基本政策。落实好老干部的待遇，对于保持老干部的思想稳定，体现党和政府对老干部的关心和爱护，弘扬中华民族尊老敬老的传统美德，具有十分重要的意义。老干部基本政治待遇不变，可归纳为“八项制度”，即阅读文件、组织生活、政治学习、情况通报、参加重要会议、走访慰问、就近就地参观考察、在职领导联系同职级老干部。离休干部生活待遇，主要包括离休费、生活补贴、住房、用车、医疗保健、护理费等方面。

落实离休干部的政治、生活待遇是做好老干部工作的前提和基础。县委老干部局高度重视落实离休干部待遇，在构建完善政策体系、促进“三个机制”规范运行，落实政治待遇，保障生活待遇等方面，做了大量扎实有效的工作，推动老干部工作全面深入开展，营造关心老干部氛围，有力地保障了全县离休干部安度晚年和生活幸福。

第一节　落实老干部政治待遇

阅读文件

襄汾县委老干部局于 1984 年成立后，认真落实老干部阅读文件制度，要求各级各部门专人负责老干部阅读文件工作，有条件的单位专设老干部阅文室，定时为老干部提供阅文服务。离退休干部较集中的单位，由县委老干部局配发一套文件，专供老干部阅读。1987 年，县委老干部局给 160 名县级及以上老干部发放阅文证，并在全县设立 4 个阅文点，每月 3 日、13 日、23 日开放，老干部可就近阅读文件。襄汾县委选出 4 份中共中央文件、2 份中央办公厅文件，县政府选出一份国务院文件，供老干部阅读。1996 年，县委老干部局为老干部订阅近 2 万元的报纸杂志。1997 年，县委为老干部配发中央、省、地有关文件及《国际参考》等。订阅报纸杂志 30 余种。2002 年，县老干部活动中心建成后，专设阅览室，配备文件柜、书报架、桌、椅、热水器等设施，全天开放，专人管理。各乡镇由老干部协理员负责管理，并制定阅读文件制度。2013—2016 年，县委老干部局改善阅览室设施，更新、配备文件框、报架、椅子、计算机等，订阅报刊 39 类，供老干部日常阅读学习。

老干部在阅文

组织生活

襄汾县各级党组织坚持把开展离退休党员干部的组织生活作为加强和改进老干部思想政治工作的重要途径来抓，把老干部党支部建设与党建工作统一部署、统一检查、统一考核，合理设置党组织，党员参加所在支部组织生活。特别关注改制、破产、关闭企业离退休干部党员的组织生活，关心年老、体弱、病残的老党员，加大调查研究力度，确保离退休党员干部组织有归属、活动有人管。县委老干部局接管企业离休干部后，主动协调企业离退休党员干部正常参加党组织活动，健全组织活动和各项规章制度，并从经费上给予保证。

1991年5月18日，县委老干部局组织召开县直、乡镇老干部党支部书记和协理员会议，传达万荣会议精神和万荣经验，开展对口学习万荣县荣河镇、高村乡经验活动，要求真正学好、学出成效。各乡镇有组织地发挥老干部“政治工作员、科技推广员、教育督学员”的作用。老干部工作者学习潘英才热爱本职工作，坚持6年登门家访，热情为老干部办实事的精神；学习杜振济、阎甲贵离而不休，无私奉献的先进事迹。“七一”前夕，县委、县政府给全县老干部党支部赠发《毛泽东选集》一套。全县20个老干部党支部、27个党小组，普遍建立健全了“一课三会”制度，开展社会主义教育、形势教育、党的路线方针教育、保持革命晚节教育、党的优良传统教育的活动。

1992年，县委老干部局给老干部党支部新订《支部建设》200本，使党支部增加了新的学习内容，对加强党员教育，搞好支部建设起到了推动作用。

1993年，县委印发《关于加强乡镇老干部党支部的建设的意见》，对党支部工作进行整顿。老干部党支部的会议、学习、开展党内活动、培训党员、发挥作用、评选先进等一系列工作都由当地乡镇党委领导。通过整顿，使离退休党员的组织活动进一步规范化。1994年4月上旬，组织各乡镇老干部党支部书记参加县委党校举办的《邓小平文选》三卷学习培训班。1997年，开展“双创”活动，评选出优秀老干部党员30人，先进老干部党支部3个，分别是邓庄镇、南贾镇、西贾乡老干部党支部。

2000年后，襄汾县在全县工作要点中提出要加强老干部党支部建设，进一步贯彻《山西省离退休干部党支部工作条例》，有针对性地抓紧解决老干部党支部工作中存在的突出问题；加强和改进对离退休干部党员的管理，探索离退休干部党员参加组织活动的新途径，增强离退休干部的组织观念。2005年，襄汾县委老干部局把离退休干部党支部建设作为老干部工作的重点和基层组织建设的一项重要内容。在加强13个乡镇老干部党支部建设的同时，建立社区老干部党支部，把城区老干部党员划入社区党支部。加强老干部党支部阵地建设，都做到了有牌子、有阵地、有活动，使老干部能就近参加组织生活。

2011年“七一”期间，组织慰问离休干部党员和退休干部中做出突出贡献的党员。同年，西贾乡老干部党支部充分利用社区资源，带领广大老干部为新农村建设做出积极贡献。省、市领导先后到该乡参观考察。

2012年6月，西贾乡老干部党支部被评为全省离退休干部党组织创先争优先进集体。

2013年5月，县委组织部、县委老干部局以襄组发〔2013〕8号文件，下发《襄汾县关于进一步加强离退休干部党组织建设的实施方案》，明确建立老干部党支部的指导思想，组织设置原则和办法。之后，各乡镇党委、县直单位各工委、党总支结合实际，建立健全老干部党支部，全县老干部党支部由 14 个增加到 22 个。选配组织能力强，民主作风好，党性观念强，身体条件好，有奉献精神的老干部担任离退休干部支部书记或委员。

政治学习

县委老干部局坚持每月 15 日在活动中心组织老干部学习，学习党的路线、方针、政策，以及医疗保健、时事政治等。每年举办一至二期老干部政治理论学习班，培训老干部学习骨干，创新学习方法，不断丰富学习内容，使广大老干部做到政治坚定，思想常新，理想永存。

1988 年，以学习十三大文件为主，贯彻以经济建设为中心，坚持两个基本点的基本路线。1989 年，县委老干部局先后组织老干部学习邓小平的多次讲话以及江泽民、杨尚昆、李鹏、万里、陈云、李先念等党和国家领导人的讲话。党的十三届四中、五中全会后，县委老干部局及时组织老干部学习有关精神。同时，全县各乡镇老干部协理员也加强辖区老干部的政治学习，古城镇除坚持每月 10 日的例会学习外，还为不能参加学习的老干部登门补课；襄陵镇采取集中辅导、小组自学、专题讨论三结合的学习方法，使全镇 81 名离退休干部提高了认识，统一了思想。在学习中，各乡镇老干部党员积极发挥模范带头作用，在思想上、政治上与党中央保持了高度一致。

1990 年，襄汾县委老干部局组织老干部参加县委召开的传达东欧形势、中共中央〔1990〕5 号、6 号文件的会议、县委扩大会议、党代会、人代会、迎“七一”新老党员座谈会。通过学习讨论，老干部们对国际形势，对进一步治理整顿、深化改革，对密切党同人民群众的联系有了进一步的认识。

1991 年，组织全县老干部学习了中组部 5 号文件和省委 43 号文件。1992 年，组织老干部学习了邓小平南方谈话和十四大报告。组织老干部观看了《东欧剧变启示录》。

1993 年，组织老干部学习了建设有中国特色社会主义理论和市场经济理论，以及“三个有利于”的讲话，改变了老干部的观念，树立了“自干、自收、自补”的创业理念，极大地调动了老干部参与经济建设的积极性。

1998 年，组织老干部参加全省老干部“学习邓小平理论和党的十五大文件知识竞赛”活动，聘请县委党校校长为老干部做专题辅导。全县 568 名老干部参加竞赛。县委老干部局荣获省委颁发的组织奖，并获奖杯一个。

2000 年，襄汾县委老干部局加强管理，促进老干部思想政治工作的开展，以各老干部党支部和活动中心为阵地，先后组织全县老干部对“三讲”“三个代表”重要思想、十五届五中全会精神等内容进行学习。

2001 年 9 月，县委老干部局组织老干部学习江泽民“七一”讲话，深刻领会其科学内涵和精神实质。要求各部门、各单位认真组织离退休干部学习江泽民在山西考察工作时的讲话，把工作做深、做细、做实，把中央的精神及时传达给每一位离退休干部。保证离退休干部人手一册《讲话》单行本。有条件的部门和单位还增发辅导材料。对个别阅读有困难的老干部，所在单位派专人到其家中，把《讲话》读给其听。

老干部在老年大学学习

2005 年，襄汾县开展“两个引深”活动。“两个引深”即引深学习贯彻十六届四中、五中全会精神，引深广大老干部在“三个文明”建设中发挥作用。老干部局为老干部学习好十六届四中、五中全会精神，印发学习资料 1500 份，先后分发给全县老干部；举办党支部读书学习培训班 3 期，把学习内容安排进老年大学授课计划；5 次邀请县党校讲师在活动中心进行学习辅导；组织举办 2 次学习心得交流会等。

2006 年，邀请党校老师为老干部学习《江泽民文选》和十六届六中全会精神进行辅导。

2011 年，召开纪念建党 90 周年老干部座谈会，老干部们结合各自的经历，歌颂党的光辉历程，激发大家爱党、爱国、爱社会主义的热情。邀请市委党校教授为老干部上党课、讲党史。举办了“向杨善洲学习，做人民满意的好党员、好干部”座谈会。

2013 年，襄汾县委老干部局，利用网络远程教育资源，与东方银龄远程教育学校合作，在老年大学开设远程教育课程，让老干部们就近享用全国良好的教育资源。通过每月固定的老干部学习日，采取召开座谈会、举办专题学习班等形式，大力宣传党的十八大精神，让十八大精神深入到每一位老干部心中。创建老干部手机短信群发平台，定期传送中央、省、市、县领导重要讲话精神和老干部工作会议精神，发送重大节日慰问信、活动信息以及灾害预警、卫生保健等关怀服务信息，促进老干部队伍的和谐稳定。

2003—2016 年，襄汾县老年大学先后邀请党校教师讲授时事政治课、党的各次会议精神等，收到良好效果。

邀请党校教授为老干部举办学习实践科学发展观讲座

情况通报

襄汾县坚持党政主要领导不定期向离退休干部通报情况，让老干部及时了解党和政府的大政方针，了解本地区改革开放和现代化建设的新情况以及重大事情。

1988 年，襄汾县委老干部局邀请县上有关领导向老干部作政治经济改革形势的报告，每季度一次。

1990 年，县委制定通报工作情况制度：一年向老干部通报工作两次，由县委书记和县长负责。县委书记李英明向老干部通报全县工作情况，县长李平朗通报全县经济工作情况，县

1990 年，县委书记李英明（左）、市委老干部局局长王绍民（右）在老干部工作会上

委副书记王增礼通报冬季农田水利基本建设情况。县委副书记郑文礼、黄文学和县委组织部部长范荣发多次听取老干部对城市建设、市场管理、社会治安等方面的建议和意见，并向有关部门提出改进工作的意见，解决老干部的要求。

1992 年，襄汾县委老干部局贯彻省委 43 号和地委 25 号文件，确立新的县级党政领导干部参加老干部活动日制度。全县 16 名县级领导干部依次排序，每月 15 日参加老干部活动。解答、解决老干部提出的问题，接受老干部提出的工作建议，听取老干部对全县工作的批评意见，督促有关部门解决老干部提出的问题，参加老干部的学习、组织活动和文体活动。

1993 年，县委副书记黄文学通报张礼乡老干部户口上访案的真相和反腐倡廉的进展情况。县委组织部部长范荣发组织学习了江泽民、李鹏的重要讲话。县委副书记赵堂春听取了老干部对全县工作的建议。副县长卢莲香通报了全县财政收入情况。县委副书记关宝泉、赵成山通报了农业生产和抗灾救灾情况。县长段克己通报了全县经济工作情况。

1994 年，县领导先后三次向老干部通报全县反腐败斗争、廉政建设、县级领导班子民主生活会情况，并征求了老干部的意见和建议。8 月 15 日，县委副书记关宝泉向老干部通报了企业老干部增加离退休金的规定和实施办法。

1995 年 1 月 14 日，县委书记李平郎向老干部通报全县 1994 年工农业生产情况、财政税收状况以及 1995 年县委县政府制定的“双五”工程任务和实施办法。

2012—2016 年，县委老干部局设立老干部手机短信平台，定期传送中央、省、市、县领导讲话和老干部工作会议精神，加强与老干部的沟通和联系，促进老干部队伍的和谐稳定。

参加重要会议

重要会议邀请老干部参加，重大决策听取老干部意见，充分发挥离退休老干部的政治优势、经验优势、科技优势，自觉接受老干部的民主监督。1989 年，襄汾县委老干部局组织活动两次。一是组织 45 名老干部党员参加县委扩大会议，老干部就当前形势、以后工作提出许多问题和建议。二是组织 18 名老干部参加迎国庆座谈会。会上，县长李平郎在听取老干部意见和建议的同时，解决了老干部们许多思想问题和实际问题。1992 年，邀请 12 名老干部列席襄汾县第十届三次人代会，听取和讨论人大、政府等部门的工作报告。1995 年，14 名老干部参加县委组织召开的纪念抗日战争胜利 50 周年报告会。其后形成制度，至 2016 年，襄汾县历次党代会、人代会、政协会等都邀请老干部代表参加。

走访慰问

襄汾县各级领导深怀敬老之心、恪守为老之责、常办利老之事，主动加强与老干部的沟通联系，关心有实际困难的老干部，把党和政府的温暖送到老干部心中。县委老干部局成立后，以“政治上关心爱护，生活上深化服务”作为工作指导思想，把走访慰问作为落实老干部待遇的重要一环。每年春节、中秋节等重大节日、纪念日都组织各级各部门登门走访慰问全县老干部。每年元宵节，都邀请老干部代表上观礼台观看全县文艺会演。

1988 年，县委老干部局规定，每月走访 10 户以上老干部，每季度参加一次乡镇老干部活动，发现问题及时解决。

1989 年“七一”前夕，县委老干部局同县委、政府的领导在县城慰问 1945 年以前入党的 20 余名老干部党员。同时，各乡镇领导慰问了住农村、1945 年前入党的老干部党员。国庆前夕，县五套班子的主要领导专程慰问了 4 名土地革命时期参加工作的老干部和担任过县团级 15 年实职的老干部。“九九”重阳节，慰问 28 名 80 岁以上的老干部，为他们赠送了慰问品和由县委、县政府主编的反映新中国成立后襄汾发展变化的《襄汾四十年》一书。

1990 年春节前，县五套班子主要领导慰问县团级和做出突出贡献的老干部；各部、委、局、办慰问自己所管的老干部；老干部局慰问代管和原工作单位已不存在的老干部，做到一人不漏，登门慰问，既赠送慰问品，又交流思想感情。中秋节前，县五套班子主要领导登门看望县城老干部。入冬前，老干部局用五天时间走访老干部，了解老干部越冬防寒准备工作。

1991 年老年节期间，县长李平朗、副书记郑文礼、组织部部长范荣发代表县委和政府登门慰问县团级和厅局级老干部。“七一”前夕，县委、县政府组织慰问了第一次、第二次国内革命战争时期参加工作的老党员、老干部、老红军；赠给 638 名老干部每人一本《四项基本原则概论》；邀请 26 名厅局级、县团级老干部观看了“光辉的历程”文艺晚会。

1992 年，春节、中秋节、“七一”期间，县委、政府、人大、政协、纪委的主要领导登门慰问县团级、厅局级和做出突出贡献的老干部、老党员。县长段克己上任初，看望了老干部。元宵节，县委、县政府特邀 23 名县团级老干部登上观礼台，观看春节民间文艺表演。其后逐步建立起“病访、事访、困难访、节日访、问题访”的“五访”制度。

1993 年，召开迎“七一”老干部座谈会，县五套班子主要领导与 25 名老党员、老干部、老红军座谈。会上，老干部热情讴歌了党的光荣历程，以及改革开放的丰硕成果，回忆了自己“跟党走”的成长过程，并提出了加强基层党组织建设的意见和建议。县委书记李平郎向老干部通报了上半年工作，并希望老干部能在加强党的建设和经济发展等方面做出更大贡献。会上县领导还为老干部赠送了《襄汾组织史资料》和毛主席诞辰 100 周年纪念章。重阳节期间，县五套班子主要领导登门慰问了 30 名老干部。邀请老干部观看电影晚会。参加老干部的祝寿活动，李耀天 90 岁大寿，县委、县政府有关领导上门祝贺，送匾挂匾。

1994 年 9 月 15 日，县委、县政府召开座谈会，欢送 5 名县级干部光荣离退休，并赠送纪念品。1995 年 8 月，县委、县政府组织慰问抗日战争时期参加工作的老干部、老党员、老红军 104 人，遗孀 48 人。1996 年，邀请老干部观看了《赣水苍茫》《孔繁森》《张月好》等电影、戏曲、文艺演出等。1997 年，邀请老干部参加县上举办的庆祝香港回归庆祝活动。

2015 年 8 月，县委书记王国平慰问抗战老干部

1998 年，邀请老干部观看县上举办的“改革开放 20 年回顾”文艺表演。1999 年，县委老干部局为庆祝新中国成立 50 周年，举办“打天下功臣”座谈会，邀请参加过战争的老干部参加。并与县电视台联合摄制了《打天下功臣》专题电视片。

2003 年，邀请老干部观看了焰火晚会及 20 余场电影、戏曲、歌舞晚会。2011 年，为庆祝建党 90 周年，老干部局登门慰问了全县老干部党员，并送去慰问品和慰问信。2014 年，为庆祝新中国成立 65 周年，慰问了全县离休干部。县四套班子领导慰问离休干部 30 名，老干部局工作人员分四组慰问离休干部 132 名。为每个离休干部送慰问金 500 元。2015 年，春节、中秋，县四大班子领导分组慰问全县抗日战争时期参加工作的老干部。2016 年，除节日慰问外，县委老干部局与县文明办慰问了道德模范曹文敏、王泽培。

参观考察

在老干部健康条件允许和本人自愿的情况下，适当组织参观工农业生产建设项目，让老干部亲身感受改革开放的巨大变化，解放思想，增强信心，在政治上、思想上、行动上始终与党中央保持一致，促进老干部老有所为，发挥作用。

1987 年 9 月 15 日，县委老干部局组织 32 名懂企业、有经验的老干部参加县委、县政府组织的企业抵押承包改革对话活动，山西人民广播电台予以报道。重阳节前夕，组织离休干部分批到隰县小西天、蒲县东岳庙、洪洞广胜寺参观旅游。

1989 年，县委老干部局组织 10 名老干部参加计量监督检查，4 名老干部参加县上的工业调查。在临汾市“种、养、加”活动现场会议之后，县委老干部局组织 16 名老干部到曲沃县参观学习曲沃老干部食用菌生产，并在全县召开老干部“种、养、加”活动现场会，参观 21 个典型。

1992 年 6 月，组织 12 名县团级老干部，由县委常委、组织部部长带队，保健医生随行，到太原、大同、五台山等地进行参观考察。7 月，组织 3 名老干部到山东、深圳参观考察。10 月，组织 3 名老干部到南方健康疗养。

1993 年，县委副书记黄文学、组织部部长范荣发先后组织老干部参观考察“亿元乡镇”——襄陵镇的工业企业，邓庄镇的造纸业，陶寺乡的冶炼业。

1994 年 9 月 7 日，县长段克己、副书记黄文学、组织部部长范荣发组织带领老干部参观考察全县公路建设、汾河浮桥建设、汾河大坝建设、电视台大楼建设等工程以及杨威村棉花生产情况等。

1995 年 10 月 13 日，县长段克己、副书记范荣发带队，组织老干部考察永固汾河坝、浮桥，古城新建焦化厂，贾罕大棚蔬菜、汾河浮桥等建设工程。

2011 年 4 月 15 日，襄汾县组织老干部参观转产项目——晋作家俱文化中心“唐人居”

1996 年，县委书记李平郎、县长段克己带队，组织 100 余名老干部分乘 30 余辆全县最好的小轿车，参观考察县城北铁路立交引桥、襄汾第二汾河大桥、振兴路、县委新大楼等工程，并参加了“两桥一路”竣工通车剪彩仪式。

1997 年，组织老干部参观考察了县“千里油路”工程，并参加通车剪彩仪式。

2011 年，组织老干部参观考察了滨河公园及晋作家具文化产业——“唐人居”。2012 年，组织老干部参观丁陶广场、荷花公园等建设工程。

2013 年，组织离退休干部先后参观星原水泥厂、奥格姆食用菌生产基地、尧京葡萄酒广庄、奇现代农业等工农业生产工程。

2014 年 5 月 15 日，老干部参观考察农村工作

2014 年，组织老干部先后四次参观考察侯临农业科技有限公司、襄陵镇现代农业示范园区、县城小区和道路建设、汾河沿线治理、荷花公园、滨河东路、葡萄酒庄、古城关村和北街村美丽宜居示范村、高标准农田示范项目等建设工程。

2015 年 7 月 8 日，组织百名老干部参观燕村荷花公园。2016 年 6 月 3 日，组织老松树文化社 20 余名离退休干部参观陶寺遗址公园。

领导干部联系老干部

襄汾县建立在职领导与同职级离退休干部的联系制度，沟通思想，增进感情，关心老干部，帮助他们解决学习和生活中遇到的困难和问题，促进老干部思想政治工作的开展。

1987 年，为解决老干部见领导难的问题，县老干部领导组决定每月 15 日为全县老干部活动接待日。县级领导轮流接待老干部，听取老干部提出建议和要求。

1990 年，襄汾县老干部工作领导组调整后，县委召开常委会专题研究老干部工作。在听取老干部工作汇报的基础上，确定联系老干部制度。要求县委常委包点下乡要和老干部交朋友、拉家常，了解老干部的疾苦，鼓励老干部发挥作用；坚持每月 15 日接待日制度，由县委常委和县长轮流接待老干部，讲形势、谈思想、听建议，做好思想政治工作，帮助解决实际问题。县委县政府为 10 名县团级老干部离休召开了座谈会，五套班子主要领导到会祝贺，赠送老干部纪念品，并与他们合影留念。全年解决老干部在接待日提出的问题 14 个。

1991 年，襄汾县委老干部局班子成员 3 人，每人包 7 个乡镇，与老干部实行三同：同学习、同讨论、同谈心，把党的方针政策和党的温暖送到老干部心中，加深与老干部的感情。对协理员实行三包：包重要会议的传达贯彻、包工作研究与指导、包典型培养与经验总结，加强工作联系，改进工作作风。老干部局坚持接待日制度，搞好组织服务。接待日做到“两定”“两有”：即日前定领导、定通报工作内容，接待时有记录、接待后对老干部提出的问题有回答。全年除春节外，组织11次接待。在接待中，对在接待日老干部提出的问题，县委副书记郑文礼、组织部长范荣发先后找8个单位的负责人谈话，面对面给予落实。

1992年，建立起新的县级领导参加老干部活动日制度，规定全部16名县级领导依次排序，每月15日参加老干部活动。具体要求：一要认真负责地解答老干部提出的问题；二要虚心接受老干部提出的意见和建议；三要耐心细致地做好老干部思想政治工作；四要督促有关部门解决老干部提出的问题；五要向有关领导和部门转达老干部的建议和意见；六要积极主动与老干部一起学习和活动。

1997年3月，县委组织部、县委老干部局联合下发《关于在全县开展新老干部心连心活动的通知》（襄组老字〔1997〕3号文件）。要求各级领导要做到“一重视、三亲自”，老干部要做到“一发挥、三支持”。

至2016年，坚持做到老干部生病住院、寿诞、丧葬等，老干部局领导班子成员都要代表县委县政府上门慰问。每逢重大节日县四套班子领导都要上门慰问老干部。

第二节　落实老干部生活待遇

生活待遇的主要内容

离休干部的生活待遇主要包括离休金、生活补贴、津贴、保健就医和医疗费、特需费、护理费、电话费、烤火费、安家建房费、丧葬补助费和抚恤金、遗属生活困难补助费等。

离退休干部生活待遇部分政策文件一览表

表2—1

序号	项目	生　活　待　遇	文件依据	执行时间
1	离休金	1993年工资制度改革后，机关离休人员离休金按本人职务、级别、基础、工龄四项之和计发；事业单位离休人员离休金按本人职务工资与津贴之和的全额计发 企业离休干部的离休金，从1996年6月1日起按当地国家机关同期参加革命工作、同职务、同任职年限的离休干部标准进行调整（离休金含国家和省规定的国家机关离休干部享受的各项生活补贴、物价补贴） 2006年7月1日以后离休的，按照本人职务工资和级别工资之和或岗位工作和薪级工资之和全额计发	国发〔1993〕79号、晋人字〔2006〕265号	1993年10月 2006年7月

续表

序号	项目	生　活　待　遇	文件依据	执行时间
2	每年增发生活补贴	1937年7月6日前参加革命工作的增发两个月工资 1937年7月7日至1942年年底参加革命工作的增发一个半月工资 1943年1月至1945年9月2日前参加革命工作的增发一个月工资	国发〔1982〕62号 晋人工字〔2002〕114号	1982年4月 从批准之月执行
3	工龄津贴	工龄津贴由原来每工作一年0．5元调整为1元		1992年1月
4	医疗费	1984年开始离休干部的医疗费由老干部局统一管理，离休干部的医疗费按国家政策规定，实行全额报销 2004年，机关、事业单位退休干部的医疗费全部纳入医保，医药费按比例给予报销	国发〔1978〕104号文件 晋办发〔2002〕8号	2002年4月
5	特需费	从1982年开始，有离休干部的单位，每年每个离休干部150元，由主管部门统一掌握，主要用于离休干部的特殊困难和必要的活动经费开支 1995年，离休干部特需费提高到每人每年300元 2002年，离休干部特需费提高到每人每年500元	劳人老〔1982〕10号文件 晋人工字〔2002〕96号 晋老字〔2007〕37号	2008年1月1日
6	护理费	党和国家历来关心和爱护离休干部生活待遇，多次提高护理费标准并扩大发放范围 2011年再次提高护理费标准：1937年7月6日以前参加革命工作的每人每月1000元，1937年7月7日至1949年9月30日参加革命工作的每人每月600元，因瘫痪等原因生活长期完全不能自理的每人每月800元	国发〔1978〕104号文件 晋人字〔2005〕4号 晋财行〔2013〕154号	1990年7月 2005年1月 2013年11月
7	烤火费	襄汾县烤火费初为年人均30元，后增加到700元、1400元。2013年离退休干部烤火费提高到2400元 职务不同、地区不同，发放烤火费的标准不同	国发〔1978〕104号文件 晋人办字〔2004〕117号 晋劳社厅发〔2007〕139号	2007年10月
8	安家建房费	离休干部住房有困难由所在单位优先解决，住房标准享受同级在职干部的待遇，在分配住房时应优先照顾跨省安置的离休干部	国发〔1978〕104号文件 国发〔1982〕62号文件 晋政发〔1983〕33号	1983年12月

续表

序号	项目	生　活　待　遇	文件依据	执行时间
9	丧葬补助费	离退休干部去世后，其丧葬补助费与同级在职干部待遇一样 1995年，离退休人员丧葬费调整为1000元 2011年，离退休人员丧葬费提高为4000元	国发〔1978〕104号文件 晋人险字〔1995〕159号 晋劳险字〔1998〕56号	1995年9月 1998年1月
10	遗属补助费	1993年以前，按国家统一规定的标准发放 1993年和1995年两次提高标准 居住省辖市和地区所在地的每人每月100元，居住县城的每人每月80元，居住乡镇及农村的每人每月70元。无依无靠的再增加20元 已故离休干部配偶，男年满60周岁、女年满55周岁，并且无固定收入的，无论居住户口在何地，每人每月生活补助费标准提高到250元。经费渠道：财政全额供养的国家机关、事业单位所需资金由同级财政承担；企业和自收自支事业单位（含差额拨款事业单位）所需资金由所在单位承担	国发〔1978〕104号文件 晋人工字〔2002〕10号 晋财行〔2013〕154号	2002年9月 2013年11月
11	特困帮扶费	党和国家政策规定，要帮助有特殊困难的老干部。对长期患病的老干部，老干部的遗孀，工资比较低、家庭有特殊困难的老干部，要特别给予关心，采取措施帮助他们解决实际困难 各地各单位老干部部门，首先要建立特困老干部名册或登记卡，及时掌握特困老干部情况 第二，建立相对固定的走访特困老干部制度，做到及时发现问题，及时解决问题 第三，各单位要定期研究特困老干部的情况，切实采取措施解决问题。老干部高龄化以后，看病、护理问题较为突出。各地各部门要积极探索一些办法。各级卫生部门要增加设施，改善条件；要采取措施，在看病、挂号、住院等方面对老干部给予适当照顾 特困帮扶标准为1000～5000元，原则上每人每年救助一次	劳人老〔1982〕10号文件 中组发〔2008〕10号文件 晋老字〔2008〕15号文件 临老发〔2012〕26号文件 襄老字〔2013〕10号	2013年10月

续表

序号	项目	生　活　待　遇	文件依据	执行时间
12	交通费	2001 年 1 月，对离休干部交通费标准进行调整： (1) 没有配备专车的副省级以上（含按副省长级待遇和享受副省级医疗、住房单项待遇）的离休干部，由 80 元/人月调整为 100 元/人月 (2) 地厅级（含享受地厅级政治、生活待遇和医疗、交通费单项待遇）离休干部，1937 年 7 月 6 日前参加革命工作的离休老红军、老干部，专业技术人员中的正、副高职离休干部，由 50 元/人月调整为 70 元/人月 (3) 县处级（含享受县处级政治、生活待遇和医疗、交通费单项待遇）离休干部，专业技术人员中的中职离休干部，由 40 元/人月调整为 60 元/人月 (4) 县处级以下离休干部，专业技术人员中的初职离休干部，由 30 元/人月调整为 50 元/人月	劳人老〔1983〕20 号文件 晋老字〔1991〕14 号 〔1991〕晋财行字第 8 号	1991 年 3 月 2001 年 1 月
13	公用经费	公用经费的使用原则是： 一、省级党政机关离休干部公用经费，应与同级在职干部的标准一样编列预算。为了保证组织离休干部考察、健康休养和开展必要的活动，省级党政机关应从公用经费中核给一定金额的经费。所核给经费，由各单位自行管理，专款专用，当年结余转下年度使用 二、企、事业单位离休干部的公用经费，参照行政机关核定的标准，由企事业单位作出相应的规定 三、易地安置的离休干部公用经费问题。在省直属部门和各地市县易地安置的离休干部，均应由离休干部原单位给接受安置单位拨付公用经费，由接受单位统一掌握使用 本省安置在外省的离休干部公用经费，按接受地区的标准由原单位拨付。外省安置在本省的，由接受单位和安置单位双方商定，标准参照本省的规定实行	劳人老〔1982〕10 号文件	
14	抚恤金	从 1986 年起，离休人员死亡后一次性抚恤金按其病故时 10 个月工资计发 2004 年 10 月，将离休人员抚恤金调整为按其病故时 20 个月工资计发 2011 年，离休人员抚恤金调整为上一年度全国城镇居民人均可支配收入的 2 倍加本人生前 40 个月基本工资	国发〔1978〕104 号文件 晋民字〔2007〕76 号 晋老社厅发〔2007〕57 号	1986 年 2007 年

续表

序号	项目	生活待遇	文件依据	执行时间
15	洗理费	从1984年11月起，国家机关、民主党派、群众团体、不实行劳动保险条例的事业单位的在职职工、离休干部，经劳动部门批准使用期在1个月以上的计划内临时工、合同工的洗理费，统一按男职工每人每月4元、女职工每人每月5元执行，上述单位退休职工的洗理费，按在职职工的标准发放 企业退休人员洗理费纳入统筹，由原来每人每月4元调整为每人每月10元，原由企业负担的6元洗理费企业不再负担。统筹内提高的洗理费，对于2004年年底前退休的，从2005年1月补发到2006年7月；对于2005年后退休的，从领取基本养老金当月补发到2006年7月。从2006年8月起，退休人员洗理费随本人基本养老金正常发放	劳人老〔1983〕20号文件	1984年11月 2006年8月停止

落实生活待遇

20世纪八九十年代，因为经济体制改革等原因，一部分企事业单位离休干部的生活待遇不能得到及时的落实。襄汾县委老干部局在历届县委、县政府的领导支持下，扎实工作，求实创新，开拓进取，较好地保证了老干部生活待遇的落实。2000年后，随着全县经济形势的好转，至2002年，老干部“两费”拖欠问题基本得到解决。并逐步建立健全落实老干部生活待遇“三个保障机制”，即：离休费保障机制、医药费保障机制、财政支持机制。

1982年9月，县委、县政府为解决老干部住房困难，责成县城乡建设局在侯家坡住宅区给老干部建成宿舍100余间。

1984年1月1日起，全县离休干部凭“离休老干部优待证”在县医院就医时，可优先挂号、看病、化验、取药和体检。为解决部分离休干部行动不便就医难的问题，县委老干部局购置5辆小车供老干部使用，在县医院设置离休老干部病房，在离休老干部家中建立起家庭病房。

1987年，在县医院建立老干部医疗体检档案。做到挂号、诊断、住院、治疗、取药“五优先”。并制定了离休干部生活待遇落实卡。全年解决离休干部超支医药费1.5万元。

1988年，组织检查离休干部住房，排除了离休干部住房隐患问题，并解决了占用面积不达标问题。

1989年，在落实生活待遇工作中，老干部局运用印制的“襄汾县老干部生活待遇项目表”，对老干部生活待遇落实情况进行调查。该表由老干部本人填写，乡镇协理员上报，老干部局综合。就共性问题和较大问题，向县上领导提出意见和建议；对不落实的个案问题，老干部局派专人深入原单位、主管部门协商解决；对一个系统内落实不平衡的问题采取表扬先进，督促后进，分期分批付给，逐步解决的办法。

1989年，解决了老红军王东平的建房补助费问题，地区解决3000元，县上解决2000元。解决了汾西灌区长期拖欠刘郁惠、王善缘、郭璞、陈思聪、苏欧娃5名老干部的建房补助费1.1万元。解决了邓庄麻纸厂离休干部卫立业和矿业公司离休干部范玉亭的工资拖欠问题。解决了商业局离休干部李凌云的生活福利待遇问题，及时撤换了商业局作梗的出纳员。纠正了粮食系统只给离休干部报销95%医药费的问题，实行了实报实销。基本解决了拖欠离休干部建房补助费的拖欠问题，解决拖欠建房补助费37500元（剩8750元未落实），其中行政事业单位全部解决，企业单位实行分期分批大部分解决。解决超支医药费5万余元。离休干部杨景龙家的房屋遭大雨侵袭发生倾斜，老干部局在协调解决问题的同时，给其发放300元补助款。

1990年，将由财政局代发的65名老干部工资转回原单位发放，解决了管钱不管人的“两张皮”现象。7月开始，为70岁以上的离休干部发放护理费；解决亏损企业离休干部工资问题，把毛家岭煤矿离休干部祁春鹤工资转为县财政支付；县财政拨款补发制碱厂7名离休干部工资；县财政局拨款定额补贴县农机厂5名离休干部工资；给322名老干部普调一级工资。给25名1957年以后工资没升过级的离休干部上调一级工资；解决超支医药费8000元。

1991年，解决离休干部超支医药费1.7万元。为4名离休干部审批了护理费，为15名离休干部审批建房补助费5万元，为440名离休干部落实了乘车费。七一前夕，县上组织人员检查水利、农机、农业、商业等10个单位的离休干部生活待遇落实情况，并解决了存在的问题。水利局将豁都峪灌区的4名离休干部的工资分别转到3个盈利单位发放，农业局贷款给原种场4名离休干部发工资，农机局借款1800元给农机厂4名离休干部发工资，商业局给离休干部李凌云解决500元。

1992年，给90名老干部办理了退休改离休手续。为新增加的18名离休干部发放建房补助费3万余元；对符合领取房屋修缮费1000～1500元的老干部，统一补贴到1500元，计发11万余元。给4名部队退休改离休的老干部增加了生活补贴，执行军转离休干部的标准。县上召开落实老干部生活待遇会议。农机、水利、二轻等10个单位负责人参加。县委书记李英明出席会议，要求一家一家地摆问题、谈措施、提要求。印发会议纪要到各单位，要求认真对照，严格落实。由组织部、老干部局、人事局、财政局、民政局联合行文，发放离休干部应享受的5元生活补贴和乘车费。县上拨款3万元，解决离休干部重病住院、药费超支、家庭负担重等问题。

1993年，房改中，对老干部进行优惠：工龄每年补贴0.5%，职务补贴10%～30%。县上为企业离休干部提高10%的离休费。针对医药费报销难、工资不能按时发放等问题，召开了部门负责人会议，面对面解决问题。县委老干部局将离休干部各项生活待遇有关政策规定编印成册，印发给各单位领导、全体离休干部。

1994年6月2日，县委召开23个企事业主管单位负责人会议，签订《落实老干部生活待遇合同书》，老干部局为甲方，原单位为乙方，县委组织部为监督方，县委副书记黄文学为监督领导，连同主管局共五方签字盖章，保障老干部生活待遇的落实。11月，县委组织部下发《关于继续开展为老干部“送温暖、办实事、抓落实”深化服务百日活动的通知》，要求各级各单位春节前后要认真为老干部办实事、送温暖、排忧解难。11月25日，县委组织部、老干部局抽调人员，分成3个组，深入到34名老干部家中及其原单位，同主管局、原单位和老干部本人现场解决生活待遇落实问题。

1995年3月，县委老干部局印发“老干部生活待遇落实情况摸底表”。5月，印发“离退休干部生活待遇明细表”“离退休干部生活待遇清欠表”和“生活待遇逐人落实表”，对老干部生活待遇落实情况进行大清查。9月29日，县委、县政府将26名企业离休干部的基本工资转由县财政发放。11月3日，老干部局组织县防疫站的医生免费为城区100多名老干部注射流脑疫苗。11月11日，第三届为老干部“送温暖、办实事、抓落实”深化服务活动展开，实行老干部工作一票否决制。老干部局印发“离退休干部生活待遇清欠表”，对拖欠老干部的工资、各项补贴、医疗费进行清查。12月中旬，县委召开常委扩大会议，专题研究老干部工作，会议决定建立县级领导落实老干部生活待遇责任制。

1996年元旦、春节期间，清欠“两费”796681元。同年，将1945年9月2日以前参加工作的27名企业老干部的工资转由财政发放。4月，县委老干部局印发老干部生活待遇督查卡。由老干部本人填写存在的问题，县委副书记签署处理意见，单位领导报处理结果。6月，老干部局组织对全县老干部生活待遇落实情况，重点是晋政发〔1995〕85号、〔1995〕86号、晋劳险字〔1994〕78号文件的落实情况进行大检查。10月，对落实情况进行摸底清查。11月中旬，全县开展第四届“送温暖、办实事、抓落实”深化服务活动。县上成立领导组，县长段克己任组长，县委副书记范荣发、政府副县长卢莲香任副组长。11月19日，县委、县政府在县委常委会议室召开落实企业老干部生活待遇会议。会上老干部局通报了各个企业存在的问题。副县长卢莲香在会上要求各单位要做到认识到位、领导到位、工作到位、措施到位，不等、不靠、不推，认真制定落实方案，限期解决。县委办、政府办联合行文，下发了会议纪要。

1997年7月1日，1946年年底以前参加革命工作的10名企业老干部的工资转由县财政发放。8月1日，县委、县政府召开工业、二轻、农机、水利、县社、商业、交通、物资、文化9个部门落实老干部待遇负责人会议。县委书记段克己、副书记范荣发出席会议。会上一家一家定任务、定措施、定时间，要求限期完成。会议决定对完不成任务的，县财政停发主管局经费和人员工资。同月，各单位分别采取不同办法清欠两费：一借，即单位借款清欠。东刘电灌站借款1万元，文化局借款8000元，交电公司借款5000元，钻井队借款7000元，供销社借款5000元，木材公司借款1000元，用于清欠。二贷，即单位贷款清欠。

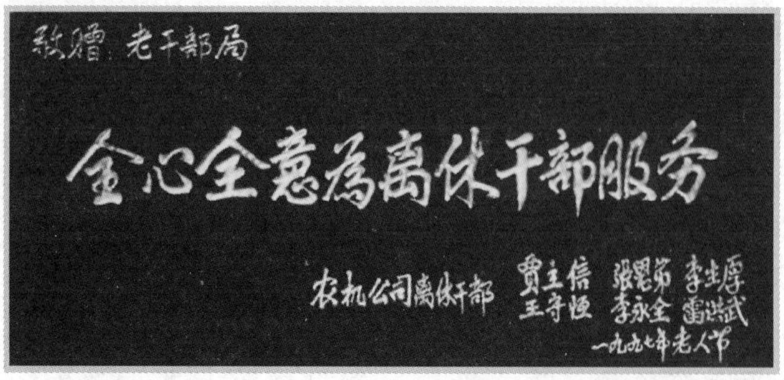

1997年重阳节老干部为县委老干部局赠送的牌匾

百货公司贷款1万元用于清欠。三顶，即单位以实物顶欠。物资局以木材、摩托车顶欠，为3名老干部清欠16470元。四卖，即卖地清欠。汾城农机厂卖地2亩，清欠4名老干部工资51131.3元。五清，即清理财务手续，多退少补。交通局让老干部和会计当面对账，为老干部清欠3244元。六收，即单位收回承包租赁费用于清欠。七补，即县财政拨款3万元、劳保所出资3万元，对特困企业给以补助。全县共清欠“两费”447990元。

1998年，清理老干部“两费”拖欠336840元，其中离休金149917元，医疗费186923元。把1947年参加革命工作的27名企业离休干部的工资转由县财政发放，35名企业离休干部的工资转由劳动保险所发放。10月，襄汾县委老干部局建立体检制度。规定每年重阳节期间，为全县离休干部进行免费体检，并建立健全老干部健康医疗档案。

1999年1月，县财政拨款3万元对微利、亏损企业和家庭生活困难的离休干部给予特殊生活补助。6月，把1948年前参加工作的42名企业离休干部工资转由县财政发放。9月，聘请县医院大夫胡奎明、郝松武、梁登仁为全县老干部健康顾问。

2000年，县委老干部局坚持“三结合”，清欠“两费”52万余元，其中离休费29万余元，医药费23万余元。为全县200余名解放战争时期参加革命工作的离休干部发放了护理费。将1949年参加工作的59名企业离休干部的工资转由财政发放。县政府拨款3万元，对特困企业和家庭生活困难的离休干部予以特殊生活补助。老干部医药费实行“社会统筹，财政补贴，分级管理，定点医疗”的管理机制，由县卫生局负责。

2002年6月20日，县委组织部、老干部局以襄组老字〔2002〕4号文件印发《关于认真做好离休干部医药费管理工作的通知》。要求各有关单位重视和关爱离休干部，进一步做好离休干部医药费票据的收缴、审核、报销工作，解除他们看病就医的后顾之忧。

2003年，清欠“两费”50余万元。1月，执行《襄汾县离休干部医疗费管理办法》。其主要内容是：老干部局负责管理；门诊费定额，每季度初发放一次；住院费实报实销，每半年报销一次。同年，成立襄汾县委老干部局卫生所。为离休干部提供看病、输液、打针、量血压等免费服务。县委老干部局在县委、县政府的统一安排部署下，实施防范“非典”措施，一是为全县离休干部购买发放预防“非典”的中药；二是召开各老干部团体领导人会议，安排部署预防工作；三是发放预防手册，老干部人手一册。

2005年，建立和完善离休干部医药费保障机制、离休费保障机制、财政支持机制。医药费保障机制，进一步建立和完善了离休干部住院、转院制度、备案制度、体检制度、跟踪服务制度、审核报销制度、卫生所就诊制度、慢性病认定制度、门诊制度、上门诊治制度、评选健康老人制度等，使离休干部医药费保障机制更加完善。全年审核报销离休干部医药费85万余元。离休费保障机制，离休费全部转由财政发放，规定财政遇到困难情况时，优先发放老干部离休费。财政支持机制，全县离休干部“两费”及其活动经费全部列入财政预算，年终决算，差额部分由财政兜底，超额部分留作下年度使用。

2006年，评选出136位健康老人，并为他们颁发了健康老人证书和1000元/人奖金。老干部门诊费由每人每月60元调整为75元。

2010年，老干部门诊费由每人每月75元调整为90元。

2011年5月19日，离休干部刘绍康、米钦录等20人，联名向县委老干部局反映：根据临财综〔2010〕1号文件规定，离休干部的生活补贴从2009年1月1日执行；而襄汾县从2011年1月1日开始执行，尚欠每人24个月的生活补贴要求上级批示解决。接到报告后，县委老干部局进行了调查，并于6月15日向县委组织部并部长王志宏、县政府并县长程明温汇报。县长程明温于6月16日批示：请部长王志宏组织人社、财政、老干部局等相关单位，认真落实有关文件，切实解决老干部们的生活补贴拖欠问题。经县委老干部局与人社局、财政局共同努力，9月28日，对拖欠的离休干部生活补贴费进行了补发。全县共计发放451名离休干部拖欠离休费849549元。

2012年7月30日，为破产企业原南辛店供销社离休干部张青海、贾文科解决历年拖欠工资59856元。其中张青海18172元、贾文科41684元。

2013年1月，离休干部门诊费由每人每月90元调整为每人每月120元。年内，建立特困老干部及遗孀帮扶机制，开展帮扶活动。设立专项资金10万元，全年帮扶71人。全年离休费、医药费保障机制、财政机制运行良好。工资、医药费做到无拖欠。

2014年，一是组织举办高血压知识讲座、夏季养生保健等健康讲座。二是完善帮扶机制，设立专项帮扶资金10万元。制定实施办法，严格操作程序，全年帮扶107人计11.3万元。三是给离休干部办理医疗卡，方便老干部领取门诊费。

2015年1月，门诊费由每人每月120元增加到每人每月150元。为方便异地老干部门诊费和医药费报销，为他们办理了银行卡，每季度门诊费直接打卡上。年末，帮扶特困老干部及遗孀57人，计款10.9万元。

2016年，帮扶特困老干部及遗孀35人，计款8.2万元。

附：2002年襄汾县企业离休干部拖欠工资人员和金额

一、县供销系统（55人，469780.74元）

梁宝山、常更生、柴福茂、崔立志、贾庆星、杨维汉、胡益民、马步融、张维敬、杨三德、张清海、赵仰普、贾文科、王景余、许永泰、高丘明、卢健民、张兰娇、李崇山、高发行、尹志明、王德庆、郭万德、赵榜柱、张振西、王思温、宁玉栗、孟会杰、阎守安、张玉声、刘靖汉、张心成、王庙奎、贺贵龙、裴正和、杨少智、薛荣发、宋长贤、侯洪元、王林泉、杨维邦、贾子玉、吴世昌、陈小海、唐诗扬、苏　博、贾作域、王明载、崔仁义、冯俊杰、赵成元、梁福胜、刘冯保、高保德、曹德章。

二、二轻系统（3人，16267.5元）

梁有喜、韩国良、赵正午。

三、煤炭局（2人，12511.26元）

祁春鹤、范玉亭。

四、外贸公司（2人，37940元）

王文忠、邓祥云。

五、商业系统（12 人，29546.9 元）

任聚河、苏锡杰、杨胜文、张光先、梁发祥、卢洪德、于文忠、周乐高、李凌云、成全耀、宋小五、赵录德。

六、农机系统（8 人，13451 元）

王守恒、雷洪武、贾立信、张恩第、李生厚、张志贤、马山林、李森茂。

七、工业系统（8 人，17630.13 元）

祁忠、张广吉、姬宗成、段子良、王金马、张秀英、张滋民、许琳。

八、物资系统（4 人，27102.08 元）

郭树茂、董效、陈志祥、曹积文。

九、交通局（1 人，3952 元）

崔天佶。

十、文体局（1 人，14725 元）

王孝先。

十一、水利局（7 人，33221.7 元）

陈思聪、柴吉安、刘学、乔成福、刘郁惠、王俊兴、苏欧娃。

十二、城建局（1 人，6746 元）

窦洪元。

共计 104 人，682874.31 元

第三章　老干部队伍

1980年，县内开始办理离休和退休改离休手续，并接纳外地离休回原籍干部。至1981年有离休干部636人。1985年人数最多，达794人。1994年，襄汾县离、退休干部实行统管。全县有离退休干部1327人，其中：离休干部662人，退休干部665人。2016年底，全县有离退休老干部4182人，其中离休干部110人、退休干部4072人。

县委老干部局积极支持协调老干部成立各种学会、协会、研究会，为老干部开展活动、服务社会提供平台。至2016年年底，襄汾县老年活动团体有：关心下一代工作委员会、老年学学会、老区建设促进会、老年书画家协会、老年体育爱好者协会、老年舞蹈爱好者协会、老松树文化社、老年合唱团、戏迷爱好者协会9个团体。各协会建立健全组织机构，积极组织老干部交流思想、提高技艺、举办活动，在老有所为、老有所乐方面做出了应有的贡献。

第一节　老干部概况

1981年，县内有离休干部636人。1982年有离休干部722人。1985年有离休干部794人，为离休人数最多年份。1990年有离休干部638人。1993年12月，全县有离退休干部1327人，其中离休干部662人，退休干部665人。离休干部中，红军时期参加革命工作的5人，抗日战争时期参加革命工作的104人，解放战争时期参加革命工作的553人；享受厅局级待遇的13人，担任过县、团实职的23人，享受副县级待遇的188人，一般干部438人。退休干部中，担任过县、团实职的2人，有高级职称的2人，一般干部662人。2000年5月，全县共有离退休干部2155人，其中离休干部584人（县管的有457人，垂直管理和代管的127人），退休干部1571人。在县管的457名离休干部中，机关169人，事业单位159人，企业129人。离休干部中，享受副地（厅）级待遇的11人，任过副处级以上实职的25人，享受副县处级待遇的145人。2009年12月，全县有离退休干部3523人，其中离休干部261人（享受厅级以上待遇的5人，享受县级待遇的106人，一般干部150人），退休干部3262人。2016年12月，全县有离退休干部4182人，其中离休干部110人，退休干部4072人。其中县级离退休干部25人。

1984年12月31日襄汾县离休干部分类统计表

表3—1

项　目	人　数	其　中		
		1937年7月6日前	1937年7月7日—1945年9月1日	1945年9月2日—1949年9月30日
行政14级以上	7		6	1

续表

项　目	人　数	其　中		
		1937 年 7 月 6 日前	1937 年 7 月 7 日—1945 年 9 月 1 日	1945 年 9 月 2 日—1949 年 9 月 30 日
处级及相当职务	9		9	
行政 15－18 级	129	4	40	85
其他	389		55	334
总计	534	4	110	420

1990 年 12 月 31 日襄汾县离休干部分类统计表

表 3—2

项　目		人　数
总人数		638
按参加革命时间分	1937 年 7 月 6 日前	5
	1937 年 7 月 7 日—1945 年 9 月 1 日	116
	1945 年 9 月 2 日—1949 年 9 月 30 日	517
按行政级别分	14 级以上	9
	15～18 级	189
	19 级以下	440
按待遇分	厅局级实职	15
	县团实职（含享受厅局级待遇）	22
	享受县团待遇	183
	一般	440

1995 年 12 月 31 日襄汾县离休干部一览表

表 3—3

项目	人数	1937 年 7 月 6 日前				1937 年 7 月 7 日—1945 年 9 月 1 日				1945 年 9 月 2 日—1949 年 9 月 30 日			
		小计	机关	企业	代管	小计	机关	企业	代管	小计	机关	企业	代管
副厅以上实职	1					1			1				
副厅待遇	12	3	3			8	8			1			1
副县以上实职	20					11	11			9	6		3

续表

项目	人数	1937 年 7 月 6 日前				1937 年 7 月 7 日—1945 年 9 月 1 日				1945 年 9 月 2 日—1949 年 9 月 30 日			
		小计	机关	企业	代管	小计	机关	企业	代管	小计	机关	企业	代管
副县待遇	203	3	3			48	30	14	4	152	74	42	36
一般干部	555					87	55	26	6	465	251	155	59
总计	791	6	6			155	104	40	11	627	331	197	99

2003—2016 年度襄汾县离休干部统计表

表 3—4　　单位：人

年　度	人　数	年　度	人　数	年　度	人　数
2003	375	2008	278	2013	174
2004	350	2009	261	2014	150
2005	332	2010	233	2015	123
2006	313	2011	209	2016	110
2007	291	2012	188		

注：以上数字来源于会计报表

第二节　老干部团体

襄汾县关心下一代工作委员会

机构沿革　襄汾县关心下一代工作委员会（简称关工委），是以离退休老干部为主体，党政有关部门和群团组织的负责人参加的，以关爱、教育、培养青少年健康成长为目的的群众性社团工作机构。1993 年 12 月 24 日，襄汾县委常委会决定成立襄汾县关工委。1994 年 1 月 6 日，县委办公室行文组建。组成人员为：名誉主任郭绍斌、李东海、李天民、张有才，主任黄文学（县委副书记），第一副主任杨耀水（县人大常委会副主任），常务副主任邓丙杰（教育局局长），副主任马庙来（老干部局局长）、夏德泉（宣传部副部长）、徐建峰（团县委书记）、王国兰（县妇联主任）、张子万（司法局局长），有委员 41 名。办公室设在县教育局，办公室主任景小仓。

1999 年 10 月 18 日，县委对关工委组成人员进行调整：名誉主任亢思聪、李天民、张如恒，主任杨志威（县委副书记）、刘英亭（副县长），常务主任李仰溪，常务副主任李文俊（教育局局长）、邓丙杰，副主任聂水生（老干部局局长）、段吉泽（宣传部副部长）、王艳珍（团县委书记）、毛跃芳（县妇联主任），有委员 30 名。办公室设在教育局，主任由常务副主任李文俊、邓丙杰兼任。

2005年12月20日，县委将关工委组成人员调整为：主任孟精华，常务副主任李文俊，副主任邓丙杰、李明星、聂水生、段吉泽、李刚、毛跃芳，有委员21名。办公室设在县教育局，办公室主任韩学智、李俊高，副主任郭留锁、张家强、李怀吉、尉吉安。

2006年9月，县委组织部调县直工委纪检组组长高俊峰任县关工委专职常务副主任，增加崔根喜、成永太任关工委副主任，增设崔根喜和邓兴为秘书长，聘任离休干部尉建华、邓学功、孙效法、张振昌、狄文学和张家强为副秘书长。后由于人员变动，免去副主任段吉泽、毛跃芳职务，任命张生祥、畅晓燕为副主任。

2014年12月9日，关工委举办成立20周年座谈会

2013年1月31日，县委对关工委组成人员进行调整和充实：主任李志学，常务副主任高俊峰，副主任贾怀保、张如侠、刘砚青，秘书长魏贵敏，副秘书长张登荣、韩学智。有委员19名。在县政府南院办公大楼一层增加两间办公室。购置计算机、打印机等设备，并在政府网站开通关工委网页。先后聘任王国兰、孙效法为关工委副秘书长，曹文敏为关工委顾问。常务委员由44人组成，涉及单位18个。每月5日为工作例会日。建立有分组值班制度、分片联系制度、班子成员碰头会制度等。全县参加关工委工作的“五老”（老党员、老干部、老军人、老教育工作者、老模范）人员有4209人。县关工委组织12人的“五老”宣讲团，经常深入到学校、机关、乡村宣讲，进行社会主义核心价值体系教育。组建10人的网吧监督员队伍，积极配合有关部门对网吧进行监督整治。有8人组成的“县关工委通讯组”，负责通讯报道工作。还设有“未成年人无偿法律服务中心”，为维护青少年合法权益提供服务。在全县348个行政村，建立健全关工委组织，乡（镇）村关工委主任均由党委书记、支部书记担任，形成了以党支部为领导核心，村委会具体执行，关工委专抓的“三位一体”关心下一代工作格局。

主要活动　一、对学生和青少年进行社会主义核心价值体系教育。一是“五老”宣讲团经常深入到农村、学校、机关宣讲党的路线、方针和政策；宣讲马克思主义中国化的最新成果；宣讲改革开放以来所取得的伟大成就等。二是开展以“祖国在我心中”“中国精神颂”“学党史、颂党恩、跟党走”“心向党、讲品德、见行动”为主题的“中华魂”读书活动。2014年10月，出版发行《五老情缘》。2015年，与县委党史研究室合作出版《襄汾抗日风云》。2016年，关工委

2016年7月，关工委向县看守所捐书，关爱犯罪青少年

与文化局相关领导到看守所看望羁押的未成年人，并赠送书籍 600 多本。以中国共产党成立 95 周年和红军长征胜利 80 周年为契机，面向青少年先后两次举办“学党史、知党情、颂党恩”为主题的“两史”教育活动。

2016 年 3 月 18 日，襄汾县关工委与县第三小学联合举办了“家校共读一本书”的“小手拉大手读书演讲”展示活动

二、推广“北学刘官庄，南学东鲁村”经验，树立关心下一代工作典型。一是加大调研、指导力度，广泛深入宣传学习落实东鲁经验。二是制定“八个有”标准与要求，采取得力措施加以落实。三是树立典型，层层落实。县关工委主抓了河东片大邓村、贾庄村；西南片永固村、尉村；西北片崔村、东李村；其他乡镇每个乡镇确定 2～3 个重点村，并制定了分包责任制。

三、参与社会管理创新，营造有利于青少年健康成长的社会环境。一是发挥“未成年人无偿法律服务中心”作用，维护未成年人合法权益。二是为青少年办实事、做好事、解难事，加强对青少年特殊群体的管理服务工作。三是参加网吧义务监督工作和校园周边环境的整顿工作。

四是在各学校实施“春苗营养厨房”计划。

襄汾县老年学学会

机构沿革 2000 年 12 月 6 日，襄汾县老年学学会成立会议在县委常委会议室召开，参加理事 37 名。制定通过襄汾县老年学学会章程，选举产生第一届领导机构。主席孟精华，副主席曹文敏、郭成家、宋则忠，秘书长曹文敏（兼），副秘书长马庙来、邓玉英（兼办公室干事、会计）。聘请亢思聪、张如恒、王志明、杨耀水担任顾问。

2013 年 3 月 18 日，召开换届会议。参加成员 43 人，选举产生第二届学会领导机构：主席孟精华，副主席曹文敏、张登荣、邓玉英，秘书长张登荣（兼），副秘书长曹志恩、邓玉英（兼会计）。

主要活动 襄汾县老年学学会是学术型老年社团组织，研究范围广泛，包括：老年心理、老年生活、老年养生、老年健康、老年赡养、老年殡葬、老年婚姻、老年市场、老年产品、老年教育、老年医学、老年疾病防治、老年人才开发利用与作用发挥、老年精神与文化需求等社会问题。学会研究的重心是，实现老年人的“六个老有”，即：老有所养、老有所医、老有所教、老有所学、老有所乐、老有所为。学会工作的十六字方针：言老年事，抒老年情，表老年志，帮老年忙。理事赵鼎新曾赋诗致贺：“历经沧桑乐太平，暮年相聚结新盟。满堂笑语心情好，信是人间重晚晴。”

学会先后参加中国老年学会在山东省青岛市、广西省桂林市、四川省眉川市、山东省济南市、重庆市、南京市承办的老年学年会，及山西省老年学会分别在运城、晋城、大同、太原、朔州等市举办的老年学学术研讨会。先后为中国老年学学会学术研讨会与山西省老年学学术与讨论会报送论文 65 篇。其中：4 篇论文获北京与首尔亚太国际老年学和老年医学大会优秀论文奖，23 篇获全国老年学优秀论文奖，12 篇获山西省老年学一、二、三等奖和优秀论文奖，35 篇入编临汾市老年学《论文选集 1～13 集》。

重要论文　有代表性和影响性的文章主要有：《坚持“六个老有”研究方向的汇报材料》（入编《全国老年学会工作经验文选》）、《关于县级老年学学会开展学术研讨活动的思考》（2001 年 12 月被评为省级一等优秀论文）、《重视发挥德高望重老年人在农村小康建设中的作用》（2003 年 10 月）、《创建和谐家庭之我见》（2005 年 10 月曹文敏作）、《小康社会农村老年人家庭生活质量标准浅析》（孟精华与曹文敏合作）、《乡镇敬老院发展中的问题与对策》（总结了陶寺乡敬老院的经验）、《对发挥老年才艺与丰富老年人文化生活的思考》（张登荣、邓玉英、高全阳合作）、《从盘道村老年协会发挥的作用看建立农村老年组织的重要性》（2000 年 11 月）、《追本溯源话孝道》（2002 年入编国际老年学优秀论文集）、《提高农村老年人生活与生命质量应做好的十项工作》（2003 年）、《传承祖国孝道文化，营造社会敬老氛围》《山西省襄汾县贾罕村村民进行传统孝道教育的调查》（2006 年 9 月获中国老年学学会高峰论文二等奖）、《用文化滋养，让夕阳生辉》《对襄汾县乡村三级老年文化活动网络的调查》（2009 年，陈建民、韩扶帮、孟精华、曹文敏、张登荣合作）、《提升老年人幸福指数的重要平台》《山西省襄汾县创建老年社团组织创办农村文化广场的调查》（2007 年 10 月临汾市老学会与襄汾县老学会合作，参加在北京召开的第八届亚洲、大洋洲地区老年学暨老年医学大会中文论坛，获二等优秀论文奖）、《革命老区老年人在新农村建设中的作用与他们晚年生活的困惑》（曹志恩撰写获全国老年学优秀论文）、《农民养老，喜忧参半》（2011 年 10 月曹文敏撰写，获全国老年学会优秀论文奖，全文入编《百村调查文集》）。

襄汾县老年学学会撰写论文情况表

表 3—5

论文题目	发表时间	作者	发表或入编情况	获奖情况
关于县级老年学学会开展学习讨论活动的思考	2001	亢思聪　孟精华　曹文敏	《临汾市老年学论文集》第二集	山西省第八次学术研讨会一等奖
发掘老年人才资源促进老有所为事业	2001	邱文选	《临汾市老年学论文集》第二集	山西省第八次学术研讨会三等奖

续表

论文题目	发表时间	作者	发表或入编情况	获奖情况
年青人进城闯市场　老年人在家扛大梁	2001	郭成家　张锁柱　邓玉英	《临汾市老年学论文集》第二集	山西省第八次学术研讨会优秀论文
谈谈发挥老年人才作用问题	2001	宋则忠	《临汾市老年学论文集》第二集	2001 年全国青岛会议优秀论文
“老年贫困化”问题初探	2001	段培武	《临汾市老年学论文集》第二集	2001 年全国青岛会议优秀论文
从盘道村老年人协会发挥的作用看建立农村老年组织的必要性	2001	曹文敏	《临汾市老年学论文集》第二集	2002 年全国青岛会议优秀论文
有作为才有质量	2001	张登荣	《临汾市老年学论文集》第二集	2002 年全国桂林会议优秀论文
提高农村老年人生活和生命质量应做好十项工作	2001	曹文敏　邓玉英	《临汾市老年学论文集》第二集	2002 年全国桂林会议优秀论文
简论“以德养寿”	2001	张昌河　曹文敏	《临汾市老年学论文集》第二集	2002 年全国桂林会议优秀论文
重视发挥“德高望重”老年人在农村小康建设中的作用	2003	孟精华　曹文敏	《临汾市老年学论文集》第三集	山西省第九次学术研讨会一等奖
农村老年人的新贡献	2003	郭成家　张锁柱	《临汾市老年学论文集》第三集	山西省第九次学术研讨会三等奖
追本溯源话孝道	2003	曹文敏	《临汾市老年学论文集》第三集	2003 年香港世界华人交流协会文化艺术研究中心优秀论文奖
试论孝文化的历史地位和作用	2003	张登荣	《临汾市老年学论文集》第三集和全国论文汇编	2003 年济南国际孝文化论坛论文集
谈古论今话孝道	2003	宋则忠　夏寸平	《临汾市老年学论文集》第三集	2003 年济南国际孝文化论坛论文集
论“五个老有”与小康建设	2003	邱文选　邱小林　范全红	《临汾市老年学论文集》第三集	2003 年济南国际孝文化论坛论文集

续表

论文题目	发表时间	作者	发表或入编情况	获奖情况
吸取儒家孝道思想精华促进当代精神文明建设	2003	刘春澍	《临汾市老年学论文集》第三集	2003年济南国际孝文化论坛论文集
我村的一位敬老好媳妇	2003	李民铎	《临汾市老年学论文集》第三集	2003年济南国际孝文化论坛论文集
老年人与和谐家庭和和谐社会关系探讨	2004	张登荣	《临汾市老年学论文集》第四集	
老干部在构建和谐社会中的地位和作用	2004	郭成家	《临汾市老年学论文集》第四集	
传承祖国孝道文化营造社会敬老氛围	2004	孟精华 曹文敏 李福生	《临汾市老年学论文集》第四集	2006年4月北京老年学术高峰论坛二等奖
关于心理健康内涵的探讨	2004	张登荣	《临汾市老年学论文集》第四集	2006年4月北京老年学术高峰论坛优秀论文奖
论“以孝治天下”的现实意义	2004	刘润恩 陶富海	《临汾市老年学论文集》第四集	2006年4月北京老年学术高峰论坛优秀论文
创建和谐家庭之我见	2005	曹文敏	《临汾市老年学论文集》第四集	2005年全国眉山会议优秀论文
贴心呵护老人构建和谐公寓	2005	宋泽忠 夏寸平	《临汾市老年学论文集》第四集	2005年全国眉山会议优秀论文
小康社会农村老年人家庭生活质量标准浅析	2005	曹文敏	《临汾市老年学论文集》第五集	2006年4月北京老年学术高峰论坛优秀论文奖
配偶护理患病老伴的沉重思考	2005	宋则忠 夏寸平	《临汾市老年学论文集》第五集	2006年4月北京老年学术高峰论坛优秀论文
心理调适对老年人在家庭中感受健康幸福和谐的作用	2005	张登荣	《临汾市老年学论文集》和全国论文汇编	全国眉山会议优秀论文

续表

论文题目	发表时间	作者	发表或入编情况	获奖情况
提升老年人幸福指数的重要平台	2006	陈健民　韩扶邦 曹文敏　张登荣	《临汾市老年学论文集》第六集	2006年4月北京老年学术高峰论坛优秀论文
老龄当有所为	2007	张登荣	《临汾市老年学论文集》第六集	2006年4月北京老年学术高峰论坛优秀论文
关于心态与健康关系探讨	2007	张登荣	《临汾市老年学论文集》第七集	2007年9月山西省学术研究会论文三等
提高老年人幸福指数的平台——襄汾老年人休闲文化的调查	2007	陈健民　韩扶邦 曹文敏　张登荣	北京亚太地区老年学和老年医学大会论文集	北京亚太地区老年学和老年医学大会优秀论文
简论长寿与文化	2008	孟精华　曹文敏	《临汾市老年学论文集》第七集	2007年9月山西省学术研究会论文一等奖
坚持服务“六个老有”研究方向	2008	老年学学会	《临汾市老年学论文集》第八集	
用文化滋润　让夕阳生辉	2008	陈健民　韩扶邦 孟精华　曹文敏	《临汾市老年学论文集》第八集	
对发挥老年才艺与社会和谐的实践与思考	2008	张登荣　邓玉英 高金阳	《临汾市老年学论文集》第八集	
农民家庭养老能走多远	2009	曹文敏	《临汾市老年学论文集》第十集	山西省第12次学术研究会优秀论文
关于亟待重视农村老人精神赡养问题的实践与思考	2009	张登荣　邓玉英	《临汾市老年学论文集》第十集	山西省第12次学术研究会优秀论文
老年照护现状与发展趋势探析	2010	张登荣　屈彩霞	《临汾市老年学论文集》第十二集	老年服务高峰论坛优秀论文
农村家庭养老中薄弱环节和对策	2010	张秋景	《临汾市老年学论文集》第十二集	老年服务高峰论坛优秀论文
怎样才能让农村老年人活得幸福	2011	李安义	《临汾市老年学论文集》第十二集	2011年全国重庆高峰论坛优秀论文

续表

论文题目	发表时间	作者	发表或入编情况	获奖情况
创建农村老年人文体组织推动积极健康老龄化	2011	张登荣　邓玉英	《临汾市老年学论文集》第十三集	2011年全国重庆高峰论坛优秀论文
平川地区殡葬事宜不容忽视	2011	杨水旺	《临汾市老年学论文集》第十三集	2011年全国重庆高峰论坛优秀论文
以农村文体广场为载体大力开展老年人健身活动	2011	曹文敏　张登荣	《临汾市老年学论文集》第十三集	2011年全国重庆高峰论坛优秀论文
重视文化养生提升关怀品位	2011	贾德亮	《临汾市老年学论文集》第十三集	2011年全国重庆高峰论坛优秀论文
旅游能提高老年人健康指数	2012	杨水旺	《临汾市老年学论文集》第十三集	山西省第13次学术研究会论文三等奖
对老年文化中三个问题的思考	2012	张登荣	《临汾市老年学论文集》第十三集	山西省第13次学术研究会论文二等奖
唱唱跳跳是老年人最喜爱的健身项目	2012	张登荣	《临汾市老年学论文集》第十三集	山西省第13次学术研究会论文三等奖
农村老年人心理状况分析与应对思考	2012	张登荣	《临汾市老年学论文集》第十三集	2012年全国上海高峰论坛优秀论文
老年丧偶痛的突发应对与心理调适	2012	曹文敏　曹维康	《临汾市老年学论文集》第十三集	
心理健康与长寿的探讨	2012	郭成家　邓玉英	《临汾市老年学论文集》第十三集	
老年人心理健康与长寿	2012	曹志恩	《临汾市老年学论文集》第十三集	
树立正确生死观念 提升老年人幸福指数	2012	刘春澍	《临汾市老年学论文集》第十三集	
创建老年人文化社团　提高老龄幸福指数	2012	孟精华　曹文敏	《临汾市老年学论文集》第十三集	
农村老年文化现状、问题与对策	2012	乔福生　房桂花　周鹏	《临汾市老年学论文集》第十三集	

续表

论文题目	发表时间	作者	发表或入编情况	获奖情况
组织文化社团的实践与思考	2012	宋泽忠	《临汾市老年学论文集》第十三集	
探寻汉语言文化中的养生宝典	2013	张登荣　高金阳　屈彩霞		2013年中韩传统医学与老年养生论坛优秀论文
关于建设宜居城市的方略初探	2015	张登荣　高金阳		

襄汾县老区建设促进会

机构沿革　1994年12月15日，襄汾县老区建设促进会成立，有理事会成员55人，常务理事21人。经大会推荐、选举，选出老区建设促进会领导机构。会长刘绍康，副会长张如恒、亢思聪、杨海山、王耀庭、米钦录，秘书长王耀庭（兼），副秘书长米钦录（兼）。聘请郭绍斌任名誉会长，李东海、李天民、张有才、张大勇、郭有家、赵满斗、王志明、杨保福、高顺成为顾问。

2002年4月13日，县老区建设促进会进行换届选举。理事60人，常务理事10人参加会议。选举产生第二届领导机构：会长亢思聪，常务副会长张如恒，副会长郭成家，秘书长郭成家（兼），副秘书长宋则忠、张书侠、张登荣，办公室主任邓玉英，教育顾问田自诚，文史顾问邱文选。

2004年11月，县老区建设促进会换届，理事69人，常务理事12人参加会议。选举产生第三届理事会领导机构：会长亢思聪，常务副会长张如恒，副会长郭成家、张书侠、乔福生，秘书长郭成家（兼），副秘书长宋则忠、张登荣、马玉胜，办公室主任邓玉英，特邀顾问邱文选、田自诚。

2013年2月2日，县老区建设促进会换届，理事31人，常务理事10人参会。选举产生第四届领导机构：特邀顾问宓和平、廉振东、杨国俊、赵楼生，名誉会长韩玉锁，会长田文阳，常务副会长赵广业，副会长张众管、乔福生、卫清福，秘书长卫清福（兼），副秘书长肖林、段铁环、杨德元，办公室主任肖林（兼）。

活动情况　老促会围绕县委、县政府的中心工作，出力献策，先后参与查处制止农村滥批乱占耕地，协助临夏公路路政管理，监督八大工程建设，帮助县城拆迁征地，建设农业开发农场，创办新型学校，帮扶乡村文体建设等工作。1999年主抓了修复塔儿山宝塔、汾城鼓楼等工作。2011年3月，倡议对古城、南辛店、刘村、东侯4处陵园重修重建，并砌起围墙，建了纪念碑。2012年8月，协同人武部、襄陵镇政府举办“红军东征在襄陵”展览。2013年8月，帮助赵店村侯宝川筹资13万元建起废渣处理厂，处理原有色金属公司堆积的两万余吨废渣。同月，与中同清洁能源总公司联系，就大邓造纸用高科技处理废水签订意向书。2014 年 7 月，对抗日战争、解放战争、抗美援朝时期模范村及解放前农村老党员、烈士遗属生活情况进行普查、调研。11 月，向省老促会上报全县 61 个五类重点村。2016 年，老区建设促进会协助陶寺乡陶寺村 80 岁老人张步华，在大青山烈士陵园寻找到抗日战争中牺牲的亲人张经纬烈士遗骨。为纪念红军长征胜利 80 周年，在尧星商贸城建立了革命传统教育基地。为纪念建党 95 周年，向习仲勋纪念馆捐赠了珍贵文物。编写了 120 余万字的《襄汾革命老区志》初稿。与南辛店乡北贾村共同建设道德基地——孝和堂。12 月 26 日，在爱国教育基地尧星商贸城举办了纪念毛主席诞辰 123 周年活动。

2012 年 8 月，协同人武部、襄陵镇政府举办“红军东征在襄陵”展览。

主编出版《修复塔儿山宝塔纪实》《构筑现代农业》《襄汾县文史资料·晋商专辑》《襄汾县文史资料·财税专辑》《襄汾县革命老区》《老区风采录》《红色资源概况》等书籍。先后撰写文章 300 多篇，在《中国老区建设》《山西日报》《山西老区开发》《山西老年》《临汾日报》等刊物发表文章 200 多篇。

襄汾县老年书画家协会

机构沿革　1988 年 6 月，襄汾县老年书画研究会成立。有会员 8 人。会长由县文化局副局长狄西海担任，杨森基任副会长，贾连成任秘书长。

2006 年 8 月，老年书画研究会进行换届选举。选举王民为第二届会长，副会长刘万兴、柴聚才、李俊高、周保林、李振川，秘书长贾连成，常务理事焦安喜、邓刚、张士廉、关中和、李如泽、王金虎。

2008 年 3 月，襄汾县老年书画研究会改称襄汾县老年书画家协会。

2008 年 7 月，老年书画家协会进行第三届选举。名誉主席贾建国，顾问邢文彬，艺术顾问郑十洁、赵国熹，主席臧大海，常务副主席柴聚才、朱怀仁，第一副主席贾怀宝，副主席兼秘书长贾连城，副主席李俊高、周保林、李振川，常务副秘书长王金虎，常务理事李安义、张士廉、李汝泽、关中和、焦安喜、王泽根、孙步峰、李善保、赵晋士。

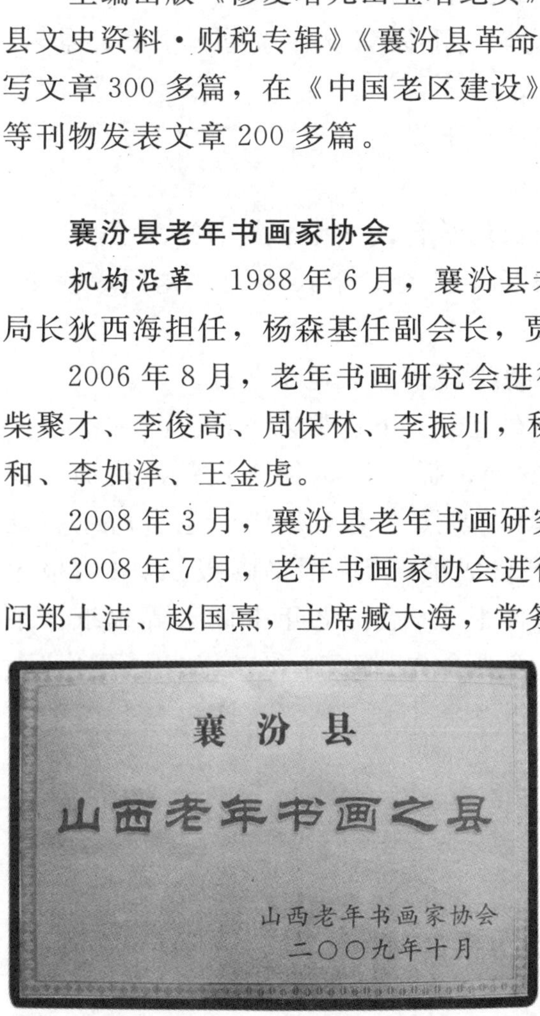

2012 年 5 月，老年书画家协会进行第四届选举。名誉主席臧大海、朱怀仁、柴明珠、贾建国，顾问邢文斌、张登荣、王民、贾连城，艺术顾问赵国熹、李振川、孙步峰、王权宝、李廷亮、柴建国，主席

柴聚才，常务副主席郭风威、王金虎、周保林、李跟惠，副主席兼秘书长李连生，副秘书长毛翔云、董泽惠，副主席李俊高、李善保、杨广林、张发本、李虎鸣，常务理事张士廉、李汝泽、关中和、赵文彦、焦安喜、郑十洁、石宝云、房桂花、赵晋士。

2015 年 7 月 25 日，县老年书画家协会召开常务理事会议，调整班子成员。王金虎任主席，李连生任常务副主席兼秘书长，冯秋仓、关中和、刘好管、姚百勤任副主席，刘建民、王春发任副秘书长，杜小档、张彦开、贾学平任常务理事。聘请柴聚才、崔丁酉为名誉主席，柴瑞祥为顾问。其他班子成员不变。

截至 2016 年年底，襄汾县老年书画家协会有城区分会一个，基层分会 10 个，会员 650 余人。其中，中国老年书画研究会会员 76 人，山西省老年书画家协会会员 45 人，临汾市老年书画家协会会员 65 人。其中，18 人加入省书协、美协，24 人加入市书协、美协，8 人被吸收为全国、省工艺美术家协会会员。

其基层组织有：

赵康分会。1989 年组建。主席张士廉，秘书长李金河。下设汾水书画院。

西贾分会。1991 年组建。主席李汝泽，秘书长陈金钟。下设七一艺社。

襄陵分会。2002 年组建。主席焦安喜，秘书长张平义。下设荷风学社。

古城分会。2005 年组建。主席李虎鸣，秘书长廉明珠。下设三友、盘道、京安、景云、西王、焦彭、侯村、古兰苑等书社。

景毛分会。2005 年组建。主席关中和，秘书长李继侠。下设灵泉艺社。

城区分会。2007 年组建。主席王金虎，秘书长王泽根。

南辛店分会。2009 年 5 月组建。主席赵文彦、秘书长刘学智。下设北贾书社。

汾城分会。2009 年 10 月组建。主席张发本，秘书长柴士奇。下设半山、龙门、腴丰、鄂公等书社。

大邓分会。2011 年 4 月组建。主席郑十洁，秘书长曹洪祥。下设龟山艺社。

永固分会。2011 年 6 月组建。主席姚百勤，秘书长石宝云。下设群艺书社。

主要活动　襄汾老年书画家协会坚持抓组织，促发展；抓基层，促普及；抓培训，促提高；抓展览，促交流。结合党和国家的重大政治活动，遵照“老有所学、老有所乐、老有所为”的宗旨，开展丰富多彩的书画活动，取得了可喜成绩。《中国书画报》《书法报·老年书画》《中国老年书画报》《山西交流时报》《临汾日报》《临汾老年书画》等报纸、杂志，以及不少新闻网站，先后宣传报道襄汾老年书画家协会先进事迹和老年人书画作品。2009 年，襄汾县被山西省老年书画家协会命名为“山西老年书画之县”。该协会开展的主要活动有：

2006 年 7 月 1 日，县老年书画研究会为庆祝中国共产党建党 85 周年举办大型书画展，展出作品 40 多幅。

2006 年 8 月 22 日，县老年书画研究会创办《老年书画简讯》。至 2016 年底编辑 122 期。

2007 年 6 月 18 日，县委老干部局、县文联、县老年书画研究会举行《襄汾县书画选集》发行仪式，共印 2000 册。

2007 年 10 月 25 日，县老年书画研究会邀请山西师范大学教授张昌河，为县老年书画爱好者举办书法讲座。

2007 年 11 月 25 日，县老年书画研究会在老干部活动中心举办“翰墨情”大型书画笔会，共有 70 余人参加。

2008 年 3 月 9 日，安泽县老年书画研究会一行 6 人到县取经送宝，并到景毛分会参观学习。

2008 年 6 月 25 日，郑十洁、赵国熹为城区会员讲授篆刻艺术和绘画知识。

2008 年 6 月下旬，县老年书法家协会 17 人参加临汾市庆“七一”、迎奥运大型书画展。

2008 年 12 月 30 日，举办全县老年迎春书画展，参展作品 200 余幅。

2009 年 4 月 25 日，县委老干部局和县老年书画家协会共同为段启旺举办了一次特殊个人书法展（带病习书），展出作品 40 余幅，并向其赠送书有“翰墨飘香夕阳红”荣誉牌匾。

2009 年 9 月 25 日，举办书画联展暨《丁陶墨韵》首发仪式

2009 年 5 月，该协会会员、剪纸名家张满喜应邀到韩国交流。

2009 年 6 月，县委老干部局和县老年书画家协会联合印发《关于开展创建“老年书画之村”活动的意见》。

2009 年 6 月 18 日，82 岁的耄耋老人离休教师李景文在家乡北相李村举办个人书法作品展，展出作品 70 多幅。其后他又应邀参加“奥运有我全国书画大赛高层论坛颁奖盛典”大会。

2009 年 9 月 25 日，县委老干部局、县老年书画家协会在老干部活动中心联合举办庆祝中华人民共和国成立 60 周年书画展暨《丁陶墨韵》发行仪式。

2010 年 9 月，张满喜创作的剪纸作品《祖国万岁》赴韩国交流展荣获一等奖。

2010 年 10 月，举办全县老年重阳节书画展，参展作品 120 余幅。

2011 年 6 月 20 日，举办中国共产党成立 90 周年大型书画展，展出作品 170 余幅。

2011 年 10 月 10 日，举办纪念辛亥革命一百周年书画展，展出作品 100 余幅。

2011 年 11 月 5 日，由县委宣传部、老干部局主办，县老年书画家协会承办，在县城举办张满喜剪纸作品展，展出作品 100 余幅。同时举行《张满喜剪纸作品集》发行仪式。

2011 年 12 月 25 日，臧大海代表县老年书画家协会向华鑫纺织有限公司董事长贾建国颁发“关心老年书画事业，弘扬祖国传统文化”荣誉

2011 年 6 月 20 日，举办纪念建党 90 周年书画展

牌匾，县老年书画家协会把参展的90余幅书画作品捐赠给该公司。

2012年10月9日，由县委老干部、县老年书画家协会、山西华鑫纺织有限公司联合举办“华鑫杯”喜迎十八大全县老年书画展，展出作品124幅。

2012年11月28日，晋陕豫黄河金三角地区庆祝十八大华山杯老年书画展，在陕西华阳市举行。老年书画协会主席柴聚才、常务理事石宝云，县书协主席李铁柱的书画作品参加展出。

2012年，县老年书画协会授予房桂花“情系老年书画，讴歌夕阳风采”奖牌一块。

2013年3月25日，举办李富积书法作品邀请展。县广播电视台对该次邀请展作了专题报道。

2013年9月20日，由临汾市老干部局、市老年书画家协会主办，襄汾县委老干部局、县老年书画家协会承办的襄汾县“丁陶墨韵”书画作品展，在临汾市老干部局活动中心开展，展出作品110余幅，历时5天。参观人数达500余人次。

2013年9月30日—10月4日，为迎国庆64周年，县“丁陶墨韵”书画赴临展归来后，又在丁陶文化广场东展厅进行为期5天的汇报展出。

2013年10月，省委老干部局举办全省离退休干部同心共筑中国梦主题书画展，柴聚才、赵国熹、毛翔云、毛晓轩4人书画作品入展，其中赵国熹国绘画作品获三等奖。

2014年1月1日，举办王权宝从艺60周年暨师生书画展，展出王权宝师生书画作品120幅。

2014年3月，县委老干部局、襄汾县老年书画家协会联合出版《丁陶墨韵赴临展襄汾老年书画作品集》，共收录112幅书画作品。其中书法作品78幅，绘画作品31幅，漫画1幅，篆刻1幅，剪纸1幅。是继2006年出版《襄汾书画选集》，2009年出版《丁陶墨韵襄汾老年书画集锦》之后第三部老年书画专著。

2014年4月25日，召开传达贯彻浮山会议精神会议，并授予古城、汾城、南辛店、西贾4个老年书画分会为“发展会员先进单位”，并颁发奖牌。为2013年省委老干部局举办的全省离退休干部“同心共筑中国梦”主题书画展入展、获奖作者，晋、陕、豫三省四市举办的老年书画展获奖作者，省老年书画家协会举办的“纪念毛泽东诞辰120周年山西老年书画展”入展作者柴聚才、胡振刚、赵国熹、毛翔云、周宝林、毛晓轩、赵晋士、石宝云8人颁发了获奖证书。老干部局局长王稳锁参加会议并讲话。

2014年5月，县老年书画家协会副主席李俊高书法与摄影集出版。

2014年9月26日，晋、陕、豫黄河金三角地区“大美临汾”老年书画展在临汾开幕。李铁柱、赵国熹、毛翔云、赵晋士、石宝云、许红哲等8人书画作品和李跟惠、周保林、张士廉、李宏利、毛晓轩、边来全、李长林7人的书画长卷入选参展。李铁柱、柴聚才等8人书画作品入编《晋、陕、豫黄河金三角地区“大美临汾”书画作品集》。

2014年9月28日，举办庆祝新中国成立65周年书画小品展，展出作品82幅。

2015年5月10日，县老年书画家协会举办柴聚才、冯秋仓书画作品展。

2015年6月10日，三省四市老年书画展在三门峡开幕，柴聚才、郭凤威、周保林、毛

2016 年 10 月 20 日，在景毛中心小学举办书法进校园活动

翔云、赵晋士、石宝云、毛晓轩、许红哲 8 人书画作品入选。李连生、冯秋仓代表襄汾协会参加开幕式。

2015 年 8 月 25 日，举办抗日战争 70 周年书画展。展出作品 90 幅，其中书法作品 74 幅、绘画作品 15 幅、剪纸作品 1 幅。

2016 年 6 月 25 日，在老干部活动中心举办了纪念中国共产党成立 95 周年暨红军长征胜利 80 周年书画展，展出作品 115 幅。之后，在第一小学、第三小学、景毛小学、下西梁小学开展了书法进校园活动。

基层分会举办书画展等情况　2007 年，西贾分会举办书画展 3 次，展出作品 150 多件，并参加县书画展 2 次，参展作品 80 余件。

2007 年，古镇分会春节前组织会员赠送春联 1000 余幅，并在五里墩和京安举办两次书画展。

2007 年 4 月，赵康分会有 15 名会员的 80 多幅书画作品参加丁陶文化大型书画展。7 月，参加南辛店崔村举办的和谐文化书画展和西贾七一艺社成立一周年纪念展。

2008 年 6 月 28 日，赵康分会举办庆“七一”迎奥运书画展，共展出作品 160 余幅。

2008 年 6 月 30 日，西贾分会举办迎“七一”书画展，展出作品 150 余幅。

2008 年 7 月 26 日，景毛分会举办迎奥运书画展，展出作品 130 余幅，同时参展的还有剪纸、根雕等民间艺术。

2009 年 10 月，古城分会开展书画下乡活动，先后到古城、西贾、北相李等村赠送书画。

2009 年 10 月 26 日，汾城分会成立并举办大型书画展，展出作品 218 幅。

2010 年 3 月 26 日，西贾分会组织会员到双龙湖采风。

2010 年 4 月 15 日，古城分会、景毛分会举办书画展，并对参展作品进行了点评。4 月 29 日，景毛分会为会员郭利华 70 寿辰撰写了寿联、贺词，并赠送了书画作品。

2010 年 5 月 26 日，西贾分会举办笔会。5 月 27 日，南辛店分会聘请颉苑书画院院长王泽根为会员讲授书法知识。

2010 年 6 月 20 日，古城分会景云书社举办书画展，展出作品 100 余幅。

2010 年 6 月 29 日，赵康分会举办了“庆七一　议发展　颂党恩”书画展。展出作品 100 余幅。

2010 年 7 月 3 日，西贾分会举办了“庆七一　爱树建”书画展，展出作品 90 余幅。

2010 年 7 月 12 日汾城分会半山书画社举办了第一届农民书画展，展出作品 80 余幅。

2010 年 9 月 19 日，汾城分会在北贾岗村举办了首届核桃节书画展。9 月 28 日，汾城分会举办“一方水土一方情”大型书画展，展出作品 297 幅。

2011 年 4 月 3 日，古城分会为孟全喜举办个人书画展，展出作品 60 余幅。

2011 年 4 月 27 日，汾城贾岗半山书社举办建党 90 周年暨庆“五一”大型书画展，展出作品 240 余幅。

2011 年 6 月 22 日，永固乡分会成立，并举办建党 90 周年书画展，展出作品 70 余幅。

2011 年 6 月 26 日、6 月 30 日，西贾、南辛店分会分别举办建党 90 周年书画展，共展出作品 250 余幅。

2011 年 7 月，古城分会在京安村举办柴夫、李茂德、关旺之、姬顺和等 10 人书画展，展出作品 200 余幅，纪念党建 90 周年。

2012 年 4 月 28 日，汾城分会继半山书社、龙门书社成立之后，又成立腴丰书社，并举办迎“五一”大型书画展。

2012 年 7 月 6 日，古城分会举办的“新韵古城大型书画展”，在县城丁陶文化广场开展，展出作品 300 幅，为乡镇书画进城展出之始。

2012 年 9 月 28 日，中国历史文化名镇汾城举办喜迎十八大暨“古镇风韵”大型书画展。共展出作品 400 余幅。

2012 年 10 月 23 日（农历九九重阳节），景毛分会举办书画活动，为百岁会员李怀玉过生日。

2012 年 10 月 24 日，南贾“两会一社”（三晋文化研究会、老年书画分会、巴山艺社）成立，同时举办喜迎十八大大型书画展。

2013 年 3 月 27 日，赵康分会和赵康书画院联合举办“首届赵氏孤儿忠义文化戏曲艺术节大型书画展”，展出作品 270 余幅。

2013 年 5 月 18 日，汾城分会在三公村举办“魅力乡村”大型书画展，展出作品 200 余幅。

2014 年 3 月 5 日，汾城分会半山书画社举办庆全国两会召开书画展，展出作品 160 余幅。

2014 年 3 月 23 日，景毛分会为王泽培举办八秩喜庆书画展，展出作品 50 余幅。

2014 年 4 月 25—27 日，汾城分会贾岗半山书画社应邀赴县展出，参展作品 62 幅。

2014 年 4 月 27 日，大邓分会、龟山艺社联合举办“魅力大邓孝文化书画展”，展出倡导孝道文化书画作品 41 幅。

2014 年 5 月 20 日，汾城孝村为李牧父子立碑，并举办“孝为先”大型书画展，展出作品 250 余幅。

2014 年 6 月 30 日，南贾分会举办庆“七一”路线教育活动书画展，展出作品 100 余幅。

2014 年 8 月 19 日，古城分会举办以弘扬社会主义核心价值观为主要内容的盘道扇面书画展，展出作品 600 余幅。

2014 年 8 月 10—14 日，襄陵分会与荷风学社联合在临汾群艺馆举办庆祝建军 87 周年书画展，展出作品 120 余幅，为襄汾县乡镇级书画团体入市参展之始。

2014 年 8 月 26 日，汾城分会邀请新绛、稷山、绛县和西贾、永固、赵康 3 个分会及半山、腴丰、鄂公 3 个书社举办联谊会，展出作品 80 余幅。

2015年1月，汾城分会组织下属龙门、半山、腴丰、鄂公等4个书社50余人，开展“春联进万家，欢乐过大年”义务写春联活动，共写3500余幅。

2015年3月21日、5月3日，景毛分会分别为李遂堂、关中和举办古稀寿庆书画展。

2015年4月30日，赵康三晋文化研究会、老年书画家分会、汾水书画院联合举办第三届赵氏孤儿忠义文化节书画展，展出作品200余幅。

2015年5月1日，汾城分会为王占奎举办“恋乡情”书画、摄影作品展，展出作品202幅，其中书画作品192幅，摄影作品10幅。

2015年7月1日，西贾分会在双龙湖风景区举办庆“七一”书画展，展出作品100余幅。

2016年7月3日，汾城分会在南贾岗中心小学举办庆祝中国共产党成立95周年“朝阳爱心”书画展。

老干部个人书画展　2009年6月，李景文举办“耄耋老人书展”，展出作品108件。2011年11月，张满喜举办个人剪纸展，展出作品110件。2011年4月，孟全喜举办个人书法展，展出作品90件。2016年10月6日，离休干部李景文举办了庭院书法展。

襄汾县老年人体育协会

机构沿革　1987年8月8日，县老年人体育协会成立。主席张有才，副主席李天民，常务委员有：郭绍斌、李本植、程志强、谷锁成。

2000年1月，县老年人体育协会换届，选举产生第二届领导机构。名誉主席邓福基、臧大海、毛婉英，顾问郭绍斌、李天民、张有才、李本植，主席张如恒，常务副主席宋则忠，副主席古正发、聂水生、李福生、吴顺明、李杰、梁麦生，秘书长梁麦生（兼），副秘书长李红贵、邓玉英。有委员32人。

2008年8月3日，县老年人体育协会换届，选举产生第三届领导机构。名誉主席毛跟云、毛婉英、张青云，顾问张如恒、柴明珠、聂水生、李福生、宋则忠、马庙来、姜福林、张登荣、薛彩云，主席韩保全，常务副主席梁麦生，副主席霍俊峰、梁登高、梁铁锁、邓玉英、贾红利、仇俊芳，秘书长邓玉英（兼），副秘书长李红贵、孙爱梅。有委员35人。

2011年12月31日，县老年人体育协会换届，选举产生第四届领导机构。顾问张翔、柴明珠、李福生、马庙来、宋则忠、张登荣、张秋景、郭成家、姜福林，主席张青云，常务副主席梁麦生，副主席崔建会、孙效法、邓玉英、梁铁锁、贾红利、仇俊芳。秘书长邓玉英（兼），副秘书长李红贵、孙爱梅。有委员35人。

全县13个乡镇成立有老年人体育协会组织，为团体会员。

获技术等级证书的体育爱好者有：邓玉英获国家社会体育指导员证书和一级柔力球、健身秧歌裁判员证书。孙爱梅、翟焕萍获省一级社会体育指导员证书。侯玲爱、赵金枝、李虹、陈宝金、张月亮、郑婵娟等30人获市二级社会体育指导员证书。卫荷花、梁登高、杨俊艳获二级门球裁判员证书。获县三级社会指导员证书者有300余人。

县老年人体育协会下设3个直属健身指导站。

第一健身指导站（太极拳辅导站） 襄汾县城习练太极拳活动始于1987年。举办太极拳24式、88式和太极剑32式培训班后，参与人数达到四十多人。1998年6月，成立太极拳辅导站。站长李本植，副站长薛彩云、杨玉莲；第二任站长杨玉莲，副站长薛彩云、王永贞；第三任站长史蕊、高麦红，副站长王永贞、邢汉英。活动内容主要为太极拳、剑及刀类。2016年有会员48人。

太极拳辅导站以晨练为主，主要练习太极拳103式、49式、42式、24式和木兰拳55式、42式、32式以及太极剑、木兰剑、13式太极刀等。

1997年，王永贞参加山西省杨氏太极拳国际邀请赛，获49式太极拳国内第六名。1999年4月，太极拳代表队参加临汾地区运动会，获团体第五名。

2001年，利用下午时间到陈郭村办班，使40多人学会24式太极拳。2002年9月，参加县老年人体育协会举办的科学健身研讨会，太极拳辅导站撰写10篇论文，8人发言。其中，张秋景写的《太极拳贵在自然》选登在2003年第5期《太极》杂志上。站长史蕊锻炼的照片和她的事迹以《太极拳使她青春不老》为题发表在2010年第4期《太极》杂志。

2003年9月，组织7人代表队，参加临汾市在曲沃召开的第一届全民运动会，全部进入前八名。王永贞获32式太极剑第二名。史蕊获24式太极拳第三名。

2003年秋，第四组组长周玉平，根据所学内容，晚上加班用四字一句的方式，编写出每式分解动作名称。如“起式”，教材上4个分解动作，用119个字，不易记住，她只用16个字，简明扼要，易记好学。该16个字是：并步直立，开步站立，两臂前举，曲蹲按掌。另外，组织大家在她家看光碟学习，分段讲解，把在广场一招一式学的内容，分解讲一遍，使每个人不仅能记住动作名称，且都能单独打下来。她将练习队形编队训练后，使动作整齐划一，姿势优美。参加全区比赛时，取得小组第一名。

2004年，在广场举办42式太极拳学习班，陈郭村党支部副书记带领38名村民参加学习。同年8月，组织7人代表队，在洪洞参加临汾市第二届运动会，荣获团体第四名。

2010年暑假，贾罕中学校长许建军、教师许丽琴每天到县城学习49式太极拳。

2010年10月，经申请，省老年人体育协会派李晓玲、冯素香到县教练五禽戏和八段锦。155人参加学习，其中92人取得省老年人体育协会颁发的三级指导员资格证。

2011年7月，临汾市太极拳协会举办24式太极拳比赛，县太极拳代表队参赛，获三等奖。同年，临汾市太极拳协会在蒲县举办太极拳“宏源杯”大赛，王永贞获拳、剑、刀三项金、银、铜牌。邢汉英获24式太极拳第八名。

2012年8月，省太极拳国际邀请赛，史蕊、高麦红分别获银牌和铜牌。

第二健身指导站（舞、操、球、绸、鼓、扇多项活动站） 1985年左右，该站开始有人活动，主要是跑步、扭腰等。其后人员逐渐增加，活动内容逐步丰富，有舞、操、球、绸、鼓、扇等。第一届站长杨桂林，副站长李广菊、杨瑞青；第二届站长邓玉英、副站长孙爱梅、马凌奎；第三届站长孙爱梅，副站长马凌奎、王兰芳、霍焕萍。

2004 年 7 月，市老年人体育协会举办全市健身秧歌大赛，县秧歌队获团体优胜奖。

2005 年 7 月，省老年人体育协会在太原举办健身操大赛，县老年人体育协会获中年组优秀奖。

2006 年 10 月，市老年人体育协会举办柔力球大赛，县柔力球广场代表队获城市组第三名，城关镇西头村代表队获农村组第五名。

2006 年，通过办班学习，表演比赛，参加人数由四十多人发展到一百七十多人，场地由一处扩为 3 处，小组由两个发展到 6 个。先后练习健身操、健身球、柔力球、五禽戏、八段锦、鞭杆等。

2007 年 7 月，柔力球代表队参加省老年人体育协会在榆次举办的柔力球大赛，获团体金奖。

2007 年 12 月，柔力球代表队在广州首届“天泽杯”国际柔力球大赛中获团体优胜水晶杯奖。邓玉英、孙爱梅获双人优秀奖。郑艳平获单人优胜奖。

2009 年 9 月，市老年体育爱好者协会举办第三套健身秧歌大赛，县秧歌代表队名列第一名，获团体优胜奖。

2010 年 8 月，省体育局举办山西省第十三届全民运动会，县柔力球代表队代表临汾市参赛，获铜牌奖。

2011 年 4 月，临汾市体育局举办第三届全民运动会，县柔力球代表队获第二名。10 月，市老年人体育协会举办第二届老年人健身大会，交流比赛第一套健身腰鼓和健身球，县代表队获第一名。

2012 年 5 月，市老年人体育协会举办柔力球大赛，县柔力球代表队获团体优胜奖。

2013 年 9 月，市老年人体育协会举办第二套健身腰鼓和第五套健身秧歌比赛，县代表队获“牡丹奖”。

2016 年 7 月，在太原举办的第五届老年人运动会上，柔力球队获得集体优胜奖，张月亮双拍双球获全省第一名。8 月，县老年体协组队参加“丁陶人气王广场舞大赛”，柔力球队、扇子舞队获得优胜奖。

第三健身指导站（门球协会）　襄汾县门球活动诞生于 1987 年，在老干部局院内修建起第一个门球场，此后又在原县委党校院内建起一个门球场。2000 年，门球队员发展到 20 余名，原有场地显得不足。经马庙来、姜福林、梁登高等人努力，在县城三跨桥下建成下雨天也能打球的门球场，腾出老干部局和党校球场。2003 年，经姜福林等人联系和筹资，在县城北侯家坡半坡荒坡上修建成新门球场。并筑起围墙，安上大门，盖起库房、卫生间、座台等。三跨桥下门球场停用。2004 年 4 月门球协会成立，马庙来任首任协会主席，姜福林、梁登高任副主席。2005 年，门球爱好者增多，门协副主席梁登高多方筹集资金，在北寨村的荒沟里平整出一块沙土场地，建起第二个门球场。2008 年，门球协会换届，选举产生第二届领导机构。主席梁登高，副主席刘根拽、卫荷花，顾问马庙来、姜福林。2011 年 8 月换届，选举产生第三届领导机构。主席卫荷花，副主席孔令贤、周丽华，顾问马庙来、姜福林、梁登高。2012年7月，北寨村门球场被农民种上粮食。通过顾问梁登高的努力，由县供电局、老干部局出资，队员们出劳，在东寨村休闲广场一侧修建成一个门球场，并筑上围墙。村里人经常观看打球，有几位村民也参加到活动中，门球活动开始推广到农村。退休干部、门球队员仇克赞爱好打门球，主动担任门球场宣传员，先后为修门球场地筹集资金6000多元，在他影响下，女儿县老龄委主任仇俊芳，为门球队员赠送《老年人保护法》手册及象棋、扑克、帽子、跳棋等。2013年11月底，第三健身指导站下设6个社区健身指导站。队员发展到62人，其中60岁以上的58人，80岁以上的有邱文选、张成学、刘靖汉、贾连成、李喜梅、仇克赞等。协会有二级教练3名：张水艳、梁登高、卫荷花（均被山西省门球协会评为“优秀教练员”并发给资格证书)；二级裁判员3名：梁登高、卫荷花、杨俊艳；三级裁判员2名：周丽华、孔令贤。门球队员李全福写了《赞门球》：“门球好，门球好，健康生活离不了。老中青，都适宜，早早参加早受益。门球动手又动脑，老年没病那就好。眼睛有神更明亮，腿脚灵活更利落。打门球，晒太阳，斗智补钙身体壮。”老干部局原局长马庙来写有《门球铭》：“球不在大，技高则名。人不在多，参与就行。红白门球，两队相争。球儿满地滚，依次轮番攻。场上争第一，场下叙友情。一心满堂红，论输赢。有拼搏之雄姿，有交流之文明。女队称巾帼，男队论英雄。俗语云：越打越精。”

门球协会每年都组织“五一”“七一”、重阳节、国庆节等重大节日门球赛或参加上级有关门球赛。

2003年10月，由梁登高、李树华、马根才、杨瑞青、马庙来、姜福林、马文凯7人组队，参加临汾市在霍州举办的离退休干部门球赛。襄汾队进入前八名，获得奖杯一个，为襄汾门球协会获得的首个奖杯。

2004年，县门协举办庆“七一”门球比赛，由姜福林、丁德全、刘振基、卫荷花、谢文英组成的城北门球队获冠军。

2006年4月，由梁登高、郭会青、张水艳、马根才、杨瑞青、李树华6人组队，教练张水艳捐助1000多元，自费参加临汾市门球选拔赛。经过4天比赛，获得老年组第六名。

2007年4月，由梁登高、马庙来、张水艳、马根才、谢文英、杨瑞青等人组队，参加临汾市在临钢门球场举办的门球比赛，襄汾队获得县市组第八名。

2009年9月29日，门协举办“庆国庆六十周年华诞”门球赛。10月5日，又举办庆国庆“农业杯”门球赛。10月9—14日，门协举办“门球夫妻赛”“三人五球赛”。夫妻赛冠军谢文英、贾连城；亚军郭会青、任焕堂。“三人五球赛”冠军姜福林、梁顺莲、刘云凤，亚军谢文英、周丽华、卫荷花。

2011年4月25—29日，由队长卫荷花、教练梁登高与撖仙云、郭会青、周丽华、孔令贤、王振家7人组队，参加临汾市第三届运动会门球赛。临汾市门协主席陈保堂表扬襄汾门球队“没有钱，队员自己出钱来临汾打球，值得大家学习”，并为襄汾门球队颁发“道德风尚”奖杯。

2011年5月17—19日，县委老干部局举办“庆祝中国共产党成立九十周年门球赛”。

2012 年 9 月 24—26 日，县委老干部局组织“首届老干部体育运动会门球赛”。

2013 年 4 月 13—17 日，由队长卫荷花、教练梁登高和撤仙云、郭会青、马根才、周丽华、孔令贤、王振家 8 人组队，参加临汾市举办的 2013 年“龙青杯”门球大赛。共有 41 个队参赛，襄汾队获 B 组（共分 4 个组）第一名、总排队第六名的成绩。

2013 年 11 月 30 日，运城市稷山县门球队一行 5 人，专程到襄汾进行门球友谊赛。

2014 年 6 月，被临汾市老年人体育协会评为老年体育工作先进集体。

2014 年至 2016 年，县委老干部局每年都举办体育运动会门球赛。

襄汾县老年舞蹈爱好者协会

机构沿革　襄汾县老年舞蹈爱好者协会成立于 1992 年。主席李天民，副主席李生荣、房桂花、白兆林，秘书长曲富家，会计王兆吉。后增加副主席曹有福，秘书长闫铁窗。

2002 年 5 月，老年舞蹈爱好者协会换届，决定协会领导名称由主席改称会长。李天民连任。推举增设张耀华为常务副会长，刘爱香为副会长。

2010 年，老年舞蹈爱好者协会换届，选举张耀华为会长，曹有福为常务副会长，副会长李生荣、房桂花、刘爱香、梁金玉，秘书长闫铁窗，保管马惠杰。

2014 年，老年舞蹈爱好者协会换届，选举张耀华为会长，曹有福为常务副会长，副会长李生荣、房桂花、刘爱香、梁金玉、孙效法、杨春风，秘书长闫铁窗，保管马惠杰。

每天参加活动的有 350 余人（东广场 200 余人跳佳木斯舞，西广场 150 余人跳集体舞、交际舞）。

主要活动　县老年舞蹈爱好者协会成立初，每天早上在礼堂广场跳集体舞。其后人员增加，分成东广场和西广场两个场地，并逐步增添新项目，如：拍打操、佳木斯舞步、中老年迪斯科舞、交际舞等。参加活动人员最多时达 300 多人。响应县委、县政府发出的“举办广场文化，加强文明建设，构建和谐社会”的号召，每逢重大节日，如妇女节、劳动节、建党日、国庆节以及香港、澳门回归、迎奥运等，都要在广场举办歌舞演唱会。通过演唱会活跃县城广大群众文化生活，加强县城精神文明建设，使离退休干部和县城老年人精神文化生活丰富多彩，老有所乐，精神愉快，延年益寿。先后受到县委、政府的表彰，连续三年被县文联评选为先进模范单位，多次受到老干部局、老龄委、县总工会等单位的奖励。市、县电视台曾做过专访报道。

老年舞蹈爱好者协会参加“庆七一迎奥运”晚会

其节目短小精干，贴近群众。每次演出前，舞协领导都精心编排，使节目丰富多彩，群众喜闻乐见。如：欢庆腰鼓、大合唱、清唱、独唱、表演唱、快板书、诗朗诵、集体舞、交际舞以及中老年、女青年模特时装表演等。开创性组织两届交际舞表演赛，使交际舞得到发展和普及，令广大妇女在新时代着装更加美观大方，时尚漂亮，反映出襄汾人精神振奋，团结向上，与时俱进的时代风貌。

演出紧密联系社会生活实际，结合中心工作，坚持宣传主旋律，弘扬真善美，鞭挞假丑恶。如在“法轮功”邪教组织泛滥时，及时编排了快板书《深入揭批李洪志的反动嘴脸》；在庆祝建党八十、九十周年时，编写了诗朗诵《颂歌献给共产党》，合唱《共产党好》和《没有共产党就没有新中国》等歌曲；在防“非典”时期，及时编写了《预防非典莫迟缓》和《革除陋习倡文明》的快板和小演唱；庆祝新中国成立 60 周年时，编演了《表表襄汾新变化》等节目。2014 年、2015 年参加消夏晚会表演，把歌曲《我们的钓鱼岛》编成舞曲播放。

其特点是花小钱办大事，社会效益好。坚持广场文化，简单经济，方便快捷，不要舞台，不要布景，不设专用灯光，不拉横幅标语，搬套音响就是舞台，道具服装均自备。

老松树文化社

机构沿革 2001 年 9 月，“文友聊天会”自发成立。成员有段培武、马玉胜、王民、张秋景、张锁柱 5 人。推举段培武任会长，副会长马玉胜（兼秘书长）。每周末在马玉胜家中活动。

2013 年 3 月 1 日，老松树文化社举办向雷锋同志学习座谈会

2003 年 3 月，人员增加到 23 人，更名为“老松树文化社”，并进行换届。选举产生第二届领导机构。社长段培武，副社长王民、马玉胜（兼秘书长），常务理事李金城、李善保、房桂花。活动场地移至老干部局会议室。

2005 年 9 月，选举产生第三届领导机构。名誉社长段培武，社长马玉胜，副社长李金城、李善保、王民（兼秘书长），常务理事孙效法、房桂花、张振昌、曹志恩、张锁柱。

2007 年 9 月，选举产生第四届领导机构。名誉社长段培武，社长马玉胜，副社长王民、李善保、孙效法、杨水旺、李金城，秘书长李金城（兼），副秘书长贾学平，常务理事梁自兴、陈玉广。会员增至 36 人。

2012 年 5 月，选举产生第五届领导机构。名誉社长段培武，顾问张秋生、吴创基、张秋景、房桂花，社长马玉胜，副社长杨水旺、孙效法、陈玉广、梁自兴、贾学平，秘书长贾学平（兼），常务理事柴鹏、张绍曾。会员增至 42 人。

2014 年 11 月，选举产生第六届领导机构。名誉社长马玉胜，政治指导员孙效法，社长贾学平，副社长杨水旺、张有成、梁自兴、陈玉广，常务理事柴鹏、张绍增，顾问李金城、张秋生、房桂花、段培武。有会员 42 人。

主要活动 研讨写作，著书立说。县老松树文化社每年都研讨写作课题，先后研讨散文、报告文学、通讯报道、人物特写、行政文秘、应用文、诗歌、楹联等写作知识近30次。该社成员出版书籍100本以上。参与编写《襄汾县志》《襄汾军事志》《襄汾革命老区》《襄汾革命故事》《政协文史资料》《襄汾财政志》《襄汾农机志》《襄汾戏剧志》《襄汾卫生志》等30部以上。

基层采风。先后对汾城、赵康、陶寺、大邓等乡镇的农村"五化"工程建设、文明村建设及星原集团、惠祥中学、南贾镇东张石磨面粉厂、县污水处理厂、农场开发、西贾扬水站等十多处基层单位采风，写出各类调查报告、典型事迹、先进人物、三农浅谈和诗歌300多篇，在各种报纸杂志发表文章200多篇。举办歌咏会、表演赛等各类活动十余次。

2014年9月20日，襄汾县老松树文化社赴汾城镇考察调研与镇领导合影

保护文物，考略历史。保护文物和考略历史十余次。如：县境内的6处烈士陵园、陶寺遗址和陶寺文化、丁村遗址和丁村文化、汾城古建筑、赵康忠义文化苑、贾鸣梧故居等。

养生保健，文化祝寿。讲养生知识，给过70岁生日的张秋景、吴创基、张秋生、曲福家、段培武、房桂花、卢升基、马玉胜、梁自兴等十多人祝寿。

编写社刊，出版作品。县老松树文化社编写《松涛》社刊18期，出版《我们的离退休生活》《老松树》著作两册。

县市电视台多次播放老松树社活动情况。

襄汾县老年合唱团

机构沿革　2003年8月23日，金秋艺术团在老干部局院内成立，成员40余人。推举产生领导机构：团长张登荣，副团长王民，教导员马玉胜，教练员杨桂林、张柏枝、刘淑宽。后更名为老年合唱团。

2004年1月换届。选举产生第二届领导机构：团长王民，副团长孙效法、邓玉英，顾问张登荣，教练员杨桂林、张柏枝、刘淑宽。

2008年5月换届。选举产生第三届领导机构：名誉团长梁铁锁，团长卫廷杰，副团长杨桂林、王金虎、刘淑宽，顾问王民，教练员刘淑宽。会计王志英。

2011年3月，选举产生第四届领导机构：名誉团长梁铁锁、卫廷杰，顾问王民，团长刘淑宽，副团长杨桂林、郭淑梅、郭惠芳、乔全海，教练员刘淑宽（兼），秘书长郭建红。同时分设高声部、低声部、舞蹈组、组织组、剧务组、后勤组。高声部有范文清、李广菊、冯文玲，低声部有李福亮、毛兰娥，舞蹈组有李广菊、刘爱香，组织组有郭淑梅、范文倩，剧务组有柴水龙、李福贞、李进财，后勤组有郭惠芳、李岗水、刘爱香。会计王志英。

2013年9月，选举产生第五届领导机构：名誉团长梁铁锁，政委卫廷杰，团长刘淑宽，

老年合唱团十周年座谈会

副团长张月光（兼团长助理）、李广菊、孙效法，顾问王民、杨桂林、乔全海、郭淑梅、郭惠芳、李富亮，教练员李英。改组下设机构，高声部李藕萍、姚建宪，低声部李金成、毛兰娥，舞蹈组李广菊、刘爱香、郭建红，组织组张月光、孙效法，剧务组李福贞、李进财，后勤组李广菊、姚建宪，通讯组柴丽娟。会计李英。

2016 年年底，参加活动的有 100 余人。

主要活动　至 2016 年，县老年合唱团先后学会各类歌曲 120 余首，排练出大合唱、小合唱、男女二重唱、舞蹈、独唱和表演唱等各类节目 28 个。在节假日走向社会，进入社区、单位、学校、街头、乡村、机关、广场、电视台等处演唱。围绕中心，紧跟形势，讴歌时代，赞美生活。

在纪念毛泽东主席诞辰 110 周年时，于县城广场举办专场演唱会，演唱了《长征组歌》《绣红旗》等革命歌曲。使观众认识到幸福生活来之不易，更加怀念革命前辈的丰功伟绩。

在党的十八大闭幕期间，组织小型庆祝会。大家即兴发挥，演唱了内容丰富、积极向上的红色歌曲，让十八大精神更加深入人心。

2013 年 6 月 27 日，和县委老干部局、县文化馆共同举办庆祝建党 92 周年暨老年合唱团建团十周年文艺晚会。整台晚会由老年合唱团编排演出。

2013 年 11 月，与水韵花园、县电视台、帝尧文化传媒公司联合举办“唱美丽丁陶·圆中国之梦”水韵花园杯歌手大赛。老年合唱团的《襄汾我的家乡》大合唱、京剧版的《没有共产党就没有新中国》、女声小合唱《映山红》、襄汾民歌《梦梦》都进入复赛，荣获大会“最佳组织奖”。

12 月 26 日，在县委老干部局举办的道德大讲堂上，合唱团与老干部局工作人员同唱《公民道德歌》。年底，经过筛选，民歌《梦梦》被选送县春节联欢晚会。

2014 年，成功举办 4 次专场演出，分别是：“八一”前夕，同县人武部、县委老干部局联合举办“迎‘八一’军民鱼水情”专场文艺晚会；6 月 28 日和 12 月 31 日，同老干部局举办庆“七一”和“庆元旦迎新春”联欢会；12 月 28 日，为县美协举办的“2015 迎新春‘缘梦圆’杯”开幕式祝贺演出。6 月 30 日，为卧龙社区“七一”文艺联欢会输送了节目。说唱快板《襄汾明天更美好》被选送县春节联欢晚会。

2014 年 7 月 31 日庆八一，老年合唱团在百姓大舞台演出

2015 年 4 月 26 日，在文化馆为孙步峰“节缘情深”美术作品展祝贺演出。7 月 29 日，在

丁陶文化广场与县武装部、县委老干部局举办“弘扬伟大抗战精神，同心共筑大国防”抗日战争胜利70周年军民联欢庆祝晚会。8月16日，随县政协到古城镇关村举行送文化下乡演出。10月20日，在县中心广场举办“金秋欢歌，园梦中华”重阳节晚会。12月7日，随县妇联到西贾乡东毛村举办“邻里守望，姐妹互助”巾帼服务活动文艺演出。

2016年6月22日，与县委老干部局举办“庆七一”文艺演出。10月9日晚，由襄汾县委宣传部主办，县委老干部局、县老龄委、县文体局承办，县老年合唱团表演的“最美夕阳红”晚会在丁陶科技报告厅演出。

多家媒体对该团的工作进行了宣传报道：分别是《临汾日报》《山西日报》《山西老友导报》《山西老年》《丁香文化》、襄汾电视台、临汾电视台、山西老干部工作网等。

襄汾县戏迷爱好者协会

机构沿革 襄汾县戏迷爱好者协会成立于2013年5月1日，主席于保全，副主席张有福、赵建国，时有会员11人。其后不断设立分会，至2016年年底，全县备案有分会16个，会员发展到170余人。县境西南片有村级分会9个80余人，西北片5个60余人，河东片2个30余人。

主要活动 戏迷爱好者协会自2013年5月成立后，积极响应县委、县政府提出的打造帝尧文化之都、文化强县的方针，始终坚持以“服务”为宗旨的办会理念，团结戏迷会员，广泛开展各种戏剧活动，以多种形式宣传戏剧艺术。邀请临汾、侯马及退居二线的艺术精、声望高、造诣深的老艺人进行指导，吸收基础好、嗓音好、热情高的戏迷骨干。根据每位演员的特点，排练出别具特色的小段子，边演出边排练，不断提高他们的演出水平。所到之处，受到广大观众及文艺界专家的一致好评。

汾城镇、古城镇、邓庄镇、南辛店乡、赵曲乡、膏腴村等戏剧协会成员同县戏迷演唱团联合演出。每星期三、星期日晚8～10时在西富康广场演出蒲剧、眉户、歌曲，并专场为县戏剧协会、北寨社区、纺织厂社区、城东社区演出，根据群众的喜好，除演唱蒲剧、眉户、歌曲外，增加小品、舞蹈，丰富广大人民群众的文化生活，愉悦心情，陶冶情操。

2014年5月1日，戏迷爱好者协会在广场演出

戏迷演唱团分别到古城镇、京安村、北街，景毛乡南小张村、南高村、景毛村、古县村、北高村，城关镇沙女村、圪塔村、敬村、丁村、赵曲、湖李，赵康镇南王村、赵雄村，南贾镇荀董村、连村、大张村进行演出，受到各村党支部、村委会及村民的好评。其中群众评价最好的主要剧目有蒲剧《张连卖布》和眉户剧《大家喜欢》。

第四章　老干部发挥作用

中共中央组织部《关于发挥中央、国家机关离休老干部作用的意见》要求，从各个离休干部的精力、专长、志趣等具体情况出发，采取多种形式，因人因地安排他们做力所能及的工作，继续发挥作用。县内离退休干部，在县委老干部局的组织引导下，离而不休，发挥余热，他们或领办老年团体，或创办经济实体，或参加县上重点工程，或从事文体活动，或对青少年进行革命传统教育……为全县经济社会的发展起到了重要作用，涌现许多先进典型。本章记述老干部发挥作用的主要渠道、发挥作用的先进典型以及著书立说。

第一节　发挥作用主要渠道

创办领办老干部团体

离退休干部郭绍斌、亢思聪、孟精华、刘绍康、狄西海、张有才、李天民等离职后，充分利用自己的影响力和特长，发挥余热，创办老干部团体。之后，老干部们一任接着一任干，不断发展壮大。至2016年先后创办领办关心下一代工作委员会、老区建设促进会、书法家协会等9个老干部团体。在他们的带领下，各团体工作顺利开展，为县域经济、社会发展和老干部老有所为、老有所乐做出了贡献。

从事“种、养、加”活动

1986年起，襄汾县在老干部中开展“种、养、加”达标创优活动。652名离休干部中参加者565人，占离休干部总数的86%，创办经济实体10个，摆摊设点42个，每年可直接创造经济效益80多万元。有35户收入超2000元，解决了“死工资、活物价”的问题，使老干部家庭收入得到补充，也为社会创造了财富。

县委老干部局领导与出席地区“种养加”会议先进个人合影

1989年，老干部局采取四项措施组织老干部开展“种、养、加”活动，激发老干部从事“种、养、加”的积极性。涌现养羊的贾鸿喜、养鸡的徐显祖、笼养蛋鸡的张希华、搞种植业的赵宗俊、搞多种经营的张成才、打井造果林的祁春鹤、养蜜蜂的李长祥、科学养兔的解攀桂、栽培猴头菇的王有富、使果园起死回生的杨振华等老干部，被树立为典型。全县从事种植业的老干部达270人，从事养殖业的老干部达138人，从事加工业的2人。年收入1000元以上的35人。老干部从事“种、养、加”年创造经济价值10万余元。

1990年，县域老干部种养业领域又出现一批新典型：李成溪养兔200只，成景川养鸡320只、牛3只，贾万玉养蚕1万余条，秦国栋植树1100余株，李民仆培育小麦优种2000余公斤，赵风林养蜂6箱。全县老干部从事“种、养、加”创造经济价值40余万元，人均收入超过500元。纯收入1000元以上的由47户增加到60户。1991年，全县有490名老干部参加“种、养、加”活动，年产值27.34万元。被誉为“农艺师”的张成才，实现果园收入3000元，并扶持两名老干部在庭院栽植葡萄，受到地委表彰。成景川养鸡300只，年收入6000余元。

王景余教村民管理苹果树

1992年，在成景川的带领下，贾罕乡涌现5名老干部养鸡专业户。12名老干部经营果园。张成才经营的7亩果园，全部更新了品种，并建起储藏窖，年收入达万余元。王景余建2亩果园，育苗30万株。老干部“种、养、加”活动出现了新特色：由单一型向多项型发展，由自食型向商品型发展，由家庭型向社会型发展，由临时型向长久型发展，由个体型向群体型发展。参加活动的老干部越来越多，社会效益经济效益越来越好。9月，在全区召开的老干部“双先”表彰会议上，襄汾县委老干部局以“搞好‘种、养、加’是老干部发挥作用的主战场”为题作了发言。县委老干部局、邓庄镇党委等5个单位，张成才、郝广胜等22名个人受到地委表彰。

1993年，受聘进乡镇企业45人，在集镇摆摊设点的42人。邓庄镇老干部协会在电磁线厂的基础上，办起老年福利社和老年商店。邓庄老干部协会参加了全省经验交流会。

1995年，参加“种、养、加”活动的119人。

创办经济实体

1987年，邓庄镇老干部协会，在孙学录、刘九年的带领下，创办邓庄老年福利社。先后有86名离退休干部、职工集资20余万元，创办了电磁线厂、综合门市部、煤矿和家庭工厂等实体。

1991年，史清奎担任襄陵镇河北村支部书记，带领群众植树育苗，修路架桥，建设学校，被县委评为模范党支部书记。

1992年，邓庄镇老干部协会以股份制形式办起第一个老干部工业经济实体——福利电磁线厂，生产各种型号的电线十余吨。襄陵镇16名老干部在街上开铺办所，15名老干部被乡镇企业聘用，史清奎办起临汾地区石膏加工厂，胡玉民南下学习办脱水蔬菜厂。县城16名老干部领取了营业执照，开店营业。在郭绍斌的参谋建议下，县城办起了童鞋厂。1993年，全

邓庄镇老年福利社创办的电磁线厂

县老干部办起经济实体10个，饭店、商店7个，受聘进乡镇企业45人，在集镇摆摊设点的42人。邓庄镇老干部协会在电磁线厂的基础上，办起老年福利社和老年商店。史清奎带领群众大办企业，河北村成为年产值超千万元村。

1994年7月，临汾地区老干部工作专刊转发《老生同唱经济戏，晚年再谱奉献歌》，介绍邓庄镇老干部协会创办老年福利社的事迹。《临汾日报》以《闪光的夕阳》为题，《山西老年》以《农村养老的新路子》为题先后刊登了邓庄老年福利社事迹。

1995年，老干部创办领办经济实体的达31人。《山西老年》以《奉献在晚年》为题刊登了史清奎的模范事迹，《临汾日报》刊登了他创办铁厂的照片。退休干部张致中创办石料厂，日产石料8万余吨，《临汾日报》刊登了他发挥作用的照片。1997年9月，邓庄老年福利社的老干部赴晋城参加全省老干部老有所为经验交流会，受到表彰。

从事文化活动

1991年，杨森基创作了《老年健康长寿图》《八仙庆寿图》，其中《老年健康长寿图》被省政协印刷发行。邱文选在各类报纸杂志发表文章29篇，约15万余字。王庭智创办北陈村文化活动室，每年投资300元购买新图书，成为老年、青少年之家。1992年，景思闵决定每年向南赵学校捐资100元。1993年，杨森基的书法作品获深圳举办的“金鹅颂”大奖赛奖。邱文选出版《晋国史研究论文集》，被誉为晋国史专家。1994年11月15日，县委老干部局组织举办老干部第二届书画展，86名老干部的106幅作品参展。同时展出了王恩充创作的长篇小说《血染的凝辉花》，景思闵创作的《亚洲雄狮》，狄西海主编的《襄汾民间文学集成》以及邱文选研究晋国史的成果和有关文史资料。1994年，曹青如撰写的《教育工作回忆录》、狄西海编辑的《塔儿山下的故事》出版发行。2000年后，数十名老干部参加《襄汾县志》和20余部行业志、村志的编写。2013年，全县70余名老干部积极参加襄汾县三晋文化研究会，编撰整理襄汾历史文化。老干部个人出书逐渐增多，至2016年，据不完全统计，共有200余册（见本章第三节）。2016年6月，举办纪念中国共产党成立95周年暨红军长征胜利80周年书画展，并开展了书法进校园活动，举办了迎“七一”文艺晚会。老松树文化社举办了襄汾县首届民间读书会。

进行革命传统教育

1986年，3名老干部在烈士陵园向青少年作革命传统报告。5名老干部向新党员宣讲党的优良传统和作风教育。1991年，13名老干部参加县烈士陵园“人民英烈纪念碑”落成大会，5 名老干部在烈士陵园向青少年作了革命传统报告。老干部先后到 34 所学校，向 3000 余名青少年作革命传统报告，教育青少年讲理想、讲道德、讲纪律，做四有新人。1994 年 7 月 4 日，王东平参加全省老红军、老干部模范事迹报告团，在临汾、运城、吕梁等地巡回报告，8 月 13 日，《人民日报》海外版刊登了他为襄汾二中师生作传统教育报告的新闻图片。1998 年，郭成家等 5 名老干部组成老干部讲师团，经常深入到各乡镇、各县直单位宣讲邓小平理论、十五大报告、法律法规等，共宣讲 30 余场次，受教育者达 3000 余人。随着县内老干部团体的建立健全，县老区建设促进会、关心下一代工作委员会，每年都组织老干部到学校、厂矿进行革命传统教育。2016 年，县关工委与文化局相关领导到看守所看望羁押的未成年人，并赠送书籍 600 多本。以中国共产党成立 95 周年和红军长征胜利 80 周年为契机，面向青少年先后两次举办了"学党史、知党情、颂党恩"为主题的"两史"教育活动。

参与县上重点工程

1986 年，3 名老干部参加工业调查，10 名老干部参加县城卫生监督，5 名老干部参加清房工作，15 名老干部到跃进渠清淤现场考察督导。1991 年，5 名老干部参加县上清房工作，13 名老干部参加了清房座谈会。7 名老干部被聘为党纪党风监督员，地委信息专刊发表了《襄汾县注重发挥老干部在党纪党风监督中的作用》。26 名老干部参加社会治安、市场管理工作。36 名老干部参与处理信访和民事纠纷工作，省委信息专刊发表了《襄汾县发挥老干部余热搞好信访工作》。1992 年，邓庄镇党委聘请 3 名老干部为落实县委一号文件督导员，他们用半个月时间深入 15 个村开展工作，帮助各村成立议事会。1994 年 5 月，县委、县政府聘请老干部杨海山、李仰溪、狄如瑞、李长令、杨定宇、张长旺等分别担任全县棉花生产、教育、县城文明建设、工业、畜牧业顾问。1998 年，李天民、尉建华、王立义、米钦录等组成"三跨大桥建设"视察组。亢思聪、郭成家等老干部组成了"修复塔儿山顾问团"。2000—2016 年，老干部参加县上重点工作形成制度。

从事教育卫生事业

1991 年，全县 28 名医卫界老干部积极发挥医术专长，为老干部、为群众看病治病。襄陵镇老干部办起"一站、六个医疗点"，梁段村段永兴办起正骨医院，汾城镇王恩充办起家庭医院，南辛店乡关柏年办起牙科医院。李天民鼓励老伴办起家庭幼儿园，缓解幼儿入园难的问题。1992 年，南辛店乡 14 名有医疗专长的老干部办起家庭医院和专科门诊。1993 年，全县老干部医疗门诊部、所达 17 个。1995 年，退休干部李文炳创办起襄陵中心幼儿园。邓庄老年福利社印发《新三字经》2200 余册，赠与全镇三年级以上学生。1998 年，亢思聪领头成立社区教育委员会，为襄汾二中筹措经费 30 余万元，购置了电化教学设备，使 18 个班都有了"四机一幕"并在各班成立家长委员会，为教育青少年创出了一条新路。1999 年，李杰与友人合资创建成民办"惠祥学校"。该校先后被评为山西省先进民办学校、临汾市优秀民办学校、襄汾县民办示范学校、襄汾县文明单位、襄汾县社会综合治理先进单位等。王东平、胡文焕退休后，主动到就近学校当校外辅导员，对学生进行革命传统教育。

第二节　发挥作用先进典型

（本节按出生年月排序）

路昌茂　1919年9月生，汾城镇北膏腴村人。1937年12月参加工作，1943年6月加入中国共产党。1981年离休后，参加县老干部协会，任委员兼西南片片长，还兼汾城镇老干部协会的党支部书记和主席以及本村党支部书记。他经常组织全村140多名党员学习和开展宣传活动。2008年，已耄耋之年的他建议村里编写村志，得到领导重视。他同大家一起经一年多的努力，20多万字的《北膏腴村志》印刷出版，每户一册。路昌茂的革命事迹入编《开国将士风云录》。国务院、中央军委颁发给他金质奖章一枚，襄汾县委、县政府赠送给他“忠诚党的事业”牌匾一块。

邱文选　1921年7月生，襄汾县赵康镇阜平村人。1949年4月参加工作。1980年1月从赵曲中学离休后，曾担任襄汾县政协常委、民盟襄汾支部主任委员等职务。曾受聘为县政协文史委主任，担任《襄汾文史资料》主编。同时，受聘为山西省人民政府文史研究馆员、山西省三晋文化研究会会员、《襄汾县志》编辑，还兼任一些报纸杂志的专栏作家。先后撰写文章700余万字，在各种报纸杂志发表。他编著的《史坛耕耘集》三卷文集给襄汾留下了研究晋国史等内容的宝贵资料。他先后参加过1984年到1991年有关地、省和国家级的离休干部先进代表大会十多次，先后被授予各种先进称号与奖励25次；应邀出席区、省和国际学术交流和养生经验会7次；被邀参加省政协年会20次。山西省人民政府文史研究馆曾授予“晋国史专家”称号；国家老龄委、老干部局授予全国老有所为精英奖。他的事迹载入《世界名人录》。

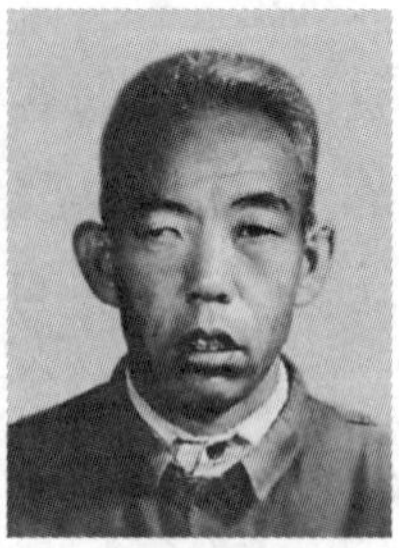

李社稷　1926年8月生，陶寺乡安李村人，1946年11月参加工作，1946年2月加入中国共产党。1984年从农机局离休。回村后，除和老伴耕种10亩责任田外，为方便当地群众，他购买小型磨面机一台，给群众加工面粉。他通过调查走访，与人合作编写了《安李村史》。他爱好学习，中央电视台每晚《新闻联播》从不耽误。20多年间，他通读了《毛泽东选集》四卷、《邓小平选集》《中国共产党60年简史》和《中国近代史》。并把其中主要章节要点抄录下来，编写出一本《中国百年》，计6万余字。还抄录了修身养性、按摩经络穴位及防病治病的100余个单方，方便群众查阅。

李景文　1928年2月生，字质彬，古城镇南相李村人。1948年参加工作。1988年离休。画圣吴道子艺术馆创作中心研究员、理事，山西省民间工艺美术家协会会员，临汾市书法家

协会会员，襄汾县书法家协会会员，襄汾县老年书画家协会会员，古城书画协会副主席，景云书画社社长。于2009年筹办“景云书画社”。他筹集资金3000余元，购置各种书法工具和名人字画，让本村书法绘画爱好者交流学习。他多次参加全国性书法大赛，荣获金、银、铜奖、优秀奖、精英奖、佳作奖等十多个。作品被选入《中国当代书画艺术博览》《当代书画家新作汇赏》《当代书画艺术名家新作大典》《历史丰碑中国书画大展作品集》《当代书画家艺术新作大典》《“奥运有我”书画大展作品集》等。他爱好写诗词，部分诗词入选《中华精英颂歌贺盛世》等书。他在景云书画社多次义务举办少儿书法培训班。

徐丙倍　1932年6月生，南辛店乡北许村人。1949年7月参加工作，1951年1月加入中国共产党。1992年从县委党校离休后，受聘任村关工委成员。他经常到本村学校对学生进行传统教育，受到学生及家长的好评。他关爱学生，写有鼓励教师的几个顺口溜：如“传统教育经常抓，不忘先烈血汗洒；优良传统要继承，学生代代是红花”；“狠抓教学创一流，年年要上一层楼，桃李鲜花满园开，辛勤园丁最风流”；“学生作业勤批改，个别辅导离不开，关心儿童献母爱，美好成果滚滚来”；“教书育人齐共管，浇树育苗做贡献，关心革命下一代，花儿朵朵向阳开”等。北许村里组建起“北许村老乐园”，他积极参与，经常化妆演出。他自诩曰：昔日政坛走南闯北勤奉献，如今离休逍遥快乐享清闲。

亢思聪　1932年7月生，襄陵镇西街人。1949年2月参加工作，1962年加入中国共产党。1993年从县人大常委会离休后，先后担任县关工委名誉主席、老区建设促进会会长、二中社区教委会主任、修复塔儿山宝塔领导组长等职。他心系教育，在1996年组织多位离退休干部，成立二中社区教育委员会（简称社教委）。他和“三农”有深厚的感情，把贾罕村调产、连村红薯粉条加工、永固农民进城打工、陶寺乡饮水解困、邓曲滩涂开发、北贾村夕阳红文化活动中心作为县老促会的联系点，写出多篇有价值、有指导意义的文章，刊登在《中国老区建设》《山西日报》《山西老区报》《临汾日报》上。他组织编著《皓首碧波》和《修复塔儿山宝塔纪实》《构筑现代农业》《襄汾革命老区》《襄汾老区风采录》《襄汾红色资源概况》等书。1998年7月，他受县委、县政府委托，挑起修复宝塔的重担。2006年“七一”前夕，征得县委同意，他协同县老促会成员，依据1930年9月中共河东特委书记嘉康杰在邓曲村成立襄陵县第一个党支部的事实，在邓曲村修建了革命纪念亭。2010—2011年，他组织老促会成员和有关乡镇新建了古城、南辛店、邓庄、东侯4处烈士陵园。《山西日报》2004年9月16日一版头条位置以《播洒崇高献余热》为题，刊登他离休十年的先进事迹。同年11月，他被中共中央组织部评选为全国离退休干部先进工作者。

尉建华　1933年5月生，汾城镇尉村人。1949年3月参加工作，1952年8月加入中国

共产党。政工师、律师。1994 年 4 月离休后，受聘担任县总工会顾问兼职工法律站站长，县关心下一代工作委员会常委、秘书长、法律援助中心主任，县委宣传部老干部宣讲团团长。他积极筹建襄汾县“夕阳红”宣讲团，先后举办宣讲大会 69 场。为贯彻落实《未成年人保护法》，筹建襄汾县关工委未成年人无偿法律服务中心，受到省、市领导的高度好评。发表有关教育青少年学生的文章 72 篇，被《省关心下一代》《临汾市关工委简报》《交流》等报刊陆续发表。主编《劳动争议实用手册》《法律汇编》《论理说法》等书。撰写各种体裁的文章 600 篇，其中法理论文 29 篇被山西省新闻协会、中央民族大学马列主义学院等 42 家学术单位评为特等、优秀论文。20 多年间，先后受到县、市、省、全国表彰奖励 62 次；7 次被山西省总工会评为法律工作先进工作者；多次被评为省、市、县离休干部先进个人、优秀共产党员、关心下一代先进工作者、宣传思想工作先进个人等。

张如恒　1933 年 9 月生，古城镇东侯村人。1950 年 2 月参加工作，1952 年 12 月加入中国共产党。1995 年 5 月从县人大常委会退休后，被聘任县老促会常务副会长兼县老年体育爱好者协会主席。2000 年，作为顾问参与汾城镇街心鼓楼的修复。2005 年，他受聘参与全县八大工程督查，保证了工程顺利施工和按时竣工。2006 年，他分工负责“襄陵县第一个党支部邓曲支部碑亭”的建设。曾参与《修复塔儿山宝塔纪实》《构筑现代农业》《襄汾革命老区》《老区风采录》和《红色资源概况》5 本书的策划、编写和出版。在他的带领下，县老促会和老年体育爱好者协会多次获省、市先进集体奖，他个人曾被省老促会评为先进工作者，两次被县委评为优秀党员。

李　杰　1933 年 9 月生，介休市人。1951 年 5 月参加工作，1960 年 7 月加入中国共产党。1994 年从县国税局退休。1999 年，与友人合资创建成民办“惠祥学校”。该校先后被评为山西省先进民办学校、临汾市优秀民办学校、襄汾县民办示范学校、襄汾县文明单位、襄汾县社会综合治理先进单位等。并获联合国“中国少年儿童平安行动优秀组织奖”。李杰办校的事迹先后被《山西老区报》《临汾日报》《绛州日报》《襄汾报》等报刊多次宣传报道。

郭成家　1934 年 1 月生，邓庄镇上靳村人。1949 年 5 月参加工作，1956 年加入中国共产党。1995 年 3 月从卫生局离休。先后担任襄汾县老区建设促进会副会长兼秘书长、《中国老区建设画报》襄汾通联站站长、县老年学学会副会长、县关心下一代工作委员会领导成员、县委宣传部理论讲师团成员、县二中社区教育委员会副主任等职。2002 年，被《丁香文化》评为十大文化新闻人物；2002 年 12 月，被临汾市精神文明建设指导委员会评为“百佳文明公民”；2003—2005 年，在“三个代表”重要思想教育活动和党员先进性教育活动中，连续三年被县委评为优秀共产党员；2009 年 9 月，被临汾市委、市政府评为离退休干部先进个人；2012 年 4 月，被省老干部局、民政局、扶贫办、老促会评为先进工作者，授予“情系老区，成绩显著”奖章一枚。任县委宣传部理论讲师团成员期间，先后给县乡村三级干部讲课 200 多场；先后撰写《关于讲政治》《关于党的作风建设》《关于乡村干部应具备的素质》《关于代表中国先进社会生产力的发展要求》等理论联系实际的讲稿 20 多篇；1996 年 12 月，他主编出版《文秘写作实践谈》一书。1998 年 7 月，倡议并参与修复崇山宝塔。2004 年，参与县委、县政府组织的八大民心工程督查，取得了工期、质量双丰收；2011 年，参与重修重建烈士陵园工作。先后主编《修复塔儿山宝塔纪实》《构筑现代农业》《襄汾文史资料·晋商专辑》《襄汾文史资料·财税专辑》《襄汾革命老区》《襄汾老区风采录》《襄汾红色资源概况》等书；参与编辑《襄汾县志》和《襄汾县卫生志》。写论文、调查报告、通讯报道 400 多篇，其中有 220 多篇被国家和省市报刊采用。2015 年，获全省离退休干部“先进个人”荣誉称号。

赵祖鼎 1934 年 4 月生，赵康镇东汾阳村人。1952 年 10 月参加工作。1995 年 11 月从县农机局管理站退休后，从事“晋文化”研究。先后查阅《平阳府志》《直隶绛州志》《太平县志》等历史文献，实地调查有关庙宇、坟墓的碑、碣、铭等，相互对照、去伪存真，与友人先后写出 3.5 万字的《晋国故绛史话》和申报省级非物质文化遗产的《赵氏孤儿的传说》等著述资料。2012 年，他依据《左传》记事，摘编出《晋国兴衰史》书稿。

高晋祥 1934 年 12 月生，洪洞县淹底乡孔峪村人。1952 年 8 月参加工作，1955 年 10 月加入中国共产党。1995 年 3 月在县委统战部退休后，他在病中坚持 10 多年写作，撰写出：《我的步履》《孔峪村史》《襄陵情缘》等书，计 20 余万字。特别是他用三年多时间，写出 10 万字的《孔峪村志》，受到了村党支部和村委会以及全体村民的好评。康复后，他又加入县老年书画协会，每天临墨习字，陶冶情操。他居住在县城鸡鸣山社区，积极帮忙社区工作，2011 年 1 月社区居民选举他成为社区党支部和居委会的顾问。

席韶望 1935 年 3 月生，南辛店乡中陈村人。1960 年 3 月参加工作。1995 年从县科委退休后，致力于《周易》研究。1998 年，研制出“八卦速查尺”。2008 年 5 月，获国家知识产权局授予的专利证书。国家发改委中国经贸导刊杂志社，将其编入《国家重点新技术项目汇编》。2009 年，他以《周易》的观点对世界发展趋势进行初探，写出《21 世纪可能是中国人的世纪》的论文。该文获国际优秀论文奖、一等奖和特等奖，被编入《和谐之光》（理论成果卷）、《中国骄傲·共和国发展理论与实践》《中国科学发展文论集萃》《中华风云人物高峰论坛获奖文集》等近 40 本书中。撰写的《霸权主义的来源及其对策之初探》《中美较量，谁输谁赢》以及《中华传统文化永放光芒》等文章，受到有关单位的好评和转载。他本人被录入《中华名人志》和《共和国拓荒者·全国优秀老干部文集》。

王泽培　1935年5月生，汾城镇北膏腴村人。1951年7月参加工作，1958年7月加入中国共产党。1994年5月从县委党史研究室退休。系山西省散文家协会会员、襄汾县作家协会理事、襄汾县三晋文化研究会特邀研究员、景毛分会常务副会长、襄汾县老年书法协会理事。退休后，他一头扎进进行革命传统教育、发掘民间文化遗产的事业里。通过报告会、座谈会、故事会等形式，向青少年进行爱国主义、集体主义和艰苦奋斗的传统教育。二十年间，他奔走在各个学校、机关，以平均每月讲一场的频率讲党史，一共讲了200多场，听众上万人。他还主编《景毛村志》《襄汾县军事志》，参与《襄汾县志》的编写。先后有69篇文章和诗歌在各级报纸杂志发表。他组建灵泉艺社，并担任社长，每月15日定期进行艺术交流。艺社培养出了6名荣获全国金奖的书法、绘画、面塑、剪纸大家。他还参加村里的红白理事会，义务当起村里农家书屋的图书管理员。2015年，被评为襄汾县十佳道德模范。

胡文焕　1935年6月生，洪洞县人。1955年8月参加工作，1958年9月加入中国共产党。1996年12月从县自来水公司退休后，他主动到就近学校当校外辅导员。十多年间，襄汾中学、实验高中、惠祥中学、襄汾二中、襄汾一小等学校，受过他教育、帮助、指导、接济的各类学生达上百人之多。2012年10月11日《临汾日报·教育版》以《离不开孩子的“胡老师”》为题，对他的事迹进行了报道。

陈树孝　1935年6月生，汾城东关人。1951年7月参加工作，1952年7月加入中国共产党。1972年5月从襄汾县城关修配厂退休后，热衷于文史调查与研究，他同友人多次到赵康尉家、东汾阳赵家、南高刘家、北柴王家等处调查了解“赵氏孤儿”“下宫之难”和“晋商”情况，用十多年时间，骑自行车行万里路，收集大量资料。他多次与“汾城米醋”传人座谈、研究“汾城米醋”的发展史。他先后撰文、绘图，为党史、文史、军史、县志等编写提供资料。他在“全民建校”活动中，动员全家为建汾城东关学校教学楼捐款5500元。他还被学校聘为校外辅导员，经常对学生进行革命传统和法制教育。他义务管护汾城东关北巷通往学校的通路，坚持每天清扫。坚持打扫村卫生所院落，使公共场所洁净清新。利用一技之长为群众免费修理缝纫机3000余架次。

陶富海　1935年10月生，南贾镇南贾村人。1952年10月参加工作。国家文博研究员。1995年5月从丁村文化馆退休。他是襄汾县书协、作协、美协、收藏家、非遗等协会顾问，

汾城米醋、唐人居家居的文化参谋，中国文化管理学会品牌文化发展研究中心地域品牌文化研究员。被誉为“襄汾县文化建设的总设计师”。创作诗词数百首、散文数十篇，出版有《丁村民宅》《丁村文化遗址》《陶寺文化遗址》《平阳古镇汾城》《平阳古村落南贾》《中国老村丁村》《丁氏家族与丁村》《丁村木石雕艺术》《雪君诗文集》《发现丁村人实录》等著述。

袁焕章　1936 年 3 月生，赵康镇赵康村人。1953 年 4 月参加工作。1997 年 5 月赵康镇政府退休后，先后参加县作协、县诗词研究会、汾水书画院联谊会、临汾市作协、“21 世纪（北京）诗联艺术家”等文学组织。曾任赵康村老年协会副会长、赵康镇政府文化站顾问。钟情写作，笔耕不辍，先后有作品刊登于省级刊物及《临汾日报》《丁香文化》《临汾晚报》等上。为群众书写楹联千余幅，编写对联百余幅，先后被“中联”等单位选用。还撰写了《赵康村的由来》《赵盾故里东汾阳》《北王十八槐荫》《九原山与阜平村传奇故事》《陈殿卿南下四川的故事》《师庄尉家传奇》等书。他的文章曾获县乡村大世界征文二、三等奖。

张耀华　1936 年 3 月生，新城镇陈郭村人。1953 年参加工作，1956 年加入中国共产党。1997 年 1 月从县文明办退休，先后担任陈郭村中老年活动中心主席、书画协会会长，县老年书画研究会会员、县舞蹈爱好者协会会长、县关工委委员、县老年讲师团副团长、中共临汾市委讲师团特聘他为基层形势政策教育报告员。编有《社会公德三字歌》。担任县舞协常务会长、会长十多年间，县城广场舞活动从没间断。2008 年，与友人合作出版《当代丁陶诗词荟萃》和《读史明理》。2009 年，主编《长寿养生》。2010 年，与友人合作主编《丁陶散文集锦》与《成语故事》。2013 年，主编出版《爱国文人史玉中》一书。他退而不休，多次被县委评为优秀党员。2004 年，被《丁香文化》推荐为襄汾县十大文化新闻人物。2009 年，被临汾市委办和政府办评为离退休干部先进个人；山西省妇女联合会曾授予陈郭村“妇女群众文化活动示范点”牌匾。

吴创基　1936 年 9 月生，邓庄镇扈村人。1960 年 1 月参加工作，1956 年 9 月加入中国共产党。1997 年 2 月从农机局退休后，被县农业综合开发办聘为农场场长，连续工作 12 年，开发荒地千余亩，成为全县育苗基地。兼任县老区建设促进会常务理事、老松树社成员。曾参与《襄汾县农机志》《老区风采录》《襄汾革命老区》《构筑现代农业》《邓曲村志》《老松树》等书编写。主动为农机局整理档案，共整理装订文书档案 321 卷、统计年报表 32 份、档案账簿 8 册。他喜欢写作，多篇资料性文章在《山西老区建设》《平阳方志》《丁香文化》等报纸杂志上发表。写有 4 多万字的《闲暇笔记》。

孟精华　1937年2月生，南辛店乡西梁村人。1955年8月参加工作，1963年7月加入中国共产党。1998年4月从县政协退休后，任县老年学学会会长、县关心下一代工作委员会主任。他善于团结同志，发挥每个同志的特长。县老年学学会在他的领导下，11年间，为国家、省、市老年学学术研讨会撰写论文43篇，其中，8篇获全国老年学优秀论文奖，10篇获山西省老年学优秀论文一、二、三等奖，35篇入编《临汾市老年学论文集》。2008年，他被山西省老年学学会评为先进工作者。2009年9月，他应邀参加国家老年学学会在安徽芜湖召开的先进集体代表会，并在会上作“坚持服务‘六个老有’研究方向”的经验发言。担任县关工委主任期间，多次受到省、市、县及有关部门表彰奖励，有五项工作走在全市前列。

郭兴家　1937年12月生，邓庄镇上靳村人。1963年9月参加工作，1980年9月加入中国共产党。高级农艺师。1996年8月从县科委退休后，他承包三亩地，从晋、冀、鲁、豫、陕五省引进官滩2号、园岭新1号、新金丝4号、狮子头等优良枣树品种，培育出自己的新品种“特早熟蜜枣”，帮助农民致富。2000年夏，按市老促会安排，到大宁县免费搞“酸枣接大枣”三年技术培训，培训出乡镇干部、农民技术员1000多人。2003年，他开始根雕创作，先后雕出精品150余件。北京奥运期间，他将作品《直接得分》寄赠中国女排，获中国女排回赠签名贺卡：“郭老：谢谢您的支持、关心！”

张锁柱　1938年8月生，永固乡永固村人。1952年参加工作，1956年加入中国共产党。1999年2月从县农机局退休后，他经常骑自行车到田间地头、农家庭院扑捉新闻线索。他白天采访，夜间成文，先后写出20多万字近百篇文章，分别发表在《人民政协报》《山西日报》《临汾日报》，其中17篇登在头版头条。在纪念抗日战争胜利60周年前后，他发表了《赴日劳工的控诉》《永远不忘国耻》《一定要把和日本的官司打到底》等十多篇文章，引起各界对赴日劳工的关注与支持，全省20多名赴日劳工向日本政府提起诉讼。他先后被《农村大市场》《山西农机》《中国老区建设》聘为通联站副站长、特邀记者；被中国农机学会评为全国农机法规宣传先进工作者；被中国《农机安全报》评为全国模范通讯员；被山西省农机局评为全省农机化宣传先进工作者；被县文联评为襄汾十大文化新闻人物。先后担任《我们的退休生活》《襄汾县财政志》《襄汾农机志》副主编，《北王村志》编辑，《良陌村志》特邀编审。出版有《三农情怀》一书。

马庙来　1938年9月生，新城镇南村人。1957年10月参加工作，1969年7月加入中国共产党。1999年从县委老干部局退休后，先后担任县关工委副主任、县老年学学会副秘书长、县老促会理事、县老年体育爱好者协会副主席、县门球协会主席等。2002年，他参加县委组织的“三个代表”重要思想学教活动指导工作。2004年，参加县上八大重点工程督查工作。2004—2006年，参加保持共产党员先进性教育活动的督查工作。本人编写有《不老歌》两本。

柴聚才　1939年7月生，南贾镇大柴村人。1960年8月参加工作，1971年7月加入中国共产党。1998年从县公安局退休。山西省老年书画家协会会员、中国老年书画研究会会员、临汾市老年书画家协会副主席、襄汾县老年书画家协会主席。该协会先后两次被临汾市评为老年书画先进集体。全县8个乡（镇）老年书画分会，有7个被临汾市授予“老年书画之乡”。本人主持编辑出版《襄汾县书画选集》《丁陶墨韵》《襄汾老年书画作品集》三部书画专著。2009年，襄汾县被山西省老年书画家协会命名为“山西老年书画之县”。他于2007年被临汾市老年书画家协会评为先进个人；2009年，被山西省委、省政府评为全省离退休干部发挥作用先进个人。

曹文敏　1940年3月生，南辛店乡新民村人。1958年7月参加工作，1966年7月加入中国共产党。2000年1月从县文联上退休后，先后担任山西省老年学学会理事、临汾市老年学学会理事、襄汾县老年学学会副会长、临汾市三晋文化研究会理事、尧文化研究会理事、县关工委常委、县五老讲师团副团长、县老促会理事等。出版有个人作品集《袖珍院笔札》《袖珍院情缘》。参与编纂《龙乡陶寺》《老八路冯作楫》《临汾景观文化襄陵古十景》《临汾景观文化汾城古十景》《远去的岁月》《襄汾县志》《贾罕村志》《薛村志》等著作。先后在《解放军报》《中国体育报》《中国老年报》《山西日报》《山西农民报》《山西老年》《临汾日报》发表报告文学、通讯报道50余篇。撰写的8篇老年学论文获全国老年学优秀论文奖，获一、二、三等奖各一篇。本人先后获得全国老年学优秀论文作者、山西省老年学学术研究工作先进个人、临汾市首届道德楷模提名奖、临汾市老有所为先进个人、临汾市离退休干部先进个人、临汾市关心下一代先进工作者、襄汾县模范共产党员、抗震救灾模范党员等荣誉称号。

房桂花　女，1940年3月生，山西绛县人。1957年7月参加工作，1986年7月加入中国共产党。1995年6月从县文联退休。中国民间艺术家协会会员、中国作家协会山西分会会员、山西民研会员、山西散文学会会员、山西诗词协会会员、山西女作家联谊会会员、山西老年书画研究会会员、山西国际文化交流中心第三届理事、临汾地区首届作协理事。先后编写出版《群星灿烂》《汾水浪花》《奉献之歌》《熔铸辉煌》《百花盛开》《激情岁月》《当代丁陶诗词荟萃》《读史明理》《锦绣中华》《丁陶散文集锦》《成语故事》《桂花散文集》等著作。她写的《情系城建，为民造福》一文，获2006年中国报告文学学会和报告文学杂志社举办的“先锋杯”大赛一等奖。《从学徒到院长》获《世纪新思维》丛书一等奖。《母女情深》获《永恒的母亲》丛书二等奖。《衣裳》获临汾市老干部局举办的改革开放30年征文大赛银奖。《祖国，我想对你说》获襄汾县改革开放30年征文大赛特别奖。她的文章共获奖项30多个。她爱好广泛，经常参加跳舞、拍打操及老年合唱团、老年书画家协会活动等。

张满娃　1940年5月生，南辛店乡西贾村人。1959年12月参加工作，1964年6月加入中国共产党。2001年7月在汾西灌区襄汾分局退休后，先后自费投资百万元，开发本村荒沟，建起300余亩的“西贾生态农庄”。多年间，为本县和周边县乡提供数以万计的苗木。2002年5月，组建西贾村老年协会，现有会员138人，经常为村民自编自演节目，宣传好人好事。成立本村书画协会，自费购买纸张、笔墨，定期组织协会活动，互相切磋，交流技艺。2011年1月，自费购置一套扩大器和高音喇叭设备，安装在“生态农庄办公室”房顶，不定期宣传党的政策、好人好事。还购买了《中国共产党建党90年》学习读本、《社会主义法治理念读本》《做最好的党员》《农村基层党风廉政建设工作读本》等书，定时向农庄及周边村的党员群众播放宣传。

王会元　1940年9月生，汾城镇北贾岗村人。1958年6月参加教育工作，1999年10月退休。2007年，创办半山书画社。自费购置纸墨笔砚，供参加者练习。并多次举办书画展。2010年4月，举办“建党90周年与庆‘五一’书画展”，受到群众赞扬。至2016年，半山书画社成员发展到40多人。他担任贾岗中学关工委主任兼本村小学督导组组长后，认真检查教师教学方法、看教师们的备课教案、听教师们上堂讲课，要求教师刻苦钻研，不断拓宽知识视野，增加新知识，研究新思路，提高教书育人的本领。

李汝泽　1941年5月生，西贾乡西贾村人。1976年3月参加工作，1969年12月加入中国共产党。2004年3月在西贾乡农机站退休后，任西贾乡老干部党支部书记。2006年由其牵头，成立“西贾乡七一艺社”。艺社坚持每月集中活动一次，活动内容包括：书法、绘画、木雕、石雕、剪纸等。通过活动，提高会员的艺术水平，活跃农村文化生活，为新农村建设作贡献。2010年度和2011年度，连续两次被临汾市委评为“先进老干部党支部”。2011年，被评为全省“争先创优先进集体”。他是山西省省书法家协会会员，曾参加国家级大赛，先后在毛泽东诞辰110周年、刘少奇诞辰100周年、邓小平诞辰100周年、抗日战争胜利60周年等活动中参展并获奖，作品被多家收藏。

李华明　1941年6月生，1966年2月参加工作，2002年7月退休。陈平芝，1940年9月生，1962年8月参加工作，1994年3月退休。夫妻二人均是南辛店乡中陈村人。退休回村后，自费购置收音机、录放机、mp3、u盘、平板计算机、光盘、磁带等，组织起文艺宣传队。先后组建了“夕阳红秧歌队”和青年蒲剧队。每天早晚组织群众跳各种舞蹈，演唱蒲剧、三句半、现代歌曲，活跃村民的文化生活，受到村委和上级领导的称赞。2008年正月，该村宣传队代表南辛店乡参加县上组织的文艺会演，获县委宣传部表彰。2012年12月，在村党支部和村委的支持下，成立了中陈村文体委员会，李华明任主任、陈平芝任副主任。二人经常同赵曲乡夕阳红宣传队、县文化馆、县蒲剧团、汾西蒲剧团下乡演出。

马玉胜　1942年5月生，南辛店乡司马村人。1962年参加工作，1971年7月加入中国共产党。2002年10月从县煤炭局退休后，担任老松树文化社秘书长、社长，老促会常务理事、副秘书长，关工委常委兼未成年人法律服务中心副主任，县政协社情民意特约信息员，县统战部理论研究员，作家协会理事等。十多年间，先后参与组建老松树文化社、老年合唱团。主编《司马村志》，出版有个人作品集《老区情》，参与编写《襄汾县志》《襄汾审计三十年》《襄汾卫生志》等。大力宣传“雷锋团”，2007年9月，他应邀赴抚顺市参加雷锋团建团60年庆典活动。他先后被县委、县政府评为文化先进个人、支持政协工作先进个人、县老促会与关工委先进工作者等。2005年，被《山西老区报》评为优秀通讯员。

张登荣　1942年9月生，汾城镇北膏腴村人。1971年4月参加工作，1965年6月加入中国共产党。2002年从县水务局退休后，先后担任县老促会秘书长、县关工委秘书长等职。2003年，参与组建县金秋艺术团并担任团长。2009年，被《临汾日报》评为科教文化“十大新闻人物”。编辑出版有《遐思集》《养生点滴》《中老年计算机操作速成》《话说珠算》《帮孩子学习成才》《写好汉字有妙招》等书。参与编写《北膏腴村志》《修复塔儿山宝塔纪实》《襄汾革命老区》《构筑现代农业》《财税专辑》《晋商专辑》《老区风采录》《红色资源概况》等书。参加老年学学会期间，多次撰写论文，并获国家、省研讨会奖。多篇论文被录入临汾市《老年学论文集》。为有关单位及乡村绘制版面800余块，刷写巨幅标语2000多条。其作品先后参加毛主席诞辰120周年、周总理诞辰110周年、红军长征60周年等书画展。

王顺斗　1943年3月生，景毛乡景毛村人。1958年9月参加工作，1965年11月加入中国共产党。2002年6月在县农委退休后，干了三项事业。其一，搞根雕。他回村后，经常转野沟、挖奇根，精心揣摩，细心雕刻，雕出了“蘑菇云”“中华龙”“佛光普照”等作品，并参加县上根雕作品展。其二，在本村武家崖搞了酸枣接大枣。他在寻找野根时，发现武家崖是坐南面北的一个月亮形的凹沟，凹沟从上到下有二三层梯田，每层都长满野酸枣刺。他便自费购买接穗，雇佣嫁接人员，搞了“酸枣接大枣”，免费转让给一位困难户。其三，利用根雕或核桃木板材雕刻“毛主席诗词”。雕刻成装潢成《沁园春·雪》《七律·长征》《清平乐·六盘山》《卜算子·咏梅》《好好学习，天天向上》《七律·为庐山照的题词》《难得糊涂》等七块匾额。

王　民　1943年7月生，新城镇陈郭村人。1967年7月太原工学院毕业参加工作，2002

年6月在县水利局退休后，先后担任“老年歌唱团”副团长、老年书画研究会会长。参与编写了《构筑现代农业》《晋商文化》《襄汾县志》《五化之路》《陈郭村诗文集》《邓曲村志》等书。他喜欢音乐，与马玉胜、张登荣、邓玉英、刘淑宽、杨桂林等退休人员，在老干部局活动中心组织起“老年合唱团”，每个周五，都在老干部局活动中心演唱。他接任团长后，更是以身作则，从不懈怠，先后自编《老年朋友来相会》《咱们妇女有力量》《赵康辣椒红》《革命老区颂歌》《牵挂》等（填词）歌曲，讴歌党的领导和襄汾经济建设成就。他担任老年书画家协会会长后，耐心从全国各地收集襄汾人的书画作品，编印出《襄汾书画选集》，并组织了大型书画展。他不论工作或退休期间，都勤勤恳恳，认认真真地工作，大伙称他是襄汾的“文化牛”。

刘春澍　1943年9月生，南贾镇大柴村人。1962年3月参加工作。2003年12月从汾城中学退休后，积极投身于老年文化工作。2003年，获全国关工委和教育部在北京人民大会堂联合颁发的“中华魂”主题教育活动“优秀辅导员”一等奖。2007年，被评为“襄汾县十大文化新闻人物”。著有《刘鉴三文集》《溯往镜》《梨园长歌行》《临汾景观文化汾城古十六景》《新春联》等；参与了《襄汾戏剧志》《美德伴我行》《五老情缘》《襄汾抗日风云》等书的编辑工作。他创作的《双失约》《锄田》《豫让桥》《丑姑姑传奇》《核桃情》《纸巷脱险》及改编的《倩女离魂》等剧本，都是以襄汾的历史素材为背景进行艺术加工后完成的，在弘扬和宣传襄汾文化方面，做出了贡献。

张满喜　1943年10月生，陶寺乡王云村人（居住景毛乡北李村）。1962年10月参加工作，2002年6月从曹家庄乡政府退休。他是中华民族文化促进会剪纸艺术委员会会员、北京宝延轩书画院院士、特聘艺术顾问、中国书画艺术家创作中心研究员、画圣吴道子艺术馆理事、山西省民间剪纸艺术家协会会员、临汾市工艺美术协会会员、县老年书画家协会会员、古城镇书画协会会员、景毛乡灵泉艺社理事。剪纸作品两次被国家明信片封面采用。曾赴韩国交流《北京欢迎你》《纪念我国改革开放30周年》《祝上海世博会圆满成功》等100多幅剪纸精品，展示百姓生活，反映国家大事。2008年2月，他在纪念改革开放30周年“黄山杯”全国书画大赛中获“当代著名艺术家”金奖；8月，在“全国大型老年书画艺术北京奥运邀请展”中获“最具魅力老年书画家”金奖；12月，在纪念毛泽东诞辰115周年全国书画展中荣获“红色艺术先进创作者”金奖。另获有“老年艺术杰出楷模”“当代著名艺术家”“全国德艺双馨艺术家”等荣誉称号。出版有《张满喜剪纸作品集》。

刘淑宽　女，1944年5月生，襄汾县景毛乡南高村人。1966年9月参加工作，1972年3月加入中国共产党。2000年1月在县卫生局退休后，被推举为老年合唱团（时称金秋艺术

团）教练。为了提高教学质量，她自费报名参加临汾市老年大学的声乐和钢琴班，自觉提高自身水平。同时，她边学边教，把自己学到的毫无保留地教给大家。通过她的努力，大家的声乐理论知识以及演唱水平得到了大幅提高。2011 年她被推选为老年合唱团团长。她每周二、五都组织大家在老干部活动中心学习、练唱，组织大家排练合唱、独唱、舞蹈、戏剧、快板等节目。她带领老年合唱团经常在校园、广场、社区、公园义务演出，每逢重大节日、纪念日都组织举办文艺晚会。在她的带领下老年合唱团已经成为了襄汾县一支重要的文艺团队，受到了县领导和社会各界的一致好评。

刘学智　1944 年 6 月生，南辛店乡北贾村人。1964 年 7 月参加工作，1971 年 5 月加入中国共产党。2002 年 6 月从卫生局退休后，他将自家新建的二层楼房腾出来，添置桌凳、书架，自费购买象棋、麻将、扑克、羽毛球拍等活动器材，办成北贾村夕阳红活动中心。组织老年人学习文件、资料，出黑板报，教唱歌曲或戏剧唱段，开展活动 2000 余次。该中心还挂起“村志编撰小组”“村老年体育协会”等牌子。15 年间，刘学智先后被评为县、市模范离退休干部、老龄工作者、敬老好儿女以及农村老年体育、关心下一代、老区建设等方面的先进个人、先进工作者。

陈玉广　1946 年 7 月生，南辛店乡中陈村人。1968 年 12 月参加教育工作，1988 年 4 月加入中国共产党。2002 年从县农业区划办退休。山西省散文家协会会员，《交流》杂志理事，市、县作家协会会员，县三晋文化研究会副秘书长，老松树文化社副社长。其两篇作品分别获《散文选刊》二等奖、优秀奖；3 篇获县“乡村大世界”征文二等奖，4 篇获三等奖。与友人合作的《魔法故事》，2010 年获“华彩杯”首届襄汾文学奖。先后参与编写《中国共产党山西省襄汾县历史纪事》《龙乡陶寺》《襄汾县志》《襄汾农机志》。《襄汾国宝》《襄汾文史资料第十六辑·诗文选萃》《襄汾文史资料第十七辑·碑碣志文录》《丁陶大地夕阳红》《襄汾民盟志》《襄汾戏剧志》《三晋石刻大全·襄汾卷》《张良的传说》《古话篓子·关振南作品专辑》《苦乐人生》《老松树》等书。出版有个人作品《岁月情怀》《岁月情怀·续编》。2009 年，获县政协“文史工作先进个人”称号。2011 年，获县文联、县作协“优秀文学作者”称号。

李金城　1946 年 8 月生，新城镇夏梁村人。1968 年 9 月入伍，2008 年 6 月从襄汾县人民法院退休。中国诗联书画研究院研究员、山西省作协会员、山西省诗词协会会员、山西省散文协会会员、山西省国际交流中心理事、临汾市作家协会会员、临汾市楹联学会会员、襄汾县作协副主席。2008 年他写的《金戒指的秘密》一文刊登于《山西日报》情感世界栏目，并获县第七届乡村大世界征文一等奖。2009 年 12 月，出版诗词汇编《心声飞扬》。先后参加《襄汾县财政志》《襄汾县农机志》《襄汾县法院志》的编校工作。

乔福生 1946年8月生，襄陵镇东街人。1968年2月参加工作，1982年7月加入中国共产党。2006年从县民政局退休后，曾参加《襄汾县志》《襄汾民盟志》《襄汾县卫生志》编写工作。他母亲卧床十余年，他与兄弟轮流照看，无微不至，被誉为孝子。他爱好文学，曾与房桂花合作出版《汾水浪花》一书。

王金虎 1946年9月生，汾城镇东关村人。1964年3月参加工作，1966年8月加入中国共产党。2006年在石油公司退休。中国老年书画研究会会员、中国老年书画学学会会员、山西老年书画协会会员、临汾市老年书画家协会会员、临汾市颉苑书画研究院研究员、襄汾县老年书画家协会主席。他的作品多次获奖。2007年在纪念毛泽东诗词《蝶恋花答李淑一》发表50周年全国书画大赛中获得银奖。2008年在纪念毛泽东诞辰115周年全国书画大赛中获得金奖。2014年在石油系统行楷、行草书展中获银奖。

张如侠 1946年10月出生，襄汾县汾城镇人。1964年8月入伍，1965年12月加入中国共产党。2010年8月在县人大常委会退休后，被县政府聘任为襄汾县治超领导小组总督查。他认真学习业务知识，根据本县特点制定了相应的制度、措施，管理和协调各治超部门的办法。积极贯彻省、市关于治超工作的各项规定，努力完成任务，受到省、市治超部门的好评。2013年，兼任县关心下一代工作委员会副主任，他积极协助主任李志学建立、完善了全县13个乡镇348个村的关工委组织，在“五好”基层关工委建设中，他进一步加强基层关工委的阵地建设、制度建设以及资料的归档建设，使基层“五好”关工委达100多个。他提议和主编了《五老情缘》一书，记录44位在关心下一代工作中做出贡献的人物，进一步在全社会弘扬了“五老”精神。在对青少年进行国史、党史教育中，他积极献言献策，提议并主办了“红军东征在襄陵”展和邓曲党支部遗址建设。

杨水旺 1947年5月生，赵康镇南赵村人。1965年1月参加工作，1980年7月加入中国共产党。2002年5月在县物资局退休后，参加到老松树文化社。多次参加书法作品大赛，获得多个奖项，其中2010年在临汾市“人普杯”书画展中获得一等奖。他以诗歌形式赞颂新生活，2006年10月，丁陶文化公园一期工程竣工剪彩时，他写的长篇诗歌，刊登在《今日襄汾》收藏版。他的散文作品，文章紧扣主题，叙事条理，逻辑性强，干练利落，很受读者喜爱。他善于发现先进典型，并以诗歌、文章予以歌颂赞扬，宣传社会正能量。2011

年，获“全国老龄问题高峰论坛”优秀论文奖。2013年，获山西省第十三次老年学学术讨论会优秀论文三等奖。2016年，出版《夕阳情愫》一书。

刘登云　1947年9月生，邓庄镇邓庄村人。1994年8月参加工作，1990年8月加入中国共产党。2002年从邓庄镇政府退休。他是山西作家协会会员、山西农民文学社团理事、县作家协会名誉主席、县三晋文化研究会理事。他酷爱写作，从1985年开始，先后在《平阳文艺》《晋阳文艺》《潞州文艺》《山西日报》《山西农民报》等报纸杂志发表短篇小说和散文40多篇。先后出版《风雨纸乡人》《特殊使命》《邓庄沧桑》《汾水惊涛》《乱世岁月》《大晋名臣》《元曲四大家郑光祖》《张良传奇》和《大山里的女人》《晋国风云》《饿殍图》等中长篇小说。2010年，获襄汾县“华彩杯”首届文学奖。

孙效法　1947年10月生，西贾乡柴家庄人。1967年7月参加工作，1972年10月加入中国产党。2002年6月在县农工委退休后，受聘于县委机关负责安全保卫工作，并先后兼任县关工委副秘书长、县老年体协副主席、老松树文化社副社长、老年合唱团副团长等职。他关爱少年儿童，经常与几位老干部深入乡镇、农村、学校了解情况，为关工委开展工作提供第一手材料。他爱好文体活动，经常参与和组织老年人在县城广场开展健身活动，并积极协助老年体协、老年合唱团开展工作。他关爱老年人，自愿担当义务投递员，每月义务给70余位离退休干部送《山西老年》《老友导报》等。在外出、下乡、参观时，他经常主动搀扶行动不便的老年人上下楼梯，给他们打雨伞、倒开水等。有人问他：这样做为了啥？他说：“人总有老的时候，总有需要帮助的时候，我比他们年轻些，为他们多做点儿有益的事情是应该的。”

梁铁锁　1948年1月生，新城镇宋村人。1968年6月参加工作。1986年12月从县文化馆退休。他是省级非物质文化遗产传承人、临汾市委联系的高级专家。他酷爱戏曲、歌剧、民歌，搜集、筛选襄汾民歌230首，精选168首编成《襄汾民歌集锦》两卷。帮助新城镇沙女沟村挖掘整理的《四句秧歌》，被列为山西省2009年非物质文化遗产普查“十大发现之一”。他编写的《襄汾舞蹈集成》中的“襄汾转身鼓”“襄汾花腔鼓”，均被列为省级非物质文化遗产项目。他与“天塔狮舞”传承人李登山合作，使“天塔狮舞”体现出北国狮舞的粗犷、豪放、雄伟风格，增强了表演的层次、节奏、韵律感，入选国家首批非物质文化遗产保护项目。他积极参与群众文化活动，并指导活动的开展，促进了群众文化水平的提高。

李怀吉　1948年2月生，新城镇陈郭村人。1972年3月参加工作。2008年12月县教育督导室退休后，省市教育部门多次抽调他参加教育检查验收。先后参加省中小学体育卫生督

导检查、振兴临汾教育督导检查、临汾市教育一把手工程督导检查、省市德育示范校检查验收等多项教育活动。他还受邀担任襄汾中学教育顾问，并兼任《襄汾中学校报》编辑。他白天深入师生中走访、收录和整理，晚上伏案撰写，整理编写出《襄汾中学教师提倡语》《襄汾中学教师忌语》《襄汾中学学生提倡语》《襄汾中学学生忌语》《学生不喜欢老师做的事》等资料。主编了《学海拾贝·襄汾中学教师论文集》《家教建议》《教师手册》《襄中校史》《讲给青年学子的故事》等书籍。《襄汾中学报》被第三届全国中小学报优秀校内报刊评选委员会评为“最佳校报一等奖”，他被评为“最佳编辑一等奖”，参加了第三届全国中小学优秀校报校刊表彰会，并在大会上交流了办报经验。他还受聘于星原集团，编写《星火燎原》专刊多期。

李连生　1948 年 6 月生，景毛乡柴王村人。1971 年 3 月参加工作，1983 年 3 月加入中国共产党。2002 年在县商业局退休。他是中国老年书画研究会会员、中国老年书画学会会员、襄汾县书法家协会常务副主席兼秘书长。其作品多次获奖。2010 年，参加中国现代文艺出版社主办的“首届全国书画名家邀请展”，获银奖，并入编《中国当代老年书画家大典》。2011 年 3 月，其作品赴香港展出。同月，荣获“金色年华全国优秀中老年艺术贡献奖”。2012 年，作品入编《中国书画名家代表作年鉴》2011 年卷。同年 5 月参加长沙国韵书画院举办的“东方红·歌颂伟大领袖毛主席”书画名家作品大赛，荣获金奖。8 月，参加“神舟奖”世界华人书画家优秀作品联展，荣获金奖，荣膺“世界华人终身成就奖”“杰出华人书画家”荣誉称号。

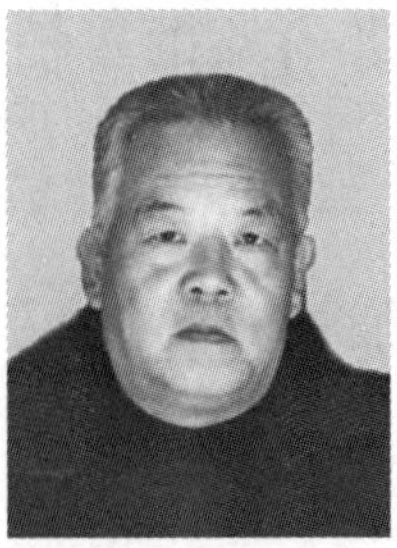

贾德亮　1948 年 10 月生，汾城镇尉村人。1965 年 8 月参加工作。2009 年 6 月从汾城中学退休。出版有《贾德亮诗词曲赋集》和《惜缘集》。他的七律《再咏飞天》刊登于《中国古诗词月刊》。作为发起人和组织者，为“尉村跑鼓车”申报省级和国家级非物质文化遗产项目做了大量工作。

贾学平　1949 年 4 月生，襄陵镇薛村人。1970 年 12 月参军，1973 年 7 月加入中国共产党。2002 年从县档案局退休后，担任县老松树文化社秘书长、副社长、社长。参与《贾罕村志》《襄汾戏剧志》《襄汾审计三十年》《襄汾县老干部工作志》的编撰工作。他以六年时间，九易其稿，义务编写出《薛村志》。还编写有《薛村民间故事汇编》《新编千家姓》等。2010 年 11 月，获襄汾县首届民间文学征文大赛“抢救民间文学标兵”称号。

成永太　1949 年 7 月生，晋城泽州人。1968 年 8 月参加工作，1970 年 8 月加入中国共

产党。2002 年 6 月从县委组织部退休后，他同妻子武玉兰（1949 年生，长治沁源人，2002 年 6 月从县政协文史科科长岗位退休）致力于襄汾籍文化名人著作的搜集和整理，遍访全国各地的襄汾籍文化名人，收集著作，编撰成《书香丁陶——襄汾本土人才著书概览》。该书获临汾市第三届精神文明建设“五个一工程”优秀作品奖，被国家图书馆和多个省（市）、县以及一些重点大学图书馆收藏。本人出版《路石集》一部。

李志学　1949 年 8 月生，翼城县唐兴镇城内村人。1968 年 12 月参加工作，1973 年 10 月加入中国共产党。2010 年 8 月在县人大常委会退休。2013 年 1 月，担任襄汾县关心下一代工作委员会主任，带领关工委一班子人员，经常组织举办培训会，学习习近平总书记重要指示及上级关工委的工作精神，强基固本。抓组织建设，充实“五老”队伍，建立并完善了全县 13 个乡镇、348 个村、155 所学校和 2 个委局组织，形成了全县上下联动、互通信息的工作网络。以创建“五好关工委”活动为抓手，多次深入农村、乡镇调研，指导基层建设工作，强化组织建设，创建了 100 多个“五好”关工委组织，树立了典型。打造活动品牌工作，形成了维护弱势儿童健康成长权、青少年受教育权利和有志青年创业就业权利的工作理念。为加强青少年的思想道德建设，组织开展了“中华魂”读书活动、清明节为烈士扫墓活动、“书法进校园”活动、学习《弟子规》活动、“弘扬好家风”活动、纪念抗日战争胜利 70 周年暨“红军东征在襄陵”主题教育活动、纪念中国共产党成立 95 周年暨“讲党课、学党史、颂党恩”主题党日活动等，以多种形式，对青少年进行传统文化教育。深入县看守所，对失足青少年进行帮扶，捐赠书籍。多次进京，申请加入中国关工委开展的“青少年营养计划”活动序列，为全县 48 所公办寄宿学校配备了 49 套春苗营养厨具。倡议编写了《道德伴我行》《五老情缘》《襄汾抗日风云》等书。为加大宣传力度，在襄汾政府门户网站开办了关工委网页，并组织县、乡、村三级书记写文章。组织成立通讯组，先后在《中国火炬》《山西关心下一代》《山西日报》《山西农民报》《临汾日报》等媒体发表 200 多篇文章和报道。县关工委多次受到国家、省、市关工委的表彰。

梁茂祥　1951 年 11 月生，西贾乡郭店村人。1966 年 3 月参加工作，1970 年 7 月加入中国共产党。2003 年 7 月在县检察院退休后，为给附近居民提供锻炼场所，他利用侯家坡上一块废弃坡地，协调并自筹资金 1600 余元，建成一个门球场。在居住区，他和睦邻里，乐于助人，救人救火总是冲在前面。襄汾县是帝尧故里、三晋古都，不少古老艺术品经常外流，他四处筹措资金，将发现的石雕 100 余件、牌匾 180 余块、古灯具 160 余盏收回保护起来。并捐给尧庙一幅珍贵楹联和一对龙马石狮。省文物局批准他建立“石雕展览馆”；市文物局给他颁发了奖牌。2004 年，他承包 12 亩荒沟地，建成小型“翠云峰公园”。在园内建起“青少年爱国教育基地”，参观受教育人数达 6000 多人次。他组织成立了“尧文化工作室”，先后拍摄《最美火烧哥》《雷锋精神永放光芒》等16部微电影。2015年，他建立了“抗日战争胜利纪念馆”，并被市县确定为“爱国主义教育基地”。他先后被县、市授予“十大道德模范”。

崔学文　1952年3月生，南辛店乡贾罕村人。1970年10月参军，1973年12月加入中国共产党。2007年从县公安系统内退，2012年3月正式退休。多次受聘、受邀到贾罕中学、兴华中学、南辛店高中等中小学校以及星原集团的焦厂、铁厂，宣讲交通安全知识，并无偿发放宣传画册和资料数千册（份）。先后编写出版《临汾交警》《警钟常鸣》《交通事故文书写作与应用》《交通标志扑克》等书和宣传画册。主编《贾罕村志》《丁陶俗话民谚选萃》《社会主义核心价值观资料汇编》《梦想在这里起航》等书。参与“襄汾县戏迷、歌迷消夏演唱会”。2010年冬旱，他取得全家同意后，拿出自己的积蓄的两万多元钱，购买提水设施提取跃进渠的水，将全村小麦地冬浇一遍。汶川地震后，他捐款2800元；舟曲地震后他捐款500元。2012年5月，被县委评为“宣传思想文化工作先进个人。”

邓玉英　1953年1月生，景毛乡南高村人。1971年9月参加工作，1999年6月加入中国共产党。2002年6月在县老区建设促进会退休后，先后担任县老区建设促进会常务理事、办公室主任、妇女工作委员会主任、县老年人体育协会副主席兼秘书长、“金秋艺术团”副团长等职。她和他人合写的《襄汾经济发展60年》《襄汾基础教育60年回眸》《一所提高农民科技素质的学校》三篇文章，被省老促会《庆祝建国60周年》优秀征文一书中录用，评为一等奖；与他人合写的《关于改善与提高我国农村老年人生活·生命质量的十谏》论文，参加了2002年桂林召开的全国老年人生活·生命质量研讨会。为组织大家学习柔力球技艺，她到广州、汉中地区拜访柔力球创始人白榕和全国柔力球教练王学军等人，并在县城6个社区成立了健身辅导站，在13个乡镇成立了老年体协组织。通过抓培训、抓辅导、抓竞赛，使柔力球在全县得到推广。并积极参加上级组织的交流比赛，多次获得金牌奖、铜牌奖、牡丹奖及项目名次奖等。

张优良　1954年7月生，景毛乡北李村人。1979年3月参加工作，1990年7月加入中国共产党。2014年7月在县文化局退休后，担任襄汾县戏剧家协会主席。为繁荣戏曲艺术，丰富群众生活，组织举办了襄汾县电视戏曲大赛、“龙腾丁陶”新春戏曲晚会、双龙湖湿地公园戏曲专场，与电影公司联合举办了戏曲电影消夏晚会，参加了临汾市第一届、第二届“梨花奖”戏曲大赛，并获得了好成绩。积极鼓励爱好者进行剧本创作，刘春澍在他的鼓励支持下先后写出十几个剧本。他带领相关人员进行基层调研，走访人员，收集资料，查阅档案，克服场地、资金等困难，编撰出版了《襄汾戏剧志》。该书为中国戏剧出版社出版的第一部县级戏剧志，全书55万字。他是中国文化艺术研究会会员、山西省书法家协会会员。书法作品先后获得“中华颂”全国书画比赛楷书一等奖、启航《中国梦》全国书画摄影作品比赛楷书二等奖、“祖国好”华语文化艺术作品大赛楷书一等奖。他组织举办了全国襄汾籍书画名家、文化名人书画展，展出作品3470幅。在全省新农村建设现场会上受到国家、省、市领导的好评。2014年，入编《中国书画500强》；2016年，入编《中国文化艺术人物年鉴》。

第三节　老干部著书立说

襄汾县文化底蕴深厚，著书立说是老干部的一项优良传统。老干部离开工作岗位后，有了充足的时间，许多有文化根底的老干部开始专注于著书立说。他们有的继续在原岗位上的工作作深入的研究，有的就某些专项领域进行攻关，有的则总结自己一生工作上或生活方面的事情，印刷出版了大量作品。作品有诗歌、小说、散文、戏剧、传记、回忆录。内容涉猎广泛，涉及政治、经济、史志、文学、科技、教育、保健、家庭等。至2016年底共计233本。

襄汾县离退休干部著书登记表

表4—1

著作名称	出版日期	著者（编者）	出版单位 出版社（书号）	印刷单位
血染凝辉花	1993.4	王恩充	中国文联出版公司	北京燕山印刷厂
亚洲雄狮	1994.5	景思闵	辽原出版社	山西娃娃印刷厂
教育工作回忆录	1994.4	曹青如		襄汾印刷厂
塔儿山下的故事	1994.6	李平郎　狄西海	山西人民出版社	山西林业印刷厂
群星灿烂	1995.6	房桂花		襄汾印刷厂
平阳民俗丛谭	1995.10	陶富海	山西古籍出版社	山西煤田地质制印厂
劳动争议手册	1996.6	尉建华	山西省总工会	山西工人日报社
文秘写作实践谈	1996.12	郭成家	山西内部图书准印证临字（96）008号	襄汾中学印刷厂
百出戏曲剪纸集锦	1997.9	贾福葵	平阳市场杂志社	山西晋升彩艺印刷厂
连村纪事	1997.10	王希贤		襄汾印刷厂
法律汇编	1998.3	尉建华	山西省总工会	山西工人日报社
新时期理论研究文稿	1998.4	邓学功	平阳市场杂志社	临汾地区工艺印刷公司
古稀情思	1998.12	柴慧娟		襄汾印刷厂

续表

著作名称	出版日期	著者（编者）	出版单位 出版社（书号）	印刷单位
安李村史	1999.5	李社稷		襄汾印刷厂
皓首碧波	1999.7	亢思聪		襄汾印刷厂
修复塔儿山宝塔纪实	1999.7	郭成家	县修复宝塔领导组	临汾印业有限公司
袖珍院笔札	1999.8	曹文敏	山西内部图书准印证（1999）L字第028号	平阳市场杂志社
山乡见闻	1999.9	王耀庭		襄汾印刷厂
银海生涯	1999.9	毛锡光		襄汾印刷厂
论理说法	1999.11	尉建华	山西省总工会	山西工人日报社
陈郭村楹联集锦	2001.5	史在齐		襄汾印刷厂
汾水浪花	2001.9	房桂花　乔福生	《丁香文化》报社	襄汾县印刷厂
古城镇志	2001.12	李安义　刘武经	黄河水利出版社	河南第二新华印刷厂
史坛耕耘集	2002.1	邱文选	山西内部图书准印证（2002）L字第3号	平阳杂志出版社印刷
癫狂郁痫临床治验	2002.1	赵志升	山西科技出版社	太原兴晋科技印刷厂
路石集	2002.1	成永太	山西内部图书准印证（2011）L字第119号	临汾日报印刷厂
广胜寺风物传说	2002.5	柴瑞祥	临汾市文化新闻出版局	临汾印业有限公司
心声	2002.12	史在齐		襄汾县印刷厂
襄汾文史资料水利专辑	2002.12	王民		襄汾县印刷厂
构筑现代农业	2003.10	郭成家	县老区建设促进会	运城日报社
孔峪村史	2003.10	高晋祥　高旭光		铁西印刷厂
熔铸辉煌	2003.12	房桂花		襄汾县印刷厂
赵鼎新诗词选	2003.12	赵鼎新	国际炎黄文化社	新绛县精艺印务有限公司
纸业情愫	2004.10	陈振华	山西内部图书准印证（2004）L字第027号	临汾印业有限公司
陈郭村诗文集	2004.11	史在齐		襄汾县印刷厂
姑山闲云	2004.12	柴慧娟	香港天地出版社	深圳大陆印业公司

续表

著作名称	出版日期	著者（编者）	出版单位 出版社（书号）	印刷单位
襄汾文史资料晋商专辑	2005.1	郭成家		襄汾县印刷厂
诗体字谜	2005.3	刘靖汉		
遐思集	2005.3	张登荣		襄汾县印刷厂
陶寺文化遗址	2005.3	陶富海	山西内部图书准印证（2005）L字第004号	临汾工艺美术印刷有限公司
心感集	2005.5	狄西海	山西内部图书准印证（2005）L字第018号	临汾工艺美术印刷有限公司
山野杂唱	2005.6	乔鹿生	山西内部图书准印证（2005）L字第022号	襄汾县印刷厂
丁村民宅和民俗	2005.6	陶富海	山西内部图书准印证（2005）L字第004号	临汾工艺美术印刷有限公司
丁村文化遗址	2005.6	陶富海	山西内部图书准印证（2005）L字第004号	临汾工艺美术印刷有限公司
襄汾赵康普净寺	2005.6	狄西海		
丁村	2005.9	陶富海	江苏教育出版社	凤凰出版传媒集团
炳烛诗稿	2005.9	王保顺		
奉献之歌	2005.12	房桂花		襄汾县印刷厂
襄汾文史资料财税专辑	2006.3	郭成家		襄汾县印刷厂
岁月情怀	2006.6	陈玉广		襄汾县印刷厂
平阳古镇汾城	2006.3	陶富海	山西内部图书准印证（2005）L字第004号	临汾工艺美术印刷有限公司
闲堂寄情	2006.7	董金玉		
九凤	2006.9	张秋生	山西人民出版社	太原天和泰印务有限公司
五龙新韵	2006.9	王保顺		襄汾县印刷厂
襄汾革命老区	2006.9	郭成家　马玉胜	县老区建设促进会	襄汾县印刷厂
我们的离退休生活	2006.10	段培武　马玉胜	老松树文化社	襄汾县印刷厂
丁陶文化掠影之一	2006.10	李绍光		襄汾三中印刷厂

续表

著作名称	出版日期	著者（编者）	出版单位 出版社（书号）	印刷单位
丁陶文化掠影之二	2006.10	李绍光		襄汾三中印刷厂
邓曲村志	2006.11	侯增胜	邓曲村志编委会	襄汾县喝彩婚庆服务中心
大晋名医	2006.12	刘登云	远方出版社	临汾工艺美术印刷有限公司
张良传奇	2006.12	刘登云	中国文联出版社	临汾工艺美术印刷有限公司
襄汾县书画选集	2006.12	王民	中国文联出版社	临汾工艺美术印刷有限公司
九原笑话故事	2006.12	邱文彬	中国文联出版社	北京新世纪印刷厂
平阳古村落南贾	2006	陶富海	临汾市三晋文化研究会	临汾工艺美术印刷有限公司
钟灵毓秀大柴村	2007.1	闫茂林		
百花盛开	2007.3	张振昌　房桂花	山西内部图书准印证（2007）L字第014号	襄汾县印刷厂
襄汾县人民代表大会志	2007.4	杨耀水　李俊高	山西内部图书准印证（2007）L字第57号	山西新华印业有限公司印刷分公司
老区情	2007.5	马玉胜		襄汾县印刷厂
元曲四大家郑光祖	2007.5	刘登云	山西内部图书准印证（2007）L字第0410号	临汾工艺美术印刷有限公司
三农情怀	2007.6	张锁柱	山西内部图书准印证（2007）L字第77号	太原荣博印刷厂
讲给青年学子的故事	2007.8	李怀吉	山西内部图书准印证（2007）L字第046号	襄汾县印刷厂
诗词曲赋集	2007.11	贾德亮		临汾德美印业有限公司
歇后语编录	2007.11	杜世荣		临汾金点子印刷厂
古城镇志梓后纪事	2007.12	刘武经　李安义 万好收	黄河水利出版社	黄河水利出版社印刷
中老年自我保健经典	2008.1	贾振祥	临汾内部图书准印证（2007）L字第087号	襄汾县印刷厂
寒梅集	2008.1	吉德顺		襄汾县印刷厂
晋国故绛史话	2008.2	赵祖鼎　邱文选	山西内部图书准印证（2007）L字第040号	平阳历史文化丛书

续表

著作名称	出版日期	著者（编者）	出版单位 出版社（书号）	印刷单位
大山里的女人	2008.3	刘登云	大众文艺出版社	北京京东印刷厂
关桂荣书画集	2008.5	关桂荣		
激情岁月	2008.5	房桂花		襄汾县印刷厂
薛村志	2008.5	贾学平	山西内部图书准印证（2008）L字第025号	尧都区恒升源印刷装订厂
史坛耕耘集（1—3）	2008.7	邱文选	中国文史出版社	北京南召印刷厂
北膏腴村志	2008.8	路昌茂　任强稳	北膏腴村志编纂委员会	临汾工艺美术印刷有限公司
襄汾国宝	2008.8	陈玉广	太原锦绣前程企划公司	太原锦绣前程企划公司
苦乐人生	2008.8	贾万生		襄汾县印刷厂
平阳古村落襄汾西中黄	2008.8	张秋景	山西内部图书准印证（2008）L字第010号	临汾工艺美术印刷有限公司
当代丁陶诗词荟萃	2008.9	房桂花	作家出版社	太原金容印业公司
锦绣中华	2008.9	房桂花	作家出版社	太原金容印业公司
读史明理	2008.9	房桂花		襄汾县印刷厂
金秋的收获	2008.11	梁自兴		襄汾县印刷厂
魔法故事	2008.12	刘润恩　陈玉广	黄河出版社	北京京东印刷厂
梁氏家谱	2008.12	梁自兴		襄汾县印刷厂
新编千家姓	2008.12	贾学平		襄汾县印刷厂
襄汾文史资料第十六辑	2008.12	陈玉广	县政协、县文体局	临汾工艺美术印刷有限公司
尧乡风情	2008.12	张平义　张杏园	山西内部图书准印证（2008）L字第023号	临汾德美印业有限公司
中老年电脑操作速成	2009.2	张登荣	山西内部图书准印证（2009）L字第004号	
养生杂谈集锦	2009.3	田自诚		
合理膳食与食疗经典	2009.4	贾振祥	临汾内部图书准印证（2007）L字第087号	襄汾县印刷厂

续表

著作名称	出版日期	著者（编者）	出版单位 出版社（书号）	印刷单位
不老歌（一）	2009.5	马庙来		襄汾县印刷厂
溯往镜（上下）	2009.8	刘鉴三　刘春澍	山西内部图书准印证（2009）L字第050号	山西师大印刷厂
丁陶墨韵	2009.8	柴聚才	县委老干部局、老年书画家协会	临汾工艺美术印刷有限公司
贾罕村志	2009.9	武七管　崔学文	贾罕村志编写组	
长寿养生	2009.9	张耀华		襄汾印刷厂
书香丁陶	2009.9	成永太　武玉兰	山西科学技术出版社	山西新华印业有限公司
心声飞扬	2009.12	李金城	作家出版社	北京市京东印刷厂
尊师重教育英才文集	2009.12	李安义	山西内部图书准印证（2009）L字第109号	临汾工艺美术印刷有限公司
老八路冯作楫	2010.1	曹文敏、曹志恩 李金城、贾学平		临汾工艺美术印刷有限公司
克梁文集	2010.2	李克梁		
陈延令书法选集	2010.3	陈延令		临汾金点子印务
经纬四十年	2010.3	李克梁		
张良传奇	2010.4	杜萍　陈玉广 南郭笙	华夏文化艺术出版社	北京京东印刷厂
西中黄村志	2010.5	张秋生　张秋景	山西出版传媒集团三晋出版社	山西嘉祥印刷包装公司
盘道民间文学	2010.6	宁闷虎　曹连城 曹胜才　王纪元 崔林森	中国文史出版社	北京京东印刷厂
远山	2010.7	杨文信		襄汾喝彩婚庆服务中心
襄汾文史资料 第十七辑（碑碣志文录）	2010.8	陈玉广	县政协、县文体局	临汾工艺美术印刷有限公司
襄汾军事志	2010.8	王泽培　马玉胜	山西内部图书准印证（2010）L字第071号	襄汾县印刷厂

续表

著作名称	出版日期	著者（编者）	出版单位 出版社（书号）	印刷单位
我的父亲张学民	2010.9	张　海		
故事篓子　关振南作品集	2010.10	刘润恩　陈玉广	中国文史出版社	北京京东印刷厂
老区风采录	2010.10	郭成家　马玉胜	县老区建设促进会	襄汾县印刷厂
丁陶散文集锦	2010.10	史在齐　张耀华 房桂花	临汾市图书出版局	襄汾县印刷厂
远去的岁月	2010.10	郑明山	山西内部图书准印证（2010）L字第059号	襄汾县印刷厂
襄陵情缘	2010.11	高晋祥		襄汾县印刷厂
八卦速查尺的诞生	2010.12	席韶望		临汾师大印刷厂
红色资源概况	2010.12	郭成家　马玉胜 吴创基	县老区建设促进会	襄汾县印刷厂
布衣采撷	2010.12	李善保	山西内部图书准印（2010）L字第123号	临汾博志教育印业
成语故事	2010.12	张耀华　房桂花		襄汾县印刷厂
岁月掠影	2010.12	陈振华	山西内部图书准印证（2010）L字第070号	临汾博志教育印业有限公司
惜缘集	2011.1	贾德亮		临汾德美印业有限公司
我的回忆	2011.4	王淑英		襄汾县印刷厂
良陌村志	2011.5	杨银生	良陌村志编纂委员会	临汾日报印刷厂
襄汾县民间故事选	2011.6	刘润恩　李善武	山西春秋电子音像出版社	临汾工艺美术印刷有限公司
张满喜剪纸作品（一）	2011.6	张满喜	山西内部图书准印证（2011）L字第056号	襄汾县印刷厂
襄陵才子卢秉纯	2011.6	张平义　李鄂发	山西内部图书准印证（2011）L字第055号	临汾工艺美术印刷有限公司
丁陶大地夕阳红	2011.7	陈玉广　张治文	县委老干部局山西内部图书准印证（2011）L字第058号	临汾德美印业有限公司

续表

著作名称	出版日期	著者（编者）	出版单位 出版社（书号）	印刷单位
老松树	2011.7	马玉胜	老松树文化社	襄汾县印刷厂
饿殍图	2011.8	刘登云	时代作家出版社	临汾工艺美术印刷有限公司
临汾景观文化 汾城古十六景	2011.8	曹文敏　刘春澍	山西内部图书准印证（2010）L字第010号	临汾工艺美术印刷有限公司
临汾景观文化 襄陵古十景	2011.8	曹文敏　李鄂发	山西内部图书准印证（2010）L字第010号	临汾工艺美术印刷有限公司
养生点滴	2011.9	张登荣	县老年学学会、老年人体育协会	襄汾县印刷厂
话说珠算	2011.9	张登荣	艺苑斋书画室	襄汾县印刷厂
溯往镜（续集）	2011.11	刘春澍		襄汾仪春出版社
回　眸	2011.12	张绍曾		襄汾县印刷厂
义西毛村志	2011.12	毛永泉	义西毛村志编辑委员会	襄汾县印刷厂
鼓励与鞭策	2012.1	房桂花	临汾图书出版局	襄汾县印刷厂
桂花小说选	2012.3	房桂花		襄汾县印刷厂
社会主义核心价值观 资料汇编	2012.3	崔学文　武七管	县委宣传部	襄汾县印刷厂
丁氏家族与丁村	2012.4	陶富海	山西人民出版社	临汾八方印业有限公司
袖珍院情缘	2012.4	曹文敏	作家出版社	北京市京东印刷厂
鼓楼升鼓纪念册	2012.5	李鄂发	襄陵民间文化遗产拯救协会	襄汾县印刷厂
仲秋长吟	2012.6	李关良	作家出版社	北京京东印刷厂
红军东征在襄陵	2012.8	郭成家　张英杰 马玉胜	县武装部、老区建设促进会、襄陵镇党委	襄汾县印刷厂
桂花纪实文学选	2012.9	房桂花	临汾市图书出版局	襄汾县印刷厂
难忘的记忆	2012.10	张恩第　梁自兴	山西内部图书准印证（2012）L字第081号	襄汾县印刷厂
春芽集	2012.10	高兰生	汾城双语学校	襄汾县印刷厂
民以食为天	2012.12	房桂花		襄汾县印刷厂

续表

著作名称	出版日期	著者（编者）	出版单位 出版社（书号）	印刷单位
司马村志	2012.12	马玉胜	山西内部图书准印证（2012）L字第096号	襄汾县印刷厂
马希林书法作品选	2012.12	马玉胜　崔学文		襄汾县印刷厂
张小安说唱作品选	2012.12	刘润恩　赵文礼　梁铁锁	山西出版传媒集团	临汾工艺美术印刷有限公司
夕阳撷趣	2013.3	李朝有		襄汾县印刷厂
岁月情怀	2013.4	陈玉广	华夏文化艺术出版社	北京京东印刷厂
双龙湖边的故事	2013.5	刘润恩　王百润　薛启发　李汝泽	山西出版传媒集团	临汾工艺美术印刷有限公司
金襄陵民间传说	2013.5	郝吉甫		
感悟哲理	2013.6	房桂花		襄汾县印刷厂
景毛村志	2013.6	王泽培　贾世平		襄汾县印刷厂
发现丁村人实录	2013.6	陶富海	山西内部图书准印证（2013）L字第067号	临汾德美印业有限公司
北贾村民俗民情趣事	2013.8	张振华	山西内部图书准印证（2013）L字第138号	临汾八方印务有限公司
爱国文人史玉中	2013.9	张耀华		襄汾县印刷厂
桂花散文选	2013.9	房桂花	作家出版社	太原金容印业公司
姑汾新韵	2013.9	柴慧娟	山西内部图书准印证（2013）L字第082号	临汾德美印业有限公司
点亮人生演讲录	2013.10	曹文敏		襄汾县印刷厂
帮孩子学习成才	2013.10	张登荣		襄汾县印刷厂
云水轩诗联选	2013.10	薛启发	山西出版传媒集团山西春秋电子音像出版社	临汾工艺美术印刷有限公司
永远的怀念	2013.10	柴　鹏	山西内部图书准印证（2013）L字第093号	临汾工艺美术印刷有限公司
历史的智慧	2013.10	房桂花		襄汾县印刷厂

续表

著作名称	出版日期	著者（编者）	出版单位 出版社（书号）	印刷单位
丁陶俗话民谚选萃	2013.12	崔学文　武七管	山西内部图书准印证（2013）L字第152号	襄汾县印刷厂
襄汾戏剧志	2013.12	张优良　陈玉广	中国戏剧出版社	北京华诚印刷公司
北寨六十年	2013.12	张兆兴		襄汾县印刷厂
古稀漫忆	2014.1	高兰生	山西内部图书准印证（2014）L字第015号	襄汾县印刷厂
最美莫过夕阳红	2014.1	房桂花		襄汾县印刷厂
襄汾老年书画集（丁陶墨韵赴临汾展）	2014.3	柴聚才	县委老干部局、老年书画家协会	襄汾县印刷厂
写好汉字有妙招	2014.3	张登荣	怡园斋书画室	襄汾县印刷厂
中国人不可不知的知识	2014.4	张绍曾		襄汾县印刷厂
姑射情缘	2014.4	张秋景		襄汾县印刷厂
沃　野	2014.4	刘登云	山西春秋电子音像出版社	临汾工艺美术印刷有限公司
李俊高书法集与留影集录	2014.5	李俊高		四川福宝斋文化传播有限公司
美德伴我行	2014.5	贾怀保		襄汾县印刷厂
松　涛	2014.5	梁自兴	老松树文化社	襄汾县印刷厂
襄汾民间谜语	2014.5	陈玉广　刘润恩	山西出版传媒集团	临汾工艺美术厂
青梧联语诗文录	2014.5	高春奎		
桂花诗词选	2014.6	房桂花		襄汾县印刷厂
西辛店变迁	2014.6	曹文敏　李文辉　李兴汉		襄汾县印刷厂
养生三字经	2014.6	史连顺		襄汾县印刷厂
夕阳绚丽	2014.8	房桂花	县作家协会	襄汾县印刷厂
不老歌（二）	2014.9	马庙来		襄汾县印刷厂
风雨夕辉	2014.9	李景文		
一路走来	2014.9	梁怀安		襄汾县印刷厂
五老情缘	2014.10	张如侠	山西内部图书准印证（2014）L字第096号	襄汾县东城春蕾印刷厂

续表

著作名称	出版日期	著者（编者）	出版单位 出版社（书号）	印刷单位
梨园长歌行（上、下）	2014.12	刘鉴三　刘春澍	山西传媒集团	山西师大印刷厂
三公村志	2015.1	高兰生　刘守信	山西内部图书准印证（2004）L字第131号	襄汾县东城春蕾印刷厂
杂抡集	2015.1	陶富海	中国文联出版社	三河市宏顺兴公司
自诩集	2015.1	陶富海	中国文联出版社	三河市宏顺兴公司
健康与科学	2015.2	房桂花	县作家协会	襄汾县东城春蕾印刷厂
难忘的印记	2015.2	高晋祥		襄汾县东城春蕾印刷厂
古韵遗风	2015.5	卓芳兰		
古稀情怀	2015.5	张有成		襄汾县东城春蕾印刷厂
襄汾抗日风云	2015.6	朱怀仁	山西内部图书准印证（2015）L字第011号	临汾德美印业有限公司
李景文书法集	2015.8	李景文		
柴王村文史撷萃	2015.8	梁太平　李连生		襄汾县东城春蕾印刷厂
襄汾古村落　第一卷	2015.8	陈玉广	县三晋文化研究会	襄汾县东城春蕾印刷厂
梦想在这里起航	2015.8	崔学文		襄汾县东城春蕾印刷厂
习易汇编	2015.8	席韶望		襄汾县东城春蕾印刷厂
放飞梦想	2015.8	李怀吉		襄汾县东城春蕾印刷厂
襄汾学子励志文选	2015.8	李怀吉		襄汾县东城春蕾印刷厂
崔泽诗词选	2015.10	崔泽	山西内部图书准印证（2015）L字第109号	山西新华印刷厂
布衣吟唱	2015.11	李善保		
史坛耕耘拾珍集	2015.12	邱文选	名堂出版社	太原名堂出版社印刷厂
平阳麻笺历史研究	2015.12	陈振华	山西内部（K567）	临汾尧信印业
夕阳情愫	2015.12	杨水旺		襄汾县东城春蕾印刷厂
襄汾农业谚语	2015.12	史连顺		襄汾县东城春蕾印刷厂
丁陶古风	2016.1	陈玉广葛蒲生	县三晋文化研究会	襄汾县东城春蕾印刷厂
科学养生延年益寿	2016.1	梁自兴		襄汾县东城春蕾印刷厂

续表

著作名称	出版日期	著者（编者）	出版单位 出版社（书号）	印刷单位
三晋石刻大全襄汾卷	2016.2	高建录　陈玉广	三晋出版社	山西智慧景潮包装印刷有限公司
辣椒红了	2016.3	房桂花	作家出版社	太原金容印业有限公司
龙兴寺碧落碑	2016.3	尉吉安	三晋出版社	临汾工艺美术印刷有限公司
荀董文化拾零	2016.5	高春奎		襄汾县东城春蕾印刷厂
襄汾古村落　第二卷	2016.6	陈玉广	县三晋文化研究会	襄汾县东城春蕾印刷厂
襄汾民歌	2016.6	梁铁锁	山西出版传媒集团	临汾工艺美术印刷有限公司
师庄尉家传奇	2016.7	袁焕章		襄汾县东城春蕾印刷厂
续缘集	2016.9	贾德亮		临汾德美印业有限公司
李果村叙事	2016.10	尉吉安	北岳文艺出版社	临汾工艺美术印刷有限公司
艺园寸耕（上）	2016.10	孙玉锁		襄汾县东城春蕾印刷厂
夕阳吟	2016.12	崔守信		襄汾县东城春蕾印刷厂
梦融墨韵	2016.12	孙玉锁		襄汾县东城春蕾印刷厂

第五章　离休干部与县团实职退休干部简介

本章收录离休干部为：襄汾县离休干部，外地回襄汾定居（包括退休后在襄汾补办离休手续的，以及在外地离休后关系转到襄汾代管的）。退休干部为在襄汾退休的县团级实职干部。离休干部记简历、重大军功政绩及受到的表彰奖励。退休干部只记简历。已故离休干部以姓氏笔画顺序排列。健在离休干部和退休干部以出生年月排序。分四节记述。

第一节　2016年年底已故离休干部

（按姓氏归类，计634人）

丁

丁阶三　曾用名丁泰鳌，1912年4月生，襄汾县新城镇丁村人。1947年3月参加工作，先后任史村、解村初小教员。1950年后，任汾城完小、伯玉初小中心校长。1952年，任丁村完小教导主任。1956年后，任东牛、南贾完小教师。1962年，任上鲁初小负责教师。1967年后，任东沟初小、丁村初小教师。1971年，任古堆小学教师。1973年10月退休，1982年11月改为离休。1990年2月去世。

丁乐天　1917年8月生，曾用名丁炳忠，襄汾县南贾镇裴村人。1948年3月参加工作，在参加教员训练班后任西贾小学教师。12月，任汾城县人民政府事务长。1952年5月后，任县政府总务会计、四区会计、县委会会计。1958年11月后，任侯马市委会事务长、侯马市人委计委干事、襄汾县计委干事。1961年10月，任永固公社统计、民政助理员。1964年，调襄汾县公安局工作，后任主任科员。1969年5月退休，1982年4月改为离休。1999年6月去世。

丁蔚森　1919年2月生，襄汾县新城镇丁村人。1949年9月参加工作，任汾城县汾东工作区工作员。1950年1月，任汾城县二区财粮助理员。1954年9月，任襄汾县财政科干事。1957年，任襄汾县财政局干事。1958年10月，任侯马市财政局干事。1961年6月，任襄汾县财政局干事。1982年3月离休。1955年，参加全县先进工作者大会，获物质奖。1963年，参加财贸系统表彰大会，获物质奖。1986年12月去世。

于

于文忠　1927 年 3 月生，河北省巨鹿县三区大王庄人，后居襄汾县新城镇上庄村。1947 年 11 月参加中国人民解放军，先后任晋察冀 3 纵队 8 旅 24 团 7 连战士、班长。1949 年 1 月后，任 19 兵团 63 军 188 师 564 团 7 连上士、副排长。1953 年 6 月，任 19 兵团 63 军教导大队一中队学员。1954 年，任襄汾县副食品公司业务员。1959 年，任城关社煤站负责人。1961 年后，任襄汾县煤建公司保管员、业务员。1976 年，在襄汾县食品公司退休，后改为离休。曾参加太原战役、朝鲜铁原阻击战、朝鲜开城保卫战等。1952 年 8 月授予副排级。2015 年 10 月去世。

卫

卫　真　1920 年 6 月生，襄汾县襄陵镇东院村人。1947 年参加工作，曾任曲沃中学、南辛店中学教师。1980 年 1 月离休。1981 年 6 月去世。

卫立业　曾用名卫小娃。1932 年 6 月生，襄汾县邓庄镇邓庄村人。1949 年 12 月加入中国共产党。1946 年 8 月参加工作，任县武委会通讯员。1947 年 10 月参加中国人民解放军，任襄陵独立团通讯员。1948 年 5 月，任太岳军区 44 团 2 营通讯员。1949 年 5 月，任第 62 军 554 团通讯员。1950 年 3 月，任 62 军 5 大队通讯班长。1950 年 7 月后，任西康军区 3 大队副区队长、工作员、组长。1952 年 6 月，入西康军区速成学校学习。1956 年 6 月，任军事交通学校排长。1958 年 5 月后，任广西柳州钢铁厂干事、所长、副科长。1963 年 3 月，任襄汾县农村工作队负责人。1965 年 5 月，任襄汾县招待所负责人。1967 年 7 月，任襄汾县工交委干事。1976 年 9 月，任邓庄麻纸厂副厂长。1984 年 7 月离休。曾参加晋中战役、张兰战斗等，立三等功一次。2000 年 7 月去世。

马

马德彪　1910 年 6 月生，山西省孝义市东盘粮村人。1950 年 4 月加入中国共产党。1937 年 10 月参加八路军，任 115 师第一大队第一中队战士、班长。1939 年 9 月，任陈支队 1 团 1

营4连机枪班班长。1940年5月，任115师晋西留守处晋绥分局上士。1941年4月后，任晋绥报社、吕梁印发厂特务长。1943年1月，任西北化学厂采购员。1943年7月，任晋绥行署粮秣科仓库粮秣员。1944年4月，入党校一部学习。1945年4月，任集宁县商店（长城店）营业员。1947年1月后，在孝义、汾西县做贷棉工作。1947年5月后，任十分区棉花货物转运站管理员、站长。1948年1月，任汾城县贸易公司业务股长。1950年5月，任汾城供销社业务股长。1954年9月，入干部文补校学习。1955年7月，任襄汾县油脂公司股长。1956年8月，任木材公司副经理。1957年7月，任贸易公司副经理。1958年4月，任襄汾县铁厂厂长。1959年1月，任复员军人炸药厂支部书记。1959年9月，任临汾县肉食加工厂厂长。1961年7月，任襄汾县肉食加工厂厂长。1962年1月，任木材公司经理。1982年11月离休。

马步融　1915年2月生，襄汾县古城镇西安平村人。1949年9月参加工作，任甘肃省榆中县税务局稽征股股长。1951年4月后，任定西专署税务局科员、秘书、股长。1978年，调襄汾县古城供销社工作。1982年4月离休。2002年1月去世。

马山林　曾用名马山江，1925年2月生，襄汾县永固乡南姚村人。1956年12月加入中国共产党。1949年8月参加中国人民解放军，任西北军区炮兵教导团10连（驻曲沃县）战士。1950年5月，入陕西大嘉县解放军第一炮校学习。1954年3月，任39军117师炮兵团1营（辽宁复县）排长。1955年9月，任四川南充市第5预备师14团排长。1958年4月后，任黑龙江农垦局851场供销社主任、1分场5队副政指、1分场3队指导员、直属队指导员。1963年5月，任襄汾县拖拉机站赵康机耕队队员。1966年9月，回村务农。1979年4月，任襄汾县农机厂总务。1983年12月离休。1955年，获军训团会议嘉奖、队前嘉奖各一次；1956年，被评为团、师先进工作者各一次；1960年，被评为分场先进分子一次；1964年，被评为襄汾拖拉机站积极分子、五好干部各一次。获物质奖励多次。2014年12月去世。

马振江　1925年10月生，襄汾县赵康镇牛席村人。1948年11月参加工作，先后任汾城完小、汾城四完小、汾城三完小、汾城小教轮训班、汾城文补校教师。1951年8月，任汾城县文教科科员。1954年11月，任襄汾县文教局干事。1956年，任县委农工组组员。1958年5月，任汾城中学教师。1962年3月后，任赵康完小、北柴学校教师。1975年3月，任丰盈中学教师。1980年1月退休，1982年11月改为离休。1995年5月去世。

马振峰　曾用名马正峰，1932 年 8 月生，襄汾县古城镇西王村人。1947 年 11 月参加工作，任襄陵三区工作员。1948 年 10 月，入西北行政干校学习。1949 年 9 月参加中国人民解放军，任第二野战军排长。1951 年 7 月，入西南军大建筑班学习。1952 年 10 月后，任中央建筑工程部中南四公司施工员、秘书、团委委员、科长、段长等职。1957 年，被错划为右派。1961 年 12 月，任襄汾县农机修造厂副厂长。1982 年 1 月，任县农机公司营业员。1984 年 11 月离休。1987 年 12 月去世。

王

王进德　1906 年生，沁水县白华村人，后居新城镇赵曲村。1938 年 7 月参加工作。1947 年 9 月加入中国共产党。1965 年 10 月于县良种场场长岗位退休。1981 年 7 月改为离休。1980 年 9 月去世。

王明夫　曾用名王东升，1912 年 11 月生，襄汾县大邓乡赤邓村人。1945 年 9 月参加工作，先后任赤邓、大邓、邓庄、东张初小教师。1948 年 11 月后，任邓庄高小教师、教导主任、副校长。1953 年 4 月，任县教师进修校、城关中学、临汾教师进修校、城关文补校教师。1962 年 8 月后，任上西梁完小副校长、校长。1969 年，任赤邓学校教师。1972 年退休，1982 年 11 月改为离休。1947 年，在政工队被评为二等功臣。1992 年 1 月去世。

王明有　1912 年生，河南省夏邑县王营村人。1949 年 4 月参加革命工作，任山西省工产局工作处监工员。1951 年 1 月，任太原建筑工程公司技术员。1953 年 12 月，任太原市政公司 2 工区工队长。1958 年 9 月，任晋南工程公司 2 工区工长。1959 年 10 月，任介休石料厂工长。1960 年 12 月，任史村铁厂保管员。1961 年 11 月，任运输社保管员。1979 年 12 月退休，1982 年 11 月离休。曾于 1953 年、1958 年获物资奖励。1993 年去世。

王一平　曾用名赵行、赵挺向，1913 年 7 月生，1960 年 10 月加入中国共产党。1936 年 4 月参加工作，任中梁村小学教员。1939 年 2 月，任东张村抗日队长。1939 年 10 月，任西郭村教员。1942 年 3 月，任襄陵县二区副区长。1949 年 10 月，任襄陵县政府农林局副局长。1975 年 9 月，任襄汾县农业局顾问。1979 年 12 月退休，后改为离休，享受厅局级待遇。曾于 1948 年、1954 年被评为先进工作者。2002 年 1 月去世。

王积光　1916 年 5 月生，襄汾县汾城镇南贾岗村人。1941 年 11 月加入中国共产党。1937 年 8 月参军，任侯马团副班长。1937 年 12 月，任 359 旅司务长。1945 年 6 月，任冀东军区卫生所所长。1945 年 12 月，任 4 野卫生部管理员。1949 年 9 月转业，任汾城县乡长。1955 年 6 月，任襄汾县民政局干事。1956 年 8 月，任襄汾县服务公司旅店主任。1972 年 2 月退休，1983 年 7 月改为离休。1989 年去世。

王祥甫　1916 年 10 月生，襄汾县陶寺乡东坡沟村人。1949 年 6 月参加工作，任南村小学教师。1950 年，调襄陵县文宣组。1952 年，调县文化馆。1972 年退休，后改为离休。1947 年至 1948 年参加解放运城、解放临汾战役，获奖励。1951 年在文宣队被评为模范，并参加专区表彰会议。2001 年 1 月去世。

王善缘　曾用名王德福，1918 年 8 月生，河北省顺义县湘子王各庄人，后居襄汾县汾城镇南贾坊村。1951 年 2 月加入中国共产党。1948 年 12 月，在新保安参加中国人民解放军，先后任 63 军 187 师战士、文书、文化教员、民运干事（正排级）。1955 年，任襄汾县粮食局干事。1957 年，任襄汾县委宣传部理论教员。1972 年，任襄汾县汾西水委会干事。1983 年 5 月离休。曾参加解放太原战役、解放兰州战役和抗美援朝。1989 年 10 月去世。

王振华　曾用名王小泉，1920 年 1 月生，襄汾县南辛店乡北蔺村人。曾任旧警官。1949 年 6 月参加工作，到太原公学学习。10 月，分配到霍县人民政府工商科任科员。1951 年 3 月，任霍县一区政府助理员。1951 年 10 月，入省公安厅新生学校学习。1952 年 11 月，任太原运输公司城内站业务员。1953 年 11 月到 1958 年，下放小店镇红寺村红星农业社劳动。后在襄汾县运管站工作。1984 年 3 月离休。1986 年 1 月去世。

王茂林　1920 年 8 月生，河北省大名县人，后落户山西省曲沃县下坞村。1953 年 5 月加入中国共产党。1947 年 3 月参加工作，任曲沃县公安局队员。1949 年，任曲沃县晋裕商店经理。1950 年 1 月，任曲沃县供销社股长。1953 年 6 月，任汾城县供销社副股长。1954 年 3 月，任襄汾县供销社副主任。1957 年 1 月，任襄汾县采购局副局长。1959 年 1 月，任临汾县商业局副局长。1962 年，任襄汾县商业局副局长。1983 年 12 月离休。2002 年 1 月去世。

王植兰　曾用名王庭秀，1921 年 8 月生，襄汾县汾城镇南贾岗村人。1947 年 6 月参加工作，在临汾从事地下工作。1948 年 7 月，任临汾民众剧院指导员。1948 年 10 月，由太岳军

区社会部派往西安从事地下工作。1949 年 2 月，任汾城易风剧社指导员。7 月，任西李小学教师。9 月，任汾城光明剧团指导员。1952 年 6 月后，任西吉、阜育庄、赵豹小学教师。1966 年 8 月“文化大革命”中，被开除公职回村务农。1975 年 2 月平反后，任西汾阳、孝村学校教师。1978 年 3 月，任良陌学校教师。1983 年 12 月离休。2004 年 12 月去世。

王庭富 曾用名王保顺，1922 年 5 月生，山西省阳城县富岭乡下庄村人。1941 年 12 月加入中国共产党，任阳城县抗日政府民兵指导员。1947 年 3 月，任稷山县土改工作队组长。1948 年后，任运城市、安邑县公安局侦察员、副股长、股长。1956 年，任襄汾县公安局副局长。1958 年，任临汾县检察院第一副检察长。1961 年，任襄汾县检察院副检察长。1967 年 3 月，任襄汾县常委、专安委副主任。1969 年 9 月，到邓庄公检法学习班学习。1971 年，任邓庄造纸厂党支部书记。1972 年，任襄汾县委保卫组副组长。1973 年，任襄汾县公安局教导员。1975 年 10 月，任襄汾县工商局局长。1978 年 8 月，任襄汾县检察院检察长。1984 年退居二线，1990 年 3 月离休。1953 年、1954 年，分别在安邑县统购统销、夏收防范工作中获精神和物资奖励；1976 年，任襄汾县工商局局长时，获精神和物资奖励。1997 年 4 月去世。

王子龙 曾用名王双穴，1923 年 2 月生，襄汾县襄陵镇古襄陵村人。1948 年 7 月参加工作，任胡村学校教师。1952 年 3 月，任一区扫盲校长。1955 年 9 月，任齐村学区中心校长。1958 年 8 月，任太柴学区中心校长。1969 年 9 月后，任古襄陵村、南靳、小陈、湖李学校教师。1978 年 3 月，任大陈学校教师。1980 年 1 月退休，1982 年 11 月改为离休。2008 年 4 月去世。

王东亮 曾用名王生财，1924 年 6 月生，襄汾县西贾乡西李村人。1948 年 2 月参加工作，任汾城县一区财粮助理员。1951 年 6 月，入山西工农速成中学学习。1954 年 10 月，任山西省百货公司科员。1958 年 3 月，任商业厅百货局科员。1958 年 10 月，调山西轻工业厅研究所。1962 年 7 月，带工资下放。1980 年 6 月，任襄汾卫校会计。1986 年 12 月离休。2016 年 2 月 23 日去世。

王化通 1924 年生，襄垣县夏店乡慢子坡人。1946 年 10 月加入中国共产党。1946 年 10 月参加工作，在太岳军区 54 专营酒店工作。1949 年 1 月，任太岳军区 54 专营酒店代销处会计。1950 年 2 月，任浮山县第五区河底新庄入户任务警兼村干。1951 年 2 月，任运城联合经

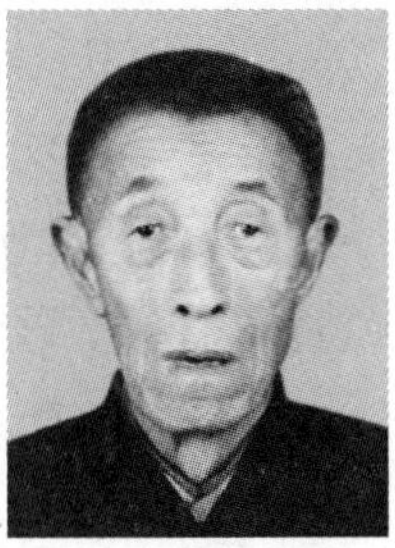

营处运通砖瓦厂业务员。1952 年 9 月，任运城砖瓦厂经营股负责人。1953 年 10 月，任运城化工厂主办供应员。1955 年 6 月，任西郭钢煤厂采购员。1966 年 3 月，任襄汾县化肥厂采购员。1996 年 6 月离休。2004 年 11 月去世。

王建基　1925 年 3 月生，襄汾县邓庄镇北梁村人。1949 年 6 月加入中国共产党。1947 年 6 月参加中国人民解放军，先后任襄陵县大队司务员、司务长。1948 年 8 月，任 44 旅 131 团管理员。1949 年，任 62 军 185 师 554 团管理员。同年 12 月，任 185 师采购站采购员。1950 年 10 月，任雅安军分区供应站供应股长。1951 年 6 月，任分区后勤处副科长。同年 10 月，任分区供应站副站长。1952 年 7 月，转业任石棉县供销社副主任。1958 年 10 月，被打成右派下放，先后在石棉、永和公社劳动。1962 年 11 月，回乡务农。1978 年 10 月平反，到襄汾县邓庄供销社工作。1985 年 2 月离休。曾参加晋中战役，立师二等功一次。1993 年 12 月去世。

王廷智　曾用名王来福，1925 年 6 月生，襄汾县南辛店乡北陈村人。1948 年 5 月，入临汾教训班学习。1948 年 7 月参加工作，任襄陵县东徐学校教师。1950 年 2 月，任中陈中心学校教师。1951 年 2 月后，任襄陵县第二区联合校长、文教助理员。1954 年，任赵曲中学会计、教导员。1964 年后，任贾罕、南辛店、古城公社学校教员。1979 年退休，1982 年改为离休。2011 年 6 月去世。

王东平　1925 年 10 月生，山西省洪洞县人，后居襄汾县新城镇柴村。1938 年加入中国共产党。1936 年 3 月，在家乡参加中国工农红军。随红军到延安后，任中央红军大学警卫员。1940 年，入延安抗大学习。1941 年，任八路军 129 师警卫员。1943 年，到太岳军区搞情报工作。1946 年，任襄陵县公安局副局长。1949 年后，任襄陵三区、二区区长。1955 年，入晋南干校学习。1957 年，任襄汾县农场场长。1959 年，调襄汾县水利局电管站工作。1967 年，调襄汾县钻井队工作。1980 年 12 月退休，1988 年 4 月改为离休，享受副厅级待遇。王东平即斯诺《西行漫记》中的“红小鬼”。1999 年 10 月去世。

王世明　1925 年 10 月生，襄汾县赵康镇北柴村人。1949 年 7 月参加工作，任汾城县三区民政助理员。1954 年，任襄汾县委办公室干事。1959 年，任侯马市委办公室干事。1961 年，任襄汾县丰盈公社农委委员。1962 年 7 月，任襄汾支行赵康办事处农金员。1964 年，任襄汾县人民银行业务员。1982 年 12 月离休。

王生才　1925年11月生，临汾市东李家庄村人。1946年8月加入中国共产党。1945年9月参加工作，任临汾县大队队员。12月，任华北太岳军分区警卫4团班长。1947年1月，任野战8纵队团部警卫员。8月，任排长。1948年9月，任60军180师538团副政治指导员。1949年10月，任指导员。1950年9月，任西南贸易部经保大队政治指导员。1952年10月，任西南商业管理局大队部副政治指导员。1953年7月，入重庆市党校学习。1955年6月，任重庆市第一建筑公司党委组织科科长。1958年9月，任临汾发电厂筹备处主任。1959年4月，任临汾工业部干部科科长。1959年9月，任襄汾县地方国营邓庄造纸厂党支部书记。后任县粮局油厂负责人。1981年7月离休。曾参加10余次较大规模战役。1992年去世。

王林泉　1926年3月生，襄汾县汾城镇南贾岗村人。1949年8月参加工作，任甘肃省定西县财政科科员。1950年5月，任定西县人民检察院检察员。1952年6月后，任定西县人民法院书记员、审判员。1955年9月，任定西县新樊合作社营业员。1957年，在整风运动中受处分。后任襄汾县贾岗供销社营业员。1979年12月退休，后改为离休。1992年5月去世。

王仰善　曾用名王万子，1926年7月生，襄汾县南辛店乡北蔺村人。1982年11月加入中国共产党。1948年6月参加工作，任黄崖村小学教师。1950年6月，任襄陵二区联合校长。1955年6月，任襄汾县教育局视导室负责人。1958年12月，任临汾县教育局视导组组长。1955年9月，任南辛店完小校长。1961年8月，任襄汾县教育局视导组组长。1969年4月，回村务农。1973年3月，任县经管站干事。1981年1月，任南辛店公社经管站站长。1984年3月离休。1959年，被评为教育先进工作者，出席县、地区群英会；同年，任县人大代表。1997年2月去世。

王耀武　曾用名王善贵，1926年8月生，河北省任丘县第五区东八主村人。1945年10月加入中国共产党。1942年2月参加工作，任邱县区小队队员，后任晋察冀冀中9分区43分队战士。1946年10月，任晋察冀军区38团1营3连党支部组长。1947年6月，任晋察冀八旅政治部党支部组长。1950年11月，任第63军合作社党支部委员。1953年1月，任第63军（63军参加抗美援朝）留守处党支部组长、委员。1954年8月，任襄汾县供销社组织干事。1956年2月，任襄汾县公私合营饭店经理。1958年，任县服务公司副经理。1983年3月离休。曾参加任邱、大城、新镇、新安镇、平地泉等战斗。1952年7月，被授予正排级。1995年12月去世。

王荣华　曾用名王恒富，1926 年生，山东省荣城县段家村人。1946 年 7 月加入中国共产党。1945 年 3 月参加工作，任胶东军区被服厂工人、组长。1947 年 12 月，入胶东军区后勤政训班学习。1948 年 4 月，任胶东军区教导总队副分队长。1948 年 6 月，任山东兵团教导三分团分队长。1949 年 8 月，入浙江省公安干校学习。1949 年 12 月，任浙江省公安厅工作组组长。1950 年 6 月，任浙江省公安厅侦察科科员。1951 年 4 月，任中央警卫师作战科参谋。1958 年 5 月，任晋南临汾氮肥厂人保科副科长。1959 年 6 月，任临汾纺织厂人事劳资科副科长。1961 年 10 月，任襄汾县生产资料公司党支部书记。1962 年 7 月，任襄汾县交电公司党支部书记。1992 年离休。在部队期间曾立三等功 4 次、四等功 3 次。1955 年 4 月，被授予解放奖章。1955 年 9 月，被授予上尉军衔。2000 年 10 月去世。

王孝先　曾用名王振，1927 年 1 月生，襄汾县汾城镇三公村人。1949 年 4 月在榆次参加工作，任太原文教接管组联络员。6 月，任太原市文化馆馆员。1950 年 9 月回家养病。1951 年 9 月，任太原工人文化馆馆员。1951 年 12 月，任太原杂技团指导员。1952 年 9 月，任太原一区文化馆馆员。10 月，任太原六区文化馆负责人。1953 年 6 月，任太原市文化局科员。1954 年 6 月，任北城区文化馆长。1956 年 7 月，任北城区人委文化科副科长。1961 年 11 月，带工资下乡支农。1980 年 5 月，任襄汾县电影公司总务。1985 年 2 月离休。2012 年 7 月去世。

王才安　1927 年 4 月生，襄汾县汾城镇尉村人。1949 年 7 月参加工作，任古城专营酒厂保管。1950 年 9 月，任交易所会计、业务员。1955 年 12 月，任汾城供销社分店负责人。1956 年 1 月，任汾城供销社秘书。1962 年 7 月，任尉村分店负责人。后在县蔬菜公司业务组长岗位退休，1982 年 11 月改为离休。获得的奖励有：1952 年，被评为二等先进工作者，获物质奖；1957 年，被评为先进工作者，获物质奖；1958 年，在大炼钢铁中被评为二等先进工作者；1959 年，在财经学院学习被评为五好学生。1991 年 11 月去世。

王水旺　1927 年 5 月生，襄汾县汾城镇北贾坊村人。1949 年 2 月加入中国共产党。1949 年 2 月参加工作，任汾城县一区团委副书记。1951 年 12 月，任汾城县团委会组织部部长。1954 年 10 月，任襄汾县团委副书记。1956 年 3 月后，任平陆县乡、公社副书记。1971 年 10 月，任襄汾县赵康公社副书记。1974 年 1 月，任永固公社主任。1976 年 11 月，任景毛公社主任。1984 年 3 月离休。2000 年 6 月去世。

王友夫　曾用名王有福，1927 年 12 月生，山西省河津县樊村镇干涧村人。1952 年 12 月

加入中国共产党。1948 年 1 月参加工作，任河津县樊村三区政府通讯员。1949 年 1 月，到新绛行政干校学习。4 月，任新绛行政专署事务长。1949 年 12 月，任晋南行政专署事务管理员。1951 年 8 月，任北京华北中苏友好协会抗美援朝总分会总务股长。1952 年 9 月，到北京人民大学附设工农中学学习。1955 年 9 月，入中国人民大学国民经济计划系学习。1959 年 9 月，任山西省计委综合处计划员。1961 年 10 月，任襄汾县永固公社革委会副主任。1970 年 12 月，任贾罕公社副主任。1976 年 10 月，任襄汾县统计局统计员。1979 年，任襄汾县计委物价局副局长。1984 年 3 月离休后居住永固乡南董村。2006 年 4 月去世。

王金马　1927 年生，襄汾县襄陵镇景村人。1948 年 8 月加入中国共产党。1947 年 4 月参加中国人民解放军，任 23 旅警卫连战士、山炮连通讯员。1949 年，调 60 军 179 师山炮营。1953 年 3 月，到军教导团学习。1954 年，任 179 师战炮营排长。1955 年 12 月后，入洛阳炮兵学校、沈阳第五炮校学习。1960 年，任 179 师炮兵司令部作训参谋。1963 年，任安徽肥东兵役局作训参谋。1963 年 7 月，任襄汾县粮食加工厂支部书记。1972 年 8 月，任襄汾化肥厂车间支部书记。1984 年 5 月离休。曾参加运城攻击战、运城二次攻击战、临汾攻城战、晋中战役、太原东山攻击战、太原攻城战、陕西秦岭追击战、朝鲜五次战役第一阶段战斗等。1955 年授少尉军衔，1960 年授中尉军衔。1953 年获朝鲜军功章，1955 年获解放奖章。2002 年 11 月去世。

王庙魁　1928 年 5 月生，襄汾县大邓乡赤邓村人。1955 年 12 月加入中国共产党。1948 年 12 月参加中国人民解放军，任班长、文书。1952 年，任襄陵县大邓信用社主任。1959 年，任大邓公社武装部部长。1969 年，任邓庄纸厂主任。1972 年，任邓庄供销社副主任。1984 年 5 月离休。先后 4 次被评为“五好”武装部长。2008 年 3 月去世。

王德庆　曾用名王天福，1928 年 8 月生，襄汾县襄陵镇东街村人。1949 年 2 月参加工作，任襄陵县邮电局邮工。1949 年 9 月，任襄陵县政治部交通员。1950 年 6 月，任襄陵县供销社秘书干事。1952 年 2 月，任襄陵县供销社统计股统计员。1954 年 10 月，任襄汾县供销社供销股科员。1957 年 2 月，任襄汾县生产资料经理部干事。1958 年 7 月，入西安商业学校学习。1959 年 11 月，任临汾县生产资料公司干事。1961 年 6 月，任襄汾县生产资料经理部业务员。1966 年 5 月，任襄汾县生产资料公司采购员。1990 年 12 月离休。1956 年，被评为县一等先进工作者；1962 年，被评为县先进工作者；1964 年，被评为县六好职工。1999 年 12 月去世。

王明载　1929年2月生，山西省沁源县五凤村人。1945年1月参加工作，任沁源县黄段村抗日小学教员。1945年8月，任夏县农会工作员。1946年8月，入太岳行政干校学习。1946年8月，任夏县青龙游击队副队长。1947年7月后，任运城、临汾军分区宣教干事。1958年4月，任临汾行署民政局干事。1961年10月，任襄汾县邓庄供销社副主任。1968年10月，调襄汾县食品公司工作。1976年4月，任襄汾县张礼供销社副主任。1991年9月离休。1955年，获解放奖章。1956年10月，被评为支援农业一等模范工作者，获奖章一枚。2000年7月去世。

王德义　1929年3月生，山西省沁水县南阳村人，后居襄汾县新城镇城南村。1945年12月加入中国共产党。1947年4月参加工作，任沁水县委会事务员。1947年7月，任沁水县小学校教员。1949年1月，任绛县三区区委会秘书、宣传委员。1951年4月，入山西省委党校学习。1951年10月后，任绛县三、二、四区委宣传委员、副书记。1954年9月，入山西省行政干校学习。1957年8月后，任绛县董村乡、南樊公社书记、副主任。1959年4月，任翼城县里岩公社副书记。1960年11月后，任襄汾县邓庄、陶寺、大邓公社副书记、书记。1964年8月，抽调搞“四清”。1970年4月，任襄汾县印刷厂党支部书记。1973年2月后，任调干、贫协会副主任。1984年3月离休。1985年9月去世。

王立学　1930年1月生，襄汾县新城镇荆村人。1949年10月加入中国共产党。1947年8月参加中国人民解放军，先后任554团三营战士、副班长、班长、副排长、排长。1954年1月后，任工程兵10团连副指导员、指导员、副政教、政教。1976年4月，任襄汾县城乡建设局局长。1985年3月，任城建局调研员。1991年9月离休。曾参加新绛战斗、太谷战斗、太原战役、歼灭伪33师战斗、贵州剿匪战斗等。先后立功十余次。1955年获解放奖章。1955年，被授中尉军衔；1960年，被授上尉军衔；1963年，被授大尉军衔。2008年5月去世。

王建中　1930年2月生，襄汾县陶寺乡青杨村人。1956年6月加入中国共产党。1948年1月参加工作，任赵曲小学教师。1950年1月，任陶寺乡红星中心学校校长。1958年8月，任贾庄完小负责人。1959年1月后，任赤邓、上西梁、邓庄完小教导主任。1968年12月，任陶寺中学负责人。1980年5月退休，1982年11月改为离休。1948年，参加临汾战役支前被评为三等功臣；1951年，被评为模范教师；1954年，被评为先进工作者并出席全县代表会议；1960年获一等跃进奖。2003年11月去世。

王天佑　曾用名王世法，1930 年 9 月生，襄汾县汾城镇尉村人。1979 年 7 月加入中国共产党。1948 年 2 月参加工作，任运城盐场职员。1950 年 10 月后，任襄陵县赵曲轧花厂会计、财务股股长。1953 年后，任晋南工业局、临汾县工业局财务科股长。1962 年 9 月，任襄汾县拖拉机站会计。1970 年 10 月，任襄汾县农机厂副厂长。1982 年 10 月离休。1997 年 1 月去世。

王重阳　1930 年 9 月生，山西省汾西县和平乡河达村人。1949 年 4 月参加工作，任汾城县税务局征税员。1956 年 6 月，任襄汾县工业科科员。1958 年，任襄汾县铁厂财务员。1960 年，任汾城机械厂采购员。1962 年，任拖拉机站总务。1970 年，任襄汾县农修厂总务。1972 年 1 月退休，1982 年 11 月改为离休。1994 年去世。

王恒文　1930 年 10 月生，襄汾县陶寺乡青杨村人。1956 年 4 月加入中国共产党。1948 年 1 月参加工作，先后任伯社小学、荆村沟小学、小梁小学教师。1953 年 2 月，任襄陵七完小中心校长。1956 年 8 月，调县文教局工作。1958 年 11 月，调襄汾中学任教。1971 年 6 月，调县文教局。1973 年 12 月，任县体委副主任。1974 年 12 月，任县“五七”干校副主任。1976 年 6 月，任襄汾“五七”大学政治处副主任。1977 年 11 月，任襄汾县委党校副校长。1983 年 12 月离休。1949 年、1952 年被评为模范教师；1953 年被评为模范少先辅导员；1956 年，被评为工会积极分子，出席县、专署会议；1959 年、1960 年、1961 年、1964 年被评为模范班主任、模范教师；1978 年，被评为一等先进工作者、模范下乡工作队员；1979 年，被评为模范党员。2008 年 5 月去世。

王耀庭　1931 年 1 月生，襄汾县南辛店乡人。1950 年 6 月加入中国共产党。1948 年 7 月参加工作，先后任共青团吕梁干校、新绛县、运城县委秘书。1958 年 8 月，任晋南地委组织部西山工委组长。1969 年 8 月后，任地委“三反”工作队、蒲县工作队队长。1973 年 10 月，任蒲县山中公社党委书记。1977 年 1 月后，任襄汾县张礼农机厂、东风铸管厂书记。1978 年 3 月，任陶寺公社党委书记。1980 年 8 月后，任襄汾县农工部副部长、部长。1984 年 12 月，任襄汾县政协副主席、县委统战部部长。1996 年 6 月，任襄汾县政府副县级调研员。1991 年 11 月离休。2005 年 7 月去世。

王水盛　曾用名王如泉，1931 年 2 月生，襄汾县南贾镇连村人。1956 年 4 月加入中国共产党。1948 年 2 月参加工作，先后任高家庄、西李小学教师。1954 年后，任古城、景毛联合校长。1956 年 8 月，任县委文教部干部。1960 年 10 月，任古城中学教导主任。1968 年 12 月，调中教清队办公室工作。1970 年 12 月，任汾城中学支部书记。1982 年 4 月离休。2001 年 11 月去世。

王正明　曾用名王武魁，1931 年 3 月生，临猗县北景乡新兴庄人。1971 年 8 月加入中国共产党。1949 年 9 月参加工作，任西北贸易公司汾城支公司会计。1950 年 6 月，任古城供销社会计。1956 年 9 月，任襄汾县百货公司副经理。1958 年 4 月，任生产资料公司副经理。11 月，任侯马市驻襄汾管理站副主任。1959 年，任汾城供销社副主任。1961 年，任襄汾县商业局副股长。1962 年，任交电公司副经理。1968 年，任古城供销社副主任。1970 年，任县商业局股长。1977 年，任生产资料公司经理。1982 年 3 月，任县供销联社副主任。1985 年 5 月，任县商业局副局长。1990 年 11 月离休。2002 年 11 月去世。

王立义　曾用名王焕陞，1931 年 7 月生，襄汾县汾城镇北中黄村人。1979 年 5 月加入中国共产党。1949 年 5 月参加工作，入山西公学第一部、山西省委党校团训班学习。1949 年 11 月后，在平顺县团委会、长治团地委宣传部工作。1959 年 3 月，下放襄垣水库农业社劳动。1960 年 4 月，任共青团长治地委军体部副部长。1960 年 9 月，下放襄垣马岭脑生产小队任副队长。1961 年 8 月，任晋城县手工业管理局副局长。1964 年 6 月后，任晋城县文化局副局长、体委副主任。1967 年修战备沁高公路，任晋城营营长。1970 年 4 月，任晋城县工交企业领导组干事。1974 年 5 月，调襄汾县工业局工作。1985 年 5 月，任工业局总支副书记兼纪检书记。1991 年 9 月离休。2005 年 11 月去世。

王兰田　1931 年生，襄汾县古城镇东侯村人。1953 年 3 月加入中国共产党。1948 年 8 月参加中国人民解放军，任西北野战军补训团通讯员。1948 年 11 月，入西北野战军教导团学习。1949 年 6 月，任西北野战军第四军司令部测绘员。1949 年 9 月后，任警卫连副班长、班长。1952 年 9 月后，任上海高炮学校班长、保密员、事务长。1956 年 9 月，入上海高炮学校速成班学习。1958 年 4 月转业，任襄汾县古城公社东侯完小教师。1961 年后，任安平、中安平、南相李、东侯学校教师。1971 年 1 月后，任北成、东侯、邓村学校负责人。1979 年 2 月，任贾朱学校副校长。1983 年 11 月离休。1950 年，获部队嘉奖一次；同年，在军队大生产中获物资奖；1953 年，在部队向文化进军运动中获物资奖；1960 年，被评为县模范教师。2009 年 8 月去世。

王文忠　1931 年 10 月生，襄汾县大邓乡赤邓村人。1953 年 1 月加入中国共产党。1949 年 9 月参加工作，入晋南干校（在新绛县）学习。1950 年 3 月，任汾城县供销社职员。1954 年 9 月后，任襄汾县供销社副经理、科长。1958 年 6 月，任临汾县商业局科长。1959 年 4 月，任北关管理区书记。1959 年 8 月，任临汾县文教组指导员。1961 年 5 月后，任襄汾县贾罕公社主任、代书记。1971 年 5 月后，任邓庄公社副主任、书记。1976 年 6 月，任襄汾县外贸局局长。1984 年 6 月离休。曾于 1954 年、1958 年、1960 年受过物资奖励。2004 年 3 月去世。

王志明　1932 年 1 月生，山西省隰县无于村人，后居襄汾县县社家属院。1949 年 9 月加入中国共产党。1947 年 11 月参加工作，先后在隰县黄土区村公所、区党委工作。1955 年 5 月，任隰县城关镇书记。1956 年 12 月，任隰县农工部副部长。1963 年 7 月，任隰县人民政府副县长。1970 年 3 月，任隰县化肥厂主任。1970 年 12 月，任隰县商业局办公室、革委副主任。1977 年 9 月，任襄汾县 6611 库书记。1981 年 8 月，任侯马外贸肉联厂书记。1984 年 12 月，任襄汾县人大常委会副主任。1990 年 5 月，任襄汾县人民政府副县级调研员。1992 年 4 月离休。2016 年 5 月 9 日去世。

王恩充　1932 年 3 月生，襄汾县古城镇东街村人。1949 年 5 月参加工作，入中国人民解放军第四军医大学学习。1952 年 4 月，任中国人民解放军西安陆军医院实习军医。1953 年 3 月，任中国人民志愿军第 1 军医疗队中尉军医。1958 年 10 月，任中国人民解放军第 1 军直属队（开封）上尉军医。1969 年 10 月，任襄汾县汾城人民医院主治医师。1983 年 3 月离休。1955 年 10 月，被授予少尉军衔；1956 年 4 月，被授予中尉军衔；1963 年 9 月，被授予上尉军衔。行政 19 级。1998 年 5 月去世。

王英俊　曾用名王起胂，1932 年 12 月生，襄汾县汾城镇北中黄村人。1948 年 11 月在乡宁县晋华炼铁厂参加工作。1951 年 1 月，调太原市兴建房地产公司砖厂工作。1952 年 10 月，调太原市地政局工作。1958 年 6 月，调太原市城建局工作。1960 年 3 月，调太原市北城区城建处工作。1961 年 10 月，带工资下放劳动。1980 年 4 月后，任襄汾县工商局干事、合同股负责人等职。1993 年 8 月离休。2004 年 11 月去世。

王守恒　1933 年 2 月生，河北省完县西庆兴村人，后居襄汾车站街。1946 年 3 月加入中国共产党。1946 年 3 月参加工作，任儿童团团长。1947 年 1 月，任完县北城高小学生会委员。1949 年 5 月，任西庆兴村治安协理员。1951 年 1 月，到北京下斜街完小学习。1951 年 6 月，任北京煤建器材公司办事员。1953 年 3 月后，任北京三建、军委工程公司组织干事。1956 年 9 月后，任总军械部 752 厂、753 厂助理员。1958 年 3 月后，任榆次纺织厂、省轻工厅科员。1961 年 7 月，任襄汾县襄陵公社副主任兼公安特派员。1963 年 3 月，任襄汾县农机公司门市部负责人。1988 年 7 月离休。2016 年 2 月 14 日去世。

王光裕　1934年8月生，襄汾县古城镇东安平村人。1956年12月加入中国共产党。1949年7月参加工作，任古城税务所会计。1955年3月，任襄汾县税务局会计股长。1958年9月，任临汾县财政局会计股长。1961年5月，任襄汾县财政局预算股长。1966年5月，任南辛店公社党委副书记、主任。1967年7月，任县饮食服务公司革委会主任。1970年11月，任县财税办公室主任。1972年，任县财政局局长。1975年9月，任县财贸部副部长兼财政局局长。1984年，任县财贸部部长。1994年8月离休。2007年4月去世。

牛

牛昆麟　曾用名牛经炉，1911年9月生，晋城市北石店乡大东渠村人。1951年1月加入中国共产党。1948年5月参加工作，任太岳区高平制造厂钳工。1949年11月，任洪洞轧花厂钳工。1952年6月，任霍县棉加厂生产副股长。1953年6月，任赵曲棉加厂生产副股长。1958年1月，任城关棉加厂生产股长。1982年12月去世。

牛振海　曾用名牛心安，1925年2月生，襄汾县南贾镇东牛村人。1985年加入民革。1949年9月参加工作，入山西公学学习。1950年3月，任山西省人民银行人事科干事。1950年6月，任太原市保险公司组长、股长。1955年3月，任太原市财经办公室干事。1956年6月，任太原地贸公司监察。1956年10月，任太原市食品杂货公司权证科负责人。1960年“反右”中回村劳动。1978年10月，任襄汾县糖酒副食公司门卫。1990年5月离休。2013年3月去世。

毛

毛敏之　曾用名毛锡英，1912年4月生，襄汾县汾城镇北贾岗村人。1949年参加工作，先后任南贾岗小学、汾城完小、县文补校、史村中学教师。1962年9月，任汾城中学教师。1975年3月退休，1984年改为离休。2006年9月去世。

毛克勤　曾用名毛来栓，1923年生，襄汾县汾城镇北贾坊村人。1949年1月加入中国共产党。1948年1月参加工作，任汾城县一区民政助理员。1950年10月，入临汾干部文补校

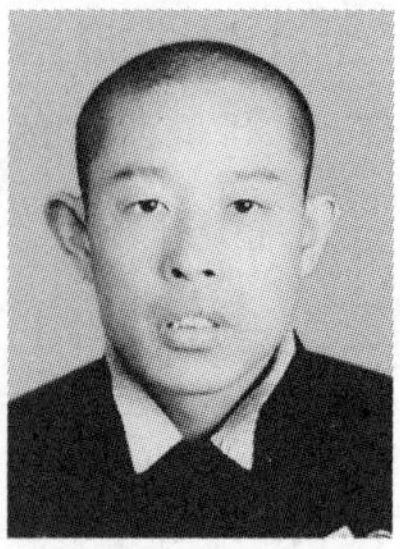

学习。1952 年 9 月，入太原工农学校学习。1956 年 6 月，任襄汾县工业局科员。1957 年 2 月，任司马乡乡长。1958 年 4 月，任贾岗乡乡长。1959 年 3 月后，任五星公社、西贾公社副主任。1963 年 10 月，任国营育种站党支部书记。1964 年 10 月，任南贾四清工作队队长。1966 年 11 月，任国营育种站党支部书记。1968 年 11 月，任汾城居民委员会书记兼主任。1976 年 3 月，任汾城居委会书记。1947 年，在解放运城支前工作中获物资奖。1985 年 4 月去世。

毛九思　1928 年 6 月生，襄汾县新城镇伯玉村人。1949 年 2 月参加工作，任汾城县上庄学校教师。1954 年 1 月，入山西教育学院语文科学习。1954 年 9 月，任运城县舜帝庙中学教师。1969 年 6 月后，任运城县王范、上王学校教师。1979 年 9 月，任襄汾中学教师。1984 年 5 月离休。2010 年 10 月去世。

毛培良　曾用名毛冬奎，1929 年生，襄汾县西贾乡德西毛村人。1948 年 2 月参加工作，任汾城县贸易公司营业员。1950 年，任新绛县贸易公司营业员。1957 年，任新绛交电公司营业员。1958 年，任乡宁县龙王寺铜矿营业员。1959 年，任侯马电厂科员。1961 年，任襄汾县招待所事务长。1986 年 6 月离休。1995 年 10 月去世。

亢

亢永泰　1922 年 3 月生，襄汾县邓庄镇安乐庄人。1944 年 7 月加入中国共产党。1948 年 2 月参加工作，参加临汾战役支前。1948 年 7 月，任南梁村教师。1952 年 7 月，任襄汾县工会干事。1958 年 10 月，任新绛纱厂工会秘书。1959 年 9 月，任临汾县工会秘书。1961 年 5 月，任襄汾县工会秘书。1971 年，任襄汾县人民大礼堂经理。1983 年 12 月离休。1985 年 11 月去世。

尹

尹宗琳　曾用名尹啟明，1923 年 3 月生，襄汾县襄陵镇齐村人。1949 年 12 月加入中国共产党。1948 年 7 月参加工作，任襄陵县一区浪泉中心学校校长。1950 年 1 月后，任襄陵县一区团委会组织委员、副书记、书记。1953 年 3 月，任襄陵县襄陵镇党支部书记。1954 年 11 月，任襄汾县襄陵乡党支部书记。1956 年 8 月，任古城基点副组长。1957 年 3 月，任襄

陵乡第二书记兼乡长。1958 年 9 月，任临汾县南辛店公社副主任兼铁厂书记。1959 年 1 月，任临汾县地方国营联合钢铁厂冶炼车间主任。1960 年 10 月，任襄陵公社副主任。1961 年 9 月，任南辛店公社副书记。1963 年 8 月，任永固公社副书记。1965 年 3 月，任赵康公社主任。1966 年 5 月，调襄汾县良种繁殖场负责生产工作。1968 年 10 月，任襄汾县“五七”干校班长。1970 年 6 月，任襄汾县地方国营钢铁厂领导。1983 年 12 月离休。1960 年，在襄陵公社因排水清淤工作突出，参加山西省模范会议，受奖章奖励。1989 年去世。

邓

邓　坎　1910 年出生，山西省灵丘县高家庄村人。1949 年 9 月参加工作，任太原兽疫防治所队员。1950 年，调省畜牧局工作。1951 年 8 月，调临专畜牧兽医工作站工作。1953 年，任襄汾县农林局股员。1971 年 9 月，在襄汾县畜牧局退休，后改为离休。1994 年去世。

邓元顺　曾用名邓子俞，1915 年 8 月生，襄汾县大邓乡大邓村人。1945 年 4 月参加工作，任襄陵一区生产助理员。1947 年 7 月，任一区民政助理员。1949 年 10 月，任四区政府秘书。1951 年 8 月，任县民政科科员。1954 年 3 月，入省政法学校学习。1954 年 9 月，任汾城粮站站长。1956 年 4 月，任襄汾县人民法院审判员。1973 年 3 月，任襄汾县陶寺公社民政员。1980 年离休。1995 年 9 月去世。

邓敏如　1922 年 11 月生，山西省襄垣县城关镇桃树村人。1949 年 6 月参加工作。1979 年 12 月，在商业局桥西商店会计岗位退休，后改为离休。1997 年去世。

邓祥云　1928 年 2 月生，襄汾县大邓乡小邓村人。1951 年 1 月加入中国共产党。1947 年 1 月参加工作，任襄陵县张相小学教员。1947 年 7 月后，任襄陵县公安局股员、秘书。1957 年 3 月，任安平乡党委书记。1958 年 10 月后，任古城、曹家庄公社管委会主任、书记。1970 年 11 月，任浪泉公社书记。1973 年 10 月，任县百货公司书记。1982 年 5 月，任县外贸局副局长。1984 年 3 月离休。2014 年 10 月去世。

邓五奎　曾用名邓奎子，1930 年 4 月生，襄汾县大邓乡上西梁村人。1956 年 7 月加入中国共产党。1949 年 2 月参加工作，任襄陵县人民政府通讯员、收发员。1952 年 4 月，任南梁

地方仓库负责人。1952 年 12 月，任襄陵县人民政府农林科科员。1953 年 3 月，任襄陵县农业技术推广站推广员。1958 年 8 月，任襄汾县种子管理站技术员。1964 年 11 月，任襄汾县农林局人事干事。1965 年 4 月，任襄汾县农业技术推广站副站长。1968 年 10 月，任襄汾县林业站站长。1984 年 5 月离休。获得的奖励有：1953 年，在襄汾县粮食统购统销工作中被评为先进工作者，获金质奖章一枚；1954 年，在三统工作中获物质奖和荣誉奖。1995 年 1 月去世。

孔

孔一华　曾用名孔东来，1926 年 11 月生，襄汾县大邓乡东郭村人。1949 年 8 月参加工作，任襄陵县五区政府事务长。1950 年，任襄陵县供销社干事。1954 年，任襄汾县手工业联社干事。1958 年，任临汾县工业局干事。1961 年，任襄陵铁木业社主任。1964 年，任襄汾县手工业管理站负责人。1968 年，任襄汾县农机修配厂负责人。1969 年，任襄汾县工业矿管所股长。1985 年 8 月，任襄汾县工业局主任科员。1990 年 4 月离休。1999 年 8 月去世。

孔繁晋　1931 年 2 月生，襄汾县大邓乡东张村人。1948 年 5 月参加工作，任新绛县新华书店发行员。1949 年 9 月，任忻县新华书店保管员。1954 年 8 月，入忻县专区第七工农速成小学学习。1956 年 1 月，任忻县新华书店供应员。1958 年 6 月，任晋北专区文工团管理员。1959 年 2 月，任忻县新华书店保管员。1963 年 2 月，任襄汾县种子站保管员。1964 年 11 月，任襄汾县新华书店发行员。1974 年 10 月，任襄汾县种子公司技术员。1984 年 7 月离休。2010 年 2 月去世。

石

石增琛　曾用名石大儿，1922 年 4 月生，襄汾县陶寺乡陶寺村人。1945 年加入中国共产党。1943 年 7 月参加工作，先后任曲襄县公安局班长、股员。1947 年后，任县农工会工作队员、地方兵团 45 团 3 营 8 连指导员。1948 年后，任县联合社指导员、股长。1950 年，任县供销合作社股长。1954 年，任晋南专署手管局主办科员。1957 年，任晋南专署冶金局副科长。1960 年，任史村铁厂支部书记。1962 年，任贾罕公社副主任。1979 年 10 月退休，后改为离休。1946 年，在公安局工作时，一次俘虏 4 个敌人荣立二等功一次。2003 年 2 月去世。

左

左保江　曾用名梁明，1914年3月生，洪洞县左家沟村人，后居襄汾县城。1939年7月加入中国共产党。1938年10月参加工作，任洪洞县东权头编村抗日牺盟会自卫队军事教官。1942年12月，到晋西北党校学习。1945年8月，任清源县一区主任。1946年9月，任洪赵县一区区长。1948年7月，任晋南地委党校总务科长。1950年6月，任汾城县一区区长。1952年1月，任汾城县农林科科长。1955年2月，任襄汾县人委会副县长。1958年10月，任侯马市人委会副市长。1961年5月，任襄汾县人委会副县长。1962年12月，任襄汾县农村工作队副队长。1965年6月下乡。1972年1月，任襄汾化肥厂副主任。1976年6月，任襄汾县工业局顾问。1984年3月离休。1951年，被评为二等劳模；1952年至1959年，多次受大会表彰奖励。2001年4月去世。

卢

卢　蓉　1919年6月生，襄汾县古城镇北焦彭村人。1948年2月参加工作，任北焦彭小学教师。1949年2月后，任曹家庄、关村小学教师。1950年8月，入临汾师范轮训班学习。1950年12月后，任古城完小、姚村小学教师。1969年3月后，任南安平、北焦彭七年制学校教师。1979年11月退休，1982年11月改为离休。2006年5月去世。

卢洪德　1928年8月生，襄汾县南辛店乡东徐村人。1948年2月参加中国人民解放军，任吕梁军区党校炊事员。1949年7月，任178师运输队炊事班班长。1950年8月，任安县警卫1连事务长。1952年8月，任绵阳分区营管股股员。1954年7月，入四川军区军政干校学习。1955年5月，任襄汾县百货公司营业员。1958年3月，任史村铁厂总务。1961年4月，任南辛店公社统计员、总务。1961年12月，任襄汾县公安局总务。1979年11月，任襄汾县百货公司营业员。1984年5月离休。曾参加临汾战役、太原战役、西北战役等。1952年8月，被授予副排级；1953年8月，被授予正排级。2007年7月去世。

卢作民　1929年4月生，襄汾县襄陵镇中兴村人。1955年12月加入中国共产党。1948年6月起，先后入新绛财经干校、临汾工业学校学习。1949年5月后，任西安市东关、西北军区、西南军区兵站副站长。1950年5月后，任临汾、古城、汾城、襄汾百货公司会计、秘

书、股长。1958 年 5 月后，在临汾、襄汾计委、统计局工作。1959 年 10 月，调山西省统计局工作。1961 年 10 月后，在襄汾县计委、统计局、劳动局工作。1968 年 11 月，入襄汾县“五七”干校学习。1970 年 4 月后，到浪泉、汾城、邓庄公社下乡。1973 年 11 月，任襄汾县农作物原种场保管员、会计。1984 年 7 月离休。1950 年 12 月，在临汾百货公司因与盗贼英勇搏斗受会议表彰，并受物质奖励。1995 年 1 月去世。

卢玉书　襄汾县古城镇侯村人。大学文化。1947 年 5 月参加工作，任盘道村小学教师。10 月，任村农会书记。1949 年 2 月后，任常村、西安平村小学教师。1951 年 8 月，任古城镇干部文化补习学校主任教员。1985 年 10 月去世。

史

史清秀　1911 年生，襄汾县南贾镇连村人。1949 年 1 月加入中国共产党。1947 年 10 月参加工作，任汾城二区区委干部。1951 年 2 月，任盐务局业务员。1957 年 2 月，任襄汾城关供销社副食保管。1962 年 3 月，任襄汾县城关供销社保管。1965 年 9 月，任襄汾县食品公司事务。1965 年 9 月退休，1982 年 11 月改为离休。2000 年 2 月去世。

史在晋　曾用名史周娃，1912 年 5 月生，襄汾县新城镇陈郭村人。1947 年 6 月参加工作，任陈郭学校教师。1949 年 1 月后，任西郭、陈郭学校教师。曾任西郭中心校校长 5 年。1980 年 1 月退休，1982 年 11 月改为离休。1985 年 12 月去世。

史雷管　曾用名史瑞芳，1927 年 7 月生，襄汾县新城镇陈郭村人。1949 年 10 月加入中国共产党。1948 年 9 月参加中国人民解放军，先后任第一野战军 4 军炮兵团战士、副班长。1953 年 1 月，因负伤入西北陆军第九医院治疗。1953 年 5 月后，入西北荣校、山西荣校学习。1956 年转业，任襄汾县贸易公司营业员、县糖酒公司门市部主任。1958 年 9 月，任侯马市食品公司食品加工厂厂长。1960 年，任襄汾县蔬菜公司门市部主任。1980 年离休。曾参加过米家川、麟遊山、扶郿三次战役，荣立集体功一次。为二等乙级伤残军人。1996 年 9 月去世。

史　杰　曾用名史籍，1927 年 10 月生，襄汾县新城镇陈郭村人。1948 年 6 月参加中国人民解放军，任 60 军卫生部修养一所看护员。1950 年 5 月，任川西军区温江军分区医院统计员。1950 年 11 月，任志愿军 60 军卫生部总医院医务干事。1951 年 7 月，任志愿军 60 军卫生部医政科科员。1953 年 1 月，到辽西省辽西军区学习。1954 年 9 月，任四平市机械二厂供销科科员。1958 年 10 月下放四平市干部大队劳动锻炼。1960 年 4 月，任四平钢厂炼钢车间计统员。1960 年 10 月，任四平市电线厂管理员。1961 年 8 月后，任襄汾县农业机械站事务、统计、总务。1966 年 8 月，返原籍务农。1979 年 3 月，任襄汾县农业机械修造厂总务。1983 年 12 月离休。曾参加太原战役、西北战役、西南进军战役、抗美援朝五次战役等。在休养所立二等功、三等功三次；在军卫生部立二等功一次。1984 年 1 月去世。

史济民　曾用名史崇礼，1930 年 6 月生，临猗县石家庄村人。1949 年 6 月参加工作，入西北军政大学学习。1950 年 1 月，到解放军兵团部学习。1950 年 2 月，任 63 军 187 师 560 团 2 营 6 连文教员。1950 年 11 月后，任志愿军 63 军 187 师 560 团 2 营 4 连、6 连文教员。1953 年 12 月，到 63 军人事处学习。1954 年 8 月，任襄汾县油脂公司干事。1957 年 7 月，任襄汾县纺织品公司干事。1958 年 8 月，任襄汾县城关棉加厂管理员。1958 年 12 月，任侯马市古城公社水泥厂管理员。1959 年 5 月，任侯马高显陶瓷厂统计员。1960 年 6 月，任侯马市席村烟厂干事。1960 年 8 月，任侯马市钢铁指挥部干事。1961 年 6 月，任襄汾县工业局干事。1961 年 8 月，任襄汾县国营拖拉机站干事。1961 年 10 月，任襄汾县曹家庄公社统计员。1963 年 5 月，任襄汾县农林局干事。1983 年 5 月，在襄汾县饮食服务公司离休。1995 年 12 月去世。

史清奎　曾用名史文科，1933 年 9 月生，襄汾县襄陵镇河北村人。1949 年 6 月加入中国共产党。1948 年 5 月参加中国人民解放军，任 37 旅 110 团 1 营 1 连战士。1948 年 8 月后，任 61 军 181 师 542 团 1 营 2 连通讯员、1 营营部通讯员、学习大队副班长。1950 年 6 月后，任川北军区坚亭县警卫营营部通讯班班长、侦察排班长、第一连排长。1951 年 7 月，到川北军区遂宁军分区教导队政工队学习。1951 年 8 月，任川北军区遂宁军分区教导队二中队分队长。1951 年 10 月后，任川北军区坚亭县警卫营三区警备队副队长、四中队分队长。1952 年 6 月，任川北军区中江县十六区人民武装部军事参谋。1953 年 2 月，任四川军区遂宁军分区独立营 2 连排长。1953 年 3 月，任四川省公安总队直属公安六大队二中队排长。1953 年 4 月，到四川省公安总队集训队学习。1963 年 3 月，任襄汾县农林局秘书。1964 年 6 月，任曹家庄公社书记。1965 年，任县农林局秘书。1973 年 4 月，任贾庄公社副书记。1976 年 5 月，任城关公社副书记。1979 年 3 月，任古城公社主任。1981 年 11 月，任县地震局副局长。1982 年 3 月，任县农机局副局长。1983 年 12 月离休。曾参加祁县张明战斗、太原东山战斗、陕西咸阳战斗、秦岭战役阁洛寺战斗、三台牛头山战斗等。1949 年 8 月，在秦岭战斗中，两次通过敌人封锁桥，完成通讯工作，被评为营模范通讯员。1955 年 9 月，被授予少尉军衔；1960 年 4 月，被授予中尉军衔。2010 年 11 月去世。

史福元 1934 年 9 月生，襄汾县南贾镇西尉村人。1948 年 10 月参加中国人民解放军。1950 年 10 月参加抗美援朝。1955 年后，在南贾拖拉机站、县农机公司工作。1982 年 12 月离休。2001 年 4 月去世。

田

田 阜 曾用名田保元，1926 年 2 月生，山西省临汾市北街王麻子巷人。1949 年 6 月参加中国人民解放军，先后在华北军大二总队四大队、校直二大队、北京师大师训班学习。1950 年 9 月后，任华北军区直属二大队、文化速成中学、天津警备直属医院文化教员。1951 年 7 月后，在天津河北师院部队体育训练班、华北军区军政干校二大队学习。1952 年 7 月，任解放军第九步校政治系助教。1953 年 1 月，入第二高级步兵学校师训班学习。1954 年 11 月，转业至五寨县教育局任科员。1963 年 2 月调襄汾县，先后在统计局、房管会任科员。1984 年离休。1949 年，在西北军政大学学习时立三等功一次。在地方工作期间，多次被评为先进工作者。2009 年 11 月去世。

田宝森 1928 年 4 月生，河北省晋宁县城关敏村人，后居襄汾县赵康镇北王村。1949 年 4 月，在太原参加中国人民解放军，任第 63 军政治部文工团演员。1950 年 4 月，调第 189 师政治部文工队。1954 年 2 月，调高炮 66 师文工队。1955 年 1 月，调华北炮兵司令部训练班。4 月，复员分配到襄汾县光明蒲剧团任演员。1958 年，被错划为“右派”，到北王村务农，后曾于 1976 年在村内七年制学校当民办教师，1977 年，到乡宁剧团任武功老师。1978 年平反，任县蒲剧团导演。1980 年，任县文化馆馆员。1982 年，任县蒲剧团副团长。1984 年，调襄汾县志办工作。1987 年，任县志办副主任科员。1990 年离休。1951 年，在朝鲜五次战役中，受到师表扬一次。2011 年 8 月去世。

田建英　女，曾用名田稳女，1930 年 4 月生，襄汾县新城镇陈郭村人。1949 年 3 月加入中国共产党。1949 年 4 月参加工作，任汾城县南贾区妇女干部。1950 年 4 月，入临汾工农干校学习。1952 年 10 月，任隰县黄土区妇联主任。1956 年后，任襄汾县妇联副主任、主任。1958 年 4 月，任隰县卫生局副局长。1961 年 7 月，任隰县妇联主任。1978 年 11 月，任襄汾县供销社副主任。1990 年 11 月离休。1953 年在统购统销工作中获物资奖。1999 年 11 月去世。

仪

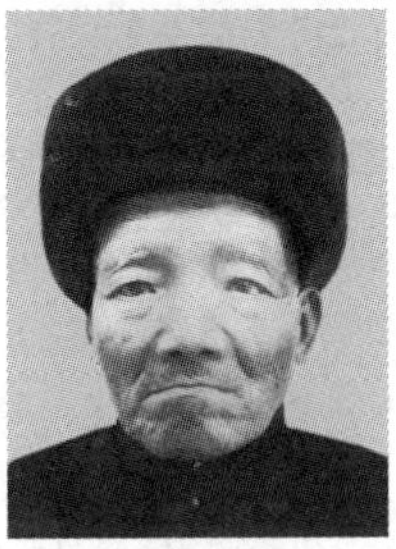

仪克愉　1919 年 7 月生，襄汾县西贾乡北西贾村人。1949 年 2 月参加工作，先后任东汾阳、南王、北赵、兴隆庄、西贾小学教师。1974 年 12 月退休，1982 年 11 月改为离休。1992 年 3 月去世。

白

白云昭　1921 年 2 月生，襄汾县古城镇站李村人。1948 年 5 月参加工作，先后任临汾师范学校会计员、总务副主任、主任。1971 年 4 月，到曹家庄公社插队。1973 年 3 月，任汾城中学总务负责人。1977 年 12 月退休，1982 年 11 月改为离休。1986 年 6 月去世。

仝

仝戊辰　1928 年 11 月生，运城市三家庄乡三家庄村人。1951 年 4 月加入中国共产党。1947 年 12 月参加中国人民解放军，任晋绥军区 10 分区骑兵 4 团 1 连战士。1949 年 6 月，任一野骑兵 2 旅 4 团 1 连文书。1950 年 9 月，任西北军区骑兵 6 团 3 连排长。1953 年 1 月，任西北军区骑兵 1 团后勤处助理员。1956 年 9 月，任西北军区 1 团 3 连副政治指导员。1960 年 1 月，任甘南军分区后勤部队政治指导员。1964 年 11 月转业，任襄汾县供销社政治办公室副主任。1971 年 2 月后，任襄汾县生产资料公司主任、支书。1975 年 10 月后，任县供销社政工股股长、副主任、调研员。1990 年 11 月离休。1957 年 5 月，因工作积极负责，对部属教育耐心等原因获书面嘉奖一次。1955 年 5 月，被授予解放奖章。1955 年 6 月，被授予中尉军衔；1962 年 6 月，被授予上尉军衔。2015 年 12 月去世。

宁

宁玉栗　曾用名董永平，1924 年 3 月生，侯马市郭村人，后居襄汾县赵康镇牛席村。1947 年 4 月加入中国共产党。1946 年 3 月参加工作，在曲沃县统战部从事地下工作。1947 年 5 月，调太岳二分区情报站工作。1949 年 5 月，任侯马镇公所所长。1950 年 6 月，任曲沃粮棉交易所股长。1952 年 11 月，任内蒙古畜产公司副股长。1953 年 7 月，任襄汾县工商联秘书。1972 年 10 月，任襄汾县土产果品公司保管员。1984 年 5 月离休。2009 年 4 月去世。

冯

冯之桐　1915 年生，襄汾县襄陵镇屯南村人。1948 年 7 月参加工作，任屯南村教师。1949 年 2 月，任古襄陵村教师。1959 年 2 月，任东院村教师。1959 年 8 月，任李村教师。1968 年 11 月，任屯南村小学教师。1972 年 3 月退休，1982 年 11 月改为离休。1949 年，被评为县乙等工作者；1952 年，被评为丙等模范教师。1985 年 8 月去世。

冯邦柱　1919 年 3 月生，襄汾县邓庄镇温泉村人。1979 年 5 月加入中国共产党。1948 年 7 月参加工作，历任段村、燕村小学教员。1952 年 4 月，任襄陵一区扫盲联合校长。1952 年 10 月，任县扫盲办公室干事。1958 年 11 月，任史村公社办公室主任。1961 年 3 月，任城关公社管委会副主任。1979 年 12 月退休，后改为离休。1994 年去世。

冯作楫　1920 年 11 月生，襄汾县古城镇姚村人。1939 年 10 月加入中国共产党。1938 年 10 月参军，任吕梁军区 213 旅政治部勤务员。1939 年 12 月后，任太岳军区油印员、战士、班长、排长、副政指、副连长、连长等职。1947 年 5 月，任 4 纵 12 旅 36 团 7 连连长。1948 年 3 月，任湖北省西郧分区独立团 3 营副营长。1949 年 7 月后，任陕南、安康分区独立 7 团 3 营营长、13 团 3 营营长。1951 年 2 月，入第一高级步兵学校 3 队学习。1952 年 9 月，任炮兵短训基地 3 大队 10 中队队长。1953 年 6 月，任炮兵干部短训基地 3 营 12 连连长。

1955年2月，任第5炮校第1学员营副营长。1958年后，任临汾钢铁公司基建科科长、铁矿矿长。1961年，任襄汾县民政局局长。1963年6月退休，后改为离休。1945年9月，在太岳军分区56团任班长时，参加山西省夏县窑吕林战斗，两个连打伏击，消灭日军一个连。1946年12月，任太岳军区24旅副连长参加祁县白晋攻击战斗，消灭敌人约一个团。1947年4月，任太岳军区24旅连长时参加晋南米汤镇攻击战，消灭胡宗南第28团。1946年、1948年，在2野4纵12旅36团立功两次。被授予独立自由奖章、三级解放勋章、华北解放纪念章、解放华中南纪念章、解放西北纪念章、人民功臣纪念章、抗日战争胜利60周年纪念章等。1955年9月，被授予少校军衔。2016年11月去世。

冯秉一　1929年1月生，襄汾县南贾镇东牛村人。1948年2月参加工作，先后任东牛、万王、下尉、西贾小学教师。1958年8月，入山西师范大学学习。1959年8月，任汾城中学教师。1962年10月后，任永固、东牛完小教师。1971年12月后，任下鲁、上鲁、东牛七年制学校教师。1983年12月离休。2005年4月去世。

吉

吉有喜　1927年11月生，襄汾县新城镇夏梁村人。1947年7月加入中国共产党。1945年4月参军，任警备1旅通讯员。1945年12月，任4野2分部警卫员。1949年1月，到4野2分部政训队学习。1949年5月后，任4野2分部15部押运员、副排长。1950年12月，任青岛水井局警卫排副排长。1951年7月，任海军后勤部警卫营4连副排长。1952年7月，任海军军械部601库副排长。1955年2月，到青岛保训队学习。1955年7月后，任海军军械部仓库副排长、保管员。1958年3月转业，任盘山农垦局清水农场队员。1958年10月，任葫芦岛渤海船厂行政科科员。1960年2月，任葫芦岛区公安分局科员。1962年2月，任葫芦岛区公安分局站海寺公安派出所副指导员。1962年，任葫芦岛区武装部副部长。1979年12月在襄汾县搬运社书记岗位退休，后改为离休。1955年，获解放奖章。1996年6月去世。

吉维耀　曾用名吉天恩，1930年8月生，襄汾县新城镇夏梁村人。1956年4月加入中国共产党。1948年6月参加工作，历任洪洞县城工部通讯员、城关供销社记账员、红段乡供销社会计、县供销社物价科科员。1956年4月后，任洪洞县饮食服务公司秘书、农业生产资料公司组长。1964年10月后，任洪洞、曲亭、简桥供销社副主任。1973年8月，任襄汾县陶寺供销社副主任。1978年1月，任景毛乡供销社副主任。1984年5月离休。在洪洞县工作期间多次受过财贸系统、供销社系统物资奖，出席先进会议。2013年12月去世。

吉怀瑜 1931年1月生，襄汾县景毛乡北李村人。1955年8月加入中国共产党。1947年10月参加工作，从吕梁十中抽出参加新绛县一区秋征土改。1948年2月，任汾城县东李村小学教师。1949年1月，任汾城四区西李中心学校校长。1951年12月，任汾城教育工会主席。1954年8月，任襄汾县委宣传部干事。1958年11月，任侯马市委宣传部副科长。1959年9月后，任汾城公社副书记、主任、书记。1966年4月，任南贾公社书记。1973年4月，任襄汾县卫生局局长。1971年至1981年，任中共襄汾县委委员。1984年3月离休。1963年、1975年，在下乡工作中被评为模范队员、先进工作队员。1984年6月去世。

吉鸿昌 1932年6月生，襄汾县新城镇夏梁村人。1956年加入中国共产党。1949年1月参加工作，任襄陵三区通信员。1951年7月，入临专行政干校学习。10月，任襄陵二区民政员。1954年9月，任襄汾县检察院检察员。1983年3月离休。1987年4月去世。

邢

邢合德 1927年6月生，襄汾县古城镇姚村人。1948年2月参加工作，任汾城县姚村小学教师。1949年1月，任盘道小学教师。1951年1月，任侯村完小教师。1958年1月后，任膏腴完小教师、教导主任。1974年12月退休，1982年11月改为离休。1959年，在南膏腴完小被评为侯马市先进教育工作者。2014年6月去世。

成

成守昌 曾用名成六顺，1909年2月生，山西省晋城市泽州县高都镇西元度村人，后居襄汾县城画儿胡同。1946年7月加入中国共产党。1945年3月参加工作，任本村政治主任、农会主席。1947年3月，任临晋县土改工作队干部。1948年1月，到闻喜后宫搞“三查”，后在运城参加整风。1949年5月，任临晋三区常委、副书记。1951年7月，任临晋县区委书记。1952年5月，任临晋县委组织部副部长。1953年7月，到山西省行政干校学习。1955年9月，任襄汾县委组织部副部长。1958年3月，任南辛店乡书记。12月，任晋南史村铁厂党委书记。1962年5月，任城关公社副书记、主任。1963年6月后，任襄汾县工会主席、贫协主席。1967 年 11 月，任襄汾县革命委员会常委、县核心小组成员。1981 年 7 月离休。1951 年，在临晋县全县评模大会上获物质奖。1990 年 2 月去世。

成全耀　1926 年 3 月生，襄汾县南辛店乡北靳村人。1949 年 3 月参加工作，先后任粮食系统保管员、组长。1953 年 4 月，任地区交电公司业务员、采购员。1957 年 6 月，任襄汾县贸易公司业务员。1959 年 7 月，任煤建公司营业员。1962 年 7 月，任交电公司保管员、门市部主任。1965 年 5 月，任食品公司食品站站长。1984 年 3 月离休。2005 年 12 月去世。

成正显　1931 年 12 月生，襄汾县古城镇关村人。1950 年 8 月加入中国共产党。1948 年 6 月参加中国人民解放军，任独立三旅宣传队宣传员。1949 年 5 月后，任 3 军 8 师卫生部护士、师司令部卫生队班长、骑兵队卫生员。1951 年 3 月后，任 1 军 2 师医讯队副分队长、4 团卫生班班长。1953 年 7 月后，任东北 32 陆军医院修养员、黑龙江省安达县健康 6 团修养员。1953 年 11 月，入山西荣军中学学习。1956 年 6 月，任襄汾县肃反办公室干事。1958 年 10 月，任赵曲中学班主任。1960 年 9 月，任陶寺公社盘道大队后沟工作员。1961 年 2 月后，任临汾吴村中学专联班主任、襄汾南辛店中学班主任。1961 年 7 月后，调襄汾县公安局档案区、精简压缩办公室工作。1962 年 10 月，任襄汾县农村工作队组员。1963 年 12 月，调襄汾县委农村工作队工作。1968 年，任襄汾公、检、法档案办公室干事。1971 年后，任襄汾县委政工组、组织部工作队队长。1972 年 11 月，任襄汾县汾城粮站副站长。1975 年 7 月，任襄汾县粮食局 7175 库副主任。1991 年 12 月，在粮食局主任科员岗位离休。1949 年部队西进，在甘肃永泽县荣立三等功一次。2000 年 11 月去世。

师

师洪录　曾用名师寿卿，1924 年 4 月生，洪洞县淹底乡高村人。1951 年 9 月加入中国共产党。1944 年 3 月参加工作，任洪洞县三区游击队战士。1945 年 6 月，任洪临县府商店会计。1949 年 7 月后，任临汾、襄汾银行股长。1957 年 5 月后，任襄汾、侯马公社党委书记。1960 年 11 月，任侯马市汾城片秘书。1961 年 6 月，任襄汾县劳动局副局长。1962 年 12 月，任襄汾县委农工队队长。1967 年 1 月，任襄汾银行副行长。1972 年 6 月，任襄汾县工商局副局长。1975 年 12 月，任襄汾县市民委员会党支部书记。1989 年 11 月离休。1958 年在大柴乡工作时，侯马市委授予“建设社会主义积极分子”称号，得金星奖章一枚。1964—1976 年在贾罕、丰盈基本路线教育中被评为模范队员 8 次。2001 年 4 月去世。

闫

闫维俊　1917年4月生，襄汾县襄陵镇北太柴村人。1949年4月参加工作，任襄陵县支前担架队供给员。1949年9月后，任齐村、南梁、屯里、南太柴学校教师。1953年2月，任黄崖中心学校校长。1956年2月后，任东柴河北、三联、黄崖、景村、南贾、北姚、薛村、景村学校教师。1978年10月退休，1982年11月改为离休。1994年7月去世。

闫清泉　曾用名闫小拴，1931年2月生，襄汾县古城镇五里墩村人。1953年1月加入中国共产党。1948年3月参加工作，任西北十分区贸易公司汾城县古城分公司干事。1950年5月，任襄陵县供销总社业务股干事。1954年8月，任襄汾县手工业联社生产股副股长。1958年1月，任襄汾县委组织部支部教员。1958年12月，任汾城中学班主任。1961年，任城关中学班主任。10月，任襄汾县手工业联社生产股副股长。1963年1月，任县农村工作队队员。1967年2月，任襄汾木作厂厂长。1972年9月，任县手工业局生产股负责人。1978年8月，任襄汾县皮毛厂厂长、支部副书记。1983年12月离休。1988年2月去世。

吕

吕　斌　曾用名吕企马，1916年1月生，垣曲县谭家乡西沟村人，后居襄汾县城关北街402号。1936年11月加入中国共产党。1935年10月，在太原新民中学读书时参加革命。1937年9月，参加抗日决死纵队孝义县大队，任政工员。1939年，任八路军129师新编2团政治教员。1942年3月，任太岳军区敌工部干事。1944年后，任太岳四专署秘书、科长。1947年8月，入太岳军区党校学习。1948年5月，任晋南中学教导主任。1950年9月，任闻喜县教育科长。1952年3月，任荣河县人民政府秘书。1953年1月，任运城公署秘书。1954年12月，任晋南公署秘书。1955年12月，入山西省委党校学习，任组长。1956年9月，任闻喜完全中学校长兼书记。1957年1月，任涑水河治理委员会主任。1959年1月，任山西省安邑水利学校书记。1960年7月，任晋南专署农业委员会秘书。1961年10月，任襄汾县委农工部副部长。1963年3月，任襄汾县赵曲中学书记。1972年4月后，任襄汾县农机公司副主任、工会主席。1983年12月离休。1941年秋，在平汉战役中受伤，享受三等荣誉残疾金抚恤待遇。1980年5月，被评为先进积极分子，出席地区工会代表会议。1988年12月去世。

吕斗珍　1924年12月生，襄汾县新城镇新城村人。1947年9月参加工作，任襄陵县公安二分区采购员。1950年后，任襄陵供销社事务长、组长。1955年，调手工业管理局工作。1964年10月，到汾城手工业社工作。1975年，调县砖瓦厂工作。1980年5月离休。2004年12月去世。

吕志华　1926年2月生，洪洞县城关镇东永凝村人。1947年2月参加工作，任洪洞县税务局科员。1947年8月，调襄汾县税务局工作。1956年，任襄汾县百货公司副经理。1984年7月离休。2014年8月去世。

吕成业　1926年5月生，襄汾县大邓乡上西梁村人。1947年11月参加工作，任襄陵县政府事务长。1948年4月，任襄陵县油脂公司会计。1957年7月，任襄汾县粮食局股长。1958年11月，任临汾县粮食局副股长。1961年6月，任襄汾县粮食局副股长。1971年11月，任襄汾县城关粮站干事。1984年12月，任襄汾县赵曲粮库保管员。1990年9月离休。2004年7月去世。

曲

曲贵银　1921年2月生，山西省定襄县河边村人。1938年2月加入中国共产党。1937年11月参加工作，1982年4月在襄汾化肥厂保卫科离休。1944年在晋绥军区兴县木兰岗村领导生产开荒时，被评为劳动第一模范。1953年2月，被授予正排级。1996年7月去世。

朱

朱尚书　1913年2月生，山西省沁源县南石村人。1938年7月加入中国共产党。1938年3月参加工作，任沁源县北石编村秘书。1938年11月，入八路军总部（屯留）党校学习。1939年3月，任沁源县一区委员。1940年6月，任沁源县南石村村长。1942年3月后，任沁源县一区财政、民政助理员、副区长。1945年1月，任沁源县司法科副科长。1945年7月，任一专署民政科科员。1948年1月，任一地委工作团团员。1949年6月，任安泽县政府民政科副科长。1951年3月，任襄陵县政府民政科副科长。1952年，任襄陵县副县长。

1954年，任襄汾县副县长。1958年，任临汾县副县长。1962年，任襄汾县副县长。1963年，任襄汾县委统战部部长。1975年，任襄汾县文教部顾问。1981年，任襄汾县政协副主席。1987年4月离休。1995年9月去世。

朱新华　曾用名朱换良，1924年9月生，山西省原平县东张乡朱东社村人。1945年7月加入中国共产党。1940年9月参加工作，任县政府服务员。1942年1月后，任山阴县区助理员、秘书、区长。1948年11月后，任雁北中学总务主任、山阴县邮政局局长。1949年10月，任西北军区后勤部驻晋办事处秘书。1950年1月，任临汾地委办公室干事、临汾城关区委副书记。1954年后，任襄汾县水利农林科科长、农林局第一副局长。1957年9月后，任盘道乡党总支第一书记、临汾县交通邮电部办公室主任。1959年4月后，任临汾、襄汾新华书店支书。1970年2月，任襄汾县良种场支书。1979年4月，任襄汾县计量局副局长。1984年3月离休。2014年4月去世。

朱成旺　曾用名朱长旺，1925年8月生，襄汾县汾城镇西中黄村人。1949年9月加入中国共产党。1948年9月参加工作，先后在汾城县公安局、赵康派出所、南贾二区工作。1953年7月，入临汾地区干部学校学习。1954年3月，任县公安局侦察员。1961年6月，任副股长。1963年5月，任汾城公社特派员。1965年1月，任汾城公社副主任。1967年3月，任城关市民委员会副主任。1984年5月离休。2003年4月去世。

朱德礼　1930年10月生，襄汾县襄陵镇河北村人。1948年1月加入中国共产党。1945年7月参加八路军，任第二野战军和平医院看护员。1948年7月后，任河南军区独立16团部卫生处调剂员、暂7团卫生处司药。1953年8月，到华北军区训练团学习。1954年7月后，任河北省宣化市医药公司办事员、药材公司副经理。1959年7月，任河北省宣化市西望山人民公社户家房管理区总支书。1960年1月后，任河北省宣化医药公司批发部副主任、门市部副主任。1963年5月，任襄汾县农林局干事。1964年退休，1982年4月改为离休。1946年8月，在冀鲁豫军区野战三院三所工作积极，关心病号，经院部批准被评为全所模范一次。1951年，被授予副排级。1997年8月去世。

朱建华　1930年12月生，江苏省东台市西沃镇人，后居襄汾县襄陵镇胡村。1946年11月加入中国共产党。1945年7月，在江苏兴化县参加中国人民解放军，任257团通讯排战士。1966年10月在古城房管员岗位退休。1982年11月改为离休。曾立四等功3次，在保河口战役中立三等功一次，在朝鲜备战中立小功一次。1952年，被授予副排级军衔。1995年3月去世。

乔

乔培之　曾用名乔雨竹、王天才，1905 年生，襄汾县邓庄镇邓庄村人。1949 年 2 月参加工作，先后任襄陵县第三高小、襄陵县初级中学、襄汾县函授师范分校、襄汾中学教师。1961 年 10 月，任襄汾中学图书管理员。1965 年 5 月退休，1982 年 11 月改为离休。1994 年 11 月去世。

乔成福　1921 年 6 月生，襄汾县邓庄镇东郭村人。1946 年 6 月加入中国共产党。1947 年 2 月参加工作，先后任襄陵二区农会工作员、四区宣传干事。1952 年 6 月，任县农场推广员。1953 年 2 月，任县推广站推广员。1955 年，到运城干部文补校学习。1957 年，任豁都峪水委会干事。1985 年 1 月离休。2004 年 3 月去世。

乔吉胜　曾用名乔英秀，1926 年 3 月生，襄汾县陶寺乡张纂村人。1944 年 4 月加入中国共产党。1942 年 10 月参加工作，任曲襄抗日公安局战士。1945 年 4 月，任襄陵县公安局股员。1947 年 3 月，任襄陵县四区政府公安助理员。1951 年 11 月，任襄陵县公安局股员。1954 年 10 月，任襄汾县公安局副股长。1957 年 3 月后，任龙王庙、邓庄、赵曲公社主任。1966 年 5 月后，任古城、景毛公社主任、书记。1973 年 12 月，任县委办事组副组长。1975 年 9 月，任县交通局局长。1981 年 9 月，任县委统战部副部长。1984 年 3 月离休。2006 年 9 月去世。

乔文明　1927 年 12 月生，山西省榆社县城关镇谭村人。1946 年 12 月加入中国共产党。1945 年 4 月参加工作，任太岳日报社工人。1948 年 4 月，任运城盐务局称放员。1948 年 9 月，任西北贸易公司会计。1950 年 5 月，任临汾粮食分公司会计。1951 年 12 月后，任汾城县粮食局会计、股长。1954 年 10 月后，任襄汾县粮食局人事秘书、股长。1958 年 12 月，任临钢炼铁分厂书记。1962 年，任襄汾县粮食局办公室主任。1962 年 8 月，任粮食局副局长。1975 年 9 月，任县供销社副主任、党总支书记。1988 年 11 月去世。

乔振芳　1930 年 2 月生，襄汾县赵康镇绍平村人。1953 年加入中国共产党。1949 年 8 月参加工作，任汾城县兵站站长。1950 年，任汾城县建设科科员。1952 年后，任汾城一、二

区助理员。1954 年，任襄汾县检察院检察员。1962 年后，任汾西灌区三分局股、站长。1979 年，任县检察院助检员。1991 年 11 月离休。1997 年 1 月去世。

伊

伊永禄　曾用名伊小富，1930 年 8 月生，山西省浮山县井家村人，后定居襄汾县陶寺乡张纂村。1947 年加入中国共产党。1945 年 5 月参加工作，任太岳区二分区交通员。1945 年 12 月，任襄陵县邮政局交通员。1949 年 1 月，任临汾县邮政局业务助手。1950 年 1 月，任大宁县邮政局投递员。1951 年 11 月，任临汾县邮政局业务员。1952 年 12 月，任芮城县邮政局局长。1957 年 12 月，任芮城县孔村乡乡长。1959 年 1 月，任芮城县工业局干事、厂长。1961 年 5 月，任芮城县交通局副局长。1962 年 3 月，任襄汾县大邓公社副主任。1962 年 11 月，任襄汾县农村工作队副组长。1988 年在襄汾县油厂厂长岗位离休。1952 年，被评为先进工作者。1992 年 8 月去世。

伊岐山　曾用名伊谋娃，1931 年 10 月生，襄汾县陶寺乡盘道村人。1949 年 6 月加入中国共产党。1946 年 8 月参加工作，任襄陵县武委会通讯员。1947 年 8 月，任 18 兵团 554 团 1 营 2 连战士。1949 年 5 月后，任 1 营营部号目、通讯员。1952 年 5 月，任工程兵 10 团 1 连排长。1953 年 6 月，任军士教导连副政治指导员。1955 年 3 月，入长沙高级工程兵学校学习。1957 年 3 月后，任 10 团军教连、后勤处、1 营 3 连政治指导员。1963 年 7 月，任襄汾县委组织部干部。1967 年 3 月，任襄汾银行政治处负责人。1972 年 3 月，任县水泥厂副主任。1973 年 9 月，任县线材厂副主任。1978 年 8 月，任线材厂厂长。1982 年 1 月，任县自来水厂厂长。1993 年 3 月离休。曾参加新绛、小常、太原、武功、广汉、什祁北山等战斗。1955 年，被授予少尉军衔；1960 年，被授予中尉军衔；1955 年，被授予解放奖章。1950 年，被团党委评为模范共产党员；1952 年 3 月，受团党委通令嘉奖一次；1953 年、1960 年先后立三等功两次。1998 年 11 月去世。

任

任国林　曾用名任如桂，1929 年 9 月生，山西省洪洞县内坦村人。1949 年 11 月加入中

国共产党。1948 年 10 月参加工作，任襄陵县公安队队员。1980 年 4 月，在襄汾县公安局看守所所长岗位离休。2011 年 7 月去世。

任万禄　1929 年 12 月生，浮山县槐埝乡南任庄村人。1949 年 6 月加入中国共产党。1946 年 5 月参加工作，任临汾县交通员。1948 年 4 月，任西北工作团工作员。1949 年 11 月，任虞乡镇委会书记。1955 年 1 月，任解虞县西王乡党委书记。1958 年 1 月后，任运城县金井公社主任。1963 年 1 月，任襄汾县四清工作队队长。1967 年 1 月，任襄汾灌水站副主任。1970 年 6 月，任豁都峪水委会主任。1974 年 9 月后，任灌峪、豁都峪水委会主任。1984 年 7 月离休。2004 年 1 月去世。

任聚河　曾用名任毅，1930 年 1 月生，河北省高阳县任家佑村人。1946 年 8 月加入中国共产党。1946 年 12 月参加中国人民解放军，任晋察冀 3 纵队后勤处战士。1947 年 2 月，入晋察冀 3 纵队随营学校护训班学习。1947 年 9 月，任 63 军 189 师 567 团卫生班长。1950 年 3 月，任西安 19 兵团军政干校干部班长。1950 年 10 月，任志愿军 63 军 189 师后勤军药股股员。1954 年，任 63 军人事处干部班班长。1962 年 8 月，任襄汾县药材公司副经理。1979 年 11 月，任五金交电公司经理、支部书记。1990 年 7 月离休。曾参加清风店、石家庄、冀东、平绥路新保安、解放太原、解放西北、解放兰州以及抗美援朝第五次战役铁原阻击战、朝鲜开城保卫战等。1950 年 8 月，被评为工学代表。1950 年 10 月赴朝作战，立三等功一次，获朝鲜军功章一枚。1984 年，在襄汾五交化公司任经理时，先后被县委、人委评为先进工作者、优秀党员，获荣誉证书。1986 年，出席全区群英会。2004 年 11 月去世。

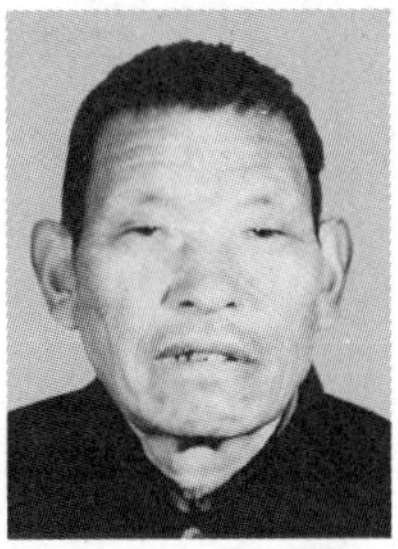

任有才　曾用名任志芳，1931 年 6 月生，襄汾县南辛店乡东徐村人。1949 年 3 月加入中国共产党。1948 年 7 月参加工作，任南辛店区政府土改工作队队员。1951 年，任襄陵县政府人事科科员。1955 年，任临汾专署木材公司人事科科员。1957 年，任隰县组织部干事。1959 年，任蒲县党校秘书。1963 年，任襄汾县工委农工队队员。1967 年，任南辛店水委会灌溉员。1974 年，任贾罕公社贫协会副主任。1980 年 4 月离休。2011 年 2 月去世。

祁

祁雨川　曾用名祁子宝，1914 年 5 月生，襄汾县陶寺乡陈庄村人。1946 年 2 月参加工

作，先后任陈庄、安李、张相、陶寺学校教师。1950 年 8 月，任县文化馆副馆长。1958 年 3 月后，任襄陵、邓庄、张纂、安李学校教师。1966 年 8 月，任南北庄学校教师。1972 年 2 月退休，1982 年 11 月改为离休。1984 年 5 月去世。

祁向勋 曾用名祁金钟，1915 年 12 月生，襄汾县陶寺乡云合村人。1942 年 9 月参加工作，任襄陵县一区助理员。1943 年 7 月，任曲襄县五区武委会副主任。1944 年 3 月，入抗大六分校学习。1945 年 10 月，任襄陵县轮战队指导员。1945 年 10 月，任襄陵县武委会干事。1946 年 3 月，任邓庄镇镇长。1946 年 10 月，任襄陵县武委会秘书。1948 年 7 月，任绛县武委会秘书。1949 年 4 月，任汾阳县土改组组长。1950 年后，任襄陵县粮食交易所行政股长、代副主任、襄汾县政府农村工作组干事、豁都峪水委会管理员、襄汾县商业局干事、襄汾县供销社干事、襄汾县土产日杂公司业务员。1963 年 8 月退休，1982 年 11 月改为离休。1989 年 4 月去世。

祁有鸿 1926 年 9 月生，临汾市金殿镇桑湾村人。1948 年 9 月参加中国人民解放军，先后任文教员、青年干事、助理员。1956 年 10 月，任 218 地质队党委会宣传干事、秘书。1959 年 11 月，任晋北专署交通局科员。1961 年 7 月，任襄汾县拖拉机总站干部。1962 年 6 月后，任襄汾县粮食局邓庄、红卫粮站保管员。1984 年 5 月离休。曾参加陕西宝鸡蟠龙山战斗、兰州战役等。2012 年 2 月去世。

祁　忠 1929 年 1 月生，襄汾县陶寺乡陈庄村人。1948 年 4 月参加解放临汾战役支前工作。1949 年 2 月，任襄陵三区财粮员。1949 年 7 月，任襄陵三区青年干事。1950 年 7 月，任襄陵县法院审判员。1954 年 6 月，任襄陵县公安局审讯员。1957 年 10 月，任临汾化工厂保卫科员。1964 年 11 月，任襄汾化肥厂供销负责人。1984 年 3 月离休。1998 年 12 月去世。

祁天才 1930 年 7 月生，襄汾县大邓乡下庄村人。1948 年 3 月参加工作，先后任浮山圣王山、襄汾车住沟、土地殿村教师。1955 年 10 月，入县教师轮训班学习。1957 年 10 月后，任土地殿、周家庄、裴家庄学校教师。1980 年 1 月退休，1982 年 11 月改为离休。1975 年，获县委奖励镜框一个。1988 年 1 月去世。

祁春鹤　曾用名祁书玉、祁皋九，1931 年 5 月生，襄汾县陶寺乡陈庄村人。1974 年 2 月加入中国共产党。1947 年 6 月参加工作，任茹子沟村初小教师。1948 年 11 月，任襄陵县三区民政助理员。1949 年 10 月，任襄陵县看守所所长。1950 年，任襄汾县人民法院审判员。1956 年 9 月，任浮山县人民检察院检查员。1960 年 1 月，任临汾县地方国营淀粉厂副厂长。1960 年 7 月，任临汾县工业局轻化股副股长。1961 年 6 月，任襄汾县工业局副股长。1966 年后，任湖李、东邓电灌站副站长。1973 年，调县化肥厂办公室工作。1976 年后，任县水泥厂、煤矿党支部书记。1984 年 5 月离休。2001 年 12 月去世。

孙

孙德胜　1926 年 8 月生，襄汾县新城镇赵曲村人。1944 年 3 月参加工作，任太岳社会部工作站干事。1949 年 4 月，任陕甘宁边区公安厅一科工作站干事。1950 年 3 月，任西北联络处四科科员。1952 年 9 月，任西北公安部二处科员。1954 年 10 月，任陕西省百货公司业务科科员。1958 年错划为“右派”，1962 年 5 月回村务农。1978 年 11 月后，任襄汾县邓庄工商所市管员、副所长。1984 年 11 月离休。1991 年 9 月去世。

孙学禄　曾用名孙天赐，1928 年 5 月生，襄汾县邓庄镇孙家院村人。1965 年 10 月加入中国共产党。1948 年 7 月参加工作，任南垣庄小学教师。1952 年 10 月，任陶寺三区联合校长。1956 年 6 月，调县文教局。1966 年 7 月，调县科委。1968 年 10 月，任县原种场副主任。1983 年 12 月离休。1958 年，被评为省、县业余教育工作模范 5 次。2008 年 3 月去世。

孙清亮　曾用名孙丑娃，1930 年 7 月生，襄汾县南辛店乡北许村人。1956 年 7 月加入中国共产党。1949 年 7 月参加中国人民解放军，任 1 野 3 军 8 师新兵团 3 连战士。1950 年 1 月，任 22 团卫生队看护员。1950 年 4 月，任 22 团炮兵连卫生员。1951 年 3 月，任团卫生队护士。5 月，任新 3 团 4 营营部调剂员。9 月，任师护士训练队区队长。1952 年 1 月，任 22 团卫生队护士。9 月，任空军 27 师卫生队中心门诊所护士。1955 年 12 月，任空军瓦房店场站卫生队护士。1956 年 11 月，任空军周水子场站卫生队护士长。1959 年 2 月后，任普兰店场站卫生队护士长、助理军医。1961 年 12 月，任普兰店基地卫生队助理军医。1964 年 5 月，到长春空军卫校军医班学习。1967 年 11 月，任普兰店基地卫生科军医。1969 年 10 月，任襄汾县红卫公社医院医师。1973 年 5 月，任襄汾县防疫科（站）负责人。1979 年 10 月，任防疫站副站长（负责人）。1982 年 10 月，晋升为主管医师。1984 年 7 月离休。1950

年参加剿匪战斗数次，1952 年在甘肃参加剿匪一次。1951 年 1 月在 22 团立三等功一次，9 月在新 3 团立三等功一次。1954 年，在 27 师立三等功一次。1960 年 1 月，被普兰店场站书面表彰一次。1957 年，被授予少尉军衔，1960 年，被授予中尉军衔。2011 年 12 月去世。

刘

刘双喜　1911 年 3 月生，襄汾县大邓乡西张村人。1946 年加入中国共产党。1946 年 1 月参加工作，任民兵指导员。1947 年，任襄陵县南辛店乡乡长。1948 年 6 月，任襄陵镇行政村村长。1949 年 6 月后，任襄陵县一区宣传委员、组织委员。1953 年 8 月，入临汾文补校学习。1954 年 2 月，任襄陵县邓庄镇副镇长。1956 年 6 月，任邓庄乡乡长。1958 年 10 月，任张礼管理区党支部书记。1961 年 4 月，任邓庄公社副主任。1973 年 10 月，调襄汾县畜牧局畜牧站工作。1979 年 12 月退休，1982 年 4 月改为离休。1991 年 8 月去世。

刘平安　1914 年 7 月生，襄汾县陶寺乡刘贾村人。1946 年 2 月参加工作，先后任城南、刘贾、陶寺、柴庄、盘道、邓曲、城尔里、城南、邓曲学校教师。1969 年 12 月，任兴光学校教师。1972 年 12 月退休，1982 年 11 月改为离休。1998 年 8 月去世。

刘志宏　曾用名刘子明、刘文林，1916 年 3 月生，沁县县城人。1947 年 7 月参加工作，任新绛晋南干校出纳。1950 年 1 月后，任汾城县中心小学教员、校长。1951 年 7 月，任汾城县人民政府科员。1954 年 10 月，任汾城县专卖批发部业务员。1955 年 5 月，任汾城合作社秘书、组长。1955 年 11 月，任襄汾专卖公司业务员。1957 年 4 月后，任古城完小、膏腴完小教员。1958 年 8 月后，任城关中学、赵康中学教导员、管理员。1962 年 5 月，任连村完小教员。1963 年 4 月，任襄汾中心医院挂号员。1965 年 12 月退休，后改为离休。1994 年 1 月去世。

刘全德　1917 年 2 月生，洪洞县马头乡长安堡村人。1940 年 9 月加入中国共产党。1942 年 1 月参加工作，先后任长安堡村自卫队指导员、村长。1942 年 1 月后，任赵城三区区委委员、书记。1949 年 7 月，任赵城四区副书记。1951 年 1 月，任专署霍泉渠水委会副主任。1951 年 8 月，任洪洞泽垣渠副主任。1952 年 10 月，任襄陵县政府科长。1954 年 9 月，入晋南文补校学习。1955 年 8 月，任南辛店基点副组长。1956 年 9 月，任襄汾手工业联社政治副主任。1957 年 3 月，任司马乡书记。1958 年 9 月，任史村公社副主任。1959 年 4 月，任陶寺公社副书记。1981年7月离休。1986年2月去世。

刘登龙　1917年2月生，襄汾县大邓乡西郭村人。1939年2月加入中国共产党。1939年2月，在西郭村参加工作。1942年，任西郭村农会主席。1943年12月，转入地下工作。1945年7月，任襄陵一区武委会总务、区农会常委。1947年3月后，任三、四区委会组织委员。1950年2月，任三区区委副书记。1952年4月，任二区区委书记。1954年2月后，任襄陵、襄汾县农工部副部长。1956年2月，入省委党校学习。1958年，任城关公社主任。1959年，任陶寺公社书记。1964年，任县委组织部下乡工作队员。1967年退休，1981年改为离休。2010年5月去世。

刘树林　曾用名刘运庆，1917年3月生，陕西省延川县柏山河村人，后居襄汾县新城镇城西村。1943年加入中国共产党。1938年参加工作，任延川县警卫队战士。1941年，任县警卫团班长。1949年后，任19兵团特务团副排长、排长、副指导员。1951年，任63军189师566团机炮连指导员。1953年，任63军招待所指导员。1955年，任浮山县兵役局副政委。1957年1月转业，任浮山县监委会副书记。1958年，任公社书记。1960年，任襄汾县检察院检察长。1967年退休，后改为离休。曾参加陕西省延川县清平川战斗、朝鲜五次战役等。1944年10月，在大生产中获全团劳动模范英雄奖，奖励边币1万元。1947年5月，押送俘虏时，被敌人包围，他带领一班人机智突围，完成任务，经团党委批准立小功一次。1955年，被授予大尉军衔。2000年4月去世。

刘培荣　1919年3月生，襄汾县景毛乡南高村人。1948年5月，在文水县解放入伍。1954年后，任西安警备区班长、排长。后任陕西省洵阳县百货公司保管。1963年后，任襄汾县土产公司、果品公司业务员。1979年9月退休，1980年4月改为离休。1986年5月去世。

刘治国　曾用名刘宗晏，1920年4月生，襄汾县陶寺乡刘贾村人。1945年8月参加工作，任襄陵县财政科干事。1949年8月，任襄陵县人民政府事务长。1952年11月，任襄陵县二区统计员。1954年8月，任张崇乡供销社主任。1956年，任襄汾县供销社干事。1957年1月，任县招待所负责人。1959年3月，任侯马市基企办干事。1961年4月，任襄汾县人委办干事。1962年4月，任县招待所保管员。1970年8月，到城关公社立新大队插队。1973年，任县木材公司跑站员。1984年1月离休。1956年在县供销社因基建工作突出，先后受一、二等物质奖励。1992年10月去世。

刘进奎　1920年5月生，柳林县刘家山乡骆驼局村人。1950年1月加入中国共产党。1942年8月参加中国人民解放军，先后任晋绥一中勤务员、保管员。1946年，任吕梁党校运输队队长。1949年，任晋绥分局采购员。1950年7月后，任翼城县粮食局秘书、股长、襄汾县粮食局副局长。1956年7月，入运城文补校进修。1960年后，任晋南许村煤矿支部书记、财供科长。1963年8月，任襄汾县财政局副局长。1968年11月，任襄汾县服务公司第一旅店负责人。1971年，任襄汾县饮食服务公司支部书记。1980年2月离休。2002年12月去世。

刘笃祥　1921年6月生，襄汾县南辛店乡梁段村人。1960年8月加入中国共产党。1949年3月参加工作，先后任区土改工作团团员、襄陵县政府农林科科员。1951年，任第四区副区长。1954年，任襄汾县推广站副站长。1956年，任县农林局副局长。1959年，任汾城公社副主任。1962年，任县水利科副科长。1963年，任汾城公社副主任。1965年，任推广站副站长。1966年，任浪泉公社副主任。1974年，任南辛店公社副主任。1980年1月离休。2003年12月去世。

刘荫轩　曾用名刘印，1923年1月生，山西省天镇县新平堡人，后居新城镇沙女村。1949年参军，任107师文化干事。1950年4月，任绥远伊盟秋征工作团副大组长。1950年10月后，任山西军区军干校、运城军分区、晋分区文教。1956年，任太原教干校文教。1956年9月，任襄汾中学教师。1983年12月离休。2002年8月去世。

刘文秀　1923年11月生，山西省沁源县人。1945年1月加入中国共产党。1944年3月参加工作，先后任沁源县公安局、太岳1分区公安处、曲沃县公安局战士、班长、所长。1951年4月，任山西省公安厅副科长。1958年3月，任孝义县克镇公社书记。1966年1月后，任国营963厂、9151厂保卫科长。1975年8月，任襄汾县公安局局长。1981年12月，任襄汾县政协副主席。1990年3月离休。1992年去世。

刘文己　1923年11月生，襄汾县襄陵镇南太柴村人。1949年4月参加工作，任太原师范图书管理员、总务管理员、教导员。1962年6月，调任襄汾县贾庄学校教师。1963年1月，任南辛店中学事务员。1969年被划为“右派”，1979年3月平反。1980年9月，任浪泉中学事务员。1984年5月离休。2011年6月去世。

刘　学　1924年2月生，襄汾县西贾乡西毛村人。1949年4月参加工作，任太原市公安一分局警士。1950年2月，入山西省行政干校学习。1950年6月，任汾城县税务局统计员。1953年3月，任汾城四区团委会副书记。1953年10月，任汾城县团委会辅导员。1954年8月后，任襄汾县委会检查组、调研室干事。1958年8月后，任侯马市农工部、农业局、科研所干事。1961年6月，任襄汾县西贾公社农业委员。1963年5月，任襄汾县农林局干事。后在七一水库退休，1982年改为离休。2009年1月去世。

刘长存　曾用名刘小存，1926年7月生，河北省平乡县长河镇人，后居襄汾县新城镇陈郭村。1949年4月加入中国共产党。1946年2月参军，先后任二纵队炮兵营战士、班长。1949年，任第十军炮兵团排长。1951年后，任69军28师连长、副营长。1958年转业，任襄汾县城关机械厂主任。1959年后，任临汾县油厂厂长、襄汾县城关综合党支部书记。1969年，任襄汾县红旗机械厂主任。1975年，任襄汾县电机厂厂长。1983年12月离休。曾参加东昌、彰德、汤阴、双堆集、安庆、邛崃等战斗。1948年12月在淮海战役中立小功一次，1949年，在剿匪战斗中立小功一次，1950年1月立小功一次。1955年9月，被授予上尉军衔。1956年，被授予解放奖章。1992年8月去世。

刘文屏　曾用名刘玉屏，1927年4月生，襄汾县南辛店乡西贾村人。1947年7月参加工作，先后任北贾、北靳、北贾、无姨、北靳、南靳、西贾、梁段、北吝学校教师。1975年，任梁段学校教师。1980年1月退休，1982年11月改为离休。1956年受县爱运办特等物质奖励；1977年被评为模范教师。1993年去世。

刘明安　曾用名刘仰汉，1927年5月生，襄汾县陶寺乡刘贾村人。1947年4月加入中国共产党。1946年1月参加工作，任襄陵县枣洼村小学教师。1948年5月，任温泉学区中心校长。1948年8月，入临汾师范学习。1948年12月，任临汾师范团委支部书记、政治教师。1956年，任垣曲县立一中副教导主任。1958年5月，任垣曲县城关第一高小教师。1962年5月后，任襄汾县邓庄、寺头、段村学校教师。1968年11月后，任刘贾、东坡沟学校教师。1973年10月退休，后改为离休。1946年12月，被评为三等教育模范；1948年6月，被评为三等功臣（临汾支前）。2010年12月去世。

刘笃礼　1927年6月生，襄汾县大邓乡西张村人。1956年4月加入中国共产党。1949年3月参加工作，先后在襄陵县财粮科、赵曲仓库工作。1949年11月，任襄陵县公安队队

员。1950 年 3 月后，任襄陵县公安队司务长、副班长。1953 年 10 月，任山西公安总队 3 团团部给养员。1955 年 7 月，任内卫 20 团团部给养员。1956 年 4 月，任内卫 20 团 3 营 9 连司务长。1956 年 12 月转业，任襄汾县民政局干事。1958 年 11 月，调临汾水厂工作。1961 年 10 月，任南贾公社武装部部长。1970 年 11 月，任陶寺公社宣传委员。1975 年 9 月，调大邓公社工作。1980 年 4 月退休，1982 年 4 月改为离休。1956 年 4 月，被授予副排级。1956 年 5 月，被授予准尉军衔。1993 年 7 月去世。

刘　勇　曾用名刘海深，1927 年 10 月生，襄汾县南辛店乡梁段村人。1949 年 4 月参加工作，任中国人民解放军第 7 军卫生队医助。1952 年 5 月后，任中陈、三联学校教师。1954 年 9 月，入临汾师范学习。1956 年 9 月，任西中黄完小教师。1958 年 9 月，入山西师范学院学习。1959 年 9 月后，任赵康中学、南王完小及景毛、南辛店、曹家庄公社学校教师。1979 年 9 月，任南吝学校教师。1983 年 11 月离休。2001 年 6 月去世。

刘继业　曾用名刘家锁，1929 年 1 月生，襄汾县邓庄镇东邓村人。1979 年 5 月加入中国共产党。1949 年 6 月参加工作，任西北支前担架队员。1949 年 11 月，任襄陵县公安队队员。1952 年 6 月，回村务农。1953 年 2 月，临汾技校毕业后到技术站工作。1968 年 3 月，任襄汾县计量所负责人。1972 年 5 月，任技术站技术员。1975 年 5 月，任襄汾县农业局干事。1977 年 11 月，任丰盈公社副主任。1982 年 7 月，任襄汾县农场副场长。1989 年 7 月离休。1991 年 5 月去世。

刘郁惠　曾用名刘思儿，1929 年 4 月生，襄汾县南辛店乡西梁村人。1951 年 2 月加入中国共产党。1949 年 4 月参加中国人民解放军，任 65 军 583 团二机连文书。1950 年 4 月，任志愿军 583 团二机连文教。1951 年 6 月，任志愿军 583 团 2 营见习参谋。1951 年 9 月，任 583 团通讯参谋。1952 年 4 月，入东北 29 陆军医院三所养伤。1952 年 10 月，入山西太原荣军学校学习。1953 年 4 月，任山西省农业厅人事科科员。1954 年 4 月，入省文化补习学校学习。1956 年 6 月，任省建委、建设厅国营处干事。1957 年 7 月，任省建设厅勘测公司金上探队副队长。1963 年 1 月，任山西省委农村工作队副队长。1967 年 3 月，任襄汾县交电公司经理。1970 年 3 月，任襄汾县汾西灌区副主任。1983 年 1 月离休。1950 年，由宁夏向朝鲜进军中立小功一次。1951 年，在朝鲜五次战役中荣立三等功一次。获朝鲜民主主义人民共和国勋章。2005 年 5 月去世。

刘富贵　曾用名刘海瑞，1929 年 9 月生，襄汾县陶寺乡刘贾村人。1948 年 5 月加入中国

共产党。1945 年 5 月参加工作，入太岳三分区青干校学习。1945 年 12 月，任太岳三分区所看护员。1947 年 5 月，任 60 军 539 团 8 连卫生员。1949 年 8 月，任 60 军 539 团卫生看护班长。1950 年 2 月，任川西军区丹棱独立营卫生班长。1951 年 2 月，入川西军区后勤部卫校学习。1952 年 5 月还乡养伤。1953 年 9 月，任襄陵卫生院药司，后入晋南医专学习。1984 年 5 月，在襄汾医院汾城分院医师岗位离休。1946 年，在太岳二分区（浮山县）被评为乙等模范一次。1947 年，在三分区 56 团（运城）立大功一次。1949 年，在 539 团 8 连（西北）支部大会受表扬一次。1949 年，在 539 团（西南）卫生队立功一次。1987 年 12 月去世。

刘清奎 曾用名刘海全，1929 年 10 月生，襄汾县襄陵镇东柴西院人。1949 年 4 月参加中国人民解放军，任 19 兵团司令部卫生队卫生员。1952 年 11 月，任 63 军野战医院看护员。1954 年 4 月，任华北军区第七后方医院护士。1954 年 9 月，调华北军医训练 1 团 1 营 3 连工作。1954 年 11 月，任贾罕联合诊所医生。1955 年 11 月，任古城中心卫生院医生。1986 年 6 月离休。2010 年 8 月去世。

刘世义 1929 年 11 月生，浮山县北韩乡槐树凹村人。1956 年 11 月加入中国共产党。1947 年 7 月参加工作，任襄陵县政府财粮科科员。1948 年 12 月，任襄陵县工商税务管理局干事。1950 年 3 月后，任襄陵、襄汾县税务局所长。1958 年 11 月，任临汾县史村公社组织部部长。1960 年 3 月后，任襄汾县城关、曹家庄公社副书记。1965 年 6 月，任曹家庄供销社书记兼公社副书记。1971 年 3 月，任贾岗供销社主任。1973 年 4 月，任襄陵公社宣传委员。1978 年 11 月，任襄汾县轧钢厂工会主席。1991 年 11 月离休。2009 年 7 月去世。

刘天魁 曾用名刘魁魁，1930 年 2 月生，襄汾县新城镇柴寺村人。1948 年 10 月加入中国共产党。1945 年 10 月参军，任第二野战军 13 军通讯连司号员。1948 年，任河南省独立大队学员、班长。1951 年，任 14 军 40 师 120 团副政治指导员。1954 年，任东北空军集训大队副政治指导员。1955 年，入空军政治学校学习。1956 年，任空军第 23 医院警卫连政治指导员。1958 年 10 月，转业到神池县林业局，任站长、主任。1970 年 10 月，任洪洞焦化厂车间书记。1979 年，任襄汾县委组织部干事。同年，任襄汾县水厂厂长。1982 年，任襄汾县木作厂厂长。1983 年 12 月离休。曾参加吕梁、赵城、洛河、洛关、潼关、广东、广西等战斗。在解放运城战役中立大功一次，在南下渡江战役中多次立功。1955 年 5 月，被授予解放奖章。1956 年 12 月，被授予上尉军衔。2002 年 2 月去世。

刘培壁 曾用名刘玉珊，1930 年 11 月生，祁县古县乡小韩村人。1948 年 11 月参加工

作，任榆次华北工作队队员。1949 年 7 月，任山西省人民银行分行人事科科员。1950 年 3 月，任洪洞人民银行干事。1951 年 1 月，任洪洞保险公司财保股股长。1953 年 3 月，任临汾中心支行营业室副股长。1958 年 7 月，任临汾县工业局副股长。1961 年 2 月，任临汾县手工业局副股长。1967 年 3 月，任临汾县工交办公室秘书、干事。1969 年 8 月，入临汾干部学习班学习。1970 年 12 月，到临汾地区医院住院。1972 年 12 月，任襄汾县农机局会计。1983 年离休。2011 年 5 月去世。

刘冯保　曾用名刘友辉，1931 年 5 月生，襄汾县赵康镇西南毛村人。1953 年 1 月加入中国共产党。1947 年 2 月参加工作，任汾城县赵康工作队队员。1950 年 3 月，任汾城县税务局记账员。1958 年 7 月，任襄汾县铁厂总保管。1961 年 9 月，任景毛公社政法委员。1962 年 6 月，任汾城供销社营业员。1965 年 7 月，任贾岗供销社营业员。1983 年 3 月，任贾岗供销社化肥站负责人。1984 年 7 月离休。2009 年 1 月去世。

刘吉昌　曾用名刘德英，1931 年 8 月生，襄汾县南辛店乡梁段村人。1956 年 7 月加入中国共产党。1949 年 6 月参加中国人民解放军，先后任西北军区通讯学校战士、班长。1950 年 10 月，任新疆军区司令部总台见习报务员。1951 年 1 月后，任新疆军区部队报务员、副连长、连长、通讯股长。1956 年 3 月，任沈阳总参通讯兵学院班长。1968 年 7 月后，任陆军第 6 师司令部副科长、科长。1974 年 5 月后，任新疆军区技侦支队队长、副大队长。1982 年 4 月，任襄汾县检察院副检察长。1991 年 10 月离休。曾参加西藏剿匪战斗。1955 年 8 月，被授予少尉军衔；1960 年 4 月，被授予中尉军衔；1963 年 10 月，被授予上尉军衔。2007 年 11 月去世。

刘绍康　1931 年 11 月生，山西省洪洞县淹底村人，后居襄汾县城。1947 年 5 月加入中国共产党。1947 年 5 月参加工作，任洪洞县西张村小学教师。1948 年 8 月，任洪洞县委办公室干事。1949 年 8 月，入中央团校学习。1950 年 5 月后，任汾城县、洪赵县共青团书记。1955 年 6 月，任共青团晋南地委宣传部副部长。1956 年 1 月后，在河津、稷山县委宣传部工作。1960 年 10 月，任晋南地委宣传部干事。1971 年 12 月，任侯马市委政工组组长。1975 年 10 月，任襄汾县委宣传部部长。1984 年 12 月，任襄汾县政协主席。1990 年 5 月，任襄汾县政府正县级调研员。1992 年 4 月离休。2013 年 9 月去世。

米

米钦录　1927 年 10 月生，河津县城关镇米家湾村人。1951 年 3 月加入中国共产党。

1949年4月参加工作，先后任汾城、襄汾县委机关秘书，组织部组长、副部长。1958年4月后，任膏腴、南贾、汾城、古城等公社书记。1965年8月，任襄汾县委财贸政治部主任。1967年6月后，任南辛店公社核心小组组长、县生活站主任。1970年11月，任城关公社党委书记。1973年10月，任县革委政工组组长。1975年7月，任襄汾化肥厂党委书记、工交部副部长。1978年4月，任南贾公社党委书记。1981年12月，任县工交部副部长。1985年2月，任县人大常委会专职委员。1990年11月离休。1954年上半年，在第一次粮食统购统销运动中获中共临汾地委金星奖章一枚和物质奖励。2013年8月去世。

许

许祥瑞　曾用名许登山、许林儿，1906年7月生，襄汾县襄陵镇北街人。1948年7月参加工作，入临汾刘村教员集训班学习，后任庄头、中和庄、襄陵北街、浪泉、双凫、屯南小学教师。1966年6月退休，1982年11月改为离休。1999年去世。

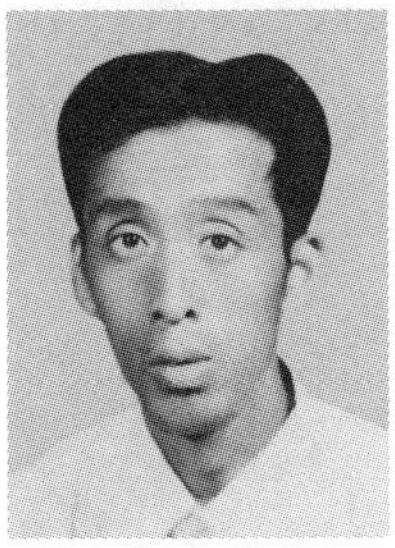

许　琳　1920年3月生，襄汾县襄陵镇南街村人。1949年4月参加工作，任太原市公产局工程处科员。1950年5月，任太原建筑公司运输股股员。1952年1月，任太原建筑器材公司木料股股员。1956年6月，任太原市第一工业局计划科科员。1970年10月，任襄汾农村工作队队员。1973年6月，调襄汾县线材厂工作。1978年10月，任襄汾县工业供销公司业务组组长。1990年4月离休。2006年11月去世。

许生财　曾用名许连生，1926年1月生，襄汾县南辛店乡新民村人。1960年8月加入中国共产党。1949年3月参加工作，到晋南地委青干班学习。8月，任晋南地委十分区工作队员。1950年7月，任襄陵县第四区武装部干事。1955年，任襄汾县武装部助理员。1959年，任南辛店公社武装部部长。1966年，任红卫公社公安特派员。1977年1月，任红卫公社革委会副主任。1984年3月离休。1955年，被授予少尉军衔。2010年11月去世。

许亮如　1929年12月生，襄汾县南贾镇西尉村人。1973年4月加入中国共产党。1949年5月参加工作，入太原山西公学学习。1949年8月，任垣曲县二区文化教员。1950年12月，任汾城县伯玉小学教师。1951年1月，入汾城县师训班学习。1952年6月，任史村中心小学校长。1952年7月后，任永固联区校长、县小学教育室视导员。1955年10月后，任邓

庄高小副校长、省教干校学员。1956 年 9 月后，任古城完小、古城中学校长。1984 年 1 月，任汾城中学党支部书记。1984 年 5 月离休。1958 年、1959 年、1962 年，被评为市、公社、县先进工作者和甲等模范，受到奖章、奖状奖励。2014 年 4 月去世。

许永泰 1930 年生，襄汾县襄陵镇南柴村人。1949 年 9 月参加工作，任襄陵一区通讯员。1950 年 3 月，任襄陵一区团委宣传委员。1954 年 6 月，任北关乡供销社主任。1956 年 4 月，任县供销社组检科科员。1958 年 4 月，任糖业公司业务组长。1963 年 8 月，任副食加工厂负责人。1967 年 9 月，任糖业公司业务组长。1974 年 10 月，任南辛店供销社业务组长。1990 年 1 月离休。1962 年、1979 年，两次被县委评为先进工作者。2003 年 10 月去世。

许志刚 曾用名许克勤，1931 年 1 月生，稷山县翟店镇仁和村人。1955 年 11 月加入中国共产党。1949 年 8 月，入晋南行政干部学校学习。1950 年 3 月，任汾城县供销社业务会计。1954 年 9 月，任襄汾县商业局科员、会计；1958 年 9 月，任汾城中学班主任。1961 年 8 月，任襄汾县委组织部干事。1964 年 4 月，任赵康公社党委副书记。1967 年 1 月，任襄汾县糖业烟酒公司副经理。1969 年 1 月，任襄汾县五金厂主任。1969 年 9 月，任襄汾县城关缝纫社副书记。1972 年 7 月，任襄汾县赵曲公社副主任。1981 年 7 月，任襄汾县土产果品公司副经理、支部书记。1993 年 12 月离休。2005 年 12 月去世。

关

关仰璜 1921 年 10 月生，襄汾县景毛乡景毛村人。1947 年 4 月参加中国人民解放军，任太岳军区教导队学员。1949 年 7 月，任汾城县归队所工作员。1949 年 11 月，任西李村小学教师。1950 年 2 月，任汾城县蒲剧团团长。1952 年 5 月，任北李中心学校校长、教导主任。1958 年 3 月，到北李大队务农。1980 年 1 月，任景毛公社联校教师。1983 年 12 月离休。1949 年 7 月，获汾城县政府支前模范奖。2009 年 12 月去世。

关忠勇 曾用名关学勇，1924 年 9 月生，襄汾县南辛店乡南许村人。1949 年 1 月参加工作，任北许学校教师。1950 年 2 月，任福寿学区中心校长。1952 年 10 月，任襄陵县第三联

区联合校长。1953 年 11 月，任襄陵完小教师。1968 年 2 月，任古城七年制学校教师。1968 年 10 月，任南许学校教师。1974 年 11 月，任古城联办教师。1981 年 9 月，任北许学校教师。1982 年 3 月，任南许学校教师。1983 年 12 月离休。1951 年，被评为县模范教师；1977 年、1978 年，被评为公社模范教师、先进工作者；1979 年，被评为模范教师并出席襄汾县教育系统模范教师先进工作者大会。2013 年 1 月去世。

关宝玉　1925 年 9 月生，襄汾县南辛店乡南许村人。1949 年 3 月在太原公安局第 7 分局参加工作。1950 年 4 月，任临汾市粮食公司军供粮店职员。1955 年 6 月，任侯马市粮食局职员。1961 年 9 月，任曲沃县粮食局侯马站负责人。1965 年 10 月，任襄陵粮站加工员。1990 年获山西省粮食厅粮食工作 30 年贡献奖。1991 年 1 月离休。1995 年 11 月去世。

关百年　1929 年 7 月生，襄汾县南辛店乡南许村人。1953 年 9 月加入中国共产党。1949 年 8 月参加中国人民解放军，任 1 野 3 军 8 师补训团卫生员。1950 年 1 月，到 1 野 3 军 8 师卫生部护士训练队学习。1951 年 3 月，任 8 师后勤卫生科防疫队队员。1952 年 9 月，任空军 27 师场站卫生队护士。1955 年 12 月，任瓦房场站卫生队护士。1956 年 6 月，任空军营城子场站卫生所助理军医。1958 年 8 月，任空军朝阳川场站卫生队助理军医。1965 年 4 月后，任空军高炮第 12 师后勤部卫生所医助、军医。1972 年 4 月，任襄汾县人民医院医师。1984 年 11 月离休。1956 年 10 月，被授予军医少尉军衔；1962 年 6 月，被授予军医中尉军衔。2011 年 2 月去世。

关云山　曾用名关福命，1930 年 2 月生，襄汾县南辛店乡北关村人。1949 年 1 月参加工作，到晋南专署新绛行政干校学习。1949 年 9 月后，任河津县贸易公司会计、供销社会计。1954 年 7 月后，任晋南药材公司会计、临汾县药材公司会计。1962 年 10 月后，任襄汾县浪泉公社、东邓电灌站、红卫铝厂、服装塑料厂会计。1979 年 11 月，调襄汾第二轧钢厂工作。1983 年 12 月离休。2013 年 12 月去世。

关友柄　1930 年 9 月生，襄汾县古城镇关村人。1948 年 8 月参加工作，任临汾地区蒲剧团会计。1953 年 4 月，任古城供销社供应组负责人。1960 年 3 月，任古城公社北侯小学教师。1966 年 12 月，回村务农。1978 年 10 月复职，任南焦彭学校教师。1980 年 8 月，任曹家庄中学事务。1984 年 11 月离休。2013 年 1 月去世。

关民和 曾用名关振基，1933年5月生，襄汾县古城镇关村人。1966年5月加入中国共产党。1949年5月参加中国人民解放军，在西南军区重庆后方医院二分院做看护工作。1952年8月转业，任汾城县古城完小教师。1969年1月，任关村七年制学校教师。1971年12月，任东侯七年制学校教师。1972年，任邓村学校教师。1976年后，任姚村、吴村学校教师。1981年，任孟家庄学校教师。1983年12月离休。1959年、1961年，被评为模范教师。2014年9月去世。

安

安玉堂 1925年11月生，寿阳县平舒乡东安公村人。1950年1月加入中国共产党。1945年10月参军，任东北虎林县独立团战士。1946年8月，任三支队司令部警卫员。1947年10月，转业到牡丹江建设厅工作。1948年5月，任永安机械场拖拉机车长。1952年9月，任山西晋源机械农场车长。1954年3月，任朔县机械农场队长。1956年3月，任新绛县拖拉机站技术员。1958年11月，任侯马机电局技术员。1960年5月，任汾城农机修造厂厂长。1963年后，任襄汾拖拉机站站长、钢厂厂长、线材厂厂长。1984年4月离休。1997年3月去世。

李

李耀天 曾用名焕章、天佑，1905年7月生，襄汾县陶寺乡安李村人。1945年10月参加工作，任崇实村初小教师。1951年11月，入山西大学中文系学习。1952年9月，任临汾专区文补校教员。1954年9月后，任赵曲中学及邓庄、陶寺完小教师。1966年5月退休，1982年11月改为离休。1996年10月去世。

李庚生 1907年12月生，襄汾县陶寺乡中梁村人。1942年2月加入中国共产党。1942年2月参加工作，任襄陵县政治部通信员。1944年11月，任三区农会常委。1946年8月，任一区农会主席。1948年9月，任二区区委副书记。1950年3月，任二区书记。1952年8月，入临汾地区工农干校学习。1954年8月，任晋南地委组织部组织员。1955年8月，任襄汾县民政科科长。1955年10月，任襄陵基点组长。1956年3月，入运城文补校学习。1959年2月，任运城盐化局民兵营长。1959年3月，任龙王庙公社第二书记。1960年6月，任临汾县七一渠工程负责人。1961 年 11 月，任襄汾三分局局长。1962 年 12 月，任赵曲农场场长。1963 年 11 月，任邓庄苗圃场长。后任水利局湖李电灌站支书。1965 年 3 月退休，1981 年 2 月改为离休。1989 年去世。

李子祥　曾用名李风岐，1908 年 7 月生，神池县马房乡达木河村人。1948 年 9 月参加工作，任太谷第三中学教师。1949 年 4 月后，任太原市农林牧场接管组联络员、山西种畜场技术副主任。1950 年 7 月，任临汾专区种马站副站长。1952 年 3 月后，任榆次专区汾阳种马站站长、晋北专区繁峙马羊站副站长、安邑家畜改良站站长。1957 年 4 月，任晋南专区农干校教员。1959 年 9 月后，任洪洞农校畜牧场技术员、襄汾县农建局技术员等职。1982 年 7 月去世。

李捷元　1909 年 7 月生，襄汾县汾城镇汾阳岭村人。1947 年 3 月参加工作，任单家庄学校教师。1953 年 3 月，任高家庄学校教师。1959 年 3 月后，任南关、西圪塔、汾阳岭等学校教师。1977 年 12 月退休，1982 年 11 月改为离休。1983 年 11 月去世。

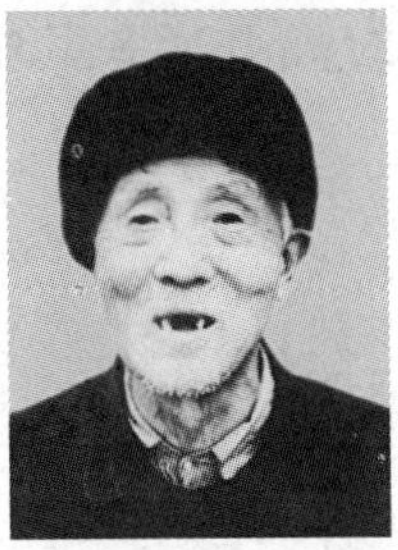

李志远　1909 年 9 月生，襄汾县景毛乡南小张村人。1947 年 6 月参加工作，先后任汾城县人民政府秘书长干事、总务处股长等。1949 年 9 月后，任汾城县二完小、三完小教师。1953 年 3 月，任县教师进修学校教导主任。1958 年 11 月后，任侯马市教师进修学校、襄汾县文补校教师。1962 年 8 月，任北李学校教师。1978 年 10 月退休，1982 年 11 月改为离休。1986 年 8 月去世。

李青林　1909 年 11 月生，山西省曲沃县靳庄村人，后居襄汾县景毛乡北李村。1942 年 3 月加入中国共产党。1939 年 7 月参加工作，任安泽县基干队小队长。1940 年 2 月，任太岳决 1 旅 25 团供应处事务员。1942 年 1 月，任安泽义塘村农会主席。1944 年 1 月，任安泽一区农会常委。1945 年后，任曲沃四、五、二区农会主席。1948 年 1 月，到太岳二地委学习。1948 年 4 月后，任曲沃二、五区分委委员。1950 年 1 月，任曲沃供销社副主任。1952 年 8 月，入山西省委党校学习。1952 年 11 月，任永和县镇反划乡工作组干事。1953 年 9 月，任汾城县供销社副主任。1954 年 11 月，任襄汾县手工业联社主任。1958 年 11 月，任侯马市委工业部财供科科长。1959 年 6 月，任汾城机械厂党支部书记。1963 年 7 月，任襄汾县工业交通局局长。1964 年因病退休，1984 年改为离休。1994 年 11 月去世。

李性初 1913年9月生，襄汾县陶寺乡盘道村人。1947年参加工作，历任宋村、赵曲、安李、常垣完校教师。1977年12月退休，1982年12月改为离休。1983年6月去世。

李胡笔 1914年3月生，武乡县大有乡人，后居襄汾县城关。1947年11月加入中国共产党。1942年11月参加工作。1965年9月于农机公司支书岗位退休，1981年7月改为离休。

李常荣 曾用名李计三，1914年6月生，河北省安平县李家庄村人。1948年4月加入中国共产党。1946年12月参加工作，任安平县独立团战士。1947年1月，任晋察冀3纵8旅23团宣传员。6月，任3营管理员。1948年6月，任团部管理员。1949年1月，任19兵团63军188师563团管理员。1953年11月，任63军人事处一大队4中队班长。1954年8月，任襄汾县油脂公司负责人。1955年9月，任襄汾县木材公司副经理。1957年7月，任邓庄供销社支部书记。1961年7月，任襄陵供销社支部书记。11月，任陶寺供销社支部书记。1966年，在贾罕供销社支部书记岗位退休，1982年11月改为离休。曾于1947年参加石家庄战役和宛平县上下店村战斗。1985年9月去世。

李耀斗 1915年1月生，襄汾县襄陵镇西街村人。1949年1月参加工作，任晋绥日报社电台服务员。1949年11月，任襄陵完小教师。1958年3月，任红卫中兴学校教师。1980年1月退休，1982年11月改为离休。2003年9月去世。

李生道 曾用名李森，1916年12月生，襄汾县大邓乡赤邓村人。1961年加入中国共产党。1949年6月参加工作，任襄陵县城关税务所会计。1952年10月，任襄陵县民政科科员。1982年4月，在襄陵地区医院副主任岗位离休。1995年12月去世。

李善亭 原名李继善，1917年7月生，襄汾县南贾镇连村人。1940年6月加入中国共产党。1938年6月参加八路军，历任115师独立第一支队战士、班长。1941年1月后，任115师骑兵连班长、排长。1942年6月，任山东军区情报处班长。1946年1月后，任鲁中警备旅排长、参谋。1947年6月后，任豫皖苏三分区、26军参谋。1950年12月，任78师担架连长。1952年12月，入26军速成小学学习。1953年12月后，任长山要塞5团股长、参谋。

1957年9月，任长山训练团分队长。1958年6月，任临汾钢铁公司车间支部书记。1962年12月，任襄汾县公安局政保股长。1969年7月，任襄汾造纸厂侦工股长。1984年3月离休。曾参加沂蒙山、大青山、淮海、渡江、上海等战斗及朝鲜二次战役。1955年9月，被授予大尉军衔。1998年3月去世。

李元善　1918年生，襄汾县陶寺乡中梁村人，1942年2月加入中国共产党。1944年2月参加工作，任襄陵县三区秘书。1949年10月，任区委副书记。1950年6月，任一区区委副书记。1952年8月，任一区区委书记。1954年10月，任基点组长。1957年4月，任司马乡总支第一书记。1958年11月，任南辛店公社第一书记。1966年，任县监察委员会副书记。1968年，任县供销社总支书记。1970年退休，1981年7月改为离休。1982年1月去世。

李庭芳　1919年2月生，襄汾县新城镇宋村人。1939年3月加入中国共产党。1939年8月参加工作，任襄陵县东张编村政治教官。1940年1月，任汾东抗日自卫队政工员。1940年7月，任汾城县史村编村村长。1941年9月后，任县委秘书长、襄陵县一区区长。1947年8月，任河津县委办公室副主任。1949年12月，任虞乡县委组织部部长。1953年2月，任山西省委党校哲学助教。1958年7月，任临钢塔山铁矿调度。1962年7月，调临汾地区复员军人疗养院工作。1981年12月，任襄汾县政协副主席兼经济委员会主任。1983年12月离休。1995年6月去世。

李成溪　1919年7月生，襄汾县新城镇赵曲村人。1937年4月参加工作，任太谷军官教导团学员。9月，任兴县动委会除奸干事。12月，任决死12总队宣传干事。1939年12月后，任决死4纵队司令部书记、政治部敌工干事。1942年2月，任抗日军政大学教员。1945年8月，任解放军一野3纵3旅司令部支部书记。1946年5月，任3旅政治部教育干事。1947年3月，任3旅医院支部书记。1947年5月，任襄陵县农会土改工作员。11月，任襄陵县第一高小教导主任。1950年2月，任县文补校教导主任。1958年2月，任赵曲中学教员。9月后，任城关中学、邓庄中学副教导主任。1970年10月，回村务农。1973年9月，任上西梁学校领导组组长。1974年7月，任大邓农校教员。1981年10月离休。2006年8月去世。

李明善　曾用名李张柱，1919年8月生，襄汾县南贾镇刘村人。1947年11月参加工作，任吉县二区区干队队员。1948年4月，任吉县公安队班长。11月，任吉县公安局练习员。

1952年6月，任吉县公安队副指导员。1953年10月，任山西公安部队3团4连副指导员。1954年5月，任1团8连副指导员。1955年8月，任军区训练4团13队班长。11月，任襄汾县第一卫生院副院长。1956年11月，任城关财贸总支部副支书。1957年6月，任古城财贸支部书记。1960年3月，任汾城供销总店支部书记。1962年，任南贾供销社支部书记。1979年11月离休。1952年受到山西省公安总队通报表扬和物质奖励。1989年12月去世。

李绍模　1920年7月生，襄汾县古城镇南街村人。1949年9月参加工作，任汾城南关教师。1952年10月，任贾岗完小教导主任。1956年2月后，任中黄、西贾完小教师。1965年7月，任西毛学校负责人。1969年1月后，任古城、侯村学校教师。1973年1月，任吴村学校教师。1977年12月退休，1982年11月改为离休。1987年4月去世。

李长祥　1921年4月生，襄汾县大邓乡大邓村人。1947年10月参加工作，先后任襄陵县一区、五区、四区政府事务。1950年4月，任四区政府民政助理员。1951年12月后，任襄陵县民政科、襄汾县民政科、工商科干事。1955年9月，任襄汾县农林局会计辅导员。1956年5月，任襄汾县拖拉机站统计。1958年10月，任临汾县机电局干事。1961年8月，任襄汾县农业局秘书。1963年6月，任水利局秘书。1983年离休。1995年11月去世。

李　敏　1921年9月生，襄汾县邓庄镇东邓村人。1948年2月参加工作，任伯玉村文书。1948年8月，任下西梁学校教师。1951年1月，任赵曲完小校长。1969年1月，任东邓学校校长。1982年11月离休。1991年5月去世。

李荣秀　1921年10月生，霍州市三教乡李涧村人。1947年8月加入中国共产党。1942年3月参加工作，先后任霍县李涧村抗日行政村财务、文书。1948年8月，任霍县一区政府财粮助理员。1949年10月，任霍县政府财政科科员。1949年12月，任霍县粮局干事。1950年11月，任临汾专区粮食局干事。1951年12月，任汾城县四区干事。1952年7月，任汾城县三区委员。1954年9月，任襄汾县委组织部干事。1955年6月，任襄汾县委秘书。1956年12月，任襄汾县监委副书记。1958年3月，任南王乡党委书记。1958年10月，任赵康公社党委书记。1961年5月，任永固公社党委书记。1968年10月，任襄汾县信访办主任。1969 年 4 月，任襄汾县良种场主任。1972 年 4 月，任兽医院支书兼主任。1987 年 3 月离休。1958 年大跃进中，被评为模范干部，出席省积极分子代表大会。1997 年 2 月去世。

李国祥　1921 年 10 月生，河南省唐河县李店乡常老庄村人，后居襄汾县汾城镇东关村。1949 年 9 月参加绥远起义。1950 年 4 月，任解放军 110 师 330 团参谋长。1952 年 11 月，任汾城中学总务副主任。1965 年 9 月，任襄汾中学总务副主任。1983 年 11 月离休。1991 年 1 月去世。

李桂兰　女，1921 年生，河南省济源县北姚乡北姚村人。1949 年 1 月加入中国共产党。1942 年 4 月参加工作，同年 8 月，任河南省济源县薛子忠游击队情报员。1944 年 2 月，入山西省沁水三高小学习。1945 年 3 月，任曲沃县北董村学校教员。1948 年 7 月，入新绛县十专署干部学校学习。1948 年 10 月，任汾城县人民政府文教科科员。1949 年 7 月，任汾城县妇联会 4 区主席。1953 年 9 月后，任西王、汾城完小教师。1961 年 9 月，调襄汾县幼儿园工作。1962 年 12 月，任陈郭村完校教师。1963 年 2 月，任古城公社妇联主任。1965 年，任贾朱村“四清”队员。1971 年下放农村。1975 年在县妇女联合会退休，后改为离休。2004 年 4 月去世。

李文萍　女，1922 年 2 月生，山西文水县南武乡武家寨村人。1949 年 3 月参加工作。1973 年 1 月在东风学校教师岗位退休。1982 年 11 月改为离休。

李廷元　1922 年 4 月生，襄汾县大邓乡吉柴村人。1946 年 3 月加入中国共产党。1944 年 3 月参加工作。1952 年，在襄陵四区从事整党工作。1953 年，任县委组织委员。1954 年，任县专卖公司业务员。1957 年，任副食品公司保管员。1959 年，任临汾史村加工厂厂长。1962 年，任副食品加工厂保管员。1965 年，任食品公司业务员。1982 年 4 月离休（离休前为县革委会收发员）。1952 年，被临汾地委授予奖章一枚。2006 年 5 月去世。

李殿启　1922 年 4 月生，河北省涿县三城村人，后居襄汾县新城镇东寨村。1940 年 8 月加入中国共产党。1940 年 2 月参加中国人民解放军，先后任冀中十分区 27 团战士、冀中军区司令部通信员、中共北方分局交通处交通员。1945 年 9 月，入抗大二分校冀中总队学习。1946 年 4 月，任冀中军区司令部直属队副队长。1947 年 2 月，入冀中军区随营学校学习。1948 年 3 月，任 63 军卫生部一所副指导员。1949 年 5 月后，任 63 军炮兵团副指导员、指导员。1951 年 2 月，任志愿军 63 军新兵担架团指导员。1952 年 8 月，任 189 师后勤处指导员。1953 年 10 月，任 63 军人事处学员。1954 年 7 月，任襄汾县粮食局站长。1963 年 2 月，任农业局站长。1981 年，任农业局种子公司经理。1982 年 12 月离休。曾参加百团大战、太原战役、兰州战役、朝鲜铁东阻击战等。1942 年 5 月，在冀中五一反扫荡时被评为团级模范党员，被授予“五一奖章”。1949 年解放西北时，立小功两次。1950 年抗美援朝时，被评为模范干部。1959 年，被评为县级标兵。1969 年，被评为县级学习毛著积极分子。1983 年 1 月去世。

李子厚　曾用名李承祖，1922 年 6 月生，襄汾县襄陵镇中兴村人。1948 年 8 月参加工作，先后任临汾坛地村、襄陵县完小教师。1950 年 2 月后，任襄陵县浪泉第二联区、邓庄第七联区联合校长。1952 年 9 月后，任贾庄、南辛店、南许、南辛店完小教师。1961 年 8 月后，任二郎沟、北贾完小教导主任。1969 年 1 月后，任襄陵中兴、北街七年制学校副校长。1980 年 1 月退休，1982 年 11 月改为离休。1982 年 6 月去世。

李　杰　曾用名李国英，1922 年 11 月生，霍州市什林镇退沙村人。1944 年 6 月加入中国共产党。1942 年 10 月，任灵石县公安局战士。1945 年 2 月，任灵石县政治部交通员。1946 年 6 月后，调霍县政治部、晋冀鲁豫补充团工作。1947 年 7 月后，调芮城县、永济县公安局工作。1953 年 4 月，任运城地区企业公司股长。1957 年 7 月，任晋南检察院检察员。1969 年 8 月，参加晋南公检法学习班，任班长。1972 年 2 月，任襄汾县“一打三反”办公室主任。1976 年 9 月后，任襄汾县工商局检察站站长、副局长。1990 年 11 月离休。1958 年 2 月，获襄汾县社会主义建设者物质奖励。1959 年 10 月，在临汾东元水利指挥部获物质奖励。2011 年 11 月去世。

李希芳　曾用名贾金旺，1922 年 11 月生，襄汾县新城镇宋村人。1947 年 5 月加入中国共产党。1943 年 3 月参加工作，任襄陵县公安局队员。8 月，任襄陵县教育所法警。1944 年 7 月，在史村一带从事地下情报工作。1945 年 1 月，任襄陵政府法警。1947 年 11 月，任伯虞、史村行政村村长。1949 年 1 月，任汾城县二区民政助理员。8 月，任汾城县司法科审判员。1950 年 8 月后，任汾城粮库行政员、主任。1952 年 9 月，任汾城县人委监察委员会监察员。1953 年 9 月，入临汾干部文补校学习。1954 年 11 月，任汾西县检察院检察员。1956 年 8 月，到临汾干部文补校学习。1959 年 1 月，任临汾一中班主任。1961 年 11 月，任襄汾县丰盈公社宣传委员。1962 年 11 月，任襄汾县林业局种子站副站长。1986 年 5 月离休。1994 年 11 月去世。

李治强　曾用名李月盛、李永祥，1923 年 4 月生，襄汾县邓庄镇张礼村人。1945 年 8 月加入中国共产党。1940 年参加工作，在张礼车站做地下工作（公开身份是搬道工）。1945 年 7 月，任襄陵县城工部侦查班侦查员。9 月，在临汾大韩二次打入敌区工作。10 月，入阳城坪头党校学习。1946 年，任永虞县人民医院政委。1947 年，任永虞县公安局股长。1948 年，任襄陵县公安局股长。1949 年，任临汾铁路公安分处科长。1952 年，任霍县瓦窑煤矿队长。1954 年，到运城火车站搞肃特工作。1959 年，任临汾公安处科长。1978 年 4 月后，任襄汾县落实办、信访办、党史办副主任。1983 年 12 月离休。2004 年 2 月去世。

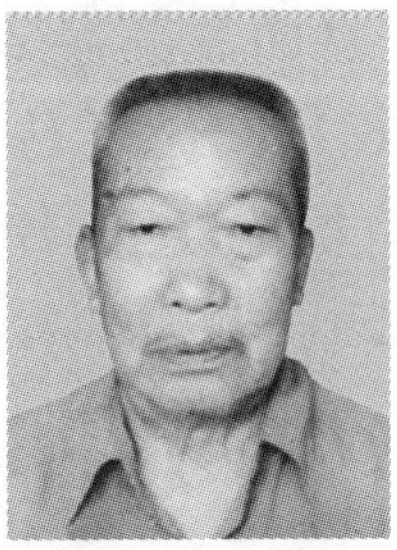

李来泉　1923 年 5 月生，河南省林县北关村人。1953 年 3 月加入中国共产党。1945 年 10 月，在晋城县钢丝厂参加工作。1947 年 8 月，任晋城县供销社营业员。1950 年 12 月，任临汾土产公司侯马货楼办事员。1952 年 6 月，任临汾供销社侯马仓库办事员。1952 年 10 月，任侯马综合站科员。1960 年 8 月，入晋南地委党校学习。1961 年 10 月，任襄汾县城关粮站主任。1984 年 10 月，任襄汾县中心粮店主任。1990 年 7 月离休。曾在侯马跃进大会上被评为一等先进工作者。2012 年 3 月去世。

李　秀　1923 年 10 月生，河北省迁安县孟宫营乡刘庄子村人。1949 年 8 月加入中国共产党。1946 年 6 月参加中国人民解放军，历任 48 军 142 师炮兵营战士、班长、副排长、排长。1956 年 1 月，任北京市公安局东四分局科员。1958 年 6 月，任平遥县第一中学学生党支部书记。1959 年 6 月，任太原市公安局二处副科长。1970 年 6 月，到襄汾县景毛公社插队。1973 年 10 月，任临汾钢铁公司行政福利科副科长。1981 年 4 月，调襄汾县检察院工作。1948 年，参加迁西锦西战斗立大功一次。1949 年，南下行军、战斗立大功一次；在江西行军、战斗立大功一次；在广东剿匪立大功一次。1982 年 6 月去世。

李天民　1924 年 2 月生，山西省晋城市人，后居襄汾县城。1945 年 7 月加入中国共产党。1939 年 2 月参加工作，先后任中条山杨虎成部队 38 军特务连、搜索连学兵、班长。1944 年 4 月后，任甘肃、西安地下联络员。1948 年 9 月后，任西北解放军新 1 军部、第 1 野战军联络部科长、处长、站长。1951 年 7 月后，任西藏工委统战部、日喀则工委统战部科长、副部长、部长。1962 年 1 月，到襄汾县城关公社下乡。1964 年 9 月，任襄汾中学副校长。1972 年 9 月，任襄汾县革委副主任。1979 年，任襄汾县委宣传部副部长。1981 年 11 月，任襄汾县委副书记。1990 年 3 月离休。2010 年 2 月去世。

李春华 1924年生，襄汾县新城镇赵曲村人。1955年12月加入中国共产党。1947年11月参加工作。1980年1月在县汽配厂厂长岗位退休。1982年11月改为离休。1986年9月去世。

李凌云 1925年2月生，襄汾县陶寺乡陶寺村人。1955年6月加入中国共产党。1946年6月参加工作，先后任襄陵县公安局、太岳公安二分局机关生产单位采购员、推销员、办事员。1948年7月，任襄陵县机联社采购员。1950年，任襄陵县供销社采购员、棉花分级员。1951年后，任赵曲、襄陵、城关供销社副主任。1956年6月，任南贾供销社主任。1959年6月，任侯马综合总店、曲村供销社党支部书记。1961年6月，任邓庄供销社党支部书记。1966年6月后，任城关、贾庄供销社主任。1975年6月，任襄汾县塔矿商店党支部书记。1984年11月离休。1998年8月去世。

李普霖 1925年3月生，襄汾县南贾镇荀董村人。1949年6月参加中国人民解放军，1950年10月赴朝作战。1952年10月后，任上庄、北刘、阜宁学校教师。1978年11月退休，1982年11月改为离休。1983年12月去世。

李福安 1925年6月生，襄汾县西贾乡安咸平村人。1949年2月加入中国共产党。1948年4月参加工作，任汾城县一区助理员。1949年5月，任西北支前民工中队队长。1949年11月，任一区武装部部长。1950年6月，任四区文化干事。1952年5月，入临汾地委党校学习。11月，任四区组织委员。1953年8月，任西贾重点乡支部书记。1954年4月，任襄汾县委组织员。1955年1月，任西贾乡书记。1955年8月，任南贾重点乡副组长。1956年3月，任膏腴乡支部书记。8月，任德西毛乡支部书记。1958年9月，任汾城公社书记。1959年4月，任南贾公社副书记。1963年4月，任南贾公社主任。1966年9月，任城关供销社支书。1968年5月，任汾城公社核心小组负责人。1970年4月，任赵康马站负责人。1974年4月退休，1982年4月改为离休。1989年去世。

李生厚 1926年2月生，山西省静乐县人，后居襄汾县城。1949年加入中国共产党。1940年1月参加工作，先后任武工6大队、3大队通讯员。1945年9月，任晋绥军区警卫排副排长。1947 年 1 月，任西北军区司令部警卫员。1950 年 1 月，任西南军区司令部管理员。1954 年 9 月，任静乐县堂尔乡宣传委员兼副社长。1955 年 1 月，到山西省农业厅学习。1956 年 5 月，调襄汾县汾城拖拉机站工作。1965 年 8 月，任湖李电灌站政工员兼革委副主任。1974 年 9 月，调襄汾县农机公司工作。1980 年 9 月退休，后改为离休。

李致远　曾用名李子元，1926 年 3 月生，襄汾县襄陵镇河北村人。1948 年 7 月参加工作，先后任襄陵县一完小教师、教导主任。1952 年 8 月，任赵曲三完小校长。1953 年 3 月后，入县教师进修学校、山西师范学院学习。1957 年 8 月，任曲沃中学教师。1962 年 9 月后，任南辛店、邓庄中学教师。1968 年 4 月后，任胡村、河北、古城东关、古城、中和庄、西院等学校教师。1981 年 9 月，任河北村学校教师。1985 年 2 月离休。2001 年 1 月去世。

李文俭　1926 年 3 月生，襄汾县南辛店乡北许村人。1948 年 7 月参加中国人民解放军，分配到西北人民医学院学习。1950 年 10 月，任志愿军西北军区第四野战医院医师。1952 年转业，任太原市传染病医院医师。1963 年，任襄汾县人民医院医师。1984 年 7 月离休。1993 年 5 月去世。

李树茂　曾用名李丑娃，1926 年 4 月生，洪洞县赵城镇圪塔村人。1949 年 2 月加入中国共产党。1949 年 2 月参加中国人民解放军，先后任陌县九分区警卫连、西南军区后勤部连队战士。1951 年 3 月，入西南军区政工校学习。1952 年 7 月，任赵城县委会组织员。1954 年 6 月，任刘家垣供销社副经理。1956 年 2 月，任石业乡副书记。1958 年 5 月，任赵城公社武装部部长。1964 年 3 月后，任襄汾县红卫公社副主任、书记。1970 年 10 月，任襄汾县运管站支书。1984 年 7 月离休。1994 年 2 月去世。

李崇山　1926 年 7 月生，襄汾县襄陵镇西院村人。1958 年 11 月加入中国共产党。1949 年 4 月参加工作，任汾城贸易公司营业员。1949 年 10 月，任河津贸易公司业务员。1950 年 5 月后，任永济供销社、商业局业务员、副科长、秘书。1959 年 1 月，任芮城县商业局秘书。1961 年 7 月，任芮城农产品公司经理。1963 年 5 月，任芮城贸易货栈经理。1965 年 4 月，任芮城西陌供销社主任。1971 年 5 月，任芮城果品公司经理。1974 年 11 月，任襄汾县古城供销社主任。1980 年 1 月，任浪泉供销社主任。1987 年 8 月离休。2000 年 10 月去世。

李福贞　1927 年 10 月生，襄汾县陶寺乡安李村人。1982 年 8 月加入中国共产党。1948

年 6 月参加工作，任邓庄镇胜利商店营业员。1948 年 10 月，任邓庄机械联合社保管。1950 年 4 月，任襄陵县供销社营业员。1951 年 1 月，任邓庄供销社主任。1957 年 6 月，任县社土产部经理。1958 年 6 月，任汾城供销社主任。1960 年 1 月，任侯马驻史村办事处经理。1960 年 8 月，任侯马供销社主任。1961 年 6 月，任汾城供销社主任。1969 年 3 月，任汾城供销社营业员。1975 年 3 月，任邓庄供销社副主任。1984 年 5 月离休。1992 年 2 月去世。

李忠管　1927 年 11 月生，襄汾县陶寺乡常垣村人。1948 年 10 月加入中国共产党。1947 年 8 月参加中国人民解放军，先后任襄陵独立团、44 旅 131 团 1 营 3 连、554 团 1 营通信班、2 连、工兵 27 团 1 营 2 连战士、班长、副排长、排长。1954 年 3 月，入工兵文化连学习。1956 年 2 月，入高级工程兵学校学习。1956 年 2 月，任 2 连副连长。1959 年 12 月，任连长。1963 年 12 月，任工程兵 10 团 1 营副营长。1976 年 3 月转业，任襄汾县贾庄供销社主任。1983 年 3 月，任县供销社职工学校副校长。1985 年 12 月离休。曾参加绛州、张兰、小常、临汾、太原、陕西武功、贵州凯里、翠兰等战斗。1955 年，被授予少尉军衔；1960 年，被授予中尉军衔；1963 年，被授予上尉军衔。1997 年 12 月去世。

李善昌　1927 年 12 月生，襄汾县古城镇北姚村人。1958 年 10 月加入中国共产党。1949 年 2 月参加工作，先后任古城东侯村小学教员，四、六、八联合学区联合校长，汾城膏腴完小校长。1958 年 11 月后，任汾城、南贾公社文教队长、文教委员。1960 年 5 月后，任侯马市委、襄汾县委党校教员。1962 年 1 月，任襄汾县曹家庄公社组宣委员。1965 年 7 月后，任县革委办公室、斗批改办公室、专案组干事。1974 年 3 月，任汾城人民医院办公室主任。1977 年 5 月退休，1982 年 11 月改为离休。1958 年 10 月，受物质奖励和精神奖励。2016 年 9 月去世。

李安文　曾用名李安稳，1928 年 1 月生，襄汾县汾城镇北膏腴村人。1956 年 4 月加入中国共产党。1948 年 2 月参加工作，任汾城县北膏腴村学校教师、中心校长。1952 年 8 月，任汾城县古城联合学区联合校长。1954 年 8 月后，任襄汾县汾城、贾岗联合学区联合校长。1956 年 9 月后，任襄汾县委宣传部、文教部干事。1958 年 11 月，任汾城中学教师、政治处主任。1962 年 11 月，任汾城完小校长。1966 年 4 月，任赵康中学校长。1980 年 1 月退休，1982 年 11 月改为离休。1956 年 3 月，被评为全县模范联合校长；1974 年、1976 年，被评为模范党员。2013 年 3 月去世。

李　闷　1928 年 4 月生，原名尉文泉，襄汾县景毛乡南高村人。1945 年 4 月参军，任新

绛独立团二营战士。1947 年 4 月，任吕梁军区十分区 58 团 2 营通信班长。1948 年 11 月，任晋绥 7 旅 21 团 2 营 5 连副排长。1949 年 3 月，任 1 军 3 师 9 团 2 营 5 连排长。1949 年 12 月，任副连长。1950 年 12 月，任连长。1951 年 4 月，任陕西大荔独立营连长。1951 年 9 月，再任 5 连连长。1952 年 6 月，任 1 师 3 团炮兵营战防炮连连长。1953 年 6 月，任 1 师轮训队区队长。7 月，任民警连排长。11 月，任副连长。1954 年 5 月后，在 1 师教导营、石家庄高级步兵学校学习。1959 年 11 月，任 3 团 1 营 1 连连长。1960 年 5 月，任 1 营参谋长。1962 年 1 月，任 3 团后勤处农业生产股股长。1965 年 2 月，任后勤处副处长。9 月，任工兵 310 团后勤处副处长。1968 年 5 月后，到内蒙古四子王旗革委会、内蒙古自治区革委会、北京门头沟王坪煤矿支左。1974 年，任北京军区守备 4 师 15 团后勤处副处长。1975 年 10 月转业，任襄汾县供销监事会委员。在参加运城、临汾、汾阳、太原、大西北、朝鲜马良山等战斗中立三等功 7 次。1955 年，被授予上尉军衔和解放奖章。1962 年，被授予大尉军衔。1981 年 7 月去世。

李廷杰　曾用名李佛记，1928 年 10 月生，襄汾县陶寺乡张纂村人。1947 年 3 月参加工作，先后任上西梁、下院、蛇王里、城南、南北庄等学校教师。1954 年 8 月，入临师轮训班学习。1955 年 8 月后，任梁坡、古城庄、桥子沟、张纂、云合等小学教师。1980 年 5 月退休，1982 年 11 月改为离休。2011 年 6 月去世。

李安顺　曾用名李哲民，1928 年 11 月生，襄汾县大邓乡土地殿村人。1946 年 9 月参加工作，先后任孔家庄、沟南、孙家院村小教。1949 年 9 月后，任周家庄中心校校长、上西梁完小团支书。1953 年 11 月，入临师轮训班学习。1954 年 12 月后，任龙王庙中心校校长、县扫盲校校长。1957 年 2 月后，任龙王庙、邓庄完小教导主任。1961 年 1 月，入临汾地专教育干校学习。1962 年 1 月后，任邓庄完小教导主任和茹子沟、周家庄、北梁、周家庄、翟住沟、东方红学校教师。1980 年 5 月退休，1982 年 11 月改为离休。曾于 1950 年、1951 年、1952 年、1954 年、1957 年获县教育局表彰；1955 年，被团县委评为优秀辅导员，获金质奖章一枚。2005 年 1 月去世。

李兆义　别名李两喜，1930 年 3 月生，襄汾县南贾镇东张村人。1956 年 3 月加入中国共产党。1948 年 5 月参加中国人民解放军，任 8 纵队 74 旅 72 团 2 营 4 连战士。同年 9 月后，任晋冀鲁豫军区卫生部二院一所、18 兵团卫生部野战二院五分院看护员。1950 年 4 月后，任西康军区卫生部二院五分院、东北军区后勤卫生部第五医管局七院三所、第三十四陆军医院三分院护士、副班长、班长、防保干事，中国人民解放军 98 医院护士长、助理军医。1959

年6月，任昆明军区58医院传染科军医。1970年11月，任165野战医院主治军医。1978年5月，任襄汾县人民医院业务副院长。1984年7月离休。曾于1948年参加晋中沟南庄战斗。1948年立小功一次，1950年立中功一次。1955年1月，被授予少尉军衔；1960年5月，被授予中尉军衔；1963年10月，被授予上尉军衔。1955年5月获解放奖章。1999年4月去世。

李子良　1930年5月生，乡宁县西交口乡涧子沟樊家原村人。1952年3月加入中国共产党。1948年5月参加工作，任乡宁三区团委会组织委员。1951年后，任襄陵县二区团委会组织部长、襄汾县团委会副部长。1954年后，任襄汾县古城乡政府乡长，古城公社副主任、主任、书记，城关公社副主任。1970年后，任襄汾县水利局副局长、农工部副部长。1980年3月，任襄汾县农工部副部长兼古城公社书记。1990年11月离休。1958年，在跃进渠连村岭工地受侯马市委大会表彰。2013年9月去世。

李永泉　曾用名李雷大，1930年6月生，襄汾县南辛店乡贾罕村人。1948年10月加入中国共产党。1948年5月参加中国人民解放军，任15纵队解放大队3连战士。1948年7月后，任15纵队43旅128团1营2连战士、营部通讯副班长。1949年7月后，任62军184师551团1营3连班长、副排长、排长。1951年7月，到10军184师教导队2中队学习。1951年8月，任10军184师551团1营3连排长。1952年5月，任23兵团107师321团1营3连排长。1953年2月，入69军第二文化速成小学学习。1954年10月，任69军107师321团1营4连排长。1955年3月，任2营8连副连长。1956年转业。1957年，任襄汾县储运站站长。1958年，任侯马钢铁厂主任。1961年，调汾城公社工作。1965年，任南贾镇东刘村“四清”工作队副队长。1967年1月，任襄汾县农机公司营销员。1982年12月离休。曾参加太原卓马山攻击战斗、四川温江县剿匪战斗、西康省德昌县阻击土匪逃跑战斗等。1948年10月，因战斗勇敢，俘敌5人，经43旅党委批准立一等功。1950年，因在行军中团结互助好，经团党委批准立三等功一次。1952年4月，被授予正排级；1955年5月，被授予副连级。2004年4月去世。

李生枝　曾用名李凌蔚，1930年10月生，古县张庄村人，1950年9月加入中国共产党。1946年4月参加工作，先后任太岳区洪洞星球烟厂营业员、永达公司翼城分公司营业员。1949年10月后，任翼城、侯马、汾城花纱布公司出纳、会计。1952年10月后，任汾城供销社会计、襄汾县供销社经理。1958年11月，任临汾县宣传部科长。1961年6月后，任襄汾县委秘书办秘书，县计划委员会副主任、主任。1978年5月，任县委工交政治部部长。1984年6月离休。2016年6月去世。

李登岭　1930年11月生，襄汾县大邓乡前河村人。1949年5月加入中国共产党。1947年8月参加中国人民解放军，任襄陵独立团卫生队卫生员。1949年10月后，任185师554团军医、所长。1968年3月，任沈阳军区工程兵司令部干校卫生所所长。1971年3月，任沈工第六工区司令部卫生所所长。1980年6月后，任襄汾县医院副院长、工会主席。1992年2月离休。曾参加晋中战役、太原战役、西北战斗、西南战役贵州剿匪等。1949年，在太原马庄战斗中，随一排攻击敌碉堡，缴获五零炮两门，受到连队表扬。1955年11月，被授予解放奖章。1955年10月，被授予军医中尉军衔；1962年6月，被授予上尉军衔。1995年8月去世。

李同贵　曾用名李安来，1931年1月生，山西省大宁县东关村人。1955年11月加入中国共产党。三等甲级伤残军人。1948年6月，在大宁县参加中国人民解放军，任华北军区第一兵团13总队1营卫生队战士、班长。太原战役中负伤退伍。1951年7月，入临汾地区速成学校学习。1953年9月后，任汾城、膏腴、西李、城关供销社营业员、主任及县商业局科员。1962年12月，任县公安局侦察员。1970年，到赵康插队。1972年，任县农机局检验员。1976年8月，任县公安局刑侦队负责人。1992年6月离休。1957年荣获山西省政府奖、全省劳动模范奖及奖章一枚。1996年2月去世。

李廷发　曾用名李槐记，1931年5月生，襄汾县邓庄镇东侯村人。1949年4月加入中国共产党。1947年7月参加中国人民解放军，任襄陵独立团1营2连战士。1948年1月，任15纵队44旅131团战士。1948年9月后，任18兵团62军185师554团2连副班长、班长、副排长、排长。1951年7月，任志愿军19兵团65军194师581团2营4连排长。1953年3月，入19兵团速成中学学习。1954年10月，任65军195师584团2营5连排长、指导员。1955年7月，入解放军长春市第三政干校学习。1957年2月，任65军195师584团2营7连指导员。1960年，任建筑工程兵52师政治部组织助理员。1964年11月后，任二机部华北第七所政治部文书、襄汾县张礼农机厂支部书记。1982年10月，任二轻经理部支部书记。1983年12月离休。曾参加临汾战役、晋中战役、太原战役等。1949年，在太原战役中立乙等功一次，受到通报表扬。1950年，在贵州剿匪中受到师通令嘉奖。1951年，被评为模范党员。1951年，在抗美援朝中立三等功一次。1957年，立三等功一次。1959年，团通报表扬一次。1961年5月，受通令嘉奖一次。1961年12月，立三等功一次。1955年8月，授予解放奖章。1955年9月，被授予中尉军衔；1960年5月，被授予上尉军衔；1963年9月，被授予大尉军衔。2011年10月去世。

李丙辰 1931年11月生，襄汾县陶寺乡崇实村人。1947年12月加入中国共产党。1948年3月参加工作，先后在张纂、张相、云合村任小学教师。1951年12月，入临汾地委党校学习。1952年6月后，任襄陵县二区宣传干事、襄陵县委办公室干事、襄陵法院干事、襄汾县人事局干事、临汾县人事局干事。1962年6月，入晋南地委党校文化部学习，后任“四清”工作团队员。1965年5月，任襄汾县委办公室机要收发员。1973年6月，任档案局干事。1983年12月离休。2015年9月去世。

李生荣 1931年12月生，襄汾县邓庄镇东邓村人。1949年5月加入中国共产党。1949年6月参加工作，任襄陵支前大队副分队长、东邓村治安委员。1950年4月后，任襄陵县委办交通员、事务、会计、组织部干事。1954年9月后，任临汾、襄汾组织部组长、襄汾县人事局局长、景毛公社书记。1967年5月，任襄汾县革委政工组干部办主任、革委政工组副组长。1975年9月，任襄汾县委组织部副部长。1992年3月离休。1984年，襄汾县委授予“端正党风成绩显著奖”。2016年8月去世。

李梦祥 1932年7月生，襄汾县古城镇东街人。1950年7月加入中国共产党。1948年7月参加中国人民解放军，历任晋冀鲁豫8纵队22旅66团、60军178师534团宣传员、文化干事。1950年8月，入青岛快艇学校学习。1951年5月，任溏沽快艇基地修理工组长。1952年，任海军21快艇大队后勤仪表工。1956年4月，任助理业务长。1958年4月，任91快艇大队基地军需助理员。1960年10月，任南海舰队工程处助理员。1964年10月转业到襄汾县供销系统，1985年12月在景毛供销社主任岗位离休。曾于1948年参加太原战役；1949年参加豫西剿匪战斗、陕西扶郿战役、秦岭战役、挺进大西南等。1956年，被授予少尉军衔；1963年，被授予上尉军衔。1985年12月去世。

李福科 1932年7月生，襄汾县大邓乡大邓村人。1948年9月参加工作，任襄陵县机联社采购员。1951年9月，任南辛店供销社组长。1961年3月，任襄汾县供销社生产经理部组长。1962年7月，任邓庄供销社饭店组长。1964年，任邓庄供销社门市部主任。1973年6月，任工商局城关所所长。1987年2月离休。1957年、1958年参加县先进工作者会议，受物质奖励。1959年，参加县群英会，受物质奖励。1960年，被评为县红旗手。2000年去世。

李长令 曾用名李小娃，1933年6月生，襄汾县襄陵镇齐村人。1955年2月加入中国共产党。1948年9月参加工作，在临汾城防司令部工作。1952年11月后，任襄陵县公安局侦查员，襄陵县、襄汾县看守所所长，临汾县公安局侦查员、治安股副股长。1961年，任襄汾

县公安局治安股股长。1978 年 5 月，任襄汾县公安局副局长。1993 年 12 月离休。多次被评为地、县先进工作者和晋南地区“破案能手”。2005 年 3 月去世。

李洪元　1933 年 7 月生，襄汾县陶寺乡安李村人。1955 年 3 月加入中国共产党。1949 年 7 月参加中国人民解放军，任临汾军分区独立一营 2 连 3 排 7 班战士。1951 年 8 月，入临专行政干校学习。1951 年 11 月，任襄陵一区民政、统计助理员。1953 年 8 月，任襄陵县政府统计科科员。1954 年 9 月，任襄汾县财经委员会干事。1955 年 3 月后，任襄汾县人委工商科、商业局干事。1958 年 11 月，任临汾肃反办公室外查员。1959 年 8 月，任临汾社会福利公司干事。1960 年 12 月，任临汾百货公司办公室干事。1961 年 5 月，任襄汾县百货公司秘书。1962 年 8 月，任襄汾县石油公司秘书。1963 年 8 月，任襄汾县人委办公室干事。1964 年 12 月，任吉县财贸部干事。1967 年 6 月，任吉县商业局办公室主任。1971 年 9 月，任吉县驻临汾采购站站长。1978 年 11 月，任襄汾县委组织部调干。1980 年 8 月，任县委统战部干事。1981 年 11 月，任乡镇企业供销公司经理。1993 年 12 月离休。1957 年，在襄汾县文补校被评为特等学习模范。2008 年 9 月去世。

李学义　曾用名王学义，1935 年 1 月生，襄汾县襄陵镇景村人。1952 年 8 月加入中国共产党。1949 年 9 月参加工作，入晋南行政干校会训班学习。12 月，任山西人民广播电台学员。1950 年 1 月，任吉县县委宣传部收音员。1956 年 6 月，任吉县县委办公室干事。1959 年 1 月，任乡宁县吉镇公社宣传委员。1961 年 6 月，任吉县县委中心通信组干事。10 月，任县委宣传部理论教员。1966 年 9 月，任闻喜县仁和公社党委书记。1967 年 4 月，任仁和公社革委副主任。1969 年 11 月，任后宫公社第一副主任。1972 年 9 月，任襄汾县西贾公社革委副主任。1973 年 12 月，任西贾公社主任。1974 年 11 月，任曹家庄公社党委副书记、主任。1983 年 11 月，任襄汾县志办公室副主任。1990 年 2 月离休。1956 年 7 月，被评为全县学习积极分子。1991 年 8 月去世。

杜

杜文奎　1918 年 7 月生，襄汾县古城镇杜村人。1949 年 4 月参加工作，任太原市税务局北关税务所外勤。1951 年，任太原税务局内勤。1971 年调襄汾，先后任古城税务所、城关税务所专管员、会计。1979 年 12 月退休，1982 年 4 月改为离休。1991 年 1 月去世。

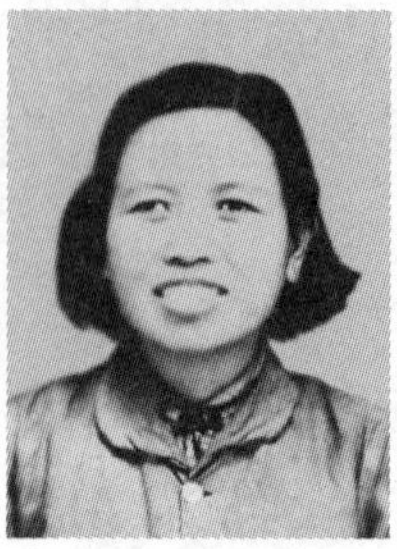

杜祥华 女，曾用名杜鲜花，1931年3月生，襄汾县襄陵镇东院村人。1949年7月加入中国共产党。1949年4月参加工作，任襄陵二区妇联委员。1952年，入临汾农校学习。1954年，任临汾供销社商店负责人。1956年3月，任隰县供销社科员。1965年6月，任襄汾县百货公司营业员。1985年8月离休。2014年5月去世。

杜守广 曾用名杜小广，1934年1月生，和顺县平松乡三泉村人。1949年8月参加工作，任太原市2区8街政府通讯员。1950年3月后，任汾城县公安局通讯员、股长。1954年8月，任襄汾县公安局股员。1958年9月，任临汾县公安局科员。1961年6月，任襄汾县公安局股员。1969年6月，任襄汾县工业局干事。1971年9月，任襄汾县电机厂办公室负责人。1976年1月后，任襄汾县东风厂副股长、办公室主任。1984年11月，任襄汾县人民检察院检察员。1994年6月离休。2003年5月去世。

苏

苏永年 1924年9月生，太原市东社镇三给村人。1949年4月参加工作，任太原市公安一分局三圣巷派出所户籍员。1950年4月，任临汾粮食公司霍县支公司办事员。1951年12月，任汾城县汾城粮站保管员。1990年1月离休。1997年1月去世。

苏　萍 女，曾用名苏云娥，1926年1月生，浮山县韩家岭村人。1949年2月参加工作，先后任临汾县土改工作组组员、临汾二区妇联会干事。1950年3月，入临汾工农干校学习。1953年8月，任襄陵四区妇联会委员。1954年9月，入山西省团校学习。1955年4月后，任襄汾县妇联会检察员、县农村工作组组员、县妇联干事、伯玉乡妇女会主任、赵康公社福利委员、县妇联干事等。1961年5月，任县手工业局经理部门市部营业员。1982年4月离休。1985年11月去世。

苏欧娃 曾用名苏集忠，1930年4月生，襄汾县古城镇上北戍村人。1954年5月加入中国共产党。1949年7月参加中国人民解放军，任新兵团战士。1949年11月后，任3军8师23团通讯连、骑兵连、骑兵大队战士。1952年12月后，任1军2师23团警卫连战士、5团警侦连战士。1954年8月后，任5团侦察排班长、1营1连副排长、排长。1958年3月，任1营1连司务长。1960年1月后，任5团运输连排长、1营1连副连长。1970年3月，任陆

军 2 师步兵 5 团后勤处副处长。1976 年，任汾西灌区水委会副主任。1984 年 5 月离休。曾参加西北地区剿匪战斗 4 次和朝鲜桂湖洞反击战等。1957 年 10 月，获口头嘉奖一次。1958 年，在朝鲜立三等功一次。1956 年 1 月，被授予少尉军衔；1962 年 7 月，被授予中尉军衔。2005 年 11 月去世。

芦

芦全顺　曾用名芦登舟，1926 年 5 月生，襄汾县襄陵镇齐村人。1949 年 11 月加入中国共产党。1948 年 7 月参加工作，任中国人民解放军 12 纵队 9 团卫生队卫生员。1949 年回乡，任襄陵县二区干事。1952 年，任襄陵县四区组织干事。1953 年，入晋南干部学校学习。1956 年 3 月，任襄汾县委组织部组织员。1957 年，任县农工部干事。1961 年，任襄陵公社组织委员。1966 年，任陶寺公社副主任。后在襄陵中心卫生院党支部书记岗位离休。1983 年 4 月去世。

杨

杨素文　女，1909 年生，襄汾县古城镇西街村人。中师文化。1949 年参加工作，任古城完小教师。1958 年，被错划为右派回村务农。1979 年平反并办理退休手续。1982 年 11 月改为离休。1995 年 8 月去世。

杨友梅　1910 年 4 月生，临汾市大阳乡大阳村人，后居襄汾县邓庄镇席村。1949 年 10 月加入中国共产党。1942 年 10 月参加八路军，任管理员。1952 年转业，任专区股长。1955 年，入运城文补校学习。1956 年，任股长。1958 年，任仓库主任。1959 年，任邓庄棉加厂厂长。1965 年 9 月退休，1982 年 11 月改为离休。1986 年 7 月去世。

杨少智　1912 年 5 月生，山西省大同县东关村人，后定居襄汾县汾城镇北关村。1940 年加入中国共产党。1938 年 2 月，在汾阳县参加抗日工人自卫旅。1940 年后，任自卫旅侦察员、副排长。1946 年，任绥蒙铁路管理处总务科管理员。1947 年，任十分区新绛贸易公司股长。1949 年，任汾城县工商科科长。1954 年 4 月，任襄汾县税务局副局长。1956 年，任襄汾县花纱布公司经理。1963 年，任汾城供销社书记。1982 年 12 月离休。2000 年 10 月去世。

杨恩高 曾用名杨省三，1918年12月生，襄汾县陶寺乡崔家庄村人。1945年7月参加工作，先后任沙坡村、上西梁、河坡、东郭、贾沙向小学教师。1975年1月退休，1982年11月改为离休。1953年参加扫盲时被评为模范干部。1997年去世。

杨天亮 1919年12月生，临汾县第六区西庄村（今尧都区小榆乡席坊村）人。1940年7月加入中国共产党。1936年2月红军东征时，参加抗日游击队。1938年7月后，任抗日决死二总队战士、班长。1942年8月，任决死二总队排长。1944年5月，任六支队三连排长。1945年9月后，任12旅34团连长、营长。1948年3月，任陕南军政学校教员。1948年11月，任永阳独立营营长。1949年8月，任独立15团2营营长。1951年3月，任万马三团副团长。1953年2月，到张家口85速成中学学习。1957年8月，任105疗养院副政委。1958年12月，任北京民航第一医院副政委。1963年4月，任晋南百货分公司科长。1966年，任襄汾6611仓库副主任。1982年12月离休。曾参加抗日战争、解放战争，直接参加战斗50余次。1943年，在汾阳西部战斗中获战斗英雄称号。1946年，在24旅吕梁战役中被评为特等战斗英雄。1947年，汾孝战役中被评为特等战斗英雄。1947年，晋南保卫毛主席战役中被评为特等英雄。1948年，在军政大学被评为特等战斗英雄。1955年9月，被授予少校军衔。1957年6月，获三级独立自由勋章、三级解放勋章。1985年12月去世。

杨树许 1919年生，襄汾县赵康镇人。1947年5月参加工作。1980年4月在赵康棉加厂事务员岗位退休。1982年11月改为离休。

杨振华 曾用名杨堂孩，1921年9月生，山西省沁县古城村人。1950年加入中国共产党。1947年6月参加工作，任新绛土改工作团工作员。1948年5月，任汾城三区农会委员。1948年8月，入新绛十地委党校学习。1948年12月，任西北支前担架队队长。1949年9月，任汾城三区生产助理员。1950年6月，参加临汾地委整风。1950年9月，任汾城三区生产助理员。1951年11月，入省行政干部学校学习。1952年10月后，任汾城三区政府负责人、汾城重点乡乡长。1954年5月，到临汾地委党校学习。1954年9月，任襄汾县委检查组组员。1956年4月，任南辛店乡乡长、工业部部长。1959年5月后，任西徐管理区书记、北关大队主任。1961年，任襄陵公社宣传委员。1962年8月，任襄陵公社副主任。1965年6月，任襄陵粮站站长。1972年2月退休，1984年11月改为离休。1991年9月去世。

杨全成 1923年生，襄汾县新城镇沟尔里村人。1947年在本村参加工作。1948年4月，

任赵曲行政村村长。1949年4月，任襄陵县政府建设科科员。10月，回村务农。1952年，任城关棉加厂采购员。1979年12月退休，后改为离休。2002年12月去世。

杨盛文　曾用名杨盛盛，1924年6月生，襄汾县南辛店乡南辛店村人。1948年10月参加工作，任襄陵税务局副股长。1957年1月，任襄汾县贸易公司业务负责人。1958年7月，任襄汾县生产资料公司门市部负责人。1958年11月，任临汾县物资公司业务副股长。1961年6月，任襄汾县计委物资股负责人。1962年7月，任襄汾县交电公司业务组组长。1980年离休。2013年5月去世。

杨金奎　曾用名杨社保，1924年生，襄汾县邓庄镇贾庄村人。1950年1月加入中国共产党。1948年3月参加工作，先后任村财粮主任、治安主任。1951年3月，入临汾地委党校学习。11月，任襄陵县四区公安助理员。1954年10月，任襄汾县公安局侦查员。1959年4月，到晋南文补校学习。1960年4月，任临汾军烈属八一厂支部书记。11月，任襄汾医院支部书记，后任襄汾县农机公司支部书记。1982年11月离休。2001年去世。

杨维邦　曾用名杨次丁，1925年4月生，襄汾县陶寺乡李家庄村人。1941年4月加入中国共产党。1941年参加工作，任中共地下通讯员。1946年，任本村农会主席、民兵指导员。1947年10月后，任盘道学校、三区联校校长。1951年12月，任三区区公所文卫助理员。1954年，任陶寺供销社组导员。1955年，任襄汾油脂公司业务员。1957年，任陶寺供销社门市部负责人。1984年5月离休。1999年12月去世。

杨彦昌　1925年4月生，山西省翼城县桥上乡刘王村人。1951年5月加入中国共产党。1945年在济源市豫北干校参加工作，后在翼城河东中学、曲沃中学工作。1979年12月，在襄汾县城关市民委员会主任岗位退休。1982年11月改为离休。1998年2月去世。

杨全录　曾用名杨小虎，1925年7月生，洪洞县淹底村人，后居襄汾县赵康镇西汾阳

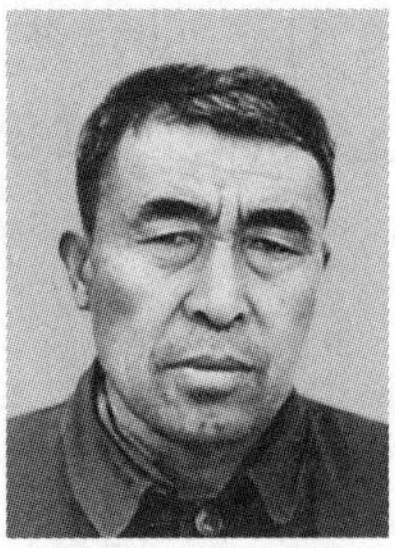

村。1943 年 5 月参加工作并加入中国共产党，任村民兵指导员。1947 年 2 月后，任临汾县城市工作部、翼城二地委、运城地委通讯员。1953 年 4 月，入运城中学学习。1955 年 4 月，任绛县木材公司经理。1957 年 4 月，任绛县陈村乡党委书记。1959 年 11 月，任绛县郝庄公社主任。1961 年，任襄汾县永固公社主任。1964 年 12 月，任赵康公社主任。1969 年 11 月，任陶寺公社书记。1975 年 10 月后，任西贾、丰盈公社核心小组组长。1977 年 10 月，任汾城公社党委书记。1981 年，任襄汾县科协主席。1984 年 3 月离休。1961 年，出席全县学毛著积极分子代表大会。1994 年 11 月去世。

杨维汉　曾用名杨天录，1926 年 3 月生，襄汾县襄陵镇南街村人。1948 年 3 月参加工作，任襄陵县贸易公司保管员。1949 年 5 月，任新绛县贸易公司保管员。1950 年 6 月，任稷山县汾南组组长。1962 年 4 月，任襄汾县南辛店棉加厂副厂长。1964 年 3 月，任襄汾县邓庄棉站站长。1971 年 9 月，任襄汾县古城供销社经理。1984 年 5 月离休。曾连续三年被评为模范，1960 年，参加稷山县群英大会；1978 年，出席地区先进工作者代表大会。2002 年 5 月去世。

杨超华　曾用名杨玉泰、王道明，1926 年 9 月生，河南省固始县史户村人，后居襄汾县邓庄镇邓庄村。1949 年 9 月参军，任骑 4 师独立旅特务连学习指导员。1950 年 10 月，到绥远军区学习团 3 大队 12 中队学习。1951 年 1 月，入第 9 步校 3 大队 12 中队学习。1952 年 11 月，入华北训练 6 团 1 营 2 连学习。1954 年 4 月后，任襄汾县农林局、畜牧局、林业局干部。1982 年 11 月离休。1993 年 3 月去世。

杨清云　曾用名杨福生，1928 年 3 月生，临汾市贺家庄乡赵南河村人。1947 年参加工作，到翼城县大众医院学习。1950 年 1 月，任临汾专区公立医院护士。1950 年 7 月，任汾城医院医士。1956 年，到长治卫校学习。1957 年，任襄汾县第二人民医院医士。1959 年，任侯马医院医士。1961 年 5 月，任襄汾县人民医院外科医师。1979 年 10 月离休。2004 年 7 月去世。

杨金铭　1929 年 7 月生，山西省沁源县韩洪镇人。1944 年 3 月加入中国共产党。1944 年 3 月，任本村公安主任。1946 年 8 月，任沁源三区公安干事。1946 年 11 月，调太岳区三分区土改工作队工作；1947 年 3 月，任荣河县二区农工会主席，后调晋绥工委。1949 年 4 月后，在晋南地委组织部、洪洞县三区工作。1950 年 2 月后，任汾城县团委组织部部长、一区委副书记。1954 年 6 月后，任襄汾县赵康基点点长、县供销社副主任。1957 年 12 月后，任襄汾县膏腴乡党委书记，古城、曹家庄乡副书记。1964 年 7 月后，任襄汾县农林局副局长、造纸厂书记。1975 年 5 月后，任襄汾县工商局副局长、调研员。1990 年 11 月离休。获得的奖励有：1944 年 2 月，在对敌斗争中受伤 6 处，获二等功；1953 年、1954 年，获统购统销模范受物质奖励；1956 年，在西中黄获工作模范奖；1957 年，在云河县获对敌斗争荣誉奖。2011 年 8 月去世。

杨兴美　1929 年 12 月生，江苏省睢宁县梁集乡梁圩村人。1948 年 12 月加入中国共产党。1945 年 5 月参加工作，任区公所通讯员。8 月，任泗洲军分区通讯员。1946 年 10 月，任华东 5 师通讯员。1947 年 4 月后，任华东二纵炮团通讯员、副班长、班长。1951 年 5 月，到 21 军教导团 6 队学习。1952 年 11 月，任 61 军教导连副排长。1953 年 10 月，任教导营学员。1954 年 1 月，任炮团一连司务长。1955 年 11 月后，到第二炮兵学校、锦州炮兵学校学习。1958 年 10 月，任炮团一连排长。1959 年 11 月，任榴炮二连连长。1961 年 6 月，任加农炮一连连长。1964 年 10 月，任襄汾县食品公司支部书记。1971 年 3 月，任城关供销社支部书记兼革委会主任。1983 年 4 月，任县社培训班主任。1985 年 6 月离休。1955 年授予解放奖章。1960 年 5 月，被授予中尉军衔；1963 年 8 月，被授予上尉军衔。曾立二等功 3 次，三等功 1 次。2011 年 3 月去世。

杨保福　1929 年生，山西省闻喜县郭家庄乡西韩村人。1947 年加入中国共产党。1944 年 3 月在吉麓县第三区干队参加工作。1946 年 6 月，任吉麓县政府通信班班长。1947 年 9 月，任新绛县政府干事。1948 年 4 月，任新绛县二区助理员。1949 年 2 月，任副区长。1950 年 11 月，任四区区长。1953 年 7 月，任城关区区长。1955 年 5 月后，任新绛县委宣传部副部长、部长。1958 年 10 月，任泽掌公社书记。1960 年 12 月，任侯马市委调干。1962 年 3 月，任襄汾县贾庄公社主任。1963 年 6 月，任县农林局局长。1971 年 9 月，任县生产组副组长。1975 年 6 月，任县革委会副主任。1981 年任调干。1991 年 5 月离休。2008 年 5 月去世。

杨海山　1930 年 1 月生，襄汾县新城镇人。1949 年 12 月加入中国共产党。1949 年 8 月参加工作，先后任襄陵五区工作队队员、团委书记。1952 年 9 月后，任石楼县委办公室、农工部干事。1956 年 7 月后，任石楼县农工部副部长，西卫、城关公社书记。1965 年 9 月后，任襄汾县“四清”工作队队长、汾城公社书记、古城公社核心组长、公社书记。1976 年 5 月，任襄汾县委农工部副部长。1978 年 4 月，任红卫公社书记。1982 年 5 月，任县委农工部副部长。1984 年 12 月，任襄汾县政协副主席。1987 年 5 月，任襄汾县政协副县级调研员。1990 年 3 月离休。1995 年 8 月去世。

杨振华　曾用名杨穴子，1930 年 2 月生，襄汾县大邓乡下庄村杜家庄人。1947 年 9 月

参加工作，先后任邓家峪、四家湾小学教师。1949年1月，入临汾师范学习。1952年7月，任乡宁文家湾小学教师。1953年10月，任襄陵中学职员。1955年2月后，任东侯、寺头小学教师。1958年9月，入晋南师专生化科学习。1959年9月后，任贾庄、西郭、下庄、东风、前河等学校教师。1979年9月后，任周家庄、上庄学校教师。1984年7月离休。1999年8月去世。

杨三德 曾化名杨实甫，1930年3月生，襄汾县南辛店乡南靳村人。1950年加入中国共产党。1948年3月参加工作，任襄陵县公安局公安队员。1951年，调看守所。1952年4月，任看守所所长。1953年11月，调公安局政保股。1954年9月，任安李供销社负责人。1955年4月，调古城合作社。1956年3月，任古城公私合营药房经理。1959年，任汾城药房经理。1961年，任襄汾药房经理。1968年3月，任古城药房负责人。1973年11月退休，1982年转为离休。1994年11月去世。

杨森基 1930年11月生，浮山县上东乡上东村人。1950年加入中国共产党。1948年7月参加工作，任襄陵县四区茹子沟村教师。1949年2月，任邓庄石印局缮写员。11月，任襄陵县委文印。1953年8月，任襄陵县委机要干事。1954年9月，任襄汾县委秘书处干事。1957年7月，任县委宣传部干事。1958年11月，任临汾县监委监察员。1961年5月后，任襄汾县监理委员会监察员、秘书。1967年3月，任襄汾县革委干部办公室负责人。1968年9月，任县革委会政工组副组长。1970年12月，任襄汾县广播站支部书记。1974年11月，任县信访办主任。1975年11月，任县委组织部组织组组长。1983年12月离休。2002年12月去世。

杨志明 曾用名杨小顺，1932年1月生，襄汾县南辛店乡北贾村人。1950年10月加入中国共产党。1948年3月参加襄陵县大队。9月，任晋绥军区警备二团卫生员。1949年5月，任卫生长。1950年1月后，任川西军区公安大队一中队、卫生队、三中队卫生长、药士、代调剂员等。1952年6月，任四川军区公安大队总队市大队医助。9月，入军区第一文化速成学校学习。1953年，任军区预备一分院医助。1953年10月后，入第三军医中学、第六军医学校学习。1959年3月，任铁道兵2师卫生营医疗所内科军医。1963年3月，调7团卫生队。1964年4月，任13师补1团司令部军医。1967年，任补1团卫生队主治军医。1968年8月，任卫生营医疗所所长。1970年4月，任13师医院第一所所长。1975年11月，任铁道兵第三新管处卫生科副科长。1978年12月，任襄汾县卫生防疫站站长。1987年2月离休。曾立师三等功两次。1955年获解放奖章。1955年，被授予少尉军衔；1960年，被授予中尉军衔；1963年，被授予大尉军衔。2003年11月去世。

肖

肖树苍　曾用名肖德财，1917年1月生，陕西省栒邑县我田镇人，后居襄汾县城。1935年5月加入中国共产党。1934年11月参加红军，先后任刘志丹少先队队员、3团通讯员、战士、班长、副排长。1942年1月后，任警卫1旅教导队指导员、副营长、营长。1950年12月，任19兵团188师职工科副科长。1955年4月，任晋南花纱布公司保卫科科长。1956年，任晋南采购局保卫科科长。1957年，任晋南供销社潼关转运站副站长。1959年1月，任运城盐站党支部书记。1959年11月，任晋南商业局保卫科科长。1961年11月，任襄汾县商业局党总支书记。1965年10月退休，1982年4月改为离休。曾在西北战役中立三等功一次。1994年1月去世。

肖　思　1926年10月生，襄汾县南贾镇连村人。1942年10月加入中国共产党。1939年4月参加工作，任213旅队员。1945年8月，任汾城县委秘书。1950年10月，任襄汾县人民武装部副部长。1964年2月退休，1982年11月改为离休。2008年9月去世。

邱

邱文选　1921年7月生，襄汾县赵康镇阜平村人。1953年加入中国民主同盟。1949年4月参加工作，任太原五一路小学教师。1958年，被划为右派回村务农。1979年3月平反，任襄汾县赵曲中学教师，1980年1月退休，1982年11月改为离休。2016年2月14日去世。

邱光美　曾用名邱丁珍，1925年10月生，襄汾县赵康镇阜平村人。1948年8月参加工作，入晋绥行政干校分局党校学习。1950年，任南贾学校教师。1953年，任汾城县扫盲办干事。1955年，任汾城三区扫盲校长。1957年，任膏腴乡政府文教视导员。1959年后，任侯马市、襄汾县文教局视导员。1970年回村务农。1973年8月，任赵康公社业教辅导员。1977年5月，任赵康中学职员。1983年12月离休。1958年被评为甲等模范通讯员；1959年在晋南专区汉语拼音训练班被评为模范学员。1987年3月去世。

狄

狄西海 1933年7月生，襄汾县新城镇狄家庄人。1958年10月加入中国共产党。1949年6月参加工作，到吕梁十中行政干部班学习。1952年7月后，任闻喜县、襄汾县教师、教导主任。1957年10月，到山西省教育学院进修。1958年10月，任临汾县教育局中教视导员。1960年5月，任襄汾县教育局干事。1970年6月，任襄汾县委生产组综合办公室干事。1973年2月，任县农林局副局长。1975年9月，任县文化局副局长。1990年10月，任县文联主席。1993年12月离休。1985年，在戏剧志编撰工作中整理出版戏剧史料10万余字，被评为先进工作者，获山西省学科艺术研究奖。收集整理出版民间文学作品100万字，著有《襄汾民间故事集成》《襄汾歌谣谚语集成》等书。1988年，参加全国民间文学基本理论研讨会，论文《浅谈民间口头文学与民俗》获国家级证书。2007年11月去世。

毕

毕德礼 1927年4月生，襄汾县大邓乡四家湾村人。1941年2月参加工作，任四家湾小学教师。1943年，任龙王庙村小学教师。1945年，任上西梁学区桥北里小学教师兼中心校长。1956年，任龙王庙完小中心校长。1963年，因病退职在村兼保管员。1978年6月，任红卫中学负责人。1957年被划为“右派”，1978年平反。1983年12月离休。2009年4月去世。

辛

辛世成 1924年5月生，襄汾县邓庄镇张礼村人。1949年12月加入中国共产党。1948年8月，在襄陵县第五区参加工作。1949年12月，任襄陵县第一区区委会干部。1953年9月，任襄陵县第二区宣传干部。1954年，入晋南文补校学习。1955年，任襄汾县邓庄基点副点长。1956年5月，任大邓乡乡长。1958年6月，任邓庄公社副部长兼邓庄钢铁厂厂长。1958年12月，任西钢铁厂车间党支部书记、人事劳保科长。1962年2月，任襄汾县襄陵公社主任。1979年退休，1984年2月改为离休。1995年12月去世。

辛妙和 1930年10月生，山西省稷山县西王村人。1949年7月参加工作，入晋南干部学校学习。1949年9月，任汾城县供销社业务股、记统股负责人。1955年7月，任襄汾县社记统科副科长。1958年7月后，任襄汾铁厂生产科副科长、办公室副主任。1961年10月，

任古城公社财贸委员。1963年5月，任襄汾县生产资料公司副经理。1970年1月，任景毛供销社副主任。1972年5月，任桥西商店副主任。1983年6月，任中兴商店经理。1991年3月离休。1994年11月去世。

沈

沈光才　1922年2月生，湖北省宜城县沈家湾村人。1949年9月加入中国共产党。1949年1月参加中国人民解放军，任66军197师168团3营战士。1950年1月，任志愿军副排长。1951年2月，任北京部队军干校排长。1954年6月，任太谷军官学校排长。1955年3月转业，任解虞县供销社副经理。1955年9月，入运城干部学校学习。1956年8月，任襄陵油脂公司副站长。1957年6月，任襄陵粮站副站长。1958年1月，任汾城粮站站长、支书。1984年10月离休。曾参加太原战役、朝鲜二次战役温凤洞追击战、朝鲜四次战役红桃山追击战、横城阻击战等。在部队立小功4次。1965年，出席北京先进工作者会议。多次出席专署、省先进工作者会议。1953年1月，被授予副排级。1995年4月去世。

沈增寿　1923年6月生，襄汾县陶寺乡崇实村人。1948年2月参加工作，先后任南梁、赵曲仓库保管员。1952年8月，任襄陵县财政科科员。1952年12月，任工矿科科员。1956年3月，任襄汾县盐务运销处业务员。1958年5月，任襄汾副食品公司保管员。1959年1月，任临汾副食品公司业务员。1961年5月，任襄汾副食品公司保管员。1966年，任襄汾县土产公司保管员。1972年后，任襄汾土产、果品公司保管员。1984年5月离休。1992年4月去世。

沈如青　曾用名沈全定、沈如当，1923年7月生，襄汾县新城镇解村人。1948年5月加入中国共产党。1947年7月参加工作，任吕梁十分区汾城县大队战士。1948年1月，任吕梁十分区58团2营5连文书、事务长。1949年1月，任1军3师9团后勤处助理员。1952年1月后，任青海省军区会计、供给员、助理员。1957年1月，任青海省柴达木军分区副科长。1957年10月，任兰州军区骑兵2团后勤处副处长。1960年7月，任青海省玉树军分区副科长。1961年3月，入总后勤部后勤学院学习。1962年2月，任青海省海南军分区科长。1974年5月，任青海省贵德县人武部副部长。1976年3月转业，任襄汾县财贸部副部长。1989年2月离休。曾参加新绛、汾城、临汾、孝义、清源、太原等战斗、战役。1954年4月在部队立三等功一次。获解放奖章。1956 年 5 月，被授予上尉军衔；1960 年 5 月，晋升为大尉军衔；1964 年 4 月，晋升为少校军衔。1988 年 2 月去世。

沈耀水　1926 年 3 月生，襄汾县新城镇解村人。1947 年 4 月参加工作，先后任解村、敬村小学教师。1952 年 10 月，任伯玉扫盲基点辅导员。1953 年 10 月，任陈郭小学教师。1958 年 3 月后，任张崇乡、七一水库扫盲干部。1958 年 10 月，任城关小学教师。1959 年 5 月，任柴村小学教师。1980 年 1 月退休，1982 年 11 月改为离休。1953 年获政府奖励，1956 年、1962 年，被评为县乙等模范。1997 年 8 月去世。

宋

宋长贤　1916 年生，山西省平遥县大汪村人。1949 年 1 月参加工作，入太岳区行政干部学校学习。1949 年 7 月，任霍县供销合作社业务员。1951 年 4 月，任临汾粮食公司业务员。1953 年 1 月，任襄陵粮食局业务员。1954 年 7 月，任襄汾油脂公司业务员。1956 年 5 月，任陶寺供销社业务员。1959 年 10 月，任临汾副食品公司业务员。1961 年 5 月，任襄汾县副食品公司业务员。1962 年 6 月，任襄汾县副食品公司保管员。1982 年 12 月，在汾城供销社营业员岗位离休。2009 年 2 月去世。

宋廷兴　1916 年生，新绛县南社乡南社村人。1947 年 9 月参加中国人民解放军，入华北军校学习。1948 年 9 月，任 19 兵团 64 军 3 团 2 营 4 连副排长。1949 年 2 月，任军补训师排长。1950 年 2 月，入军教导团学习。1951 年 3 月，任志愿军排长，赴朝作战。1952 年 4 月，入太谷文化学校学习。1955 年 4 月转业，任新绛银行出纳、副股长。1957 年 12 月，下放劳动锻炼。1959 年 1 月，任南凹煤矿保管员。1959 年 6 月，入新绛医院修养。1959 年 8 月，调跃进渠工程局工作。1982 年 12 月，在襄汾造纸厂收料员岗位离休。1998 年 2 月去世。

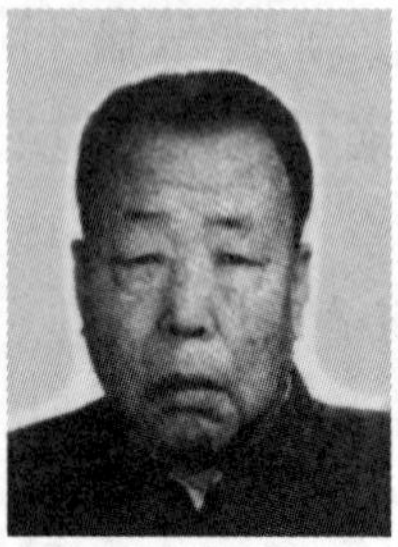

宋　澜　1919 年 11 月生，襄汾县汾城镇人。1937 年 11 月加入中国共产党。1937 年 11 月参加工作，先后任汾城自卫队工作员、连指导员。1939 年 1 月，任 213 旅连指导员。1940 年 1 月，任汾城地下党区委书记。1941 年 3 月，任汾城地下党县委宣传部部长。1945 年 6 月，任太岳区党委城工部调干。1945 年 8 月，任曲襄县武工队支部书记。1946 年 3 月，任汾城县委宣传部部长。1947 年 5 月，任汾城县大队副政委。1947 年 10 月，入吕梁十地委学习。1948 年 3 月，任河津县武装部部长。1949 年 12 月，任襄陵县委组织部部长。1952 年 6 月，任襄陵县委副书记。1954 年 4 月，入华北干部文补校学习。1956 年 2 月，任襄汾县汾城拖拉机站站长。1957 年 4 月，任襄汾县委书记处书记。1958 年 10 月，任侯马市委书记。

1961 年 6 月，任襄汾县委书记兼县长。1982 年 3 月离休。1995 年 8 月去世。

宋小五　1928 年 5 月生，襄汾县西贾乡西彭村人。1950 年 7 月加入中国共产党。1949 年 7 月参加工作，任汾城县警备连战士。1949 年 12 月，任汾城县公安队队员。1952 年 3 月，任太原公安 18 团 1 营 4 连排长。1957 年 3 月，任襄汾县煤建公司组长。1962 年 3 月，任襄汾县交电公司门市部主任。1962 年 6 月，任糖业烟酒公司门市部负责人。1963 年 7 月，任食品公司站长。1984 年 5 月离休。1952 年 4 月，被授予副排级；1955 年 11 月，被授予准尉军衔。2008 年 12 月去世。

张

张玉如　1909 年生，襄汾县汾城镇北膏腴村人。1947 年参加工作，先后任本村小学教员、校长。1949 年后，任汾城供销社会计、汾城棉加厂业务员、赵康棉加厂业务员。1979 年 10 月退休，1982 年改为离休。1993 年 12 月去世。

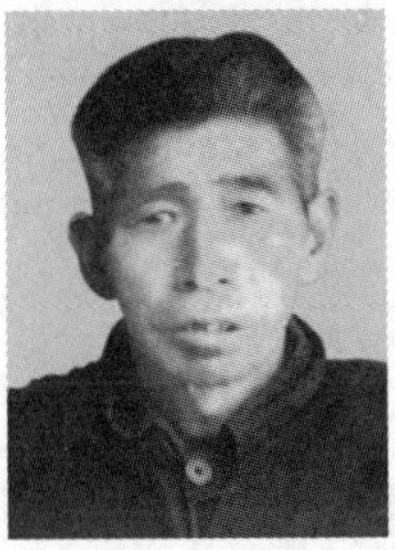

张明哲　曾用名张富家，1910 年 5 月生，襄汾县陶寺乡中梁村人。1962 年 8 月加入中国共产党。1942 年 8 月参加工作，任襄陵县公安局交通员。1945 年，任襄陵县供销社业务员。1954 年，任襄汾县供销社保管员。1958 年 9 月，任临汾县生产资料公司保管员。1961 年，任襄汾县生产资料公司保管员，1982 年 1 月在县交电公司离休。1990 年 6 月去世。

张余轩　曾用名张吉庆，1910 年生，襄汾县大邓乡西社村人。1947 年参加工作，任襄陵县裕民实验工厂副经理。1951 年，任邓庄供销社主任。1952 年，任南辛店供销社主任。1955 年，任古城供销社主任。1972 年退休，后改离休。1995 年 1 月去世。

张春发　1912 年 4 月生，洪洞县下安村人，后居襄汾县城画儿胡同。1956 年 12 月加入中国共产党。1942 年 6 月参加工作，任洪洞县三区抗日政府财粮干事。1945 年 6 月，任洪洞县财政科科员。1949 年 2 月，任蒲县财政科科长。1952 年 8 月后，任汾城县、襄汾县财政科

（局）科长、局长。1958 年 9 月，任临汾县粮食局局长。1960 年 5 月，任临汾县财政局党支部书记。1961 年后，任襄汾县财政局、银行党支部书记。1972 年，任襄汾县生产资料公司副主任。1982 年 3 月离休。1993 年 6 月去世。

张希华　曾用名张仰先，1913 年 10 月生，襄汾县陶寺乡陶寺村人。1929 年 2 月起，赴太原达生医院、山西医院学习。1946 年 10 月参加工作，任襄陵县人民政府济民医院医生。1947 年 11 月，任翼城太岳武委二分会医院院长。1949 年 11 月回家养病。1952 年 2 月，任襄陵县卫生院医师兼医疗股长。1955 年 7 月，任邓庄卫生所所长。1958 年 7 月，任襄汾县中心人民医院医师兼西医部主任。1962 年 6 月，任襄汾中学校医。1980 年 1 月退休，1982 年 11 月改为离休。1958 年，被评为先进工作者；1959 年，被评为学习模范。1991 年 11 月去世。

张执敬　曾用名张凤歧，1914 年 6 月生，襄汾县陶寺乡云合村人。1946 年 2 月参加工作，先后任大邓、安李、张纂、上西梁学校教师。1952 年 9 月，任襄陵县扫盲干事。1954 年 7 月后，任上西梁、东柴、张纂学校教导主任。1966 年 8 月后，任峨儿岭、云合、安李学校教师。1974 年 8 月，任红星学校教师。1980 年 5 月退休，1982 年 1 月改为离休。1985 年 11 月去世。

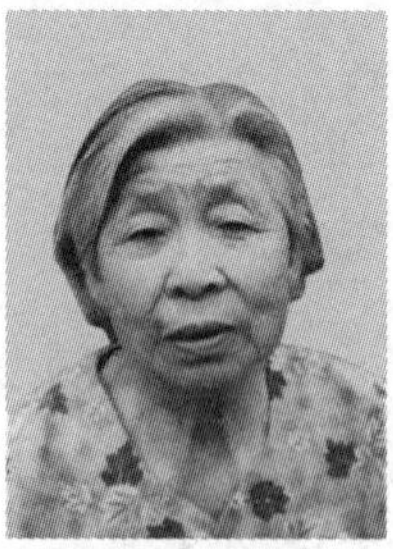

张月英　女，1914 年生，原平县上庄乡东郭村人，后居襄汾县城区。1945 年 12 月加入中国共产党。1945 年 7 月参加工作，在山阴县做妇联工作。1949 年 8 月后，在临汾、襄汾做行政工作。1955 年 10 月，调襄汾县花纱布公司工作。1959 年，任襄汾县百货公司营业员。1965 年 9 月退休，1982 年 11 月改为离休。2009 年 7 月去世。

张景忠　1916 年生，襄汾县景毛乡申村人。1948 年 10 月加入中国共产党。1947 年 8 月参加工作，在景毛乡柴王村搞土改。1948 年 3 月后，任汾城县四区政府民政助理员、副区长。1950 年 1 月，任汾城县供销社业务股长。1951 年 4 月，任古城供销社主任。1954 年 10 月，入运城文补校学习。1956 年 1 月，任汾城公社合营经理。1959 年 3 月，任汾城供销社支部书记。1960 年，任曲沃县公私合营经理。1961 年，任襄汾县食品公司经理。1963 年，任汾城公私合营支部书记。1966 年 12 月退休，1982 年 11 月改为离休。1998 年 3 月去世。

张进宝　曾用名张小仁，1917 年 3 月生，翼城县下白马村人。1946 年 7 月参加工作，在翼城县完小搞生产。1948 年 3 月，任汾城县四区政府炊事员。1948 年 7 月，任汾城县古城仓库保管员。1950 年 5 月，任汾城粮库保管员。1972 年 2 月退休，1982 年 11 月改为离休。1988 年 3 月去世。

张卓堂　曾用名张立之，1917 年 7 月生，襄汾县襄陵镇胡村人。1938 年 4 月加入中国共产党。1949 年 2 月参加工作，先后任齐村教师、浪泉中心校长、南街学校联合校长、上西梁完小教师。1958 年 6 月，被捕判三年劳改。1961 年 3 月回村劳动。1978 年平反复职，任浪泉公社教师。1980 年 5 月退休，1982 年 11 月改为离休。2006 年 9 月去世。

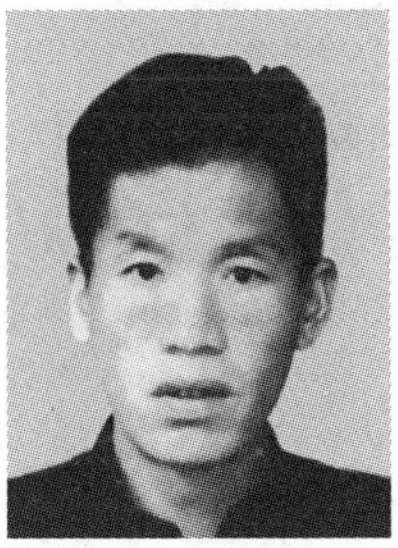

张胜明　1917 年 10 月生，襄汾县古城镇东侯村人。1978 年 10 月加入中国共产党。1948 年 2 月参加工作，任东侯村中心校长。1951 年，任盘道中心校长。1952 年，任汾城县八联学区校长。1953 年，任县扫盲办干事。1955 年，调汾城工作组工作。1956 年，任县农工部干事。1958 年，任汾城公社办公室副主任。1960 年，任南贾公社办公室副主任。1962 年，任南贾公社办公室秘书。1965 年，任南贾公社革委会副主任。1979 年 12 月退休，1982 年 4 月改为离休。1953 年，在统购统销工作中被评为一等模范。1954 年，在统购统销工作中被评为二等模范。1957 年，在农村大辩论工作中被评为一等模范。2005 年 2 月去世。

张毓德　1918 年 6 月生，襄汾县陶寺乡陶寺村人。1941 年 11 月参加工作。先后在陕甘宁邮政局、甘肃省老区西风镇邮政局工作。后被打成“右派”下放陕西省双石铺邮政局。1962 年回到陶寺村。1978 年落实政策平反。1980 年 4 月在襄汾县面粉厂保管岗位退休。1982 年 11 月改为离休。1993 年去世。

张德阳　1918 年 11 月生，襄汾县大邓乡赤邓村人。1938 年 8 月加入中国共产党。1937 年 6 月参加八路军，先后任 115 师 686 团战士、班长、排长、连长。1946 年 4 月，任 1 师炮兵连连长。1947 年 6 月，任 1 师炮兵营副营长。1949 年 1 月，任东北炮兵纵队营长。1950 年 1 月，任襄陵县第一区武装部部长。1952 年 7 月，任襄陵县第一区副区长。1956 年，任

襄汾县汾城拖拉机站行政队长。1958 年，任临汾专区果树厂生产队长。1961 年，任襄汾县林场场长。1962 年因病退休，1981 年 7 月改为离休。曾参加抗日战争、解放战争，因炮射命中准被登报表扬一次。1995 年 3 月去世。

张书魁 曾用名张魁子、张泽墨，1918 年生，河北省束鹿县摇头村人，后居襄汾县汾城镇太常村。1930 年起，先后在河北省宁晋县振兴布庄、石家庄宏兴布庄、定襄铁矿、天津魁计绣货庄、天津信丰肥皂厂、陈林饼干公司、天津隆顺祥布庄、太原元兴被服厂、太原华友鞋店、石家庄致华货栈等处工作。1949 年 8 月，到永华公司跑街售货。1950 年 5 月，调永济花纱公司任业务员。后在襄汾县食品公司业务员岗位退休，1982 年 11 月改为离休。1988 年去世。

张桐轩 曾用名张凤林，1919 年 2 月生，襄汾县城关镇北寨村人。1948 年 5 月参加工作，任史村行政村书记。1949 年 2 月，任汾城县二区财粮民政员。1951 年 11 月，入山西省行政干校学习。1953 年 1 月，任汾城县问事处干事。1954 年 8 月后，任襄汾县人委、侯马市委问事处干事。1961 年 5 月，任襄汾县委办公室会计。1979 年 5 月，在襄汾县房管会房管员岗位退休，后改为离休。1987 年 3 月去世。

张学竟 1919 年 2 月生，襄汾县景毛乡西郭村人。1937 年 12 月加入中国共产党。1937 年 10 月，参加汾城县抗日自卫队。1938 年 7 月，入吕梁区党委党校学习。1938 年 9 月，任汾城县委组宣部部长。1940 年 10 月，入中共冀分局党校学习。1941 年 7 月后，任汾城县委副书记、书记。1943 年 11 月，到晋南工委整风班学习。1944 年 1 月，到晋绥分区党校学习。1944 年 9 月，任中共晋绥分区供给科副科长。1945 年 9 月，任晋绥分区总务科科长。1946 年 7 月，任大同战役工作团组长。1946 年 10 月，任左云县三区区委书记。1947 年 2 月，任晋绥贸易检查团团员。1947 年 4 月，任汾城县委副书记。1947 年 11 月，到新绛地委党校整党班学习。1948 年 7 月，任新绛专区检查组组长。1949 年 1 月，任新绛地委巡视组组长。1950 年 6 月，任中共蒲县县委书记。1951 年 5 月，入山西省委党校学习。1952 年 5 月，任太原造纸厂党委书记。1953 年 3 月，任化工部太原工程公司总支副书记。1955 年 4 月，任重三公司党委会副书记。1956 年 6 月，任化冶第七总公司党委书记。1957 年 10 月，任太原第一工程处党委书记。1958 年 1 月，任太原市食杂公司党委书记。1961 年 8 月，任太原市服务局党委书记。1962 年，任襄汾县监委会书记、县社顾问。1983 年 12 月离休。1991 年 10 月去世。

张有才　1919年9月生，晋城市北义城人。1949年3月加入中国共产党。1945年6月参加工作，任太行八分区抗日中学干训班学员。1945年9月后，在晋城十区、猗氏县一区农会、县委工作。1954年8月，任晋南地委农工部科长、行署秘书。1962年11月，任永济县农工部部长。1963年1月，任晋南地委西山工委办公室主任。1965年11月，任襄汾县革委副主任。1983年1月，任襄汾县人大常委会副主任。1990年3月离休。2000年2月去世。

张兰生　曾用名张学巡，1920年9月生，襄汾县古城镇南梁村人。1948年7月参加工作，先后任崔村、贾朱、北梁、北沟、北梁、北沟、西徐、刘庄、南梁、西王村学校教师。1971年12月，任五里墩学校教师。1983年12月离休。2008年1月去世。

张大勇　1920年12月生，襄汾县陶寺乡陶寺村人。1943年2月加入中国共产党，并参加工作，任伯史联合行政村村长。1949年3月后，任汾城县二、三区政府委员、区长。1952年8月，任汾城县司法科科长。1952年10月，入北京政法学院学习。1953年8月后，任蒲县、平陆、隰县县委委员、人民法院院长、党组书记。1971年1月，到襄汾县景毛公社陈郭大队插队。1973年1月，任襄汾县保卫组副组长。1973年10月，任襄汾县人民法院院长。1978年10月，任襄汾县县委常委、组织部部长。1981年6月，任襄汾县人大常委会副主任。襄汾县第七、八届人大代表。在任县人大常委会副主任期间，分管政法、民政方面的工作。1983年5月离休。2003年11月去世。

张随意　1921年2月生，襄汾县汾城镇西中黄村人。1947年8月参加工作，任本村民兵队长。1948年，参加汾城武工队。同年，在本村搞水利工作。1950年5月，任三官峪水委会副主任。1952年10月，任汾城县水利科科员。1955年，参加基点工作组。1957年，任赵康乡技术推广站负责人。1958年11月，任侯马市农业局干事。1961年，任襄汾县农林局干事。1980年5月在县农业技术站退休，1982年4月改为离休。1953年粮食统购统销工作中，被评为一等模范，获奖章一枚。1954年，被评为工作模范。1962年，被评为二等工作模范。2005年2月去世。

张德利　曾用名张三、赵昇旺，1921年11月生，山西省曲沃县安居乡安泉村人。1946年3月加入中国共产党。1937年4月参加决死队，任8纵队73团3营7连战士。1939年，在中条山与日军作战受伤被俘，被送鞍钢当工人。1945年8月后，任解放军25旅73团1营

1连班长、副排长、排长、副连长。1948年3月后，任156师467团警卫连、1营2连连长。1951年7月，任156师3营参谋长、营长。1952年8月，到昌利海军炮兵学校学习。1953年6月，任海军1068部队独立营营长。1958年8月转业，任山西省工业厅总务科科长。1961年11月，任襄汾县城关机械厂厂长。1964年8月，任襄汾县木材公司经理。1974年12月，任县木作厂支部书记。1977年7月，任县矿业公司支部书记。1984年4月离休。曾参加吉林城外饮马河战斗、吉林桦树林子战斗、长春包围战、吉林敦化太平村战斗等。1955年，被授予大尉军衔和解放奖章。1985年3月去世。

张文杰　1921年12月生，襄汾县襄陵镇屯大村人。1938年1月参加工作，任山西新军政治保卫队五中队战士。5月，调2大队金刚剧团任宣传员。1939年6月，任209旅51团火花剧团宣传员。1939年12月，任决死二纵队长城演剧团宣传员。1940年1月，入太行山鲁迅艺术学校学习。1941年7月，入抗大七分校学习。1943年，任雁北八分区司令部会计。1945年，任八分区贸易公司会计。1946年7月，任西北军区财政科会计。1948年2月，任西北后勤军需部会计、保管。1949年，任西南后勤军需部保管。11月转业，任襄陵县供销社会计。1952年8月后，任陶寺供销社、安李粮站负责人。1955年，任城关供销社经理。1956年，任工业局石膏厂出纳、保管。1958年，任临汾五金电机厂会计。1959年，任五金厂车辆社保管。1961年，任襄陵缝纫社会计。1962年，任襄汾县财政局税务所税收员。后任襄陵税务所会计。1980年1月离休。1940年，在鲁迅艺术学校被评为工作模范；1943年，获保卫延安奖章；1945年，在龙东大生产运动中被评为劳动模范；1947年后，在城关供销社被评为先进工作者11次；1949年在全县财贸会议上，被评为先进工作者；1956年，被评为二等工作模范。2010年2月去世。

张玉声　1922年9月生，襄汾县汾城镇西中黄村人。1949年6月参加工作，任新绛县人民银行业务员。1958年12月，任襄汾县汾城公社银行事务员。1959年4月，任南贾公社银行营业所事务员。1961年6月，任汾城银行事务员。1962年5月，任汾城供销社膏腴分店营业员。1982年11月离休。1999年3月去世。

张志才　曾用名张东西，1923年10月生，河北省深泽县南翟头村人。1942年4月加入中国共产党。1938年3月参加八路军，先后任120师359旅战士、班长、排长、连长。1945年1月，任冀中军区司令部科员。1947年5月，任华北军区新训3旅12团2连政治指导员。1948年7月，任二野军政大学一总队指导员。1949年1月，任河北省水利厅秘书处科员。1950年，任保定速成中学支书、班长。1951年10月，任山西师范学院政学系班长。1954

年，任襄汾一中支书。1959年1月，任襄陵供销社支书。1959年3月，任临汾县委党校负责人。1959年5月，任地委红专大学副校长。1962年，任襄汾县南辛店中学支书。1983年12月离休。1948年，在新训团立三等功一次。1988年去世。

张明仁　曾用名张满堂，1923年10月生，襄汾县南贾镇张坦村人。1947年2月参加工作，任新绛县南北梁小学教师。1961年8月后，任襄汾县西姚、孟家庄、裴村学校教师。1980年5月退休，1982年11月改为离休。2003年11月去世。

张文奎　1923年生，祖籍河南省南乐县南郭村，后居襄汾县古城镇南焦彭村。1949年2月加入中国共产党。1948年，在汾城县公安局参加工作。1980年1月，在永固粮站保管员岗位退休，1982年4月改为离休。2011年2月去世。

张大昌　1924年5月生，浮山县槐埝乡高村曲庄人。1946年6月参加工作，任浮山县圣王山学校教师。1948年1月，任襄陵县东张东社学校教师。7月，任龙王庙学校教师兼中心校长。1950年1月，任洞沟学校教师。1965年4月，任四家湾学校教师兼教研组长。1983年12月离休。1955年、1956年、1960年、1978年、1979年、1980年，被评为县模范教师。1998年6月去世。

张序庭　曾用名张绪顺，1924年5月生，襄汾县陶寺乡安李村人。1942年4月参加工作。1955年，由安徽省青阳县人民委员会调至襄汾县，先后在南贾铁木业社、汾城农机厂等处工作。1979年12月，在襄汾县水泥厂会计岗位离休。1993年11月去世。

张洪庆　1924年9月生，襄汾县邓庄镇席村人。1948年7月参加工作，先后任上靳、

安李完校教师。1953 年 9 月，任襄陵县教育工会专职辅导员。1954 年 7 月后，任晋南专区曙光剧团、山西歌舞团会计。1962 年 6 月，带工资下乡劳动。1980 年 5 月，任襄汾县委党校会计。1985 年 2 月离休。2007 年 5 月去世。

张金泉　曾用名张泉子，1924 年 11 月生，襄汾县襄陵镇中和庄村人。1948 年 4 月参加工作，先后任襄陵县建设科、临专交通科科员，临专、运专分监管股股员。1952 年 7 月，任芮城县公安局内勤。1955 年 12 月，任芮城百货贸易公司售货员。1957 年 10 月，任永和县供销社收购员。1959 年 9 月，任石楼县供销社干事。1963 年 2 月后，任隰县冯家公社、交口公社教师。1975 年 2 月后，任襄陵、古城公社教师。1984 年 4 月离休。曾在互助合作、统购统销工作中受通报表扬。2002 年 10 月去世。

张诚忠　1925 年 2 月生，山西省五台县西关村人，后定居襄汾县南贾镇东张村。1949 年 6 月参加工作，入太原山西公学学习。1949 年 8 月，到清徐县实习，做青年工作。1949 年 10 月，入山西省委党校学习。1950 年 2 月，任汾城县团委干事、辅导员。1953 年，任汾城报社宣传干事。1954 年，任襄汾县报社干事。1956 年，任县农工部干事。1970 年，下放城关公社三队劳动。1972 年，任襄汾县经营管理站干事。1985 年 4 月离休。1993 年 6 月去世。

张登科　原名张兴唐，1925 年 3 月生，襄汾县陶寺乡崇实村人。1954 年 8 月加入中国共产党。1947 年 1 月在翼城县参加工作，曾在山西公安部队第五团、太岳二分区社会部等部门工作。1970 年转业，任襄汾县汽车运输站书记。1983 年 3 月在襄汾县邓庄中心卫生院支部书记岗位离休。1955 年，被授予中尉军衔。2010 年 3 月去世。

张荣吉　1925 年 4 月生，襄汾县陶寺乡中梁村人。1955 年 7 月加入中国共产党。1946 年 6 月参加工作，任完小教员、校长。1947 年 7 月，入太岳行政干校学习。1949 年 5 月，任襄陵县文教科科员。1955 年 10 月，调“五办室”工作。1958 年 6 月，任襄汾县委宣传部理论教员。1965 年 12 月，任襄汾县教育局副局长。1972 年 2 月退休，1982 年 4 月改为离休。1990 年 3 月去世。

张恩第　1925年6月生，河北省万全县人，后居襄汾县新庄村。1949年6月加入中国共产党。1949年2月参军，先后任解放军567团战士、文化教员。1951年3月，任567团政治指导员。1953年4月，任189师敌工助理员。1954年11月，任襄汾县生产资料公司经理。1958年11月，任临汾县生产资料公司经理。1962年9月，任襄汾县农机公司经理。1967年1月，任襄汾县农机公司干部。1984年3月离休。2014年2月去世。

张滋民　1925年9月生，曾用名张积荣，襄汾县陶寺乡陶寺村人。1949年5月加入中国共产党。1946年6月参加工作，任官道村教师。1948年2月，调解放临汾支前指挥部。7月，任令伯中心学区校长。11月，任襄陵县第五区文教助理员。1950年3月，任中梁联合学区校长。1951年2月，任邓庄联合学区校长。9月，任教育工会副主席。1952年6月，任襄陵县政协秘书。1954年9月，任襄汾县委农工部副组长。1956年7月，任县委秘书处秘书。1958年2月，任龙王庙乡书记。1958年10月，任邓庄公社书记。1961年5月，任贾庄公社书记。1963年5月，任龙王庙公社书记。1973年，任邓庄纸厂党支部书记。1984年离职，1991年7月离休。1948年，在解放临汾战斗中获乙等奖励。2012年1月去世。

张金苗　1925年10月生，襄汾县陶寺乡东坡沟村人。1943年5月加入中国共产党。1942年4月参加曲襄大队。1943年4月，打入陶寺炮楼日伪警备队。同年8月后，任曲襄游击队通讯员、副班长、机枪班长。1946年1月曲襄游击队整编为22旅35团后，任副排长、排长。1947年8月，任副连长。1948年10月，任连长。淮海战役中负伤住野战医院治疗。1950年5月后，任临汾公安独立大队副大队长、大队长。1953年1月，任公安独立团连长。1955年1月，任襄汾县卫生局副局长。1956年1月，任县商业局副局长。1958年1月，任临汾地区副食公司党支部书记。1961年1月，调襄汾农机公司工作。1975年5月，任襄汾县印刷厂支部书记。1992年7月离休。1946年，在上党战役中立二等功一次；1947年，在晋南战役中立一等功一次；1948年，在淮海战役中立特等功一次；1949年，在野战医院疗伤时立二等功一次。2005年5月去世。

张铁军　1925年11月生，襄汾县陶寺乡云合村人。1946年6月加入中国共产党。1945年7月参军，任游击队、警卫5团战士。1946年6月，任襄汾县保安大队班长。1947年9月，任太岳二分区45团排长。1948年8月，任62军185师554团副连长、团见习参谋。1949年5月，任185师554团连长、团政工干事；1950年12月，任185师554团副政治指导员、协理员。1957年3月，任志愿军262部队二库指导员。1958年5月，任工程兵201部队第三工区科长。1964 年 10 月后，任邓庄中学、城关中学支部书记。1972 年 1 月后，任襄汾县轧钢厂、红旗厂支部书记。1978 年 3 月，任襄汾县民政局局长。1979 年 6 月，任襄汾县计量局局长。1983 年 12 月离休。曾参加太原、西北、西南等战役。荣立三等功一次，获奖章两枚。1963 年 8 月，被授予少校军衔。2010 年 10 月去世。

张延龄　曾用名张百芝，1926 年 1 月生，襄汾县襄陵镇四柱村人。1949 年 2 月参加工作，任四柱村教师。1954 年 9 月，入临汾师范学习。1956 年 8 月，任襄陵完小教师。1961 年 3 月，入地区教干校学习。1962 年 3 月后，任景村、胡村学校教师。1980 年 5 月退休，1982 年 11 月改为离休。1952 年被评为全县模范教师，1953 年被评为全县优秀少先队辅导员。1997 年 5 月去世。

张秀英　女，1926 年生，山西省洪洞县洞子沟村人。1946 年 8 月加入中国共产党。1949 年 6 月参加工作，先后任洪洞二区区委委员、团委书记。1950 年 10 月，入临汾专区工农干校学习。1953 年 7 月，任霍县妇联干事。1954 年 9 月，任霍县三区妇联主任。1955 年 10 月，任霍县花纱布公司收发员。1956 年 6 月，任霍县百货公司女子店主任。1963 年 7 月，任霍县糖业公司门市部主任。1964 年 4 月，任霍县副食加工厂厂长。1967 年，调襄汾化肥厂工作，后任厂幼儿园负责人。1984 年 7 月离休。2004 年 10 月去世。

张书田　1926 年生，山西省武乡县贾豁村人。1943 年 10 月参加工作并加入中国共产党。1945 年，任武乡县委政治处办事员。1946 年，任武乡县冀南银行办事员、股长。1949 年，任洪洞县银行秘书。1950 年后，任汾城县银行秘书、副行长、行长。1954 年，任襄汾县银行行长。1956 年，入天津华北干校学习。1957 年，任襄汾县银行行长。1958 年，任襄汾县委财贸部副部长。1959 年，任临汾县委财贸部副部长。1960 年，任临汾县商业局副局长。1961 年，任襄汾县劳动局副局长。1962 年，任襄汾县民政局副局长。1965 年后，任财政办副主任、后勤组组长、商业局局长。1946 年在机关生产中获 30 公斤小米奖励；同年，记大功一次；1947 年，记小功一次。

张凤仪　曾用名张旺才，1927 年 2 月生，襄汾县汾城镇西中黄村人。1948 年 10 月加入中国共产党。1947 年 1 月参加中国人民解放军，任 4 纵队 10 旅 29 团通讯员。1947 年 4 月后，在 10 旅 29 团侦察排、37 师 111 团侦察排任战士、副班长、班长、副排长。1951 年 10 月，任野战二分院工作员。1952 年 5 月转业回家。10 月，入晋南干部速成学校学习。1955 年 10 月，任襄汾县供销社业务员。1959 年 5 月，任临汾县物资局业务员。1961 年 8 月，任襄汾县手工业管理局采购员。1968 年 10 月，到县“五七”干校学习。1970 年 5 月，任东风铸管厂业务员。1986 年 12 月离休。1947 年至 1949 年先后立大功 3 次，获战斗英雄纪念章一枚。2010 年 8 月去世。

张江汉　曾用名张跟丽，1927 年 3 月生，襄汾县新城镇赵曲村人。1949 年 3 月参加工作，入新闻干部训练班学习。1949 年 5 月，任《晋南日报》校对员。11 月，任山西总工会办事处干事。1951 年 3 月，任东邓小学教师。1951 年 9 月，入山西大学学习。1953 年 9 月后，任翼城中学、里砦中学及襄汾师资训练班、汾城中学、赵曲中学教师。1980 年 9 月，任小韩学校教师。1983 年 12 月离休。1963 年、1964 年，被评为模范教师。2002 年 3 月去世。

张延贵　1927 年 4 月生，襄汾县赵康镇东柴村人。1953 年 2 月加入中国共产党。1949 年 4 月参加工作，任汾城县永固学校教员。1949 年 7 月，任赵康完小教员。1952 年 10 月，任汾城中学教导员。1956 年 12 月，任汾城中学党支部书记。1964 年，任汾城公社副书记。1971 年，任襄汾中学书记兼主任。1977 年，任襄汾县委党校副书记。1978 年，任襄汾县卫生局第一副局长。1983 年 12 月离休。1993 年 12 月去世。

张广吉　曾用名张笃良，1927 年 5 月生，襄汾县陶寺乡常垣村人。1949 年 10 月加入中国共产党。1947 年 7 月参加中国人民解放军，任炮兵 32 师 405 团战士、班长。1953 年 5 月复员回乡。1954 年 4 月，任襄陵县盘道乡秘书。1959 年 4 月，任襄汾县史村公社监委副书记。1960 年，任陶寺公社武装部部长。1967 年 6 月，任赵曲公社副书记。1968 年，任襄汾化肥厂武装部部长。1984 年 7 月离休。在解放太原战役中立甲等功一次、乙等功三次。为三级甲等残废军人。2000 年 11 月去世。

张国杰　原名李希杰，1928 年 2 月生，山西省古县店上乡韩家岭村人。1944 年 4 月加入中国共产党。1945 年 6 月参加工作，入太岳行署干校学习。1945 年 9 月后，在五分区康杰县农会、夏县农会、4 纵队涉县转动站、隰县剿匪工作团、隰县一区农联会工作。1948 年 5 月，入吕梁地区党校学习。9 月，任临汾城内工作团工作员。1949 年 1 月，任临汾中央大街政府街长。6 月后，任临汾县工会干事、秘书。1952 年 5 月，任乡宁县工会秘书。1953 年 2 月，任临汾专区工会办事处秘书。1953 年 9 月，入省总工会干校学习。1954 年 6 月，任襄汾县工会副主席。1958 年 4 月后，任永固乡乡长、赵康镇书记。1961 年 8 月，任县手工业局副局长。1968 年 10 月，任古城公社核心小组组长。1971 年 5 月，任曹家庄公社书记。1975 年 2 月，任县工业局局长。1976 年 9 月，任县工会主席。1983 年 12 月离休。2004 年 1 月去世。

张永财 1929 年 9 月生，山西省兴县巍家滩乡西磁窑沟村人，后居襄汾县城。1955 年 6 月加入中国共产党。1949 年 6 月参加工作，先后任兴县警备连、公安队、省公安 7 团 4 连战士。1955 年 8 月，任河曲县民警队班长。1959 年 10 月，任河曲县公安队指导员。1968 年 12 月，任乡宁县中队指导员。1970 年 10 月，任乡宁县人民武装部参谋。1972 年 12 月，任浮山县劳动局干事。1978 年 12 月，任襄汾县工商局城关所干事。1979 年 12 月，任襄汾县检察院检察员。1990 年 7 月离休。2013 年 11 月去世。

张治安 曾用名张来锁，1929 年 10 月生，襄汾县邓庄镇下院村人。1948 年 5 月加入中国共产党。1947 年 1 月参加中国人民解放军，任 24 旅 70 团 4 连班长。1949 年 1 月退伍回村，任民兵队长。1951 年 10 月，任襄陵三区区委会宣传干事。1954 年 3 月，任安李供销社主任。1955 年，到晋南干校学习。1957 年，任襄汾县委农村工作组组员。1959 年，任临汾钢铁厂焦化车间劳资员。1962 年，任襄汾县红卫公社武装部部长。1964 年，任红卫公社公安员。1968 年，任南辛店公社公安员。1971 年，任古城公社公安员。1973 年，任南辛店公社民政干事。1979 年，任张礼粮站站长。1986 年，任襄陵粮站站长。1990 年 12 月离休。1947 年 10 月，在解放运城战役中立三等功一次；1948 年 5 月在解放临汾战役中立三等功一次；1958 年至 1962 年在临汾钢铁厂每年都被评为先进工作者；1983 年至 1987 年，在张礼粮站、襄陵粮站每年都被评为先进工作者；1985 年被评为临汾地区粮食系统先进工作者。2005 年 5 月去世。

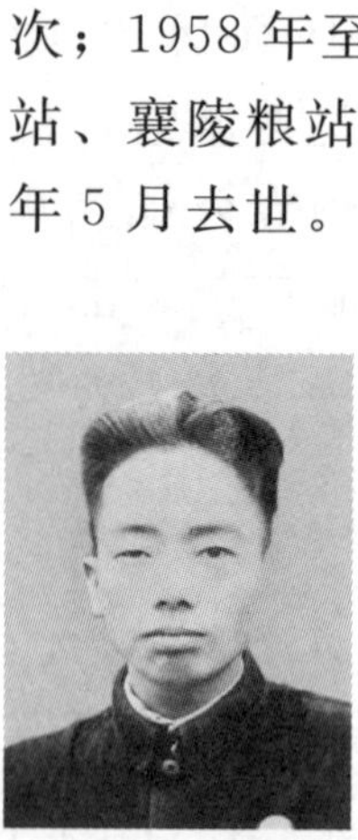

张文彩 1929 年 12 月生，曲沃县南西庄乡张村人。1947 年 5 月参加工作，任张村小学教员。1948 年 6 月，任曲沃县高显完小教员。1950 年，任曲沃县工商科科员。1955 年 1 月，任曲沃县商业局副局长。1958 年 12 月后，任侯马市财贸部组长、副局长。1961 年 10 月，任襄汾县人民银行副行长。1962 年 10 月，任襄汾县供销社副主任。1967 年 9 月，到襄汾县“五七”干校学习。1969 年 4 月，任襄汾县国防公路指挥部办公室主任。1971 年 1 月后，任襄汾县物资供应站副站长、县基本路线教育工作队副组长。1984 年 1 月离休。1956 年，出席晋南地区财贸系统劳模大会，获奖章一枚。1998 年 2 月去世。

张玉寿 1930 年 4 月生，襄陵镇西院村人。1949 年参加工作，曾在襄陵中心卫生院工作。1984 年 1 月离休。

张震华　曾用名张勲，1930年5月生，襄汾县古城镇东曹路村人。1948年8月参加工作，入吕梁十分区行政干部班学习。12月，任新绛民主县政府收发员。1949年3月，任新绛县人民法院书记员、审判员。1952年6月，任新绛第一区公所干事。1953年4月，任柳泉重点乡秘书。1954年4月，任新绛县农建局副股长。1958年11月，任侯马市农建局干事。1961年5月，任《襄汾小报》编辑。1962年9月，任襄汾县曹家庄公社政法委员。1963年6月，任贾岗公社秘书。1965年6月，任景毛公社秘书。1966年6月，调县社会主义教育展览馆。12月，调服务公司照相馆。1972年4月，任县计量所监察员。1973年11月后，任县农林局、农牧局畜牧站干事。1979年12月退休，1982年4月改为离休。1989年去世。

张维敬　1930年6月生，襄汾县襄陵镇北街村人。1966年5月加入中国共产党。1948年8月参加工作，在新绛十中行政干部班学习。同年12月，任曲沃贸易公司营业员。1950年5月，任临汾机关消费社会计。1952年8月，任石楼县供销社主办会计。1953年7月，任专社日杂科科员。1959年10月，任专百货公司科员。1961年6月，任土产公司主办科员。1962年9月，调襄汾县城关供销社。1965年8月，调南辛店供销社。1988年12月离休。1997年10月去世。

张跟臣　曾用名张跟贵，1930年9月生，襄汾县南贾镇大张村人。1951年4月加入中国共产党。1948年5月参加中国人民解放军，先后任一野1军3师9团1营3连战士、副班长、班长。1952年6月后，任1师2团1营4连班长、副排长。同年12月后，入军政干部学校、第一步兵学校学习。1956年6月，任志愿军21军62师186团1营机枪连副连长。1960年11月，任连长。1962年8月，任3营机枪连连长。1969年9月，任3营副营长。1976年4月，任临汾地区汾西灌区水委会副科长。1981年6月，任汾西灌区水委会副主任。1984年5月离休。曾参加临汾、固关、赵城、白家庄、老鱼口、甘南平叛等战斗。立三等功两次，通令嘉奖1次，获解放奖章。1956年，被授予少尉军衔；1960年，被授予中尉军衔；1963年，被授予上尉军衔。1998年3月去世。

张　航　曾用名张友福，1931年1月生，襄汾县古城镇北焦彭村人。1958年5月加入中国共产党。临师附小毕业。1949年2月参加工作，先后任西中黄、关村小学教师。1951年4月，任古城完小中心校长。1953年9月，任汾城二完小教师。1954年2月，入山西教育学院学习。9月，任翼城中学教师。1963年9月，入山西省委党校学习。1966年7月毕业后再任翼城中学教师。1968年8月，任南辛店公社文教指导员。1972年4月，任汾城中学教师。1983 年 10 月离休。多次被评为县模范教师。2004 年 11 月去世。

张登发 1931 年 3 月生，山西省蒲县刁口乡南耀村人，后居襄汾县新城镇城东村。1979 年 5 月加入中国共产党。1949 年 6 月参加中国人民解放军，任晋绥军区医院警卫排战士、班长。1951 年 12 月，复员回家养病、务农。1953 年 2 月，任县技术站技术员。1958 年 10 月，任侯马市农科所技术员。1961 年 5 月，任襄汾县技术站技术员。1965 年 10 月，任襄汾县良种场秘书。1969 年 12 月，任古城水委会干事。1973 年 1 月，任襄汾县林业站干事。1984 年 5 月离休。1954 年、1958 年、1969 年、1978 年，4 次被评为先进工作者。1999 年 7 月去世。

张秋盛 1931 年 9 月生，襄汾县西贾乡西南李村人。1948 年 6 月参加中国人民解放军，任 60 军军部第二医院护士。1949 年，任川西军区绵阳分局医院护士长。1952 年 5 月，任汾城县医院司药。12 月，任古城医院医士。1964 年 11 月，任西贾卫生院副院长。1972 年，任景毛公社医院副院长。1972 年 6 月，任曹家庄卫生院业务负责人。1978 年 12 月，任城关公社卫生院分管防疫的副院长。1981 年 4 月退休，1982 年 11 月改为离休。1990 年 10 月去世。

张安家 1931 年 9 月生，河北省武安县人，逃荒落户到襄汾县邓庄镇小郭村。1949 年 1 月加入中国共产党。1945 年 4 月参加八路军，任 4 纵队战士。1948 年 8 月后，任 22 旅 65 团班长、副排长。1950 年 3 月，任中南荣军学校排长。1951 年 8 月，任广东边防司令部排长。1953 年 4 月转业返乡。7 月，任南梁乡乡长。1956 年 2 月，任邓庄乡副乡长。1957 年 1 月，任副书记。1958 年 10 月后，任北梁管理区治安委员、总支书记。1959 年 2 月，任西侯管理区总支书记。1960 年 3 月，任邓庄管理区总支书记。1961 年 1 月，任邓庄公社宣传委员。1962 年 5 月，任武装部部长。1964 年，任副书记。1966 年 5 月，任陶寺公社副主任。1968 年，任赵曲公社书记。1972 年 11 月，任县砖瓦厂支部书记。1977 年，任县纸厂党委书记兼县工交部副部长。1993 年 2 月离休。先后参加曲沃、运城、豫西、淮海、海南岛等多次战斗。1948 年，在开封狙击战中立二等功一次；1949 年，在野战医院被评为模范伤兵员，在中南荣军学校立一等功一次；1986 年，在襄汾造纸厂被评为山西省劳动模范。为二等伤残军人。2005 年 3 月去世。

张吉祥 曾用名张德胜，1931 年 10 月生，襄汾县汾城镇西中黄村人。1947 年 9 月参加工作，入新绛县吕梁十分区会计训练班学习。1947 年 12 月后，任汾城县、襄汾县税务局会计、股长。1957 年 7 月，任襄汾县财政局秘书。1958 年 10 月，任侯马市财贸部组长。1959 年 7 月，任新绛税务所所长。1961 年 6 月，任襄汾县财政局秘书。1962 年 6 月，任汾城税务

所所长。1963 年 7 月，任邓庄税务所所长。1968 年 10 月后，任襄汾税务局、财政局股长。1983 年 6 月离休。1994 年 1 月去世。

张光先　曾用名张全喜，1932 年 3 月生，原籍襄汾县新城镇赵曲村，生于太原。1949 年 2 月参加中国人民解放军，先后任 44 军政治部宣传干事、文化教员、土改队员。1952 年，任华南海军后勤政治部宣传干事。1953 年 8 月，任二机部第三工程处工会宣传科科员。1956 年 3 月，任山西省建设厅机械动力处科员。1961 年 11 月后，在赵曲大队、城关大队务农。1978 年 11 月，到襄汾县五交化公司工作。1983 年 6 月离休。2002 年 12 月去世。

张怀石　1932 年 7 月生，襄汾县汾城镇南贾岗村人。1953 年 4 月加入中国共产。1948 年 2 月，任翼城县西阎村教师。1951 年 1 月后，任汾城县一区、四区区委干事。1954 年 9 月后，任襄汾县委组织部、侯马市委组织部干事。1959 年 5 月，任汾城公社组织干事。1961 年 6 月，任贾岗公社副书记。1964 年 7 月后，任景毛、大邓、城关公社主任。1978 年 9 月后，任南贾公社主任、丰盈公社书记。1983 年 3 月，任襄汾县计量局局长。1986 年 12 月，任调研员。1993 年 12 月离休。2011 年 7 月去世。

张善保　曾用名张德发，1933 年 1 月生，襄汾县古城镇盘道村人。1983 年 10 月加入中国共产党。1948 年 12 月参加中国人民解放军，在西北后勤军需部被服厂工作。1950 年 12 月退伍。1951 年 3 月，任汾城县委收音员。1954 年 8 月，任南贾供销社营业员。1955 年 8 月，任襄汾县油脂公司业务员。1958 年，任襄汾铁厂业务员。1960 年，任高显劳改农场分队长。1961 年，任襄汾县公安局技术员。1969 年，到虞乡学习班学习。1970 年，到古城镇姚村插队劳动。1972 年，任古城公社特派员。1975 年 8 月，任县公安局技术员。1976 年，任科级侦察员。1992 年 6 月离休。2010 年 1 月去世。

张林清　曾用名张根，1933 年 10 月生，襄汾县古城镇北焦彭村人。1949 年 9 月参加工作，任新绛军分区汾城警备连战士。12 月，任汾城公安局公安队队员。1950 年 3 月，任汾城县政府通讯员。1951 年 4 月，任临汾地委警卫员。1953 年 5 月后，在临汾地区干校文补班、山西省工农速成中学学习。1958 年 7 月，任临汾地区劳动局干事。1962 年 5 月，任襄汾县税务局稽征员。1971 年 10 月回村劳动。1978 年 11 月，任襄汾县城关税务所专管员。

1983年6月离休。1990年11月去世。

张兴旺 曾用名张建华，1933年10月生，襄汾县汾城镇良陌村人。1972年11月加入中国共产党。1948年4月参加中国人民解放军，任太岳军区135团通讯员。1949年，任62军558团通讯员。1950年7月，任康定军区后勤处电话员。1951年10月，入西康军区电讯学校学习。1952年5月复员回乡。1953年2月，任隰县技术推广站技术员。1954年8月，任隰县黄土区公所干事。1956年6月，任隰县农建局干事。1957年8月，入山西省农业干部学校学习。1958年8月，任隰县农业技术研究所技术员。1963年6月，任隰县县委农工部干事。1966年6月，任隰县午城公社副主任。1971年2月，任隰县城关公社副主任。1974年10月，任襄汾县永固公社副主任。1979年3月，任陶寺公社副主任。1981年1月，任赵康公社副主任。1990年1月离休。1948年12月，在太原战役中立三等功一次；1956年，获一等模范奖；1960年，获公社五好团员奖。1997年1月去世。

陈

陈国杰 曾用名陈英俊，1916年5月生，襄汾县南辛店乡西邓村人。1949年8月参加工作，任南辛店完小教师。1950年10月，调襄陵县文宣组工作。1951年3月后，任赵曲完小、邓庄学校、三联完小教师。1958年3月，任小教视导员。1964年9月，任东王完小教师。1969年1月后，任西邓七年制学校、中陈七年制学校教师。1975年1月退休，1982年11月改为离休。1953年，被评为模范教师；1954年，被评为少先队模范大队辅导员。2007年12月去世。

陈宗文 1918年7月生，襄汾县大邓乡赤邓村人。1948年11月参加工作，先后任席村初小、邓庄四高教员。1952年9月后，任夏梁、宋村南村完校教导主任。1968年3月，任夏梁七年制学校负责人。1969年1月后，任赤邓七年制学校、东社七年制学校教员。1973年10月退休，后改离休。曾于1955年2月、1958年6月、1962年6月被评为模范教师。2001年1月去世。

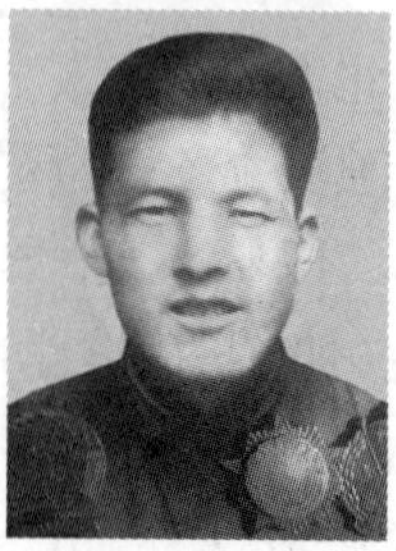

陈小海 1924年4月生，襄汾县永固乡南五村人。1948年4月加入中国共产党。1947年10月参军，先后任1野556团2营6连战士、副班长、班长、排长、副连长。1952年4月，任556团2营机枪连副连长。1955年7月，参加襄汾县农工部下乡工作队。1956年8月，任城关供销社棉站主任。1957年8月，任汾城中学班主任。1957年10月，任永固公社武装部部长。1962年10月，任永固供销社棉站站长。1976年9月退休，1982年11月改为离休。2000年8月去世。

陈月旺　1926 年 4 月生，山西省沁源县白狐寨乡人，后居襄汾县新城镇刘村。1946 年 6 月加入中国共产党。1942 年 2 月参加工作，任沁县太岳毛皮厂工人。1946 年 7 月，调长子县鲍店贸易公司工作。1949 年 10 月，任临汾粮食转动站保管员。1950 年 3 月，任侯马粮食公司业务股副股长。1952 年 1 月，任襄汾县粮食局副局长。1958 年 2 月，任赵康乡（公社）书记。1965 年 9 月，任贾罕公社书记。1972 年 12 月，任襄汾县法院支部书记。1979 年 4 月，任襄汾县粮食局局长。1984 年 12 月，任粮食局调研员。1990 年 11 月离休。2001 年 12 月去世。

陈聚五　曾用名陈步魁，1926 年 5 月生，襄汾县新城镇陈郭村人。1947 年冬，参加陈郭村土改工作。1948 年 2 月后，任陈郭、史村、南固县学校教师。1952 年 10 月后，任伯社、丁村、宋村、阎店学校中心校长、完校教师。1969 年 1 月后，任陈郭、柴寺、北高、陈郭学校负责教师、副校长。1954 年至 1963 年，6 次被评为模范。1983 年 11 月离休。2013 年 4 月去世。

陈贵林　1926 年 10 月生，襄汾县赵康镇人。1948 年 1 月加入中国共产党。1947 年 2 月参军，任野战军第 3 旅 2 连战士。1950 年 10 月，入朝作战。1956 年 10 月，调襄汾县粮食局工作。1958 年 6 月，任邓庄粮站站长。1959 年 6 月，任城关粮站书记。1971 年 2 月，调襄汾县生产资料公司。1979 年 4 月，调榨油厂。1990 年 7 月离休。1992 年去世。

陈有功　曾用名陈三星，1928 年 8 月生，襄汾县南辛店乡南辛店村人。1949 年 2 月参加工作，入运城盐干学校学习。1949 年 8 月，任甘肃省盐务局事务员。1953 年 1 月，任兰州盐业公司保管员。1955 年 1 月，入兰州工农速成中学学习。1959 年 1 月，任甘肃舟曲县城关学校教师。1962 年 1 月，任舟曲县文卫科会计。1966 年 1 月，任舟曲县拱兴公社会计。1969 年 1 月，任舟曲县峰迭公社会计。1976 年 12 月，任襄汾县红卫（襄陵）公社会计。1982 年 4 月离休。2006 年 1 月去世。

陈志祥　1930 年 10 月生，襄汾县大邓乡赤邓村人。1946 年 1 月参加工作，任襄陵县民主剧团文宣组演员。1948 年 10 月，任运城专区文工团演员。1950 年 6 月，入临汾专区农工干校学习。1952 年 6 月，任大宁县一区文卫干事。1954 年 10 月，任大宁县农工队队员。1955 年 5 月，任大宁县水土保持站干事。1958 年 8 月，任吕梁县水土保持站干事。1961 年 8 月，任襄汾县农建水利局干事。1963 年 3 月，任东邓电灌站保管员。1972 年，在木材公司保管员岗位退休。1982 年 4 月改为离休。2005 年 5 月去世。

陈生华 1930 年 11 月生，襄汾县襄陵镇中和庄村人。1952 年 9 月加入中国共产党。1949 年 9 月参加工作，入晋南行政干校学习。1950 年，任隰县财委干事。1953 年后，任隰县统计科科员、副科长、科长。1956 年后，任隰县计委会副主任、政府办公室主任、刁家峪乡乡长。1958 年，任晋南农科所办公室干事。1960 年，任晋南专署畜牧局办公室副主任。1961 年，任晋南专署农业局技术科副科长。1962 年后，任襄汾县农业局副局长、农工部组长。1964 年，任襄汾县赵康公社书记。1966 年，任邓庄公社书记。1968 年，入襄汾“五七”干校学习。1971 年，任下乡工作队队员。1972 年，任襄汾县经营管理站负责人。1973 年，任城关公社书记。1976 年，任县农牧局副局长。1977 年，任南辛店公社书记。1978 年，任县农业局副局长。1982 年 10 月，任农工部经管科科长。1986 年，任农工部正科级调研员。1991 年 3 月离休。1954 年，在隰县政府工作时被评为县先进工作者。2003 年 12 月去世。

吴

吴道江 曾用名吴振东，1906 年 1 月生，襄汾县邓庄镇东邓村人。1948 年 11 月参加工作，任驻临汾上官村西北军区后勤军需生产部会计训练班数学教师。1950 年 1 月后，任襄陵三完小、赵曲中学教师。1963 年 4 月，任赵曲小学副校长。1966 年 7 月退休，1982 年 11 月改为离休。曾于 1961 年、1962 年、1963 年获表彰奖励。1985 年 7 月去世。

吴效虞 曾用名吴毓贤，1910 年 9 月生，襄汾县襄陵镇南街村人。1949 年 2 月参加工作，任襄陵东街初小教师。1950 年 2 月，任东柴学区中心校长。1952 年 4 月，任襄陵一完小教师。9 月，任东柴河北完小教导主任。1953 年 4 月，任南辛店联区联合校长。1956 年 9 月，任贾朱完小教导主任。1960 年 9 月后，任南辛店、无娭完小教师。1961 年 9 月，任北关完小教导主任。1974 年 12 月退休，1982 年 11 月改为离休。1950 年，获政府奖一项。1995 年 11 月去世。

吴天木 1916 年 1 月生，曾用名吴庆善，辽宁省东沟县黄土坎乡杨名村人。1949 年 6 月参加工作，入华北大学正定分校学习。12 月，任最高人民检察院干事。1950 年后，任一处、二处书记员。1951 年，任人事教育科科员。1958 年，到曲沃县南董乡南董村劳动锻炼。1959 年 1 月，任侯马市科委科员。1960 年 7 月，任襄汾县税务局邓庄税务所专管员。1963 年 9

月，任城关税务所专管员。1972 年 7 月，因历史问题被监督劳动。1978 年 11 月平反。1979 年 4 月，任襄汾县机关幼儿园会计。1984 年 3 月离休。1992 年 2 月去世。

吴　忠　曾用名吴德福，1922 年 4 月生，襄汾县襄陵镇东院村人。1948 年 3 月参加工作，先后任运城一、二完小教师。1950 年 2 月，入山西大学学习。1952 年 8 月，任河北张家口农专教师。1962 年 5 月后，任河北涿鹿县马军庄小学、城里高小、倒拉咀中学教师。1966 年 8 月“文化大革命”中，被捕入涿鹿监狱。1969 年 3 月，返乡务农。1973 年 10 月，任红卫高中临时教员。1979 年 3 月平反恢复公职，任涿鹿保岱中学教师。12 月，任红卫中学教师。1980 年 8 月，任赵曲进修校教师。1981 年 8 月，任红卫中学教师。1983 年 12 月离休。1960 年 5 月，被评为“红色主人”；1976—1978 年连续被评为模范教师。2009 年 12 月去世。

吴克敏　1923 年 10 月生，山西省沁县南仁村人，后居襄汾县城关。1949 年 1 月加入中国共产党。1947 年 2 月参加工作，任永乐县工商税务局会计。1949 年 1 月后，任芮城县税务局股长、秘书、副局长。1952 年 8 月，在省委党校学习后任税务局局长。1955 年 4 月后，任芮城县副县长、县长。1960 年 2 月，任中条山比子沟矿副书记。1962 年 3 月后，任襄汾县委副书记、副县长。1967 年 3 月，任生产组副组长。1974 年 1 月，任襄汾县县委常委、副主任。1982 年 2 月离休。1987 年 12 月去世。

吴春田　1927 年 11 月生，襄汾县襄陵镇北街村人。1949 年 6 月，在山西青年班毕业后留校任学员班干事。1950 年 2 月后，任省林业测量队队长、省公安后勤工程组组长。1957 年 1 月，任山西省军区后勤部一级技术员。1961 年 2 月后，任山西大学基建处、山西林业专科学校一级技术员。1970 年 9 月，到襄汾县插队。1972 年 12 月后，任襄汾县水利局工程师、主任科员。1990 年 4 月离休。1953 年在部队立二等功一次；1952 年在省公安总队被评为模范共青团员；1957 年因建设 3439 部队营房，出席山西省社会主义建设积极分子及先进工作者大会，受物质奖和荣誉奖；1972 年插队搞水利受到全县通报表扬，省插队慰问团在临汾地区和省广播电台广播表扬；1983 年至 1985 年三次被评为水利系统先进工作者。1996 年 4 月去世。

吴来管　曾用名吴英，1928 年 4 月生，襄汾县邓庄镇扈村人。1947 年 8 月参军，任襄陵县独立团特务连副班长。1948 年 6 月，任 15 纵队 44 旅 131 团特务连班长。1949 年 10 月，

任62军185师554团特务连副排长。1951年11月，任10军184师554团司令部见习通讯参谋。1952年10月，任工兵27团司令部通讯参谋。1956年12月，任工程兵10团通讯连连长。1961年，任辽宁省营口市邮电局股长。1965年调襄汾县，先后在邮电局、物资站、轧钢厂工作。1984年5月离休。曾参加晋中战役、马庄战斗、太原登城战、扶风战斗、歼灭敌133师战斗、歼灭敌302师战斗等。1955年，被授予中尉军衔。2004年12月去世。

吴志民 曾用名吴顺兴，1929年10月生，襄汾县襄陵镇北街人。1955年1月加入中国共产党。1949年7月参加工作，任汾城贸易公司出纳。1952年4月，调襄陵县供销社会计股。1954年4月，到山西省会计学校学习。1954年10月，任襄汾县供销社会计。1956年2月，任财务科副科长。1958年6月，任商业局财务科科长。1958年12月，任中共临汾县委支部指导组指导员。1959年4月，入山西省委党校学习。11月，任中共临汾县委支部指导组副组长。1961年6月，任中共襄汾县委组织部组长。1966年5月，任浪泉公社党委书记。1970年11月，任县农机修造厂革命委员会主任。1972年6月，任县科技局副局长。1973年3月，任工业局局长。1985年6月，任工业局调研员。1990年11月离休。2001年4月去世。

吴世昌 1930年12月生，襄汾县邓庄镇崖村人。1950年1月加入中国共产党。1947年8月参加中国人民解放军，历任54团战士、特务连班长。1949年6月，任通讯报话队台长。1951年4月，任西康军区基干4团司令部参谋。1952年4月，任四川省汉汶县九康区区委书记。1956年4月，任四川省雅安地委党校政治班主任。1963年5月，任襄汾县丰盈公社副书记。1966年3月，任襄汾县大邓供销社支书兼主任。1984年10月离休。在四川广汉县因行军互助被评为连队功臣，受物质奖励。在太原因能突过前沿阵地架设电线，完成任务，评模范两次。2004年4月去世。

吴成文 1932年7月生，襄汾县邓庄镇东邓村人。1948年12月参加工作，入西北军区会计训练班学习。1949年10月，任西北军区后勤部军需厂工人。1950年11月，任西北军区后勤部警卫连战士、通讯员。1952年4月，任襄陵县文化科干事。1952年9月，入临汾师范学校培训。1954年9月后，任夏梁、邓庄完小教师。1958年8月，入省教育学院学习。1959年8月，任洪洞县冯张中学教师。1961年9月后，任襄汾县南辛店中学、赵曲完小教师。1963年4月后，任城关、邓庄棉加厂干部。1968年7月后，任南辛店、邓庄供销社会计。1976年6月，任襄汾县印刷厂会计。1978年6月，任县水利局会计。1993年12月离休。2001年10月去世。

武

武崇礼　曾用名武明昌，1918 年 5 月生，山西省沁源县洪林村人。1939 年 1 月加入中国共产党。1942 年 8 月，任沁源县民兵抗日游击队主任。1944 年 6 月，任沁源县二区公安干事。1946 年 3 月后，任闻喜县公安局股长、秘书、副局长。1956 年 11 月后，任稷山县、乡宁县、闻喜县公安局局长。1963 年 4 月，任襄汾县公安局局长。

范

范玉林　1923 年 9 月生，洪洞县曲亭镇东李村人，后居襄汾城关家属宿舍楼。1945 年 9 月参加工作，任沁源县开源纺织厂保管员。1946 年 4 月，任洪洞县工商联合局会计。1948 年 4 月，任翼城县汽车运输公司审计。1949 年 4 月，任襄陵县税务局会计。1950 年 6 月，任会计股长。1957 年 1 月，任襄汾县贸易公司秘书。1958 年 6 月，任晋南史村铁厂副科长。1961 年 11 月，调汾西县对竹公社。1962 年 9 月，任襄汾县财政局税政股副股长。1983 年 5 月离休。1953 年 11 月，在襄陵县荣获县、专署税务局物质奖励。1983 年去世。

范玉亭　1924 年 8 月生，洪洞县马头乡南秦村人。1949 年 4 月加入中国共产党。1944 年 2 月参加工作，任临汾县工商局干事。1948 年 6 月后，任襄陵县税务局、县政府干事。1954 年 9 月后，任襄汾县统计局副局长、赵康公社副书记。1959 年 12 月，任省统计局干事。1964 年 9 月后，任襄汾县统计局副局长、计委副主任。1967 年 8 月后，任襄汾纸厂筹建负责人、厂长。1969 年 11 月后，任襄汾县搬运公司筹建负责人、经理。1974 年 5 月后，任襄汾县矿业公司筹建负责人、经理。1984 年 7 月离休。2013 年 6 月去世。

范吉林　曾用名范继麟，1929 年 8 月生，垣曲县新城镇清沅村人。1947 年 7 月加入中国共产党。1949 年 1 月参加工作，任垣曲县二区土改工作组组员。1949 年 9 月，任垣曲县三区团委会书记。1952 年 8 月后，任共青团垣曲县、稷山县、地委、霍县委员会组织部部长、书记。1962 年 11 月，任襄汾县科委副主任、调研员。1963 年 1 月，任共青团襄汾县委书记、第四届县政协常委。1974 年 8 月，任襄汾县科委副主任、县政协第五届常委。1990 年 11 月离休。1953 年，被授予《山西青年报》模范通讯员纪念奖。1954 年，垣曲县县委授予统购统销纪念奖章。1961 年，共青团山西省委授予“模范团县委书记”称号。2010 年 5 月去世。

罗

罗　明　曾用名王方、罗正华，1923年7月生，临猗县北景乡新兴庄村人，后居襄汾县汾城镇。1949年2月，在汾城县古城支前供给站参加工作。1949年11月，任汾城县四区古城镇政府镇长。1950年8月，任汾城县政府建设科科员。1951年8月，任临汾专署水利推进社推广员。1951年12月，任汾城县农林科科员。1954年8月，任襄汾县农林局科员。1954年12月后，任晋南专署农林科、水利科干事。1970年4月，到襄汾县汾城公社插队。1973年4月后，任襄汾县水利局干事、办公室负责人。1984年11月离休。1957年，在晋南专署农林局被评为先进工作者；1978年、1979年，在襄汾县农工系统被评为先进工作者。1986年3月去世。

罗会萌　1926年10月生，江西省泰和县中龙乡瑶岭村人。1949年7月参加工作，任江西第七工作团小教。1949年10月，任泰和县大队见习参谋、文化干事。1950年12月，任部队文化教员。1952年6月，入北京政法学院学习。1955年9月，任晋南检察分院助理检察员（1957年错划为“右派”撤职，监督劳动。1961年10月撤销处分，1978年10月平反）。1958年5月，调侯马林场工作。1961年10月，到邓庄苗圃工作。1971年10月回乡劳动。1975年4月，任汾城医院会计。1982年4月，调襄汾县法律顾问处工作。1984年9月离休。2008年11月去世。

周

周懋彬　曾用名周文慈，1910年7月生，河北省正定县陈庄乡东企头村人，后居太原市。1949年8月参加工作，任太原市东山煤矿职工子弟学校教员。1950年6月，任晋南棉加公司赵曲轧花厂事务员。1952年6月，任汾城县汾城轧花厂计划统计员。1982年11月离休。1994年去世。

周文虎　1925年11月生，山西省洪洞县淹底乡后泉村人。1939年3月加入中国共产党并参加工作。1943年1月，任后泉村党支部书记。9月，兼任中共地下交通站负责人。1945年10月参加中国人民解放军，任太岳19分区警卫4团3营班长、事务长。1948年1月，任洪洞县一区农会常委。1949年1月，任三区组织委员。1950年5月，任汾城县委组织部干事。1952年7月，任汾城县委纪委会秘书。1954年9月，任纪委会副书记。1955年11月，任县委委员、监委会副书记。1958年11月，任侯马市委委员、监委会副书记。1959年4月，任襄汾县赵康公社党委第一书记。1961 年 5 月，任襄汾县委监委会副书记。1967 年 4 月，任襄汾县革命委员会核心小组常委、负责人。10 月，任核心小组负责人、革委会主任。1970 年 8 月，隔离审查。1973 年 3 月，任七一水库负责人。1975 年 4 月，任襄汾化肥厂党委副书记。1978 年 1 月，任襄汾县委工交部副部长兼化肥厂书记。1979 年 9 月，任工交部副部长。1980 年 10 月，任县科协副主席。1983 年 12 月离休。1945 年 10 月，组织 12 人参军，洪洞县委、县武委会授予“舍己为国模范”绸锦匾一面。2013 年 3 月去世。

周峻耀　1926 年 2 月生，襄汾县西贾乡西李村人。1947 年 6 月参加工作，任薛庄小学教师。10 月，任西李村农会书记。1948 年 3 月后，任西李中心学区教师、校长。1949 年 7 月，任汾城县第四完校教师。9 月，到曲沃中学文教训练班学习。1950 年 1 月后，任第四完校教导主任、副校长。1950 年 11 月，任汾城县各界人民代表大会常务委员会驻会常委、副主席。1951 年 10 月，任汾城县人民政府民政科副科长。1955 年 9 月，任晋南专署农林水利水土保持科副科长。1956 年 4 月，任襄汾县农建局副局长。1958 年 7 月，被错划为“右派”回乡务农。1978 年 11 月平反，任永固公社副主任。1982 年 6 月，任县志办副主任。1983 年 12 月离休。2007 年 12 月去世。

周芳林　曾用名周茂春，1926 年 3 月生，湖南省衡山县荣亭村人，后居襄汾县南辛店乡刘庄村。1949 年 8 月考入中国人民解放军华北军政大学，学习军事政治。1950 年 6 月毕业，历任 67 军后勤部生产合作社油坊、供训队、教导团 16 连、教导队、炮训队、炮兵团 1 连、200 师山炮营 2 连等文化教员。1952 年 11 月，赴朝鲜，1954 年 6 月回国，在 67 军留守处转建 2 中队学习，后转业。1979 年，在襄汾县城关粮站保管岗位离休。1957 年，获粮局三等物质奖。1960 年，获公社一等物质和奖状奖励。1961 年，获粮局三等奖金。1952 年，被授予副排级。1995 年 2 月去世。

周志清　曾用名周雷鸣，1928 年 4 月生，襄汾县西贾乡郭店村人。1948 年 2 月加入中国共产党。1946 年 7 月参加中国人民解放军，任太岳 24 旅 34 团 8 连战士。1946 年 10 月，任 12 旅 34 团 8 连班长。1947 年 10 月后，任郥白独立团 1 连排长、团司令部参谋。1949 年 10 月，任 57 师 171 团参谋。1950 年 10 月，任东汶辑安办事处 2 团作战股长。1952 年 4 月，任 2 营副营长。1953 年 1 月，任东汶一办秘书。1953 年 12 月，任东汶第二供应站副站长。1954 年 10 月，任黑龙江木兰百货公司副经理。1956 年 7 月，任襄汾油脂公司副经理。1957 年 4 月，到山西省委党校学习。1957 年 11 月，任襄汾县贸易公司副经理。1958 年 11 月，任侯马市生产资料公司副经理。1959 年 5 月，任侯马市商业局理教。1961 年，任襄汾县委申反办公室副主任。1963 年 1 月，任襄汾县委农村工作队队员。1967 年 10 月，任汾城公社革委副主任。1968 年 11

月，到襄汾七一水库“五七”干校学习。1970 年 10 月，任南贾公社宣传委员。1975 年 2 月，任南贾公社革委副主任。1976 年 9 月，任永固公社革委副主任。1984 年 3 月离休。1946 年 11 月参加吕梁战役，在隰县被评为战斗英雄；1947 年 9 月参加河南芦氏战斗，被评为战斗英雄班长。2014 年 12 月去世。

周望玉 1928 年 6 月生，襄汾县邓庄镇温泉村人。1958 年 11 月加入中国共产党。1948 年 6 月参加工作，先后任古城庄村小学、东邓小学、陶寺完小教师。1958 年 7 月，任安李完校副教导主任。1961 年 8 月，任襄汾县教育局视导员。1972 年 2 月，任襄汾县农机局干事。1979 年 10 月，任县农机公司副经理。1983 年 12 月离休。1984 年 12 月去世。

周乐高 1935 年 10 月生，湖北省施恩县城关南街人。1956 年 6 月加入中国共产党。1948 年 11 月参加工作，任施恩县大队通讯员。1949 年 7 月，任县教导队司号员。1950 年 4 月，任来川县独立师 3 营 3 连司号员。1950 年 11 月，任临汾 2542 部队 1 支队收发员。1958 年 10 月，转业到史村铁厂从事人事工作。1962 年 4 月，任古城公社武装部部长。1972 年 10 月后，任南贾公社武装部长、副书记。1982 年 12 月，任襄汾县食品公司副经理。1984 年 12 月，任食品公司书记。1995 年 11 月离休。1956—1958 年，先后获物质奖三次。1956 年 11 月授准尉军衔。2012 年 11 月去世。

郑

郑明山 1918 年 9 月生，襄汾县汾城镇东坡村人。1938 年 4 月加入中国共产党。1937 年 10 月参加八路军，历任 115 师 686 团战士、副班长、班长。1939 年 5 月，任鲁西独立旅 1 团侦察员。1939 年 11 月，任鲁西军区政治部锄奸队侦察员。1940 年 10 月，到鲁西军区军政干校学习。1941 年 3 月，任冀鲁豫军区抗大分校区队长。10 月，到冀鲁豫军区陆军中学学习。1942 年 11 月，任鲁西南军分区独立团作战教育参谋、1 连连长。1944 年 4 月，到冀鲁豫整风党校学习。1945 年 7 月，任鲁西南军分区 13 团作战参谋、军分区司令部侦察连连长。1947 年 5 月，任华野 11 军 31 师司令部侦察参谋。1948 年 8 月，在华野留守处政治部待业。1948 年 11 月，任汾城县公安局侦察股股长、汾城各届代表会常委会秘书。1954 年 5 月，任襄汾县油脂公司副经理。1957 年 5 月，任政协襄汾县常委会秘书。1958 年 12 月，任汾城公社副主任、副书记。1961 年 5 月，任贾岗公社党委书记。1966 年 10 月，任“四清”工作队队员。1967 年 1 月，任襄汾县农技站革委会主任。1967 年 9 月，任襄汾县工农兵剧团革委主任。1982 年 4 月，在服务公司经理岗位离休。2011 年 2 月去世。

郑兆泰　曾用名郑月盛，1921 年 3 月生，襄汾县古城镇北姚村人。1949 年 2 月参加工作，任西姚村初小教师。1952 年 10 月，任南安平小学中心校长。1961 年 10 月后，任东侯、南侯、东侯、北姚、古城联办学校教师。1974 年 5 月，任东侯学校教师。1980 年 1 月退休，1982 年 11 月改为离休。1993 年去世。

郑怀信　1924 年生，襄汾县汾城镇城内人。1948 年 12 月参加工作，任程公村小学教员。1952 年 1 月，任西中黄学区中心校长。1952 年 10 月，任汾城轧花厂文印秘书，后调赵康棉加厂。1986 年 12 月离休。1949 年，被评为汾城县模范教师；1952 年、1955 年，分别受物质和奖金奖励。1994 年 11 月去世。

郑庆善　1925 年 8 月生，襄汾县汾城镇北中黄村人。1953 年 7 月加入中国共产党。1948 年 5 月参加工作，任晋绥后勤部三林纺织厂会计。1949 年 3 月，到晋绥兵工厂西进干部队学习。1949 年 5 月，任解放军西安军管会大华工作组组员。8 月，任大华纺织厂审计。1950 年 12 月，任陕西第二纺织厂成品组长。1952 年 9 月，任西北国棉二厂财务科副科长。1954 年 2 月，任中纺部西北纺管局专员。1956 年 7 月后，任西北国棉四厂主任、科长。1958 年 8 月，被打成“右派”，回村务农。1978 年 10 月平反，任襄汾轧钢厂会计股长。1984 年 3 月离休。1986 年 11 月去世。

郑振海　1927 年 5 月生，襄汾县大邓乡赤邓村人。1948 年 6 月参军，任 60 军 179 师工兵连战士。1950 年，任 60 军工兵营 2 连班长。1951 年 5 月，赴朝作战负伤后回华东医院疗伤。1952 年 8 月，到山西省荣边村荣校休养学习。1954 年，到北营荣校学习。1956 年转业，任襄汾县贸易公司营业员。1958 年，调临汾煤建公司工作。1961 年，任襄汾石油公司煤组组长。1983 年 12 月离休。1988 年去世。

郑世仁　1931 年 5 月生，山西省洪洞县冯张乡西池村人。1949 年 3 月加入中国共产党。1949 年参加工作，担任军医院护理员、情报员。1951 年 4 月，任洪洞县三区组织干事。8 月，任洪洞县委组织部干事。1952 年 3 月，任大宁县三区文化干事。1953 年 2 月，任大宁县委机要室干事。1954 年 3 月，任大宁县纪律检查委员会干事。1955 年 2 月，任大宁县委支教组组长。1957 年 1 月，任大宁县重点乡乡长。1958 年 5 月，任大宁县太德公社书记。

1959年3月，任吕梁县午城公社书记。1959年10月，任吕梁县大宁公社书记兼主任。1960年2月，任大宁县太德公社书记。1962年5月，任大宁县农业办公室主任兼支农办主任。1964年4月，任“四清”工作队队长、指导员。1966年10月，任襄汾县手工业局局长。1967年10月，调五〇八处做人事保卫工作。1969年，任行政科长。1982年2月病休，1988年10月离休。1992年9月去世。

单

单润伍 曾用名单居恭，1933年6月生，襄汾县古城镇西王村人。1950年3月加入中国共产党。1948年4月参加中国人民解放军，任13纵野战医院二所看护员。1950年10月，任西南医管局1院4分院看护班长。1953年8月后，任东北军区29陆军医院4分院、大连小平岛疗养院检验员、助理军医等职。1963年11月，任解放军239医院检验军医。1970年4月后，任襄汾县曹家庄公社东曹路大队赤脚医生、曹家庄公社医院医师。1972年4月后，任襄汾县人民医院检验师、主管技师、副主任、主任、副主任技师等职。1993年8月离休。在部队期间荣立三等功一次、小功3次。在县人民医院获先进工作者称号5次，所领导的科室获先进单位称号3次。1956年8月，被授予少尉军衔；1962年6月，被授予中尉军衔。2015年8月去世。

孟

孟宪义 1928年10月生，襄汾县古城镇五里墩村人。1958年11月加入中国共产党。1948年3月参加工作，任古城贸易公司营业员。1949年9月后，任新绛、临汾贸易分公司物价员。1952年9月，任古城供销社实物负责人。1954年1月，任景毛供销社主任。1956年4月，任汾城供销社副主任。1958年5月，任襄陵供销社副主任。1960年4月，任临汾县副食品公司副经理。1961年6月，任襄汾县副食品公司副经理。1963年7月，任襄汾县食品公司经理。1984年11月离休。1994年8月去世。

孟国栋 1928年11月生，襄汾县陶寺乡云合村人。1956年加入中国共产党。1947年10月参加工作，先后任张相、李家庄、茹子沟、张纂学校教师。1952年1月后，任盘道、张相中心学校校长。1958年1月，任史村完小教师。1959年1月，任盘道完小教导主任。1970年1月后，任云合、安李学校教育革命领导组组长。1973年3月，任张纂学校副校长。1990年8月离休。1956年被评为模范教师；1973年、1983年、1984年、1985年，被评为全县模范教育工作者。1994年去世。

孟慧杰　1929年5月生，襄汾县西贾乡德西毛村人。1949年3月加入中国共产党。1947年10月参加工作，任新绛十地委通讯员。1951年7月，入临汾工农干部学校学习。1953年7月，任襄陵县委组织部组织员。1956年10月，任襄汾县手工业社劳组员。1958年11月，任侯马冶金局劳组员。1961年5月，任西贾公社政法委员。1962年6月，任西贾供销社分店主任。1984年5月离休。1986年12月去世。

柏

柏成功　曾用名柏小娃，1923年11月生，襄汾县陶寺乡崇实村人。1945年8月参加工作，任襄陵县武委会通信员。1945年10月，任太岳军区武委会通信员。1947年12月，任襄陵县三区武委会干事。1948年2月，任民兵连连长，带领民兵参加解放临汾战役。1949年12月，任襄陵一区武装部副部长。1951年12月，任襄陵四区武装部副部长。1956年4月，任赵康粮站站长。1958年9月，任邓庄粮站站长。1960年7月，任陶寺粮站站长。1963年5月后，任邓庄、张礼粮站站长。1979年11月，任陶寺粮站副站长。1984年5月离休。1946年2月，被太岳军区武委会评为学习劳动模范。1963年，被评为先进工作者。1955年9月，被授予中尉军衔。2011年11月去世。

赵

赵文英　女，1911年4月生，襄汾县赵康镇焦村人。1934年太原女子师范毕业。1949年4月参加工作，任太原第四完小教师。1949年10月，任介休东南坊小学教师。1950年8月，任介休第三高级小学教师。1951年3月后，任汾城小学、焦村学校教师。1975年1月退休，1982年11月改为离休。1950年被评为甲等模范教师。1986年5月去世。

赵立朋　1912年4月生，襄汾县陶寺乡陶寺村人。1948年4月加入中国共产党。1947年4月参军，任63军战士。1949年8月后，任3营7连班长、副排长。1954年，任县供销社人事股副股长。1956年，任陶寺供销社副主任。1962年，任赵曲供销社支部书记。1982年11月离休。1995年2月去世。

赵士杰　1917年7月生，山西省运城市人。1946年1月参加中国人民解放军，先后任8纵

补充团战士、班长、文化干事。1949 年 1 月后，任 60 军文工团团员、创作组员、文工队长。1954 年，任 60 军文化学校政治处俱乐部主任。1956 年后，任安徽五河县文化馆馆长、新华书店经理。1957 年，任襄汾县文化馆副馆长。1959 年，任侯马采石场股长。1962 年，任襄汾文化馆副馆长。1967 年 1 月退休，后改为离休。1952 年获副连级职级。1948 年，在部队立二等功一次。1950 年，获川西军区一等文艺创作金奖。2004 年 8 月去世。

赵继晋 1919 年 7 月生，洪洞县马夹乡石桥村人，后居襄汾县城区。1938 年 9 月加入中国共产党。1941 年 9 月参加工作，任洪洞县一区宣传委员。1949 年，任洪洞五区书记。1950 年，任隰县四区书记。1954 年，任隰县百货公司经理。1956 年，任霍县监委副书记。1958 年，任临汾龙祠水委总支书记。1959 年，任临汾动力厂监委书记。1961 年，任史村铁厂主任。1971 年，任襄汾县自来水厂主任。1982 年 11 月离休。1986 年 11 月去世。

赵禄德 曾用名赵生玺、赵公正，1920 年 7 月生，襄汾县新城镇赵曲村人。1950 年加入中国共产党。1948 年 5 月参加中国人民解放军，任华北炮兵 1 旅 2 团 2 营 6 连战士。1949 年 7 月，任西南军区南京特种兵炮 10 团 2 营营部书记。1950 年 1 月，任团部书记。1951 年 2 月，任青岛海军炮校 3 大队书记。1953 年，任营校房科助理员。1956 年，任校军人服务社负责人。1958 年，任烟台百货站储运科组长。1962 年，任襄汾县百货公司秘书。1964 年，任县食品公司赵康站组长。1979 年 12 月退休，后改为离休。1952 年在海军炮兵学校修建中立三等功一次。1955 年，被授予少尉军衔和解放奖章。2013 年 7 月去世。

赵正文 曾用名赵元子、赵元生，1921 年 2 月生，山西省洪洞县广胜寺镇三条沟村人。1949 年 5 月参加工作，任翼城县武装部干事。1951 年 3 月，任临汾军分区司令部参谋。1953 年 2 月，任襄陵县武装部秘书。1954 年 12 月，任晋南军分区助动科参谋。1956 年 6 月，转业任襄汾县文化科副科长。1957 年 3 月，任襄汾剧团团长。1961 年 10 月，任文化站副站长。1962 年 6 月，任民政局副局长。8 月，任陶寺公社副主任。1970 年 9 月，任盘道煤矿支书。1977 年 3 月，任古城皮毛厂支书。1979 年 8 月，任张礼轴承厂干部。1984 年 1 月离休。1953 年，被授予副连级。

赵云岗 1924 年 11 月生，襄汾县大邓乡大邓村人。1957 年加入中国共产党。1945 年参加工作，任民主政府战勤科科员。1946 年 8 月，任东侯中心校校长。1948 年 7 月，入专署师训班学习。1950 年 1 月，任襄陵四区联合校长。1954 年 7 月，任县扫盲办干事。1955 年 10 月后，任邓庄四高、北李完小教导主任。1958 年 11 月后，任贾庄、临汾东灵街、陶寺、三

联学校校长。1970 年 1 月，任大邓七年制学校班主任。1970 年 12 月后，任陶寺高中、上西梁七年制学校校长。1978 年 1 月退休，1982 年 11 月改为离休。1948 年，参加解放临汾、解放太原战役，被评为参战模范；1950 年被评为一等模范教师；1952 年被评为扫盲工作一等模范；1958 年被评为一等战钢铁模范；1960 年被评为大搞民兵师一等模范。1996 年 1 月去世。

赵立晋　曾用名保家、廉佐，1925 年 2 月生，襄汾县襄陵镇东街人。1949 年 4 月参加中国人民解放军，先后任 66 军教导大队学员、通讯营文教、高炮营文教，曾随营赴朝鲜。1953 年 10 月，任华北军区第二文化学校教师。1956 年 1 月，任临汾县底中学教师。1958 年 7 月，被划为“右派”回乡劳动。1978 年 10 月平反，任邓庄中学教师。1980 年 9 月后，任古城联校、京安学校教师。1983 年 11 月离休。2009 年 6 月去世。

赵喜林　1927 年 5 月生，原平县苏龙口乡南坡村人，后居汾城镇。1943 年 6 月参加中国人民解放军。1954 年 11 月，任西北军区第一汽车学校管理员。1954 年 11 月转业，任襄汾县农机厂采购员。1979 年 12 月退休，1983 年 5 月改为离休。1994 年去世。

赵满斗　1927 年 12 月生，襄汾县古城镇西街人。1949 年 8 月加入中国共产党。1948 年 8 月参军，任 4 军补训团战士。1948 年 12 月后，任 11 师 33 团战士、副班长、班长、排长。1953 年 11 月后，任 33 团 1 营炮兵连政治指导员、锦州炮校学员、3605 团炮兵 3 连政治指导员。1960 年 2 月，任西藏山南军分区政治助理员。1964 年 5 月，任桑日县人民武装部副政委。1966 年 7 月，任曲松县人民武装部政委。1975 年 10 月，任汾西县人民武装部政委。1980 年 3 月，任襄汾县革委会副主任。1981 年 12 月后，任襄汾县人大常委会副主任。1987 年 6 月，任襄汾县政府副县级调研员。1990 年 3 月离休。2006 年 1 月去世。

赵仰普　曾用名赵博文，1928 年 3 月出生，襄汾县西贾乡西李村人。1949 年 9 月加入中国共产党。1948 年 7 月参加中国人民解放军，任华北野战军 15 纵 43 旅 128 团 7 连战士。1949 年 2 月后，任陆军 62 军 184 师 551 团 7 连文书，551 团政治处宣传队班长、政治处技术书记。1952 年 4 月，任暂编工兵第 26 团政治处秘书。1952 年 6 月后，任工程兵工程第 9 团政治处秘书、卫生连副政治指导员。1955 年 8 月，任工程兵工程第 9 团 2 连政治指导员。

1957年7月，任团政治处党务助理员。1960年5月，入高级工程兵学校3营10连学习。1961年5月，任工程兵学院政治部政治教研室教员。1963年5月，任襄汾县委组织部支教组组员。1963年12月，任襄汾县汾城公社副主任。1970年10月，任景毛公社副主任。1975年5月，任曹家庄供销社主任。1984年7月离休。1948年，先后参加太原战役狄村战斗、淖马战斗；1949年，参加总攻太原战斗，担任突击队抢救组文书。立师三等功、团二等功、团三等功各一次；党内记功一次。1955年10月，被授予少尉军衔；1960年4月，被授予上尉军衔。2015年11月去世。

赵成元 1928年7月生，襄汾县汾城镇南膏腴村人。1948年3月在汾城县一区参加工作。1955年8月，调史村供销社。1959年6月，调汾城供销社。1978年10月，调汾城棉加厂。1982年11月离休。2004年5月去世。

赵丰林 曾用名赵福贵，1930年5月生，洪洞县三交河曲子村人，后居襄汾县邓庄镇西侯村。1947年4月参加工作，任地方游击队队员。1949年，任赵城县人民政府通讯员。1951年后，任赵城粮食公司、襄陵县粮食小组保管员。1979年，在东方红粮站保管员岗位退休，后改为离休。1954年，受专署奖章和襄陵县粮食局物资奖。2013年5月去世。

赵景焕 1930年7月生，襄汾县古城镇北焦彭村人。1954年7月加入中国共产党。1949年1月，参加晋绥军区文化工作队。5月，调司令部任科员。7月，任中央西北局业务社科员，随军西进。1950年转业，到汾城县教师训练班学习。10月，任汾城县财政科科员。1954年9月，任襄汾县人事局干事。1958年10月，任侯马市人事局干事。1961年5月，任襄汾县人事局副局长。1969年，任景毛公社主任。1972年，任调干。1974年，任手工业管理局副局长。1975年后，任社队局副局长、副科级调研员。1991年3月离休。2005年8月去世。

赵　健 曾用名赵骥，1930年11月生，襄汾县汾城镇东曹路村人。1956年5月加入中国共产党。1948年3月，入石家庄华北军政大学学习。1950年11月，任华北军区速成中学干事。1958年8月，任山西省水垦指挥部工程处秘书。1962年后，任襄汾县委农工队队员、“五七”干校学员。1974年，任工商局干事、副主任。1990年12月离休。获得的奖励有：1957年被评为干部标兵；1961年被评为五好战士。2015年4月去世。

赵望汉　1931年5月生，襄汾县南辛店乡西邓村人。1958年12月加入中国共产党。1948年5月参加工作，入新绛吕梁十分区行干校学习。8月，任河津县贸易公司会计练习生。1949年3月，任新绛贸易公司出纳。1950年5月，任新绛粮食公司办事员。1951年7月，任稷山粮食公司会计。1952年8月，任运城粮食公司科员。1953年3月，任运城专署财委干事。10月，到山西工农速成中学学习。1957年9月，任侯马公路段统计。1958年7月，任晋南专署交通局科员。1959年10月，到交通部干部学校学习。1961年1月，任晋南交通局工程大队秘书。1962年7月，任侯马公路段股长。1963年5月，任侯马公路站第一副站长。1964年2月，任襄汾城关公社监委主任。10月，赴洪洞甘亭进行“四清”指导。1967年1月，任襄汾县贾庄公社监委。1970年11月，任红卫公社监委。1974年5月，任县运管站站长。1976年11月，任县公路站副站长。1979年11月，任监理分所副所长。1950年，在新绛粮食公司被评为先进工作者，并出席全县先进工作者大会。1958年，在临汾专署局被评为优秀团员。2010年2月去世。

赵俊耀　1931年7月生，稷山县杨赵乡管村人。1949年6月参加工作，任汾城县一区文印收发员。1950年3月，任公安局侦查员。1969年6月，任西贾公社干事。1972年4月，任襄汾县公安局侦查员。1991年12月离休。2013年10月去世。

赵正午　1932年6月生，襄汾县城关镇伯玉村人。1949年10月加入中国共产党。1948年4月参加中国人民解放军，任太岳军分区13纵38旅114团3营8连战士。1949年6月，任18兵团61军182师546团3营班长。1950年5月，任四川省安溪县三区武装部部长。1951年12月，任四川省广元县武装部政治干事。1954年5月，入解放军十三速成中学学习。1957年7月，任四川省广元县武装部军官科助理员。1958年5月，任广元县糖厂厂长。1959年11月，任广元县二轻工业局供销股股长。1962年8月回家务农。1978年10月，任襄汾县二轻经理部门市部主任。1990年6月离休。2001年6月去世。

赵　堳　曾用名赵常管，1932年12月生，襄汾县西贾乡东毛村人。1949年2月参加工作，任西牛学校教师。1952年10月，任德西毛学校校长。1956年5月，任县肃反办公室干事。1958年9月，任县教育局视导员。1966年8月，任汾城完小校长。1970年1月，任东毛九年制学校校长。1980年1月退休，1982年11月改为离休。1955年，被评为全县模范教师。1989年8月去世。

郝

郝吉甫　曾用名吉富、肇祥、德山、冀曙，1915 年 10 月生，襄汾县襄陵镇东柴村西院人。1947 年 7 月参加工作，任襄陵县人民政府汾西办事处文教干事。10 月，任四区政府文教助理员。1948 年 8 月，任襄陵第一完小教导主任。1950 年 2 月，任校长。1953 年 3 月，任襄陵小教业余进修学校教导主任。1953 年 8 月，入山西省委党校中学政治教员训练班学习。1954 年 9 月，任赵曲中学教师。1957 年，被划为“右派”。1959 年 2 月，回村务农。1978 年 2 月平反复职，任南辛店中学教师。1980 年 1 月退休，1982 年 11 月改为离休。2003 年 5 月去世。

郝克勤　1925 年 5 月生，襄汾县襄陵镇东柴村西院人。1948 年 7 月参加工作，先后任浪泉、胡村、齐村、庄头、古襄陵、北许、西院、北姚、北沟、新民、刘庄、北陈学校教师。1980 年 1 月退休，1982 年 10 月改为离休。曾于 1950 年、1952 年、1953 年被评为模范教师。2007 年 5 月去世。

郝志坚　曾用名郝继成，1926 年 9 月生，山西省平遥县菓子沟村人，后居襄汾县林业局家属院。1949 年 3 月加入中国共产党。1944 年 8 月参加工作，先后任平遥县三岔口经济局、税务局交通员。1946 年 10 月后，任太岳税务一分局、工商税务一分局警卫员。1949 年 3 月后，任霍县税务局行政股科员、李曹税务所代所长、城关税务所所长、县税务局副局长。1957 年 3 月后，任退沙乡书记、城关公社副书记、三教公社主任、大张公社第一书记、辛置公社书记、闫家庄公社书记。1966 年 6 月，任襄汾县赵曲公社书记。1968 年 10 月，任襄汾县革命委员会农业组组长。1969 年 11 月，任生产组副组长。1970 年 11 月，任行政办主任。1975 年 10 月，任林业局局长。1982 年 6 月，任林业局总支书记。1985 年 6 月，任林业局正科级调研员。1990 年 11 月离休。1995 年 6 月去世。

郝世雄　曾用名郝有柱，1929 年生，新绛县泉掌镇光马村人。1959 年 4 月加入中国共产党。1947 年 10 月参加工作，任临汾地区民政局科员。1950 年 4 月，任襄陵县民政所科员。1952 年 2 月后，任襄陵第三区副区长、襄陵镇政府镇长。1955 年 11 月，任襄汾县林业科副科长。1957 年 10 月后，任襄汾县膏腴乡乡长、南贾公社副主任。1962 年 3 月后，任贾岗公社、赵曲公社主任。1971 年 12 月，任汾城医院支书。1982 年 11 月离休。2015 年 12 月去世。

荆

荆武选　1917 年 4 月生，襄汾县汾城镇北贾岗村人。1950 年加入中国共产党。1947 年 9 月参加工作，先后任北膏腴区政府副区长、区长。1948 年 12 月，任赴陕支前担架队中队长。1949 年 6 月，任汾城县政府副科长。1950 年 6 月，任西贾农场场长。1954 年 7 月，入山西省行政干校学习。1957 年 2 月，任南贾乡党委书记。1958 年 3 月，任赵曲苗圃主任。1962 年 6 月，调襄汾三分区工作。1963 年 3 月，任襄汾林场场长。1970 年，任县生产组副组长。1972 年，任红旗机械厂书记。1975 年，任古城皮麻厂书记。1976 年 5 月退休，后改为离休。1995 年去世。

荆　翼　曾用名荆腾龙，1930 年 12 月生，翼城县南唐乡下阳村人。1949 年 1 月参加工作，4 月，任吕梁十专署财政科会计。1953 年，任曲沃、内蒙古制革厂会计。1954 年，任临汾晋南石油分公司财会负责人。1958 年 4 月后，在曲沃农村、襄汾林场劳动。1962 年，任襄汾县手管局财统股会计。1962 年 6 月，任城关服装鞋帽厂会计。1964 年 10 月后，在襄汾县食品公司、商业局工作。1967 年 11 月，任襄汾县服务公司保管员。1980 年 11 月，任襄汾县财政局监察股副股长。1991 年 3 月离休。1996 年 12 月去世。

胡

胡望之　曾用名胡俨，1914 年 12 月生，襄汾县汾城镇西圪塔村人。1948 年 5 月参加工作，经太岳军区 19 分区派遣赴西安、兰州经商，作情报工作。1952 年 5 月，任汾城二完小教师。8 月，任汾城中学教师。反右中被划为“右派”，1978 年 2 月平反。1980 年 1 月退休，1982 年 11 月改为离休。2008 年 2 月去世。

胡志清　曾用名胡克太，1930 年 3 月生，河津县柴永乡吴村人。1956 年 11 月加入中国共产党。1848 年 8 月参加工作，入吕梁十分区行政干校学习。1949 年 1 月，任吕梁十分区税务局事务。1949 年 7 月，任晋南专署总务科管理员。1952 年 10 月后，任内蒙、曲沃烟厂统计员。1953 年 8 月后，任襄陵法院干事、书记员。1954 年 9 后，任襄汾县法院书记员、助审员。1958 年 11 月后，任侯马市法院助审员、审判员。1961 年 9 月后，任襄汾法院审判员、秘书、副院长。1967 年 4 月，任法院“三结合”组长。1968 年 5 月，任县斗批改办公室负责人。1970 年 11 月，到立新大队插队。1972 年 4 月，任古城公社副主任。1973 年 5 月，任县法院副院长。1981 年 2 月后，任司法局局长、书记。1991 年 4 月离休。1953 年，在内蒙烟厂被评为先进工作者。1958 年，被评为先进工作者，受到全县大会表扬。1960 年，在侯马市法院被评为先进工作者，出席地区政法先进工作者表彰会议。1983 年、1984 年两次被评为模范。2013 年 5 月去世。

胡益民　1932 年 5 月生，襄汾县襄陵镇南街村人。1958 年 11 月加入中国共产党。1949 年 8 月参加工作，到晋南行署行政干校学习。1950 年 1 月，任襄陵供销社业务员。1951 年 9 月，任陶寺供销社会计。1954 年 6 月，任襄汾县供销社科员。1958 年 9 月，任侯马市委宣传部支教干部。1961 年 6 月，任邓庄公社宣传委员。1963 年 4 月，任县良种场干事。1973 年 5 月，任南辛店棉加厂会计。1983 年 6 月离休。2003 年去世。

段

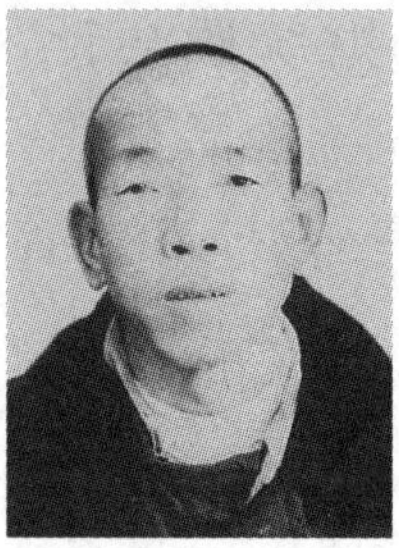

段兆林　1914 年 6 月生，襄汾县大邓乡西郭村人。1946 年 3 月加入中国共产党。1946 年 3 月参加工作，在村做民兵工作。1949 年 2 月，任襄陵四区土改工作团队员、区委会组织干部。1950 年 3 月，任二区区委会组织委员。1953 年 4 月，任京安乡党支部书记。1955 年 6 月，入运城文补校学习。1957 年 2 月，任土地殿乡党支部书记。1958 年 10 月，任邓庄公社张崇管理区党支部书记。1959 年 4 月后，任龙王庙公社组织委员、副主任、副书记。1971 年后，任邓庄苗圃支书、主任。1976 年 8 月退休，后改为离休。1993 年 11 月去世。

段永兴　1916 年 6 月生，襄汾县南辛店乡梁段村人。1943 年 3 月参加工作，先后任梁段、贾朱小学教师。1952 年 3 月后，任南辛店完小教师、教导主任。1954 年 12 月，入省教育干部训练班学习。1955 年 9 月，任南贾完小教导主任。12 月，任副校长。1961 年 8 月，任校长。1968 年 10 月，任河南七年制学校负责人。1969 年 1 月，任南辛店七年制学校领导组负责人。1974 年 12 月退休，1982 年 11 月改为离休。1951 年至 1963 年，先后 7 次被评为模范、建设社会主义积极分子等。1998 年 11 月去世。

段义田　1919 年 3 月生，沁源县王和乡神灵村人。1938 年 10 月加入中国共产党并参加工作。1941 年 9 月，任沁源县游击大队政治部通讯员。1945 年 10 月，任沁源县七区农会常委。1947 年 4 月，任河津县二区土改工作队队员。1949 年 8 月，任河津县公安局治安股副股长。1950 年 1 月，任临汾公安处治安科科员。1952 年 8 月，任汾城县公安局秘书股股长。1954 年 6 月，任襄汾县公安局政治指导员。1958 年 8 月，任襄汾县古城手工业社党支部书记。1966 年 12 月退休，1982 年改为离休。2006 年 4 月去世。

段连新　1920 年 2 月生，山西省古县下冶乡白素村人，后居襄汾县城关。1939 年 9 月加入中国共产党，任白素村支部书记。1945 年 4 月参加工作，任安泽县二区公安助理员。1948 年 2 月，任五区农会主席。1949 年 4 月，任六区区委书记。1954 年 9 月，任襄汾县农工部副部长。1959 年 9 月，任地区戏校支部书记。1961 年 8 月，任襄汾拖拉机站支部书记。1963 年 5 月，任丰盈公社书记。1966 年 12 月，任县人事局局长。1968 年 12 月，任县生产资料公司支部书记。1972 年 4 月，任红卫供销社支部书记。1977 年 7 月，任县信访办公室主任。1983 年 12 月离休。1988 年 1 月去世。

段子云　曾用名段广杰，1920 年 2 月生，翼城县中卫乡大平村人，离休后居襄汾县古城镇北侯村。1978 年 8 月加入中国共产党。1946 年 1 月参加工作，任翼城县第三高小炊事员。1948 年，任翼城县四区会计。1949 年，任汾城县古城乡政府秘书。1950 年，任南高行政村村长。1951 年，任县农场技术员。1955 年，任襄汾县农业局技术站会计。1958 年，调汾城公社工作。1959 年，任南贾公社农业委员。1960 年，任县农业局技术员。1962 年，任三分区干事。1963 年，任县委农工队干事。1982 年 4 月离休。2007 年 9 月去世。

段继智　1924 年 10 月生，襄汾县邓庄镇小郭村人。1964 年 4 月加入中国共产党。1949 年 9 月参加工作，到新绛干校学习。1950 年 2 月，任汾西林业办事处干事。1951 年 6 月，任临汾专署事务长。1954 年 10 月，任安泽县粮食局会计。1962 年 8 月，任襄汾县委农工部干事。1971 年 7 月，任临钢机修站党支部书记。1976 年 3 月，任地委审干办公室干事。1978 年 12 月，任襄汾 6611 库后勤组组长。1984 年 4 月，调城关粮站工作。1988 年 11 月离休。1993 年去世。

段子良　曾用名段全贵，1924 年 10 月生，稷山县城关镇下柏村人。1948 年 4 月参加中国人民解放军，任十分区司令部收发员。1950 年 1 月，任临汾军分区情报见习参谋、管理员。1954 年 12 月，任襄汾县兵役局干事。1956 年 8 月，任襄汾煤建公司副主任。1958 年 12 月，任史村铁厂副科长。1977 年 1 月，任襄汾化肥厂副科长。1984 年 5 月离休。1950 年，在临汾军分区司令部时被评为工作模范。1955 年 6 月，被授予解放奖章；1955 年 9 月，被授予中尉军衔。2016 年 2 月去世。

段庭秀　曾用名段生林，1928 年 4 月生，襄汾县襄陵镇河北村人。1948 年 6 月参加中

国人民解放军，任60军180师野战医院卫生员。1949年11月，任四川军区峨山军分区政治处卫生员。1950年2月，任峨山军分区炮兵营助理军医。1950年11月，任炮兵第八训练基地卫生队助理军医。1952年5月，任第六炮兵学校卫生科科员。1956年2月，任襄汾县第二人民医院主治医师。1990年4月离休。曾于1949年4月在太原战役中立小功一次；1950年6月在四川剿匪中立集体功一次；1952年7月在华北炮兵司令部学习时立三等功一次。2006年8月去世。

段小泉 曾用名段福德，1930年1月生，襄汾县邓庄镇西侯村人。1954年1月加入中国共产党。1949年7月参加中国人民解放军，历任3军8师23团2营4连战士、班长。1956年12月，任1军2师5团4连排长。1960年1月，任6连副连长。1966年1月，任2师5团司令部管理员。1971年1月，任2师5团2营副营长。1976年3月，任襄汾县五金厂厂长。1982年12月，任襄汾县二轧厂支书。1983年12月离休。曾参加西吉县剿匪战斗、朝鲜战役等。1949年11月立小功一次，1953年立三等功一次。1956年1月，被授予少尉军衔；1960年5月，被授予中尉军衔；1963年9月，被授予上尉军衔。2008年5月去世。

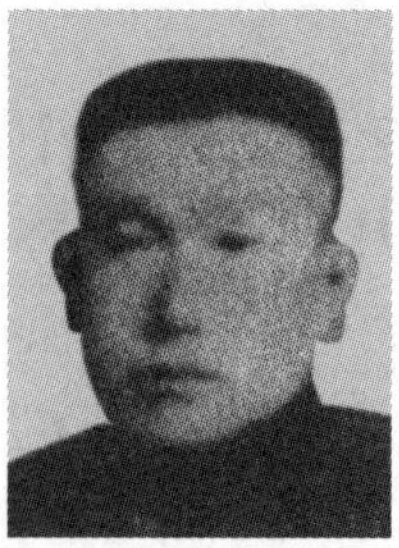

段绍虞 尧都区北孝村人。1949年5月参加工作，曾任襄汾县蒲剧团副团长，1973年1月退休，1984年11月改为离休。1994年4月去世。

段来顺 襄汾县邓庄镇斛家村人。1949年7月参加工作。1979年4月于襄汾县邮电局退休，1980年改为离休。

侯

侯新屏 曾用名侯尚仁，1922年4月生，襄汾县新城镇邓曲村人。1947年2月参加工作，入太岳行署干校学习。1948年2月，任安建村小学教员。1949年2月后，任南村、夏梁、中梁中心校长。1953年2月，任安李联区扫盲校长。1957年9月，任小王村小学教员。1958年3月，任大邓小学视导员。1959年3月，任大邓公社视导员。1960年2月，任南辛店公社视导员。1963年后，任北梁、上靳、下西梁小学教员。1973年1月退休，1982年11

月改为离休。1996 年 5 月去世。

侯松厚　1926 年 5 月生，襄汾县新城镇城南村人。1949 年 7 月参加工作，任襄陵县吴家庄小学教师。1950 年 2 月后，任襄陵县赵曲学校教师、中心校长。1954 年，入临汾师范学习。1955 年，任襄汾县邓庄高小教师。1956 年 9 月，任赵曲高小教师。1966 年 7 月，回村务农。1978 年 10 月，任城南七年制学校教师。1979 年 9 月，任荆村八年制学校教师。1983 年 12 月离休。1979 年，被评为县二等模范教师。2014 年 4 月去世。

侯尚义　1927 年 11 月生，襄汾县新城镇邓曲村人。1949 年 2 月，经襄陵县文教科考试合格分配工作。先后在温泉、张礼、安李、古城庄、赵曲、敬村、青杨等小学任教。1980 年 1 月退休，1982 年 11 月改为离休。曾于 1958 年 5 月在扫盲工作中获奖状一张。1999 年 1 月去世。

侯俊业　1930 年 11 月生，襄汾县邓庄镇东侯村人。1949 年 2 月参加工作，任闻喜贸易公司练习生。1950 年 6 月，任闻喜县供销社营业员。1951 年 4 月，入运城会计训练班学习。1951 年 8 月后，先后在闻喜、运城、襄汾工作。1983 年 1 月，在襄汾百货公司批发部副主任岗位离休。2001 年去世。

侯洪元　曾用名侯小蛋，1931 年 3 月生，襄汾县大邓乡南垣村人。1948 年 8 月加入中国共产党。1947 年 8 月参军，任襄陵独立团通讯员。1949 年 1 月，任 554 团 1 营通讯班长。1949 年 6 月，调 554 团征粮队工作。1949 年 11 月，任 554 团 1 营营部政工员。1950 年 4 月，任 554 团 7 连政工员。1951 年 4 月，任 2 营枪炮连副指导员。1952 年 2 月，任辎重连副指导员。1952 年 4 月，入保定军区文化速成学校学习。1952 年 9 月，任工程兵 27 团保管员。1953 年 3 月，任 27 团司令部保密员。1954 年 3 月，任 27 团 3 连副指导员。1954 年 12 月，入高级工程兵学院学习。1957 年 4 月，任 9 团卫生队副指导员。1959 年 12 月，任 9 团 1 连指导员。1960 年 6 月，任 9 团技术 1 连指导员。1962 年 2 月，任 9 团 3 营副指导员。1963 年 4 月，任襄汾县服务公司支部书记。1968 年 10 月，任邓庄棉加厂厂长。1971 年 1 月，任邓庄供销社支部书记。1975 年 6 月，任陶寺供销社支部书记。1984 年 7 月离休。曾参加太谷小常战斗、太原登城战斗、四川全歼 302 师战斗等。1955 年 6 月，被授予解放奖章。1955 年 10 月，被授予中尉军衔。2006 年 8 月去世。

饶

饶丛云　1911年7月生，襄汾县赵康镇牛席村人。1948年10月加入中国共产党。1948年1月参加工作，任汾城三区常委。1949年，任赵雄、习礼行政村村长。1951年后，任赵康供销社副经理、经理。1966年7月，返牛席村务农。1979年12月退休，后改为离休。1987年1月去世。

郭

郭健生　曾用名康吉泰，1914年6月生，襄汾县陶寺乡陶寺村人。1945年10月参加工作，任陶寺东张联区联合校长。1947年1月，任邓庄高小教师。1952年8月后，任上西梁完小、陶寺农中、赵曲完小、荆村完小、陶寺七年制学校、安李七年制学校教师。1973年12月退休，1982年11月改为离休。1989年去世。

郭亚汾　曾用名郭耀先，1915年9月生，襄汾县大邓乡小邓村人。1945年10月参加工作。曾任襄陵民高校长、襄陵三完小副校长、南辛店完小校长、襄陵函授学校教导主任。1956年9月，任南辛店附中副校长。1958年9月，任汾城中学副校长。1964年10月，任邓庄中学副校长。1973年8月退休，1982年11月改为离休。1989年8月去世。

郭　瑛　曾用名郭通顺，1921年9月生，襄汾县新城镇邓曲村人。1945年8月参加工作，先后任曲襄武工队、侯马南铁路警卫队、太岳19军区战士。1948年11月后，在长治大胜兴商店、花纱布公司工作。1950年1月后，调山西省商业厅、花纱布公司。1957年12月下放，任塔儿山、涝洰河民工队营长。1958年12月后，调临汾县、襄汾县劳动局。1962年8月，任汾西灌区襄汾分局站长。1983年5月离休。1998年5月去世。

郭有家　1922年5月生，山西省翼城县桥上乡王良村上沟人。1944年12月加入中国共产党。1940年7月参加工作，先后任翼城县抗日政卫四支队、抗日挺进三支队基干二团战士。1944年4月后，任翼城县二区、三区武委会主任、县武委会科长。1949年11月，入山

西省军区教导团学习。1950 年 10 月后，任汾城县二区、四区武装部部长、县委秘书。1954 年 10 月，任襄汾县粮食局副局长。1958 年 11 月后，任临汾县文教部科长、劳动局局长。1961 年 5 月后，任襄汾县综合办公室主任、粮食局局长。1975 年 9 月，任县财贸部部长。1981 年 12 月，任襄汾县人大常委会副主任。襄汾县第五、六、七、八届人大代表。任县人大常委会副主任期间，分管财贸方面工作。1983 年 12 月离休。1946 年，参加上党战役，获翼城县政府 1000 元奖金。1947 年，在阳城县太岳区武委会训练班学习被登报表扬。1997 年 1 月去世。

郭继维　曾用名郭振锁，1923 年 10 月生，襄汾县赵康镇北柴村人。1947 年 6 月参加工作，先后任牛席、德西毛村教师。1949 年 5 月，随军解放大西北，任担架队文书。1949 年 11 月后，任上鲁、万王村教师。1951 年 9 月，任扫盲工作组组长。1952 年 9 月后，任小赵、西吉、北柴等村小学教师。1978 年 11 月，任赵雄学校教师。1983 年 12 月离休。2001 年 10 月去世。

郭占荣　曾用名郭继广，1923 年生，襄汾县邓庄镇上北梁村人。1949 年 9 月参加工作，任邓庄工商会干事。1952 年后，任县工商联邓庄办事处干事、县工商联干事、临汾工商联干事等职。1963 年，任襄汾轧钢厂总务。1982 年 12 月离休。2015 年 9 月去世。

郭万德　曾用名郭集业，1926 年 4 月生，襄汾县襄陵镇南街村人。1956 年 4 月加入中国共产党。1948 年 10 月参加中国人民解放军，历任华北军教 4 团副班长、副区队长。1947 年 7 月，入华北军政大学学习。1950 年 1 月，任绥远军区军政干部学校副区队长。1951 年 2 月，任 3132 步兵学校副区队长。1951 年 9 月，任石家庄九步校区队长。1957 年 4 月，任九步校战术教员。1958 年 4 月，任九步校二大队军训助理员。1959 年 3 月，任九步校二大队食堂主任。1960 年 4 月，任 320 部队 5 队副队长。1963 年 7 月，任南辛店供销社支书。1986 年 11 月离休。1952 年 10 月，立三等功一次。1954 年 8 月，立三等功一次。1956 年，被评为先进工作者、校积极分子，受营会议嘉奖一次、通令嘉奖一次。1955 年 10 月，被授予少尉军衔；1957 年 2 月，被授予中尉军衔；1962 年 6 月，被授予上尉军衔。2009 年 11 月去世。

郭绍斌　1927 年 2 月生，洪洞县明姜镇人。1947 年 6 月加入中国共产党。1944 年 1 月参加工作，先后在浮山岳南中学、太岳区行政干校、曲沃三区、浮山五区做土改工作。1946

年10月后，任曲沃区团委书记、团县委部长、专署企业公司团委副书记。1954年9月后，任晋南地委工作部干事，侯马市副部长，曲沃县工业部副部长、部长。1960年6月，任侯马市人委副市长。1962年10月，任曲沃县工业部部长。1970年6月，任临汾动力厂革命委员会副主任。1972年5月，任霍县革委副主任。1975年6月后，任襄汾县革委副主任、县委副书记。1981年12月后，任襄汾县委副书记、县人大常委会主任。1985年2月，任襄汾县委顾问。1990年3月离休。2010年10月去世。

郭连增 1927年4月生，襄汾县大邓乡下庄村杜家庄人。1947年3月加入中国共产党。1945年8月参军，先后任洪洞独立团2连4班战士、副班长。1946年3月后，任临洪警卫4团2连班长、副排长。1946年12月后，任8纵队24旅70团2连排长、副连长、连长。1949年1月，任18兵团60军180师538团1营2连连长。1950年11月，入第二高级步兵学校学习。1952年6月后，任志愿军539团教导队长、军务股长、营参谋长。1953年7月，在朝鲜负伤，到牡丹江市养伤。1954年8月，入山西荣军教养院疗养。1956年12月转业，任襄汾县卫生科副科长。1958年9月，入山西省委党校学习。1961年6月，任襄汾县军烈属幸福院院长。1965年8月，任襄汾县饮食服务公司副经理。1968年10月，“清队”时被免职在单位劳动。1978年10月平反，1980年2月退休，1982年改为离休。1996年9月去世。

郭树茂 1927年5月生，山西省洪洞县北秦村人，后居襄汾县景毛乡西郭村。1946年6月加入中国共产党。1944年8月参加工作，任赵城县政工队（轮战队）队员。1946年7月，任赵城看守所看守。1948年后，任赵城县四区助理员、五区财政科干事、洪洞县工矿科干事。1955年调襄汾县，任襄汾县人委办公室、民政局干事。1958年，任城关中学教师。1961年，任县人事局干事。1964年，任检察院秘书。1970年，任县医院革委副主任。1973年，任木材公司经理。1984年5月离休。1996年5月去世。

郭富贵 1927年6月生，襄汾县襄陵镇浪泉村人。1950年1月加入中国共产党。1948年9月参加中国人民解放军，任178师534团1营卫生所卫生员。1950年1月，任534团1营3连卫生所卫生员。1951年10月，任534团2营卫生所助理军医。1952年6月，任公安20团2营助理军医。1954年9月，任四川省公安大队助理军医。1955年5月，任公安20团团部卫生所军医。1956年7月，任公安独立营军医。1957年9月，任五三医院军医。1958年9月，入成都军区总医院医训班学习。1959年3月，任302部队卫生所军医。1959年10月，任绵阳军分区教导队军医。1966年3月，任襄汾县汾城人民医院医师。1983年11月离休。曾参加晋中战役小店战斗、太原战役一号碉战斗、豫西剿匪灵宝战斗、扶郿战役武功战斗、秦岭战役李家山战斗、懋功县上寨战斗、四川省黑水地区瓦钵梁子、木疏战斗等。1952

年10月，在黑水战役中经团党委批准立二等功一次。1953年3月，经四川茂县军分区党委批准立二等功一次。1955年9月，被授予少尉军衔；1962年6月，被授予中尉军衔。2000年1月去世。

郭之琦　曾用名郭鸿禧，1927年7月生，襄汾县南辛店乡刘庄村人。1949年4月参军，入7军医训大队学习。1950年8月，任7军卫生部材料科调剂员。1951年6月，任天水高级校卫生处司药。1952年8月，任西北军区卫生部药材处科员。1953年8月，任兰州军区卫生处药材科助理员。1956年6月后，任兰后卫生员、教导队教员。1961年2月，任兰后工程总队卫生所司药。1961年11月，任第七医院药局司药。1969年10月，转业回襄汾待业。1972年9月，任襄汾县6611库干部。1984年11月离休。曾参加在夏河郎木寺附近的剿匪战斗。1955年4月，受会议嘉奖一次。1955年5月，因在总路线学习中表现好，授物资奖励一次。1955年10月，被授予少尉军衔；1960年4月，被授予中尉军衔；1964年5月，被授予上尉军衔。2010年7月去世。

郭庆生　1927年10月生，汾西县对竹村人。1949年3月，在汾西县建设委员会参加工作。1950年4月，调汾西县供销社工作。1953年3月，调汾城县供销社工作。1954年9月，任襄汾县供销社会计。1991年9月离休。

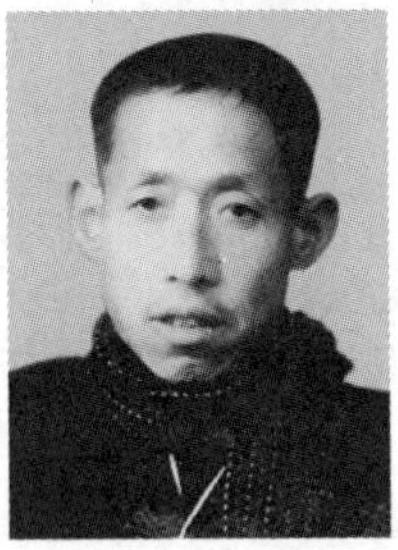

郭世敏　曾用名郭保安，1927年10月生，襄汾县西贾乡上毛村人。1949年2月参加工作，任北柴小学教师。1950年2月，任柴家庄小学教师。1952年2月，任西汾阳小学教师。1953年4月，任汾城完小教师。1958年8月，任汾城中学教师。1962年10月后，任西贾、西李小学教师。1967年3月，任西贾七年制学校教师。1974年5月，任丰盈中学教师。1980年9月，任赵康中学教师。1983年12月离休。1975年、1978年至1980年，被丰盈中学评为模范教师；1979年1月、1980年2月，获襄汾县教育系统优秀教师奖。2013年8月去世。

郭兰田　曾用名郭五斤，1928年8月生，襄汾县襄陵镇河北村人。1948年10月参加工作，先后任巩固、襄陵、东院、刘庄、上西梁等小学教师。1956年1月，退职务农。7月，入临汾师范学校学习。1958年10月后，任邓庄文补校、临汾县底文补校及襄汾城关、贾庄完小教师。1965年6月，任上靳完小负责人。9月后，任赵曲、景毛中学事务员。1973年8月后，任北李、西郭小学和襄陵中学教师。1980年1月退休，1982年11月改为离休。1983年2月去世。

郭　兵　曾用名郭福祯，1928 年 10 月生，襄汾县邓庄镇东邓村人。1950 年 3 月加入中国共产党。1948 年 4 月参加中国人民解放军，先后任太原独立 3 旅 7 团 1 营机枪排战士、机炮连班长。1949 年 6 月后，任 3 军 8 师 33 团 1 营机枪连副排长、排长。1952 年 10 月，任 1 军 2 师 23 团 4 营机枪连排长。1953 年 8 月，任 5 团 3 营机枪连排长。1954 年 3 月，入第一步兵学校 3 营 12 连学习。1957 年 9 月，任步兵 10 团 2 营炮兵连副连长。1961 年 7 月，任陆军 4 师 10 团 2 营炮兵连连长。1980 年 7 月，在张礼农机厂厂长岗位离休。曾参加太原战斗、兰州战斗等。1949 年 3 月，在太原战斗中经团党委批准立小功一次。1957 年 5 月，被授予少尉军衔；1962 年 6 月，被授予上尉军衔。2006 年 1 月去世。

郭玉瑞　曾用名郭玉锁，1928 年生，襄汾县襄陵镇河北村人。1948 年 8 月加入中国共产党。1945 年 9 月参军，先后任太行军区决 9 团 1 连卫生员、2 连卫生员。1946 年 6 月，任太岳军区 8 纵队 23 旅 35 团 2 营卫生班长。1946 年 10 月，任太行军区独立旅 9 团卫生队看护班长。1947 年 3 月，任太行军区独立旅卫生处司药。1948 年 6 月，任 8 纵队 23 旅休养所医助。1949 年 10 月后，任 60 军 179 师卫生处医生、防疫队副队长。1952 年 6 月后，任 60 军 179 师 537 团卫生队副队长、卫生连连长。1956 年 7 月，任 537 团后勤处卫生主任。1957 年 1 月，任 60 军 181 师 543 团后勤处卫生主任。1960 年 7 月，任 20 基地技术学校卫生所所长。1963 年 11 月，任襄汾县中心人民医院汾城分院院长。1982 年 4 月，在襄汾县医院副院长岗位离休。曾参加山西上党战役磨盘脑追击战、平汉战役詹止村攻击战、曲沃攻击战东关战斗、白晋战役坚守北坡战斗、闻喜县天台寺攻击战等。1956 年 4 月，被授予解放奖章。1955 年 10 月，被授予大尉军衔。1962 年 6 月，被授予正营级。2012 年 2 月去世。

郭丁顺　1929 年 5 月生，襄汾县南贾镇南贾村人。1950 年 1 月加入中国共产党。1949 年 4 月参加中国人民解放军。1951 年 3 月，任南京市华东军区副排长。1953 年 4 月，任福州市 28 军军士教导营军体教员。1955 年 9 月，任襄汾县教育局干事。1958 年 10 月，任临汾一中班主任。1962 年 9 月，任襄汾县汾城中学会计。1963 年 8 月，任襄汾县卫生局干事。1968 年 10 月，任襄汾县人民医院会计。1972 年 7 月，任襄汾中学总务负责人。1978 年 10 月，任襄汾县爱卫办秘书。1983 年 12 月离休。2007 年 10 月去世。

郭正顺　1930 年 1 月生，襄汾县新城镇邓曲村人。1948 年 12 月加入中国共产党。1947 年 8 月参加中国人民解放军，先后任 62 军 158 师 555 团 2 连战士、班长。1950 年 3 月后，任 18 军 53 师 159 团 7 连班长、排长。1953 年 3 月，入西藏军区干校学习。1956 年 5 月，任西藏军区边防站参谋。1957 年 7 月，任西藏军区总医院政治处助理员。1961 年 2 月，任西藏军

区后勤部山南兵站干事。1971 年，任襄汾东风铸管厂干部。1984 年 11 月离休。1955 年 9 月，被授予少尉军衔；1960 年 5 月，被授予中尉军衔；1963 年 10 月，被授予上尉军衔。2001 年 7 月去世。

郭五金　1930 年 2 月生，襄汾县襄陵镇双凫村人。1948 年 4 月参加中国人民解放军，任 23 旅 536 团 3 营 7 连战士。1951 年 2 月，任高机连班长。1951 年 3 月，赴朝作战负伤（二等乙级伤残）后住陆军 72 院。1953 年 4 月，入山西荣军学校学习。1956 年 7 月，任襄汾县贸易公司业务员。1957 年，任县副食品公司业务员。1963 年，任食品公司业务员。1984 年 11 月离休。1991 年 7 月去世。

郭子庆　1930 年 10 月生，襄汾县襄陵镇李村人。1980 年 5 月加入中国共产党。1948 年 6 月参加工作，先后任襄陵县西院、河北、中和庄、胡村小学教员、中心校长。1953 年，任南辛店联区扫盲联合校长。1958 年 4 月后，任南辛店乡、公社团委书记、办公室主任。1960 年后，任县委农工部、农林局干事。1965 年 2 月后，任贾庄、襄陵、浪泉公社副主任。1978 年，任襄汾县经管站副站长。1984 年 7 月离休。2010 年 11 月去世。

郭延虎　1930 年 11 月生，襄汾县汾城镇车口村人。1949 年 9 月加入中国共产党。1948 年 7 月参加中国人民解放军，任 4 军炮营 1 连战士。1949 年 12 月，入 10 师教导队学习。1950 年 9 月后，任 10 师炮营 1 连副班长、班长。1953 年 4 月，任炮营侦察参谋。1960 年，任炮营 3 连连长。1963 年 1 月，任炮团作训参谋。1964 年 9 月，任赵城棉加厂支部书记。1972 年后，任襄汾县红旗厂、铸铝厂副厂长、厂长。1983 年 12 月离休。曾参加陕西麟游战斗、扶郿战斗、兰州战役等。1955 年 10 月，被授予少尉军衔；1960 年 4 月，被授予中尉军衔。2004 年 11 月去世。

郭槐保　曾用名郭世英，1931 年 7 月生，襄汾县南贾镇上鲁村人。1948 年 7 月参加中国人民解放军，任西北野战军 11 师 33 团营部战士、文书、书记，炮兵 305 团干部处教导连班长、干事。1954 年 10 月复员回乡务农。1956 年 10 月参加教育工作，先后任官庄、下鲁、南贾、阜宁学校教师。1989 年 8 月离休。1952 年，受司令部通报嘉奖；1957 年至 1967 年，多次被评为县模范教师、先进工作者，在大会上交流发言。1988 年 8 月获小教一级职称。2000 年 12 月去世。

郭世俊 1932年7月生，洪洞县淹底乡敬圣村人。1955年7月加入中国共产党。1948年10月岳南中学毕业。11月参加工作，任洪洞县城关区二街公所财粮员。1949年12月，任洪洞县仓库会计。1953年2月，任洪洞县财政科审计。1954年5月，任洪洞县马拉农具站会计。1956年7月，任襄汾县农林局会计辅导员。1958年11月后，任侯马市、襄汾县计委干事。1962年11月，任县委农工部干事。1966年11月，任县委办干事。1972年7月，任县农机局农机员。1990年4月离休。1952年，被评为建设社会主义积极分子，获纪念章和奖状。1991年去世。

郭向晨 1932年生，襄汾县新城镇南村人。1954年4月加入中国共产党。1945年5月参加工作，任延安贸易公司通迅员。1947年8月后，任吕梁十分区贸易公司通讯员、勤务干部。1949年10月，任永济县贸易公司赵村小组出纳。1950年5月，任虞乡县百货公司门市部负责人。1951年6月，任闻喜县百货小组门市负责人。1952年6月后，任运城专区百货公司零售部、批发部办事员、科员、副主任。1958年8月，任运城农业专科学校班主任、团委书记。1962年9月后，任晋南土产、盐业、饮食分公司支队干事。1978年3月，任襄汾县6611库业务会计。1983年10月，调县粮食局直属库工作。1984年11月离休。1954年至1955年，在运城百货公司获物资奖4次。1960年，在运城农业专科学校被评为先进工作者。2009年4月去世。

郭宏先 1933年3月生，襄汾县大邓乡小邓村人。1956年3月加入中国共产党。1949年7月参加中国人民解放军，先后任8师23团战士、军械员，8师5团后勤处助理员。1959年2月，入汉口后勤学校学习。1961年2月后，任武汉军区司令部管理局助理员、军区农场场长。1973年2月，任防化28团股长。1976年2月，任坦克厂筹建指挥部处长。1982年1月，任襄汾法院副院长。1993年12月离休。曾参加甘肃省西吉县剿匪战斗。1963年，在武汉军区司令部管理局因完成工作突出荣立三等功一次。1955年10月，被授予少尉军衔；1963年9月，被授予上尉军衔。2014年12月去世。

郭志毅 曾用名郭中兴，1933年7月生，襄汾县汾城镇西中黄村人。1947年9月参加中国人民解放军，到西北野战军2纵卫生部医训队学习。1949年3月后，任2军南疆生产管理处第二牧场技术员，2纵队卫生部、独立骑兵师护士、护士班长。1965年12月，任汾城马场技术员。1967年6月，任灌峪水委会会计。1970年5月，任古城豁都峪水委会干部。1984年11月离休。2012年12月去世。

郭兆瑞 1933年7月生，襄汾县赵康镇李村人。1949年7月于汾城青干班毕业后参加工作，任大有村小学教师。1950年2月，任李村学校教师。1954年8月，入临汾教师轮训班学习。1956年9月，任东南毛学校副校长。1968年12月，任丰盈农校负责人。1976年1月，任丰盈中学负责人。11月，任焦村学校校长。1983年12月离休。曾于1958年被评为社会主义建设积极分子。2006年10月去世。

姜

姜善信 1926年7月生，襄汾县南辛店梁段村人。1948年2月参加工作。曾任襄陵独立团战士，后于临汾市统计局、襄汾县委、浪泉公社、社队局供销公司工作，1979年10月退休，1982年11月改为离休。2002年1月去世。

贺

贺九皋 1920年7月生，襄汾县邓庄镇段村人。1946年5月加入中国共产党。1946年3月参加工作，任襄陵县四区农会土改工作员。1949年4月后，任襄陵县四区、三区区委组织委员。1952年8月，任襄陵县委统战部秘书。1954年8月，任襄汾县人事局副科长。1955年4月，入省委党校学习。1957年6月，任襄汾县张崇乡总支书记。1958年4月，调县里从事大办水利、大炼钢铁工作。1958年12月后，任临钢采矿车间工段支书、车间副主任。1962年8月，任襄汾县东邓电灌站站长。1982年，在襄汾县铁矿书记岗位离休。2005年11月去世。

贺贵龙 曾用名贺狗雅，1923年7月生，万荣县西村乡北仁村人。1948年8月参加工作，任北仁村教员。1950年1月，任汾城供销社组社股副股长。1954年9月后，任襄汾县供销社组检科副科长、商业局办公室副主任。1958年10月，任侯马市商业局办公室副主任。1960年8月，任汾城棉加厂副厂长。1969年1月停职审查。1973年8月，到襄汾县棉麻公司工作。1975年1月，任丰盈供销社副主任。1979年12月离休。2003年2月去世。

贺其裕 曾用名贺亚生，1923年9月生，襄汾县襄陵镇黄崖村人。1949年2月，考入西北人民艺术学校第二部学习。同年5月，任西北军政大学宣教科见习宣传干事。10月，任西北军政大学文工团美术班长。1950年1月，任18兵团2师文工团美术组组长。1950年4月，

任工兵纵队政治部文工团美术组组长、宣教科见习宣传干事。1950 年 6 月，任西南军区支援政治部宣教科见习宣传干事。9 月，任西南军区工兵政治部宣教科见习宣传干事。1952 年 9 月，任解放军第二政治干部学校俱乐部体育工作员。1954 年 10 月，入四川军区军政干校学习。1954 年 12 月，任四川军区内江军分区内江县兵役局征集科助理员。1956 年 8 月，到内江军分区理论学习队、干部集训队学习。10 月，任内江县兵役局征集科助理员。1957 年，在反右斗争中被错划为“右派”。1979 年 4 月，中共四川省军区委员会予以平反。1983 年 5 月，在襄汾县百货公司离休。1953 年 6 月，因工作积极完成任务好，受通报表扬一次；1954 年 3 月，在第二政校政治处俱乐部受到会议嘉奖一次。1952 年 4 月，被授正排级；1956 年 10 月，被授予少尉军衔。2013 年 11 月去世。

贺宝珠　1925 年 4 月生，襄汾县陶寺乡东坡沟村人。1942 年 12 月加入中国共产党。1941 年 3 月，参加襄陵县游击大队。1944 年，任山西省六分区独立团 1 营 3 连班长。1945 年，任 22 旅 65 团 3 营 7 连副排长。1947 年，任河南六分区独立团机枪连排长。1949 年，任 13 军 39 师 116 团 3 营机炮连副连长。1950 年，任云南省工作队工作员。1951 年 6 月，任补充 8 师 40 团 3 营 12 连连长。1952 年 12 月，入东公干校学习。1953 年 6 月，任长春市公安局郊区分局派出所所长。1961 年，经组织批准离岗疗养，全家返乡务农。1981 年，任襄汾县看守所管教员。1984 年离休，享受副县级待遇。曾参加淮海战役、西南剿匪、抗美援朝等战斗，先后立功 4 次。1998 年 11 月去世。

姚

姚发科　1919 年 4 月生，襄汾县邓庄镇寺头村人。1945 年加入中国共产党。1946 年参加工作，曾任段村、寺头、新民村支部书记，东侯乡乡长，邓庄公社副书记，邓庄信用社、土地殿信用社主任。1980 年 10 月离休。1993 年 9 月去世。

姚全林　1928 年 1 月生，襄汾县永固乡家村人。1949 年 4 月参加中国人民解放军。1952 年 10 月，任赴朝慰问团文化教员。1956 年 11 月后，任南堡、家村、北众、南膏腴学校教师。1985 年 2 月离休。2004 年 11 月去世。

姚致忠 曾用名姚绪和，1930年1月生，襄汾县陶寺乡陈庄村人。1948年10月加入中国共产党。1948年4月参加工作，任土改工作队战勤科员。1950年，任襄陵县政府建设科科员。1951年，任襄陵县四区区委会组织委员。1952年，任襄陵县委会总务会计、秘书。1958年，任襄汾县煤建公司副经理。1958年，任县福利公司副经理。1961年，任县石油公司副经理。1964年，任县印刷厂党支部书记。1969年，任县农机公司门市部主任。1974年退休，后改为离休。1992年1月去世。

姚月旺 1931年6月生，新绛县南社乡南社村人。1949年12月加入中国共产党。1948年8月参加中国人民解放军，任6军1团1营1连战士。1949年2月，任西北军区警卫团1连战士。1953年3月，到兰州汽校3连学习。1953年9月，任汽车2团6连副班长。1954年10月复员回乡。1955年11月，到新绛南关合作社工作。1959年5月，任汾城粮站农管员。1960年9月，入山西财经学院学习。1962年8月，任汾城粮站农管员。1975年5月，任赵康粮站农管员。1987年12月离休。1949年12月，在兰州西北军区警卫团1连练兵中荣立一等功一次；1950年冬季练兵中荣立二等功一次。1997年6月去世。

姬

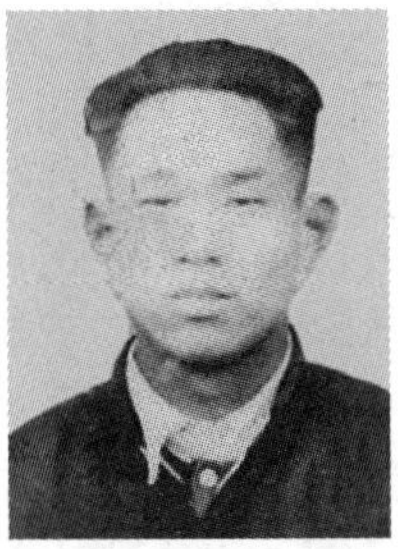

姬宗成 1930年2月生，曲沃县杨泌乡杨泌村人。1949年6月参加工作，任专署队员。1950年，任永和县粮局保管员。1953年，任粮站负责人。1958年，任永和财政局城关税务所负责人。1959年，任蒲县铁厂总务。1960年，任蒲县合作社采购员。1961年，任蒲县物资局采购员。1965年，任襄汾化肥厂采购员。1984年11月离休。2000年去世。

秦

秦屏甫 曾用名秦静安，1912年7月生，襄汾县陶寺乡陶寺村人。1958年10月加入中国共产党。1945年8月参加工作，任襄陵县张纂村教员。1946年1月，任大邓中心学校校长。1947年8月后，任襄陵县民主政府科员、股长、秘书、区长。1954年，任襄汾县人委会工商科长。1957年1月，任襄汾县百货公司经理。1959年1月，任临汾县商业局业务科长。1959年4月，任临汾县委会秘书。1961年1月，任临汾县蔬菜公司经理。1961年6月，任襄汾县百货公司经理。1982年4月离休。1992年10月去世。

秦集仪 曾用名秦奇仪、秦介威，1916 年 8 月生，襄汾县陶寺乡陶寺村人。1957 年 1 月加入中国共产党。1946 年 1 月，任襄陵四区联合校长。1947 年 8 月，任襄陵县一区政府文教助理。1949 年 8 月，任襄陵县政府文教科科员。1951 年 11 月，任襄陵二区政府副区长。1952 年 3 月，任襄陵县副乡长。1957 年 9 月后，任襄汾、侯马商业局副局长。1959 年 4 月，任侯马市物资局副局长。1960 年 5 月，任襄汾县财贸办公室副主任。1975 年，任襄汾县工商局副局长。1979 年 12 月退休，后改为离休。1993 年 3 月去世。

秦国栋 1921 年生，襄汾县陶寺乡安李村人。1943 年 6 月加入中国共产党。1945 年 10 月参加工作，任襄陵县公安局侦查员。1946 年 2 月，任襄陵县二区公所干事。1946 年 10 月，到太岳二地委从事整党工作。1947 年 2 月，任襄陵县公安局侦查员。1947 年 5 月后，任临汾县公安局派出所副所长、所长、副股长。1979 年 12 月，在古城工商所所长岗位退休，1982 年 4 月改为离休。1997 年 10 月去世。

秦春秀 1927 年 7 月生，襄汾县汾城镇北贾坊村人。1943 年 10 月加入中国共产党。1944 年 1 月，任临县后代村村公所副中队长。1945 年，任平遥税务局副所长。1947 年，任汾城税务局副股长、副所长。1955 年，入临汾文补校学习。1956 年，任汾城公社合营经理。1960 年后，任襄汾县古城镇、赵康镇供销社支部书记。1969 年，任汾城工商所副所长。1983 年 5 月离休。1985 年 12 月去世。

贾

贾万玉 女，1909 年 1 月生，襄汾县南辛店乡西邓村人。二年制师范毕业。1948 年 8 月参加工作，曾任赵曲乡教师。1965 年 9 月退休，1982 年 11 月改为离休。1995 年去世。

贾如松 1916 年 6 月生，襄汾县南贾镇荀董村人。1945 年 1 月参加工作，在汾城河东从事地下交通工作。1947 年 6 月，任汾城县大队文书。10 月，任十分区地方兵团副政治指导员。1948 年 4 月，任河津县财政科科员。1950 年 5 月，入山西省行政干校学习。1951 年，任河津二区副区长。1952 年 5 月，任河津县分粮库副主任。1953 年 4 月，任稷山县粮食局副局长。1954 年 2 月，任运城专署粮食局储运科副科长。10 月，任临河专署粮食储运科副科

长。1957 年 4 月，任临河直属粮库主任。1958 年 9 月，任专署种子站副站长。1961 年 8 月，任襄汾县种子站站长。1962 年 9 月，离职参加农业生产。1963 年 11 月，任襄汾县兽医院院长。后任县修配社副主任。1980 年 4 月离休。1997 年 8 月去世。

贾云祥　1918 年 12 月生，襄汾县南贾镇荀董村人。1938 年 4 月参加工作。同年加入中国共产党。1979 年 12 月，在襄汾县畜牧局副局长岗位退休，后改为离休。2004 年 4 月去世。

贾子玉　1921 年 8 月生，浮山县北王乡丞相河村人。1949 年 10 月加入中国共产党。1948 年 2 月参加工作，任吕梁贸易公司办事员。1949 年 11 月，任晋南贸易公司保管员。1950 年 5 月，任晋南粮食分公司科员。1952 年 4 月，任侯马粮食局股长。1954 年 11 月，任侯马粮食转运站副主任。1959 年 6 月，任汾城中心粮站支部书记。1961 年 6 月，任襄汾县粮食局副局长。1963 年 1 月，任县委农工队组长。1967 年 1 月，任张礼供销社副主任。1984 年 11 月离休。2000 年 2 月去世。

贾怀青　1924 年 11 月生，襄汾县陶寺乡向南村人。1945 年 8 月，参加曲襄汾县武工队。1946 年 7 月，编入曲沃县大队。1947 年 7 月后，任太岳军分区 46 团 9 连副班长、班长、副排长、代理排长。1948 年 10 月，任 62 军 185 师 555 团 1 营机枪连文书。1949 年 6 月，任营部书记。10 月，任 1 连工作员。1950 年 1 月，任四川省广汉县独 8 团 4 营 4 连副政治指导员。4 月，任 555 团政治处民运干事。9 月，任西康省雅安分区工作团工作员。1951 年 6 月，任 185 师后勤处民运干事。7 月，任西南补训 7 师 29 团 4 营 13 连指导员。1952 年 7 月，任 29 团 1 队副队长。12 月，调东北军区文化学校，先后任三大队部政治助理员、第七队区队长、校部管理科指导员。1956 年 1 月，任工程兵 9 团 3 营 7 连指导员。1960 年转业，任地质部建筑公司职员。1961 年，任江西省赣县新余公社监委书记。1963 年，任襄汾县邓庄公社监委主任。1972 年 3 月退休，后改为离休。1947 年，先后参加汾城追击战、浮山袭击战以及曲沃、翼城、绛县、襄陵等战斗。1948 年，参加临汾、太原战役。1949 年，参加西安武功、甘肃松鸣崖等战斗。1950 年，参加西康天全县剿匪战斗。1949 年立营三等功一次。1956 年先后受步兵师通令嘉奖一次，团、营会议各嘉奖一次，军旗前照相一次，营队前嘉奖一次。1955 年 5 月，被授予解放奖章；1955 年 9 月，被授予上尉军衔。1996 年 5 月去世。

贾学章　1925年3月生，襄汾县襄陵镇浪泉村人。1949年6月参加工作，任太原市人委民政局科员。1950年6月，任公产管理局科员。1951年2月，任地政局测量员。1953年3月，任大同市城建委测量员。1954年7月，任太原市城建委测量员。1955年4月，任一建公司技术员。1958年6月，因“右派”言论被劳动教养。1961年10月，回村劳动。1979年4月平反，5月，任襄汾县房产会技术员。1984年6月离休。1990年5月去世。

贾红喜　曾用名洪喜、鸿禧，1925年8月生，襄汾县古城镇南侯村人。1949年2月参加工作，先后任北李、三公、汾城、古城小学教师。1954年9月后，任赵曲、赵康、邓庄、曹家庄中学教师。1980年1月退休，1982年11月改为离休。1961年被评为模范教师；1964年，被评为先进工作者，获教育局通讯报道工作奖。2003年11月去世。

贾来喜　1927年2月生，襄汾县陶寺乡东坡沟村人。1947年2月加入中国共产党。1945年7月参加工作，先后在襄陵县武工队、县政治部工作。1948年2月后，任襄陵县教育所所长、县分粮库主任。1954年9月，入晋南文补校学习。1956年4月，任曲沃烟厂公方代表。1959年4月，任侯马防磁厂厂长。1961年8月后，任襄汾县砖厂书记、景毛公社主任。1966年3月，任东风厂书记。1970年8月，任县工程队书记。1979年2月，任建设局副局长兼工程队书记。1985年3月，任城建局副局级调研员。1990年11月离休。1998年1月去世。

贾文科　曾用名贾金山，1927年8月生，襄汾县襄陵镇薛村人。1949年3月参加工作，先后在晋南行政干校、新绛财经学校（解县）学习。1949年10月后，任荣河贸易公司营业员、荣河供销社会计。1954年9月后，任万荣县供销社计统员、商业局物价股副股长。1961年后，任孙吉供销社副主任、万荣供销社计划股副股长、基层股副股长。1978年7月，任襄汾县贾岗供销社副主任。1983年1月，任南辛店供销社门市部负责人。1992年6月离休。1958年，被财贸部门评为全县二等先进工作者，获奖章一枚。2015年5月去世。

贾福葵　1928年11月生，襄汾县古城镇贾朱村人。1959年12月加入中国共产党。1947年10月参加工作，先后任西王、福寿、北关、梁段小学教师。1952年5月，任襄陵县文化馆馆员。1954年3月，入山西艺术学校学习。1954年8月，任襄汾县文化馆馆员。1958年11月，任侯马市文化馆秘书。1961年6月后，任襄汾县文化馆副馆长、馆长、名誉馆长。1956年8月出席山西省第二次文代会。1980年11月，任襄汾县文艺创作者协会主席。1984年8月，任临汾地区工艺美术学会副理事长。1984 年 10 月，任山西省剪纸研究会理事。1984 年 11 月，任山西省群众文化协会会员。1985 年 4 月，任临汾地区美术家协会理事。1985 年 9 月，任山西省民间工艺美术研究会理事。1986 年 4 月，任临汾地区剪纸研究会副会长。1987 年 5 月，任县文联秘书长、县美协主席。1987 年 12 月，任中国剪纸研究会会员。1988 年 12 月，任中国工艺美术协会会员。1990 年 7 月离休。先后被评为模范教师、先进工作者、红旗干部、标兵、县模范党员、全区模范馆员、全省文化馆模范党员干部等。1984 年 10 月，获中国民间工艺美术学会“美在民间发掘有功奖”。1987 年 2 月，被临汾地委宣传部评为优秀美术工作者。1987 年 11 月，中国剪纸研究会授予“抢救继承发展民间剪纸先进个人”称号。2010 年 3 月去世。

贾立信　1929 年 3 月生，襄汾县陶寺乡中梁村人，后居新城镇城东村。1949 年 5 月加入中国共产党。1947 年 8 月参军，先后任 554 团 2 连 1 班副班长、班长。1949 年 6 月，任 554 团 2 连 2 排排长。1951 年 1 月，任工程兵 10 团渡河连指导员。1961 年 1 月，任工程兵 10 团 3 营政治教导员。1965 年 5 月，任昭乌达军分区教导队教导员。1976 年 4 月，任襄汾县农机公司书记。1984 年 7 月离休。2008 年 12 月去世。

贾清星　1929 年生，襄汾县襄陵镇浪泉村人。1957 年 8 月加入中国共产党。1948 年 4 月参加工作，任襄陵县工商科营业员。1949 年 9 月，任临汾专署供销社会计。1951 年 12 月后，任大宁县供销社会计、科长。1959 年 9 月，任临汾县财贸部干部。1960 年 1 月，任临汾县刘村供销社经理。1961 年 1 月，任浪泉供销社支书。1963 年 2 月，任襄汾县供销社科长。1963 年 3 月，任景毛供销社支书。1971 年 5 月，任古城供销社支书。1976 年 6 月，任南辛店棉加厂主任。1980 年 4 月退休，1982 年 11 月改为离休。2003 年 9 月去世。

贾庚谊　1930 年 3 月生，临汾市西秦村人。1948 年 5 月参加工作，任西元武装行政村秘书。1948 年 12 月，调晋绥党校工作。1949 年 11 月，任 3 梯队 3 大队军纪员。1950 年 1 月，任汾城二区政府助理员。1953 年 8 月，任汾城县政府科员。1955 年 1 月，任襄汾县粮食局干事。1958 年 10 月，任侯马市委生活办公室干事。1961 年 6 月，任襄汾县人委办公室干事。1980 年 1 月，任襄汾县榨油厂行政组长。1984 年 11 月离休。

贾艺珍　1930 年 5 月生，襄汾县西贾乡义顺村人。1948 年 5 月参加中国人民解放军，历任 18 兵团 183 师宣传员、文化干事。1953 年 3 月，任成都市公安局民警大队副中队长。1958 年 12 月，回村劳动。1978 年 11 月，安排到襄汾县工商局襄陵工商所工作。1991 年 9 月离休。1979 年，在襄汾工商局两次被评为先进工作者。1999 年 3 月去世。

贾嘉章　襄汾县西贾乡义顺村人。1955年3月加入中国共产党。1948年3月参加中国人民解放军，任新兵团通讯员、战士。1948年10月，任一野4纵队后勤部通讯员、司令部电台话报员。1952年7月，入23步校学习。1953年3月，入军委防校学习。1954年1月，转业到襄汾县民政科。1954年4月，任西贾乡供销合作社主任。1958年7月，任史村铁厂供销科科员。1961年7月，任曹家庄公社团委书记。1962年7月，任古城棉站站长。1972年7月，任贾岗公社指导员。1983年12月离休。1949年8月，解放兰州时获物质奖。2013年9月去世。

柴

柴松青　1925年3月生，襄汾县陶寺乡陶寺村人。1956年加入中国共产党。1949年9月参加工作，任新绛县解放军办事处会计。1950年起，任西安市五金交电公司会计、主任，五金交电公司批发部主任，土产杂品公司秘书科科长，棉花公司政治处主任，粮棉油管理站政工组干部负责人，粮食局政工组干部负责人，第二商业局组织科科员。1975年4月，任襄汾县赵曲中学副校长。1980年1月退休，1982年11月改为离休。1986年5月去世。

柴兴子　1927年2月生，襄汾县大邓乡范村人。1946年1月加入中国共产党。1947年10月参加工作，任襄陵县四区武委会干事。1950年1月，任三区武委会副部长。1954年，到军区学习。1955年9月，任襄汾县陶寺乡乡长。1959年12月，调西郭铁厂工会。1962年6月，任古城水委会主任。1964年，任西贾公社主任。1967年，任县生产资料公司副主任。1971年2月后，任红卫供销社、邓庄供销社主任。1984年5月离休。曾参加临汾战役。1953年2月，被授予副连级。1984年6月去世。

柴文彬　曾用名柴嘉喜，1927年5月生，襄汾县南辛店乡福寿村人。1947年2月参加工作，先后任无姨、大陈、刘村、司马、东关、古城、杜村、福寿、北靳、大陈、贾罕学校负责教师和语文教师。1980年5月退休，1982年11月改为离休。1990年8月去世。

柴如山　1927年生，翼城县王庄乡范村人。1948年6月参加工作，到吕梁十分区财干校学习。1948年7月，任汾城县贸易公司会计。1949年3月后，任汾城人民银行会计、会计股股长。1954年10月，任襄汾县银行秘书。1958年11月，任侯马银行股长。1961年6月，任襄汾县供销社办公室副主任。1968年6月，到土产公司参加劳动。1973年，任土产果品公司副主任。1979年12月退休，1982年11月改为离休。2000年4月去世。

柴文英　1930年3月生，襄汾县襄陵镇屯南村人。1947年4月加入中国共产党。1945年7月参军，任冀南军区3分区23团卫生队卫生员。1945年11月后，任2野2纵4旅卫生处卫生员、副班长、班长。1948年10月，任2野2纵队卫生处看护长。1950年3月，入川南军区卫校学习。1951年7月，任西南军区补训9师43团2营医生。1953年1月后，任华北军区补训43团卫生队、1团5营卫生所军医。1954年11月后，任沈阳防空军训练大队、文化大队军医。1957年12月，任空军第5文化速成中学卫生所军医。1959年3月后，任空军第1军通讯营卫生所、后勤部门诊部、雷达兵204团卫生队军医。1964年10月，任隰县平城地区医院院长。1966年8月，任隰县人民医院党支部书记。1970年10月，任隰县卫生局副局长。1977年6月，任襄汾县卫生局副局长。1978年5月，任襄汾县防疫站支书。1985年9月，任卫生局调研员。1991年4月离休。曾参加平汉战役、陇海战役和平山、成都等战斗。1955年7月，被授予解放奖章。1955年9月，被授予中尉军衔；1960年5月，被授予上尉军衔；1964年5月，被授予大尉军衔。2011年1月去世。

徐

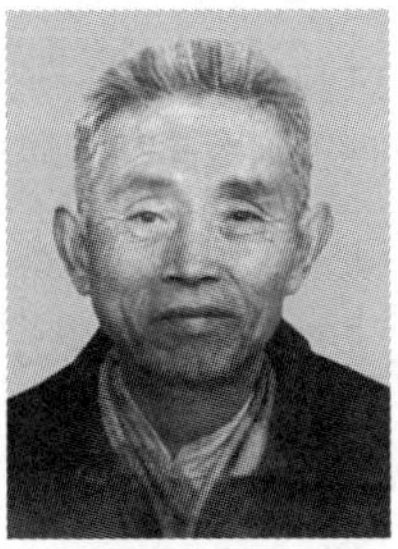

徐培尧　1916年生，襄汾县大邓乡上西梁村人。1949年2月参加工作，先后任东郭、上西梁村教师。1951年，任联合学区校长。1953年，任襄陵四区文教助理员。1955年，任县花纱布公司会计。1957年后，任陶寺、西张、芦道（尧都区）、燕村、崇实、燕村等学校教师。1980年1月退休，1982年11月改为离休。1987年1月去世。

徐　瑢　曾用名徐泰来，1918年2月生，襄汾县襄陵镇北街村人。1948年7月参加工作，任襄陵县一完小事务员。1952年，任赵曲中学总务主任。1965年，任襄汾中学总务主任。1980年1月退休，1982年11月改为离休。1956年，被评为先进工作者并出席全省优秀教师代表大会。1996年1月去世。

徐显祖　曾用名徐世耀，1919年7月生，襄汾县南辛店乡司马村人。1949年7月参加工作，任南辛店完小教师。1952年9月后，任三联完小教导主任、副校长。1980年1月退休，1982年11月改为离休。1992年6月去世。

徐宗文 1922年3月生，安徽省无为县红庙乡人，后定居襄汾县张礼村。1946年3月加入中国共产党。1945年8月参军，任公安21师60团班长、排长、副连长。1955年转业，任河津县法院科员。1958年，任稷山县公安局科员。1960年10月，入晋南地委党校学习。1961年，任襄汾县邓庄服务社主任。1974年，任张礼轴承厂厂长。1980年5月离休。曾参加孟良崮、淮海和渡江等战役，立三等功二次、四等功一次。1999年1月去世。

徐天星 1926年3月生，襄汾县襄陵镇胡村人。1948年8月参加工作，先后任四柱、浪泉学校教师、教导主任。1954年，任襄陵完小副校长。1955年，入山西省政干校语文专科班学习。1956年后，任城关中学副教导主任、襄陵中学副教导主任、南辛店中学教导主任、邓庄完小事务、邓庄农校会计。1972年，任赵曲中学职员。1980年1月退休，1982年11月改为离休。1949年至1959年，先后5次受到教育部门奖励。2003年3月去世。

徐孝友 1929年9月生，江苏省沭阳县扎下乡仲湾村人。1949年1月加入中国共产党。1948年1月参军，任沭阳县大队战士。1949年2月后，任苏北军区特务团通信连通讯员、苏南人民解放军72师通信连守机员。1952年9月，任中国人民志愿军925部队指挥连上士班长。1956年5月后，任汾城邮电支局业务员、膏腴邮电负责人、南辛店支局负责人。1961年11月，任襄汾运输社会计。1967年7月，任公安局秘书股干事。1970年9月，任南辛店公社保卫干事。1973年5月，任曹家庄公社公安特派员。1982年3月，任司法局主任科员。1989年3月离休。1951年立三等功一次。1997年1月去世。

徐锡昌 曾用名徐润生，1930年9月生，襄汾县南辛店乡卫家沟村人。1954年7月加入中国共产党。1948年10月参加工作，先后在晋绥工业部附属工业学校、西北军政大学财经学院学习。1950年，任西南教导三大队干事。1951年，任第二汽车学校技术书记。1953年，任西南运输部检查员。1956年，任总后重庆办事处助理员。1960年，任后勤技术装备院助理员。1963年5月，任襄汾县人民法院会计。1980年1月，任助理审判员。1987年9月，晋升为正科级审判员。1991年3月离休。1955年，被授少尉军衔；1956年，被授中尉军衔；1962年，被授上尉军衔。2004年11月去世。

徐茂炎 1932年2月生，翼城县武池村人。1986年7月加入中国共产党。1947年12月参加工作，任解放军第三军政治部宣传员。1949年，回家养病。1951年4月，到汾城县张风台杂货铺工作。1953年12月，调汾城县兽医站工作。1956年1月，任赵康兽医站站长。1959年6月，调侯马市兽医院工作。1961年，任襄汾县家畜防疫站副站长。1992年6月退休，1994年10月改为离休。2006年1月去世。

殷

殷维新　1915年1月生，山西省神池县金土梁村人。1939年4月加入中国共产党。1938年3月参加八路军，任359旅718团战士。1938年5月，任晋察冀军区卫生部司务长、粮秣员。1943年3月，任延安中央研究院干事。1945年8月，任延安中央党校一部会计。1946年12月，任山西吕梁军区政治部商店经理。1950年5月，任山西军区总分社科员。1951年11月后，任兴县军分区供给科股长、干部科干事。1952年9月，入石家庄第三步校学习。1955年4月，任山西省军区训练科参谋。1955年8月，任山西省公安18团军训股股长。1957年8月，任晋南内卫四营副营长。1958年4月转业，任晋南专区水源厂人事科科长。1959年4月，任晋南专区耐火厂主任。1960年11月，任襄汾县史村铁厂副厂长。1961年11月，任襄汾县手管局副局长。1962年12月，任襄汾县农村工作队组长。1965年10月退休，1981年改为离休。曾参加抗日战争、解放战争。1955年9月，被授予大尉军衔。1957年6月，获三级独立自由勋章、三级解放奖章。1998年11月去世。

高

高希彦　1915年生，浮山县未家垣村人，后居邓庄镇贾庄村。1956年6月加入中国共产党。1943年6月参加工作，任翼城二分区产销贸易公司保管员。1949年10月，任襄汾县油脂公司保管员。1955年7月，任襄汾县生产资料公司保管员。1979年12月退休，1982年11月改为离休。1989年去世。

高文魁　曾用名高顶柱，1916年11月生，襄汾县襄陵镇南街村人。1949年2月参加工作，先后任屯大、东柴、河北、东街、南街小学教师。1959年2月，任襄陵完小事务。1961年2月后，任襄陵、南太柴、北街、向阳小学教师。1972年2月退休，1982年11月改为离休。1952年被评为模范教师；1957年获县上奖状一张。2008年7月去世。

高希乾　1917年1月生，襄汾县襄陵镇西院村人。1942年3月参加工作，任青城县税务局主任。1947年后，任浮山县民政局、财政局科员。1953年，任浮山县二区秘书。1954年7月，任晋南石油公司股长。1961年9月后，任襄汾县邓庄、汾城税务所所长。1978年，任县房产委员会房管员。1984年7月离休。1944年，被授予“模范干部”称号。1952年，在浮山县政府查田定产工作中被授“一等模范”称号，荣获金星奖章一枚。1987年10月去世。

高法行 1917年3月生，尧都区屯里乡东张堡村人。1949年5月参加工作，任西安西北盐务管理局科员。1955年7月，任运城盐业化工局校对员。1961年9月，任襄汾县邓庄公社文教委员。1962年7月，任县生产资料经理部业务员。1982年4月离休。2007年去世。

高顺成 1919年12月生，襄汾县大邓乡东郭村人。1943年6月加入中国共产党。1943年4月参加工作，任东郭行政村通信员。1944年5月，打入敌内工作。1945年9月，任东郭村村长。1946年6月，任襄陵县四区组织委员。1949年7月，任区委副书记。1950年8月，任书记。1952年7月，到省委党校学习。1953年8月，任襄陵县委组织部副部长。1954年8月，任县农工部部长。1955年10月，任襄汾县拖拉机站站长。1958年11月，任临汾县人委副县长。1961年5月，任襄汾城关公社书记。后在县革委会政工组工作。1969年1月退休，后改为离休。2002年5月去世。

高仰斗 1921年2月生，襄汾县汾城镇兴平村人。1949年6月参加工作，入山西公学学习，后任安泽县、汾城县小学教员。1952年6月，任汾西中学教员。1952年11月，入山西师范学院师训班学习。1953年10月后，任汾城初级中学、汾城中学教师。1979年退休，1988年12月改为离休。2000年1月去世。

高仁俊 1921年2月生，山西省洪洞县冯张乡秦壁村人，后居襄汾县新城镇柴村。1940年3月加入中国共产党并参加工作，任本村抗日闾长、村长。1943年，任洪洞经济局师村粮店营业员。1945年2月后，任洪洞经济局三盛合店、江油贸易公司、赵城贸易公司、洪洞县供销社会计。1953年5月，任汾城县供销社秘书。1954年11月后，任襄汾县供销社办公室主任、副主任。1958年7月，任县工业局副局长。12月后，任临汾县工业局副局长、局长。1961年5月，任襄汾县工业局局长。1962年6月后，任县计委副主任、人委办公室主任、工委工办主任、总支书记、工业局局长等职。1975年6月，任县手工业管理局局长兼总支书记。1976年，任手工业管理局顾问。1977年10月，任手管局总支书记。1984年3月离休。1999年7月去世。

高孝增 曾用名高效增、高文田，1921年10月生，襄汾县西贾乡西南李村人。1948年7月加入中国共产党。1947年4月参加中国人民解放军，历任四纵22旅解放队战士、修养所

文书，第四兵团 41 师文化干事、卫生处副指导员、直工科组织干事，云南军区 21 师组织科助理员、直工科组织助理员等。1956 年转业，任襄汾县煤建公司主任。1957 年 7 月，任城关棉织厂支部书记。1960 年 8 月，任临汾县棉织厂支部书记。1961 年 5 月，调襄汾县手工业管理局工作。1964 年 9 月，任东邓电灌站办公室主任。1974 年 8 月，任县木作厂办公室主任。1983 年 12 月离休。曾参加登封战斗、豫东战役阻击战、淮海战役等。1948 年 12 月，在淮海战役中立甲等功 1 次；1954 年 12 月，立三等功 1 次。1955 年，被授予上尉军衔和解放奖章。2001 年 9 月去世。

高明秀　1922 年 9 月生，山西省沁源县高家山村人。1947 年 1 月加入中国共产党。1939 年 9 月参加工作，先后任沁源县乡政府文书、新店上村小学教员、介休县财政科科员、霍县政府收发室收发员、太岳区行政干校学员、霍县三区政府助理员。1947 年 3 月，任河津县城关镇公所镇长。1948 年 4 月，任河津县委秘书。1949 年 12 月后，任大宁县第二区区长、区委书记。1953 年 3 月后，任大宁县委宣传部部长、大宁县 5 人小组组长。1958 年 10 月，任吕梁县委统战部部长。1961 年 6 月，任大宁县人委副县长。1963 年 4 月，任大宁县委宣传部部长。1965 年 3 月，任洪洞县“四清”工作队队长。1966 年 1 月，任襄汾县“四清”工作团团长。12 月，被夺权。1969 年 6 月，任大宁县革委会副主任、核心小组副组长。1972 年 9 月，任隰县师范学校革委会副主任。1975 年 6 月，任襄汾 6611 库主任。1982 年 12 月离休。1989 年 4 月去世。

高维衡　1922 年 9 月生，襄汾县汾城镇高家庄村人。1949 年 6 月太原解放后参加工作，入山西公学贸易合作班学习。6 月，任太原油脂公司保管。1950 年 2 月，任新绛县北张白村学区中心校长。1955 年 2 月后，任襄汾县赵康、史威完小教师。1970 年 1 月，参加汾城公社高家庄“清队”工作。1971 年 1 月后，任尉村、西中黄学校教师。1984 年 10 月，任南膏腴学校教师。1988 年 11 月离休。2008 年 12 月去世。

高俊卿　1923 年 7 月生，河北省正定县平安屯村人，后居襄汾县景毛乡北古县村。1946 年 9 月加入中国共产党。1945 年 1 月参加工作。1979 年 12 月在襄汾县搬运公司副支书岗位退休，后改为离休。1953 年 2 月，被授予正连级。2008 年 5 月去世。

高保德　1924 年 8 月生，襄汾县汾城镇兴平村人。1950 年 8 月加入中国共产党。1949

年 4 月参加中国人民解放军，先后任 180 师教导 6 队通讯员、540 团特务连通讯排通讯员。1951 年 1 月，入川西步兵学校 2 大队 1 中队学习。4 月，入第 8 步兵学校 2 大队 3 中队学习。1952 年 9 月，入第 2 步兵学校学习。1954 年 11 月后，任志愿军 50 军 150 师 448 团 3 营 9 连副排长、排长。1955 年 10 月，任 448 团 1 营司令部参谋。1956 年 3 月，任 448 团司令部侦察股参谋。1959 年 3 月，任 448 团 2 营 4 连副连长。1963 年 6 月，任守备师农场副队长。1969 年 9 月，任兴平大队副书记。1976 年 10 月，任贾岗供销社营业员。1985 年 8 月离休。曾参加扶眉、川陕、广元、键门关、绵阳等战斗。1950 年 3 月，在川陕战斗中立二等功一次。1950 年 7 月，在四川成都剿匪中立连一等功一次。1955 年 1 月，在军训中立团三等功一次。1960 年 4 月，被授予中尉军衔；1963 年 8 月，被授予上尉军衔。2007 年 12 月去世。

高云龙　曾用名高鹏升，1925 年 6 月生，襄汾县南贾镇荀董村人。1949 年 7 月参加工作，入山西公学学习。1949 年 10 月，任河津县政府民政科科员。1953 年 7 月后，在河津县通化、英村区、县商业局工作。1959 年 11 月，任稷山县城市供销总店秘书。1962 年 3 月，任襄汾县古城公社办公室秘书。1968 年 3 月，调襄汾县食品公司工作。1975 年 11 月，任襄汾县城关公社猪禽饲养指导员。1979 年 1 月，任襄汾县南贾公社办公室秘书。1983 年 12 月离休。在河津、稷山工作时被评为先进工作者，并出席过地区先进工作者会议。2003 年 5 月去世。

高式海　1927 年 10 月生，襄汾县曹家庄乡南安平村人。1955 年 6 月加入中国共产党。1947 年 8 月参加中国人民解放军，任 8 纵队战士。1948 年 8 月参加平遥战斗，10 月，经组织批准回家养伤。1952 年 8 月，到膏腴供销社工作。1960 年，任大邓供销社副支部书记。1961 年 7 月，任贾岗供销社副主任。1962 年 7 月，任汾城供销社主任。1966 年 7 月，任贾岗供销社支部书记。1971 年 2 月，任景毛供销社支部书记。1979 年，任汾城棉加厂厂长。1991 年退休，2004 年 7 月改为离休。为三等甲级残疾军人。2014 年 6 月去世。

高　敏　曾用名高思聪，1930 年 5 月生，襄汾县古城镇南安平村人。1954 年 8 月加入中国共产党。1948 年 7 月参加工作，任新绛军分区青干校事务长。1949 年，任曲沃武装部干事、秘书。1954 年后，任襄汾县花纱布公司采购员、粮食局股长、秘书。1958 年后，任襄汾县委工业部干事、侯马市城建局股长。1962 年后，任西贾公社、永固公社副书记、主任。1969 年，入“五七”干校学习。1970 年 6 月，任襄汾县水泥厂负责人。1971 年 4 月，任县五七马厂负责人。1972 年 3 月，任县农业技术站主任。1973 年后，任县农林局副局长、局长。1978 年 10 月，任南辛店公社书记。1979 年 10 月，任县农业局局长。1984 年 6 月离休。1951 年，在曲沃扩军工作中被评为建军模范。1951 年，被评为民兵工作学习模范，并出席军分区模范会议。1953 年 2 月，被授予正排级。2007 年 11 月去世。

高天赐　1931 年 2 月生，襄汾县古城镇侯村人。1949 年 4 月加入中国共产党。1948 年 7 月参加中国人民解放军，任华北军区 8 纵 23 旅 69 团 9 连战士。1949 年后，任 60 军 179 师 537 团 3 营通讯员、副班长。1951 年后，任 537 团团部警卫员、副排长。1956 年，任 537 团 3 营 8 连排长。1960 年，任 537 团 2 营机枪连副连长。1963 年 3 月，任襄汾县城关棉加厂副厂长。1966 年，任县广播站负责人。1967 年，任县粮面油站副主任。1971 年 7 月，任浪泉公社主任。1973 年 4 月，任农机公司主任。1981 年，任县榨油厂厂长。1984 年 5 月离休。曾参加晋中战役、太原东山战斗、陕西扶郿战斗、秦岭战斗、朝鲜五次战役、朝鲜文登里守备战等。1949 年 10 月，参加秦岭战斗时，经团党委批准荣立二等功。1960 年，被评为团先进分子。1961 年，被评为团建军先进分子两次。1956 年 1 月，被授予少尉军衔；1962 年 7 月，被授予中尉军衔。2009 年 10 月去世。

高鹤龄　1931 年 10 月生，襄汾县汾城镇东坡村人。1948 年 2 月参加中国人民解放军，任 1 野 8 纵政治部通讯员。1949 年 5 月，回东坡村养病。1950 年后，任西安盐业公司、汾城棉加厂业务员。1955 年 6 月，任古城供销社业务负责人。1996 年 6 退休，2004 年 12 月改为离休。2010 年 3 月去世。

高官印　1933 年 3 月生，稷山县城关镇甘泉村人。1957 年 1 月加入中国共产党。1949 年 2 月参加工作，任吕梁十地委文印员。1949 年 11 月，任临汾地委文印员。1954 年 2 月后，任共青团襄汾县委干事、组织部副部长。1958 年 11 月，共任青团侯马市委组织部副部长。1961 年 5 月，任襄汾县委办公室干事。1962 年 6 月，任县粮食局购销员。1969 年后，调县市税站、计量所工作。1971 年 2 月，调县科技办。1979 年 1 月，任县地震局负责人。1986 年 2 月离休。2009 年 7 月去世。

高丘明　1933 年 7 月生，襄汾县曹家庄乡南安平村人。1980 年加入中国共产党。1949 年 9 月参加工作，先后任古城贸易公司营业员、汾城县供销社营业员。1951 年 11 月，任汾城社纱布公司棉社分级员。1953 年 12 月，任汾城棉社收购站负责人。1956 年 1 月，任汾城棉社采购站站长。1957 年 6 月，任南贾棉社收购站站长。1963 年 11 月后，任城关棉社收购站站长、城关供销社棉站站长。1970 年 7 月，调城关棉加厂办公室。1980 年 6 月，任县社机修厂会计。1987 年，任棉麻公司会计。1994 年 11 月，在古城棉加厂离休。在县社系统工作期间受过物质奖和奖状。2001 年 12 月去世。

席

席惠民　曾用名席鸿恩，1918 年 12 月生，襄汾县邓庄镇南梁村人。1949 年 3 月加入中国共产党。1946 年 1 月参加工作，任本村小学教师。1948 年 2 月，调东张初小任教。1948 年 8 月，任襄陵县第四民主高校教导主任。1950 年 8 月，任第三完校副校长。1952 年 7 月，任赵曲中学教导主任兼支部书记。1956 年 8 月，任襄汾中学支部书记兼副校长。1972 年 2 月离休。2005 年 2 月去世。

唐

唐德辉　1915 年 12 月生，浙江省嘉兴县人，后居襄汾县城。1988 年加入中国共产党。1949 年 2 月参加工作，先后任交通部公路总局一等科员、中国建筑公司材料部科长。1950 年 11 月后，任中国贸易部基建处、会计处财务科长。1952 年 7 月，任中国贸易运输公司一等科员。1961 年 2 月，调晋南专署工作。1961 年 5 月，任襄汾县汾城中学教师。1965 年 9 月，任襄汾中学教师。1968 年 11 月，任陈郭学校教师。1973 年 3 月，任襄汾中学教师。1981 年 12 月，任襄汾县政协副主席。1990 年 3 月离休。2016 年 6 月去世。

唐诗阳　1919 年 8 月生，襄汾县赵康镇南赵村人。1948 年 3 月加入中国共产党。1948 年 1 月参加工作，任汾城县三区武装干事。1952 年，任北柴乡乡长。1954 年，任赵康供销社副主任。1966 年 7 月退休，1982 年 11 月改为离休。2003 年 2 月去世。

陶

陶瑞芝　襄汾县古城镇东侯村人。1949 年 6 月参加工作，任汾城县第四区公所财粮助理员。1953 年 7 月，任襄陵县财政局科员。1954 年 9 月，任襄汾县委农村工作部干事。1956 年 7 月，任襄汾县人委办公室总务会计。1958 年 12 月，任侯马市委秘书处总务会计。1961 年 6 月，任襄汾县人委办公室总务会计。1972 年退休，1981 年 7 月改为离休。1991 年 1 月去世。

黄

黄存忠 1925年4月生，襄汾县陶寺乡王云村人。1946年3月加入中国共产党。1948年5月参加工作，任襄陵三区土改工作团区委干事。1949年6月，任三区组织干事。1951年2月，任一区宣传委员。1953年10月后，任四柱基点乡组长、支书。1955年7月，任县委组织部指导员。11月，任浪泉乡党委书记。1958年12月，任南辛店乡党委书记。1961年12月，任襄陵公社书记。1964年10月，任洪洞“四清”工作队队长。1968年11月，任南辛店公社书记。1970年4月，任汾城农机厂书记。1973年4月，任襄汾造纸厂书记。1975年10月，任县社队企业局局长。1984年3月离休。先后十余次受奖，1947年两次获奖，1949年、1950年被评为模范，1953年在粮食统购中被评为二等模范，1957年被评为“三反”积极分子，1959年12月被评为甲等模范干部。1992年10月去世。

曹

曹效彬 1902年2月生，襄汾县大邓乡周家庄村人。1946年1月参加工作，任东张东社学校教师。1948年后，任辛建、大邓村学校教师。1950年，任上西梁完小教师。9月，入临汾师范学习。1952年，任赵曲三完小教导主任。1954年，任上西梁完小教师。1962年7月退休，1982年11月改为离休。曾于1942年至1944年从事敌后革命工作，两次被捕，坚贞不屈。1998年去世。

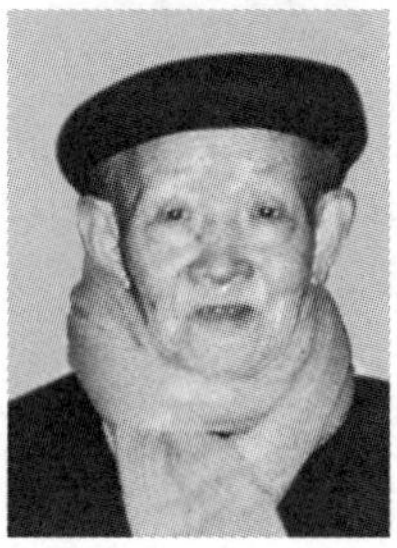

曹青如 1917年2月生，襄汾县大邓乡人。1945年7月参加工作，先后任高小校长、太岳干校学员。1949年7月，到临汾专署文教班参加审干学习。1951年11月，任襄陵县文教科长。1954年9月，任襄汾县文教局副局长。1958年10月，任临汾县文教局局长。1961年，任襄汾县文教局局长。1972年，任襄汾中学副校长。1981年12月，任襄汾县人大常委会副主任。1990年3月离休。2007年8月去世。

曹连奎 曾用名曹双成，1919年4月生，河北省深县位桥乡梁家庄人。1944年9月加入中国共产党。1944年5月参军，历任冀中6分区31区队3大队副班长、班长。1945年2月后，任41团副排长、22团副政治指导员、562团政治指导员。1948年6月，任564团3营政治教导员。1951年12月，入兵团整党骨干训练班学习。1952年4月，任562团1营政治教导员。1952年12月，进陆军16医院2分院养病。1954年5月，调炮兵568团政治部帮助工作。11月，到188师管理科帮助协理员工作。1955年11月，在训练第9团转业。1955年

12月，任襄汾县民政局局长。1956年4月，入中央政法干校西北分校学习。1957年1月，任襄汾县民政局局长。1958年9月，任襄陵中学副校长。1966年9月，任赵曲中学副校长。1978年9月，任邓庄中学校长。1982年12月离休。曾参加金家营、南大庙、周家店、古北口、固城、漕河、松林店、定兴、涞水、唐家屯、太原、朝鲜五次战役、突破临津江、北汉江战斗、铁原阻击、保卫开城防御等战斗。1947年9月，在涞水战斗中经旅部批准立功一次。1952年8月，被授予正营级。2006年去世。

曹德轩　曾用名曹兴旺，1921年11月生，襄汾县古城镇盘道村人。1949年2月参加工作，任南相李村教师。1956年4月，任汾城南关教师。1969年6月，任盘道村教师。1972年1月，任曹家庄高中事务。1977年12月退休，1982年11月改为离休。1991年8月去世。

曹德章　曾用名曹傑印，1923年2月生，山东省宁阳县刘茂乡胡村人。1947年5月加入中国共产党。1948年2月参加工作后，任联防民队队长、刘茂乡乡长。1951年2月参加中国人民解放军，任195师585团班长、排长、指导员等职。1956年12月后，任稷山县县社系统副科长、副经理、副支书、主任等职。1960年3月，到地委党校学习。1961年，任襄汾县永固公社特派员。1962年3月，任赵康供销社营业员。1965年7月，任赵康棉站站长。1984年11月离休。曾参加朝鲜藏山战斗，担任反击争夺任务。1952年，在朝鲜战斗中立三等功一次。1953年10月，立三等功一次。1955年9月，被授予少尉军衔；1956年8月，被授予中尉军衔。2013年1月去世。

曹瑞璜　1924年6月生，襄汾县古城镇曹家庄村人。1980年加入中国共产党。1949年8月参加工作。曾任清储镇中心校长、贾岗完小校长、曹家庄联校教师，1982年离休。1998年9月去世。

曹如兰　女，1924年生，襄汾县古城镇盘道村人。1948年2月参加工作，先后任盘道、侯村学校教师。1951年1月，任古城教师。1951年11月，入山西农教训练班学习。1952年5月后，任汾城、襄汾扫盲校长。1957年12月后，任北李、南辛店教师。1959年3月，任临汾东关南街完小教师。1961年5月，调襄汾县土产经理部工作。1965年9月，任襄汾县土

产公司统计员。1973 年 9 月，在襄汾县日杂公司统计员岗位退休，1982 年 11 月改为离休。2012 年 5 月去世。

曹生奎　曾用名曹清瑾，1925 年 9 月生，襄汾县陶寺乡陶寺村人。1956 年加入中国共产党。1948 年 8 月参加工作，任襄陵县政府干事。1954 年，任邓庄供销社营业员。1958 年，任赵曲中学班主任。1962 年，任襄汾县档案馆职员。1968 年，任大邓供销社营业员。1969 年 10 月，任陶寺供销社门市部负责人。1984 年 5 月，在陶寺供销社实物负责人岗位离休。1949 年，被县人民政府评为特等模范。1992 年去世。

曹积文　曾用名曹太元，1928 年 3 月生，襄汾县永固乡南五村人。1952 年 6 月加入中国共产党。1947 年 7 月参加工作，先后任南五村、西吉村小学教师。1949 年 10 月，入曲沃文教班学习。1950 年 6 月，任汾城一区联合校长。1951 年 8 月，任汾城县司法科书记员。1952 年 8 月，入省行政干部学校学习。1953 年 2 月后，任汾城、襄汾县法院审判员。1958 年 11 月，任侯马市法院曲沃法庭庭长。1962 年 5 月，任襄汾县人民法院副院长。1962 年 12 月，任县委农工队副组长。1967 年 4 月，任县斗批改办公室专案组组长。1971 年 2 月，任县革委民政办干事。1972 年 12 月后，任县革委会信访办、安置办副主任。1975 年 8 月，任县木材公司支部书记。1984 年 1 月离休。1950 年，两次在文教训练班受到表扬。1954 年，被评为先进工作者，临汾专区授予金质奖章一枚。1959 年，被评为先进工作者，出席地区政法先进工作者会议。1960 年，被评为机关红旗干部。1969 年，被评为学毛著积极分子。1975 年，被评为农业学大寨积极分子。2001 年 7 月去世。

曹吉庆　曾用名曹茂发，1928 年 10 月生，襄汾县古城镇北侯村人。1949 年 8 月参军，任汾城县警备连战士。1949 年 12 月后，任临汾军分区独立营 1 连战士、警备连战士、2 连班长、副排长。1951 年 7 月，任山西军区军政干部学校区队长。1951 年 11 月，入补 20 团 1 营军区干部大队学习。1952 年 10 月，任华北军区后勤部医训大队区队长。1953 年 6 月，任赵城县武装部干事。1954 年 9 月，入山西军区集训团 9 连学习。1954 年 11 月，任襄汾县花纱布公司办事员。1956 年 10 月，任县人委农业建设局辅导员。1958 年 11 月，任侯马市古城公社财贸办公室副主任、农工部辅导员。1961 年 5 月，任襄汾县农工部辅导员。1962 年 6 月，任贾罕公社会计。1963 年 6 月，任农业机械管理局干事。1980 年 4 月，在南辛店乡民政员岗位离休。1953 年 2 月，被授予副排级。2010 年 11 月去世。

曹文茂 曾用名曹保家，1928 年生，襄汾县古城镇北侯村人。1950 年 5 月加入中国共产党。1948 年 7 月参加中国人民解放军，任西北野战军 4 纵 3 旅 8 团 3 营副班长。1949 年 1 月，到 4 军 33 团轮训队学习。1949 年 6 月，任 4 军解放队班长、军法处审讯员。1950 年 2 月后，到 4 军教导团、西北军区第 1 速成中学学习。1954 年 4 月，任 4 军 33 团 3 营部炮长。1955 年 3 月，任襄汾县侯村乡副支书。1955 年 6 月，任邓庄粮站保管员。1979 年 12 月在南辛店粮站保管员岗位退休，1982 年 11 月改为离休。1949 年，在部队立三等功一次。1950 年，在军法处被评为模范。1958 年、1959 年，被评为县乙等先进工作者。1989 年去世。

曹万珍 曾用名曹万祯，1930 年 6 月生，襄汾县陶寺乡崇实村人。1949 年 1 月参加工作，先后任半山、青杨、崔家庄、东坡沟、陈庄、崇实大队初小教师。1980 年 1 月退休，1982 年 11 月改为离休。1948 年解放临汾时，被评为三等功臣。2003 年 5 月去世。

曹雷海 曾用名曹志云，1930 年 10 月生，襄汾县古城镇盘道村人。1948 年 8 月参加工作，进新绛被服厂当工人。1950 年 6 月，调河津酒厂工作。1951 年 7 月，调汾城粮食交易所。1953 年 2 月，任汾城供销社分店负责人。1954 年 6 月，任赵康粮站负责人。1957 年 7 月，调汾城供销社工作。1958 年 3 月，任贾岗供销社分店经理。1991 年 9 月离休。1993 年去世。

康

康全忠 1923 年 9 月生，洪洞县圣王乡金沟村人。1941 年 10 月加入中国共产党，并参加工作，任赵城县金沟村村长，做地下情报工作。1943 年 7 月，任赵城二区轮训队事务长。1945 年 1 月，任二区武委会干事。1946 年 7 月，任赵城县武委会干事。1948 年 10 月，任一区武委会主任。1950 年 12 月，任赵城县武装部秘书。1951 年 7 月，任临汾军分区政工科组织干事。1952 年 4 月，任襄陵县武装部组织干事。1954 年 9 月，任襄汾县兵役局动员科助理员。1956 年 4 月，任预备役军官科科长。1958 年 5 月后，任赵康公社主任、书记。1960 年 8 月，任襄汾县民政局副局长。1964 年 1 月，任邓庄纸厂厂长。1968 年 4 月，任县水泥厂书记。1977 年 5 月，任水厂书记。1987 年 5 月，任主任科员。1946 年 5 月，参加解放夏县战斗，任担架队队长。1949 年 5 月，参加甘肃天水等地战斗，任担架中队指导员。1955 年 6 月，被授予解放奖章；9 月，被授予上尉军衔。1989 年 7 月去世。

尉

尉建基　1926 年 2 月生，襄汾县汾城镇尉村人。1949 年 5 月加入中国共产党。1947 年 8 月参加工作，任尉村小学教师。1948 年 4 月，任汾城县公安局侦查员。1952 年 12 月，任汾城县四区区长。1954 年 9 月，任襄汾县农业局局长。1958 年 8 月，入中国人民大学学习。1959 年 8 月，任侯马市农业局局长。1961 年 6 月，任襄汾县人委办公室主任。1967 年 12 月，任襄汾纺织厂副主任。1978 年 10 月，任襄汾县计委主任。1981 年 12 月，任襄汾县人大常委会副主任。襄汾县第三、四、五、六、七、八届人大代表。在任县人大常委会副主任期间，分管农业、计划方面的工作。1988 年 6 月离休。1992 年 2 月去世。

尉天雷　1930 年 1 月生，襄汾县汾城镇李果村人。1956 年 8 月加入中国共产党。1949 年 3 月参加工作，任西北贸易局新绛分局司务长。1949 年 11 月后，任中国人民银行临汾中心支行干事、副科长。1957 年 7 月，任芮城县委会秘书。1959 年，任芮城县科委主任。1962 年，任芮城县首阳公社党委书记。1964 年 9 月，任洪洞县“四清”工作团马头公社工作队长。1965 年 7 月，任永济县新营公社“四清”工作团副团长。1966 年 8 月，任永济县农业学大寨办公室主任。1968 年 8 月，任永济县蒲州公社核心小组组长。1971 年 7 月，任襄汾县南辛店公社书记。1974 年 2 月，任县革委办公室主任。1975 年 8 月，任农机局副局长。1978 年 10 月，任县委办公室副主任。1982 年 3 月，任县科委副主任。1985 年 6 月，任县科委调研员。1988 年 11 月离休。1954 年，被评为先进工作者；1955 年，被评为二等先进工作者，受专署奖状和物资奖励。1991 年去世。

尉　谦　1932 年 6 月生，襄汾县赵康镇人。1956 年 12 月加入中国共产党。1948 年 8 月参加工作，先后任曲沃、侯马贸易公司练习生。1950 年 4 月，任侯马花纱布公司办事员。1954 年 9 月，任蒲县商业部门办事员。1958 年 8 月，任蒲县中学班主任。1961 年 3 月，任蒲县计划委员会干事。1962 年 9 月，任蒲县交电公司办事员。1964 年 8 月，任蒲县刁口公社办公室主任。1971 年 1 月，任蒲县曹村公社副主任。1981 年 4 月，任襄汾县丰盈公社经管站站长。1984 年 5 月离休。1999 年 11 月去世。

崔

崔润斋　曾用名崔培德、崔德富，1908 年 5 月生，襄汾县新城镇刘村人。1947 年 1 月参

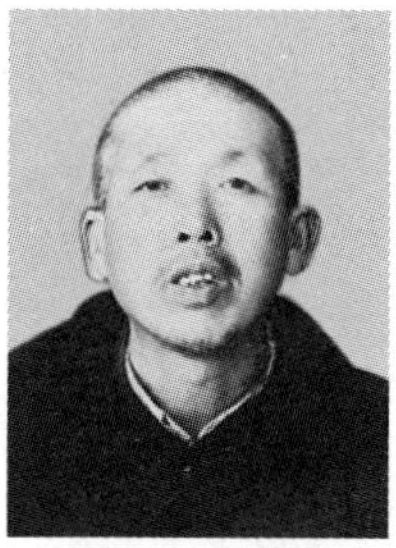

加工作，先后任城尔里、古城庄、史家庄、荆村、万王、东刘、中尉初小教师。1965 年 4 月退休，1982 年 11 月改为离休。1983 年 9 月去世。

崔学有 1917 年 11 月生，襄汾县古城镇东侯村人。1949 年 2 月参加工作，任盘道学校教师。1949 年 7 月，入曲沃文教班学习。1949 年 12 月后，任汾城、古城教师。1952 年 2 月，任赵康完小教导主任。1956 年 4 月，入临汾教干校学习。1957 年 2 月，任临汾学校教导主任。1962 年 3 月，任东侯学校教师。1973 年，任南侯学校负责教师。1977 年 12 月退休，1982 年 11 月改为离休。2009 年 11 月去世。

崔厚芳 曾用名崔焕章，1922 年 1 月生，襄汾县新城镇夏梁村人。1947 年 8 月加入中国共产党。1946 年 2 月参加工作，任襄陵县人民政府科员。1947 年 1 月，任襄陵县三区民政助理员。1950 年 2 月，任襄陵县民政科副科长。1957 年 12 月，任晋南复员军人疗养院副院长。1965 年 6 月后，在襄汾汾河大桥建筑社、建设局工作。1979 年 4 月，任襄汾县人民医院支部书记。1984 年 6 月离休。1987 年 8 月去世。

崔思恭 1924 年 5 月生，洪洞县淹底乡后泉村人。1946 年 10 月加入中国共产党。1945 年 5 月参加工作，任赵城县武装部通讯员。1947 年 12 月，任赵城县公益商店营业员。1948 年 12 月，任赵城县人民银行营业员。1957 年 8 月，任洪洞县银行城关办事处主任。1965 年 7 月，任襄汾县豁都峪水委会负责人。1968 年 8 月，任襄汾县水利局保管员。1984 年 3 月离休。2005 年 7 月去世。

崔立志 曾用名崔东海，1925 年 5 月生，襄汾县南辛店乡崔村人。1958 年加入中国共产党。1948 年 3 月参加工作，任襄陵县公安队班长。1951 年 11 月，任县武装部干事。1954 年 8 月，入山西省干部文化学校学习。1956 年 2 月，任襄汾县商业科科员。1958 年 6 月，任贾罕公社武装部部长。1962 年 1 月，任红卫公社监察员。1966 年 7 月，调县清党办公室。1969 年 7 月，调县专案组办公室。1972 年 7 月，任景毛供销社主任。1982 年 12 月离休。1955 年 9 月，被山西干部文化学校党委评为学习模范。2012 年 2 月去世。

崔保太　1925年7月生，襄汾县古城镇东侯村人。1948年12月参加工作，历任教员、中心校长。1951年12月，任区助理员。1954年6月，任县人委办公室干事。1959年2月，任汾城公社管委秘书。1963年2月，任县人委办公室干事。1982年4月离休。1950年、1951年，被评为模范教师。1954年1月，在总路线宣传运动中被评为先进工作者。1998年12月去世。

崔国英　曾用名崔天锁，1929年5月生，襄汾县南辛店乡西梁村人。初师毕业。1946年1月参加工作，任西梁村农会书记。1947年至1948年，参加解放运城、临汾战役支前。1948年5月，任南辛店土改工作队员。12月，任襄陵县建设科科员。1950年10月参加中国人民解放军，任华北军区政治部宣传员。1954年1月转业，先后任张礼、东柴、景毛、南辛店南贾、上庄、京安、北侯、古城东街等学校教师。1983年12月离休。1952年，获山西军区政治部文艺奖。1955年，被评为县级优秀教师；1956年，参加军烈属复转军人社会主义积极分子大会，获纪念章一枚；1971年，被评为模范教师。2006年1月去世。

常

常清河　1917年8月生，襄汾县新城镇夏梁村人。1949年5月加入中国共产党。1942年4月，在青城工商管理局参加工作。1946年，调曲村贸易公司。1949年，调侯马粮食局工作。1952年，调临汾市粮食局工作。1962年10月，在临汾粮食局门市部主任岗位退休，1982年11月在襄汾县总工会改为离休。1991年11月去世。

阎

阎维卿　1917年生，襄汾县襄陵镇人。1949年4月参加工作。在景毛学校教师岗位离休。2002年3月去世。

阎守安　1933年3月生，平遥县殷村镇北常壁村人。1949年7月参加工作，任洪洞县机联社通讯员。1950年12月，任洪洞县百货公司业务员。1953年1月，任洪洞专卖公司批发部负责人。1955年6月，任襄汾县专卖公司分级员。1956年4月，任采贮局分级员。1957年4月，任县农产品公司业务员。1958年12月，任临汾棉麻公司办事员。1961年6月，任襄汾县棉麻公司分级员。1968年11月，任县粮棉油站办事员。1970年11月，任襄汾县棉麻公司业务员。1994年4月离休。2012年7月去世。

梁

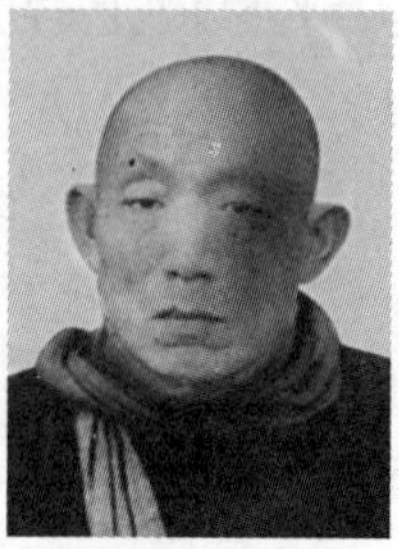

梁登瀛　1909 年 10 月生，襄汾县邓庄镇东邓村人。1948 年 4 月参加工作，先后任东邓、西侯、鄢里、河坡初小教师。1965 年 8 月退休，1982 年 11 月改为离休。1951 年、1953 年，被评为模范教师。2011 年 7 月去世。

梁振江　曾用名梁长命，1911 年 12 月生，襄汾县景毛乡申村人。1948 年 11 月加入中国共产党。1948 年 9 月参加工作，任土改工作组组员。1950 年 10 月后，任汾城县四区区委会民政助理员、组织干事。1952 年 1 月，任二区区委会组织委员。1954 年 9 月，入行政干校学习。1955 年 7 月，任襄陵基点副点长。1956 年 3 月，任南辛店乡党支部书记。1958 年 2 月，任张崇乡党支部书记。1958 年 10 月，任赵康公社党委副书记。1961 年 4 月，任景毛公社党委副书记。1965 年 8 月退休，后改为离休。1994 年 9 月去世。

梁登山　1911 年生，1942 年参加工作。1967 年于县日杂公司支书岗位退休。1987 年 7 月改为离休。

梁长喜　1919 年 4 月生，襄汾县陶寺乡李庄村人。1945 年 4 月加入中国共产党。1946 年 8 月参加工作，任襄陵县三区农会工作员。1947 年 7 月，任二区农会常委。1948 年 6 月，任一区土改工作团工作员。1949 年 6 月后，任二区区委会宣传员、组织员。1951 年 5 月，任县委会秘书。1952 年 9 月，任工商科副科长。1953 年 6 月，任安李基点副点长。1958 年 10 月，任史村公社副书记。1961 年 7 月，任赵曲公社副书记。1963 年 3 月，任赵曲公社主任。1966 年 12 月退休，后改为离休。2009 年 2 月去世。

梁福盛　1919 年 5 月生，襄汾县汾城镇北贾坊村人。1938 年 8 月加入中国共产党并参加工作。1948 年 4 月，调汾城公安局工作。1953 年后，在汾城、西贾、南贾、贾岗供销社工作。1974 年 2 月退休，1984 年 11 月改为离休。1997 年 11 月去世。

梁　力　曾用名茂加，1921 年 1 月生，襄汾县新城镇吴家庄村人。1940 年 2 月参加工作，先后任向南、狄家庄、盘道、中梁村学校教师。1947 年 8 月，任陶寺村驻村工作员。1948 年 2 月，参加襄陵县支前民工大队。8 月，入晋南日报社新闻训练班学习。1949 年 3 月，任襄陵县三区文教助理员。1950 年 3 月，任县第六联合学区联合校长。1952 年 7 月，任县人委文教局干事。1957 年 7 月，任陶寺完小主任。1958 年 2 月后，任汾城中学、襄汾中学、安李学校、敬村学校、公社农校、伯玉学校教师。1972 年 7 月，任夏梁学校教师。1980 年 1 月退休，1982 年 11 月改为离休。曾于 1947 年因宣传工作被县政府评为一等功臣；1948 年临汾支前中被评为二等功臣；1958 年、1961 年被评为先进工作者。曾被《山西日报》《临汾日报》评为模范。2008 年 2 月去世。

梁金魁　曾用名金荣、金贵，1922 年 7 月生，襄汾县大邓乡下庄村茹子沟人。1946 年 3 月参加工作，先后任茹子沟、前河、东张、东侯村小学教师。1957 年 2 月，任县教育局扫盲校长和文化视导员。1960 年 7 月后，任吉柴、小王、小韩、邓庄、韩家堰村小学教师。1969 年 1 月，任下庄七年制学校教师。1972 年 2 月，任邓家辿学校教师。1973 年 1 月退休，1982 年 11 月改为离休。1955 年，被评为乙等模范教师；1956 年，两次被评为先进工作者。2006 年 11 月去世。

梁庆铨　1923 年 10 月生，新绛县城关镇西南区人。1949 年 7 月参加工作，任汾城县大张小学教师。1952 年 10 月，任北柴完小教导主任。1956 年 1 月后，任襄汾县函授师范学校、侯马市教师进修学校教师。1961 年 6 月，任县教师进修学校负责人。1968 年 11 月后，任赵康公社农校、赵康中学教师。1983 年 12 月离休。1950 年 6 月、1951 年 5 月被评为全县模范教师。1995 年去世。

梁福庆　曾用名梁新，1924 年 7 月生，襄汾县陶寺乡李庄村人。1949 年 7 月参加工作，任河南省郾城县人民政府民政科员。1952 年 8 月后，任襄汾县李庄、赵曲、城关、陶寺、李庄、陶寺、赵曲学校教师。1976 年 9 月后，任陶寺中学、襄汾中学教师。1983 年 12 月离休。2006 年 10 月去世。

梁安民　1924 年生，山西省阳城县陶河村人。1943 年 6 月参加工作，1949 年加入中国共产党。1966 年 8 月，在汾城供销社副主任岗位退休，后改为离休。1986 年 10 月去世。

梁增宝　1925年5月生，襄汾县新城镇吴家庄人。1944年2月加入中国共产党。1942年8月参加工作，任曲襄县抗日公安队队员。1946年后，任襄陵县公安局干事、侦查员、审讯股长。1952年5月后，任襄陵县供销社办公室副主任、主任。1954年后，任襄汾县手工业联合社、手工业管理局秘书、副主任、副局长。1958年11月后，任临汾县工业部计划科科长、专署建设局秘书。1960年8月，任大西北某厂党委办公室秘书、行政处行政科副科长。1964年10月，任襄汾县公安局政治教导员、党支部书记。1967年6月，任手工业管理局负责人。1968年9月，任县工交斗批改办公室负责人。1969年7月，到县工交组帮助工作。1970年3月，入虞乡政法学习班学习。11月，任县毛泽东思想宣传队指导员、队长。1971年3月，任城关公社“一打三反”运动指导员。1972年3月，任县电机厂支部书记。1976年7月，任东风铸管厂支部书记。1977年4月，任公交卫生所支部书记。1977年7月后，任手工业管理局、二轻局副局长。1985年5月离休。1997年1月去世。

梁顺通　1925年10月生，襄汾县邓庄镇温泉村人。1948年6月参加工作，先后任上北梁、赵曲、贾庄完小教师。1955年9月后，任汾城中学、赵曲中学教师。1963年9月后，任燕村、南梁、上北梁完小教导主任。1968年2月后，任邓曲、温泉、上靳、令伯七年制学校副校长。1974年7月，任贾庄九年制学校副校长。1976年10月后，任鄢里、鱼池、张礼、令伯七年制学校副校长。1983年12月离休。1968年12月，被评为模范并出席全县表彰会议；1978年，被评为模范工作者。1993年去世。

梁有喜　1927年3月生，襄汾县陶寺乡李庄村人。1957年8月加入中国共产党。1949年1月参加工作，先后在李庄村合作社、农会工作。1953年2月参军，任公安部队第二炮兵团战士。1969年11月，任襄汾县汽配厂总务。1991年12月离休。1956年12月，在3974部队练习营任给养员时，获营队前嘉奖一次。1962年5月，被授予少尉军衔。2007年12月去世。

梁承祥　曾用名梁管管，1927年5月生，襄汾县南辛店乡福寿村人。1948年6月参加工作，先后任贾罕、南辛店南贾、西王、京安、南辛店三联、福寿、贾罕等学校教师。1975年3月，任无姨学校教师。1982年4月离休。曾于1953年、1956年、1958年、1960年、1962年，被评为县模范教师。1988年10月去世。

梁宝山　1927年6月生，襄汾县古城镇北戍村人。1958年10月加入中国共产党。1949

年8月参加工作，入山西公学学习。1949年8月，任运城县二区干事。1954年4月，任临猗县银行股长。1958年4月，任黄河工地主任。1962年4月后，任大阎、东振公社主任。1973年8月后，任襄汾县永固、红卫公社主任。1977年4月，任南辛店棉加厂支书。1982年11月离休。2009年4月去世。

梁光荣　曾用名梁旭生，1928年2月生，襄汾县新城镇宋村人。1948年7月加入中国共产党。1947年8月参加中国人民解放军，任62军15纵队44旅特务连文书、书记。1949年5月，任62军185师重炮连政治工作员。1950年1月，任62军185师骑兵3连指导员。1954年8月，任北京市通县地委组织部干部科干事。1957年6月，任襄汾县商业局行政股股长。1958年12月，任临汾县档案馆主任。1961年7月，任襄汾县广播站站长。1967年1月，任陶寺供销社主任。1969年8月，任永固供销社主任。1984年11月离休。曾参加临汾战役东关战斗、晋中战役小常战斗、太原战役城内巷战、西北战役、西南剿匪等。1947年，在青年军事干校立小功一次。1948年，在临汾战役中立一等功一次；在晋中战役中因抓获俘虏5名，缴获手枪、步枪各一支，子弹80余发，立功一次。1949年，在太原战役中立功一次。1951年，在西康军区雅安分区被评为工作模范，立一等功一次，在《西康日报》登报表扬。1958年大炼钢铁，被评为采矿所先进工作者。1960年，被评为涝洰河工地先进工作者。1952年4月，被授予正排级。1994年8月去世。

梁建平　曾用名梁增辉，1928年8月生，襄汾县邓庄镇小郭村人。1950年1月加入中国共产党。1946年8月参加中国人民解放军，先后任班长、排长。1957年转业，任襄汾铁厂车间主任。1961年，任临钢武装部干事。1962年，任县林业站干部。1976年，调邓庄造纸厂。1984年3月离休。曾参加河南中南、吕梁、湖北方中、晋南等战役，于1949年立小功一次。1957年，被授予副连级。1991年9月去世。

梁彦戎　1930年7月生，襄汾县陶寺乡崔家庄村人。1948年3月参加工作，任襄陵县四高教师。1949年后，任史村、沙坡头、枣洼、青杨、社旺学校教师。1954年9月，入临汾师范轮训班学习。1956年9月后，任阎店、沙女沟、敬村、崔家庄、青杨、陈庄、枣洼学校教师。1980年5月退休，1982年11月改为离休。2011年2月去世。

梁广智　1930年生，襄汾县新城镇宋村人。1956年12月加入中国共产党。1948年10

月参加工作，任洪洞县税务局炊事员。1949 年 2 月，任洪洞县税务局稽征员。1954 年 6 月，任洪洞县税务局万安所会计。1957 年 4 月后，任洪洞县税务局城关所副所长、所长。1961 年 7 月，任洪洞县财政局预算股股长。1961 年 11 月，任洪洞县税务局股长。1964 年 5 月，任洪洞县税务局副局长。1981 年 6 月，在襄汾县桥西税务所所长岗位离休。1955 年，被评为先进工作者并出席县财贸职工社会主义建设积极分子大会。1958 年，在地委党校被评为劳动学习模范。1959—1961 年，被评为先进工作者。2004 年 5 月去世。

梁国璜 曾用名梁看柱，1931 年 1 月生，襄汾县新城镇城西南庄人。1949 年 2 月加入中国共产党。1946 年 2 月参加工作，任小李家庄青杨小学教师。1951 年 1 月后，任襄陵、襄汾县委办公室研究员。1954 年 12 月后，任襄汾县宣传部、组织部干事。1958 年 9 月，任襄汾县城关中学年级主任。1961 年 7 月后，任县委党校教员、秘书、副校长、党支书。1985 年 7 月，任县委党校调研员。1991 年 3 月离休。1949—1965 年，多次被评为《山西日报》《山西农民报》、人民出版社模范通讯员。1957 年，获山西日报全省通讯员积极分子称号。1959 年，获跃进奖金 29 元。1977 年、1978 年，被评为县宣传系统一等先进工作者。2003 年 7 月去世。

梁发祥 1931 年 6 月生，襄汾县南辛店福寿村人。1949 年 8 月参加工作，先后任襄陵县税务局稽征员、会计。1956 年 7 月后，任襄汾县贸易公司会计、百货公司事务。1960 年 1 月，任侯马市生产资料公司会计。1961 年 7 月，任襄汾县生产资料公司会计。1962 年 7 月，任县五交化公司业务员。1987 年 11 月离休。2006 年 4 月去世。

梁　福 1932 年 7 月生，襄汾县邓庄镇下院村人。1950 年 12 月加入中国共产党。1949 年 1 月参加中国人民解放军，先后在晋绥、晋南军区机训队学习。1950 年 1 月后，任 18 兵团司令部机要员、62 军司令部机要员。1951 年 3 月，任西康军区西昌分区警卫营营部、基干 1 团团部机要员。1952 年 5 月，任西南军区独立 8 团团部机要员。1952 年 9 月后，任西康军区西昌分区机要员、凉山军分区参谋科译电员、康定军分区司令部机要科助理员。1961 年 1 月，任成都军区步兵第 7 团司令部机要股股长、译电员。1964 年 12 月，任内蒙古自治区满洲里边防总站译电员。1965 年 4 月，任内蒙古军区骑兵 4 团机要股股长。1973 年 9 月，任黑龙江省肇源县人民武装部政工科副科长。1994 年 11 月，在襄汾县铁矿离休。1955 年 10 月授予少尉军衔，1960 年 4 月授予中尉军衔，1963 年 10 月授予上尉军衔。1999 年 5 月去世。

董

董德明　1906年3月生，襄汾县赵康镇焦村人。山西大学法科毕业。曾任旧山西省政府田粮处科员。1949年4月参加工作，入山西公学教育训练班学习。8月，任介休县第一高级小学教员。1951年3月调汾城县，先后任第三宣传小学、县干部文化实习学校、第一完全学校、汾城初级中学、焦村学校教员。1975年1月退休，1982年11月改为离休。曾于1958年获二等跃进奖金。1988年8月去世。

董福元　1925年2月生，山西省武乡县上却净村人。1950年3月加入中国共产党。1945年1月参加工作，任抗日交通局交通员。1946年6月，任新辉县邮电局交通员。1948年1月，入太行邮校学习。1948年6月，任18兵团政治部通讯连通讯排长。1950年5月，任川北军区政治部机要科收发员。1951年9月，任达县军分区政治部机要室收发员。1952年7月，任四川万源邮电局军代表。1955年5月，任汾城供销社经理。1958年8月，任汾城公社工业部部长。1959年7月，任汾城公社机械厂厂长。1961年6月，任贾岗公社武装部部长。1982年，在汾城供销社站长岗位离休。1949年10月，在18兵团军邮办事处因通过敌人的封锁线顺利完成任务，荣立三等功一次。9次被评为先进工作者。1951年3月，在川北军区军邮局修大礼堂时被评为模范。1993年去世。

董　效　女，曾用名董宝珠，1928年6月生，襄汾县景毛乡北董村人。1952年12月加入中国共产党。1945年6月参加工作，经吕梁军区介绍入陕甘宁晋绥五省随营学校（后改为贺龙中学）学习。1946年9月，任吕梁军区八分区交城水峪教导队文化教员。1948年8月，入榆次行政干校学习。1949年4月，任太原市公安局四分局二分局社调股内勤。1953年3月，任工人日报社保卫科干事。1958年5月，任平遥县委统战部干事。1959年3月，任太原市北城区公安分局一科侦查员。1970年10月，下放景毛公社景毛大队劳动。1973年3月后，任襄汾县公安局政保股副股长、县物资站副站长。1984年1月离休。1957年，被评为工人日报社先进工作者。1963年，被评为北城区先进工作者。1996年2月去世。

董圣夷　1929年8月生，吉林省舒兰县人。1947年10月加入中国共产党。1947年6月参加中国人民解放军，任43军156师参谋。1951年12月后，任空军第10航校、空军23师副中队长。1958年4月，任山西省轻工业厅供销处职员。1960年12月，任襄汾县贾罕公社副书记。1964年12月，任永固公社书记。1971年3月，任丰盈公社书记。1975年2月，任县水利局局长。1985年4月，任县水利局调研员。1990年11月离休。曾参加吉林战斗、长春战斗、东北大虎山战斗等。1949 年 4 月，立三等功一次。1956 年 3 月，被授予解放奖章。1955 年 9 月，被授予中尉军衔。2008 年 11 月去世。

董天龙 1933 年 12 月生，襄汾县南辛店乡南辛店村人。1973 年 9 月加入中国共产党。1948 年 11 月参加工作，任襄陵县财政科科员。1954 年 9 月后，任襄汾县统计科、计委会干事。1958 年 11 月，任临汾县计委会干事。1961 年 6 月后，任襄汾县计委会干事、生产组干事。1975 年 9 月，任襄汾县统计局副局长。1993 年 12 月离休。1984 年 11 月，参加襄汾县首届优秀知识分子代表大会。2015 年 12 月去世。

韩

韩东有 曾用名韩焘，1913 年 8 月生，襄汾县邓庄镇小梁村人。1947 年 8 月加入中国共产党。1949 年 2 月参加工作，先后任王云、中梁、夏梁小学教员。1953 年 8 月，任邓庄联区校长。1956 年 9 月，任县扫盲学会干事。1958 年 11 月，任赵曲中学班主任。1962 年 9 月后，任贾庄、新民、小王、小梁、王云、云合学校教师。1972 年 12 月退休，1982 年 11 月改为离休。1987 年 8 月去世。

韩德道 1915 年 10 月生，洪洞县曲亭乡安乐村人。1944 年 3 月参加工作，任安乐村村长。1947 年 2 月，任翼城县整党工作员。1948 年 4 月，任苏堡二区土改工作队员。1948 年 6 月后，任洪洞县六区助理员、县供销社股长、交电公司支部书记、喇叭厂支部书记、棉麻公司支部书记。1965 年 9 月后，任襄汾县“四清”工作队员、襄汾县土产公司负责人。1971 年，任县外贸公司经理。1973 年，任果品公司经理。1976 年，任县社接待站负责人。1979 年 6 月，任贸易货栈副经理。1991 年 12 月离休。1996 年 12 月去世。

韩世卿 曾用名韩长锁，1916 年生，曲沃县高显镇高显村人。1947 年 7 月参加工作，任曲沃地方粮款商店会计。1948 年 5 月，任曲沃机关生产总会计。1950 年 1 月，任曲沃供销社会计股长。1952 年 6 月，任曲沃棉加厂综合统计。1953 年，任襄陵棉加厂会计股股长。1956 年，任城关棉加厂财经股股长。1965 年 7 月，调古城棉加厂。1982 年 11 月去世。

韩效琨 1924 年 10 月生，襄汾县襄陵镇南街村人。1949 年 5 月参加工作，先后任西北军大、川西革大教育处干事。1953 年 8 月，任四川省委党校研究员。1956 年 8 月，任重庆师范学院教师。1961 年 8 月后，任晋南农业机械专科学校、侯马中学教师。1972 年 8 月，任邓庄中学教师。1984 年 7 月离休。2016 年 8 月去世。

韩晋康　1927年7月生，尧都区小桥村人。1949年4月参军，任18兵团第5机动医院护士。1953年9月复员，回村养病。1954年7月，任尧庙保健站医生。1957年10月，任石匣铁厂医生。1958年11月，任临汾河底铁厂医生。1959年5月，任临汾西郭轧钢厂医生。1966年3月，任襄汾县化肥厂医生。1982年11月离休。

韩国良　1930年5月生，襄汾县邓庄镇小郭村人。1956年7月加入中国共产党。1945年8月参军，历任解放军62军185师554团炮连排长、军械参谋。1949年9月，因病复员修养。1953年1月后，任邓庄造纸厂工会主席、车间主任。1961年11月，任邓庄麻纸厂厂长。1979年7月，任县皱纹纸厂负责人。1980年8月，任二轻经理部保管。1990年12月离休。2007年4月去世。

韩春山　1931年6月生，洪洞县马头乡封里村人。1949年4月加入中国共产党。1947年8月参加中国人民解放军，任15纵131团警卫员。1948年10月，任62军185师554团宣传员。1949年5月后，任10军184师组织股青年干事、组织干事。1952年4月，任工程兵27团1营连指导员。1954年12月，任工程兵10团司令部政治协理员。1960年，任哈尔滨平房武装部政工科长。1964年，任襄汾县银行书记。1971年，任县农机公司书记。1975年，任襄汾县汾城农机厂副厂长。1979年，任襄汾化肥厂书记。1982年，任县工会副主席。1984年3月离休。曾参加临汾战役、晋中战役、太原战役、西北战役、西南战役、歼灭133师和302师战斗、贵州剿匪战斗等。1949年，经团党委批准受通报表扬、立团功一次，获奖章一枚。1955年11月，被授予解放奖章。1955年9月，被授予上尉军衔；1960年4月，被授予大尉军衔。2002年12月去世。

韩永贤　曾用名韩恒义，1931年10月生，沁水县城关镇韩山村人。1951年9月加入中国共产党。1947年9月参加中国人民解放军，历任太岳军区新兵团战士、政干校学员、文工队队员、宣传队队员。1948年11月后，任62军186师后勤处见习员、被服股军需。1951年4月，任志愿军16军186师直供科会计。1953年5月后，任空军高炮102师后勤处助理员、504团会计、506团财务主任、助理员。1963年3月，任襄汾县石油公司经理。1971年3月后，任日杂公司主任、支书。1995年12月离休。1949年，在太原战役中立小功一次。1950年2月，在解放西北、西南战役中立小功一次。1952年12月，被评为工作模范。1956年3月，被授予解放奖章；1955年9月，被授予中尉军衔；1960年5月，被授予上尉军衔。2014年3月去世。

景

景思闵 1908年1月生，襄汾县赵康镇南赵村人。1949年9月参加工作，历任临汾师范、临汾山西师院教师。1961年8月，任襄汾中学教师。1978年8月，任赵康中学历史教师。1984年1月离休。2004年5月去世。

景增耀 1925年5月生，襄汾县邓庄镇南梁村人。1948年3月参加工作，先后任梁坡、下西梁小学教员。1952年4月，任襄陵县四区第八联区联合校长。1956年10月，任龙王庙、土地殿乡文教视导员。1958年11月，任临汾县文教卫生部文教视导员。1960年3月，入晋南干校学习。1961年后，任襄陵、浪泉公社文教视导员。1964年12月，任赤邓七年制学校副校长。1969年1月，任南梁学校组长。1972年10月，任邓庄公社业教辅导员。1980年1月退休，1982年11月改为离休。1951年10月，获县人民政府奖；1963年9月，获团县委奖状一张。1988年11月去世。

程

程天胜 1910年8月生，襄汾县南辛店乡北许村人。1949年1月加入中国共产党。1947年2月，在襄陵县二区参加工作。1950年4月，任邓庄交易所交易员。1957年7月，任红卫粮站加工员。1966年6月退休，1982年11月改为离休。1985年2月去世。

程大礼 1913年7月生，襄汾县南辛店乡北许村人。1947年3月参加工作，先后任西王、北许、南许、西贾小学教师。1972年2月退休，1982年11月改为离休。曾于1950年、1951年被评为县乙等模范教师。1994年去世。

程文章 1920年9月生，陕西省延安市人。1937年6月加入中国共产党。1943年12月

参加工作，任陕甘宁边区医院保管员。1946 年 11 月，任西北野战军第一医院指导员。1950 年 11 月，任志愿军基地医院管理员。1954 年 11 月，入太谷华北文补校学习。1955 年 9 月转业，任襄汾县纺织品公司业务股长。1956 年 8 月后，任汾城、古城、临汾供销社书记。1966 年 11 月，任洪洞县土产公司经理。1974 年 6 月，任洪洞县甘亭供销社主任。1976 年 12 月，任襄汾县运管站站长。1987 年，任运管站支书。1990 年 7 月离休。1992 年 12 月去世。

程光图　1923 年 4 月生，四川省达县大堰乡人。1948 年 4 月加入中国共产党。1947 年 6 月参加中国人民解放军，历任晋南三分区 55 团炮连战士、47 团炮连副班长。1948 年 9 月，任 15 纵队 45 旅 133 团炮连班长。1949 年 4 月后，任 18 兵团 62 军 186 师 556 团炮连班长、副排长、排长。1951 年 6 月后，任 16 军 186 师 556 团高机连副政治指导员、3 营炮连副政治指导员。1953 年 3 月，任华北军区补充 2 团 2 营副政治指导员。1956 年 3 月，任晋南文化批发站股长。1957 年 3 月，任襄汾县商业工会主席。1958 年 11 月，任侯马市总工会常委。1961 年 6 月，任襄汾县工会常委。1962 年 6 月，任襄汾县国营拖拉机站队长。1972 年退休，1982 年 4 月改为离休。曾参加运城战役、平陆县阻击战、芮城追歼战、临汾县攻击战、介休县张南镇追歼战、石嘴子攻击战、太原卓马阵地攻击战、太原市攻城战斗等。1948 年 12 月，在太原阵地被评为工作模范。1950 年 1 月，在四川郫县被评为行军工作模范。1951 年 3 月，在贵州省三穗县被评为工作模范。1952 年 6 月，被授予副连级。1989 年去世。

程师颢　1924 年 3 月生，襄汾县汾城镇单家庄人。中国民主同盟盟员。1949 年 4 月参加中国人民解放军，任 60 军 178 师 532 团排级文化教员。1952 年转业，先后任南贾高小、中黄完小教师。1958 年，被打成右派回村劳动。1978 年平反复职，任襄汾中学教师。1983 年 12 月离休。1950 年在川西剿匪时立二等功一次。2001 年 7 月去世。

程志远　曾用名程天成，1924 年 11 月生，襄汾县南贾镇北刘村人。1961 年 4 月加入中国共产党。1949 年 8 月参加工作，任汾城县警备连事务长。1950 年 1 月后，任汾城县司法科书记员、审判员。1953 年 9 月，入山西省行政干校司法班学习。1954 年 2 月，任省普选工作大队隰县小组组员。1954 年 4 月后，任汾城县、襄汾县人民法院审判员。1958 年 10 月后，任侯马市人民法院审判员、侯马市汾城人民法庭庭长。1961 年 5 月后，任襄汾县汾城人民法庭庭长、县法院副院长。1969 年 5 月，调县市税组工作。1970 年 11 月，下放西贾大队插队。1973 年 10 月，调县安置办公室。1974 年 4 月，任县工商局所长。1980 年 3 月退休，1982 年 11 月改为离休。1949 年，参加西北支前远征担架队，被评为二等模范。2001 年 11 月去世。

程家庆　1928 年 3 月生，浮山县张庄乡梁村人。1947 年 6 月参加工作，任浮山县滑家坡学校教师。1948 年 12 月，入太岳第二行政干校学习。1949 年 3 月，任浮山县西佐村学校教师。1950 年 3 月后，任浮山县东鲁、张庄学区中心校长。1951 年 8 月，入山西省军分区军干校学习。10 月，入山西省农学院棉花技术训练班学习。1953 年 2 月后，任山西省农业厅人事科科员、秘书处档案员。1960 年 4 月，任山西省农业机械厅人事科科员。1961 年 8 月，任襄汾县大邓公社办公室主任。1962 年 6 月，任南辛店供销社秘书。1964 年 1 月，任贾罕供销社秘书兼事务。1987 年 5 月离休。1951 年 2 月，被评为全县模范教员，出席山西省一届教模大会。在襄汾县贾罕供销社，多次被评为先进工作者，出席县财贸先进工作者大会。1988 年 1 月去世。

程景龙　1930 年 4 月生，襄汾县西贾乡西李村人。1950 年 6 月加入中国共产党。1948 年 7 月参加中国人民解放军，任四纵补训团战士。1949 年 1 月后，任四军炮营 3 连观测员、训练队班长、观测队副区队长。1952 年 4 月后，任 11 师炮团指挥连排长、副连长、连长。1956 年 5 月，任 11 师炮团司令部股长。1957 年 10 月，到步兵第一预备学校 3 连学习。1958 年 6 月，入陕西工业勘测设计院学习。1959 年 4 月，任陕西石油化工安装一公司二处第一队党支部副书记。1965 年 8 月，调襄汾县委组织部。1967 年 2 月，调霍县化肥厂。7 月，调襄汾县革委会工作。1968 年 7 月，任县红旗机械厂支部书记。1971 年 10 月，任铁皮社主任。1980 年 4 月退休，后改离休。1949 年在解放陕西淳化战斗中，立三等功一次；1950 年，在甘肃临洮大生产活动中表现突出，立三等功一次。1955 年，被授予中尉军衔。1996 年 4 月去世。

焦

焦润恒　1928 年 6 月生，襄汾县汾城镇大有村人。1948 年 2 月参加工作，先后在大有、大南关、北贾坊小学任教。1955 年 1 月，任襄汾县教育局会计。1958 年 11 月，任侯马市文卫局统计。1959 年 11 月，任侯马市卫生局会计。1961 年 5 月，任襄汾县教育局会计。1971 年 11 月，到大有大队插队。1973 年 6 月，任襄汾县广播站保管。1979 年 12 月退休，1982 年 4 月改为离休。1989 年去世。

鲁

鲁锡田　1921年8月生，襄汾县南贾镇南贾村人。1954年10月加入中国共产党。1949年4月，在太原市供销社货栈参加工作，先后任会计、组长、副科长、科长。1958年7月，任太原市商业局办公室秘书。1959年3月，任太原市服务局计划科科长。1962年8月，任襄汾县南贾公社副主任。1962年12月，任县委农村工作队组长。1975年，任县食品公司副经理。1984年8月离休。1996年5月去世。

鲁遐寿　曾用名鲁有福，1930年2月生，襄汾县古城镇杜村人。1982年8月加入中国共产党。1948年6月参加工作，任襄陵县东王学校教师。1949年1月后，任京安学校、陶寺完小教师。1954年9月后，任南辛店完小、城关完小教导主任。1968年3月后，任陈郭、杜村学校负责人。1974年5月后，任陶寺中学教师，古城中学教师、教导主任、校长。1984年5月离休。1958年7月，被评为襄汾县模范工作者；1962年12月，被评为县乙等先进工作者。2010年7月去世。

递

递兆林　1919年6月生，临汾市大阳乡老母村人。1955年2月加入中国共产党。1945年7月参加工作，任临汾书店办事员。1948年，任临汾职工合作社保管员。1950年后，任临汾面粮食公司办事员、东关仓库主任。1954年后，任襄汾县粮食局保管股股长、城关粮站站长。1960年，下放城关公社帮食堂。1961年，任粮食局业务股股长。1963年，任邓庄粮站支书。1982年离休。1951年12月、1957年1月，被所在单位评为模范。2001年1月去世。

温

温忠贤　1927年6月生，尧都区吴村人。1949年6月参加工作，先后在山西公学、省委党校学习。1950年2月后，任襄陵县三区团委和团县委干事。1954年7月，调襄汾县供销社工作。1957年4月后，任南贾供销社秘书、组长。1961年6月，任糖业门市部主任。1962年7月，任县社副食门市部主任。1964年9月，调农产品经理部工作。1966年7月，调县委支农办一线指挥部工作。1968年8月，调县棉麻公司工作。1979年12月退休，1982

年11月改为离休。2001年1月去世。

谢

谢洪记 1930年11月生，襄汾县大邓乡范村人。1949年7月加入中国共产党。1948年4月，临汾解放后加入中国人民解放军，任24旅70团3营9连通讯员。1951年1月，调团部任侦察员。5月，在朝鲜战场受伤回第三野战医院治疗。1952年7月，转山西荣军医院疗养。1956年7月，转业至襄汾县贸易公司任业务员。1964年1月，任城关供销社门市部负责人。1984年11月离休。为三等甲级伤残军人。1986年9月去世。

彭

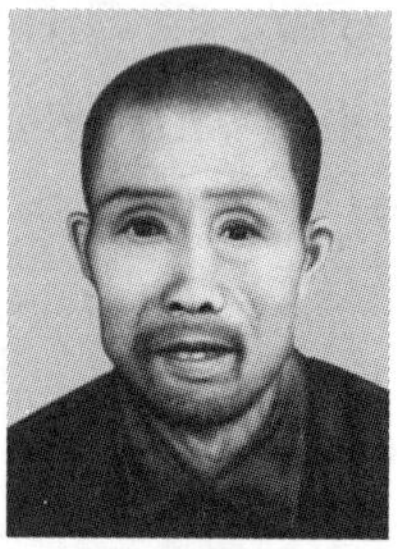

彭秀珍 1919年生，河北省晋县高家庄人，后居襄汾县新城镇柴村。中共党员。1945年1月参军，历任战士、班长、排长，曾参加抗日战争、解放战争、抗美援朝。1954年9月，转业到襄汾县城关粮站任副站长。1973年10月退休，1982年11月改为离休。1950年，获解放西北、华北、东北纪念章；1951年，获抗美援朝纪念章。1983年3月去世。

雷

雷继武 1920年2月生，平遥县油房堡村人，后居新城镇夏梁村。1948年10月在平遥沁华商店参加工作。1949年4月，任运城潞货管理局联社会计。1950年8月，任花纱布公司主办科员。1957年3月，任襄汾县商业局副股长。1958年11月，任侯马市商业局副股长。1961年7月，任襄汾县商业局副股长。1963年1月，任县百货公司副经理。1979年12月退休，1982年11月改为离休。1992年12月去世。

雷洪武 1925年4月生，平遥县油房堡村人。1949年3月参加工作，任运城盐务职工合作社业务员。1950年4月，任运城花纱布公司办事员。1951年8月，任安邑花纱布小组副组长。1952年12月，任安邑半坡花纱布交接站副组长。1953年5月，任解县花纱布小组副组长。1954年5月，任襄汾县纺织品公司副股长。1958年1月，任县百货公司副股长。1959年1月，任临汾物资局干事。1961年5月，任襄汾计委会干事。1982年4月离休。2003年7月去世。

解

解攀桂　曾用名解满有，1931 年 8 月生，尧都区金殿镇东靳村人。1980 年 4 月加入中国共产党。1949 年 8 月参加工作，被选送晋南行政干部学校学习。1950 年 5 月，任襄汾县供销社农产品公司会计。1960 年 10 月，任大邓公社统计员。1962 年 5 月，任邓庄工商行政管理所负责人。1975 年 10 月，任东方红公社办公室秘书。1981 年 11 月，任陶寺公社副书记。1983 年 8 月，任邓庄公社副书记。1984 年 9 月，任邓庄医院党支部书记。1988 年 11 月离休。1960 年至 1965 年，在邓庄供销社工作期间连续被评为“六好职工”，多次受荣誉和物资奖励。2010 年 7 月去世。

窦

窦洪元　1927 年 7 月生，襄汾县汾城镇北膏腴村人。1956 年 6 月加入中国共产党。1949 年 5 月参加中国人民解放军。1950 年，任 18 兵团机炮连班长。1952 年，任康定军分区独立团副营长。1971 年，任重庆警备区教导队副队长。1974 年，任襄汾制锁厂主任。1982 年，任县公共汽车公司副经理。1991 年 7 月离休。曾参加四川北飞机场、龙台寺太邑、重庆等剿匪战斗。在西藏部队受过师、团、营嘉奖，被评为五好干部。1952 年 12 月，被授予副排级。2007 年 2 月去世。

裴

裴正和　曾用名裴吉娃，1919 年 11 月生，襄汾县邓庄镇段村人。1946 年参加工作，任襄陵县一区邮政局邮工。1949 年，任襄陵县土改工作团团员。1950 年 4 月，任襄陵县供销社秘书、干事。1951 年，任南辛店供销社副主任。1954 年 6 月后，任陶寺、邓庄、龙王庙供销社主任。1962 年 12 月，任襄陵供销社副主任。1972 年退休，后改为离休。1998 年 11 月去世。

裴立功　1921 年 2 月生，襄汾县新城镇沟尔里村人。1943 年 1 月加入中国共产党。1938 年 3 月参加工作，任汾东游击队队员。1939 年，任汾西 213 旅游击队队员。1941 年，任汾东 58 团游击队队员。1948 年，任夏梁高级社信用社支书。1954 年，调城关乡政府工作。1958 年后，任襄汾县钢铁厂、东风厂厂长。1963 年，任邓庄铁业社主任。1965 年，调手管局。

1969 年后，在麻纸厂、木作厂工作。1979 年 12 月在襄汾木作厂厂长岗位退休，1982 年 11 月改为离休。2005 年 12 月去世。

裴永义　1923 年 1 月生，翼城县西阎乡曹公村人。1943 年 10 月加入中国共产党。1941 年 4 月参加工作，任翼城县垣址坪教师。1943 年 2 月后，任翼城县敌后武工队管理员、战士。1946 年 8 月，任翼城县曹公抗日行政村村长。1947 年 6 月，任翼城县武装部参谋。1952 年 2 月，任汾城县二区区委书记。1956 年 2 月，任襄汾县委农工部副部长。1971 年 1 月，任县政府知青办主任。1984 年 6 月离休。2001 年 6 月去世。

臧

臧庭珠　曾用名臧永祥，1928 年 11 月生，襄汾县汾城镇南膏腴村人。1949 年 6 月参加工作，入山西公学学习。1949 年 11 月后，任古城学区教员、校长。1951 年 6 月后，任汾城县第二、第八联合学区校长。1952 年 10 月，任汾城县扫盲办公室干事。1954 年 9 月后，任襄汾县文教局、卫生局干事。1958 年 11 月，任侯马市卫生局干事。1961 年 6 月，任襄汾县卫生局干事。1968 年 10 月，任“五七”干校学员及插队、蹲点干部。1973 年 7 月，任汾城镇政府会计。1987 年 9 月，任汾城镇政府主任科员。1990 年 7 月离休。1951 年，在汾城县被评为模范教师。2010 年 3 月去世。

翟

翟兆甲　1923 年 9 月生，襄汾县陶寺乡中梁村人。1950 年 12 月加入中国共产党。1946 年 1 月参加工作，任中梁村小学教师。7 月，任陶寺学区联合校长。1947 年 7 月，入太岳行政干校学习。1948 年 7 月，任太岳行署教育处干事。1949 年 9 月，任山西省教育厅办公室干事。1951 年 5 月后，任教育厅人事科干事、办公室秘书。1954 年 7 月后，任太原 731 厂厂部秘书、党委办公室主任。1960 年 2 月，任太原市委工业办公室副主任。1962 年，任襄汾县委党校副校长、襄汾县委宣传部部长。1969 年，任县文教部部长。1972 年 1 月退休，后改为离休。1980 年 2 月去世。

樊

樊杰卿　1925年2月生，襄汾县汾城镇高家庄人。1948年8月参加工作，任襄陵县税务局会计。1950年3月，入太原行政干校学习。1950年9月，调洪洞县赵城专卖公司工作。1953年3月，调襄汾县糖酒公司。1978年4月在糖业公司业务员岗位退休，1982年11月改为离休。1999年7月去世。

樊平安　1930年10月生，襄汾县大邓乡东郭村人。1948年4月加入中国共产党。1948年2月参加工作，参加临汾支前。1948年5月后，任范村、赤邓、辛建学校教师。1957年8月后，任邓庄、襄陵、大阳、临汾城关视导员。1960年9月，任龙王庙、大邓联合学区联合校长。1962年10月，任陶寺联区联合校长。1972年11月，任城关公社文化指导员。1973年4月后，任大邓公社、东郭学校、西社工作队负责人。1975年8月，调大邓公社工作。1978年11月退休，1982年11月改为离休。曾于1948年被评为临汾战役二等功臣。1995年8月去世。

燕

燕全玺　曾用名燕子章，1921年6月生，襄汾县大邓乡前河村人。1940年8月参加工作，先后任浮山高村、刘家庄、岗头、北门，襄陵县刘家庄、洞沟、龙王庙学校教师。1952年7月，任八联区（上西梁）联合校长。11月，任邓庄四高教师、教导主任。1955年8月后，任周家庄、前河、裴家庄、前河小学教师。1980年5月退休，1982年11月改为离休。1956年2月被评为模范教师。1990年6月去世。

燕生俊　曾用名燕金贝、燕生虎，1923年8月生，洪洞县南秦乡马头村人。1945年10月加入中国共产党。1945年10月参军，任18兵团2营特务连侦察员。1948年8月，任土改工作队员。1952年，任洪洞县城关供销社副主任。1965年8月，任襄汾县陶寺公社副主任。1971年10月，任城关公社副主任。1975年6月，任东风厂副厂长。1984年11月离休。1993年去世。

薛

薛来福　曾用名薛受亭，1917年生，襄汾县大邓乡范村人。1950年2月加入中国共产党。1949年3月参加工作，任襄陵县四区民政助理员。1952年，入山西省行政干校学习。1953年6月，任襄陵县法院审判员。1957年3月，任大邓乡党委书记。1958年10月，任大邓公社副书记。1961年3月，任南辛店公社革委会主任。1963年5月，任汾西灌区三分局局长。1973年1月，任七一水库负责人。1979年12月退休，1982年改为离休。1993年11月去世。

薛永发　曾用名荣发、有全、永法，1923年9月生，山西省临县薛家塌人。1941年6月加入中国共产党。1939年11月参加临县游击队。1941年1月，任晋绥三地委机关合作社通讯员。1945年6月，任晋绥十分区通讯员。10月，任晋绥吕梁机关交通员。1946年12月，任晋绥十地委交通员。1948年9月，任汾城县三区组织委员。1949年12月，入临汾地委党校学习。1950年2月，任汾城一区组织委员。1954年8月，任襄汾县民政局副局长。1957年4月，任伯玉乡总支书记。1958年11月，任南辛店公社党委副书记。1959年11月，任临汾县民政局副局长。1960年9月，入中央内务部民政干校学习。1961年5月后，任浪泉公社主任、邓庄公社书记。1967年4月，任邓庄供销社主任。1969年9月退休，1981年7月改为离休。2012年11月去世。

薛宝丰　曾用名薛福禄，1927年10月生，襄汾县襄陵镇南太柴村人。1979年5月加入中国共产党。1949年2月参加工作，到西北行政干校学习。1949年7月，任晋南专区抚恤委员会干事。1950年1月，任晋南专区粮库保管员。7月，任汾城县四区政府助理员。1952年5月，任汾城县民政科干事。7月，任县法院庭长。1958年11月，任南辛店公社办公室主任。1961年2月，任红卫公社办公室主任。1966年6月，任古城公社办公室主任。1972年4月，任贾庄公社农机员。1980年7月，任贾庄公社革委会副主任。1981年5月，任县公证处主任。1983年12月离休。1992年11月去世。

薛彦忠　1930年7月生，稷山县城关镇古岭庄人。1961年11月加入中国共产党。1949年4月参加工作，任汾城县政府财粮科出纳。1950年1月，任汾城县政府秘书室干事。1954年9月，任襄汾县人委办公室总务会计。1956年10月，任民政局主办干事。1958年11月，任侯马市民政局主办干事。1961年6月，任襄汾县人委办公室主办干事。1963年7月，任县招待所所长。1969年10月，任县兽医院支书兼院长。1972年10月，任县农牧局畜牧站站长。1977 年 8 月，任县饮食服务公司副经理兼宾馆主任。1992 年 2 月离休。1960 年在侯马市委工作时，因下放锻炼成绩突出，被评为市标兵，并登报表彰。1964 年，被县委评为模范党员。1977 年到 1981 年，连续被县委评为先进工作者。1981 年到 1988 年，受临汾电视台两次表彰、《临汾日报》三次表彰、《中国商业报》一次表彰。1986 年，被县委和临汾地区评为劳动模范。1996 年 12 月去世。

霍

霍俊峰　1923 年 1 月生，襄汾县新城镇城尔里村人。1948 年 6 月加入中国共产党。1945 年 6 月参加工作，任曲襄县公安局队员。1946 年，任襄陵民政科科员。1947 年，任襄陵县独立团 1 连战士。1948 年，任 62 军 185 师排长。1949 年 10 月，任 62 军独 1 师 3 团 1 营 3 连指导员。1951 年 12 月，到四川军区招待所休养。1952 年，入解放军第二政治学校学习。1954 年，任四川军区训练团 2 大队指导员。1958 年转业，任四川什邡县人事科副科长。1960 年回原籍务农。1979 年，任襄汾县人民法院审判员。1984 年 7 月离休。曾参加临汾战役、晋中小常战斗、太原战役、西北武功战斗、新绛堵击战斗等。1948 年，立师特等功两次。1949 年，经军党委批准立特等功一次。1955 年 9 月，被授予上尉军衔。1956 年 2 月，被授予解放奖章。2006 年 2 月去世。

第二节　2016 年年底健在离休干部

（以出生年月排序，计 110 人）

路昌茂　1919 年 9 月生，襄汾县汾城镇北膏腴村人。1943 年 6 月加入中国共产党。1937 年 12 月参加 213 旅，任宣传队宣传员。1938 年 8 月，进旅干校学习。1939 年 2 月后，任 213 旅 57 团文化干事、1 营营部干事、团政治部宣传员、文书书记。1942 年 6 月，到太岳陆军中学 7 队学习。1945 年 9 月，任太行后勤部特派干事指导员。1946 年 7 月，任襄陵县城工部组织干事。1947 年 6 月，任汾城土改工作员。1948 年 2 月，任汾城一区区委会副区长。1949 年 4 月，任县青委副书记。1949 年 8 月，任汾城县一区区委书记。1953 年，任汾城县县委组织部部长。1981 年 7 月改为离休。

张吉祥　1920 年 2 月生，襄汾县陶寺乡王云村人。1952 年 3 月加入中国共产党。1947 年 8 月参加工作，任机关联合社会计。1949 年 6 月，任襄陵县书店业务员。1952 年 3 月后，任县供销社股长、办公室主任。1958 年 9 月，任新绛商业办事处支书。1960 年 1 月，任汾城商业办事处支书。1961 年 5 月，任西贾公社主任。1963 年 4 月，任豁都峪水委会主任。1995 年 3 月在县公安局法律顾问岗位离休。1993 年 1 月，被授予一级警督警衔。

姚新华　曾用名姚焕章，1924 年 1 月生，襄汾县古城镇西曹路村人。1979 年 5 月加入中国共产党。1948 年 8 月参加工作，到新绛行政干校学习。10 月，分配到汾城县四区，先后任助理员、秘书、副区长。1954 年 3 月，入山西省行政干校学习。1954 年 12 月，任汾城乡乡长。1955 年 12 月，任襄汾县工业局副局长。1958 年 2 月，任安平乡乡长。11 月，任古城公社副主任。1963 年 5 月，任西贾公社副主任。1964 年 11 月，赴洪洞搞“四清”。1965 年 8 月，任浪泉公社社教运动队副队长。1966 年 8 月，任邓庄公社副主任。1973 年 4 月，任贾罕公社副主任。1984 年 3 月离休。

史福通　1924 年 8 月生，襄汾县古城镇杜村人。1956 年 4 月加入中国共产党。1948 年 6 月参加工作，先后任襄陵县二区（南辛店）政府事务长、武装部副部长。1954 年 11 月，任襄汾县兵役局助理员。1958 年 4 月，任汾城乡党委副书记、武装部部长。1962 年 5 月，任襄陵粮站副站长。1969 年 1 月，任连村粮库副主任。1980 年 1 月离休。1961 年，侯马市授予公社武装部先进集体奖状。1955 年 9 月，被授予少尉军衔。

段希璜　1924 年 9 月生，襄汾县邓庄镇小邓村人。1980 年 5 月加入中国共产党。1947 年 2 月参加工作，任襄陵四区席村教师、四区政府建设助理员。1950 年 1 月后，任襄陵、襄汾政府农林员。1956 年 6 月后，任邓庄、汾城技术站站长。1958 年 12 月后，任史村、赵曲公社农委主任。1974 年 1 月，任张礼公社副主任。1984 年 3 月离休。1948 年，参加临汾战役支前被评为模范。1965 年，参加“四清”工作队，被评为模范队员。1977 年，被县委评为抗旱模范。

贾作域　1924 年 11 月生，襄汾县永固乡马村人。1956 年 11 月加入中国共产党。1949 年 7 月参加中国人民解放军，任第四野战军后勤运输部供给处见习保管。同年 10 月后，任汽车 1 团 4 连管理排长、汽车 6 团 4 连管理排长。1951 年 2 月后，任志愿军谈判代表团汽车连管理排长、汽车 10 团 2 连给养排长、司机教导营管理员。1958 年 1 月后，任广州军区汽车 46 团管理员、后勤卫生部防疫检验所管理员兼会计。1963 年 3 月，任赵康供销社副主任。1979 年 12 月离休。1955 年，在朝鲜立三等功一次；1957 年 12 月，立三等功一次；1956 年 11 月，获嘉奖一次。1955 年 10 月，被授予军需少尉军衔；1960 年 4 月，被授予中尉军衔。

张振西　1924 年 12 月生，陕西省宜君县五里锁乡北上窑村人，后居襄汾县新城镇新庄村。1955 年 3 月加入中国共产党。1949 年 2 月参加工作，入山西公学学习。1949 年 9 月，任山西轻重工业管理处工务员。1949 年 12 月，任山西机械公司机械厂制图员。1950 年 6 月

后，任襄陵、赵曲棉加厂工务股股长。1952 年 6 月，任襄汾县汾城棉加厂生产股股长。1959 年 9 月，任侯马高显棉加厂生产股股长。1961 年 6 月，任襄汾县城关棉加厂生产股股长。1964 年 11 月，任南辛店棉加厂副厂长。1969 年 10 月，任城关棉加厂副厂长。1984 年 7 月离休。1950 年，在赵曲棉加厂建厂中被评为二等模范工作者，受精神和物资奖励一次。1958 年，在汾城棉加厂大搞卫生运动中，受物质奖励一次。

牛海清　曾用名牛培田，1925 年 1 月生，洪洞县苏堡乡苏堡村人。1951 年 11 月加入中国共产党。1949 年 4 月参加中国人民解放军，先后任 68 军 203 师 607 团 2 营 5 连战士、副班长。1951 年 10 月后，任志愿军 607 团 2 营 5 连班长、副排长、副连长。1954 年 11 月，任 607 团 7 连副连长。1956 年 10 月，任襄汾县人民委员会畜牧站站长。1958 年 10 月，任晋南侯马检疫站站长。1963 年 10 月，任襄汾县畜牧站站长。1969 年 3 月，任襄汾县农办干部。1972 年 8 月，任襄汾县苗圃副主任。1973 年 9 月，任襄汾县林业站干部。1976 年 7 月，任襄汾县国营苗圃党支部书记。1984 年 1 月离休。曾参加朝鲜金城战役，担任坚守、主攻、突击任务，立三等功两次。1953 年 10 月，获朝鲜民主主义人民共和国军功章一枚。1955 年 6 月夏季训练中，受团部通报表扬一次。1955 年 9 月，被授予中尉军衔。

李赞成　1925 年 4 月生，襄汾县陶寺乡安李村人。1947 年 3 月加入中国共产党。1947 年 3 月参加工作，先后任安李村民兵排排长、临汾驻防事务长。1950 年，任安李村行政村长、支部书记。1952 年 10 月，入地委党校学习，后参加襄汾征兵、整党等工作。1955 年 12 月，任南辛店基点支部指导员。1956 年 6 月后，任永固乡政府支部书记、城关乡政府支部副书记。1959 年 10 月，任陶寺大队安李管理区支部书记。1961 年 7 月后，任贾罕公社党委宣传委员、襄陵公社党委监察主任、景毛公社党委监察主任、农业委员、党委委员等职。1980 年 1 月退休，2000 年 11 月改为离休。1948 年，驻防临汾时被评为模范；1951 年在安李村任村长时被评为模范干部；1956 年在地委党校学习时被评为学习模范。

赵光道　1925 年 4 月生，新绛县城内城南区人。1949 年 4 月参加中国人民解放军，任 20 兵团补训师 3 团 11 连学员。1949 年 7 月，任 68 军 203 师 609 团 8 连副排长。1951 年 3 月，任 68 军 203 师 609 团 9 连排长。1952 年 10 月，任东北 34 陆军医院 2 所 1 连排长。1953 年 3 月，入山西省荣军中学 15 班学习。1956 年 7 月，任新绛粮局粮站副站长。1960 年 1 月，任襄汾县粮食局赵康粮站副站长。1981 年 8 月，任连村粮库副主任。1982 年 1 月，任永固粮站副站长。1984 年 5 月离休。1951 年 8 月，在朝鲜长山樑战斗中立三等功一次，被授予朝鲜解放纪念章一枚。

丁彦芳　曾用名丁通顺，1925 年 12 月生，襄汾县襄陵镇双凫村人。1948 年 7 月参加工作，任襄陵县齐村小学教师。1951 年 7 月，任屯大小学教师。1958 年 7 月，任河北完小教师。1968 年 12 月，任齐村学校教师。1970 年 7 月，任薛村学校教师。1973 年 7 月，任黄崖学校教师。1977 年 2 月，任浪泉学校教师。1980 年 5 月退休，1982 年 11 月改为离休。1952 年 10 月，在邓庄参加全县教师集训时被评为乙等模范教师。

陈思聪　1926 年 5 月生，襄汾县南辛店乡北陈村人。1948 年 7 月参加工作，先后在南辛店公社中陈村、新民村任教。1950 年 10 月，参加抗美援朝，任第二航空学校学员、空军 13 师副机长、调度指挥员。1958 年 10 月，任江苏邱县手工业管理局副局长。1960 年 10 月，任临汾县工会干事。1962 年 10 月，任襄汾县汾西灌区灌溉站站长。1981 年 8 月，任南辛店水委会干部。1984 年 11 月离休。1955 年 9 月，被授予少尉军衔。

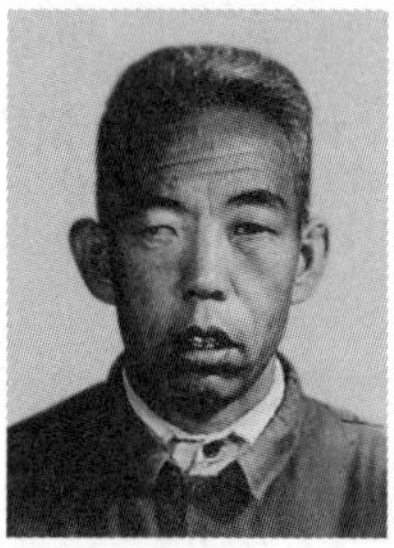

李社稷　1926 年 8 月生，襄汾县陶寺乡安李村人。1946 年 2 月加入中国共产党。1946 年 11 月参加工作，先后任襄陵一区工作队队员、区委会组织委员、襄陵县委纪律检查委员会秘书、襄陵一区区委副书记。1954 年 9 月，任地委组织部组织员。1956 年 1 月，任襄汾县汾城拖拉机站站长。1958 年 10 月，任侯马市农机水利局局长。1961 年 1 月后，任襄汾县南贾公社书记、拖拉机站书记、西贾公社书记、交通局局长。1975 年 10 月，任襄汾县农机局局长。1983 年 12 月离休。

荆国祯　1927 年 3 月生，襄汾县汾城镇北贾岗村人。1949 年 8 月加入中国共产党。1946 年 10 月参加中国人民解放军，先后任 1 纵 358 旅 716 团通讯员、警卫员。1948 年 6 月后，任运城第 11 军区司令部警卫班长、1 野 6 军 18 师司令部警卫班长、西北公安 4 师司令部警卫班长、10 团 1 营 1 连排长、4 连副连长。1952 年 8 月后，入华北空军军政干校、军委空军干部学校学习。1954 年 1 月，任空军 27 师警卫 3 营 2 连副连长。1956 年 3 月后，任空军瓦房店场站警卫连连长、经营管理股副股长、股长。1962 年后，任空军 5 师机务大队参谋长、瓦房店基地军务科副科长、22 师司令部军务科副科长。1978 年 12 月，任襄汾县工商局城关工商所所长。1980 年 7 月，任物价局副局长。1985 年 4 月离休。1947 年，先后参加陕北西花池、方北山、蟠龙、榆林等攻坚战，因战斗勇敢立三等战功一次，并通报表扬。1960 年 1 月，在空军瓦房店场站因工作积极受书面嘉奖一次。1955 年 7 月，被授予解放奖章。1955 年 9 月，被授予中尉军衔；1956 年 11 月，被授予上尉军衔；1962 年 6 月，被授予大尉军衔。

杨秀生　1927 年 5 月生，襄汾县永固乡万宁村人。1949 年 3 月参加工作，任汾城县荀董

行政村书记。1951年1月，任临汾地委地专招待所主任。1951年12月，任襄汾县史村、南贾交易所主任。1952年4月后，任汾城县分粮库保管、负责人。1955年6月，任襄汾县油脂公司加工股负责人。1956年6月，调县粮食局工作。1987年12月，在襄汾县粮食局永固站保管岗位离休。

刘士文　1927年10月生，河北省晋县城关镇人，后居襄汾县汾城镇三公村。1948年2月参加工作，先后任晋绥十分区文工队组长、临汾军分区文工队组长、临汾专署乐队指挥队长。1953年3月，任水利部文工团队长。1954年1月，任中国青年艺术剧院演员。1954年5月，任临汾第一中学音乐教师。1960年10月，任侯马师范学校音乐教师。1961年10月，任曲沃高显中学音乐教师。1963年2月，任晋南地区文工团股长。1970年1月，任襄汾县文化馆副馆长。1984年3月离休。

张小保　曾用名张鸿业，1927年11月生，襄汾县古城镇南梁村人。1948年5月参加工作。1982年4月在粮食局副股长岗位离休。1951年7月在临汾粮食分公司时，出席山西省首届模范贸易工作者会议，被授予四等模范奖章一枚并获物质奖励；1952年10月在临汾粮食分公司被评为机关积极工作者；1954年2月在专署粮食局被评为机关先进工作者并受物质奖励。

王根牛　曾用名王小根，1928年1月生，襄汾县新城镇柴寺村人。1949年6月加入中国共产党。1948年4月参加中国人民解放军，任58团战士。1949年1月，任1军31师排长。1961年7月，任史村钢铁厂车间主任。1962年7月，任西郭钢煤厂车间主任。1970年6月，任南辛店机耕队政治队长。1983年12月，任襄汾轧钢厂工会副主席。1984年5月离休。曾参加山西白家庄战斗、陕西陇县固关镇战斗、朝鲜27高地战斗等。1950年，被评为连模范一次；1955年，受营队前嘉奖一次；1956年，受连会议嘉奖一次。1955年10月，被授予少尉军衔。

李景文　1928年2月生，襄汾县古城镇北相李村人。1948年9月参加工作，任汾城县北相李小学教师。1949年1月，任柴王村小学教师。1958年6月，任西曹路小学教师。1958年9月，任北李完小教师。1966年5月，任南高完小教师。1966年8月，回村务农。1974年12月，任北柴学校教师。1975年10月，任站李学校教师。1978年9月，任曹家庄中学教师。1983年12月离休。1960年，在北李完小被评为模范教师；1978年，参加襄汾县中小学先进工作者会议，受物质奖励。

李作民　曾用名李全喜，1928 年 6 月生，襄汾县襄陵镇中兴村人。1950 年 8 月加入中国共产党。1949 年 2 月于北平（今北京市）和平起义，参加中国人民解放军。1950 年 10 月，任副排长，第一批赴朝鲜。1952 年 1 月回国，到教导队学习。1952 年 6 月，入齐齐哈尔第七步兵学校学习。1954 年 11 月，因病退伍回乡。1955 年 7 月，任古城完小教师。1960 年 11 月后，任贾朱、北戍学校教师。1970 年 11 月后，任红卫公社中兴学校、公社农校负责人。1974 年 11 月，参加教师对流工作队。1977 年 4 月，回村劳动。1978 年 11 月后，任汾阳岭、三公村学校教师。1983 年 11 月离休。曾参加抗美援朝第一、二、三、四次战役。1950 年，被评为劳动模范，受到团通报表扬；1951 年，在朝鲜战场立小功两次；1954 年 5 月，获连会议嘉奖；1963 年，被评为全县优秀辅导员。

李东海　1928 年 8 月生，山东省高唐县人。1950 年 10 月加入中国共产党。1945 年 7 月参加工作，先后任襄陵县经济局练习生、临汾贸易公司会计、专区花纱布公司科长。1951 年 4 月后，任蒲县人委秘书、农工部副部长。1961 年 5 月，任蒲县克城公社书记。1964 年 11 月，任洪洞县赵城公社书记。1966 年 10 月后，任洪洞县财委主任、财税办主任。1972 年 7 月，任洪洞县革委副主任。1981 年 7 月，任襄汾县革委会副主任、常委。1981 年 12 月，任襄汾县委常委、副县长。1984 年 12 月，任襄汾县人大常委会主任。1990 年 5 月离休。

苗青山　1928 年 8 月生，襄汾县西贾乡安咸平村人。1949 年 1 月参加工作。1949 年 5 月，任第 7 兵站工院护士。1947 年 11 月，到 35 军 267 师干校学习。1948 年 11 月，任 808 团卫生队班长。1949 年 10 月，任 49 军 147 师防疫员。1950 年 1 月，任公安 12 师卫生部工助。1952 年 1 月，到中南空军第 7 航校学习。1954 年 9 月，任襄汾县人民医院医生。1956 年 5 月，任赵康卫生所医生兼所长。1980 年 5 月，任贾岗乡卫生院医生。1985 年 2 月离休。

贾玉林　曾用名贾庄楷，1928 年 8 月生，襄汾县汾城镇尉村人。1949 年 7 月参加中国人民解放军，任浙江省象山县华东军区战士、班长。1955 年 2 月复员，任襄汾县京安村学校教师。1957 年，任西王村学校教师。1958 年后，任乔村、北膏腴学校教师。1980 年 1 月退休，1982 年 10 月改为离休。在部队立四等功 4 次。

李生才　1928 年 9 月生，临汾市城皇乡刘村人。1949 年 7 月加入中国共产党。1945 年 9

月参军，先后任第2野战军4纵队卫生部通讯员、随营学校卫生所卫生员。1947年9月，任中原军事政治大学校卫生队卫生班长。1948年10月，任第2野战军军事政治大学医院药剂师。1950年12月，任西南军区第二高级步兵学校医院司药。1952年12月后，任军事工程学院医院药剂师、学员队副政指。1966年3月，任襄汾县药材公司支部书记。1970年后，任襄汾县卫生局副局长、副科级调研员。1991年4月离休。1947年，在4纵随营学校卫生所立三等功一次，并受物质奖励；在豫陕鄂军大卫生所荣立二等功一次，并受物质奖励。1948年，在中原军大第二大队立二等功一次，并受物质奖励。1957年6月授予解放奖章。1955年10月，被授予少尉军衔；1960年5月，被授予中尉军衔；1963年9月，被授予上尉军衔。

张志贤　1928年9月生，山西省黎城县范家庄村人。1949年4月加入中国共产党。1945年8月参军，任平汉纵队政治部组织科通讯员。1946年，任2纵6旅政治部宣教科通讯员。1947年11月，任10军29师特务连通讯员。1949年4月，任10军29师政治部文工团队员。1950年1月，任川南军分区政治部通讯班班长。1951年3月，任川南军区内江军分区军法处副排长。1952年7月后，入川南军区教导团第三大队、空军十二校学习。1953年2月，任空军十二校招待所副指导员。1953年8月，到空军十二校文化训练处学习。1954年8月转业，任襄汾县人民检察院检察员。1958年9月，任晋南化工厂干事。1960年11月，任晋南区石油化工厂临时采购员。1961年6月，调襄汾县国营拖拉机站工作。1962年6月，任襄汾拖拉机站赵康队队长。1963年4月，任襄汾拖拉机站永固队队长。1982年4月，在汾城农机厂负责人岗位离休。1948年6月，曾参加在河南省南阳消灭敌58师的战斗。

孟文慧　女，1928年9月生，介休县人。1949年7月参加工作，入山西公学学习。1949年10月，任山西公学文工团团员。1950年2月，任太原市北城区学校教师。1958年，随丈夫邱文选到赵康镇阜平村务农。1978年10月，任丰盈乡义西毛村学校教师。1980年8月退休。1988年10月改为离休。

吴宝童　曾用名吴冬月，1928年11月生，襄汾县景毛乡景毛村人。1951年5月加入中国共产党。1949年4月参加中国人民解放军，任7军20师59团战士。1951年1月，任65军高炮团班长。1956年4月，任襄汾县汽车配件厂副厂长。1960年，任临汾县五金电机厂厂长。1963年，任襄汾县东风厂厂长。1970年，任电机厂厂长。1976年后，任手管局、二轻局生产股股长。1986年1月离休。1949年，在西北战役中因战斗勇敢，荣立三等功一次。1956 年到 1959 年，因工作积极有创新被评为厂里先进工作者 4 次。

曹宏希　1929 年 4 月生，襄汾县大邓乡大邓村人。1947 年 4 月加入中国共产党。1946 年 10 月参加襄陵县游击大队，任战士。1948 年 6 月，任洪洞独立营 58 团政工员、指导员。1950 年 9 月退伍，入临汾地委党校学习。1951 年后，任襄陵四区宣传指导员、县委办公室干部。1953 年 11 月，任汾城拖拉机站队长。1959 年 12 月后，在侯马大修厂、农机专科学校工作。1961 年 6 月，到洪洞“四清”工作团工作。1966 年 6 月，调襄汾县公安局，后下放。1973 年 12 月后，任邓庄造纸厂政工员、工会主席。1984 年 5 月离休。1947 年，在独立营被评为一等功臣；1960 年，在晋南分区学习被评为五好学员。

马连志　曾用名马春堂，1929 年 5 月生，襄汾县汾城镇东关村人。1950 年 1 月加入中国共产党。1948 年 6 月参加中国人民解放军，在 13 纵补训团学习。1948 年 9 月后，任 37 旅 541 团机枪连战士、副班长、班长、副排长、排长、保卫干事。1952 年 3 月后，到 60 军教导大队、第六政干校学习。1953 年 11 月，任 3 兵团文化学校区队长。1954 年 10 月，因病住正定 256 医院治疗，后入山西军区转建团学习。1956 年 4 月，任洪洞县公安局股员。1962 年 3 月，任襄汾县景毛公社特派员。1962 年 8 月后，任襄汾县公安局股员、贾庄公社特派员。1970 年 12 月，任城关公社民政干事。1984 年 3 月离休。曾参加山西南半村战斗、太原战斗、陕西咸阳战斗、秦岭追击战、四川三台战斗、剿匪战斗、朝鲜五次战役等。1952 年 12 月在第六军政干校四大队五中队学习，因学习成绩优良，经大队党委批准立三等功一次。

张瑞龙　曾用名张龙娃，1929 年 6 月生，襄汾县襄陵镇齐村人。1951 年 1 月加入中国共产党。1948 年 3 月参加中国人民解放军，后任 22 军 65 师 194 团新兵连战士、副班长、特务连战士。1949 年，任 22 军 65 师护航队战士。1950 年后，任 22 军 65 师 194 团剿匪大队战士，1 营 3 连战士、副班长。1953 年 8 月，到第五步兵学校 3 营 12 连学习。1957 年 3 月，任 60 军 180 师 539 团 1 营八二炮连排长。1960 年 7 月，任 60 军 280 师 539 团 1 营 3 连副连长。1963 年 1 月，任襄汾粮食局南辛店粮站站长。1980 年 1 月离休。曾参加开封、水滨、舟山、济南战斗和淮海战役。1950 年，中国人民解放军总干部部授予舟山战役四等功一次。1951 年，中国人民解放军总干部部授予剿匪战役二等功一次、舟山策城战斗三等功一次。1952 年，中国人民解放军总干部部授予文化学习三等功一次。1955 年 6 月，授予解放奖章。1957 年 1 月，授予少尉军衔。

杨长俊　1929 年 6 月生，襄汾县襄陵镇南太柴村人。1949 年 5 月参加中国人民解放军，

后任化学兵学校1营4连学员（正排级），1954年4月遭清洗离队。1986年2月中国人民解放军防化学院政治部给予平反，恢复名誉，定为地方行政21级，按地方干部规定离休。

崔天佶　曾用名崔管管，1929年6月生，襄汾县新城镇刘村人。1958年12月加入中国共产党。1949年4月参加中国人民解放军，任20兵团警卫营战士。1951年，任67军199师汽车连驾驶员。1956年后，任驻临汾地区省汽车运输公司驾驶员、技术员、队长、副主任等职。1972年，任襄汾汽车运输公司副主任、运输管理站副站长。1982年，任搬运公司党支部书记。1985年2月离休。1954年5月，荣立三等功一次。

成金才　1929年6月生，襄汾县南贾镇南贾村人。1978年11月加入中国共产党。1947年11月参加工作，任新绛县税务局税征员。1948年4月后，任汾城县税务局会计、股长等职。1956年4月，任襄汾县农建局股长。1958年12月，任侯马市农建局股长。1968年11月，任南贾公社会计。1984年10月离休。

柴福茂　曾用名柴随思，1929年7月生，襄汾县南贾镇连村人。1948年12月加入中国共产党。1946年7月参加中国人民解放军，任4纵队司令部警卫员。1950年3月，任39师116团通讯连排长。1952年3月，任13军38师炮兵团三营参谋。1953年9月，任13军38师司令部参谋。1954年12月，任38师炮兵团连长。1957年1月后，先后入西北第二学校、洛阳炮兵学校、重庆第二炮校学习。1960年11月，任24师基干炮团连长。1963年6月，转业至河津县供销社。1980年，任襄汾县南辛店棉加厂厂长。1985年12月离休。1947年，在河南沙河洲立大功一次，在河南湘县记功两次。1948年，在淮海战役中立大功一次。

李仕仁　曾用名阮美义，1929年8月生，大同市江泉区堡子店村人。1949年1月加入中国共产党。1948年3月参加中国人民解放军，历任106师2团通讯员、班长。1950年9月后，任志愿军106师2团12连排长、副指导员。1953年转业到大同总公司二区，任组织委员。1955年5月，任太原工程局四工地副支书。1956年，任山西省轻工业厅安装队团总支书记。1958年，任襄汾县赵康公社工程队队长。1960年，任襄汾县丰盈公社副主任。1983年

12 月离休。曾参加绥远省陶不齐村战斗、朝鲜介川龙登里抢修机场战斗。1948 年，在应县练兵中被评为模范；1949 年，在绥远立二等功一次；1951 年在朝鲜立二等功一次。

张富贵　1929 年 9 月生，襄汾县襄陵镇屯大村人。1946 年 10 月加入中国共产党。1945 年 9 月参军，先后任 2 野 3 纵 8 旅 22 团 3 营通讯员、班长、副排长。1950 年 11 月，任海军青岛基地 12 团 3 营 9 连副排长。1953 年 7 月，任海军巡逻艇大队 811 艇艇长。1957 年 9 月，任海军通讯学校三分校区队长。1958 年 4 月，转业到北大荒密山县制材厂工作。1959 年 11 月，任甘肃省西和县供销社人事股股长。1963 年 8 月，调襄汾县生产资料公司工作。1971 年后，任襄汾县城关棉加厂革委会主任、县社机械厂厂长。1984 年 7 月离休。1955 年 5 月，被授予解放奖章。1955 年 9 月，被授予少尉军衔。右腿三等残疾，头部留有弹片。

梁尚德　1929 年 10 月生，襄汾县古城镇北成村人。1958 年加入中国共产党。1947 年 9 月在襄陵人民医院参加工作。1948 年 8 月，任晋南行署卫生科护士。1949 年 10 月，任四川省成都市军管会卫生科护士。1950 年 10 月，任志愿军 2 分部基地医院护士。1956 年 8 月转业，任湖北省潜江县人民医院医士。1963 年 6 月，任襄汾县南辛店医院医士。1964 年 7 月，任古城公社医院院长、支部书记。1969 年 8 月，任商业局卫生所医师。1974 年 6 月，任县造纸厂卫生所主治医师。1991 年 12 月离休。在朝鲜战争中曾受立功奖励。

卢建民　1929 年 11 月生，襄汾县襄陵镇中兴村人。1954 年 12 月加入中国共产党。1949 年 2 月参加工作，任临汾工业生产合作社营业员。1950 年 3 月后，任襄陵、襄汾县供销社副经理。1960 年 1 月，任临汾、襄汾县委组织部支教员。1962 年 5 月，任襄汾县生产资料公司经理。1972 年 4 月，任浪泉供销社主任。1979 年 3 月，任襄汾县棉麻公司经理。1979 年 12 月，任襄陵供销社支部书记。1982 年 11 月，任南辛店供销社主任。1984 年 11 月离休。

杜怀方　曾用名杜一川，1929 年 11 月生，沁县漫水乡万井余村人。1950 年加入中国共产党。1949 年 5 月参加工作，先后任安泽县教育科科员、四区区公所助理员。1951 年 1 月，到临汾地委党校学习。11 月，任汾城县委统战部科员。1953 年 4 月，任汾城县工商联秘书。1954 年 9 月，任襄汾县委农工部组长。1958 年 5 月，任汾城农校校长兼支部书记。1961 年，任襄汾县教育局副局长。1963 年，任贾岗公社副主任。1963 年 11 月，任省人事厅干事。1969 年 9 月，入中央学习班学习。1970 年 9 月，调蒲县工作。1971 年，任吕梁地区革委会秘书。1974 年，任山西省教育学院培训部党支部书记。1980 年后，任汾城中学校长、书记。1983 年 12 月离休。

赵榜柱 曾用名赵保柱，1929年11月生，乡宁县关王庙乡核桃园村人，后居襄汾县汾城镇西圪塔村。1954年7月加入中国共产党。1947年6月参加中国人民解放军，任8纵22旅65团3营9连战士。1948年1月，到华东十二医院养伤。1949年6月，到山西荣军学校学习，任班长。1954年8月，任襄汾县百货公司秘书。1954年10月，任襄汾县人事科科员。1956年2月，任汾城公社合营方经理。1960年8月，到地委党校学习。1961年8月，任汾城棉加厂副厂长。1965年10月，任丰盈公社支部书记。1968年10月，任襄汾县生产资料公司保管员。1984年7月离休。1947年3月，在华东8纵战斗中立功一次；12月，负伤残疾。1952年，在荣军学校被评为模范个人。

梁立忠 1929年11月生，襄汾县邓庄镇温泉村人。1954年5月加入中国共产党。1949年1月在襄陵五区参加工作，后随军南下。1950年1月，任四川新津县工会负责人。1953年1月后，任新津县搬运工会主席、供销社副主任、手管局科长、联社主任。1957年，根据毛主席提出的勤俭建国方针和四川人多地少的情况，提出移民、开办国营农场等方案，被打成右派，1978年11月平反。1979年1月，任襄汾县汽车大修厂总务。1982年1月，任县水厂副厂长。1988年1月退二线，1991年4月离休。

马凌文 1929年12月生，襄汾县曹家庄乡西安平村人。1976年8月加入中国共产党。1949年8月参加工作，进西北民大学习。1950年4月，任西北区百货公司科员。1955年4月，任西安市文化公司科员。1957年12月，任陕西商业厅百供站科员。1960年8月，任宝鸡47号信箱科员。1963年9月后，任襄汾县人事局干部、民政局干部。1965年4月，任陶寺公社秘书。1966年12月，任襄汾县民政局干部。1968年11月后，任丰盈、西贾公社民政干部。1987年11月离休。1952年，获学习优秀奖励；1954年，获二等物质奖。

田自成 曾用名田秉裕，1929年12月生，陕西省渭南县下邽镇人。1949年8月参加工作，入西北人民革命大学学习。1950年4月，任志愿军某部教导团参谋。1952年10月，任扫盲学校校长、教导主任。1958年，任襄汾县赵曲中学教师。1969年，返乡劳动。1973年，任赵曲中学教师、教导主任。1981年，任南辛店中学校长。1986年，任襄汾中学工会主席。1993年10月离休。1979年，被评为临汾地区模范教师、山西省模范教师。1980年至1993年，被评为襄汾县甲等模范教师、优秀教育工作者3次。1987年，被选举为山西省人大代表。

丁玉清 曾用名丁开郎，1930年2月生，襄汾县新城镇丁村人。1951年加入中国共产

党。1947年8月参加工作，任汾城县公安队队员。1948年3月，任新绛十分局通讯员。1949年10月后，任吉县公安局政保股股员、股长。1957年10月后，任乡宁县检察院检察员、公安局政保股副股长、光华公社公安员、副主任、县信访办副主任。1978年10月，任襄汾县检察院检察员。1985年离休。

曹恩喜　1930年2月生，襄汾县大邓乡大邓村人。1948年11月加入中国共产党。1947年8月参加中国人民解放军，先后任554团1营1连2排战士、班长、排长。1954年，任工程兵10团1营1连副指导员。1960年，任10团2营6连连长。1963年3月转业，任山西省第三监狱中队指导员。1970年7月待安置。1973年7月，任6611库保卫干部。1984年，调粮局直属库工作。1985年8月离休。曾参加绛县战斗、临汾战役、晋中战役小常战斗、太原战役东山战斗、太原战役登城战斗、陕西武功战斗、四川广汉歼灭302师战斗、贵州剿匪等。1955年11月，被授予解放奖章。1955年10月，被授予中尉军衔。1960年4月，被授予副连级。为二等甲级伤残军人。

李世栋　曾用名李三保，1930年3月生，山西省忻州前播明村人。1949年4月加入中国共产党。1948年7月参加中国人民解放军，任山西省6分区36团2营6连战士。1949年7月后，任甘肃省7军20师60团侦通连战士、副排长。1952年6月，任炮8师独立高炮54营3连排长。1953年后，入河南洛阳炮兵学校、辽宁锦州炮兵学校学习。1956年后，任炮15师1团5连连长、副营长。1966年7月后，任221部队军务股股长、71部队后勤部参谋、300部队后勤部仓库主任。1976年8月，任国家物资局太原储运公司508处副主任。曾参加太原战役、陕西扶郿县战斗、朝鲜马良山战斗、朝鲜九华里春季和秋季攻势战斗。荣立小功两次、三等功一次。1955年9月，被授予少尉军衔；1963年10月，被授予中尉军衔。

董志平　1930年3月生，襄汾县赵康镇焦村人。1986年6月加入中国共产党。1949年3月参军，任解放军19兵团战士。1954年8月，转业到广州市中国人民建设银行工作。1956年8月，调武汉市华中农业大学工作。1960年8月，调湖北省黄岗英山农科所工作。1975年1月，调襄汾县农技中心工作。1990年4月离休。

王治泉　1930年3月生，河北省邢台县羊范乡羊范村人，后居襄汾县南贾镇大柴村。1948年12月加入中国共产党。1947年4月，在太行区太行文工团参加工作。1950年3月

后，在临汾地委党校、宣传部工作。1954年10月后，任吉县县委秘书、农工部副部长。1963年11月，任省统计局检查室秘书。1970年9月，调临汾电控厂工作。1972年8月，任襄汾县水利局局长。1974年1月，调临汾地区林业局工作。1978年11月后，任襄汾县财委副部长、调研员。1994年11月离休。

伊保庆　曾用名伊克照，1930年5月生，襄汾县陶寺乡盘道村人。1946年1月加入中国共产党。1945年8月参加中国人民解放军，任太岳正景支队通讯员。1946年9月后，任23旅536团通讯员、通讯班班长。1948年11月，任60军179师连长。1952年5月复员。1953年3月后，任襄陵、襄汾公安局股员。1968年7月，任公交煤矿筹备处干事。1970年3月，入运城虞乡学习班学习。1970年11月，任襄汾县邓庄公社干事。1971年7月后，任襄汾县公安局股员、指导员、科员。1987年3月离休。1948年，在解放临汾战役中立旅二等功一次，并受物资奖励；1951年，在朝鲜伊川战役中立师功一次。1951年5月，在朝鲜作战腿部负伤，评为二等乙级残疾。

尉绍坤　1930年5月生，襄汾县汾城镇尉村人。中国民主同盟盟员。1949年5月参加工作，任山西第一农试场技术员。1953年1月，任新绛农技站技术员。1958年4月被打为"右派"，回村务农。1978年10月平反后任襄汾气象站会计。1982年1月，任襄汾第二人民医院会计。1990年11月离休。

李桂珍　女，1930年5月生，沁县北马服村人。1949年6月在运城地区文工团参加工作。1949年10月，入临汾地区工农速成中学学习。1950年10月，任临汾地区保育院教养员。1953年12月，任襄汾县城关粮站业务员。1985年11月离休。

李民仆　1930年5月生，襄汾县陶寺乡张相村人。1947年12月加入中国共产党。1949年7月参加工作，先后任襄陵县税务局稽征员、邓庄税务所副所长、古城税务所所长、县税务局股长。1958年12月后，任临汾县工业局副科长、鞋帽厂支部书记。1961年4月后，任襄汾县机械厂支部书记、贾庄公社副主任及南贾、赵曲、陶寺公社主任。1981年12月，任县原种场支部书记。1983年12月离休。1950年在税务局被评为工作模范，1952年被评为省

税工模范，1956年6月在地委党校学习被评为全班学习模范，1959年在临汾县鞋帽厂被评为出席专区群英会代表，1960年连续三次被评为先进工作者。

樊清泉 1930年6月生，襄汾县大邓乡东郭村人。1946年3月加入中国共产党。1946年3月参加襄陵武工队。1948年6月，任襄陵四区通讯员。1950年9月，到晋南党校学习。1951年1月，任襄陵一区区委组织干事。1952年后，任襄陵、襄汾县委干事。1975年，任县第二轧钢厂支部书记。1984年，任经济委员会干事。1990年9月离休。

王景余 1930年9月生，襄汾县古城镇关村人。1949年3月加入中国共产党。1948年4月参加中国人民解放军，任58团1营4连战士、通讯员。1948年6月后，任1军3师9团1营营部通讯班副班长、班长。1950年3月，任营部专职党支部书记、新兵团副排长。1951年11月，入天水步兵学校学习。1957年7月，任湖北公安2团3营8连副指导员。1960年3月，任鄂总队1大队2中队连指导员。1964年10月转业，任襄汾县红卫供销社支书。1967年10月，任曹家庄供销社营业员。1975年9月，任曹家庄公社猪禽指导员。1976年6月，任曹家庄供销社门市部负责人。1984年7月离休。曾参加临汾县战斗、榆次县战斗、太原牛陀寨战斗、太原战斗、陕西扶郿战役、甘肃陇县古关镇战斗等。立三等功两次；1958年到1963年，在湖北公安2团任指导员时受嘉奖两次。1956年4月获解放奖章。1955年，被授予少尉军衔；1962年5月，被授予中尉军衔。

马学礼 曾用名马根盛，1930年9月生，襄汾县赵康镇牛席村人。1950年7月加入中国共产党。1948年6月参加工作，任汾城县三区（赵康）助理员。1949年8月，任汾城县财粮科科员。1949年10月，调二区（南贾）工作。1953年6月后，任汾城县委组织部干事、汾城基点副点长。1958年11月，任侯马市委支教组组长。1961年8月后，任丰盈、城关、古城公社主任。1974年2月，任汾城农机厂支部书记。1976年6月，任西贾供销社支部书记。1983年1月，任县人大常委会办公室副主任。1984年3月离休。

关桂荣 女，1930年9月生，临汾市泊庄乡泊庄村人。1952年9月加入中国共产党。1949年1月参加工作，在临汾新闻训练班学习。1949年9月，随军南下。1950年1月，调

山西日报社从事内勤工作。1950年6月后，任四川新都县委宣传部通讯干事、秘书。1955年1月，任四川温江地委宣传部干事。1961年5月后，任四川金善堂县委党校副校长、县委宣传部秘书、教育局副局长。1975年3月后，任襄汾广播站副站长、襄汾县委文教部秘书、教育局调研员。1992年2月离休。

刘贵生　1930年9月生，襄汾县古城镇吴村人。1950年5月加入中国共产党。1947年6月参加工作，任九分区新华煤矿保管员。1950年1月后，任临汾地区粮食局干事、工农干校学员。1952年6月后，任襄汾县粮食局、劳动局、农工队干事。1964年3月，任洪洞四清工作团干事。1966年10月，任曹家庄公社民政干事。1984年3月离休。1951年，在工农干校受奖一次，在粮食局受奖3次；1959年，下放新绛棉织厂锻炼受奖4次。

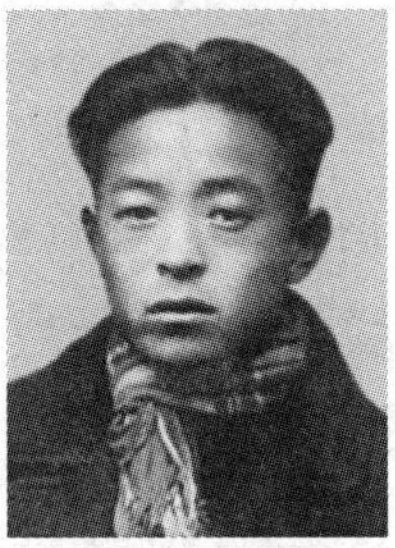

贾登高　曾用名贾丑娃，1930年9月生，襄汾县南辛店乡西贾村人。1949年1月参加工作，任襄陵县南靳小学教师。1952年9月，任京安村扫盲教师。1953年11月，任贾朱村学校教师。1954年9月，入临汾师范学校。1955年8月，任南相李学校教师。1956年后，任司马、文臣学校教师。1969年1月后，任西贾、柴王、北小张学校教师。1975年10月，任董村学校教师。1980年5月退休，1982年11月改为离休。1963年，被评为县甲等模范。

苏锡九　1930年10月生，襄汾县邓庄镇鄢里村人。1955年2月加入中国共产党。1949年7月参加中国人民解放军，任临汾新兵营战士。1949年12月，任甘肃武威8师22团卫生队看护员。1951年2月，任河北通县空27师场站卫生队护士。1954年12月，任青岛流亭27师场站卫生队护士。1955年3月，任辽宁复州瓦房店场卫生队护士。1956年6月后，任吉林延吉4853部队卫生队卫生统计员、护士长、2大队6中队助理员。1966年1月转业，任邓庄中心卫生院院长。1983年12月离休。1952年4月，参加甘肃隆法县地区剿匪，担任救护工作。1961年、1962年因工作积极肯干、任劳任怨，受书面嘉奖。1959年6月，被授予少尉军衔；1962年6月，被授予中尉军衔。

柴培桐　1930年10月生，襄汾县南贾镇连村人。1953年9月加入中国共产党。1948年10月参加中国人民解放军，任26军医院保卫干事。1952年12月，任4601部队助理员。1956年2月后，任西安市木材厂科长、党支部书记。1975年5月后，任襄汾县公安局副局长、调研员。1991年9月离休。在部队荣立二等功一次、三等功一次、小功一次、集体功一次，在地方多次被评为先进工作者。1955年11月，被授予少尉军衔。

常更生 1930年11月生，襄汾县襄陵镇胡村人。1951年5月加入中国共产党。1949年4月参加中国人民解放军，任190师教导队战士、568团5连文教干事。1954年11月，任辽宁军转干校教学办主任。1955年10月，任襄汾县人委交通科科员。1958年9月后，任临汾县交邮局科员、工业局干事、油漆厂副厂长。1961年4月，任襄汾县浪泉公社武装部部长。1963年12月，任襄陵供销社门市部负责人。1984年5月离休。曾参加朝鲜五二六战役、临津江持久防御战、解放大西北战役等。1951年11月，在朝鲜高旺山战斗中荣立三等功一次。1954年4月，受通报表扬一次。1963年，在临汾军分区学习时被评为五好学员。

王思温 1930年12月生，襄汾县古城镇京安村人。1958年加入中国共产党。1947年2月在汾城农民宣传队参加工作。1950年，调山西省晋风剧社。1956年，调临汾蒲剧院。1957年，任襄汾蒲剧团工会主席。1969年，调襄汾棉加厂工作。1975年，调赵康供销社。1982年退休，2000年1月改为离休。曾入朝慰问志愿军；拍摄电影《窦娥冤》；受过周恩来总理接见。

李胜云 曾用名李生云，1931年2月生，襄汾县陶寺乡张相村人。1949年1月加入中国共产党。1948年5月参加中国人民解放军，先后任华北野战军1兵团13纵队教导队队员和117团战士、班长。1949年5月，任18兵团61军183师549团侦察连班长。1950年10月后，任川北军区、达县军分区侦察连班长、达县飞机场信号员。1951年4月后，任志愿军援朝19团1连司务长、12军34师100团机炮连司务长、9连12连排长、8连副连长。1956年9月后，入3军军械预备学校、武昌高级军械技术学校火弹系学习。1960年1月后，任后勤第414弹药仓库技术员、技术助理员、技术保管股副股长。1968年5月后，任南京军区弹药装备站副站长、站长。1973年1月，任安徽军区繁昌县人武部作训科副科长。1978年10月，任襄汾邓庄麻纸厂支部书记。1979年10月，任襄汾县制锁厂支部书记。1992年7月离休。1948年5月，参加山西平遥县北营村战斗、太谷县小常村战斗，任突击组战士；10月，参加晋源县南畔战斗，任班长；11月，参加太原市土寨战斗，任突击班长；12月，参加太原市卓马战斗，任班长。1950年1月，参加四川巴中县新镇坝战斗，任侦察员；3月，参加四川达县剿匪战斗，任侦察员。1952年9月，参加朝鲜官岱里763号阵地战斗，任副排长。1954年5月，获营嘉奖一次。1953年10月，授予军功章一枚（在朝鲜）。1982年后，连年被评为县先进工作者和优秀党员。1986年，被评为省、地、县模范军转干部，并出席省、地召开的“双先会”。1987年被评为地区优秀党员。1955年10月，被授予解放奖章一枚。1955年9月授予少尉军衔；1956年11月，被授予中尉军衔；1960年5月，被授予上尉军衔；1963年9月，被授予大尉军衔。

张玉香 女，曾用名张引儿，1931年2月生，介休县城内村人。1949年6月参加工作，入山西公学学习。1949年9月后，任襄汾县南贾、西中黄、南贾岗、南膏腴等学校教师。1974年12月退休，1988年12月改为离休。

薛 闷 1931年2月生，襄汾县景毛乡北李村人。1952年10月加入中国共产党。1948年10月参加工作，任汾城县第四区通讯员。1949年5月，任解放西北担架队通讯员。1949年11月，任汾城县第四区通讯员。1952年10月，任临汾地区行政干校团支书。1953年3月，任汾城县推广站推广员。1954年4月，入临汾地委党校学习。1954年8月后，任三官峪、豁都峪水委会负责人。1984年5月离休。

张连成 1931年3月生，襄汾县南贾镇上鲁村人。1949年2月加入中国共产党。1948年7月参加中国人民解放军，任4军补训团战士。1948年12月后，任4军33团9连通讯员、3营部通讯班副班长、团部侦通连副班长。1952年6月后，入4军部教导团、天水学校学习。1956年6月，任16军139团3机连排长。1959年8月，任团部高射机枪排排长。1960年3月，任三机连副连长。1962年11月，调团部工作。1963年6月，任襄汾县委组织部干事。1967年1月，任襄汾县公安局副股长。1967年7月，调县专案组工作。1970年7月后，任永固公社保卫干事、副主任。1975年9月，任县公安局看守所所长。1976年6月，任赵康公社副主任。1980年2月离休。曾参加陕西罗局镇战斗、甘肃兰州战斗。立三等功两次，受连队前嘉奖一次，受团书面嘉奖两次，被团党委评为模范党员。1956年6月，被授予少尉军衔；1962年6月，被授予中尉军衔。

赵满锁 1931年4月生，襄汾县邓庄镇燕村人。1950年3月加入中国共产党。1948年5月参加中国人民解放军，任华北13纵补训团战士。同年10月，到61军教导大队学习。1949年10月，任181师无线电分队文书。1951年1月，任四川省遂宁军分区见习参谋。1952年7月，入西南军区第一速成中学学习。1954年8月，任四川省射洪县人武部助理员。1969年8月回村务农。1972年9月，到襄汾县轧钢厂工作。1974年9月，任县钻井队干部。1984年7月离休。1952年12月、1953年7月，先后被大队党委会批准立三等功两次。1955年9月，被授予少尉军衔；1960年4月，被授予中尉军衔；1963年10月，被授予上尉军衔。

李森茂 1931年5月生，襄汾县汾城镇南关村人。1954年4月加入中国共产党。1948

年 11 月参加工作，在吕梁 10 分区干校学习。1950 年 1 月，任汾城县委宣传部干事。1954 年，任襄汾县财贸部干事。1958 年，任汾城中学班主任。1962 年，任襄汾县农村工作队队员。1966 年，任襄汾拖拉机站政工员。1970 年，任县农机修造厂工会主席。1992 年 4 月离休。1950 年获山西人民电台模范收音员奖，1952 年、1953 年被地委宣传部评为收音模范。

郝书贞　1931 年 6 月生，沁县西联村人。1954 年 8 月加入中国共产党。1947 年 2 月参加中国人民解放军，任 43 团战士、班长、排长。1950 年 12 月，任志愿军 103 团指挥排长。1954 年 5 月后，入工程兵速成中学、解放军工程学院学习。1958 年 1 月后，任志愿军 103 团连长、参谋。1963 年 6 月，任襄汾百货公司支部书记。1967 年 11 月，到襄汾五七干校劳动。1969 年 6 月，任汾城供销社支书兼主任。1974 年 6 月，任食品公司支书兼经理。1982 年 4 月，任襄汾县商业局副局长。1985 年 8 月离休。在部队立三等功两次。1955 年 11 月，被授予解放奖章。1955 年 10 月，被授予少尉军衔；1960 年 4 月，被授予中尉军衔。

王俊兴　1931 年 8 月生，襄汾县邓庄镇邓庄村人。1949 年 11 月加入中国共产党。1949 年 5 月参军，任 61 军 547 团三机连战士、副班长。1950 年 10 月后，任四川达县军分区独立营通讯班长、第 8 区干队副队长、轮训队分队长。1954 年，任成都军区第 6 独立营排长、参谋。1957 年后，任成都军区步兵第 5 团第 1 营参谋，一机连副连长、连长，炮连连长。1964 年，任成都军区步兵第 5 团第 1 营副营长。1966 年，任步兵 50 军 450 团副营长。1976 年，任汾西灌区襄汾分局副主任。1983 年，任襄汾县水产养殖场场长。1988 年 5 月，任汾西灌区襄汾分局副主任。1991 年 11 月离休。1949 年南下解放西南，立四等功一次；1950 年 1 月，参加四川省苍溪县山川寺战斗；1956 年，在四川达县军分区被评为一级先进工作者。1963 年，被授予上尉军衔。

石喜临　1931 年 8 月生，河北省邢台县皇寺村人。1953 年 5 月加入中国共产党。1949 年 7 月参加工作，入太原山西公学学习。1949 年 12 月后，任运城银行办事处会计、中心支行会计股股长、运城银行秘书。1954 年 9 月，任安邑报社编辑。1955 年 4 月，到中央西安中级党校学习。1956 年 1 月，任晋南地委宣传部理论科干事、编辑。1957 年 3 月，入山西省委党校学习。1958 年 9 月，下放膏腴村、峪口农场劳动。1961 年后，任襄汾县供销社办公室干事、县商业局干事。1967 年，到襄汾县五七干校劳动。1971 年后，任襄汾县食品公司生产组干部、县统战部干事、县政协办公室主任。1987 年 8 月，任县政协专职常委。1991 年 3 月离休。

邓世仪　曾用名邓世绾，1931 年 8 月生，临汾县金殿镇东靳二村人。1949 年 8 月参加工作，任襄陵县邓庄四高教师。1952 年 8 月，任襄陵县第八完小教导主任。1954 年 9 月，入山西师范学院学习。1956 年 9 月，任襄汾县赵曲中学教师。1980 年 5 月退休，1982 年 11 月改为离休。1954 年 2 月，被评为襄陵县优秀教师。1955 年 5 月，在山西师范学院被评为优秀团员。1956 年 3 月，被评为优等生。

赵福生　1931 年 9 月生，襄汾县曹家庄乡东曹路村人。1949 年 6 月加入中国共产党。1948 年 7 月参加中国人民解放军，任 4 军 11 师 33 团 9 连战士。1951 年 1 月，入兰州步校学习。1956 年 6 月，任志愿军 1 军 1 师 1 团排长。1958 年 10 月，任 1 军 1 师 1 团 9 连副连长。1963 年 6 月，任襄汾县检察院检察员。1974 年 10 月，任古城公社居委会主任。1987 年 9 月，任古城镇政府居委会主任科员。1993 年 3 月离休。曾参加陕西罗区战斗、康家河战斗、甘肃马家河战斗、兰州战斗等。荣立三等功 4 次。1950 年出席全市英模大会；被师党委评为模范党员。1956 年 6 月，被授予少尉军衔；1962 年 7 月，被授予中尉军衔。

苏　博　曾用名苏致洵，1931 年 10 月生，襄汾县邓庄镇鄢里村人。1949 年 8 月参加工作，考入晋南专署行政干校学习。1949 年 10 月，任永虞贸易公司练习生。1950 年 5 月，任虞乡百货公司办事员。1950 年 12 月，任运城百货公司科员。1956 年 6 月，任晋南百货公司科员。1957 年 3 月，任襄汾百货公司统计员。1958 年 3 月后，任襄汾、临汾计划委员会干事。1961 年 11 月，任襄汾县贾庄公社统计员。1962 年 6 月，任襄汾县张礼供销社组长。1988 年 12 月离休。

李协记　1931 年 10 月生，襄汾县陶寺乡崇实村人。1959 年 5 月加入中国共产党。1947 年 6 月参加工作，任襄陵县农会通讯员。1948 年后，任枣洼里、沟南小学教师。1954 年，入临汾师范轮训班学习。1956 年，任安李完小教师。1959 年，任张纂完小教师。1961 年，任安李完小教师。1966 年 6 月，任陶寺公社联校指导员。1979 年 12 月退休，1982 年 11 月改为离休。1965 年，在安李完小被评为学毛著积极分子。

冯俊杰　1931 年 11 月生，襄汾县景毛乡北李村人。1956 年 9 月加入中国共产党。1948 年 5 月参加中国人民解放军，任 15 纵队补充团通讯员。1951 年，任西南军区公安师 1 团警卫排排长。1953 年，入四川新都县 13 速成中学学习。1955 年，任公安 19 团 7 连排长。1960 年后，任成都军区 12 团 5 连副连长、炮连副连长、12 团 2 连副连长、连长。1966 年 4 月，任襄汾县汾城棉加厂支书。1983 年 12 月离休。1951 年 9 月，在西南军区公安师 1 团警卫连进军茂县剿匪时，荣立连二等功一次。1955 年 9 月，被授予少尉军衔；1960 年 4 月，被授予中尉军衔；1963 年 10 月，被授予上尉军衔。1956 年 2 月，被授予解放奖章。

张有申　1931 年 11 月生，襄汾县曹家庄乡北焦彭村人。1956 年 12 月加入中国共产党。1948 年 8 月参加工作，入吕梁 10 分区行政干部班学习。1949 年 1 月后，任汾城县政府干事、副科长。1953 年 8 月后，任汾城、襄汾县法院干事。1958 年 8 月，任襄汾县委办干事。1959 年 1 月后，任临钢党委会干事、秘书。1961 年 10 月，任襄汾县委办干事。1962 年 5 月后，任曹家庄、城关、大邓、南辛店等公社副书记、书记。1975 年 1 月，任襄汾县法院副院长。1981 年 1 月，任襄汾县检察院副检察长。1982 年 12 月，任襄汾县委政法办主任。1986 年 12 月离休。1958 年大炼钢铁中，被县委会评为红旗干部。1960 年，在临钢工作时被评为先进工作者。

崔仁义　1931 年 11 月生，襄汾县汾城镇三公村人，后居新绛县龙兴镇石村。1948 年 10 月参加工作，任新绛贸易公司业务员。1949 年 10 月，任新绛县粮食局保管员。1952 年 10 月，任新绛古夜区生产助理员。1957 年 10 月，到运城速成文化学校学习。1958 年 10 月，任新绛花纱布公司业务员。1960 年 10 月，任临汾花纱布公司保管员。1965 年 10 月，任临汾棉麻公司保管员。1970 年 10 月，任临汾棉站站长。1974 年 10 月，调临汾土产公司工作。1977 年 10 月，任襄汾县果品公司保管员。1980 年 4 月在县供销社退休，1996 年 7 月改为离休。

李文轩　曾用名李更鸣，1931 年 12 月生，襄汾县陶寺乡青杨村人。1949 年 1 月参加工作，入西北军政大学学习。1950 年，任第一野战军政治部管理处会计。1952 年转业，任襄陵县吴家庄、李庄学校教师。1953 年 4 月后，任汾城、土地殿学校教师。1955 年 6 月后，任沟北、周家庄学校教师。1963 年 8 月后，任盘道、云合学校教师。1969 年 1 月后，任青杨、盘道七年制学校教师。1973 年 9 月，任青杨七年制学校教师。1992 年 4 月离休。1958 年、1959 年，被评为全县模范教师。

宋子明　1931 年 12 月生，翼城县甘泉乡坂上村人。1952 年 5 月加入中国共产党。1948 年 6 月参加工作，任吕梁专署晋南抚恤委员会干事。1950 年 1 月，任汾城县政府科员。1952 年 6 月后，任汾城县第一区、第二区区长。1954 年 4 月，任汾城医院副院长。1955 年 1 月后，任汾城、西贾公社书记。1965 年 4 月后，任洪洞县甘亭公社、苑川公社书记。1974 年 4 月，任襄汾县永固公社书记。1976 年 6 月后，任县工交政治部副部长、建委副主任。1985

年 3 月，任城建局调研员。1992 年 3 月离休。1972 年，受洪洞县革委会物质奖励一次。

张清海　曾用名吕广春，1932 年 1 月生，河北省枣强县流常乡流常村人，后居襄汾县南辛店乡北许村。1948 年 8 月参加工作，到吕梁 10 分区干训班学习。同年 12 月，分配到吕梁 10 分区税务局工作。1949 年 11 月，南下到四川省达县税务局工作。1951 年 4 月，调达县专区税务局工作。1952 年 5 月，调达县专区合作办事处工作。1957 年 3 月，调平昌县供销社工作。1958 年 8 月，错划“右派”被劳教。1962 年 4 月，回乡务农。1978 年 10 月，任南辛店供销社营业员。1988 年 12 月离休。1952 年，被评为工作模范，出席川北区会议。

苏锡杰　曾用名苏林，1932 年 2 月生，襄汾县邓庄镇鄢里村人。1954 年 5 月加入中国共产党。1949 年 7 月参加中国人民解放军，先后任 8 师新兵营 4 连战士、23 团 2 营机枪连战士。1950 年 4 月，任兰州警卫团 2 营 2 部通讯员、战士。1952 年 8 月后，任 2 师 5 团 2 营 8 连战士、通讯员、副班长、4 连副排长。1955 年 8 月，入 2 师教导营学习。1955 年 11 月后，任 2 营 4 连副排长、排长。1957 年 2 月，入北碚步兵学校 2 营 8 连学习。1960 年 10 月，入第一政治学校第五期学习。1961 年 11 月后，任 1 军 2 师 5 团 3 营 8 连副政指、5 团卫生队副政指。1965 年 8 月，任步兵第 5 团担架队队长。1970 年 5 月，任 2 师 5 团 1 营副营长。1976 年 3 月，任襄汾县五交化公司党支部书记。1986 年 11 月离休。曾参加甘肃省西吉县剿匪、朝鲜坚守二号阵地战等。立三等功 3 次；受营队前嘉奖一次；受连队前嘉奖一次。1956 年 1 月，被授予少尉军衔；1962 年 7 月，被授予中尉军衔。

张心成　1932 年 2 月生，襄汾县赵康镇南王村人。1949 年 10 月加入中国共产党。1949 年 4 月参加中国人民解放军，任 195 师 583 团 2 营机枪连战士。1949 年 10 月，任 583 团 2 营营部电话员。1950 年 8 月，任 583 团卫生队看护员。1951 年 8 月，任 583 团无后坐力炮连卫生员。1955 年 3 月后，任南王村初、高级社副社长。1956 年 2 月后，任南王乡总支书、团委书记。1958 年，任赵康公社组织部副部长。1961 年 5 月后，任丰盈公社武装部副部长、部长。1972 年 4 月，任贾岗公社副主任。1975 年 4 月，任赵康棉加厂副厂长。1985 年 2 月离休。1949 年，进军西北时立功一次，被评模范一次；1950 年被评模范一次；抗美援朝中立三等功 4 次；1958 年、1959 年、1960 年大战水利中运动被评模范三次；1961 年在军分区学习被评为五好学员。

刘建国　1932 年 3 月生，石楼县前山乡贺家坬村人。1956 年 3 月加入中国共产党。1949 年 3 月参加工作，先后任石楼县义牒区政府通讯员、甘肃省武都地委电台通讯员、武都军分区司令部电台通讯员。1951 年 4 月，到解放军陆军第一炮校学习。1952 年 10 月后，任解放

军炮兵第10师、15师文书、书记。1959年4月，任中国科学院兰州分院人事科科员。1963年2月，任襄汾县西贾公社宣传委员。1963年6月后，任襄汾县档案馆干事、副馆长。1983年12月离休。

李铁狗 1932年3月生，襄汾县邓庄镇渔池村人。1960年10月加入中国共产党。1948年7月，参加中国人民解放军，在3507部队被服厂工作。1952年，调兰州军区第二仓库工作。1953年，调第740库保管科工作。1965年，任保管科支部党小组长。1970年，调总后西安基地兵站维修科工作。1975年，转业到襄汾县化肥厂工作。1989年退休，2008年10月改为离休。

高宗文 1932年4月生，襄汾县大邓乡东郭村人。1949年7月加入中国共产党。1947年10月参加工作，任铁道西武工队队员、张礼行政村干事。1949年1月后，任襄陵四区团委，二区、三区宣传委员。1955年5月后，任陶寺基点工作组组长、县委宣传部副部长。1957年7月后，任贾庄、邓庄、浪泉、陶寺公社书记。1966年10月后，任东方红、贾罕公社书记。1975年1月后，任县委党校校长、工业局书记。1978年5月，任县委常委。1981年10月后，任县建委主任、城建局书记。1990年8月，任环保局书记。1992年12月离休。

张思温 1932年5月生，翼城县南唐乡河沄村人。1951年1月加入中国共产党。1948年6月参加工作，入吕梁10分区财干校学习。1948年8月，入西北行政干部学校学习。1949年3月，入西北人民工业学校学习。1949年7月，任1野2兵团西安办事处会计。1950年2月，任西北军区后勤车管部修理厂会计。1952年11月，任志愿军汽车11团政治处干事。1955年1月，任空军汽车3团政治处秘书。1960年1月，任空军汽车3团3营7连指导员。1964年1月后，任空军汽车3团政治处宣传股、组织股股长。1969年7月，任国防科委汽车41团3营教导员。1970年1月，任国防科委20基地4部2站副政委。1971年1月，任国防科委24基地导弹发射团副政委。1978年11月，任襄汾县委宣传部副部长。1985年8月，任县委党校支部书记。1992年12月离休。1957年，在部队获通令嘉奖一次。1955年10月，被授予中尉军衔；1960年5月，被授予上尉军衔。

李兴华 曾用名李宝玉，1932年6月生，襄汾县赵康镇赵雄村人。1955年12月加入中国共产党。1948年7月参加工作，先后在新绛中学行干班、财会班，临汾财会班学习。1949

年10月，任闻喜县供销社事务员。1953年，任闻喜县供销社会计。1956年后，任闻喜县供销社干部科干事、副股长，财贸部干事、副组长。1967年后，任闻喜县财委、财办、商办副主任。1971年，任襄汾县食品公司支部书记。1973年，任襄汾县商业局副局长。1985年5月，任襄汾县供销社副主任。1991年10月，任襄汾县商业局副局级调研员。1992年12月离休。1955年，被评为社会主义建设积极分子。1955—1964年，多次被评为闻喜县财贸系统先进工作者和模范。1987年，地区供销社给予荣记集体三等功、浮动一级工资奖励。

徐丙倍　1932年6月生，襄汾县南辛店乡北许村人。1951年1月加入中国共产党。1949年7月参加中国人民解放军，任西北军大学员、文书。1950年4月，任四川温江地区机要秘书。1952年9月，入四川大学附设工农速成中学学习。1955年8月，入四川大学经济系学习。1959年8月，任山西省委《前进》编辑部资料员。1962年5月，任晋南地委组织部支部指导员。1970年8月后，任襄汾化肥厂、汽配厂组长、副主任。1975年8月，任县公交部秘书。1976年6月，任县手管局副局长。1985年6月，任县委党校副校长。1992年12月离休。1951年，在四川温江地委工作时被评为三等模范；1983年在县二轻局工作时，因超额完成任务，受到700元的奖励。

亢思聪　1932年7月生，襄汾县襄陵镇南街村人。1962年2月加入中国共产党。1949年3月参加工作，先后任襄汾县政府秘书，团县委副书记，中共临汾县委农工部副科长、组长，襄汾县人委办公室副主任，县革委生产组办公室副主任，县农林局副局长，农牧局局长，中共襄汾县委农工部副部长、部长，襄汾县人民政府副县长，襄汾县人大常委会副主任。1993年8月离休。

崔继广　曾用名崔继光，1932年10月生，襄汾县古城镇东侯村人。1959年12月加入中国共产党。1949年2月参加工作，在吕梁10中学习、支前，后任马村小学教员、定兴小学校长、贾岗学区联合校长、县教育局视导员。1958年8月后，任汾城公社文教、政法委员。1962年8月，任襄汾县公安局股员。1969年5月，调古城公社。1972年5月，任襄汾县良种场办公室主任。1974年2月后，任襄汾县公安局副股长、所长。1992年12月离休。1987年，被临汾地委、行署评为先进工作者。1987年，被公安处评为先进工作者。

王良臣　1932年11月生，襄汾县南贾镇西牛村人。1960年3月加入中国共产党。1948年6月参加工作，任晋绥边区洪涛印刷厂技工。1949年3月，任西南军区运输分部押运员。1950年5月，任解放军第二汽校警卫员。1952年7月，到临汾行政干校学习。1953年3月，

任县农林局技术站站长。1974 年 5 月后，任赵曲公社主任、书记。1984 年 11 月，任襄汾县科协主席。1992 年 12 月离休。获得的奖励有：1956 年 12 月，出席全国第四次棉花大会，受到毛主席、周总理接见，并合影留念；1987 年，出席山西省科普先进工作者会议，多次被评为先进工作者和模范党员。1983 年 3 月，获助理农艺师职称。

崔　良　曾用名崔申成，1932 年 11 月生，襄汾县新城镇桥子沟村人。1955 年 6 月加入中国共产党。1949 年 5 月参加工作，任银行晋南支行出纳。1950 年 6 月，任永和县银行会计。1953 年 3 月后，任晋南中心支行科员、副科长。1957 年 4 月后，任永和、吕梁银行副行长、行长。1961 年 5 月，任永和县委办公室副主任。1962 年 7 月，任永和银行行长。1969 年 4 月后，任永和县商业局革委会主任、南庄公社书记。1971 年 10 月，任隰县银行行长。1975 年 10 月后，任襄汾县商业局局长、调研员。1992 年 12 月离休。

高怀仁　曾用名高秋彦，1933 年 1 月生，襄汾县汾城镇三公村人。1949 年 8 月加入中国共产党。1946 年 7 月参加中国人民解放军，任太岳军区 24 旅 72 团卫生员。1948 年 8 月，任郧阳军区卫生班班长、看护长。1950 年 1 月，任湖北军区新 8 团 4 营医助。1951 年 4 月，入空军军医学校学习。1963 年 2 月，任襄汾县医院汾城分院支书。1972 年 7 月后，任县医院主治医师、副主任医师、副院长、副书记等职。1993 年 7 月离休。曾参加刘家谷战斗、攻击霍县战斗、汾西和汾孝战斗、晋南战役、解放两竹战斗、解放汉中战斗等。1955 年 9 月，被授予军医中尉军衔；1960 年 5 月，被授予上尉军衔。1955 年 7 月，被授予解放奖章。1980 年山西省卫生厅授予主管医师职称。

周根盛　曾用名周小六，1933 年 3 月生，襄汾县赵康镇赵康村人。1953 年 11 月加入中国共产党。1948 年 6 月参加汾城县大队。1948 年 7 月，任西北军区后勤学院通讯员。1950 年 10 月，任东北军区 23 院警卫员、见习干事。1954 年 1 月，任南京空军 453 医院管理员。1954 年 12 月，入徐州空军第三速成中学学习。1957 年 12 月，入徐州空军后勤学校学习。1961 年 7 月，任芜湖厂站助理员。1969 年 12 月，任襄汾赵康机械厂支部书记。1972 年 7 月，任临汾地区工程公司保管。1975 年 4 月后，任临汾市百货公司主任、襄汾丰盈信用社主任。1983 年 2 月，任襄汾县人民法院审判员。1993 年 12 月离休。1952 年 3 月，在沈阳部队立小功一次，受物质奖励。1953 年 11 月，在空军芜湖场站被评为学习毛主席著作标兵。1956 年 7 月获解放奖章。1955 年 9 月，被授予少尉军衔；1962 年 6 月，被授予中尉军衔；1964 年 7 月，被授予上尉军衔。

尉建华　曾用名尉三旺，1933 年 5 月生，襄汾县汾城镇尉村人。1952 年 8 月加入中国共

产党。1949 年 3 月参加工作，任地委古城专营酒厂业务员。1950 年 3 月后，任汾城县、襄汾县法院书记员、审判长。1958 年 10 月，任侯马市委组织指导员。1960 年 8 月，任中央 162 航空学校党支部书记。1961 年 10 月，任襄汾县委组织部指导员。1962 年 5 月，入晋南地委党校学习。1965 年 8 月，任襄汾县委组织部指导员。1971 年 10 月，任襄汾县造纸厂办公室主任。1973 年 10 月后，任油厂副厂长、城关粮站副站长。1987 年 12 月后，任粮局审计股股长、粮局系统工会主席。1993 年 12 月离休。1952 年，被评为模范；1959 年，被评为先进工作者、模范；1973 年到 1988 年，历年均被评为模范工作者。

尹志民　1933 年 6 月生，襄汾县襄陵镇齐村人。1959 年 12 月加入中国共产党。1949 年 8 月参加工作，任襄陵县政府生产联合社会计员。1950 年 4 月，任襄陵县供销社会计员。1952 年 3 月，任襄陵县城关供销社门市部会计员。1953 年 9 月，任襄陵县供销社业务员。1953 年 12 月，任陶寺供销社棉站站长。1955 年 9 月，任安平供销社业务员。1956 年 12 月，任古城供销社收购站站长。1976 年 12 月，任襄陵供销社业务组组长。1982 年 12 月，任浪泉供销社干事。1991 年 9 月离休。

张兰娇　女，1933 年 6 月生，洪洞县圣王乡金沟村人，后居襄汾县城关供销社家属院。1960 年 2 月加入中国共产党。1949 年 2 月参加工作，在万安党校学习。1949 年 4 月，任赵城县四区土改工作队员。1949 年 9 月，任赵城贸易公司出纳。1951 年 7 月，入临汾行政干校学习。1951 年 12 月，任赵城县人事科科员。1952 年 4 月，任赵城卫生院护士。1952 年 11 月，任赵城五区妇联干事。1954 年 8 月，任襄汾县妇联委员。1967 年 1 月后，在赵曲、陶寺、城关供销社工作。1994 年 11 月离休。

曹　瑾　曾用名曹丑娃，1933 年 6 月生，襄汾县大邓乡范村人。1955 年 4 月加入中国共产党。1947 年 3 月，在襄陵张纂合作社参加工作。1948 年，任襄陵博济医院护士。1950 年，任襄陵卫生院医士。1960 年 12 月，任临汾县医院医师。1961 年后，任襄汾县医院医师、主治医师、副主任医师、副院长等职。1993 年 7 月离休。多次被县委、县政府、医院评为先进工作者、劳动模范。1984 年，出席全县优秀知识分子大会。被地区科协评为先进工作者，并出席代表大会。

刘靖汉　1933 年 9 月生，襄汾县大邓乡裴家庄人。1953 年 6 月加入中国共产党。1948 年 1 月参加工作，先后任闻喜县供销社干事、股长。1954 年，任闻喜县委秘书处负责人。1957 年，任临汾驻三门峡办事处会计。1959 年，任地区驻襄汾县检察院检察员。1962 年，

任襄汾县副食经理部经理。1969 年 6 月，任邓庄纸厂支部书记。1970 年，任丰盈供销社主任。1974 年，任城关棉加厂支书。1978 年，任棉麻公司支部书记。1997 年 11 月离休。

李光宇　1933 年 10 月生，襄汾县陶寺乡张纂村人。1955 年加入中国共产党。1949 年 2 月起，先后在晋绥干部训练班、晋绥党校、晋南行干校学习。1950 年 1 月，任大宁县委宣传部干事。1954 年 5 月，任大宁县百货公司业务员。1956 年 6 月，任大宁县委财贸部干事。1958 年 8 月后，任晋南建筑工程公司党委组织部干事、第三工程队党支部书记。1961 年 6 月，任西部钢煤厂党委会秘书。1962 年 8 月，任襄汾县东方红公社组宣委员。1970 年 1 月，任浪泉公社宣传委员。1976 年 7 月，任襄汾县委审干办干事。1982 年 1 月—1987 年 12 月任襄汾县百货公司副经理。1992 年 8 月离休。获得的奖励有：1954 年、1955 年、1956 年，在大宁县百货公司工作期间因完成推销等任务受过数次物质奖励；1956 年被评为甲等模范，出席全县劳模会；1959 年，在晋南建筑工程公司党委组织部工作时，连续 4 个季度被评为甲等先进工作者，受数次物质奖励。

姜福华　曾用名姜映华，1933 年 11 月生，安徽省凤阳县城西乡人，后居襄汾县自来水厂。1949 年 5 月参加中国人民解放军，任 2 野 18 军后勤部见习文化干部。1953 年 2 月，任四川省新津县工商局会计。1959 年 12 月，到襄汾县张礼公社温泉村务农。1979 年 4 月后，任襄汾县服务公司小吃店售票员、旅社会计。1987 年 1 月，任襄汾县饮食服务公司会计。1987 年 5 月离休。

柴吉安　曾用名柴白狗，襄汾县南贾镇上鲁村人。1933 年 12 月生，1956 年 1 月加入中国共产党。1948 年 7 月参加中国人民解放军，任西北野战军 4 纵队 3 旅战士。1952 年 5 月后，任 11 师司令部警卫员、排长、连长等职。1963 年 1 月，任河南陕县人武部干事。1970 年 10 月，任河南渑池县钢铁厂学校支部书记。1981 年，任襄汾县东刘电灌站副站长。1986 年 11 月离休。曾参加罗居镇战斗、兰州沈家岭战斗、中印边界自卫反击战等。1953 年 5 月、1956 年 1 月，立三等功两次。1962 年，所带连荣获集体二等功。1956 年 4 月，被授予少尉军衔；1962 年 7 月，被授予中尉军衔。

裴心友　1933 年 12 月生，襄汾县大邓乡沟南村人。1947 年 12 月在襄陵县供销合作社参

加工作。1951 年 8 月后，任襄陵镇供销社会计、赵曲供销社会计、襄陵供销社组长、南贾供销社组长。1960 年 8 月，任侯马市煤建公司业务员。1961 年 6 月，任襄汾县生产资料公司经理部业务会计。1979 年 3 月，调乡镇企业局供销公司工作。1993 年 12 月离休。

郭成家　1934 年 1 月生，襄汾县张礼乡上靳村人。1956 年 4 月加入中国共产党。1949 年 5 月参加工作，在西北后勤军需部被服厂当工人。1951 年 7 月，入临汾师范学习。1954 年 7 月后，任南梁完小、邓庄完小教师。1956 年 6 月，任《襄汾小报》编辑。1959 年，任《临汾小报》编辑。之后，赴省委党校新闻班学习一年。1962 年 8 月，任襄汾县委农工部干事。1966 年 4 月，任贾岗公社党委书记。1967 年 4 月后，任《红襄汾》报主编、县宣传站革委主任。1970 年 11 月，任县委通讯组组长。1974 年 11 月后，任县委办秘书科副主任、县委办副主任。1980 年，任县政府办主任。1984 年 11 月，任县委办副主任。1986 年 4 月后，任体改办主任、政府党组成员、政府机关总支书记。1989 年 8 月，任县卫生局局长。1995 年 3 月离休。1955 年，被县教育局评为积极工作者。1959 年，被评为县模范干部。1960 年，在省委党校学习时被评为学习标兵。1964 年、1965 年在襄汾关村、洪洞搞“四清”时，三次被评为“五好队员”。1969 年，被评为“学毛著积极分子”。1976 年，被地区评为模范信访干部。

王维经　1934 年 3 月生，山西省太原市人。1949 年 6 月参加工作，入山西公学学习。1950 年 2 月，任长治专区文工团团员。1952 年 7 月，任山西省艺术干校美术辅导员。1953 年 4 月，任山西省文化局美术工作室创作员。1957 年 4 月，任山西省群众艺术馆馆员。1958 年 3 月，任山西省艺术学院教员兼系干事。1959 年 9 月，任山西群众艺术馆美术组组长。1961 年 8 月带薪下放襄汾县文化馆。1962 年 5 月，任襄汾县蒲剧团秘书。1967 年 7 月，任襄汾县文化馆馆员。1978 年，任襄汾县图书馆馆长。1994 年 7 月离休。在 1954 年全省第三次美展和 1955 年全省青年美展中，作品两次获奖；1965 年“四清”中，被评为先进工作队员；1985 年，被县政协评为先进工作者；1995 年，被评为中国美术家协会山西分会会员。

李绍良　1934 年 3 月生，襄汾县古城镇西王村人。1962 年 4 月加入中国共产党。1949 年 4 月参加工作，在西北通讯学校学习。同年 11 月，任西北二局技术科员。1953 年 1 月后，任军委三部西北工作站科员、北京工作站科员。1954 年 8 月后，任总参三部三局一处参谋、七处副领班、新疆工作站副股长、八处二科股长。1971 年 2 月，任新疆建设兵团农 7 师棉加厂政治处副主任。1976 年 4 月后，任总参三部三局二支队中队长、二处二科股长。1978

年 11 月，任襄汾县蔬菜公司支部书记。1981 年 3 月，任襄汾饮食服务公司支部书记。1995 年 2 月离休。1955 年 10 月，被授予技术少尉军衔；1956 年 11 月，被授予技术中尉军衔；1962 年 6 月，被授予上尉军衔。1950 年 5 月，在西北军区司令部二局被评为模范团员；1951 年 11 月，在西北军区司令部三处立三等功；1952 年，在总参三部中南技术局西北工作站受通令嘉奖；1984 年，在饮食服务公司出席县先进工作者代表会。

常天成　1934 年 3 月生，临汾市龙祠乡北杜村人。1949 年 3 月参加中国人民解放军，任晋绥军区 23 团政治处宣传员。1955 年 6 月，任西南地质局保卫处干事。1965 年，任四川省交通厅 8 处特派员。1975 年 3 月后，任襄汾县公安局预审科预审员、主任科员。1994 年 5 月离休。1961 年，在四川省地质局太和训练班被评为模范学员；1984 年到 1987 年，被评为县公安局先进工作者；1987 年，被评为地区先进工作者。

邓积才　1934 年 12 月生，襄汾县新城镇赵曲村人。1955 年 10 月加入中国共产党。1948 年 1 月参加工作，先后任翼城、长治大胜兴通讯员。1949 年 9 月，任长治太岳区党委、山西省委统战部通讯员。1950 年 6 月，任临汾百货公司营业员。1953 年 5 月，入山西省商业干部学校学习。1954 年 6 月后，任浮山县百货公司会计、晋南百货公司总务会计、统计员。1959 年 7 月，入中央商业干部学校学习。1959 年 11 月后，任临汾地区百货公司、襄汾县商业局统计员。1964 年 10 月，任洪洞县甘亭公社“四清”队员、襄汾县南贾公社北刘村“四清”副指导员。1966 年 9 月，任襄汾县商业局人事干事。1970 年 1 月，任襄汾县五交化公司副主任。1974 年 11 月，任襄汾县商业局政工股股长。1986 年 9 月，任襄汾县商业局工会主席。1995 年 3 月离休。

梁宝嘉　1935 年 6 月生，襄汾县西贾乡义顺村人。1955 年 4 月加入中国共产党。1949 年 5 月参加工作，先后任汾城县委生产部出纳、汾城县供销社分级员。1952 年，任城关棉站副站长。1955 年 3 月后，任空军 2180 部队修理厂、档案室、保密室油缝工、档案员。1961 年 5 月，任汾城合作社膏腴分店经理。1962 年 5 月，任汾城公社武装部副部长。1963 年 5 月，任赵康公社武装部部长。1965 年 7 月，任汾城公社武装部部长。1967 年 3 月，任汾城公社核心小组负责人。1969 年 4 月，任汾城公社革委会主任。1970 年 10 月，任贾岗公社核心小组组长。1971 年 7 月，任贾岗公社党委书记。1981 年 11 月，任襄汾县计量局局长。1982 年 11 月，任县委县政府信访办主任、局长。1995 年 11 月离休。获得的奖励有：1960 年、1961 年，在 2180 部队先后荣立三等功两次，被评为五好战士；1982 年—1987 年，连续被评为地区信访工作先进个人。

第三节　异地回乡及条管单位离休干部

（以姓氏笔划归类，计 128 人）

卫秀生　1932 年 6 月生，襄汾县陶寺乡青杨村人。1947 年 2 月参加工作，在西南军政大学校部工作。1952 年，调军事工程学院运输处工作。1955 年，调大同配件公司工作。1963 年，调临汾配件公司工作。1972 年，调襄汾县汽车队工作。1975 年，调襄汾县石油公司工作。1984 年 11 月离休。

王正顺　1912 年 10 月生，襄汾县新城镇宋村人。1943 年 3 月加入中国共产党。1944 年 5 月，任襄陵县抗日政府公安助理员。1944 年 8 月，入太岳行政干校学习。1946 年 4 月，任襄陵县公安局干事。1946 年 6 月，任汾西办事处秘书。1948 年 3 月，任襄陵三区区长。1949 年 3 月，任襄陵县司法科科长。1953 年 5 月，任洪洞县法院院长。1957 年，任运城县政法部部长。1969 年，任临猗县法院院长。1973 年 8 月退休，后改为离休。1959 年被专署评为政法先进工作者。2001 年 11 月去世。

王福山　1915 年 12 月生，襄汾县汾城镇北贾岗村人。1947 年加入中国共产党。1947 年参加中国人民解放军，任二野十旅后勤处兽医，7 月，任侦察员。1948 年 11 月，在二野十旅警卫团参加淮海战役。1949 年 2 月，负伤住院后编入 13 军后勤处任兽医。12 月，调 13 军军部侦察队。1950 年 1 月，调任 37 师后勤处兽医。1952 年 3 月，转业到文山专署建设科工作。1953 年 7 月，任文山专署保险公司副经理。1958 年，下放邱北畜牧场任兽医。1959 年 12 月，因孙恒荣反革命集团案被判刑 12 年。1973 年，回襄汾原籍务农。1981 年，平反后到文山州财政局工作。1982 年 10 月离休回原籍。

王占祖　1917 年 7 月生，大邓乡大邓村人。1947 年 7 月参加工作。1979 年 9 月于四川省西昌市飞播林区经营管理局退休，1982 年 4 月改为离休。

王一帆　女，曾用名王正平，1919 年 1 月生，河南省内乡县王营村人，后定居襄汾县贾庄村。1949 年 8 月参加工作，任兰州军区总医院护士。1978 年 12 月退休，后改为离休。1958 年 10 月在总医院门诊部被评为先进工作者。1997 年 8 月去世。

王于生　曾用名王德源，1921 年 1 月生，襄汾县古城镇北焦彭村人。1947 年 11 月参加工作，任河津县税务局普村税务所会计。1948 年 6 月，任河津县税务局会计。1951 年，任股长。1958 年 12 月，任稷山县财政局股长。1962 年 1 月，任河津县财政局股长。10 月，任襄汾县税务局所长。1980 年 1 月退休后回原籍居住，1982 年 4 月改为离休。1999 年 6 月去世。

王　信　1922年7月生，襄汾县景毛乡堡头村人。1939年7月加入中国共产党。1937年10月参加八路军，任115师补充2营战士。1938年1月，任补充团宣传队宣传员。1940年6月，任陈大渠支队1团宣传队分队长。12月，任教导旅4团组织股干事。1941年10月，任教导旅4团卫生连干事。1942年3月，任9连干事。8月，任山东滨海二军区临沭县炭山区中队副政治指导员。1943年8月，任临沭县独立营连副政治指导员。1944年7月，到山东军区教导团（抗大二分校）二大队学习。1945年8月，任山东军区滨海军分区政治部政治指导员。1946年8月，任教导大队二队政治指导员。1948年12月，任滨海警备16团2营教导员。1949年5月，任炮兵营教导员。1949年9月，任山东警备旅炮兵团1营教导员。1950年5月，任山东鲁中南军区政治部宣传科副科长。1950年10月，任鲁中军区政治部青年科科长。1952年6月，任华东军区炮兵65师615团政治处副主任。10月，到军委沈阳炮校学习。1953年10月，任沈阳高级炮校训练部政治系教员。1954年9月，任沈阳高级炮校训练团政治处主任。1955年4月，任华东军区炮兵3师12团副政委。1956年10月，任政委。1958年11月，任13团政委。1960年8月，到解放军政治学院学习。1962年2月，任17团政委。1664年10月转业，任冶金部中南锰矿公司政治部主任。1969年1月，任锰矿领导小组组长。1969年12月，任湖南湘潭锰矿党委书记。1975年6月，任冶金部湖南长沙设计院党委副书记、副院长。1982年2月，任顾问。同年12月离休后回原籍生活。

王春俭　1922年生。1946年8月参加工作，1985年3月在西藏白马公路养护段副段长岗位离休。2005年3月去世。

王教启　1928年1月生，襄汾县新城镇柴村人。1948年加入中国共产党。1949年6月参加工作，曾任林县供销社干部。1982年12月离休。

王士杰　1928年1月生，襄汾县陶寺乡向阳村人。1949年4月参加工作，曾在济南汽车车桥分厂工作，1982年1月离休。

王永录　1928年4月生，襄汾县汾城镇人。1951年加入中国共产党。1948年4月参加工作，曾任西藏军区总医院副院长。1983年离休。

王正元　1932年6月生，襄汾县古城镇盘道村人，1949年6月参加工作。曾任银行办公室主任。1983年6月离休。

王根管　1935年生，襄汾县永固乡家村人。1961年12月加入中国共产党。1948年10月参加工作，曾任县农行赵康所主任。1987年3月离休。

王银吉　襄汾县邓庄镇下西梁村人，1949年7月参加工作，曾在青海省公路桥梁工程公司工作。1981 年 4 月退休，1982 年 4 月改为离休。

王兆祥　襄汾县汾城镇孝村人，曾任新华书店经理。

牛光荣　1917 年生，襄汾县新城镇人。1949 年 5 月加入中国共产党。1948 年 6 月参加工作，1982 年 4 月在四川省石棉县供销社副主任岗位离休。2001 年去世。

牛树松　1924 年生，襄汾县陶寺乡王云村人。1949 年 4 月参加工作。于晋祠文管所所长岗位退休，1984 年 7 月改为离休。1988 年 7 月去世。

邓廷琪　1920 年 6 月生，襄汾县大邓乡大邓村人。1948 年 10 月加入中国共产党。1947 年 9 月参军，任太岳 19 分区襄陵独立团 8 连文书。1949 年 1 月，任 44 旅 131 团 3 营营部书记。1949 年 11 月，任 185 师 554 团参谋、副政治指导员、指导员。1951 年 3 月，任运输连指导员。1953 年 2 月，任工程兵 27 团 4 连指导员。1962 年 12 月，任 10 团政治处组织协理员。1963 年 4 月，任乡宁县党员登记组组长。1977 年 1 月，任乡宁县农机大型站站长。1979 年 1 月，任乡宁县地震局局长。1982 年 1 月离休后回村居住。1955 年获解放奖章。1998 年 1 月去世。

亢思敬　1900 年生，襄汾县陶寺乡张纂村人。1949 年 5 月参加工作。1962 年 3 月在三门峡管理局技术员岗位退休。1982 年 11 月改为离休。

石玉林　1920 年生，襄汾县永固乡南董村人，1946 年 8 月参加工作。于河北省定县地方铁路处退休，1984 年 3 月改为离休。

左兴基　1933 年 6 月生，洪洞县人，后居襄汾县城区。1950 年 2 月入党。1948 年 3 月参加工作，曾任兰州军区政干校政委。1984 年 3 月离休。

史振华　1911 年生，襄汾县赵康镇牛席村人。1946 年 10 月参加工作。1974 年 10 月在新疆哈密林业局科长岗位退休。1982 年 11 月改为离休。1987 年 12 月去世。

史彦卿　1926 年 10 月生，襄汾县新城镇南庄村人。1952 年加入中国共产党。1948 年参加工作。曾任运城盐化五厂厂长。1983 年离休。

田世恺　1927 年 6 月生，襄汾县襄陵镇西街村人。1975 年 3 月加入中国共产党。1948 年 7 月参加工作，任东院小学教员。1952 年 7 月，任东柴学区中心校长。1952 年 11 月，任东柴扫盲专教。1954 年 4 月，任襄陵一区扫盲校长。1957 年 3 月，任浪泉完校教员。1957

年4月，任城关、赵曲扫盲视导员。1957年10月，任浪泉公社西阳村教员。1958年3月后，任邓庄公社、临汾屯里公社、襄陵联区视导员。1962年7月，任东柴河南小学教员。1962年10月，任南辛店片视导员。1979年12月，在襄汾县新华书店农村流供组组长岗位退休，1983年8月改为离休。1988年1月去世。

田庆成 襄陵镇西街村人。1949年4月参加工作。1980年3月于临汾市电影院退休，1982年4月改为离休。

白宝书 1926年7月生，襄汾县襄陵镇胡村人。1980年12月加入中国共产党，1949年9月参加工作。曾任翼城县农机局干部。1983年11月离休。

白庆恒 1929年2月生，襄汾县邓庄镇张礼村人。1960年12月加入中国共产党。1949年8月参加工作，曾任主任科员。1990年2月离休。

吉双喜 1922年11月生，襄汾县景毛乡北李村人。1947年6月参军，任汾城县县大队战士。1948年，任59团3连战士，后任甘肃省天水市中城区干事、街道办事处副主任。1957年12月，任襄汾县民政局干事。1959年，任侯马市民政局干事。1961年，任襄汾县民政局干事。1969年，任襄汾县人民银行干事。1982年12月离休。

吉纪喜 1930年生，襄汾县新城镇夏梁村人。1952年3月加入中国共产党。1947年6月参加工作，曾任南郑县粮局干部。1985年12月离休。

朱淑菴 曾用名朱全德，襄汾县新城镇赵曲村人。1945年9月开始从事地下工作。1947年7月，任襄陵公安局外勤干事。1948年5月，任临汾公安局城内派出所所长。1950年1月，入太原山西行政干校学习。1950年9月，任临汾公安处治安科科员。1952年7月，任临汾公安处劳改科秘书。1954年9月，任晋南专署公安处秘书科副科长。1979年4月退休，1982年4月改为离休。1991年10月去世。

乔奎娃 1924年生，襄汾县陶寺乡张纂村人，后居新城镇南庄。1946年6月加入中国共产党。1943年3月参加工作。1964年12月在炮团政治部副主任岗位退休，1982年11月改为离休。2005年12月去世。

祁金德 襄汾县陶寺乡陈庄村人，1947年5月参加工作，曾在襄汾县新华书店工作。1981年4月离休。

刘玉池 1912年10月生，河南省唐县王合庄人。1949年6月参加工作，任太原公学总务科会计。1950 年 3 月，任山西省行政干部学校会计科会计。1956 年 2 月，任山西省干部学校会计科会计。1957 年 3 月，任山西省委党校财粮科会计。1980 年 12 月，在中阳县退休，1982 年 4 月改为离休。2004 年 1 月去世。

刘　江　1918 年 5 月生，襄汾县邓庄镇贾庄村人。1949 年 3 月参加工作，曾任河南禹县银行股长。1980 年退休，1984 年 3 月改为离休。

刘子绍　曾用名刘九成，河南省濮阳市杨寨村人。1956 年 8 月加入中国共产党。1949 年 8 月参加工作，任兰州电厂事务员。1950 年 1 月，入工业厅职工学校学习。1950 年 7 月，任工业厅公营工厂供销处科员。1953 年 3 月，任工业厅经理处计划科科长。1959 年 1 月，任省成套公司科长。1960 年 1 月，任省物资局成套处副处长。1962 年 10 月，任省成套局储运处负责人。1963 年 8 月，任省机电设备公司成套处负责人。1964 年 1 月，任省物资管理局计划统计处副处长。1965 年 9 月，任建筑材料公司甘肃省公司副经理。1976 年退休，后改为离休。1984 年 1 月去世。

关雨亭　1920 年生，襄汾县赵康镇西汾阳村人。1948 年 5 月参加工作。于临汾师范专科学校退休，1982 年改为离休。

李纳言　1911 年 4 月生，襄汾县南辛店乡文臣村人。1939 年 4 月加入中国共产党。1937 年 4 月参加红军游击队，1938 年 1 月，任 115 师黄华支队战士。1938 年 9 月，任 18 集团军修理工。1946 年 1 月，任晋绥工业部林纺厂厂长。1948 年 7 月，任新绛纺织厂厂长。1950 年 7 月，任运城自来水厂厂长。1952 年 1 月，因病住院治疗。1954 年离职。1962 年 7 月退休，1982 年 4 月改为离休。1999 年 8 月去世。

李子清　原名李世康，1914 年 11 月生，襄汾县大邓乡大邓村人。1949 年 11 月加入中国共产党。1945 年 9 月参加工作，先后任太岳二分区曲襄汾县公安局队员、事务长、管理员。1948 年 7 月，任襄陵县公安局股长。1950 年 12 月后，在临汾专署公安处粉坊、霍县煤矿、乡宁台头煤矿、晋南分监狱任生产干部。1957 年 2 月后，任山西省第三监狱管理员、生产采购员、股长、中队长。1969 年 7 月退休，后改为离休。1959 年，被评为先进工作者，受物质奖励。1987 年 6 月去世。

李　凯　曾用名李繁德，1915 年 9 月生，襄垣县王村人。1949 年 5 月加入中国共产党。1939 年 4 月参加工作，先后任襄垣县五、十、三、六区秘书、助理员。1943 年后，任襄垣县六区及王村、常家坡村长。1945 年，调晋鲁豫边区七分区晋东县二区、五区工作。1946 年，调太岳经济总局化研室工作。1947 年后，任临襄县、襄陵县税务局秘书、股长。1948 年后，任襄陵县五区、二区区公所区长、区委。1951 年后，任襄陵县、襄汾县财政科长、基点组长。1957 年，任襄汾县城关乡党委书记。1958 年，任城关公社书记处书记。1959 年，任陶寺公社书记兼主任。1960 年后，调临汾县政府计委会、统计局工作。1962 年，任临汾县泊庄公社副书记。1963 年，任永济县供销合作社组织副主任。1970 年，到河北省涿县养病。1978 年退休，后改为离休（襄汾县民政局管理）。2006 年 11 月去世。

李振东 1916 年生，襄汾县陶寺乡安李村人。1943 年 2 月加入中国共产党。1937 年 10 月参加工作。曾任河南洛阳杂品公司副经理。1982 年 8 月离休。1991 年 1 月去世。

李尚武 1920 年 4 月生，襄汾县景毛乡北高村人。1945 年 11 月加入中国共产党。1944 年 8 月参军，先后任 10 旅炮兵连战士、班长、副排长、排长。1949 年 2 月后，任 4 兵团炮兵团 1 营 1 连排长、炮兵 4 团 1 营 4 连副连长、1 连副连长、1 连连长。1951 年 3 月后，任炮 4 师炮 7 团 2 营 6 连连长、18 团 1 营 3 连连长、1 营参谋长。1953 年 1 月后，入高级炮校、锦州北大营文化学校学习。1954 年 8 月，任石油 6 厂运销科副科长。1955 年 9 月，任锦州石油技工学校总务科科长。1958 年 9 月后，在山西石油一厂、高平唐安剿丝厂、张庄翻砂厂工作。1965 年 11 月，在张庄翻砂厂支部书记岗位退休，后改为离休。曾参加宛北、平效、上党、同蒲、洛阳、平汉、淮海、渡江等战役。1947 年，渡黄河时立战功一次；1948 年，在淮海战役中立功两次；1949 年，在进军大西南时立二等功一次；1950 年 6 月，参加云南军区英模代表大会；12 月，在生产建设中立二等功一次。1992 年 11 月去世。

李子修 1920 年 11 月生，襄汾县南贾镇南贾村人。1956 年 11 月加入中国共产党。1948 年 5 月参加工作，任《吕梁日报》装订员。1948 年 10 月，任晋南洪涛印刷厂石印员。1949 年 10 月后，任陕西省财政厅印刷厂采购员、副科长。1960 年，调陕西省文化局工作。1963 年 10 月，调陕西省京剧院工作。1972 年，任陕西省文化局幻灯制片厂负责人。1980 年 6 月，在陕西退休。1982 年 1 月，工资改由襄汾县民政局发放。1984 年 5 月改为离休。2004 年 12 月去世。

李本植 1925 年 5 月生，襄汾县汾城镇孝村人，1949 年加入中国共产党。1946 年 12 月参加工作，曾任昆明军区汽车营政教。1982 年离休。

李双喜 1926 年 3 月生，襄汾县邓庄镇鱼池村人。1949 年 4 月加入中国共产党。1948 年 4 月参加中国人民解放军，历任战士、指导员。1963 年 8 月，任曲沃人民银行副行长。1965 年 5 月，任洪洞县堤村公社主任。1970 年 9 月，调洪洞县白石公社工作。1983 年离休。

李文清 1931 年 7 月生，襄汾县南贾镇连村人。1948 年 3 月参加工作，曾任省金属公司侯马站业务员，1984 年 11 月离休。

李廷槐　襄汾县大邓乡大邓村人。1940 年参加工作。1977 年于临汾市大苏供销社退休，1983 年改为离休。

李遇春　襄汾县襄陵镇浪泉村人，1949 年加入中国共产党。1945 年 8 月参加工作，曾任陕西宁强县工商局干部。1982 年 5 月去世。

杜永福　1928 年 3 月生，居农行家属院。1947 年 8 月参加工作，曾任县农行业务员。1982 年 4 月离休。

杨耀成　1925 年 1 月生，襄汾县丰盈乡人。1950 年 9 月加入中国共产党。1949 年 8 月参加工作，曾任甘肃省宁县焦村公社干部。1981 年 1 月退休，1982 年 4 月改为离休。

花朝阳　1920 年 9 月生，云南省康谋县华竹乡人，后居邓庄镇张礼村。1950 年 6 月加入中国共产党。1949 年 7 月参军，任解放军 14 军 4418 团 11 营战士。1951 年 2 月，任 1 野 1874 部队保管员，入朝参战。1954 年 7 月转业，任襄汾县纺织品公司保管员。1957 年 3 月，任襄汾县贸易公司保管员。1958 年 5 月，任襄汾县石油公司上磅员。1979 年 12 月退休，1982 年 11 月改为离休。

谷守义　1930 年 2 月生，襄汾县西贾乡西彭村人。1956 年 11 月加入中国共产党。1949 年 2 月参加工作。曾任县农行总务。1982 年 4 月离休。

谷锁城　曾用名小锁，1931 年 5 月生，襄汾县南贾镇南贾村人，1946 年 8 月参军，历任太岳 4 纵队 11 旅解放大队通信员、31 团 1 营 2 连战士、2 野 4 兵团 14 军 41 师 118 团 2 营副班长、军部译电员、兵团留守处警卫 2 连副班长。1950 年 3 月后，任云南省财政厅交通大队一中队班长、云南军区后勤部警卫 5 连班长、警卫 4 连副排长、警通连排长。1953 年 8 月后，入第三速成中学、第九速成中学学习。1959 年 10 月，任铁道兵 1 师 116 团 3 营 9 连副政指。1960 年 3 月，任 10 连政指。1961 年 4 月因病住院。1970 年 5 月退休，后改为离休。曾参加侯马、运城、灵宝及消灭黄维兵团第一梯队等战斗。1952 年立三等功一次。1956 年，被授予副连级。1962 年，被授予上尉军衔。1992 年 8 月去世。

苏保生　1932 年生，襄汾县古城镇上北成村人。1956 年 12 月加入中国共产党。1948 年 8 月参加工作，任邓庄工商所保管员。1949 年 1 月，任晋南专署抚恤委员会出纳。1950 年 1 月，任襄陵公粮库保管员。1952 年，任襄陵粮食局化验员。1965 年 6 月，任汾城公社会计。1975 年 1 月，任襄陵税务所副所长。1981 年 12 月离休。1987 年 9 月去世。

张嘉祥　1906 年 12 月生，襄汾县南贾镇南贾村人。1949 年 4 月参加革命工作，任太原市轻重工业管理处干部。1950年1月，任山西省地方国营工业购销总处太原仓库保管员。1962年5月退休，1983年7月改为离休。1984年去世。

张南轩 1910年4月生，襄汾县汾城镇人。1940年2月加入中国共产党。1938年5月参加工作。于省财经学院教育处处长岗位退休，1983年10月改为离休。1993年6月去世。

张学增 1914年5月生，襄汾县陶寺乡中梁村人。1943年5月参加工作，任曲襄县公安局事务长。1945年1月后，任襄陵公安局机关烟厂经理、太岳公安二分局管理股长。1948年10月后，任襄陵机联社经理、襄陵供销社业务股长、副主任，临汾县供销社采购员、日用杂品部经理、土产部副经理。1958年11月，任临汾县农产品部副经理。1963年1月，任临汾县土产日杂经理部副经理。1965年9月退休，1982年11月改为离休。1994年10月去世。

张宝善 1920年5月生，襄汾县陶寺乡人。1948年1月参加工作。曾任县气象站站长。1984年1月离休。

张振国 1921年12月生，襄汾县汾城镇北膏腴村人。1950年5月加入中国共产党。1938年5月参加工作，任汾城县大队战士。1939年5月，任决死一纵队57团排长。1943年9月，任太岳军区4纵队12旅旅部侦察队队长。1946年，任18兵团司令部侦察队队长。1948年，任四川南充县大队长。1952年，任南充军区警卫团副营长。1958年后，任南充专区蓬安、苍溪等县公安局副局长。1963年养病休息。1966年退休，后改为离休。在军队曾立一等功两次、二等功一次、三等功一次。2004年11月去世。

张正直 1922年生，襄汾县陶寺乡中梁村人。1945年加入中国共产党。1948年3月参加工作，任邓曲行政村村长。1952年，到运城干部文化学校学习。1959年，任吉县马家河乡支部书记。1962年，任吉县屯里粮站站长。1980年退休，1982年改为离休。1992年去世。

张成才 1924年1月生，襄汾县陶寺乡中梁村人。1942年8月在襄陵县二区区委参加工作。1943年12月，入抗大六分校一大队民干队学习。1945年5月，任临汾二区武委会教导员。1945年9月后，任襄陵县二区武委会主任、战训干事。1947年3月，入太岳区武总干校学习。8月，任临晋县武委会县常委兼区主任。1948年10月，任临晋县武委会战训科长。1949年9月，任吕梁十分区教导大队民干队副队长。10月，任临汾军分区教导大队民干队干训队副队长。1950年10月，任蒲县武装部秘书。1952年7月，入山西省军区军政干校4队学习。1953年4月，任临汾军分区轮训队政治指导员。1954年9月，任吉县兵役局副政委。1958年5月，任临汾县兵役局副局长。1961年6月，任吉县武装部副部长。12月，任侯马市武装部书记。后调晋南专署气象局工作。1984年3月离休。1955年获独立自由奖章、解放奖章。1955年，被授予大尉军衔；1960年，被授予正营级。2008年3月去世。

张寿亭　1924年5月生，襄汾县陶寺乡陶寺村人。1939年参加工作。于临汾地区体委会退休，1984年2月改为离休。1995年10月去世。

张金梁　1924年6月生，襄汾县陶寺乡陶寺村人。1949年5月加入中国共产党。1947年8月参加工作。于临汾地区什林煤矿退休，1986年10月改为离休。1995年7月去世。

张守山　1924年6月生，襄汾县南辛店乡司马村人。1948年3月参加工作。在云南省师宗县林业局医院支部书记岗位离休。

张梦玺　1925年生，襄汾县新城镇张槐村人。1950年6月加入中国共产党。1945年4月参加工作。1983年5月于四川省宝兴县二轻局局长岗位离休。

张成学　1925年3月生，襄汾县大邓乡上西梁村人。1950年加入中国共产党。1942年参加襄陵游击队，历任战士、班长、排长、连长、营长。1949年12月随部队南下四川。1951年1月，调成都军区文工团工作。1952年，转业到成都市公安局劳改局工作，历任所长、股长、大队长、处长。1986年5月离休，1992年10月转到原籍襄汾。曾参加解放运城、临汾、太原、成都、重庆等战役。获华北解放纪念章、西北解放纪念章、西南解放纪念章、人民功臣纪念章。

张振峰　1927年生，襄汾县陶寺乡中梁村人。1946年加入中国共产党。1948年5月参加工作，任赵曲行政村党支部书记。1950年，任襄陵县委会计。1953年，到省委党校学习。1958年，任吉县公社书记，1963年，任吉县农机站站长。1980年10月退休，1982年4月改为离休。

张龙泉　1929年生，襄汾县邓庄镇东侯村人。1956年10月加入中国共产党。1947年6月参加工作，曾任四川省内江市蔬菜公司干部。1980年10月离休。

张金成　襄汾县陶寺乡陶寺村人。1947年8月参加工作。1980年2月于乡宁县税务局退休，后改为离休。

张东斗　襄汾县陶寺乡张相村人，1947年参加工作，曾在蒲县公安局工作。1986年离休。

芦月德　1916年9月生，襄汾县古城镇东侯村人。1949年9月参加工作，任绥远被服厂股员。1950年1月，入绥远军政干校学习。1950年8月，任绥远包头36军卫生部会计。1951年5月后，任河北63军107师医院股长、面包房主任、家属队会计。1954年7月，任井陉税务局股长。1963 年 1 月，调徽水税务局工作。1963 年 10 月，任测点税务所片管员。1974 年 12 月，在河北井侄财税局电管员岗位退休，后改为离休（属襄汾县民政局管理）。1997 年 5 月去世。

陈福奎 1924 年 2 月生，襄汾县古城镇京安村人。1949 年 6 月参加工作，曾任临汾行署水利局工程师。1984 年 2 月离休。

陈孟川 女，1930 年生，襄汾县新城镇人。1949 年 3 月在曲沃县财政科参加工作。1952 年 3 月，调霍县四区妇联工作。1956 年 4 月后，任襄汾县油厂、水厂会计。1958 年 9 月，任侯马工业局卫生所会计。1960 年 7 月，任侯马建筑队出纳、会计。1970 年 7 月，任临汾染料厂会计。1972 年 7 月，任霍县工业局供销站会计。1973 年 12 月退休，1982 年 11 月改为离休。2011 年 2 月去世。

吴庆海 襄汾县邓庄镇扈村人，1948 年 9 月参加工作，曾在永和县政府二轻局工作。1983 年 8 月离休。

郑应兰 1921 年生，襄汾县西贾乡西贾村人。1949 年 9 月加入中国共产党。1948 年 7 月参加工作。1984 年 2 月于临汾地区棉麻公司 6631 库主任岗位离休。2009 年 7 月去世。

郑怀礼 1923 年生，襄汾县汾城城内人。1938 年 3 月加入中国共产党。1937 年 10 月参加工作。于临汾地区文联主席岗位退休，1983 年 12 月改为离休。1988 年去世。

孟　华 1927 年生，襄汾县南辛店乡西梁村人。1948 年 8 月参加工作，曾任临汾地区文化局组长。1985 年 3 月离休。

赵步云 1904 年 10 月生，襄汾县汾城镇东关村人。1939 年 1 月加入中国共产党。1938 年 1 月参加工作。1965 年 2 月在太原东关饲养场退休。1982 年 11 月改为离休。1992 年 2 月去世。

赵子清 1908 年生，襄汾县南辛店乡中陈村人。1948 年 5 月参加工作。1972 年 1 月在运城剧团事务岗位退休。1982 年 11 月改为离休。1982 年 12 月去世。

赵秀夫 1910 年生，襄汾县汾城镇西中黄村人。1938 年 6 月加入中国共产党。1937 年 4 月参加工作。于临汾地区卫校校长岗位退休，1983 年 5 月改为离休。

赵定一 1922 年 8 月生，居襄汾城区工行家属院。1949 年 10 月加入中国共产党。1947

年 10 月参加工作，曾任主任科员。1987 年 6 月离休。

赵子珍　曾用名赵万保，1924 年 10 月生，襄汾县赵康镇北赵村人。1950 年 5 月加入中国共产党。1948 年 8 月参军，任 359 旅供给部粮秣科见习会计。1949 年 3 月，任 359 旅供给部财务科见习会计。1949 年 7 月，任 2 军 5 师解放团财务股会计。1950 年，任独立骑兵师第二团供给处股长。1953 年，任步兵第四师后勤部军需科科长。1958 年 8 月，任步兵第四师后勤部油料科科长。1981 年 4 月离休。

赵宗俊　1925 年生，襄汾县新城镇邓曲村人。1947 年 7 月参加工作，于中建五局七公司二处退休，1985 年 3 月改为离休。

赵培仁　1930 年 2 月生，襄汾县襄陵镇北街村人。1949 年 3 月参加工作，任临汾义生旅社职工合作社练习生。1950 年 4 月，任临汾粮食分公司练习生。1952 年 7 月后，任襄汾县粮食局办事员、股员。1958 年 10 月，任张纂粮站业务员。1962 年 5 月，任襄陵粮站会计统计员。1965 年 8 月后，任景毛公社、西贾公社会计。1969 年，到县“五七”干校学习。1972 年，任县农业银行红卫营业所出纳。1979 年 12 月退休，1982 年 12 月改为离休。2007 年 3 月去世。

赵成林　1931 年 5 月生，襄汾县邓庄镇张礼村人。1953 年加入中国共产党。1948 年参加工作。曾任西安市运输公司行政股股长。1982 年 10 月离休。

赵秉铎　1936 年 3 月生，襄汾县汾城镇高家庄村人。1948 年 5 月参加工作，曾任县农行干部。1982 年 4 月离休。

赵运华　襄汾县大邓乡大邓村人。1965 年于县新华书店退休，后改为离休。

胡耀卿　1926 年 6 月生，襄汾县陶寺乡崇实村人。1949 年 7 月加入中国共产党。1946 年 2 月参加工作，曾任贵州丛江水电局干部。1984 年 1 月离休。

胡栓稳　1934 年生，襄汾县赵康镇南赵村人。1950 年 10 月加入中国共产党。1949 年 4 月参军，任 7 军 20 师警卫营营部通讯员。1950 年 10 月，任炮兵三团警卫员。1951 年 8 月，任 14 师 61 团指挥连警卫员。1952 年 3 月后，任 14 师 61 团班长、副排长、排长、副连长、连长、军需股股长。1967 年住院养病。1973 年 10 月退休。1982 年 11 月改为离休。

胡跟珠　襄汾县襄陵镇东街人。1949 年 4 月参加工作。1961 年 4 月于临汾地区重工业局退休，1983 年 4 月改为离休。

段文广 1925年10月生，襄汾县大邓乡西郭村人，1943年6月加入中国共产党。1942年参加工作。曾任四川省金堂县委副书记，1975年3月退休，1981年7月改为离休。

侯执璧 曾用名侯五子，1917年5月生，襄汾县南辛店乡福寿村人。1949年4月参加工作，任太原公安局四分局工作员。1949年7月，入山西公学学习。1949年9月，调翼城临时地委宣传部工作。1949年10月，任霍县一区文化干事。1950年3月，任霍县税务局行政干事。1954年8月，任曲沃县财政局城关税务所专管组组长。1957年，被划为“右派”。1978年10月，任襄汾县财政局红卫税务所专管员。1983年5月离休。

郭立基 1908年9月生，襄汾县汾城镇西中黄村人。1938年9月加入中国共产党。1937年10月参加工作，任汾城自卫队总务干事。1938年3月，任自卫一中队事务长。11月，任政卫二支队副官。1939年4月，任213旅57团军需主任。“晋西事变”后，在汾城一带从事地下工作。1947年4月，任汾城县大队侦察参谋。9月，任吕梁十分区供给部新工厂采购股股长。1949年11月，任晋南专署训练处秘书。1950年2月，任曲沃县政府工商科科长。1950年10月，任临汾地委总务科科长。1952年11月，调专署公安处帮助“镇反”工作。1953年5月，任临汾空军建设委员会政治处组宣科副科长。1953年9月后，任洪赵县供销社秘书、副主任、主任、党总支书记、县委秘书等职。1966年3月，在平阳机械厂退休，1982年4月改为离休。1987年8月去世。

郭松林 1923年9月生，河南省林县人。1944年加入中国共产党。1938年6月参加工作，任山西决死总队战士。1943年8月，任忻县县大队排长。1948年1月，任河津县一区武委会主任。1952年9月，任隰县人武部副部长。1961年7月，任汾西县人武部部长。1966年11月，任襄汾县人武部部长。1978年9月离休。2003年7月去世。

郭学义 1931年5月生，襄汾县襄陵镇人。1966年6月加入中国共产党。1948年4月参加工作，曾任主任科员。1991年12月离休。

郭志云 1932年10月生，襄汾县南辛店乡刘庄村人。1950年10月加入中国共产党。1948年2月参加工作，曾任西藏自治区山丹地区农牧局局长。1988年1月离休。

郭金斗 襄汾县襄陵镇双凫村人。1947年9月参加工作。曾在乡宁县管头供销社工作。1983年3月离休。

郭安吉 襄汾县大邓乡小邓村人。1947年6月参加工作。曾在四家湾金铜矿工作。1984年4月离休。

贺祥德 1929年10月生，襄汾县襄陵镇浪泉村人。1948年8月参加工作，曾任新疆洛浦粮局干部。1984年离休。

贺廷鑫 襄汾县邓庄镇段村人，1946年11月参加工作，曾在乡宁县人民政府信访办公室工作。1982年离休。

姚自修 襄汾县永固乡姚村人，1945年8月参加工作。于云南省建水县平街农场退休，1981年7月改为离休。

秦元清 1922年生，襄汾县邓庄镇寺头村人。1950年5月加入中国共产党。1948年2月参加工作，曾任郑州铁路局工程处处长。1984年6月离休。

秦宝权 1923年1月生，襄汾县陶寺乡陶寺村人。1979年11月加入中国共产党。1949年2月参加工作。1981年4月于贵州省苍南县城关粮所退休，1982年4月改为离休。

贾成家 1929年生，襄汾县襄陵镇浪泉村人。1956年6月加入中国共产党。1948年4月参加工作，曾任乡宁县商业局局长。1984年2月离休。

贾长发 1931年5月生，襄汾县汾城镇单家庄人。1955年4月加入中国共产党。1949年6月参加工作，曾任县农行工会副主席。1982年4月离休。

柴承业 1928年6月生，襄汾县新城镇柴寺村人。1959年5月加入中国共产党。1949年2月参加工作，曾任县农行工会主席。

徐鸿勋 1927年2月生，襄汾县襄陵镇东街村人。1949年2月参加工作，曾任兰州军区军马场干部。1983年8月离休。

徐佩璜 1929年生，邓庄镇温泉村人。1933年参加工作，1981年11月于武汉市铁道部第四设计院退休，1982年8月改为离休。

高广远 1924年10月生，邓庄镇温泉村人。1949年3月参加工作，曾任洪洞三交河煤矿干部，1983年9月离休。

高保和 1927年生，襄汾县古城镇南安平村人。1951年11月加入中国共产党。1948年12月参加工作。曾任四川省卢山县农科所所长。1988年1月去世。

高长敏 1930年7月生，襄汾县大邓乡东郭村人。1943年3月加入中国共产党。1941年8月参加工作。曾任省建五公司运输队队长。1983年11月离休。

高友泉 1930年10月生，襄汾县汾城镇三公村人。1949年6月参加工作，曾任副主任科员。1990年12月离休。

高玉岭 襄汾县邓庄镇段村人，1945年8月参加工作，曾在灵石县农业银行工作。1983年退休，1984年改为离休。

席韶旭 1925年2月生，襄汾县南辛店乡中陈村人。1949年2月参加工作，在离石县学习，干杂工。1949年4月，到延安学习。1949年5月，任西安军管会粮食局通讯员。1950年1月，任西北粮食局科员。1954年2月，任西安市粮食公司科员。1955年9月，任西安市粮食局科员。1957年2月，调西安市白家口粮站工作。1983年7月离休。

夏敬彩 女，1927年8月生，襄汾县西贾乡西村人。1944年1月加入中国共产党。1944年2月参加工作，曾任河南省南乐县张梁屯干部，1982年11月离休。

晋　庆 襄汾县襄陵镇东院村人。1948年参加工作。于临汾市汾西灌溉局退休，1984年10月改为离休。

耿立成 1931年生，襄汾县邓庄镇贾庄村人。1977年9月加入中国共产党。1949年4月参加工作，曾任临汾师大干部。1986年5月离休。

曹海生 1925年2月生，吉县东城乡人。1948年8月加入中国共产党。1947年9月参军，任西北军区独立16团1营2连战士。1949年5月，任3军8师22团3营9连连长。后转业地方工作。1983年10月，在襄汾县新华书店党支部书记岗位离休。

曹东根 1930年11月生，襄汾县汾城镇张高村人。1959年10月加入中国共产党。1947年6月参加工作，曾任主任科员。1990年2月离休。

崔生子 1924年生，襄汾县南辛店乡贾罕村人。1949年4月加入中国共产党。1946年，参加襄陵武工队。1947年，参加襄陵独立团，后归入太岳军区54团、62军554团。抗美援朝战争结束后，留守东北，改编为工程兵十团（即雷锋团）。历任战士、班长、排长、连长、营长等职。曾参加解放临汾、晋中、太原战役，大西北扶眉战役，大西南剿匪战斗中的贵州从江榕江、广西九墟、宜北、罗城等歼匪战斗。抗美援朝战争中，与苏军共守鸭绿江大桥。荣立一等功2次，二等功2次。1948年12月，在解放太原战役中被授予“战斗英雄”称号，获解放奖章。1957 年国庆节，他以英模身份到北京参加新中国成立八周年庆典，受到毛主席的接见。本人英模事迹陈列在抚顺市雷锋团展览馆。1958 年转业到江苏省江阴市，历任市印染厂等三家企业厂长，其间曾受到轻工部表彰。“文化大革命”期间，受迫害举家返乡务农。1980 年恢复工作，恢复党籍和政治待遇，1982 年 4 月离休。离休后，在家乡领导兴建起贾罕公社制板厂。入股集资建起贾罕村第一个面粉厂。引进技术合作办起贾罕第一家蜜枣厂，受到县政府的奖励。1997 年去世。

崔进财　1927 年 9 月生，襄汾县南辛店乡西梁村人。1948 年 3 月参加工作，任南辛店区政府助理员。1949 年 3 月，调新绛晋南专署财粮科工作。1953 年 3 月，任吉县粮食局统计员。1955 年，任临汾晋南油脂公司业务员。1957 年，任襄汾县粮食局业务员。1959 年，任县人民银行业务员。1979 年 11 月，任县农行业务员。1980 年 4 月退休，1982 年 11 月改为离休。2014 年 1 月去世。

崔光先　曾用名崔铁蛋，1927 年 10 月生，襄汾县南辛店乡崔村人。1950 年 3 月加入中国共产党。1948 年 3 月参加工作，任襄陵县公安队班长。1949 年 9 月，任襄陵县公安局看守所所长。1951 年 3 月，任襄陵县三区公安助理员。1954 年 5 月，任襄汾县公安局股员。1958 年 10 月，任侯马市公安局股员。1961 年 6 月后，任襄汾县公安局副股长、派出所所长。1970 年 10 月，下乡插队。1972 年 4 月，任襄汾县红卫税务所领导组长、所长。1983 年 6 月离休。1965 年，被评为下乡工作队五好队员。2003 年 6 月去世。

韩双保　襄汾县邓庄镇辛建村人。1948 年 4 月参加工作。于吉县水利局退休，1983 年 6 月改为离休。

韩振中　襄汾县襄陵镇南街村人。1946 年 2 月参加工作。1980 年 2 月于临汾市自来水公司退休，1982 年 4 月改为离休。

鲁祥芝　1928 年 3 月生，襄汾县西贾乡安咸平村人。1949 年 5 月参加中国人民解放军，任化学兵学校 1 营 4 连学员（副连级）。1954 年 5 月，遭清洗交地方管理，1986 年 2 月平反，撤销原化学兵学校的决定，恢复名誉。定为地方行政 20 级，按地方干部离休规定离休，发地方干部离休证，享受离休待遇。1993 年 12 月去世。

温学和　1921 年 8 月生，山西省平遥县东泉乡飞沿村人。1963 年 6 月加入中国共产党。1946 年 8 月参加工作，任长子县总理处采购员。1948 年，任河北省邯郸推销处业务员。1949 年，任霍县酒业分销处业务员。1950 年，任大宁县副食品公司副经理。1958 年，任吕梁县副食品公司经理。1960 年，任大宁县商业局副局长。1964 年，任大宁县财贸部办公室副主任。1968 年，任大宁县商业组组长。1972 年，任大宁县社队局经理部主任。1975 年，任襄汾县石油公司副经理。1984 年 7 月离休。

葛维善 1914 年生，襄汾县新城镇柴寺村人。1937 年 12 月加入中国共产党。1937 年 8 月参加工作，曾任临纺汽车队队长。1980 年 12 月离休。1988 年 3 月去世。

臧广旺 1928 年 7 月生，山东省诸城票行人。1947 年 10 月加入中国共产党。1947 年 7 月参军，任华东 2 纵队 6 师 17 团 2 营 4 连战士。1949 年，任 21 军 63 师 2 科通讯员。1950 年，任 63 师 2 班学员排长。1954 年，任 63 师 188 团 6 连排长。1957 年，任 63 师 188 团 1 营 1 连副连长。1964 年，任襄汾县食品公司副经理。1970 年，任石油公司副经理。1984 年 10 月离休。

樊水泉 1914 年生，襄汾县大邓乡东郭村人。1943 年 3 月加入中国共产党，1942 年 10 月参加工作。曾任塔矿副矿长。1983 年 12 月离休。

第四节 副县级实职以上退休干部

（以出生年月排序，计 27 人）

李安顺 1921 年 4 月生，襄汾县陶寺乡陈庄人。1955 年 2 月加入中国共产党。1949 年 12 月参加工作，先后任县财政科会计、科员，财政局副局长。1957 年 5 月后，任盘道乡党委书记、县计委副主任。1959 年 11 月后，任陶寺、南辛店、丰盈公社主任、书记。1972 年 10 月，任县银行支部书记。1973 年 5 月，任县贫协主任。1975 年 9 月，任县委组织部部长。1978 年 12 月，任县委统战部部长。1982 年 3 月，任县政协襄汾县委员会副主席。1990 年 3 月退休。1998 年 5 月去世。

郭秀山 1931 年 4 月生，山西省文水县北张乡人。1951 年 9 月参加工作。历任山西省工业厅人事处干事、轻工业厅厅长办公室干事。1961 年 8 月，由省劳动厅下放到襄汾县，历任贾庄公社办公室副主任、县人民委员会生产办公室负责人、县革命委员会生产指挥部办公室主任。1968 年至 1972 年，在解放军总政“五七”干校（贾岗苹果园）、县人民武装部战备办公室帮助工作。1972 年后，任襄汾县农机科研所副所长、所长，县农机推广站站长。1987 年 5 月，任政协襄汾县委员会副主席。1999 年 12 月退休。2003 年 1 月去世。

张如恒 1933 年 9 月生，襄汾县古城镇东侯村人。1952 年 11 月加入中国共产党。1950 年 2 月参加工作。历任中共运城安邑县委组织部组织员、干事、副组长，襄汾县南辛店公社

党委书记，县革委农业办公室副主任，汾城公社党委书记，县委文教部部长。1981 年 5 月，任中共襄汾县委常委、组织部部长。1984 年 12 月，任襄汾县第人大常委会副主任、党组副书记。1999 年 1 月退休。

郑昌文　1936 年 3 月生，襄汾县汾城镇孝村人。1956 年 9 月加入中国共产党。1957 年 3 月参加工作，历任汾城公社团委书记、西贾管理区主任、西贾公社办公室干事，襄汾县供电局、林业局干事，南辛店公社副主任，古城公社主任，南辛店公社党委副书记、书记，襄汾县委农工部副部长，中共襄汾县委委员、县委农工部部长。1987 年 5 月，任襄汾县人大常委会副主任。1999 年 12 月退休。2001 年 7 月去世。

姚登才　1936 年 3 月生，襄汾县陶寺乡陈庄村人。1955 年 2 月加入中国共产党。1951 年 7 月参加工作，历任襄陵县政府财政科会计，襄陵县、襄汾县监察委员会监察员。山西省政府干部学校学员，山西省监察厅助理监察员，侯马市人事局科员、直属机关党委秘书，襄汾县检察院秘书，《红襄汾报》编辑，襄汾县委通讯组副组长，襄汾县检察院副检察长，县人大常委会办公室主任。1984 年 12 月，任襄汾县检察院检察长。1987 年 6 月，任县政府副县级调研员。1990 年 5 月，任政协襄汾县委员会副主席兼县委统战部部长。1999 年 12 月退休。

乔鹿生　1936 年 7 月生，山西省乡宁县人。1952 年 2 月加入中国共产党。1955 年 9 月参加工作，历任共青团隰县县委、县委宣传部干事，吕梁报社编辑，隰县水保队办公室主任，药材公司秘书，人委办公室干事，隰县革委行政办主任，下李公社主任、党委书记，县委农工部副部长，临汾地区汾西灌区指挥部办公室主任，襄汾县赵康公社党委书记，襄汾县计委、经委主任。1990 年 5 月，任襄汾县人大常委会副主任。1999 年 12 月退休。2005 年 8 月去世。

贾克勤　1936 年 10 月生，襄汾县新城镇刘村人。1963 年 9 月参加工作，历任晋南公署农业局畜牧技术员，安泽县农牧局站长、副局长，安泽县科协副主席。1984 年 11 月，任政协安泽县委员会副主席。1990 年 5 月，任政协襄汾县委员会副主席。2002 年 5 月退休。

杨培民　1936年12月生，山西省乡宁县城关镇仓门巷人。1961年9月参加工作。历任襄汾县人民医院医师、主治医师、主任医师。1984年12月，任政协襄汾县委员会副主席。1999年12月退休。

孟精华　1937年2月生，襄汾县南辛店乡西梁村人。1963年1月加入中国共产党。1955年10月参加工作，历任襄汾县财政科科员，计划委员会干事，临汾县委交通邮电部办公室干事，共青团襄汾县委干事，襄汾县革命委员会群团办公室负责人，政工组干事，组织干部办公室副主任、主任，襄汾县委组织部干部组组长，县人事局局长，县委组织部副部长兼县直属党委书记。1987年5月，任襄汾县人大常委会副主任、党组成员。1990年5月，任政协襄汾县委员会主席、党组书记。1999年12月退休。

赵堂春　1937年5月生，山西省平定县冶西乡上南茹村人。1956年11月加入中国共产党。1954年4月参加工作，历任运城报社印刷厂团总支书记、襄汾县印刷厂副厂长、县计委副主任兼劳动局局长。1985年6月，任县计委主任。1990年4月，任襄汾县委副书记。1999年12月退休。

秦端英　1938年6月生，襄汾县陶寺乡陶寺村人。1960年10月加入中国共产党。1954年10月参加工作，历任晋南专署公安处通讯员、科员，西藏那曲地区安多县公安局干事、副教导员，索县公安局副教导员。1976年4月，任巴青县委常委、政法委书记、公安局局长。1978年5月，任那曲地区中级法院副院长。1982年10月，任襄汾县政府副县长。1985年4月，任县委常委、政法委书记。1990年5月，任襄汾县人大常委会主任。1999年12月退休。

杜贵生　1938年8月生，山西省榆次市人。1975年3月加入中国共产党。1955年11月参加工作，历任襄汾县城关供销社、采购局收购员，临汾中心化验室化验员。1959年2月参军，任8037部队战士。1964年11月转业后，任襄汾县水利局干事、县革命委员会干事，贾罕公社书记。1981年12月，任襄汾县政府副县长。1984年2月，任临汾地区农垦公司经理。1987年4月，任襄汾县政府副县级调研员。1999年12月退休。

王　俊　1938年9月生，苗族，贵州凯里市人。1956年8月参加工作，历任临汾、阳城、万荣县气象站气象员，晋南气象局检查员，襄汾县气象站气象技师，气象局局长。1984年12月，任襄汾县政协副主席。1990年5月，任襄汾县人大常委会副主任。1999年12月退休。

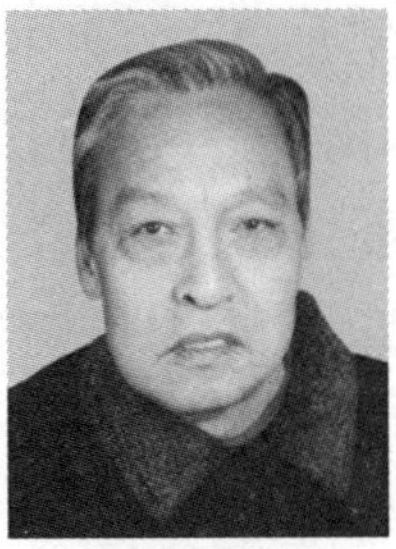

杨耀水　1939年2月生，襄汾县南贾镇荀董村人。1958年10月加入中国共产党。1961年9月参加工作，历任甘肃省广播电台编辑，襄汾县委宣传部干事、宣传组副组长，襄汾县革委政政治部斗批改办公室干事，县革委政工组、通讯组负责人，政工组宣传办副主任，县委宣传部宣传组组长、副部长、部长。1987年4月，任中共襄汾县委常委、宣传部部长。1993年4月，任襄汾县人大常委会副主任。1998年10月，任县人大常委会助理研究员。2000年4月退休。

贾成杰　1940年12月生，襄汾县汾城镇单家庄村人。1962年7月加入中国共产党。1961年7月参加工作，历任西安炮校学员，西藏军区步校外文队学员，西藏军区政治部联络部宣传科干事，日喀则军分区吉隆联络组组长、日喀则军分区司令部侦查科副科长、直属政工科科长。1981年2月，任西藏樟木口岸人民武装部部长。1984年8月，任中共襄汾县政法办副主任、政法委专职副书记。1987年5月，任襄汾县人民检察院检察长。1995年5月，任襄汾县人大常委会副主任。1998年4月，任县人大常委会助理调研员。2001年11月退休。

贾怀宝　1944年10月生，襄汾县南辛店乡贾罕村人。1971年1月加入中国共产党。1961年10月参加工作，历任晋南专署重工业局排水队工人，襄汾县贾罕学校教师，贾罕公社卫生院院长，贾罕公社秘书、组织委员、副主任，城关镇党委副书记、镇长、党委书记，县监察局局长，县纪检委副书记，县监委副主任。1998年4月，任襄汾县人大常委会副主任。2003年10月退休。

徐济华　1946年5月生，浙江省平湖县人。1970年7月参加工作，历任襄汾县古城兽医站兽医、县畜牧站兽医、县畜牧局副局长。1998年4月，任襄汾县人大常委会副主任。2010年8月退休。

张如侠　1946年10月生，襄汾县汾城镇人。1965年12月加入中国共产党。1964年8月参加工作，历任解放军空军第十师飞行员，解放军团政治处干事，襄汾县外贸局办公室主任，中共襄汾县委组织部干事、干部科科长、副部长，县纪委常委，县人事局局长。1998年4月，任襄汾县人大常委会副主任。2010年8月退休。

田文阳　1946年12月生，襄汾县襄陵镇西阳村人。1970年加入中国共产党。1962年7月参加工作，历任村党支部书记，大邓公社、南辛店公社、汾城公社主任，县农林局副局长，陶寺乡党委书记、襄陵镇党委书记、县委委员、县长助理。1998年4月，任襄汾县委统战部部长、政协襄汾县委员会副主席。2010年8月退休。

朱秀芬　女，1948年5月生，江苏省南京市人。1966年5月加入中国共产党。1965年8月，作为北京知青插队到山西省侯马市西高村。1969年11月，在侯马市纺织厂参加工作。后任侯马市委政工组干事，襄汾县广播站编辑兼播音员，共青团襄汾县委办公室主任，襄汾县妇联会副主任、主任，襄汾县司法局局长。1993年4月，任襄汾县人大常委会副主任。2010年8月退休。

李志学　1949年8月生，翼城县城关镇城内村人。1973年10月加入中国共产党。1968年12月参加工作，历任翼城县经委副主任、城建局局长。1992年9月，任霍州市市长助理。1993年4月，任襄汾县人民政府副县长。2001年，任中共襄汾县委常委、政府副县长。2003年11月，任襄汾县人大常委会主任。2010年8月退休。

臧大海　1950年10月生，襄汾县汾城镇南膏腴村人。1983年10月加入中国共产党。1968年2月参加工作，历任襄汾县教育局、政府办干事，政府办副主任、主任，襄汾县政府工委书记。1998年4月，任襄汾县人民政府副县长。2013年1月退休。

朱怀仁　1951年10月生，襄汾县汾城镇单家庄人。1975年7月加入中国共产党。1970

年3月参加工作，历任民办教师、汾城公社团委书记、办公室秘书、公社革命委员会副主任，赵康公社革命委员会副主任，襄汾县委组织部组织组副组长，贾岗乡党委书记，县委政策研究室主任，县水利局局长、总支书记。1998年4月，任襄汾县政协委员会副主席、水务局局长。2003年4月，任襄汾县人大常委会副主任。2013年1月退休。

杜贻合　1952年11月生，襄汾县赵康镇北王村人。1975年4月加入中国共产党。1972年3月参加工作，历任北王大队会计，丰盈公社统计员，公社团委书记兼大队党支部书记，丰盈公社会计，丰盈乡副乡长，西贾乡乡长、党委书记，县财政局第一副局长、局长。1998年4月，任政协襄汾县委员会副主席、县财政局局长。2007年5月，任襄汾县人大常委会副主任。2013年1月退休。

张拽牛　1954年7月生，襄汾县新城镇湖李村人。1965年8月加入中国共产党。1974年7月参加工作，历任襄汾县农业技术站干事，五七大学教师，农业局干事，城关公社党委书记，城关镇党委书记，县委办公室主任，县委常委、县委办公室主任。1990年7月，任县委常委、农工部部长。1993年4月，任县委常委、宣传部部长。1998年4月，任政协襄汾县委员会主席。2007年5月，任襄汾县人大常委会主任、党组书记。2016年3月退休。

宓和平　1956年1月生，襄汾县赵康镇赵康村人。1977年1月加入中国共产党。1976年6月参加工作，历任汾城公社、南贾公社路线教育工作队队员，赵康公社办公室干事，县委组织部干事，丰盈公社组织委员，南贾镇镇长、党委书记，汾城镇党委书记，县委农工部部长、农委主任、农工委书记。1998年4月，任政协襄汾县委员会副主席、县农工部部长、农委主任、农业综合开发办主任。2004年4月，任县政府副县长。2010年5月，任县委常委、宣传部部长。2011年5月，任襄汾县人大常委会副主任、党组成员。2016年3月退休。

廉振东　1956年4月生，襄汾县西贾乡西毛村人。1975年4月加入中国共产党。1974年5月参加工作，历任西贾乡团委书记、宣传干事，县委组织部组织科干事，丰盈乡党委副书记，永固乡党委书记，县长助理、永固乡党委书记。1998年4月，任县政府副县长。2006年5月，任县委常委、政法委书记。2010年6月，任襄汾县委副书记、临汾市陶寺遗址管理处主任。2011年5月，任襄汾县人大常委会第一副主任、党组副书记。2016年6月退休。

第六章　获奖情况

第一节　机构团体获奖情况

下表中收录襄汾县委老干部局、相关单位及老年团体获奖情况。

襄汾县老干部机构、团体获奖情况表

表 6—1

获奖单位	受奖时间	称　号	颁奖单位
襄汾县委老干部局	1986.9	老干部工作先进集体	山西省委
	1990.9	一九九〇年度《山西老年》发行先进单位	山西省委老干部局、山西老年杂志社
	1990.9	一九九〇年全省为离休干部服务先进集体	山西省委、省政府
	1992.1	一九九一年度老干部工作先进单位	临汾地委老干部局
	1992.9	全区老干部工作先进单位	临汾地委、行署
	1993.9	为老干部服务先进集体	山西省委、省政府
	1995.3	一九九四年度老干部工作先进单位	临汾地委老干部局
	1995.5	老干部工作先进集体	山西省委老干部局
	1998.6	参加省委老干部局举办的学习邓小平理论和党的十五大文件知识竞赛，获组织奖牌和奖杯	山西省委老干部局
	1999.3	第六届“百日活动”先进单位	临汾地委组织部、老干部局
	1999.3	《山西老年》杂志发行先进单位	山西省委老干部局
	1999.6	为老干部服务先进单位	临汾地委、行署
	1999.12	先进老干部工作部门	山西省委老干部局
	2000.12	阅读《山西老年》百题知识竞赛组织奖	山西省委老干部局
	2001.7	二〇〇一年度宣传发行先进单位	《中国老年报》社
	2001.7	纪念中国共产党成立 80 周年党的知识竞赛活动优秀组织奖。	中央组织部老干部局、总政干部部老干部局、党建读物出版社、中国老年报社

续表

获奖单位	受奖时间	称　号	颁奖单位
襄汾县委老干部局	2003.3	二〇〇二年度信息调研工作先进单位	临汾市委组织部、老干部局
	2003.3	二〇〇二年度先进老干部工作部门	临汾市委组织部、老干部局
	2003.7	全省老年知识竞赛组织奖	山西省委老干部局
	2003.10	临汾市首届离退休干部门球赛组织奖	临汾市委老干部局
	2005.12	老干部工作先进集体	山西省委、省政府
	2008.3	二〇〇七年度组织发挥老干部作用先进单位	临汾市委组织部、老干部局
	2013.7	全省离退休干部学习贯彻党的十八大精神知识竞赛集体组织奖	山西省委老干部局
	2014.2	临汾市文明单位（2012—2013）	临汾市精神文明建设指导委员会
	2014.9	敬老助老模范单位	临汾市精神文明建设指导委员会、老龄工作委员会办公室
	2015.6	全省老干部工作先进集体	山西省委组织部、老干部局、人力资源和社会保障厅
	2015.6	临汾市第四届运动会老年组乒乓球比赛男子团体金奖	临汾市体育局、体育总会
	2016.1	临汾市文明单位标兵	临汾市精神文明建设指导委员会
粮食局	1999.6	为老干部服务先进集体	临汾地委、行署
检察院	1999.6	为老干部服务先进集体	临汾地委、行署
劳动保险所	1999.6	为老干部服务先进集体	临汾地委、行署
邓庄镇老干部党支部	1999.6	离退休干部先进集体	临汾地委、行署
襄汾二中社区教育委员会	1999.6	离退休干部先进集体	临汾地委、行署
	1999.11	离退休干部先进集体	山西省委、省政府
西贾乡离退休干部党支部	2012.6	创先争优先进集体	山西省委、省政府
关心下一代工作委员会	2013.4	“中华魂”主题教育活动先进集体	山西省“中华魂”活动组委会
	2013.8	创建五好先进关工委优秀组织奖	山西省关心下一代工作委员会
	2014.5	“中华魂”主题教育活动先进集体	山西省“中华魂”活动组委会

续表

获奖单位	受奖时间	称　号	颁奖单位
关心下一代工作委员会	2015.5	“春苗营养计划”2014年度优秀组织奖	中国关心下一代工作委员会
	2015.6	“中华魂”主题教育活动先进集体	山西省“中华魂”活动组委会
	2016.8	“中华魂”主题教育活动20周年先进集体	山西省“中华魂”活动组委会
老年学学会	2005.11	先进集体	山西省老年学学会
	2006.9	全国先进集体	中国老学学会
	2008.11	先进集体	山西省老年学学会
	2011.11	先进单位	山西省老年学学会
	2012.11	先进集体	临汾市老年学学会
老区建设促进会	1999.9	离退休干部先进集体	山西省委、省政府
	2002.9	先进单位	山西省老区建设促进会
	2004.10	宣传报道先进单位	《山西老区开发报》社
	2007.12	先进集体	山西省老区建设促进会
	2008.1	2007年度宣传报道先进单位	临汾市老区建设促进会
	2011.12	宣传工作先进单位	临汾市老区建设促进会
	2012.4	先进集体	山西省委老干部局、民政厅、扶贫办、老促会
	2012.11	山西省老区建设促进会成立二十周年先进集体	山西省政府
	2014.12	成绩显著先进单位	临汾市老区建设促进会
	2015.11	抗战宣传先进单位	临汾市老区建设促进会
	2016.11	建立孝文化先进单位	临汾市老区建设促进会
老年书画家协会	2004.2	2003年度老先进单位	临汾市委老干部局、临汾市老年书画家协会
	2007.3	老年书画先进集体	临汾市老年书画家协会
	2009.10	山西老年书画之县	山西省老年书画家协会
	2012.4	2011年度先进单位	临汾市老年书画家协会
	2013.4	2012年度档案工作先进单位	临汾市老年书画家协会
	2014.4	2013年度先进单位	临汾市老年书画家协会

续表

获奖单位	受奖时间	称　号	颁奖单位
景毛乡	2009.2	老年书画之乡	临汾市老年书画家协会
西贾乡	2009.2	老年书画之乡	临汾市老年书画家协会
赵康镇	2009.2	老年书画之乡	临汾市老年书画家协会
古城镇	2010.3	老年书画之乡	临汾市老年书画家协会
南辛店乡	2010.3	老年书画之乡	临汾市老年书画家协会
襄陵镇	2010.3	老年书画之乡	临汾市老年书画家协会
汾城镇	2011.3	老年书画之乡	临汾市老年书画家协会
城区分会	2012.4	老年书画先进单位	临汾市老年书画家协会
汾城半山分会	2012.4	先进书画社	临汾市老年书画家协会
古城镇盘道分会	2012.4	先进书画社	临汾市老年书画家协会
老年人体育协会	2003.2	妇女群众文化活动示范点	山西省妇女联合会
	2003.5	全国亿万妇女健身活动先进集体	全国妇女联合会、国家体育总局
	2004.9	临汾市首届老年人运动会健身秧歌比赛优胜奖	临汾市老年人体育协会
	2006.10	临汾市柔力球大赛城市组第三名	临汾市老年人体育协会
	2007.4	临汾市“煤运杯”第二届运动会健身秧歌大赛优秀奖	临汾市第二届运动会组委会
	2007.7	山西省第三届中老年人运动会柔力球比赛金奖	山西省老年人体育协会
	2009.9	临汾市第三届老年人健身秧歌比赛第一名、团体优胜奖	临汾市老年人体育协会
	2010.8	山西省第十三届运动会柔力球大赛铜牌	山西省体育局
	2011.4	临汾市第三届运动会门球比赛道德风尚奖、柔力球第二名	临汾市体育局
	2011.10	临汾市第二届健身大会健身腰鼓、健身球第一名	临汾市老年人体育协会
	2012.5	临汾市老年人柔力球交流大会优胜奖	临汾市体育局、临汾市老年人体育协会

续表

获奖单位	受奖时间	称　号	颁奖单位
老年人体育协会	2013.4	临汾市“龙肯杯”门球比赛第六名	临汾市门球协会
	2013.9	临汾市第二套健身腰鼓和第五套健身秧歌比赛“牡丹奖”	临汾市老年人体育协会
	2014.6	临汾市老年体育工作先进集体（门球队）	临汾市老年人体育协会
	2015.6	临汾市第四届运动会柔力球金奖	临汾市体育局
	2015.7	临汾市第四届运动会健身球金奖	临汾市体育局
	2016.7	山西省第五届老年人运动会柔力球道德风尚奖	山西省体育局、山西省总工会
	2016.7	山西省第五届老年人运动会柔力球团体优胜奖	山西省体育局、山西省总工会
太极拳辅导站	2001.5	山西省老年人体育健身先进指导站	山西省老人年体育协会
第一健身指导站	2001.5	先进健身指导站	山西省老年人体育协会
老年舞蹈爱好者协会	2003.2	妇女群众文化活动示范点（陈郭村）	山西省妇女联合会
	2003.3	老年体育工作先进集体	临汾市老年人体育协会

第二节　个人获奖情况

下表收录老干部工作者和老干部获奖情况。

襄汾县老干部工作者及老干部获奖情况表

表 6—2

姓　名	受奖时间	荣誉称号	颁奖单位
马庙来	1995.3	老干部工作先进个人	临汾地委老干部局
	1995.5	1994 年度模范老干部工作者	山西省委老干部局
	1995.12	山西省关心下一代工作先进个人	山西省关心下一代工作委员会
	1996.1	老龄工作十年以上贡献奖	临汾市老龄工作委员会
杨盛茂	1995.3	老干部工作先进个人	临汾市委老干部局
	1996.9	为离退休干部服务先进工作者	山西省委、省政府

续表

姓　名	受奖时间	荣誉称号	颁奖单位
聂水生	1998.7	党的知识竞赛先进个人	山西省委老干部局
	1998.10	心连心活动先进个人	山西省委老干部局
	2002.3	《老友报》发行先进个人	山西省委老干部局
	2002.12	全省先进老干部工作者	山西省委、省政府
	2009.9	全省先进老干部工作者	山西省委、省政府
王稳锁	2012.9	全市关心下一代工作先进工作者	临汾市关心下一代工作委员会、临汾市精神文明建设指导委员会办公室
	2013.4	先进工作者	临汾市关心下一代工作委员会
张治文	1999.12	《山西省老干部工作》优秀宣传通讯员	山西省委老干部局
	1999.6	为老干部服务先进个人	临汾地委、行署
	2009.8	为老干部服务先进个人	临汾市委办公厅、市政府办公厅
	2012.6	全省老干部工作先进个人	山西省委、省政府
贾红利	2008.3	全市老干部工作先进个人	临汾市委组织部、市委老干部局
马惠杰	2008.3	全市老干部工作先进个人	临汾市委组织部、市委老干部局
	2009.9	先进老干部工作者	市委办公厅、市政府办公厅
李志学	2015.5	“春苗营养计划”优秀个人	中国关心下一代工作委员会
贾怀保	2016.8	“中华魂”主题教育活动 20 周年爱心奉献奖	山西省“中华魂”主题教育活动组委会
高俊峰	2012.4	山西省关心下一代先进工作者	山西省关心下一代工作委员会、山西省精神文明建设指导委员会
	2015.5	“春苗营养计划”优秀个人	中国关心下一代工作委员会
	2016.8	“中华魂”主题教育活动 20 周年爱心奉献奖	山西省“中华魂”主题教育活动组委会
尉建华	1996.8	山西省优秀法律工作者	山西省总工会
	1997.7	全国处理劳动争议先进工作者	中华全国总工会
	1997.9	山西省模范工会积极分子	山西省总工会
	1997.9	劳动争议处理先进工作者	山西省总工会
	1998.3	学习党的十五大理论竞赛优秀个人	山西省委、省政府

续表

姓　名	受奖时间	荣誉称号	颁奖单位
尉建华	1998.12	山西省优秀法律工作者	山西省总工会
	1999.6	离休干部先进个人	临汾地委、行署
	1999.8	劳动法知识竞赛优秀个人	山西省总工会
	1999.12	离退休干部先进个人	山西省委、省政府
	1999.12	山西省优秀法律工作者	山西省总工会
	2000.3	山西省优秀法律工作者	山西省总工会
	2001.6	临汾市优秀共产党员	临汾市委
	2001.12	“三五”普法先进个人	临汾市委
	2002.3	山西省优秀法律工作者	山西省总工会
	2006.3	关爱后代双十佳先进个人	临汾市关工委
	2006.7	优秀共产党员	临汾市委
	2007.6	通讯报道先进个人	临汾市关工委
	2007.7	十大维权卫士	临汾市政法委、临汾市妇女联合会、临汾市妇女儿童工作委员会
	2008.3	临汾市热心公益事业先进个人	临汾市妇女联合会
	2008.10	山西省关心下一代先进个人	山西省关心下一代工作委员会、山西省精神文明建设指导委员会、山西省委老干部局
	2009.10	离退休干部先进个人	临汾市委、市政府
	2010.4	思想道德建设先进个人	临汾市精神文明建设指导委员会
	2010.6	全国关心下一代先进工作者	中国关心下一代工作委员会、中央精神文明建设指导委员会
	2010.9	新闻报道先进个人	山西省关心下一代工作委员会
	2011.7	全国“中华读书魂”优秀辅导员	全国关心下一代工作委员会、教育部关心下一代工作委员会
	2011.6	“争两先创五好当先锋”活动优秀共产党员	临汾市委
	2012.4	山西省关心下一代先进工作者	山西省关心下一代工作委员会、山西省精神文明建设指导委员会

续表

姓　名	受奖时间	荣誉称号	颁奖单位
张成才	1986.9	先进个人	山西省委
	1990.9	先进个人	山西省委、省政府
	1993.9	先进个人	山西省委、省政府
邱文选	1985.3	晚年逢盛世余热献四化	临汾地委
	1987.4	晚节黄花香余热献人民	临汾地委
	1989.6	全国老有所为精英奖	全国老有所为精英奖、敬老好儿女金榜奖评选指导委员会
	1993.9	先进个人	山西省委、省政府
	1999.6	离退休干部先进个人	临汾地委、行署
郝广胜	1990.9	先进个人	山西省委、省政府
王廷智	1990.9	先进个人	山西省委、省政府
孙学录	1993.9	先进个人	山西省委、省政府
张安会	1993.9	先进个人	山西省委、省政府
王希林	1990.9	先进个人	山西省委、省政府
	1993.9	先进个人	山西省委、省政府
李天民	1999.6	离退休干部先进个人	临汾地委、行署
席绍平	1999.6	离退休干部先进个人	临汾地委、行署
赵俊杰	1999.6	离退休干部先进个人	临汾地委、行署
张善记	1999.6	离退休干部先进个人	临汾地委、行署
段培文	1999.6	离退休干部先进个人	临汾地委、行署
卢莲香	1999.6	为老干部服务先进个人	临汾地委、行署
李燕丰	1999.6	为老干部服务先进个人	临汾地委、行署
张百管	1999.6	为老干部服务先进个人	临汾地委、行署
郑新岗	1999.6	为老干部服务先进个人	临汾地委、行署
杨存凤	1999.6	照顾老干部的好老伴、好子女、好儿媳	临汾地委、行署
杨丽平	1999.6	照顾老干部的好老伴、好子女、好儿媳	临汾地委、行署
高翠兰	1999.6	照顾老干部的好老伴、好子女、好儿媳	临汾地委、行署
孟精华	2008.9	山西省老年学先进个人	山西省老年学学会

续表

姓　名	受奖时间	荣誉称号	颁奖单位
张登荣	2008.9	山西省老年学先进个人	山西省老年学学会
曹文敏	2007.4	临汾市老有所为先进个人	临汾市老龄人才开发协会
	2008.9	山西省老年学学术研究成果突出贡献奖	山西省老年学学会
	2009.8	中国好人荣誉称号	中央精神文明建设指导委员会
	2009.9	离退休干部先进个人	临汾市委办公厅、市政府办公厅
	2009.12	临汾市首届道德楷模提名奖	临汾市委、市政府
亢思聪	1999.6	离退休干部先进个人	临汾地委、行署
	2004.11	全国老干部先进工作者	中共中央组织部
马玉胜	2005.2	山西老区宣传优秀通讯员	山西老区报社
	2009.9	离退休干部先进个人	临汾市政府
郭成家	2002.12	百佳文明公民	临汾市精神文明建设指导委员会
	2009.9	离退休干部先进个人	临汾市委办公厅、市政府办公厅
	2012.4	先进工作者	山西省委老干部局、民政厅、扶贫办、老促会
	2015.6	全省离退休干部先进个人	省委组织部、老干部局、省人力资源和社会保障厅
柴聚才	2007.3	老年书画先进个人	临汾市老年书画家协会
	2009.9	全省离退休干部发挥作用先进个人	山西省委、省政府
	2012.4	2011 年老年书画工作先进工作者	临汾市老年书画家协会
	2014.2	老年书画先进个人	临汾市委老干部局、临汾市老年书画家协会
李连生	2014.2	老年书画先进个人	临汾市委老干部局、临汾市老年书画家协会
高兰香	2012.4	老年书画先进个人	临汾市老年书画家协会
柴来锁	2012.4	老年书画先进个人	临汾市老年书画家协会
杨理发	2006.11	老年体育带头人	临汾市老年人体育协会
李广菊	2006.11	老年体育带头人	临汾市老年人体育协会
卫荷花	2006.5	先进个人	山西省老年人体育协会

续表

姓　名	受奖时间	荣誉称号	颁奖单位
王泽培	2003.5	先进工作者	山西省老年人体育协会
	2006.5	省级农村“老年体育带头人”	山西省老年人体育协会
宋则忠	1999.6	离退休干部先进个人	临汾地委、行署
	2003.5	先进工作者	山西省老年人体育协会
	2006.11	老年体育带头人	临汾市老年人体育协会
	2013.3	老年体育贡献奖	山西省老年人体育协会
邓玉英	2007.7	体育工作先进个人	临汾市人民政府
	2007.9	2004—2006年度临汾市体育工作先进个人	临汾市体育局
	2010.3	2009年度全民健身活动先进个人	临汾市人民政府
	2010.7	山西省第十三届运动会老年组优秀教练员	临汾市老年人体育协会
	2011.8	2007—2010年度临汾市群众体育工作先进个人	临汾市人民政府
	2012.8	群众体育工作先进个人	临汾市人民政府
	2014.3	优秀老年体育志愿者和老年体育工作贡献奖	临汾市老年人体育协会
翟焕萍	2013.3	优秀老年体育志愿者	山西省老年人体育协会
张如恒		先进工作者	山西省老区建设促进会
	2013.3	老年体育贡献奖	山西省老年人体育协会
张锁柱	1999.10	全国农机安全生产法规及科普宣传一等奖	中国农机学会、中国农机安全报社
	1999.10	中国《农机安全报》全国优秀通讯员	农机安全报社
	1999.10	1999年度农机化宣传先进工作者	山西省农机局
张耀华	2009.10	离退休干部先进个人	临汾市委办公厅、市政府办公厅
房桂花	2016.5	全省老干部优秀网宣员	山西省委老干部局
田文阳	2013.6	先进工作者	临汾市老区建设促进会
	2014.12	模范个人	临汾市老区建设促进会
卫清福	2014.12	模范个人	临汾市老区建设促进会

续表

姓　名	受奖时间	荣誉称号	颁奖单位
赵广业	2014.12	模范个人	临汾市老区建设促进会
乔福生	2014.12	模范个人	临汾市老区建设促进会
成永太	2008.7	全国中华魂主题活动先进工作者	全国中华魂主题教育活动组委会
	2010.1	《书香丁陶》临汾市第三届精神文明建设“五个一工程”优秀作品奖	临汾市委宣传部
刘学智	2005.10	老龄工作先进个人	临汾市老龄工作委员会
	2006.10	敬老好儿女	临汾市老龄工作委员会
	2006.11	农村老年体育带头人	临汾市老年人体育协会
	2008.4	2007 年度民办文化先进个人	临汾市文化新闻出版管理局
	2009.9	离退休干部先进个人	临汾市委办公厅、市政府办公厅
	2009.9	中国孝老爱亲好人	中国精神文明建设指导委员会
	2012.6	“争两先创五好当先锋”活动优秀共产党员	临汾市委
	2012.9	全市关心下一代工作先进工作者	临汾市关心下一代工作委员会、临汾市精神文明建设指导委员会办公室
	2013.7	全省离退休干部学习贯彻党的十八大精神知识竞赛优胜奖	山西省委老干部局
	2013.9	全市关心下一代工作先进工作者	临汾市关心下一代工作委员会、临汾市精神文明建设指导委员会办公室
史　蕊	2012.8	太极拳银奖	山西省太极拳国际邀请赛组委会

第七章　通讯报道

第一节　消　息

襄汾县开展为老干部服务百日活动

襄汾县从去年 11 月中旬到今年 11 月底，开展了为老干部“送温暖、办实事、抓落实”深化服务百日活动。在整个百日活动中，突出解决了落实老干部两个待遇工作中的薄弱环节和存在的问题。

各级领导对这次百日活动非常重视。县委书记李平郎向老干部通报了全县工农业生产、财政、税收的基本状况，以及今年“双五工程”的任务和实施措施。县上五大班子的主要领导春节期间走访慰问了 30 多名县团级、厅局级老干部。县委分管副书记黄文学深入到农机厂、汾西灌区三分局等单位，现场办公，解决老大难问题。

县委书记李平郎在老干部座谈会上

县里成立了“百日活动”领导组，由县委常委、组织部部长范荣发任组长，县委老干部局局长马庙来任副组长，下设办公室。首先从组织上保证了这次活动的顺利开展。县委、县政府在县委常委会议室召开了 9 个部门 10 个单位的负责人会议，就落实企业老干部的生活待遇进行了专题研究。

这次百日活动中，县委老干部局就老干部的生活待遇落实情况进行了两次检查。大部分单位解决了老干部的生活待遇，特别困难的单位也想方设法解决了老干部两三个月的工资和部分医药费。县财政在财力吃紧的情况下，拿出 12 万元解决了老干部医药费超支问题。

全县评选出在“百日活动”中为老干部办实事的先进单位 10 个。通过表彰，树立了榜样，引入了竞争机制，从而为今年开展“百日活动”打下了坚实的基础。

（作者：张治文。此文刊登于 1995 年 4 月 6 日《临汾日报》）

襄汾县组织“老有所为”巡回报告反响强烈

山西省襄汾县组织“老有所为”报告组，在县城和各乡镇巡回报告，引起强烈反响。

报告组由邓庄老年福利社社长刘九年，离休教师邱文选，离休干部尉建华、张成才、史清奎5人组成。邓庄镇老年福利社，九年来，由15000元集资起家，发展到现今的53万余元，越办越红火。他们从收益中拿出钱来，组织老同志旅游，举办书画展，发放福利费和慰问品，举办表彰会，救济特困老人，资助失学儿童返校等，充分体现了老年人办社会福利的奉献精神。75岁的教师邱文选1980年离休后，编著了《楚辞研究》一书，标点注释了《襄陵县志》，主编了四辑《襄汾县文史资料》，他倾心研究晋国历史，撰写论文400多篇，获丰硕成果，被山西省授予“晋国史专家”称号。离休干命尉建华，被聘为县总工会顾问兼工会法律服务站站长，为《劳动法》在该县贯彻执行起到突出作用，他参与调解案件20余起，接待投诉150人（次），做到了事事有交待，人人有答复。张成才离休后，回乡开荒滩、育树苗、建果园、培育小麦优种、扶持特困户等，体现了共产党员为党的事业奋斗终身的精神。史清奎离休后，又被选为河北村党支部书记。短短几年，他和支部一班人带领全村群众，兴学育人，兴办企业，植树造林，人均收入达到小康水平，被县委授予“企业明星村”，地委授予“红旗党支部”和“红旗党支部书记”。

县委老干部局举办老干部模范事迹报告会。县委副书记杨志威（右二）、老干部局局长马庙来（右一）

听报告的除离退休干部外，还有城乡的在职干部。听时聚精会神，听后反应强烈。一致表示要学习老同志忠于理想、恪守信念、艰苦奋斗、无私奉献的崇高精神。人们更加崇敬和爱戴老同志，赞扬他们是一个优秀的特殊群体。巡回报告更加鼓舞了全县离退休干部的雄心壮志，决心根据自己的经验和专长再创辉煌，再立新功。目前全县1342名离退休干部，有1074人投入了“老有所为”的活动。

（襄汾县委老干部局供稿。此文刊登于1996年7月10日《中国老年报》）

襄汾县委老干部局全力清理拖欠医药费

山西省襄汾县正式建立起了“离休干部医药费保障机制”，并以政府文件，发给了全县离休干部，人手一份。

保障机制的主要内容是：成立专门领导组；凭就诊手册定点医疗；每半年县公费医疗办

审核报销一次药费。行政事业单位离休干部医药费票据由老干部局负责定期收缴，经县公费医疗办审查，由县财政局通过卫生局，如数拨付给老干部局报销。企业、自收自支及其他单位离休干部的医药费，在原单位报销。与此同时，襄汾县采取得力措施，把行政、事业单位离休干部的医药费票据全部收了回来，并由卫生局组织力量进行了严格审查。县委、县政府根据县财政承受能力，决定把2001年拖欠的医药费全部解决；2000年的医疗费年底以前解决50%，其余50%明年解决。目前已清理积年拖欠80余万元。

（作者：张治文。此文刊登于2001年12月7日《老友报》）

新老干部面对面　心贴心

——襄汾县坚持县级领导干部参加离休干部活动日制度

襄汾县委、县政府十分注重老干部工作制度建设，先后建立和完善了八项制度，形成了对离休干部的“一条龙”服务体系。其中已坚持八年的县级党政领导干部参加离休干部活动日制度，尤具特色和成效。

襄汾县规定，县级领导干部，每月15日在县城老干部活动中心轮流参加离休干部活动日。每年1月15日由县委书记参加，向老干部通报上年工作和本年度全县工作安排，并听取意见和建议，现场解决问题。7月15日县长参加并通报上半年工作。活动日前三天，参加活动的县级领导要与老干部局联系，确定具体内容，使活动丰富多彩。

（作者：张治文。此文刊登于《临汾老干部工作》）

襄汾县组织老干部参观工业园区

近日，襄汾县委老干部局组织近100名离退休干部分乘4辆大巴车参观考察了襄汾县四大工业园区。县委副书记杨志威，县委常委、组织部部长郭宏等县领导陪同老干部参观考察。考察中，老干部们对襄汾县工业的飞速发展赞不绝口。参观结束后，县委老干部局组织召开了座谈会，县委办、政府办、县民营企业局等单位的领导参加了会议。

会上老干部们踊跃发言，高度评价了四大工业园区建设工程，对民营企业的飞速发展也给予了肯定，并对企业发展过程中出现的污染、占地、用工等问题，提出了很好的建议。同时，老干部们纷纷表示，要结合自己的实际情况，为襄汾县的经济发展出一份力，发一份光。

（作者：张治文。此文刊登于2004年8月31日《临汾老干部工作》）

襄汾县委老干部局
在全县离退休干部中开展“十个一”建功创业活动

为了进一步发挥老干部的优势，充分调动老干部这一特殊群体的积极性，为全县经济和社会发展服务，襄汾县委老干部局于近日发出通知，动员全县离退休干部发挥各自特长，积极参加“十个一”建功创业活动。“十个一”具体内容是：提供一条经济信息；引进一个项目；引进一笔资金；推广一项技术；推销一批产品；引荐一名人才；提出一条经济和社会发展建议；进行一次经济和社会发展调查研究；创办领办一个经济实体；联系扶持一个企业、村庄或学校。这一活动得到了广大离退休干部的好评和支持。

（作者：杨丽娟、杨建萍。此文刊登于2004年《山西老年》第8期）

襄汾县老促会会长
被中组部授予——全国老干部先进工作者

2004年12月15日，在山西省委召开的全省老干部工作会议上，省委组织部向襄汾县老促会会长亢思聪同志颁发了中共中央组织部授予的全国老干部先进工作者荣誉证书。

亢思聪被授予全国老干部先进工作者

亢思聪同志1949年参加革命工作，先后担任县农业局局长、农工部部长、副县长、人大常委会副主任。1993年离休后，群众和领导推举他为县老促会会长、关工委和老年学学会名誉会长、二中社区教委会主任、修复塔儿山领导组组长等，还被电视台等10个单位聘请为顾问和监督员。离休后，他编写了《皓首碧波》一书。书中第一句话写到：“离休了，人民不能离，学习不能休，本色不能变，事业不能丢。”他把这“四个不能”作为自己离休后履行党的宗旨和奋斗终身的誓言，以老促会为纽带，发挥离休干部作用，为人民办了许多好事实事。

首先抓了二中社区教育。他组织20多名老干部，深入学生家中调研，净化了学校周边环境；举办家长学校，建起了学校、社会、家长、学生四位一体的教育网络。二中成为全省德育示范校，他本人被省委授予“校外教育先进工作者”和“关心下一代工作标兵”。同时他和老促会一班人积极扶持惠祥中学、兴华中学、兴华小学、育才中学4所民办学校健康发展，几所民办学校跨入了全省先进行列。

他情系农业，关心农村，关爱农民。老促会从农民中吸收了16名理事，确定了贾罕、连村等10个联系点。他和同志们经常深入农村调查研究，写出了一大批有分量、有价值、有指导意义的调查报告。2003年老促会对农业综合开发办的工作进行了全面总结，编写了长达20多万字的《购筑现代农业》一书；2004年在贾罕村创建文化名村的经验，被《山西农民报》于11月27日以3版的大篇幅刊载，在社会上引起了强烈反响。

组织“笔杆子”宣传老区。他在老促会组建了一个写作班子，经常给写作组出题目，带领写作组经常深入老区调研写文章。2004年写的文章最多，在市级以上报刊发表了25篇，例如：《雷锋团的根在襄汾》《红军东征到襄陵》《主动向老区人民“还贷”》《老区人民生活在变化》《种草养畜服务农民奔小康》，以及《李杰为老区人民办了一座好学校》《退而不休的老黄牛吴创基》等文章都在《山西日报》《山西老区开发报》《临汾日报》《临汾电视报》等进行了选登，老促会写作组被《山西老区开发报》评为先进单位。

老促会还帮助政府化解矛盾，排除难题，为促进社会稳定做了大量工作。今年，承担县上八大工程督查任务，促进了民心工程顺利开展，博得了社会上的好评，受到县委、县政府的表扬。襄汾县老促会2002年、2004年被山西省老区建设促进会评为全省先进单位。亢思聪同志成了山西省老促会唯一一名全国模范。

（作者：马玉胜、张锁柱、郭成家。此文刊登于2005年《山西老区开发》第1期）

襄汾县委老干部局组织老干部参观

襄汾县委老干部局组织100余名离退休老干部参观了全县书法、绘画、摄影、剪纸、根雕、泥塑、仿古家具展览。老同志们参观展览后纷纷表示：襄汾丁陶文化历史悠久，老干部们要为构建和谐襄汾建言献策。

（作者：张忠元。此文刊登于2005年9月6日《老友报》）

襄汾县培训基层关工委干部

目前，襄汾县委宣传部和襄汾县关工委对农村关工委干部进行了培训。他们组织老干部宣讲团的同志到大邓乡、永固乡、西贾乡、南贾镇、劳动局和县直一些社团组织，宣讲了中国特色社会主义理论体系和关工委工作的业务知识，听讲的人员有农村支部书记、村委主任、关工委主任、老干部和家长代表约500余人。

他们在宣讲“高举中国特色社会主义旗帜”问题时，要求大家明确中国特色社会主义道路的12个要点和中国特色社会主义理论体系的科学内涵等5个问题。宣讲关工委的业务知识时，宣讲了关工委工作的性质、地位和作用等问题。每次宣讲都挂会标，乡镇领导和局领导到会主持，参会人员整齐、秩序良好。宣讲团的同志声情并茂、观点明确、语言通俗，所举事例紧扣实际，听讲的人津津有味，兴致很高。在大邓乡宣讲后，乡党委书记赵锁明把宣讲团讲的要点都讲出来了。在永固乡宣讲时万宁庄村委主任王建华曾两次主动回答宣讲团提出的问题，场面热烈活跃，收到了良好的效果，西贾乡党委副书记张国新在主持会议中即席赋诗一首，以表感慨与谢意：

宣讲团，讲得好，形势政策明确了。

理论体系新创造，我们一定实践好。

（作者：邓学功。此文刊登于2008年临汾市关心下一代工作委员会《简报》第67期）

襄汾县老年大学电脑班开课

日前，襄汾县老年大学来了 60 名离退休干部，他们端坐在电脑前，认真地学习电脑知识，敲开了看似神秘的网络大门。一位老干部高兴地说：“这是老干部局送给我们最好的老年节礼物了。”

2008 年 9 月 1 日，老年大学举办电脑班开班仪式

襄汾县委老干部局领导平时在与老同志们交流中，了解到许多老年人不会使用电脑，又不好意思报班。多名老同志也反映，跟小辈们的差距越来越大，要多学一点新知识和儿女们更好地沟通。在家里，子女们也只能教教他们开机、关机、听音乐等简单的操作，不能系统地学习电脑专业知识。

老年大学针对现实开设了电脑班，通过教学，让老年人学习计算机的基本构造、新建文件夹，文档的处理与应用，上网搜索知识，上网交友，在线看新闻、视频，下载音乐等实用技术，目的是丰富老年人的文化生活。

（作者：罗强。此文刊登于 2008 年 9 月 19 日《老友报》）

襄汾县委老干部局重视宣传调研信息报道工作

为了全面、及时、准确地反映襄汾县老干部工作和老干部精神文化生活，宣传老干部先进典型，营造全社会重视、关心和支持老干部工作的浓厚氛围，近日，县委老干部局制定了《老干部工作通讯报道奖励制度》，并将其纳入老干部工作考核和在职干部工作考核内容，加大我县老干部工作信息宣传报道的力度。

一、重视构建信息宣传工作网络。我局加强与媒体的联系，围绕重点工作、重大活动及离退休干部关注的热点、难点问题，通过多种形式优化县委老干部通讯，进一步拓展信息收集的视野，把信息触角延伸到老干部工作的各个领域，扩大信息宣传的覆盖面和影响力。

二、加强学习培训，提高信息人员素质。我局确定了老干部信息宣传工作分管领导，形成局领导亲自抓，全员动手写信息的良好局面。把加强学习放在首位，充分利用老干部工作简报和网络等资源优势，不断提高全局人员的素质和写作能力。

三、注重强化考核管理。将信息工作量化，把信息宣传工作任务部署到位，明确责任，要求领导带头，骨干引领，积极报送高质量信息，把工作中的好经验及时全面地反映出来。机关对每个工作人员均实行信息任务定量考核，要求每人每年至少上报 5 篇信息，并与年终考核和评先评优相结合，积极引导工作人员争当优秀信息员。大家从不同层次和角度全方位地报道老干部工作动态，使老干部典型事迹得到发扬和光大，从而有力地提升了老干部工作的影响力。

（作者：杨丽娟。此文刊登于2012年《山西老年》第8期，2012年6月7日山西老干部工作网，2012年6月10日《临汾老干部工作信息》）

郭裕怀等省级离退休老干部来我县调研

6月12日，省政协原主席郭裕怀，省军区原司令员董云海，省人大常委会原副主任孟立正、王民、白陞，省政协原副主席刘波、宋绍华、靳承序、吴慧琴、聂向庭、徐大毅、闫爱英，省高级人民法院原院长赵耀仁，省人民检察院原检察长左祥等省级离退休老干部深入我县万亩丁村白莲燕村核心区、滨河公园等地，就我县现代农业、城镇化发展等内容进行调研。省委组织部副部长、省老干部局局长陈跃钢、副局长郑兰珍，市委常委张明星，县委书记王国平，县政协主席王建中，县委常委、组织部部长王志宏，县委常委、县委办主任范志军及省市县相关部门负责人陪同。

在万亩丁村白莲燕村核心区，县委书记王国平代表县四套班子对郭裕怀等省级离退休老干部莅临我县调研表示热烈欢迎，并指出，襄汾既是传统的农业大县，又是全省重要的焦化钢铁基地县和全国特色产业百强县，同时也是全省、全国屈指可数的文化文物旅游资源大县。近年来，襄汾县紧紧围绕省、市转型跨越发展的战略部署，确立了“十二五”时期“转型跨越迈大步，进军中部百强县”的奋斗目标，提出了“四大转型”的发展思路，即由传统农业大县向现代农业基地转型，由传统焦铁大县向新型工业强县转型，由城乡分隔的二元结构向城乡一体化的宜居宜业新区转型，由文化文物资源大县向帝尧文化之都转型。在省市领导的关心、支持下，襄汾县的“四大转型”正在深入推进，农业的规模化、产业化、品牌水平不断提升，工业经济持续健康发展，城镇化步伐不断加快，文化旅游产业发展快速推进，全县经济社会呈现出平稳较快发展的良好态势，2011年财政总收入达到14.8亿元。近年来，襄汾县虽然在经济社会发展上取得了一定成绩，但与省委、省政府的要求相比，还存在一定差距，希望各位德高望重、经验丰富的老领导多提宝贵意见，为我县转型跨越发展提供帮助。

郭裕怀一行在详细了解了万亩丁村白莲燕村核心区建设情况后，对我县发展现代农业的做法给予了充分肯定，并指出，发展现代农业是推动新农村建设、促进农民增收的重要举措。襄汾县要进一步加大引导、帮扶力度，在政策、资金、技术、人才等多方面予以倾斜。要以园区为依托，积极培育市场主体，让龙头企业和专业合作组织唱主角，带动农业生产走上规模化、集约化、现代化之路。要积极创新体制机制，用市场化的方法加快推进现代农业园区建设，实现农业生产资源的最佳优化配置，不断延长农业产业链条，努力实现农业生产效益最大化。

在滨河公园，郭裕怀一行详细了解了我县城镇化发展状况后指出，在城镇化发展上，要坚持规划引领，不断提升城镇品位；要加强基础设施建设，不断提升城镇承载能力；要大力发展公益事业，不断完善城镇功能；要坚持工业向园区集中，园区向城镇集中，人口向社区集中，不断优化城镇布局；要重点发展一批具有地方特色的示范城镇，带动县域城镇化加快推进。

（此文刊登于2012年6月13日山西老干部工作网，2012年6月12日襄汾政府网）

县委老干部局完善机关工作制度提高工作效率

为加强机关作风建设，树立机关良好形象，确保老干部工作顺利开展，襄汾县委老干部局制定并完善了局机关工作制度。

机关制度包括公章使用制度、财务管理制度、公务接待制度等十三项内容，总计八十一条，对机关各方面工作都作了详细明确的规定。例如，考勤制度的建立，杜绝了机关迟到、早退的现象，而且把考勤情况作为提干、晋级、评优的条件之一，使得全局同志的工作积极性更加高涨。通讯报道奖励制度的建立，积极引导工作人员争当优秀信息员，加大了我县老干部工作信息宣传报道的力度，使老干部典型事迹得到发扬和光大，有力地提升了老干部工作的影响力。

机关制度的建立，使得工作有章可循，并且严格管理执行，全局各项工作上了一个新台阶。

（作者：杨丽娟、孙银香。此文刊登于2012年7月29日山西老干部工作网，2012年6月14日《临汾老干部工作信息》第14期，2012年6月12日襄汾政府网）

襄汾县老年大学乐理班正式开课

近日，襄汾县老年大学乐理班正式开课，开班仪式上，县委组织部副部长、老干部局局长王稳锁讲，希望老同志们在保重身体的前提下，珍惜这次学习机会，为繁荣社会主义文化事业做出新的贡献。

本期培训班共有50多名学员，大多为合唱团成员，面对老年学员参差不齐的乐理水平，老干部局特聘请曾在高中任音乐教师的李廷英同志授课，从最基础的发音、口型、节拍、识谱知识讲起，受到大家的欢迎。参加培训的老年学员们个个专心致志，认真笔记，表现出极大学习的热情，纷纷表示要珍惜在老年大学的学习机会，认真学习，不断提高自身水平，为社会奉献余热，为经济发展做出自己应有的贡献。

（作者：王璐、杨丽娟。此文刊登于2012年7月11日山西老干部工作网，2012年7月18日《临汾日报》，2012年7月10日襄汾政府网）

襄汾县老年书画班正式开班

为丰富老干部的精神文化生活，襄汾老干部局筹备多日的书画班日前正式开班。众多老年书画爱好者积极参加，其中年纪最大的已经 80 岁。

中老年人练习书画能陶冶性情、净化心灵，找到晚年的幸福和快乐。书画班的开办为老年朋友搭建了一个展示自我风采的平台，让他们老有所学、老有所乐、老有所为，同时也展示他们健康向上的精神风貌，深受大家的欢迎。

（作者：杨丽娟、马惠杰。此文刊登于 2012 年 10 月 27 日山西老干部工作网，2012 年 10 月 25 日黄河新闻网，2012 年 11 月 15 日《临汾日报》，2012 年 10 月 26 日襄汾政府网）

山西省襄汾县：举办首届老干部体育运动会

为迎接党的十八大胜利召开，丰富老年人体育文化生活，襄汾县在重阳节前夕，举办了首届老干部运动会。此次运动会共设篮球定位投篮、门球、象棋、扑克、乒乓球 5 个比赛项目。众多老干部们踊跃参加，其中年龄最小的 60 多岁，最大的已经 80 多岁了。

襄汾县首届老干部运动会现场

老干部运动会是老干部相互学习、相互交流、相互切磋、增强体质、增进友谊的良好平台。比赛中，全体老领导、老同志始终坚持“友谊第一、重在参与、文明和谐、相互交流、促进提高”的宗旨，充分发挥团结拼搏、奋勇争先的精神，以饱满的热情、精彩的技艺赛出了风格、赛出了水平、赛出了友谊，体现了老领导、老同志积极乐观、健康向上的人生态度，展示了老领导、老同志老有所学、老有所乐、老有所为、多才多艺的精神风貌。

（作者：杨丽娟。此文刊登于 2012 年 10 月 18 日《中国老年报》，2012 年 9 月 25 日山西老干部工作网，2012 年 9 月 25 日黄河新闻网，2012 年 9 月 30 日《临汾老干部工作信息》第 20 期，2012 年 9 月 24 日襄汾政府网，2012 年 9 月 5 日襄汾电视台报道）

山西省襄汾县精心组织敬老月活动

为弘扬中华民族尊老敬老的传统美德，进一步营造爱老助老的良好社会氛围，襄汾县大力营造宣传氛围，积极开展敬老月活动，精心组织了一系列敬老爱老活动，把敬老爱老活动推向一个新的高潮。

敬老月里，襄汾县委老干部局为全县离休干部进行免费体检，并邀请医院专家为老年人进行健康讲座。为丰富老干部们的文化生活，还举办了首届老干部运动会，组织了老年书画展宣传爱老敬老活动。此外，还组织老年舞协开展迎重阳文艺会演，100余名社区老年人观看了演出。

（作者：杨丽娟。此文刊登于2012年10月23日《中国老年报》，2012年11月2日山西老干部工作网，2012年11月9日《老友报》，2012年10月22日黄河新闻网，2012年10月29日《临汾老干部工作信息》第21期）

襄汾县委老干部局建成离退休干部信息库

为进一步推动老干部工作科学发展，夯实老干部工作基础，近日，山西省襄汾县委老干部局已将全面采集的离退休干部基本资料信息收集齐全，建立了离退休干部信息库。

襄汾县委老干部局全体工作人员齐动手，通过电话联系、上门走访、查阅档案等方式，于3月底前，顺利完成了全县离退休干部信息库的录入工作。襄汾县共有离退休干部3249人，其中离休干部165名，退休干部3084名，信息库涵盖了所有离退休干部及遗属的姓名、性别、民族、出生年月、原工作单位及职务、现享受待遇、家庭详细地址、联系电话、子女、配偶等50多项内容。全面、翔实、准确地掌握了离退休干部及遗属的基本情况和信息资料，实现了老干部基本信息的电子化管理，为襄汾县老干部服务管理工作提供了全面、准确的信息保障。

（作者贾红利、杨丽娟。此文刊登于2013年3月29日《中国老年报》，2013年3月28日中国小康网，2013年《山西老年》第5期，2013年5月21日《老友报》，2013年4月10日山西老干部工作网，2013年3月28日山西新闻网，2013年3月28日黄河新闻网，2013年4月7日《临汾老干部工作信息》第6期，2013年4月3日襄汾政府网）

山西襄汾五项措施落实老干部生活待遇

襄汾县委老干部局紧紧围绕“让党放心、让老干部满意”的工作目标，把落实老干部生活待遇作为重点工作，抓紧抓好、抓出成效，确保了老干部队伍和谐稳定，受到了老干部和社会各界的好评。

一是严格执行规定的各类津贴标准。凡上级规定的涉及老干部利益的政策，及时按标准兑现。老干部的取暖费、工作津贴、生活津贴、护理费等已按上级要求执行到位。

二是严格执行医药费报销制度。老干部看病就医实行门诊费和住院实报实销制度，医疗费用由县财政全额报销。成立老干部诊所为老干部看病就医提供方便。

三是执行体检制度。每年组织老干部在县医院进行一次身体检查，建立健康档案，做到了发现病情及时医治。

四是坚持走访慰问制度。每年春节期间，县委、县政府领导分别深入到老干部家中走访慰问，做到重大节日必访、生病住院必访、特殊困难必访、思想有波动必访。

五是关心老干部切身利益，帮助他们解决实际问题。不论老干部有什么困难，只要符合政策规定，在老干部局职权范围内能帮助解决的都会想方设法去办。

（作者杨丽娟。此文刊登于2013年4月2日《中国老年报》，2013年3月13日中国小康网，2013年3月22日山西老干部工作网，2013年3月13日山西新闻网，2013年5月6日《临汾老干部工作信息》第7期）

老干部观摩我县现代工农业建设

5月15日，老干部局组织七十余名离退休老干部深入部分乡镇和重点企业，对我县工农业发展情况进行了参观考察。

老干部一行先后参观了星原钢铁集团有限公司、景毛乡堡头村奥格姆食用菌园区等。每到一处，老干部们都认真听取有关介绍，由衷赞叹全县现代工农业发生的巨大变化，连连称赞这些项目既为百姓谋福利，又带动了地方经济发展，是一项顺应民心、改善民生的工程。

（作者：杨丽娟。此文刊登于2013年5月16日中国小康网，2013年5月20日《山西老干部工作信息交流》，2013年5月16日山西老干部工作网，2013年5月16日山西新闻网，2013年5月16日黄河新闻网，2013年6月5日《临汾老干部工作信息》第10期，2013年5月16日襄汾政府网）

襄汾县委老干部局为离退休干部“同心共筑中国梦”提供有力保障

近日，根据中组部及省、市老干部局关于在离退休干部中开展“同心共筑中国梦”活动的要求，襄汾县委老干部局专门下发通知，对在全县离退休干部中开展“同心共筑中国梦”活动作出部署安排。并为积极组织好离退休老干部发挥余热，引导他们成为实现中国梦的参与者、实践者和推进者提供了有力保障。

一是积极动员组织。县委老干部局充分发挥职能作用，宣传“同心共筑中国梦”的重要意义，动员老干部参加志愿服务活动实现“中国梦”，鼓励身体好、有特长、热心青少年工作的老干部，尤其是近几年刚退下来的老干部，本着自愿、量力、就近的原则积极发挥余热。并把此次活动与离退休干部思想政治建设和党支部建设紧密结合起来，充分发挥离退休干部党支部的战斗堡垒作用和党员的先锋模范作用。

二是加强学习辅导。通过离退休干部每个月的集中活动，组织他们系统学习邓小平理论、“三个代表”重要思想和科学发展观，深入学习党的十八大精神，确保老干部做到思想常新、与时俱进。

三是关爱身心健康。充分利用老干部活动中心和老年大学，为老干部开展活动提供保障。定期开展健康知识讲座，关爱他们的身心健康，让广大老干部心情愉悦，量力而行，参加活动，发挥余热。充分利用“七一”“十一”等重大节庆日，组织老干部开展庆祝活动，不断创新活动的方式，在注重活动娱乐性的同时讲究社会效益，丰富老干部的精神文化生活。

四是健全激励机制。及时发掘老干部发挥余热的先进典型，树立标兵，认真总结先进经验。通过新闻媒体宣传老干部的先进事迹和奉献精神，宣传老干部不为名，不为利，为党和国家的事业无私奉献的崇高形象，营造全社会尊老、敬老、助老的良好氛围，调动老干部发挥作用的积极性，使老干部为推动实现伟大中国梦凝聚能量。

（作者：乔飞。此文刊登于2013年6月18日山西新闻网，2013年6月17日黄河新闻网，2013年6月30日《临汾老干部工作信息》第11期，2013年6月18日襄汾政府网）

襄汾县委老干部局发挥阵地作用大力推进文化养老

襄汾县委老干部局在探索利用社区资源服务离退休干部的基础上，紧紧围绕县委县政府提出的“文化强县”建设目标，切实增强老干部工作在推进文化强县建设中的政治责任感、历史使命感，着力利用好老干部活动中心、老年大学、各老年团体协会等，为老干部搭建了文化养老的新平台，丰富了老干部的精神文化生活，提升了幸福指数。

一是加强学习宣传，树立“文化养老”理念。通过每月固定的老干部学习日，召开座谈会、举办专题学习班、深入和老干部座谈等形式，大力宣传党的十八大精神，让十八大精神深入到每一位老干部心中，通过学习、宣传、鼓励，引导全县老干部积极开展“文化养老”建设，树立积极向上的文化理念，发挥个人优势，为襄汾文化建设作出贡献。

二是加强阵地建设，提升“文化养老”内涵。建设好、配套好、管理好老干部活动中心和老年大学两大阵地，争取各级支持不断完善活动场所设备设施，注重提高舞蹈、音乐、绘画等老同志喜爱项目的师资水平和配套建设，营造良好的文化活动环境。依靠老年书画家协会、老干部合唱团、老年体协、老年舞蹈协会等涉老协会组织，开展各种寓教于乐、寓学于乐的教学活动和科学文明、健康向上的文化娱乐活动，进一步提升“文化养老”的层次和水平，努力满足老干部多层次的精神文化需求，满足老干部的求知、求乐欲望，达到陶冶情操、促进健康的目的。

三是利用社区资源，发挥“文化养老”作用。利用社区活动场所，开展老干部学习交流活动。发挥社区资源优势，把学习延伸到社区、延伸到离退休干部家中，方便老干部就近学习、就近活动、就近发挥作用。同时，积极开展适合老干部的文体活动，鼓励开展广场文艺会演、老年人自由组合的自娱自乐文艺表演等，不断丰富老干部的社区文化生活，发挥他们在传播先进文化方面的智力优势和经验优势，促进和谐社区建设。

（作者：乔飞。此文刊登于2013年6月28日山西老干部工作网，2013年《山西老年》第9期，2013年7月1日黄河新闻网，2013年7月1日襄汾政府网）

襄汾县举行老干部庆“七一”文艺晚会

6月27日晚，襄汾县丁陶科技报告厅内歌声嘹亮，舞姿飞扬。襄汾县委老干部局和文化馆主办的纪念建党 92 周年暨老年合唱团成立十周年文艺汇演在这里隆重举行。

襄汾县县委副书记、县长张宏志，县委常委、宣传部部长杨建廷，副县长苏嘉邦，政府办主任李明星，县委组织部副部长、老干部局局长王稳锁等领导观看演出。

演出在合唱《我的祖国》中拉开帷幕，《长征》《红红的日子》《回延安》……老干部们用歌舞抒发七月里如火的激情，赞美红旗上鲜艳的党徽，歌唱伟大的中国共产党，弘扬伟大的长征精神。县老年体协的《欢乐腰鼓》跳出了年轻人的精气神；小品《看戏》用幽默和诙谐表演逗得现场观众捧腹大笑；女声独唱《南泥湾》和舞蹈《中国美》则展现出广大老年人老有所学、老有所为、老有所乐的良好精神风貌，演员们的精彩表演，获得全场观众的热烈掌声。

（作者：杨丽娟。此文刊登于 2013 年 6 月 28 日中国小康网，2013 年 6 月 28 日山西老干部工作网，2013 年 6 月 28 日黄河新闻网，2013 年 7 月 2 日《临汾老干部工作信息》第 12 期）

襄汾县委老干部局着力加强“三型”机关建设

建设学习型、服务型、创新型马克思主义执政党，是党的十八大提出的关于党的建设的重要任务。襄汾县委老干部局围绕这一任务，着力加强三型机关建设。

一、以解放思想为主线，着力推进创新型机关建设

襄汾县委老干部局进一步解放思想，转变观念，牢固树立创新意识，增强工作创新的主动性和自觉性，进行观念创新，把创新作为工作、学习的灵魂，自我加压，开拓进取，围绕县委工作中心、结合老干部工作实际进行创新。探索老干部服务管理新模式，利用现代信息网络技术，构建老干部工作网站、手机短信、QQ 群、网络远程教育组成的服务管理网络资源平台，创造性地开展离退休干部服务管理等各项工作。

二、以求真务实为主线，着力推进服务型机关建设

襄汾县委老干部局强化服务意识，改进服务方式，开展“三争三创”活动，即：争当学习型标兵，创建学习型机关活动；争当岗位标兵，创建服务型机关活动；争当奉献标兵，创建和谐型机关活动。通过开展活动，落实好老干部的各种待遇，把老干部的管理服务工作落到实处。去年以来相继建立完善各项制度 21 项，推进服务型机关建设，促进各项工作全面协调发展。

三、以提高党员干部的素质为主线，着力推进学习型机关建设

襄汾县委老干部局坚持把理论学习与工作结合起来，建立有效的学习机制，要把学习当工作对待，把工作当学问研究，围绕工作去学习，坚持在“学中干、干中学”做到学习工作化，工作学习化。完善了学习制度，坚持每周一下午集中学习党的方针政策、法律知识、老干部业务知识等，使广大干部职工的思想水平、知识水平和能力素质适应老干部工作的需要。通过学习，不断提高党员干部的学习自觉性，增强党员干部学习的实效性。

（作者：杨丽娟。此文刊登于 2013 年 7 月 6 日《中国老年报》，2013 年 7 月 9 日中国小康网，2013 年《山西老年》第 10 期，2013 年 7 月 10 日山西老干部工作网，2013 年 7 月 9 日山西新闻网，2013 年 7 月 11 日黄河新闻网。）

山西襄汾县在离退休干部中开展“同心共筑中国梦”活动

为深入学习党的十八大精神和习近平总书记的一系列重要论述，引导激励广大离退休干部为实现中国梦贡献智慧力量，襄汾县立足实际，在全县3000余名离退休干部中深入开展“同心共筑中国梦”活动，激励广大离退休干部为实现中国梦贡献智慧力量。

一、召开“同心共筑中国梦”座谈会。县委老干部局在前期走访的基础上，在全县8个老年协会及离退休干部中召开“同心共筑中国梦”座谈会，扎实学习讨论党的十八大精神和习近平总书记关于实现中国梦的一系列重要论述，引导广大离退休干部深刻理解中国梦的基本内涵、实现路径、精神动力和力量源泉，用实际行动为“中国梦”助力加油。

二、开展宣传活动营造氛围。发挥离退休干部经验丰富、阅历广的实际，组建老干部宣讲团，离休干部尉建华担任团长，深入全县13个乡镇进行宣讲，并举办“同心共筑中国梦”书画展、主题文艺会演等活动，大力宣传“同心共筑中国梦”活动，坚定广大离退休干部的理想信念，筑牢精神支柱。

三、发挥自身优势培养“中国梦”合格接班人。襄汾县把“同心共筑中国梦”活动与关心教育下一代结合起来，发挥老干部的经验优势，组织离退休干部进学校，以亲身经历和切身感受宣传襄汾建设、发展和改革的历史进程；激励离退休干部开展革命传统、形势政策宣讲，传播社会主义先进文化，宣传社会主义核心价值观，关心教育下一代，为实现中华民族伟大复兴的“中国梦”培养合格接班人。

（作者：杨丽娟。此文刊登于2013年7月26日中国小康网，2013年《山西老干部工作》第11期，2013年7月29日山西老干部工作网，2013年7月26日黄河新闻网，2013年8月23日《临汾老干部工作信息》第15期，2013年7月30日襄汾政府网）

襄汾县委老干部局网站正式上线

近日，襄汾县委老干部局网站正式上线运行（网址为 http：sxxflgb. com）。网站旨在宣传各级的老干部政策文件，通报各级老干部工作动态，展示我县老干部晚年风采，为老干部服务提供综合信息，展现工作特色，促进工作全面发展。投稿信箱 365804351@qq. com。

（此文刊登于2013年8月13日山西老干部工作网，2013年8月8日黄河新闻网）

襄汾县“四就近”工作向农村乡镇延伸

今年以来，襄汾县委老干部局深入基层调研，先后到汾城、古城、邓庄等乡镇就利用社区资源做好离退休干部工作进行了调研。

通过调研掌握情况，襄汾县针对老干部分布面广、管理服务工作难度相对较大的特点，坚持从老干部这一特殊群体和镇情、村情实际出发，将“四就近”工作向农村乡镇延伸。上半年，各乡镇紧紧围绕“四就近”的总体要求，扎实有效地开展利用社区资源做好离退休干部工作。汾城镇利用文化站组织老干部学习，并开展书画、舞蹈、体育等各项活动，丰富老干部的精神文化生活。古城镇利用各村活动室、农村书屋等资源把“同心共筑中国梦”和“薪火传承葆本色，转型跨越立新功”活动有机结合，引导老干部发挥作用，为本镇和县域经济社会发展、建设和谐社会贡献智慧和力量。邓庄镇利用镇政府文化站方便老干部活动、学习，并鼓励老干部为乡镇农村的各项工作建言献策。襄汾县将积极推进利用社区资源做好离退休干部工作向农村社区延伸，坚持重心下移、服务下延，充分整合利用社区服务资源，最大限度地发挥社区服务功能，为老干部提供亲情服务，使老干部愉快、健康地安度晚年。

（作者杨丽娟。此文刊登于2013年8月26日中国小康网，2013年8月26日山西老干部工作网，2013年8月26日山西新闻网，2013年8月26日黄河新闻网）

山西省委老干部局领导在襄汾县调研

9月6日，省委老干部局生活待遇处处长王文光、主任科员李蔚霞一行到襄汾县调研老干部“四就近”服务工作。市委老干部局局长李志敏、副局长李保恩、生活待遇科科长郭临平，襄汾县委组织部副部长、老干部局局长王稳锁等陪同调研。

调研组一行先后到襄汾县邓庄镇贾庄村和邓庄镇政府，实地察看了老干部学习活动场所，认真查看了“四就近”服务老干部制度和服务老干部台账资料，就利用社区资源做好离退休干部服务工作情况听取了邓庄镇党委书记任治中、镇长马健对离退休干部“四就近”工作的汇报和打算，并就“四就近”工作所面临的问题和下一步工作思路进行了交流。

调研组对我县“四就近”工作向乡镇延伸表示充分肯定，认为襄汾县高度重视利用社区资源做好离退休干部服务工作，并取得了明显成效。同时，对下一步如何继续做好社区“四就近”工作提出了两点意见：一是要利用现有资源，让离退休干部得到更多的关心和照顾。二是要根据离退休干部的实际情况，丰富服务内容、创新服务方式，因地制宜，以更大的决心、更大的力度，在利用社区资源做好离退休干部服务工作中作出表率。

（作者：杨丽娟、梁泽峰。此文刊登于2013年9月7日中国小康网，2013年9月10日山西老干部工作网，2013年9月6日黄河新闻网）

襄汾县“丁陶墨韵”书画展在临汾开展

9月20日，由临汾市委老干部局、市老年书画家协会主办，襄汾县委老干部局、县老年书画家协会承办的襄汾“丁陶墨韵”大型书画展在临汾市委老干部局活动中心正式开幕。市人大常委会副主任王醒安，市人大原副主任、市老年书画家协会主席张北管，县委书记王国平，县委常委、组织部部长王志宏，县委常委、宣传部部长杨建廷，县委常委、县委办主任范志军出席开幕式。

襄汾县委组织部部长王志宏致辞。王志宏说，近年来，襄汾县以“根祖文化”建设为定位，制定了“1347”的文化发展思路，形成了古老历史文化与现代文化共同发展的特色文化品牌，实现了文化的大发展、大繁荣。

张北管表示，襄汾人杰地灵，文化底蕴丰厚，书画爱好者众多，书画艺术普及广泛，希望广大书画爱好者能以此次书画展为契机，构建更加宽广的交流平台，让更多有成就的襄汾才俊展示他们的文艺作品，表达艺术追求，并通过持之以恒的文化交流，提高人民的文化素养和文化品位。

随后，王醒安、张北管、王国平等领导认真参观了书画展，大家一致认为参展作品集中体现了襄汾书法爱好者非凡的智慧和卓越的才华。老年书画家协会是我县文化建设领域的一支重要力量，为繁荣我县文化事业，丰富群众文化生活，实现文化强县做出了积极贡献。希望老同志们今后能继续创作出更多反映经济社会发展成果的书画和文艺作品，为进一步提升人民群众的文化素养和文化品味，为襄汾文化产业大发展、大繁荣提供坚强助力。

（作者：杨丽娟。此文刊登于 2013 年 9 月 22 日中国小康网，2013 年 9 月 26 日山西老干部工作网，2013 年 9 月 23 日山西新闻网，2013 年 9 月 22 日黄河新闻网，2013 年 10 月 15 日《临汾老干部工作信息》第 19 期）

襄汾县委老干部局“道德大讲堂”开课

12 月 20 日，襄汾县委老干部局组织全局干部职工和 50 余名城区离退休老干部开展以“尊老爱亲”为主题的道德大讲堂活动。

活动分唱道德歌曲、看道德短片、讲故事、诵经典、作点评五个环节。活动从全场齐声歌唱《公民道德歌》中开始，通过观看视频《孟佩杰——用孝心撑起一个家》，听退休干部民政局原局长乔福生同志讲孝亲故事，使在场的每一位都能感受到中国传统美德的力量。

活动中，襄汾县委组织部副部长、老干部局局长王稳锁、离休干部郭成家作了点评，老干部们积极探讨、交流心得。大家纷纷表示在家中做尊老敬老的先锋，在社会上做尊老敬老的模范，以实际行动将尊老、敬老、助老的优良道德传统发扬光大，为老人们营造一个美满、安详、健康、幸福的晚年，努力让每一位老人都能老有所养、老有所乐、老有所医。

（作者：杨丽娟。此文刊登于 2013 年 12 月 20 日中国小康网，2013 年 12 月 30 日《山西老干部工作信息交流》第 48 期，2013 年 12 月 21 日黄河新闻网，2013 年 12 月 25 日《临汾老干部工作信息》第 24 期，2013 年 12 月 21 日襄汾政府网）

襄汾县委老干部局开展志愿服务活动

3 月 5 日，是毛泽东同志题词“向雷锋同志学习”50 周年纪念日，也是第 14 个“中国青年志愿者服务日”，襄汾县委老干部局“学雷锋志愿服务队”，弘扬“奉献、友爱、互助、进步”的志愿精神，在县城中心广场进行宣传活动。活动中向过往群众宣传文明礼仪、道德修养等社会公德，并免费发放了老年人春季保健知识等资料。

（作者：杨丽娟。此文刊登于2014年3月7日中国小康网，2014年3月28日山西老干部工作网，2014年3月5日山西新闻网，2014年3月5日黄河新闻网，2014年3月21日《临汾老干部工作信息》第4期，2014年3月7日襄汾政府网）

襄汾县组织老干部参观县城小区和道路建设

4月15日，襄汾县委老干部局组织离退休老干部40余人参观了襄汾县城河西小区和道路建设情况。

老干部一行先后参观了滨河小区、授时公园项目、振兴路小区建设和丁陶大道建设等项目，分别听取了住建局工作人员对各个项目工程进展情况和总体规划的详细汇报。参观过程中，蓬勃发展的经济和日新月异的发展面貌给老干部们留下了深刻的印象，老干部们对襄汾近年来的发展变化大加赞赏，对襄汾未来的发展充满信心和期待。他们纷纷表示要继续发挥余热，为我县各项事业的发展献计献策。

（作者：杨丽娟。此文刊登于2014年4月16日中国小康网，2014年4月15日黄河新闻网，2014年6月《临汾老干部工作信息》第8期，2014年4月15日襄汾政府网）

襄汾县委老干部局被评为市级文明单位

近日，临汾市文明办下发文件，命名表彰了2012－2013年度精神文明建设先进集体，襄汾县委老干部局荣获“市级文明单位”称号。

多年来，襄汾县委老干部局紧紧围绕老干部服务管理工作，牢记宗旨使命，努力践行“老有所学、老有所乐、老有所为，全心全意为老干部服务”的宗旨。在文明单位创建工作中，中心紧扣“中国梦”主题，深入学习贯彻党的路线、方针、政策，认真学习文明礼仪、道德规范、职业道德等内容，广泛组织开展老干部文艺汇演、门球比赛、竞技棋牌比赛、慰问演出等形式多样的老年人精神文化活动。有力地促进了文明理念、道德规范在老年群体中的传播和发扬光大，为文明城市创建增光添彩，为文明社会建设作出了积极的贡献。

这次荣获“市级文明单位”称号既是鼓励，也是鞭策，该局将充分发挥文明单位的示范引领作用，大力开展社会主义核心价值体系学习教育，践行群众路线，不断加强自身建设，为襄汾县的发展作出新的贡献。

（作者：乔飞。此文刊登于2014年5月20日黄河新闻网，2014年5月21日襄汾政府网）

书法家张忠民为襄汾老年书画家协会进行书法讲座

5月25日，山西师大教授、宣传部副部长、著名书法家张忠民，在县委老干部局会议室，为家乡老年书画家协会百余名书法爱好者，作了精彩的书法知识讲座。

襄汾县委组织部副部长、老干部局局长王稳锁，副局长张治文，县老年书画家协会会长柴聚才等到会参加。

讲座内容分四大部分：全国书法形势与现状；中国书法的渊源与历史名人；楷书、行书、草书、隶书、篆书的写法；坚持临帖、掌握章法、学会要领、自我发挥是写好书法的关键。

张忠民先生对襄汾老年书画家协会的部分书法作品进行了点评，并现场挥笔作书进行讲解，全体参会人员深受启发，受益颇深。

（作者：贾学平、杨丽娟。此文刊登于2014年5月27日山西老干部工作网，2014年5月26日黄河新闻网，2014年5月27日襄汾政府网）

襄汾县四套班子领导走访慰问老干部、老党员

9月29日，在庆祝新中国成立65周年之际，县四套班子主要领导王国平、张宏志、张拽牛、王建中等走访慰问了部分新中国成立前参加革命工作的老干部、老党员，向他们介绍我县近年来转型跨越发展取得的成就，宣讲习近平总书记系列重要讲话精神，向他们表示崇高的敬意和诚挚的问候。王志宏、范志军及相关部门负责人参加了活动。

王国平、张宏志、张拽牛、王建中等看望了离休干部李东海、王志明、亢思聪等。每到一处，县领导都关切地询问老干部的身体和生活状况，了解他们光荣的革命履历及家庭近况，向老干部们送上诚挚的祝福和节日的问候，转达党和政府对他们的关怀，叮嘱他们保重身体，祝愿他们健康长寿、晚年幸福。老干部、老党员们感谢党组织的深切关怀和节日问候，对祖国和家乡取得的发展成就表示由衷高兴。大家表示一定要发扬优良传统，离岗不离党、退休不褪色，继续发挥余热，作出力所能及的贡献。

（此文刊登于2014年10月8日山西老干部工作网、襄汾政府网）

襄汾县委老干部局举办音乐知识讲座

11月14日，襄汾县委老干部局邀请中国音乐家协会会员、山西省音乐联盟副主席、临汾市音乐协会主席马小光免费为老年合唱团的团员们进行乐理和指挥知识讲座。襄汾县老年合唱团80余名团员聆听讲座。

此次讲座马小光主席从国内的合唱形式、合唱在和谐社会中的作用及合唱与指挥三方面进行了细致的讲解。整个讲座内容通俗易懂，语言形象生动，惟妙惟肖的示范，让大家对理论有了直观的理解，对技巧有了切实的掌握。讲座现场，气氛热烈，互动频繁，深受老年合唱爱好者们的欢迎。

参加讲座的人员听完讲座后，除了感叹老师的歌唱技巧和实力外，纷纷表示此次讲座让自己更加感受到了音乐的美妙，体会到了音乐的魅力，学习到了很多新的音乐知识；今后将

按老师教给的方法科学训练，不断提高自己的音乐素养和歌唱水平，为构建和谐社会贡献自己的一份力。

（作者：杨丽娟。此文刊登于2014年11月25日《中国老年报》，2014年11月28日山西老干部工作网，2014年11月15日黄河新闻网，2014年11月25日《临汾老干部工作信息》第17期，2014年11月17日襄汾政府网）

襄汾县委老干部局举办健康科普知识讲座

日前，襄汾县委老干部局、科协、民革襄汾总支联合在县老干部活动中心举办了一场健康科普知识讲座。该县县医院副主任医师王建敏大夫主讲，县城部分老干部和社区中老年60余人聆听了讲座。

讲座中，王建敏针对什么是心脑血管病以及心脑血管病防治要注意哪些方面等知识进行了讲解。专家讲得仔细，与会人员们听得认真，课堂气氛十分活跃，进一步增强了与会人员应对各种疾病的能力，使健康科普知识深入人心。

（作者：杨丽娟。此文刊登于2014年11月28日《临汾日报》）

襄汾县委老干部局被评为“全市敬老助老模范单位”

近日，襄汾县委老干部局被临汾市精神文明办、临汾市老龄工作委员会评为“全市敬老助老模范单位”。

近年来，襄汾县委老干部局在县委、县政府的领导和市委老干部局的指导下，紧紧围绕“老有所养、老有所医、老有所教、老有所学、老有所乐、老有所为”的总体要求，局一班人在局长王稳锁同志的带领下，以赤诚的心贴近老干部，以火热的情服务老干部，开创了老干部工作的新局面，赢得了老干部的赞誉，凝聚了社会正能量，为促进老龄事业又好又快发展做出了优异成绩。

（作者：杨丽娟。此文刊登于2014年12月5日《老友导报》，2014年11月28日山西老干部工作网，2014年11月25日黄河新闻网，2014年11月28日山西新闻网，2014年11月25日《临汾老干部工作信息》第18期，2014年11月25日襄汾政府网）

襄汾县为107名特殊困难老干部发放帮扶资金

近日，襄汾县委老干部局为107名离退休干部发放特殊困难帮扶资金11.3万元，这是继2013年帮扶74名离退休干部以来的又一次特困帮扶。特殊困难帮扶及时为特困老干部及离休干部遗孀解决了经济上的困难，充分体现县委、县政府对离退休干部的特殊关心。

襄汾县于2013年建立了离退休干部特困帮扶资金，并出台了实施办法。办法明确规定，县财政每年预算10万元帮扶金，由县委老干部局负责受理、审核和管理，将身患危重病治疗或生活完全不能自理，配偶身患重病造成生活困难，常年抚养痴呆、智障或严重身残子女，家庭因遭受严重自然灾害、突发事件等原因造成财产毁损、人员伤亡等原因造成生活困难的老干部以及离休干部遗孀纳入该资金帮扶范围。

（作者：杨丽娟。此文刊登于2014年12月26日山西老干部工作网，2014年12月25日黄河新闻网，2014年12月25日襄汾政府网）

襄汾县百名老干部参观荷花公园　品美食看大戏

2015年7月8日，襄汾燕村第四届荷花文化旅游节开幕的第五天，公园内驶入四辆公交大巴，是老干部局组织的百名老干部来参观燕村荷花公园。

老干部们在县委组织部副部长、老干部局局长王稳锁，邓庄镇党委书记任治中的陪同下，首先来到荷花公园。公园内荷叶亭亭，荷花娇艳，荷景醉人。老干部们纷纷拿起手中的相机或手机，聚焦荷景，拍照留念，留下美好瞬间，留住美好记忆。在欣赏美景的同时，老干部们一饱口福，品尝当地特色小吃，感受当地的本土味道。晚上，在燕村文体广场老干部们观看了当地举办的戏曲晚会，眉户现代戏《书记妈妈》、蒲剧《土炕上的女人》《拾玉镯》《空城计》《三娘教子》等10余个精彩剧目，赢得大家一阵阵热烈的掌声。

通过参观荷花公园，老干部们感触颇深。退休干部孙效法说："从第一届旅游节至今，襄汾燕村荷花公园景区旅游功能更完善，旅游项目更丰富，正在成为襄汾观光、休闲旅游的好去处。"退休教师刘春澍即兴作诗一首："适值炎夏七月天，老友相约荷花园。莲池侧畔留倩影，摇扇观剧乐陶然。"退休干部贾学平激动地说："作为一名老党员，我们要继续发挥余热，充分利用自身特长和优势为襄汾各项事业的发展做贡献。"

（作者：杨丽娟。此文刊登于2015年7月9日黄河新闻网、山西新闻网、襄汾政府网）

县委老干部局组织参观纪念抗战胜利70周年展览

今年是中国人民抗日战争暨世界反法西斯战争胜利70周年。为缅怀抗战先烈的光辉业绩，弘扬爱国主义精神和民族精神，8月20日，襄汾县委老干部局组织全体干部职工在智星商贸城一楼大厅参观了襄汾县纪念中国人民抗日战争暨世界反法西斯战争胜利70周年主题展览。

本次展览由县委宣传部、统战部、县人武部等单位主办，智星商贸城明德传媒文化公司承办。展览共分"铭记历史""岁月有证""民族脊梁""日军罪行"四个部分，通过300多块版面、1500多幅历史图片以及70多件抗战时期的布告、报纸、证章等实物，再现了全民族抗战的历史，展示了襄汾（原襄陵、汾城两县）100余名抗战人物的生平事迹，揭示了日军在我县襄陵、汾城两地烧杀抢掠犯下的滔天罪行。

通过观看展览，大家对抗战历史有了更加深刻的认识，无不为抗战英雄人物和英雄事迹所深深感动，为全体干部职工上了一堂生动的爱国主义理想信念和革命传统教育课，大家表示要以史为鉴、以史为镜，让中华民族的抗战精神薪火相传、代代铭记。

（作者：杨丽娟。此文刊登于2015年8月26日山西老干部工作网，2015年9月1日《老友导报》，2015年8月20日黄河新闻网，2015年9月6日《临汾老干部工作信息》第12期，2015年8月21日襄汾政府网）

襄汾县四套班子领导慰问抗战时期参加工作的老干部

中国人民抗日战争暨世界反法西斯战争胜利70周年之际，8月24日至8月26日，县领导王国平、张瑜庆、张拽牛、王建中、苏嘉邦、范志军等分别慰问抗战时期参加工作的老干部，为他们送去慰问金，并向他们致以节日的问候、崇高的敬意和诚挚的祝福。

在冯作楫、李东海家中，县委书记王国平，县委常委、县委办主任范志军与老人亲切交谈，认真倾听老人讲述抗战的故事，仔细询问老人的晚年生活。王国平指出，抗日战争时期参军或参加工作的离休老干部，为抗战的最终胜利、新中国的诞生、社会主义建设和改革开放做出过卓越贡献，是党和国家的功臣，没有他们的浴血奋战，就不会有今天的幸福生活，党和人民永远不会忘记这些革命英雄。我们一定要认真学习和继承发扬他们身上对党的忠贞信念、为革命鞠躬尽瘁的精神，铭记历史、缅怀先烈、珍爱和平、开创未来。王国平叮嘱相关部门同志要切实关心照顾好老人的生活，让他们度过一个幸福健康的晚年。

县委副书记张瑜庆先后来到路昌茂、张志贤家中，与老人们亲切交谈，分别向他们了解家庭生活及其身体状况，询问他们生活面临的困难，认真听取他们的抗战故事。张瑜庆握着老干部的手叮嘱家属，家有一老，如有一宝，要悉心照料好老人的生活，让老人安享晚年。

县人大常委会主任张拽牛在张富贵、李生才的家中，认真聆听他们讲述当年的抗战事迹，祝福他身体健康，长命百岁，同时叮嘱家属要关心照顾好老干部的生活，不让他们有后顾之忧。

在李生才家中，县政协主席王建中与老人拉起家常，关切地询问他的生活起居和身体状况。王建中说，抗战老干部为抗日战争的胜利作出了巨大贡献，他们这种英勇无畏的抗战精神和无私的奉献精神让人感动，值得我们学习。并要求相关部门负责人要继续关心、照顾这些党和人民的功臣，经常了解他们的生活状况，切实为他们排忧解难，使老人们都能够安享晚年。

85岁高龄的伊保庆老人，曾先后参加过解放临汾战役、朝鲜伊川战役，在战争中腿部负伤。县委常委、常务副县长苏嘉邦认真了解了抗战故事后说，有关部门今后要多关心老干部们的晚年生活，多倾听他们的心声，多为他们办实事、办好事，对行动不便的老干部，要给予更多的关心，确保他们能够度过一个安乐幸福的晚年。

（此文刊登于2015年8月31日山西老干部工作网，2015年9月8日《老友导报》，2015年9月6日《临汾老干部工作信息》第12期）

襄汾县委老干部局举办“金秋放歌　圆梦中华”文艺晚会

重阳节前夕，10 月 20 日晚，襄汾县委老干部局在县城中心广场举办“金秋放歌　圆梦中华”文艺晚会。县委常委、宣传部部长杨建廷，县委组织部副部长裴杰民，县文联主席杨志刚，县社管委书记成丽霞等领导同现场数千群众观看了演出。

晚会在歌舞《和谐中国》中开幕，《河边对口曲》《保卫黄河》《在太行山上》、襄汾民歌《塔山军民保家乡》等表现了抗日军民以气吞山河的英雄气概抗击日本侵略者的壮丽诗篇。大合唱《没有共产党就没有新中国》《祖国颂》《共筑中国梦》唱出了全国人民在中国共产党的领导下，实现民族伟大复兴的中国梦的信心和决心。整台晚会抒发了老年朋友爱党、爱祖国、爱家乡的美好情怀；展示了老年人老有所为、老有所乐的精神风貌和夕阳风采。晚会都是由老年合唱团自编自演，参加演出的团员们年龄最大的已愈 80 高龄，最小的也近 50 岁。他们大多数人没有艺术基础，但一直不断学习、训练，由最初的二三十人发展成现在一百人的集合唱、舞蹈、表演为一体的艺术团。

老干部局局长王稳锁说，此次晚会的举办是为了弘扬中华民族敬老、爱老、助老的传统美德，丰富广大离退休干部和社会各界老年人的文化娱乐生活，使“老有所养、老有所乐、老有所为”落到实处。

（作者：杨丽娟。此文刊登于 2015 年 10 月 23 日《老友导报》，2015 年 10 月 22 日《临汾日报》，2015 年 10 月 21 日黄河新闻网，2015 年 11 月 4 日《临汾老干部工作信息》第 16 期，2015 年 10 月 21 日襄汾政府网）

襄汾县举办离退休干部网宣员第一期培训班

为深入学习贯彻习近平总书记关于“组织引导老同志讲好中国故事、弘扬中国精神、传播中国好声音”的重要指示精神，认真落实中组部老干通字〔2015〕4 号文件要求，襄汾县委老干部局于 2015 年 11 月 20 日中午，在县老干部活动中心会议室举办了“全县离退休干部网宣员第一期培训班”，县老松树文化社成员 30 余人参加培训。

培训班由县委老干部局副局长贾红利主持。第一期培训班主要内容有三项：一是由参加过全省离退休干部网宣员骨干培训班的贾学平，介绍和汇报全省网宣员骨干培训班的概况以及自己如何运用博客 qq 号进行网络宣传的感受与收获；二是由参加过全省离退休干部网宣员培训班的房桂花主讲《我是如何写作和发表稿件的》；三是由县老干部局工作人员讲了如何使用微信及运用手机上网发稿件和照片等。参加全县网宣员培训班的人员年龄最大者 82 岁，最小者 67 岁，老同志们表示：一定要克服困难，老有所学，老有所用。永远忠诚于党的事业，传播真善美，弘扬正能量，当好网络宣传员。

（作者贾学平、杨丽娟。此文刊登于 2015 年 11 月 17 日《老友导报》，2015 年 11 月 23 日山西老干部工作网，2015 年 11 月 20 日黄河新闻网、山西新闻网、襄汾政府网）

晋国史专家邱文选先生向县教育局捐赠图书

邱文选（右二）向教育局捐书

12 月 11 日，我县晋国史专家邱文选先生向县教育局捐赠了 200 余套《史坛耕耘集》精品图书。县教育局局长郭志芳，书记李博宁接受了邱先生捐赠，并回赠“书惠教坛”的牌匾，以致谢意。

邱文选先生今年 96 岁，是一名离休教师，曾在我县赵曲中学担任语文和历史教师。30 多年来潜心从事文史研究，特别是晋国史、晋国文化史的探索和研究，撰写论文、评述 300 余篇，计 600 余万字，分别在全国 30 多家报刊专书发表。是省文史研究馆授誉的“晋国史专家”。曾获全国老有所为精英奖、金质奖章等。多次获省、地、县党委、政府及相关部门的表彰。其事迹入选《世界名人录》。

为了表达自己倾心教育，情系教坛的情怀，邱老主动提出要将自己潜心 30 余年，以襄汾为地域核心，以研究晋国史为主体的学术结晶——《史坛耕耘集》，捐赠给我县高中的语文、历史课老师，希望“让我们的学生，了解我们中国古代晋国的历史，从了解晋国历史的过程中，丰富历史知识，提升思想教育，（通过）这种意识，为我们民族振兴，为我们中华民族的前进，做出他们应有的贡献来。”

（作者：王永红。此文刊登于 2015 年 12 月襄汾政府网、《丁陶春秋》）

襄汾县开展“最美老干部”征文活动

为进一步贯彻落实全国离退休干部“双先”表彰大会精神，近日，襄汾县委老干部局与县文联联合举办了“我身边的最美老干部”征文活动。

此次活动从 2015 年 9 月份开始到 2016 年年底结束，是襄汾县委老干部局开展的“以展示阳光心态、体验美好生活、畅谈发展变化，为党的事业增添正能量”活动的组成部分，主要征集离退休干部从工作岗位退下来后继续发挥余热作用，为党的事业增光添彩的先进事迹，通过开展活动，引导广大离退休干部在体验美好生活的同时，继续与时俱进，宣讲中国梦，传播好声音，促进青少年成人成才。

（作者：杨丽娟。此文刊登于 2015 年 9 月 18 日《老友导报》，2015 年 9 月 10 日黄河新闻网，2015 年 9 月 24 日山西新闻网，2015 年 9 月 20 日《临汾日报》，2015 年 10 月 9 日《临汾老干部工作信息》第 14 期，2015 年 9 月 11 日襄汾政府网。）

山西襄汾以调研宣传促老干部工作

为开拓创新，破解老干部工作难题，近年来，山西省襄汾县委老干部局注重调研和宣传，通过在调研中发现问题、解决问题，在宣传中发现典型、推广典型，推动老干部工作科学发展。

该局始终把调研宣传工作作为一项基础性工作来抓，将其列为全年工作的重要议程，明确了“以抓调研宣传促工作，以抓工作促调研宣传”的工作思路，形成了主要领导负总责、分管领导具体抓、调研宣传人员履行职责、全体人员共同参与的调研宣传工作格局。

2012 年以来，局领导提出调研宣传要创新观念、创新内容、创新形式和方法，并多次召开局委会，对宣传报道工作进行全面部署，形成《新闻报道奖励办法》，极大地调动了工作人员的积极性，加大了老干部工作宣传报道的力度。同时，局机关成立由爱好写作的老干部组成的通讯组，宣传老干部工作先进典型。

为充分发挥调研宣传对老干部工作的导向和推动作用，该局还注重宣传典型。利用“襄汾县委老干部局网站”平台，宣传了各行各业老干部发挥作用的先进典型，并同襄汾县文联联合举办“我身边的最美老干部”征文活动，活动从 2015 年 9 月份开始到 2016 年年底结束，主要征集离退休干部发挥作用，为党的事业增添正能量的先进事迹。通过开展活动，引导广大离退休干部体验美好生活，宣讲中国梦，传播好声音。

（作者：杨丽娟。此文刊登于 2016 年 1 月 18 日《中国老年报》）

襄汾县走访慰问道德模范

为更好地关心身边好人的工作和生活，推动形成新一轮学习宣传道德模范的热潮，1 月 22 日，襄汾县委宣传部副部长、县文明办主任张生祥，县委组织部副部长、老干部局局长王稳锁一行，看望中国好人榜入选者曹文敏，走访慰问全县道德模范王泽培，代表县委、县政府向他们送去慰问金和新年祝福。春节前，县文明办还将对全县 17 位道德模范和身边好人进行走访慰问。

中国好人榜入选者曹文敏孝老爱亲的故事曾感染身边的邻里街坊，被评为“孝老爱亲好人”。全县道德模范王泽培，退休后发挥余热，一头扎进进行革命传统教育、发掘民间文化遗产的事业里。县文明办领导感谢他们在公民思想道德建设工作中发挥了榜样示范作用，用自己的凡人善举，弘扬了文明风尚，传播了社会正能量。希望他们保重身体，继续践行社会主义核心价值观，向更多人传递正能量。

（作者：杨丽娟。此文刊登于 2016 年 1 月 22 日山西新闻网，2016 年 1 月 28 日黄河新闻网，2016 年《丁香文化》第 1 期）

襄汾县委老干部局领导班子走访慰问包村贫困户

1 月 28 日上午，在新春佳节到来之前，襄汾县委组织部副部长、老干部局局长王稳锁带领班子成员来到干部下乡住村联系点——襄汾县南辛店乡南吝村，走访慰问了帮扶的 5 户贫困户，每户送去慰问金 200 元。

每到一户，老干部局一行都与他们亲切交谈，详细了解他们的生产生活近况以及致贫原因，认真倾听他们的心愿心声，鼓励他们坚定信心，乐观地面对暂时的困难和挑战，通过老干部局的帮扶和自身努力，早日脱贫致富。

（作者：杨丽娟。此文刊登于 2016 年 1 月 29 日《中国老年报》，2016 年 2 月 16 日《老友导报》，2016 年 1 月 29 日山西新闻网，2016 年 1 月 28 日黄河新闻网，2016 年 2 月 23 日《临汾老干部工作信息》第 2 期，2016 年 1 月 29 日襄汾政府网）

襄汾县委老干部局班子成员走访慰问代管离休干部

襄汾县委组织部副部长、老干部局局长王稳锁同志带领老干部局班子成员慰问了老干部局代管的离休干部。

每到一家，王局长都亲切地与老干部谈心，向老干部通报工作开展情况；详细询问他们的身体、生活情况并祝福他们节日快乐，身体健康。老干部们非常感谢襄汾县委、县政府多年来对老干部的关心和照顾，纷纷表示要为襄汾的发展出谋划策，奉献余热。

（作者：杨丽娟。此文刊登于 2016 年 2 月 1 日黄河新闻网）

襄汾县委老干部局组织离退休干部参观陶寺遗址公园

2016 年 6 月 3 日中午，襄汾县委老干部局组织老松树文化社 20 余名离退休干部乘车前往陶寺遗址公园参观。

老干部们参观了陶寺遗址展览馆以及古观象台。通过观看影视专题片、珍贵文物展品等活动，老干部们更深刻认识到，陶寺乃中国源头、文明根祖、帝尧之都、华夏之根。陶寺遗址全面拥有文明起源形成的要素和标志，在陶寺遗址时期中国就已经进入文明阶段，这比历史教科书上的华夏文明，从夏王朝开始，整整提前了 300 年。老干部们纷纷表示要为襄汾各项事业的发展奉献余力，发挥余热。

（作者：杨丽娟　贾学平。此文刊登于 2016 年 6 月 4 日山西新闻网，2016 年 6 月 4 日黄河新闻网，2016 年 7 月 9 日《临汾老干部工作信息》第 11 期，2016 年 6 月 6 日襄汾政府网）

襄汾县委老干部局组织开展向王焕杰同志学习活动

6月6日下午，襄汾县委老干部局召开全体干部职工大会，组织开展向王焕杰同志学习。

会上支部书记毛俊峰传达了晋组通字〔2016〕39号文件《关于在全省组织部门和老干部部门中开展向王焕杰同志学习活动的通知》，学习了省委老干部局汾东公寓管理处卫生所退休医生王焕杰同志的先进事迹。大家了解了一名基层医生20多年恪尽职守、无私奉献、爱岗敬业的精神，他是广大老干部工作者中的优秀代表，是深入开展“两学一做”学习教育活动的先进典型。

通过学习，大家纷纷表示作为一名基层老干部工作者，要向王焕杰同志学习，学习他忠诚信仰、淡泊名利的政治品格；学习他恪守医德、勇于担当的职业操守；学习他厚德仁爱、乐于助人的模范行为；学习他舍己为公、甘于奉献的赤忱情怀，从而以更加饱满的工作热情做好老干部工作。

（作者：杨丽娟　张梦恒。此文刊登于2016年6月7日山西老干部工作网，2016年6月7日黄河新闻网）

襄汾县委老干部局举办敬业奉献道德大讲堂

为弘扬传统美德，营造“崇德尚善”的浓厚氛围，2016年6月21日下午，襄汾县委老干部局开展以“敬业奉献”为主题的道德大讲堂活动。家住襄汾县城的部分离退休干部及老干部局干部职工60余人参加活动。

活动分为“自我反省、唱道德歌曲、看短片、讲故事、诵经典、谈感悟作点评、行崇德礼”七个环节。首先，进行自我反思；齐声高唱《公民道德歌》；观看视频《敬业奉献道德模范杨善洲的事迹》；接着退休教师柴鹏讲述李志学同志退而不休、敬业奉献的事迹；大声朗诵道德经典语句“尽小者大，慎微者著”；随后退休干部杨水旺、高兰生谈了感受；最后行崇德礼。在场人员听得聚精会神，大家被爱岗敬业的事例深深感染着。

通过活动，老干部们纷纷表示要向先进学习，充分发挥自己的特长，传播社会正能量。老干部工作者深感应该在自己的岗位上立足本职、恪尽职守，坚守自己的职业精神和职业操守，更好地服务老干部、服务社会。

（作者：杨丽娟　张梦恒。此文刊登于2016年6月22日山西老干部工作网，2016年6月22日山西新闻网，2016年6月22日黄河新闻网，2016年7月6日《临汾老干部工作信息》第10期，2016年6月6日襄汾政府网）

襄汾县举办纪念中国共产党成立95周年书画展

6月25日，由襄汾县委老干部局、县老年书画家协会主办的纪念中国共产党成立95周年暨红军长征胜利80周年书画展在县老干部局活动中心正式开幕。县委组织部副部长、老干部局局长王稳锁，县文联主席杨志刚等领导参加开幕式。

本次书画展从3月份筹备至今，收到作品200余件。通过认真评审、筛选，正式展出作品95幅，其中书法作品73幅，绘画作品21幅，剪纸作品1幅。此次展期一周，风格多样，体类齐全，笔意清新，对弘扬革命精神，践行社会主义核心价值观，传播社会正能量有积极意义。

通过展览活动，充分展现了我县老年朋友老有所爱、老有所学、老有所乐、老有所为的精神风貌，抒发了老一代热爱党、热爱祖国、热爱人民、热爱生活的高尚情怀。

（作者：杨丽娟。此文刊登于2016年6月27日山西老干部工作网，2016年7月10日《山西老干部信息交流》第23期，2016年6月26日黄河新闻网，2016年《丁香文化》第3期）

襄汾举办首届民间读书交流会促进读书活动

书是人类智慧的结晶，读书可以使人增加知识和智慧。中国人自古就有读书和耕田的美德。最近几年，读书看报的人越来越少，上电脑玩手机的人越来越多。

2016年7月20日中午，襄汾县首届民间读书交流会在县委老干部局会议室举行。参加首届民间读书交流会的有县关工委主任李志学，县委组织部副部长、老干部局局长王稳锁，县关工委、县教育局、老松树文化社的离退休干部以及县委老干部局的工作人员30余人。

襄汾县首届民间读书交流会由年近八旬的房桂花女士主持，汾城中学退休的高级教师刘春澍先生主讲《话本的盛行及最高古典小说的发展》。会上发言的有曹文敏、陈兴武、贾学平、高兰生、刘浩、王稳锁、李志学等老干部和老干部工作者。下午，与会者参观了刘春澍老师的书屋和藏书，并举行了座谈会，县文联主席杨志刚。县作协主席、县三晋文化研究会会长高建录以及县文联、县作协的工作人员专程参加座谈会。

襄汾县举办首届民间读书交流会，是对中国传统文化的继承和发展，对襄汾县开展读书活动的推广和促进。

（作者：贾学平　杨丽娟。此文刊登于2016年7月28日山西老干部工作网，2016年7月27日黄河新闻网，2016年7月20日《临汾日报》，2016年7月7日襄汾政府网，2016年《丁香文化》第3期）

襄汾县委老干部局被评为“市级文明单位标兵”

2016年9月5日下午，受市文明办的委托，襄汾县委宣传部副部长、县文明办主任张生祥为襄汾县老干部局举行“市级文明单位标兵”授牌仪式。全体干部职工参加会议。议程包括：授牌仪式；王局长作表态发言；襄汾县委宣传部副部长、县文明办主任张生祥作重要讲话；挂牌仪式等几个环节。

授牌仪式上，襄汾县委宣传部副部长、县文明办主任张生祥对老干部局近年来文明单位创建活动予以肯定，同时提出三点希望：一要倍加珍惜荣誉；二要当好典型示范；三要继续提升标准。

县委组织部副部长、老干部局局长王稳锁表示：成绩是动力，更是压力；荣誉是鼓励，也是考验。取得“实际文明单位标兵”的荣誉称号，只是对我们过去工作的肯定，我们要倍加珍惜荣誉，继续提升标准，争取新高度，迈上新步伐。

（作者：杨丽娟　张梦恒。此文刊登于2016年9月8日山西老干部工作网，2016年9月8日山西新闻网，2016年9月6日黄河新闻网，2016年9月8日临汾新闻网）

傅德明　张淑玲看望襄汾县参加体检的老干部

9月7日，襄汾县委常委、组织部部长傅德明，副县长张淑玲一行来到县人民医院体检中心，亲切看望参加体检的老干部。

一大早，老干部局工作人员早早来到体检中心，热情迎接前来参加体检的老干部们。傅德明、张淑玲来到体检中心与前来体检的老干部们亲切交谈，并关切地询问他们的身体状况，嘱咐他们要做好日常保健，多锻炼身体。同时叮嘱随行的老干部局工作人员对行动不便的老干部要实行全程陪导，医院也要派出专家和业务骨干为老干部服务。通过体检让老干部们了解自己的身体状况，做到无病早预防，有病早发现、早治疗，增强了离退休干部的保健意识，提升了离退休干部晚年生活的幸福指数。

据了解，多年来，襄汾县委、县政府高度重视老干部工作，不折不扣地落实老干部政治和生活待遇，坚持每年为老干部体检一次。今年我县的离退休干部体检工作为期4天，期间将有150多名老干部参加体检活动。体检项目包括血常规、彩超、心电图检查等。

（作者：杨丽娟　邵泽宽。此文刊登于2016年9月8日黄河新闻网，2016年9月7日襄汾政府网）

襄汾举办“最美夕阳红”晚会

岁岁重阳，今又重阳。10月9日晚，由襄汾县委宣传部主办，县委老干部局、县老龄委、县文体局承办，县老年合唱团表演的“最美夕阳红”文艺晚会在丁陶科技报告厅上演。

晚会在大合唱《东方红》中开幕，表演唱《九月九的酒》、情景舞蹈《婆婆就是妈》、健身球表演、大合唱《夕阳红》等等节目一一上演，抒发了老年朋友爱党、爱国、爱家乡的情怀；展示了老年人老有所为、老有所乐的精神风貌。

据襄汾县委老干部局局长王稳锁介绍，这台晚会都是由县老年合唱团自编自演，参加演出的团员中年龄最大的已逾80岁，最小的也近50岁了。虽然大家两鬓早已斑白，但一颗颗不老的心却始终在关注着祖国的建设大业。他们用满腔的热情，燃起了灿烂的晚霞，为家乡建设无怨无悔地散发着余热。

（作者：杨丽娟。此文刊登于2016年10月14日《山西日报》，2016年10月18日《老友导报》，2016年《山西老年》第8期，2016年10月11日山西新闻网，2016年10月11日黄河新闻网）

襄汾县委老干部局组织学习全国“双先”表彰大会精神

11月26日下午，襄汾县委老干部局机关召开全体党员干部专题学习座谈会，集中学习了12月24日《人民日报》头版刊登的全国老干部工作先进集体和先进工作者表彰大会通讯以及有关社论，并开展学习讨论。襄汾县委组织部副部长、老干部局局长王稳锁同志在座谈会上作了发言。

12月23日，全国老干部工作“双先”表彰会在北京召开，习近平总书记作了重要指示，代表党中央向大会的召开致以热烈的祝贺，向全国广大老干部致以诚挚的问候。会议由赵乐际主持，刘云山同志出席表彰大会，赵乐际同志宣读了习近平同志的重要指示。王稳锁局长指出，此次会议深刻论述了做好新形势下老干部工作的重大意义，我们要认真做好新形势下老干部工作，把党中央关于老干部工作的各项方针政策一项一项落到实处。与会同志纷纷表示，一定要认真学习领会好习近平总书记的讲话精神，广泛宣传老同志的先进事迹，在全社会广泛形成尊重老同志、爱护老同志、学习老同志的良好社会氛围，以老干部放心满意为目标，不断提高老干部工作服务水平。

（作者：乔飞。此文刊登于2016年12月2日山西老干部工作网，2016年12月1日襄汾政府网）

襄汾县委老干部局开展学习王焕杰典型事迹征文活动

12月20日上午，襄汾县委老干部局组织机关工作人员和老松树文化社的离退休老干部开展学习王焕杰同志先进事迹有奖征文活动。

王焕杰是我省组织部门和老干部部门在“两学一做”学习教育和“党员先锋行”主题活动中树立的先进典型，他恪守医德、爱岗敬业，在基层医疗岗位上默默为老同志服务20多年，被老同志亲切地称为“生命的守护神”。

这次征文活动，老干部工作人员和离退休干部将以“学习王焕杰、增添正能量”为主题，以多种体裁从多角度多侧面撰写。广泛宣传王焕杰同志的先进事迹，营造“学先进典型、做合格党员”的浓厚氛围，为贯彻落实习近平总书记关于老干部工作的重要指示和弘扬我党的优良传统和作风，践行社会主义核心价值观做出一份贡献。

（作者：乔飞。此文刊登于2016年12月21日山西老干部工作网，2016年12月20日山西新闻网，2016年12月20日黄河新闻网）

襄汾县委老干部局举办别开生面的冬季养生讲座

近日，襄汾县委老干部局召集城区居住的部分离退休老干部，在会议室举办了一次别开生面的冬季保健知识讲座。

特邀县中医院的保健专家李廷英大夫从冬季的饮食调理、心理卫生、居室环境、医疗保健等方面就老年人如何养生保健做了详细讲解。讲座围绕老年人冬季保健养生常识及误区、冬季饮食原则、老人冬季常见病的防治等内容，讲解了老年人预防和保健的重要性，以及什么是真正的健康，怎样才能拥有健康，引导老干部加强自我保健，提高身体素质，适当运动、合理膳食、规律生活，使老干部们受益匪浅。

参会的老干部们纷纷表示"冬季保健知识讲座贴近老年人生活，让我们了解和掌握到了不少延年益寿的健康常识，希望今后能多听到这样实用的讲座。"

（作者：乔飞。此文刊登于2016年12月20日山西新闻网，2016年12月22日黄河新闻网）

襄汾县委老干部局党员参与微信公众号知识竞赛

近日，襄汾县委老干部局组织全体党员干部参加中共临汾市委组织部主办的"两学一做"学习教育知识竞赛活动，该竞赛依托"临汾党员先锋号"微信公众平台，通过"微考堂"，进行为期十天的考试，每天进行一次竞赛考试。

"临汾党员先锋号"微信公众号，旨在贴近党员实际需求，速递上级精神、推送学习资料、普及党务知识、宣传先进典型，为全市党员提供一个便捷高效的学习交流平台。

参与竞赛的机关党员干部纷纷表示，通过参加本次竞赛活动，使全局党员干部进一步学习、掌握了党的历史、章程、纪律准则，增强了尊崇党章，遵守党规的党性修养，坚定了政治方向。

（作者：乔飞。此文刊登于2016年12月26日山西老干部工作网，2016年12月22日山西新闻网，2016年12月22日黄河新闻网）

第二节　通　讯

闪光的夕阳

——记邓庄老年福利社

在进入人生的"黄昏"之际，他们却不甘寂寞，勇于奋进，用"烈士暮年"谱写了又一曲"壮心不已"的人生赞歌，使年龄的夕阳放射出熠熠光华……襄汾县邓庄镇离退休老干部办的老年福利社的成员们便是这些值得敬佩的老人。

1991年初问世的邓庄老年福利社，是全区第一个股份合作制的企业，目前这个福利社的入股人数达到102个，资金增长到22万元，成为一个拥有电磁线厂、综合门市部、煤矿及数家家庭工厂的实体，取得了良好的经济效益和社会效益，为“积极养老”创造出一种新的模式。

拿出防老体己钱，变消费资金为生产资金合股经营，按股分红。老年福利社制定了章程，发动大家集资入股，吸收老干部参加组成管委会和监审组，组建了面向老年人的融经营与福利为一体的经济实体。

在市场经济的大海里，老年福利社瞄准空档，集中资金，量力而行。在邓庄镇铝品铸造业悄然兴起，北梁村又是远近闻名的铝制品生产专业村，而以铝作原料生产各种电线的企业还没有，他们通过对原材料供应、市场销售、经济效益等方面考察研究，认为电磁线生产有着十分广阔的发展前景。于是，在原来因陋就简办起的电线厂的基础上，集中投资10万元，扩大规模。他们充分发挥原县铝厂干部乔润月董技术、善经营的特点，购置了包线机、拔丝机，增设了塑皮车间。为了解决场地的问题，他们把电钱厂3个车间分别放在3个家庭中，实行总厂统一管理，家庭独立经营的办法，形成了从化铝到成品一条龙生产的格局，先后生产出铝胶线、裸铝线、塑皮线等3个品种十几个规格，产品经地区标准计量局检验合格，批量投入市场，销售到襄汾、临汾、霍州一带。

他们依托集镇优势，开设综合商店。福利社投资2万多元，由离休干部牛海清牵头，临街办起“老年福利社综合商店”，从业人员4名，每年可创利1万元。他们还采取联办、入股、借贷等形式，支持帮助老同志兴办企业，参与市场竞争。他们还先后投资合资兴办了煤矿、烧结厂、餐巾纸厂、五香瓜子厂等企业。

面对市场竞争求生存、求发展。在创办企业过程中，他们始终坚持勤俭办厂、艰苦奋斗的精神，自行设计制造了反射炉、焖线炉，改进了拔丝机、合线机、挤塑机等机械设备。为了加强经营管理，他们选出了董业务会管理的7名老干部作为管委会和监审组成员。这些老干部不计报酬，不辞辛苦，义务兼职，坚持每月召开一次管委会会议，每逢集日开一次碰头会。管委会成员乔全发，不顾严重的哮喘病，常年奔波，帮助各企业进行财务预决算，举办企业会计培训，负责全社资金安排。管委会成员李景恒是集资的带头人，他的行动影响了一大批老同志。

在应该休息的年龄为经济建设发热散光，并不是这些老干部的初衷，更令人敬佩的、更使他们的名字生华的则是初步得到利润之后，他们连续3年不向政府要一分钱，却开展了一项项活动。他们办起了老干部俱乐室，他们还为3名失学初中生预交学杂费，使这些少年重返校园。

不要国家一分钱，不向银行贷款一分钱，靠着自己的力量，老年福利社在社长刘九年的带领下，为探索积极养老的新路子还在奋力攀登。在这一步步攀登的足迹里闪耀着比朝阳还迷人的光彩。

（记者：王庚星。此文刊登于1994年5月18日《临汾日报》）

年逾古稀“山西娃”

摘要：58年前，“山西娃娃”王东平在延安和美国记者埃德加·斯诺结下深厚情谊，其照片被选入《西行漫记》。

如今王东平已是72岁高龄，半个世纪过去了，人们找到了这个默默奉献的“山西娃娃”，但他多次谢绝当地政府的特殊照顾。至今仍住在山西省襄汾县柴村，过着俭仆的生活，把满腔热情倾注在关心下一代的工作中。

王东平

58年前，在延安曾和美国著名记者埃德加·斯诺结下深厚情谊的“山西娃娃”王东平，古稀之年撰写回忆录，把满腔心血倾注到关心下一代的工作中，为培养跨世纪接班人奉献余热。

1936年春天，红军东征到山西，当时只有12岁的孤儿王东平（月娃子）给红军做向导，后成了通讯员。由于他憨厚可亲、腿脚勤快，红军指战员都亲切地叫他“山西娃娃”。同年6月，斯诺来到陕甘宁边区采访，党中央决定让“山西娃娃”照料他的生活起居。之后3个多月时间里，斯诺对这个机灵活泼的“山西娃娃”很满意。斯诺离别前特意给他拍摄了一张“山西娃娃”的照片，并把它收入到《西行漫记》中。在一次战斗中，他身负重伤，成了二等甲级残疾。临汾解放后，他因伤残转到襄汾县做地方工作。

半个多世纪过去了，人们找到了隐名埋姓数十年的“山西娃娃”。已是72岁高龄的他，多次谢绝当地领导要他住进老干部疗养院的关照，至今仍住在山西襄汾县柴村，生活俭朴。他说：“我是从农村来的，还是回到农村好，不能给党和政府添麻烦。”记者在他简陋的房舍里看到，两只掉了漆皮的大木箱就是他的办公桌，上面摆着一摞书刊杂志。老人带着老花镜，正伏在桌上给石楼县红军东征纪念馆撰写几万字的回忆文章。他的老伴杨玉梅告诉记者说：“老王现在是县里关心下一代委员会委员、县二中的校外辅导员，经常拖着残腿给孩子们讲革命历史传统，激励青少年爱党爱国，做跨世纪接班人。

（新华社记者。此文刊登于1994年8月13日《人民日报》海外版）

花甲难离“征战袍”

——记襄汾县离休干部尉建华

在襄汾县总工会，人们总可以看到一位身材高大、精神饱满，整日忙忙碌碌的人，他就是62岁的离休干部尉建华同志。

尉建华同志1994年4月在襄汾县粮食局工会主席的岗位上离休后，被县总工会聘为顾问，同时兼任了司法局的特邀公证员。同年9月，职工法律服务站成立，组织上考虑到他有着厚实的法律基础知识，就让他又兼任了职工法律服务站站长。

上任伊始，他面对全新的工作，夜以继日，马不停蹄。为使《劳动法》真正贯彻到基层单位，他根据以往工作经验和全县实际情况，用很短的时间，配齐了法律服务站人员，聘请了法律顾问，开始了正常工作。接着采取先搞试点，以点带面，全面铺开的办法，一年内，在全县厂矿、企业内部建立了劳动争议调解委员会67个，选拔具有一定法津知识的调解委员362人。为了提高委员们的业务素质，他自编教材，先后20多次到基层单位宣讲《劳动法》及如何调解劳动争议案件，并亲自将《劳动法》汇编挨门逐户送到基层单位，及时指导了基层调解委员会的工作。在全县初步形成了贯彻执行《劳动法》的基层工会法律工作网络。在实践中，他总结出了法律服务站和劳动调解委员会的工作宗旨、服务方式、工作程序等，并成文下发，促使工会职工法律服务站和基层调解委员会逐步走向了法制化、规范化、程序化、标准化的健康发展轨道。在维护企业利益、协调各方关系、缓解各种矛盾中充分发挥了“稳定器”和“破冰船”的作用。《山西工人报》分别以《随时提供法律服务》《襄汾职工法律服务站越办越红火》为题，对襄汾县职工法律服务站的做法给予了充分肯定。

自受聘以来，他亲自参与调解的案件达20余起，接待投诉、咨询、来访职工150余人次。并以高度的责任感和事业心做到了事事有交待，人人有答复。

1994年12月，襄汾县议价公司与祁县食品开发公司因购买1200吨小麦发生纠纷，他受襄汾议价公司委托，在太原、榆次、祁县等地调查取证70多天，搞清楚了纠纷真相。在法庭公开审理中，他作为襄汾议价公司代理人，当庭引证据法，据理以争，终于胜诉，为议价公司挽回损失100多万元。

汾城农机厂因经营不善，致53名退休职工的工资五六年发放不了，这些老职工就结队到县上访，尉建华同志多次热情接待，积极与农工部、农机局等有关主管单位联系，并及时向县委、县政府领导进行了汇报反映。经多方协调，使这些老职工的生活费得以解决，老职工们也感激地说：还是老干部与老职工贴心啊！

劳动服务公司职工梁清文与王金升因买冰棍机发生纠纷。4年，各执一辞，相持不下，甚至大打出手，反目成仇。经尉建华同志出面调解，双方握手言和，几年干戈一朝得休。

尉建华同志在这个工作岗位上老当益壮，壮心不已，干得有声有色，可在背后，他不知熬过了多少不眠之夜，付出了多少心血汗水。两年来，他剪辑了各种报刊上有关先进经验和典型材料200余篇，撰写文稿十几篇，先后发表在各种报刊上，并考取了司法部颁发的“国家法律工作者证书”和劳动部颁发的“国家仲裁员资格证书”。他说：要想干好啥，必得先学好啥。

老尉为了什么呢？春秋冬夏，风去雨来，整天骑着他那用了几十年的自行车东来西去地跑。离休了，升官不是他的想法，发财？工资待遇依然那么些，为了什么呢？他自己说：人易老，心难老，几十年前在党旗下“为共产主义事业奋斗终身”的誓言难忘，几十年革命的工作“征战袍”难离。

（作者：张治文。此文刊登于1996年1月3日《山西工人日报》）

笔耕墨耨效春蚕

——记襄汾县离休干部邱文选

邱文选同志今年75岁了，从1980年离休后，一直潜心研究文史经集，收获颇丰。1984年，省委授予他“余热生辉、振兴中华”的金色镜框一面；1985年，被省人民政府聘为山西省文史研究馆馆员；1990年，获全国“老有所为精英奖”；1993年，省文史馆授予他“晋国史专家”称号。

邱文选荣誉证书

15年来，他离而不休，笔耕不辍，编著了11万字的《楚辞研究》一书，标点注释了40余万字的旧《襄陵县志》一部，主编了《襄汾县文史资料》4辑，撰写了文史资料、史学论文430余篇，计450余万字，分别发表在省和国家级的40多家杂志、报纸和专书上，其中，有17篇分别由《人民日报》海外版、中国新闻社等对外报刊、电台发表。

为了考证一些史实，充实论文，他常骑自行车进行实地考证。在“丁村遗址”考察，发现“丁村人牙齿”，打破了过去一些西方学者所说“中国人种西来说”的荒谬论断。在“陶寺龙山文化遗址”考察，证明了在4400多年前至三千九百多年前的夏朝就创造了世界上最古老的“青铜器”。考察普净寺发现始建于东汉永平七年，即公元64年，与中国佛教传入是同生同岁的古老寺院。为了考证故绛城就是现在赵康镇以东的“晋城遗址”，邱文选风餐露宿，拿着绳子，一步步测量旧城遗址，看是否与史书所记相符，一村一村考查村名由来，通霄达旦地寻找研究各种与晋国有关的史料，最后证明公元前668年，晋武公的儿子晋献公执政后的第九年，把晋国的都城从曲沃迁到故绛城，即今天襄汾县赵康镇以东的“晋城遗址”。在这里曾发生了晋献公宠骊姬，害死申生，逼走重耳，戏剧《美人图》《八义图》即《赵氏孤儿》等家喻户晓的故事。最有历史意义的是公元前632年晋楚城濮之战，晋文公就是以“晋城遗址”为战略总后方的，奠定了晋国百余年的霸业基础。经过考证研究，他写了《古晋都——故绛城》一文由中国新闻社播发，美国纽约华人报《中国时报》用中英两种文字进行了转载。1990年，台湾《山西文献》第13期全文刊登了他写的《晋都追踪》一文。从此，晋都故绛风闻世界，襄汾县的名字也名播五大洲。去年6月份，邱文选完成了15万字的《晋国史研究论文集》，全集共收入他写的21篇论文，即将出版。

邱文选离而不休，硕果累累，为弘扬民族文化，促进两个文明建设做出了自己的贡献。用他自己的话说，“笔耕墨耨效春蚕，为报党恩更向前”。

（作者：张治文、陈竹芳。此文刊登于1996年1月30日《临汾日报》，1997年7月收录入《平阳群英展风采》一书）

风风火火第二春

——记襄汾县离休干部郭成家

孔子在《论语·述而》中道："发愤忘食，乐以忘忧，不知老之将至。"襄汾县离休干部郭成家同志就是这样一位可敬的老干部，他离休后，不甘轻闲，在人生的第二春天里，亦然风风火火，忘我工作，坚持不懈地追求着自己的人生价值和社会价值……

郭成家同志一生好文，先后担任过乡镇党委书记、政府办公室主任、县卫生局局长等职，不管在什么岗位，担任什么职务，他都没放弃过自己所喜爱的文秘写作。30余年来，他在《人民日报》《中国农民报》《临汾日报》等报纸杂志上发表各类文章300余篇，计20余万字。多次被评为省级报刊、电台模范通讯员。1995年3月从襄汾县卫生局局长岗位上离休。

离休后，他整天思索的是干什么，如何发挥自己的作用，追求自己的人生价值，体现自己的社会价值。一次偶然的机会，使他找准了自己第二春天里的人生追求目标。

一天，一个单位的领导来登门拜访他，说："想让郭老帮助单位写个材料，并希望郭老在适当时候能为单位年轻干部就文秘写作讲讲课。郭成家同志欣然"领命"，兴奋不已，心想：有干的了！他就连夜准备材料、写稿子。交稿后，郭老应邀在这个单位为年轻干部就文秘写作讲了一课，受到了热烈欢迎。接着景毛乡政府、赵曲乡政府、农业局等单位相继邀请他去授课。从此一发而不可收，整天找资料、写材料、改稿子、上课，风风火火，忙个不停，有时夜晚还要熬到夜里十二点钟。老伴说他："放下清闲的日子不过，也不知图啥?"而他高兴地想：在第二春天里，终于找到自己追求的目标了，我要把我一个老共产党员、一个老干部的特长，变为青年干部的特长，使他们更好地成长，做一个有益于社会的人。

郭成家同志为青年干部上课，认认真真，一丝不苟，从找资料、写稿子，到课堂上怎么讲，都一一写好、想到，从不马虎。他讲课还有个特点，就是讲完课后，要结合这个单位的实际工作，与单位领导商谈一个相关的题目，然后布置下去，如在城关镇政府讲怎样写调查报告后，就布置了"关于城关镇调整产业结构的调查报告"，并就调查的方法、内容、目的一一给青年干部讲明。调查报告交回来后，他一一给予讲评，在讲评过程中，他还根据调查得来的实际情况和城关镇的地理位置、经济发展状况等特点，帮助城关镇政府制定了"稳粮、扩菜、上枣、建市场"的产业结构调整思路。这样通过他的讲课，不仅提高了单位青年干部的写作水平，而且有力地促进了单位工作的开展。

1996年12月，他根据自己30余年来的文秘写作经验和离休后两年来讲课的体会，写出了《文秘写作实践谈》一书，山西省人大常委会副主任崔光祖同志为此书写了序，序中道"……郭成家同志正正派派、清清白白、实实在在干了一辈子工作，写了一辈子材料，为党和人民的事业奉献了自己的才能智慧，积累了不少经验和体会。从这个意义上讲，也可以说，他的这本书是写了一辈子……"。此书共出版印刷了2000余册，他全部赠送给各机关单位的年轻干部，给自己只留下了一本。

离休六年来，郭成家同志还经常应邀为机关单位和乡、村两级干部讲理论课。六年来，他几乎跑遍了襄汾县各机关单位和乡镇，写出了《关于三讲教育》《关于我国农业发展方向》《关于基层党支部建设》等30余篇高质量的理论辅导讲稿，计50余万字。他结合社会实际讲理论课，形象生动、幽默风趣，能把深奥的道理口语化，通俗易懂，讲堂上经常爆发出热烈的掌声。如在讲《关于社会主义初级阶段辅导》时，他把社会主义初级阶段形象地比喻为小学1～5年级。讲《关于党风廉政建设辅导》时，他引用社会上的顺口溜“革命的小酒天天醉，喝坏了党风喝坏了胃”“吃喝不怕远征难，万盏千杯只等闲……”等，给腐败分子绘了一幅幅生动的画像。他的讲课针对性和实用性也很强。如1996年，景毛乡政府领导为澄清乡、村两级干部在思想上对“小康村”建设的模糊认识，特邀他去讲一课。在《关于小康村建设的辅导》中，他指出了农村干部认为“小康”就是要有钱的错误思想，开列了“小康村”的经济、政治、文化等各项标准，并结合景毛乡的实际情况提出了达“小康”的方法途径。1997年，景毛乡经上级有关部门验收达到“小康”水平。1998年夏，他针对“户交户结”政策实施过程中出现的问题，在城关镇政府作了“关于减轻农民负担”的理论辅导，帮助基层干部划清了三个界限：即减负不是不要负担，责任制不是私有制，户交户结不是不要“三提五统”。讲清了，说明了，统一了认识，消除了乡、村两级干部在工作上的畏难情绪。2000年，在汾城镇政府作“关于提高农村基层干部素质”的理论辅导时，他帮助基层干部分析了现阶段农村工作的特点和存在的问题，提出了解决问题的方法和基层干部应具备的素质。这样的理论辅导，干部们反映指导性强，用得上。正因为如此，他所到之处很受欢迎，有时一天要讲两三场。在他的报告里处处体现了老人对社会不正之风的憎恨和对青年干部的希望，反映出了一个老共产党员强烈的社会责任心。

郭成家著作和主编的书籍

“台上一分钟，台下十年功”，掌声的背后是心血和汗水。离休几年来，他没搓过麻将，没打过扑克，每天坚持四个必须：《人民日报》《山西日报》必读，社论、评论员文章必学，报刊上的各类知识必阅，《新闻联播》必看。与此同时他还自费订了五六种理论性较强的报刊，用他的话说：就借这些武装自己的头脑，紧跟上时代的步伐。六年来，150余场报告的风雨历程，50余万字讲稿的圈圈点点，蕴含了他多少疾风苦雨、多少心血汗水、多少个不眠之夜、多少遍苦思冥想……。孔子弟子三千，而听他讲课的青年干部何止三千！这也是老人的骄傲。离休后，郭成家同志还先后担任了襄汾县老促会副会长、老年学学会副会长、社区教育委员会副主任、县关工委委员等职务。在老区建设、塔山文物修复、土地清查，建立家庭、社会、学校三位一体的素质教育模式等方面做出了积极贡献。

在人生的第二春天里，郭成家同志就这样怀着一颗心，带着一支笔，风风火火地追求着……

（作者：张治文。此文刊登于2001年7月27日《襄汾报》）

心血倾注夕阳红　真情奉献晚霞美

——襄汾县委书记陈玉士关心老干部工作纪实

看那襄邑汾域，铁水奔流，钢花飞溅；

看那襄邑汾域，绿色三园，碧波万顷；

看那襄邑汾域，万众一心，众志成城；

……

自 2000 年 5 月陈玉士同志到襄汾县任职以来，襄汾县的景色真是让人目不暇接。近年来，在全县经济和社会事业飞速发展过程中，陈玉士同志还以一颗赤子之心，用真情亲手打造了襄汾县的另一景色——看那襄邑汾域，夕阳如火，晚霞绚烂。

“他们曾热血沸腾，为新中国的建立而流血；他们曾豪情满怀，为新中国的富强而流汗……”

襄汾县是革命老区之一。现有离退休干部 3100 余人，其中离休干部 391 人，近年来，在县委书记陈玉士同志的关心支持下，襄汾县逐步建立起了离休费保障机制、医药费保障机制和财政支持机制。全县老干部的两费全部由财政解决，年财政拨付老干部“两费”达 660 万元。

2004 年，县委书记陈玉士（中间站立者）参观老干部书画展并和老干部在一起活动

曾记否，多少离休干部为领不到离休金而集体呼喊；曾记否，多少离休干部为报销不了医药费而联名上访。2000 年前，襄汾县离休干部的生活待遇落实可以说已是问题成堆。特别是企业离休干部生活待遇落实更是没有着落。有一名企业离休干部长达三年零五个月没有领到一分钱的离休金，更别说报销医药费了。一些离休干部买药看病干脆就不要报销票据，因为他们知道，有票据也报销不了。陈玉士同志（当时任县长）到任后，了解到这些情况时，心急如焚，动情地说：“老同志是党和国家的宝贵财富，他们曾热血沸腾，在血与火的战场上为新中国的建立而流血；他们曾豪情满怀，在一穷二白的大地上，为新中国的富强而流汗。今天，不管怎样，不能让他们再流泪了。”随后，他主持召开了全县老干部生活待遇落实专题会议，在会上，他强调无论如何，凡拖欠老干部离休金的单位，就是卖车卖地也要尽快予以解决。会后，各单位或借或贷或卖，采取不同措施清理了 2000 年以前拖欠的 186 万元离休金。为彻底解决前清后欠的问题发生，不久，他又决定把企业和自收自支事业单位 120 余名离休干部的离休金及各项补贴全部转由财政发放。要知道 2000 年他刚到任，襄汾县的财政收入状况还没有根本好转。在这种情况

下，把这么多老干部的离休金及各项补贴一次性转入财政发放，难度可想而知。但是他说了："再难也不能难老干部！"

在以后的日日夜夜，他把压力一身扛，变压力为动力，在襄汾大地上扑下身子，真抓实干，开拓奋进，艰苦创业。一项项工程拔地而起，一个个企业相继投产，还有那一件件得民心、顺民意的事情也先后进行。如清理基金会、整顿矿山秩序、清查财政人员等。一位老干部曾感动地说："陈玉士是把心掏出来给襄汾人民啊！"

2001年，财政收入一好转，他就把建立离休干部医药费保障机制提到了议事日程。研究制定印发了襄政办发〔2001〕110号文件《襄汾县公费医疗管理办法（离休干部）》（比晋办发〔2002〕8号文件《山西省离休干部医疗保障办法（试行）》整整早了一年时间）。规定全县所有离休干部的医药费统一由卫生局管理，离休干部凭离休证、医疗证看病就医，所需经费全部由财政包干解决。与此同时，对2001年以前（含2001年）拖欠离休干部的医药费200余万元由财政一次性给予全部解决。此办法实行一年后，出现了医药费数额急增，管理严重滞后等问题。于是他就责成县委老干部局领导考察晋城、吕梁等地的办法，并结合本县情况尽快制定新的办法。县委老干部局拿出方案后，他立即召集老干部局、卫生局、财政局等相关单位的领导逐条研究修改。2002年12月经县四套班子联席会议研究通过，制定印发了襄办发〔2002〕83号文件《襄汾县离休干部医疗费管理办法》。新办法实行一年多来，运行良好，较好地彻底解决了全县老干部看病就医难的问题。

"尊老敬老是中华民族的光荣传统……尊敬老干部就是尊重历史"

陈玉士同志以实际行动传承着中华民族尊老敬老的光荣传统。他说："尊老敬老是中华民族的优良传统，在古代对老人就有赐仗、免税之说，现在我们对这些曾参与建立和建设新中国的功臣们更应照顾有加。尊重老干部就是尊重我们共和国的历史。"他是这样说的，也是这样做的，自他到襄汾任职以来，他就身体力行地去关心老干部，连续四年每年重阳节期间在县医院为全县离休干部进行免费体检，在体检时，不管工作多忙，他总要抽时间到医院去看望老干部。同时还提醒县委老干部局的领导，不要忘了那些卧病在床和行动不便的老同志。为此，每年县医院总要抽调一些资深医生到这部分老同志家中登门体检。每年中秋节、春节他都亲自带队慰问老同志。他慰问不是走过程，而是把慰问当成一次心与心的交流活动，当成一次通报工作、倾听意见的活动。有一次春节慰问，到县委原副书记赵堂春家时，他与这位老同志谈起了全县经济发展的路子，谈起了农业调产的步子，越谈兴越浓，以至让陪同慰问的其他领导催了两次，他才依依不舍地告别。每年7月15日或1月15日，他亲自与老干部一块活动，并向老干部们通报全县经济和社会事业的发展状况、面临的问题等，与老干部沟通思想，交流感情，从而把老干部们的思想和行动统一到全县经济和社会发展的大局上来。2003年4

县委书记陈玉士（右一）慰问老干部

月，当他得知一些患慢性病的老同志每月 60 元门诊费不够用，看病也不方便时，他就支持老干部局成立了卫生所，卫生所医生经常到那些行动不便的老同志家中送医送药，给这些老同志看病就医创造了更好条件。同时决定给老干部局增加 4 个事业编制，以更好地为老干部解决看病就医问题。他曾语重心长地对老干部工作人员说："自然界乌鸦有反哺之情，羊有跪乳之恩。你们一定要照顾好老干部啊！"在他的关心、支持下，襄汾县的老干部工作一年一个台阶，一年一个新气象，连续四年被市委老干部局评为老干部工作先进单位。被县委、县政府评为老干部服务先进单位。

"夕阳燃烧的力量，并不比朝阳小，晚霞的景色比朝霞更绚烂，更壮美！"

2004 年 5 月，省委老干部局、市委老干部局的同志到襄汾考察发挥作用的典型——离休干部亢思聪同志。陈玉士同志亲自接待了省局、市局的同志，并向他们介绍了亢思聪同志的事迹。几年来，陈玉士同志就是这样，对发挥作用的典型总是关爱有加，对全县老干部发挥作用起到了很好的激励作用。他说："夕阳燃烧的力量并不比朝阳小，晚霞的景色比朝霞更绚烂、更壮美！"在他的关心支持下，襄汾县委老干部局把全县离休干部发挥作用的典型实地拍摄成 8 集电视记录片，在县电视台黄金时间播出，激发了老同志发挥作用的雄心壮志，同时也增强了社会各界对老干部工作的重视。还有每年全县经济和社会发展的大盘子定了以后，总要组织全县老干部进行学习，并围绕经济和社会发展的目标任务，组织离休干部开展活动，如 2003 年开展了"争当六个功臣"活动，2004 年开展了"十个一建功创业"活动等。有个老干部曾说：多年来，我们没见过这么实干又关心老干部的县委书记。陈书记在襄汾任职是襄汾人民的福气，也是襄汾老干部的福气，在我有生之年，我要尽力为全县经济和社会发展做些力所能及的事情。在陈玉士同志的人格力量和情操境界的感染下，襄汾县 80%以上的老干部都积极投身于全县两个文明建设，在各行各业各领域都发挥着不可替代的作用。如 1000 余人从事关心下一代工作，全县形成了县、乡、村三级关心下一代工作网络；800 余人从事着种养加工；300 余人被返聘上岗；50 余人被聘为各行业的监督纠风员；30 余人从事着农村老年协会工作。还有 600 余人在各老干部团体发挥着作用，如老年体协有成员 200 余人；老促会有成员 100 余人，老年学研究会有成员 30 余人；老年舞协有成员 100 余人；金秋艺术团有成员 50 余人；老年书画协会有成员 50 余人；老松树文化社有成员 30 余人。

每当夕阳西下，漫步在襄汾这块热土上，看那一天绚烂的晚霞映红了汾河两岸，天地间金碧辉煌，美啊！让我们赞叹这美妙景色的同时，也赞美为这景色付出了心血和汗水、真情和实意的县委书记。

（作者：张治文。此文刊登于 2004 年《山西老年》第 11 期，《交流》）

播洒崇高献余热

——亢思聪关心二中社区教育纪实

《山西日报》在 2004 年 9 月 16 日一版头条位置刊登了襄汾县老区建设促进会会长亢思聪

同志离休十年谱新章的先进事迹。同年 11 月亢思聪被中共中央组织部评选为“全国离退休干部先进工作者。”

1993 年亢思聪从县人大常委会副主任岗位退下来之后，被县委推荐为老促会副会长、会长。他怀着“壮心系教育，激情洒后代”的拳拳之心，于 1996 如年组织离退休干部成立了二中社区教育委员会，他担任主任委员。历经几年实践，社区教委探索出了一条学校、家庭、社会三位一体的立体教育新路子。

余热奉献后代，晚情播洒二中社区

他组织老促会同志们调研时发现，二中学校周边问题严重，家长们望子成龙心切，然而有钢却使不到刀尖上。老同志们纷纷表示：关心教育事业是退下来的老同志义不容辞的责任。在他的倡导下决定组建二中社区教育委员会。

筹建之时，他表明了用人的思路：依靠离退休愿干的，抓住在职积极的，团结热心助教的。插起旗帜，广泛宣传，召集了一批离退休老干部和在职的同志组成骨干力量，通过推举，亢思聪任主任委员，郭成家、李仰溪、沈秀水、邓丙杰等任副主任委员，委员会共计二十余人。社教委下设办公室，由当时教育局局长邓丙杰兼任。还成立了家长委员会和二中教育发展基金会，同时制定了工作章程和工作条例，提出了工作任务和目标。亢思聪在社区教委会成立大会上公开承诺：“我们老同志只讲奉献，不要报酬”。从此，亢思聪率领社教委一班人站在学校、家庭、社会三结合的制高点上，全方位地展开了工作。

动员社会力量　净化学校周边环境

二中地处县城中心，学校周边小摊、电子游戏厅、歌舞厅几乎包围了学校。有些学生痴迷于电子游戏而逃学旷课。有的学生在社会上厮混斗殴霸气十足，家长管不住，学校管不了。

针对这些情况，亢思聪召集社区教育委员会的同志研究，认为学校周边环境直接影响着教学工作，污染着少年的心灵。为净化学校周边环境，他们采取了四条措施：

一是社教委牵头，邀请有关单位协助，动员店铺负责人主动排除干扰。亢思聪带领老干部们分组行动，一方面找店铺老板座谈，一方面又邀请工商局、文化局和城关派出所配合。多方面做工作齐抓共管，短短十几天时间关闭了歌舞厅，搬迁了电子游戏厅，规划了商店区域，制定了有关制度和监督办法，净化了学校周边环境。

二是实行了社教委委员包单位、包家庭双包责任制。学校周边有党政机关、工厂企业，还有柴村和新城等农村，亢思聪把这些单位划片划区，又将委员们分组包片包区包单位，负责督促所包单位履行支持教育事业的社会责任，教育干部职工人人关心学校。委员们还分组包重点学生家庭，及时掌握其子女在校学习和思想表现，教育引导学生家长创建文明家庭，正确管教子女。亢思聪不定期检查，又要定期召开会议听取汇报，把委员们听到的意见亲自向学校领导汇报。

三是牵线搭桥，实现学校和社会共同携手关心学校建设。为了改善办学条件，亢思聪亲自主持召开了有关单位负责人和学生家长代表会议，动员社会力量集资办学。他在几次会议上都倡导：少抽一条红塔山，也要为电教添块砖；少吃一顿高价饭，也要把学校的事情办；少穿一件新衣服，也要为后代谋幸福。在他的热心倡导下，各机关和学生家长积极主动为学校筹资捐款，一年多时间，社会各方共捐资15万元，为全校19个教学班配备了投影机、电视机、收音机、录放机和投影银幕，班班实现了电教化。教学设施的改善不仅大大提高了教学质量，而且把一些学生从网吧拉回到了教室，学校中出现了教师专心教学，学生刻苦读书的新景象。

构建学校和家庭联系桥梁　共同搞好青少年教育

社区教委把工作的重点转移到做好学生家长的工作上。亢思聪请来学校领导和部分班主任老师向社教委的同志汇报学生思想倾向、违规行为和不良道德现象。社教委和教师们共同认识到：培养学生从小树立良好的思想道德，学生教育是主体，家庭教育是基础，父母是孩子的第一位老师。思想教育要从学生家长抓起。

如何构建学校与家庭这个桥梁呢？

首先，抓宣传活动。社教委印发《给二中学生家长的一封信》，由学生带回家，念给父母亲听。接着请家长代表参加，在家长会议上分给每个学生家长，并要求家长把《信》和《行为规范》张贴在墙上，时刻对照，对子女起表率作用。

其次，坚持家长会议制度。主要形式分为大型家长会议和小型家长会议。大型家长会议每学期召开一次，由社教委和学校共同组织，在学校以班为单位召开。开会时，家长坐在学生座位上，课桌上贴着孩子的学习成绩。班主任向家长通报学生的情况，然后和家长们共同研究教育孩子的办法。每次会议亢思聪都和学校领导一个班一个班地检查指导。有的班会开到晚上十二点，亢思聪就蹲在这个班坚持到十二点。小型家长会议则由包单位、包家庭的社教委委员牵头，不定期把所在区域内的家长召集在一起，针对学生中出现的倾向性问题和教师共同进行分析，研究解决的办法。这个小型会议针对性很强，往往形成了帮教会。每次小型会议亢思聪都提前和有关同志协商亲自参加。

第三，建立学校与家长联系制度。在亢思聪主持下，由社教委办公室拟订了《征求意见表》，表内设有“建议和意见”“处理意见”栏。由十八个家长委员负责分发、收集交给学校，每学期搞一次。这样既把家长的意见反映给了学校，又把学校处理的情况反馈了学生家校。

第四，培养典型，以点带面。在社教委会议上，亢思聪提出了在二中社区内建立家庭辅导站，培养重教家庭，树立模范家长的设想。确立由教育局原局长李仰溪和邓丙杰负责对每个家庭辅导站给予辅导，定期举办家长讲座会。有时候还把讲稿印发给每个家长，辅导站成了家长学校。

每次讲座会亢思聪不仅亲自参加，还接待家长咨询。原教育局党总支书记沈秀水兼任社教委副主任，他善长书法，在自己家里成立了“书法和写作义务辅导站”，把一部分喜好书法的学生家长邀请到自己家，一边教家长们学习书法，一边研究教育孩子们成才的方法。亢思聪同志把这一个老教育工作者做为家庭教育的经验，及时传播推广，用典型指导面上的工作。至1998年，社区内有50个家庭被评为“重教育家庭”，18个家长被评为模范家长。采取以上办法不仅提高了家长们教育子女的水平，而且加深了家庭和学校的感情。

开辟校外基地　组织师生参加实践活动

亢思聪对于社区教育委员会的工作提出了三不原则，即：参教而不越位，促教而不包办，督教而不添乱。活动宗旨是营造和协调有利于学生成长的社会教育大环境。社教委先后为师生参加社会实践活动开辟了四个基地。

爱国主义教育基地。由社教委和学校牵头，组织师生分期分批到张再烈士陵园扫墓，请老八路、老民兵进行革命传统教育。让学生知道闻名全国的雷锋团就诞生在我们襄汾大地。学校确定每年三月为“学雷锋月”，在全校开展学雷锋、做好事活动。还组织了师生们参观丁村历史展览馆和民俗博物馆。用丁村悠久的历史文化加深学生热爱家乡、建设家乡的感情，激励学生奋发努力，报效祖国。

生产劳动教育基地。社教委与柴村党支部联系，把柴村确定为二中学生参加劳动、学习技术的基地。让学生走出教室到田间上生物课、植保课以及农业科技课。亢思聪多次聘请高级农艺师史连顺、曲富家等同志到柴村给学生讲授科学种田、科学施肥、土壤化验、选育优种、植物栽培、苹果整枝等知识技术，培养学生热爱劳动、热爱科学技术的情趣。

交通安全知识教育基地。火车站和汽车站是二中进行交通安全知识教育基地，社教委聘请交通局和火车站负责同志在火车站和汽车站让学生跟班值勤，了解和掌握列车调度运行、信号旗语等知识。向学生讲解交通法规、安全守则。教育学生爱护铁路和公路设施，自觉遵守、维护交通秩序。

社会公德和法律知识教育基地。社教委与司法局、文明办、团县委联系，把二中作为向学生讲授法律知识，遵守社会公德的示范学校。这些单位经常派人到二中进行法制讲座，讲解中学生守则，通过典型案例，教育学生遵纪守法、自觉维护社会公德。

二中社区教育委员会倍受学校、家庭和社会的欢迎和支持，亢思聪本人也连续被县委评为优秀共产党员。襄汾二中连续被县上评为“文明单位”，被省教委命名为“示范初中”，省政府授予“德育示范学校”。襄汾二中正朝着整体优化的方向发展。

（作者：马玉胜。此文刊登于2006年4月15日《山西老区建设报》，收录入临汾市关工委出版的《五老谱》一书中）

马玉胜：与雷锋结缘扬雷锋精神

雷锋学习日前夕，记者有幸走进了弘扬雷锋精神近半个世纪的马玉胜老人家。老人精神矍铄，乍看起来有点像“弥勒佛”，一见面，就笑呵呵地说：“雷锋团的根在襄陵，我是襄汾人，弘扬雷锋精神当仁不让。”

时间追溯到1963年。毛泽东主席发出“向雷锋同志学习”的号召之后，全国上下各行各业均开展了轰轰烈烈的学雷锋活动。时任襄汾县站李中心校校长的马玉胜思绪如潮，久久不能平静。从4、5月份开始，他就组织3名教师轮流给学生作报告，宣讲雷锋的光辉事迹，由教师编排诗歌朗颂、合唱、快板、舞蹈等文艺节目，多次在学校和社会上宣传演出。马玉胜更是以身作则，把自身融入学雷锋的潮流中，在当时每月工资只有29.5元的情况下，为贫困学生宫根正、马玉锁、李翠女等支付学费80多元。当时，学校门口住着刘老二一家三口，其妻和女儿长年患病，吃了上顿没下顿。他看在眼里，急在心上，又从家中拿来小麦、玉米200多斤给予救助。此事在站李村老百姓中间广为传颂。

岁月如梭，转眼到了 1995 年 3 月，襄陵独立团的老战士张铁军邀请马玉胜为其写回忆录。当时马玉胜还在工作岗位上，便利用闲暇时间一边采访，一边执笔断断续续用了 8 个月的时间，写出了题为《一生战斗的铁军》回忆录，长达 3 万余字。采写中，老战士久经沙场、不怕牺牲的英雄事迹，令他心潮澎湃。尤其是当老人挽起裤腿，伤痕累累的双腿映入马玉胜的眼帘，他对雷锋团老战士的敬佩之情油然而生，并很快升华成一种强烈的使命感：襄汾健在的雷锋团老战士年事已高，他要在有生之年拿起手中的笔，挖掘、整理、宣传雷锋团斗争历史和英模事迹，抢救这段光辉的历史！

2002 年，马玉胜从煤炭局领导岗位上退下来，凭着对雷锋的炽热情感，他着手为雷锋生前所在团收集资料。他马不停蹄地走访了张铁军、王立学等 12 名元老，挖掘、搜集 554 团的战斗历程和辉煌业绩，获取了大量珍贵而有价值的素材。随后，他草拟了“追溯雷锋团的根、弘扬雷锋精神”的提纲，组织 8 名同志着手整理。他想把此材料尽快寄给雷锋团征求意见，但不知该团的通讯地址，只好通过辽宁省民政厅将材料转交给英雄团队。不久，部队将“团队丰碑”6 盘录像带寄到襄汾，马玉胜周身热血沸腾，组织老同志认认真真地看了几遍，将这些内容充实到文稿中。

2005 年 7 月，他组织 20 多名老干部，为纪念抗日战争胜利 60 周年撰写稿件。他冒着酷暑，不辞劳苦，下乡入户走访有关知情人，挑灯夜战查找资料，一鼓作气写了 20 余篇文章，襄陵独立团第一任团长、政委姚登山等的传奇故事走进人们的视线。2006 年，县老促会编纂《襄汾革命老区》一书，他作为副主编力扛重担，主动承担了抗日战争、解放战争两大部分的任务。从 3 月到 11 月历时 8 个月，他不分昼夜地到县档案局、党史办寻觅资料，不厌其烦地到老八路、老民兵和老党史研究工作者王泽培、吉希孟等家中调查，每到一处均有可喜的收获。超负荷的脑力劳动，让他患上了腰椎间盘突出症，爬格子时间一长，便腰酸腿痛，行走艰难。妻子气得说你年纪大了，图了个啥？身体是本钱，不要把老命搭进去！”他却回答：“图啥？就图为英雄团队做点贡献！”一个多月的日子里，他上午乘公共汽车到临汾市一家医院针灸、按摩治疗，下午继续战斗，直到胜利完成任务。

2007 年 4 月雷锋团副政委颜显宏来函，请求马老为部队写团史提供资料。马玉胜雷厉风行，又一次投入劳累奔波之中。在张铁军家中，他找出了老人在朝鲜战场守卫军库的工作总结，在韩春山家中翻箱倒柜发现了已故老战友的自传。为了解 554 团赴朝作战的英勇事迹，他与另一位老同志骑着自行车，冒着酷暑，行程 50 余里路到邓庄镇西侯村访问李廷发老人，老人主动向雷锋团提供了老战士段高山在沈阳市的具体住址。雷锋团的现任领导得知住址后，亲自拜访了段高山师长。马玉胜等历经艰难搜集整理了大量资料，分 4 次向部队邮寄过去，受到雷锋团的高度评价。

天色渐晚，窗外下起了淅沥的小雨，马玉胜依然谈兴甚浓。当记者问到他今后有何打算时，他满怀激情地说：“过去我为宣传雷锋团做了一点贡献，无怨无悔，今后我还要为弘扬雷锋精神发光发热，笔耕不止！”

（记者：郭璞。此文刊登于 2012 年 3 月 8 日《临汾日报》）

倾情墨苑铸辉煌

——记襄汾县退休干部柴聚才

柴聚才陪同县委书记王国平参观老年书画展

柴聚才同志1998年从襄汾县公安局副局长岗位上退休后，加入县老年书画家协会，先后担任常务副主席、主席职务。自2007年主持协会工作以来，为老年书画事业的发展倾注了满腔热情，在翰墨飘香的艺苑里铸就了辉煌。

2009年襄汾县被山西省老年书画家协会命名为“山西老年书画之县”。8个乡镇先后被市老年书画家协会命名为“老年书画之乡”。与此同时，2009年他被山西省委、省政府授予“全省离退休干部发挥作用先进个人”，还先后多次被市老年书画家协会评为先进个人。

壮大队伍

襄汾县文化底蕴深厚，热爱书画的老干部、老年人很多，为把这部分人吸收进老年书画组织，柴聚才同志采取建分会、设书院的形式，让老同志们就近参加活动。为此他经常带领一班人深入基层、调查研究、宣传发动、物色人选。2009年在建立汾城镇老年书画家分会时，他多次找镇党委书记、镇长商谈人选、活动阵地、经费等事宜。分会成立后，为把汾城这个大镇的老年书画事业发展起来，他又帮助分会的同志，先后建立了半山、白杨、龙门、鄂公、腴丰等书画院。半山书院成立时，经费困难，柴聚才同志就筹措了1000元给予支持。景毛分会举办展览，他又给解决了资金不足的问题。同时每个分会组织开展活动，他都亲自参加，既帮助开展工作，也及时了解基层情况。当他得知82岁的离休干部李景文在村里组建了景云书社后，就亲自参加景云书社的活动，鼓励他们积极开展工作。多年来，景云书社团结带领临近村庄的书画爱好者在习书的同时义务为群众写春联，写建房、过寿、过生日对联，写横标；组织书画展宣传党的方针、政策；义务培训村民和学生，在当地引起广泛好评。柴聚才同志对会员非常关心，会员寿庆，他赠送贺词、贺画；会员生病，他去看望；会员去世，他以协会的名义送花圈、挽联，并亲临吊唁。

柴聚才同志每天都是忙忙碌碌，为协会的发展壮大呕心沥血，辛勤操劳。70多岁的人了，白天忙协会的工作，忙经费的筹措，晚上加班加点，亲自编写《老年书画简讯》，还先后撰写经验、事迹材料100余篇。如他到景毛分会参加活动，发现分会副主席关吉庆老伴杨玉娥非常关心支持老年书画事业，分会活动时，他义务为大家烧水做饭，从不叫苦喊累。晚上回来，他亲自撰写了一篇《关副主席的贤内助，老年会员的好后勤》给予大力宣传表彰；2010年4月，他到古城参加会议，听了会员段启旺带病苦练书法的先进事迹很受感动，当场拍板，亲自筹备，为段启旺在县城搞了一次个人书画展，同时他还赶写出了段启旺的事迹材料，给会员发放，激励大家刻苦钻研书画。在他的组织发动、关心支持下，短短两年时间内，全县已建立了10个老年书画分会，19个书画院或艺社。会员由20余人增加到了570余人，其中国家级老年书画会员52人，省级会员29人，市级会员51人。

提升技艺

为不断提高队伍整体艺术水平，他针对老年朋友学得慢、忘得快的实际情况，在书画活动内容安排上注重了知识性、理论性和系统性相统一，使大家听得懂、学得会、感兴趣。他多次到临汾聘请书画名家张昌河、李富积、张建国等为会员讲课，传授技艺；对一些会员创作的书画作品，邀请专家、学者给予现场指导，进行点评；利用外出办事、旅游机会购买名家书画教学影碟，回来组织大家观看学习。带领会员外出参观展览，开阔眼界，激发大家的创作灵感；重大节日或重大活动，他及时提供信息，发动会员认真创作，积极参加，给老年朋友搭建展示自己书画艺术的平台；注重“现身”教法，经常点名协会中的书法骨干为大家讲课，如写楷书的李跟惠、写行书的石宝云、写草书的毛晓轩等都经常为会员讲课，有时还组织起来到各乡镇各分会去传授技艺。邀请曾上过中央电视台《与你相约》栏目的王殿奎先生为大家现场演示“左笔逆正书”“右笔逆反书”“右笔倒书”“双手双书”等技艺，激励大家在书法艺术上下功夫；注重“字外功”，他经常邀请文学功底深的老同志给大家讲“精品文学”，他还自己编写了“对联基础知识”，亲自为大家上课。

几年来，在他的组织带领下，全县每年参加县、市、省乃至全国各类书画展览的就有300余人次，参展作品有千余幅，每年都有70多人（次）获得金、银、铜、优秀奖和一、二、三等奖。会员柴来锁，2009年加入协会后，苦练书法、笔耕不辍，他从2009年7月至2010年8月，仅一年多时间，参加全国各级举办的书画展览多达40次，荣获金奖24项、银奖2项、特等奖2项、一等奖4项、三等奖1项、优秀奖2项，创造了襄汾县老年书画个人史上的奇迹。

奉献社会

自他主持协会工作以来，每年都要组织举办一次大型书画展。2007年举办了庆祝“七一”展，2008年举办了迎春展，2009年举办了庆祝新中国成立60周年展，2010年举办了迎重阳展，2011年先后举办了纪念建党90周年展和纪念辛亥革命100周年展。各个分会、书院常年活动不断，据统计，2008—2011年在乡镇、农村举办不同形式的书画展20余次。每年都组织会员开展义务为群众写春联活动，每年写春联达10000幅。经常组织参加全县各相关单位的活动，配合单位的工作，如2012年3月配合县国税局开展了“税收宣传月”活动。分别于2007年、2009年出版

2011年6月20日，县委老干部局组织老干部举办庆祝建党90周年书画展

了《襄汾书画选集》和《丁陶墨韵》。常年组织开展书画下乡活动，既组织骨干会员讲课，也进乡村办书画展，在提高基层书画水平的同时，也在农村掀起了新的"文化"浪潮。汾城镇南关村支部书记亲任龙门书社社长，吸收村里书画爱好者全部加入书社，其中有种田的、做生意的、从事工艺的、从事电焊的等。贾岗村成立了半山书画院，吸引周边12个村庄50余名爱好者加入了书社，书社不但自己组织习书、书展，还举办村民、学生书法培训班；举办"二十四孝"展组织村民观看；把村里的好人好事用书法的形式表现出来，广为宣传。书法活动常年不断，吸引了越来越多的群众参加。

在会员不断增加，水平不断提高，社会影响越来越大的时候，会员中逐利思想蔓延，有些会员不给钱就不参加活动，不给钱就不出作品。针对这种情况，他非常重视会员的思想政治建设，经常讲书品就是人品，用古今中外著名书法家、画家淡泊名利的高尚事迹教育大家，要求大家做到"淡泊以明志，宁静以致远"，用自己的书法特长服务群众，奉献社会，教育后代，传承文明。他本人在这方面以身作则，作为在市县书画界有威望的主席，他的作品从不收钱，只要有时间他就满足亲朋好友和社会各界的要求。

柴聚才同志在抓工作的同时，在笔墨丹青上下功夫，并取得了骄人的成绩。其绘画作品多次荣获全国金奖、优秀奖。2008年，荣获纪念中国改革开放30周年全国中老年书画作品邀请展金奖，炎黄子孙、海内外华人书画名家作品展金奖。他还被聘为"北京华夏国艺书画院院士"，并被授予"当代中华老人德艺双馨艺术家"的称号。

柴聚才同志退休后，倾情墨苑，铸造了襄汾县老年书画事业辉煌的一页，同时也用笔墨丹青绘就了一幅"人生第二春"的灿烂图画。

（作者：王稳锁、张治文。此文此文刊登于2012年6月26日山西省老干部工作网，2012年《山西老干部工作》第7期，2012年6月29日《临汾日报》，收录入2012年临汾市委老干部局主编的《夕阳生辉》一书）

小院十年春秋情

——记襄汾县退休干部刘学智

在襄汾县北贾村，有一个既普通又不平常的小院，说它普通，是小院同一般的农家院也没什么区别。说它不平常，是因为小院的主人——襄汾县退休干部刘学智退休10年来在这里谱写了一曲曲奉献乐章，小院也随他一起演绎了一幕幕感人的敬老场景。

2002年，刘学智从县卫生局副局长的职位上退休回村，面对故乡老年人"冬天撵太阳，夏日追阴凉"隐含凄凉的晚年生活，他随即萌生了为村老年人服务的强烈意识。他想为全村老年人办个经常性的活动场所，但村里并没有这样的地方，怎么办？他就在自家小院门口挂起了"北贾村夕阳红活动中心"的火红牌匾。自费开支2000余元装修了房子，制作了桌凳、书架，购置了办公用品、娱乐器具和体育器材。自费订阅了《健康生活报》《老年时报》《夕阳红》等多种报刊。活动中心以"快乐、健康、奉献、长寿"为宗旨，坚持每周活动两到三次。活动的内容有：学习科学保健、法律常识、时事政治；教练保健操；举办书画知识讲座；

夕阳红活动中心在举办文艺活动

排练文艺节目；下棋、打扑克、玩麻将等。每次活动刘学智都精心准备，提前安排。他说：要把小院办成村老年人晚年生活的乐园。目前活动中心组织活动800余次，参加人数17400余人次。学习文件资料2200余篇。

在“活动中心”，他是组织者、领导者、也是服务者，他看到有些老年人上下楼梯困难，上厕所不方便，就在二楼的一个角落挂起围帐，中间放个尿桶，让不方便的老人去“方便”，活动结束后，他把尿桶倒掉，洗净又放回原处。他自备理发工具，常年义务为老人理发。他往返县城多次，自愿为本村和邻村150余位老人代办了“老年证”。他还在自家门口的墙上制作了一块黑板报，内容有《老年人权益保护法》、医疗保健、科学养生知识、“孝道”等，每十天换一期，10年来已出板报370多期。在农村新型合作医疗实行前，他连续三年组织医护人员义务为村老年人体检近700余人次，并针对每个人拟定了治疗方案。

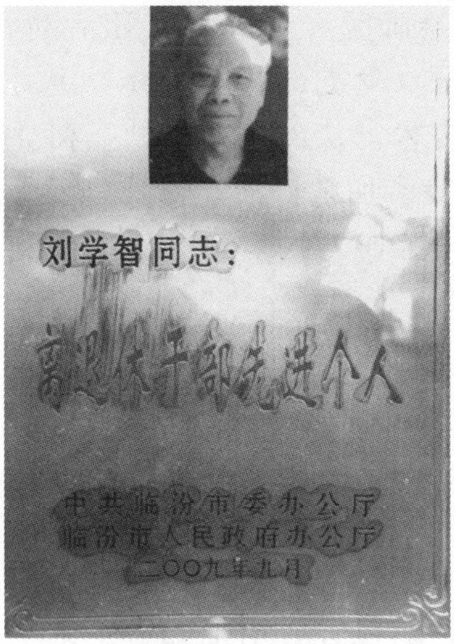

“活动中心”不断发展。如今还挂起了“村志编纂小组”、村“书画协会”、村“关心下一代协会”、村“老年体协”、村“戏剧协会”等牌匾，并都成绩斐然。“村志”编纂小组，经过几年的收集资料，调查研究，编辑写作，目前10万余字的村志第一稿已基本完成。村书画协会定期举办讲座，经常进行展览。展览书画装裱费都由他个人出资。2009年北贾村被县上评为“老年书画之村”。村老年体协，不定期组织台球、乒乓球、象棋等项目的比赛，大大活跃了村里老年人的生活。村戏剧协会，经常排练节目，每逢重大节日或纪念日都举办演出。村关心下一代协会，每年都在下雪之后、孩子们上学之前扫除路上积雪；排练节目到学校演出，对师生进行革命传统和爱国主义教育；他自费复印100余份简报，把《孝道试卷没及格》等文章发给村里中青年人进行“孝道”宣传和教育。他先后被评为市离退休干部先进个人、市老龄工作先进工作者、市敬老好儿女、市农村老年体育带头人、关心下一代先进个人等。

刘学智同志退而不休，无私奉献，以真挚的感情和辛勤的工作践行着“爱我襄汾，树我形象，建我家乡”的活动。在自家小院谱写演绎了一出感人的“十年春秋敬老情”。

（作者：张治文。此文刊登于2012年10月26日山西省老干部工作网，2012年《山西老年》第12期，收录入2012年临汾市委老干部局主编的《夕阳生辉》一书）

退休不离岗　献计又出力

——襄汾县西贾乡离退休干部党支部先进事迹

襄汾县西贾乡离退休干部党支部，现有党员8名。近年来，在乡党委的直接领导下，坚持以邓小平理论和“三个代表”重要思想为指导，深入贯彻落实科学发展观，按照“高举旗帜、围绕大局，发挥余热、服务群众”的整体工作思路，积极开展各项活动。该支部为搞好农村文化工作，促进经济发展，在乡党委的指导下，经过支部党员的共同努力，吸收全乡书法绘画、民间剪纸、石木雕刻、春联编写爱好者20多人，成立了西贾乡七一艺社，建立规章制度，坚持每月一次活动。通过两年多的实践，不仅提高了会员书法、民间剪纸等艺术水平，而且发挥了支部作用，为新农村建设做了不少工作，取得了可喜成绩。

一、加强学习教育，坚持活到老学到老

坚持学习经常化，每月26日为支部党员集中学习日。创先争优活动开展以来，老干部支部积极参与，共同学习，共同进步，得到乡党委的高度评价。艺社成立之初，党支部一方面组织大家学习党在农村的方针政策、法律法规，另一方面外出参观，使大家认识到只有更新观念，紧跟时代步伐，才能创作出健康向上的艺术作品。党的十七大召开以后，提出文化要大发展、大繁荣，这对大家鼓励很大，不少同志还积极动员书法绘画爱好者参加艺社活动，热情更加高涨，会员人数由原来26人增加到46人，针对这种情况，党支部认真研究，定时组织党员学习新党章，回忆自己入党誓言，组织会员学习十七大报告，从而振奋精神，树立了活到老学到老、工作到老的思想观念。如老党员杨吉祥曾说：“我参加艺社活动，就是要学习别人长处，弥补自己不足，我今年才60多岁，还能为党工作，活到老、学到老、工作到老，为建设社会主义新农村出力流汗。”

二、积极开展活动，丰富老年生活

在大家思想认识不断提高，参加活动积极性持续高涨的情况下，如何搞好艺社的各项活动，成了一个迫不急待需解决的问题。鉴于此，在征求乡党委的意见后，党支部召开党员会议认真研究，适时提出了四条措施：一是坚持每月一次活动。要求每次活动每个人都要带有近期作品，并展出互相交流学习，同时聘请水平较好的同志进行一一点评。另外，组织笔会，让每个人加强临场书写能力。二是采取走出去、请进来的办法，开阔视野，增加知识。艺社成立两年来先后组织会员参观了县书协举办的万鑫达书画展，老年书画家协会举办的书画展，襄汾、翼城、霍州三县联展，洪洞举办的全国书画展，通过外出参观，大家增长了知识，开阔了视野。两年来还先后聘请县书协王泽根、张士廉、石宝云、屈大海、李金河、毛晓轩等老师到社指导讲课，提高大家的艺术水平。在剪纸雕刻上，聘请临汾市民间艺术家协会副主席赵国玺来社指导，并深入东彭村、东南李村现场指导剪纸雕刻技术，使大家受益匪浅。目前石雕、木雕已走向市场，特别是安逢山仿古木刻作品已被县领导选送到中南海。三是办好书画展。艺社成立以来，三次举办书画剪纸展出，每次展出作品都在百幅以上，作品内容健康向上。通过展出不仅提高了会员艺术水平，而且使广大群众体会到只有共产党好、社会主义好、改革开放好。四是组织文化下乡，丰富农村文化生活。两年来，在乡党委指导下，多次组织艺社会员深入东彭、义顺、西李、西贾开展文化活动，吸收当地爱好者组织笔会、剪纸、刺绣等交流活动，并组织当地戏剧爱好者登台演唱，丰富群众文化生活。在艺社的带动和指导下，东彭村办起了老年活动室，开展书法、剪纸、象棋等活动。

三、发挥支部作用，为新农村建设出力

建设社会主义新农村，构建和谐社会是摆在党面前的重大课题，也是西贾乡离退休干部党支部义不容辞的工作责任。在上级有关部门的支持指导下，在乡党委、政府的正确领导下，党支部积极带领党员和会员开展各种活动，利用各种场合宣传党在农村的方针政策、法律法规，配合所在村党支部、村委会搞好党在农村的各项工作，发挥模范带头作用。支部党员乔心田在春节期间，为群众义务编写春联，他编写了“百世岁月当代好，千古江山今朝新”，横批是“万象更新”；赵培田同志编写了“岁通盛世家家富，人遇年华个个欢”，横批是“皆大欢喜”；通过以对联的方式宣传社会主义好、改革开放好。支部书记李汝泽是西贾村人，在2006年西贾村的“五化”工程中，他和支部党员陈进忠同志四次跑临汾走襄汾，为村委筹集资金，大力支持了村基础建设。陈进忠同志所在的西贾村疙瘩巷共有24户，经丈量需硬化路面1100平方米，按照上级出一点、个人集一点的要求，还需集资一万余元，为了完成任务，他组织党员召开群众会，深入到户收集资金，完成任务，受到村委和群众好评。支部党员王恩普，在去年的村委换届选举中，他所在的东彭村个别人组织不明真相的群众搞派性，他勇敢地站出来向群众宣传选举法和党在农村的政策，使群众选出了自己信任的好村长。艺社会员张福堡所在的北堡村多年来道路坑坑洼洼，很难行走，他协同村干部发动群众进行集资，组织劳力进行建设。目前道路畅通，行走方便，受到村内群众和过路行人的好评。该同志还积极向党组织靠拢，支部已把他列为入党积极分子进行培养。

总之，在上级有关部门指导下，在乡党委直接领导下，西贾乡离退休干部党支部一方面组织党员发挥余热，为新农村建设出力，另一方面积极搞好艺社活动，丰富老年文化生活，为全乡经济发展、社会进步做出了应有的努力和贡献。

（此文收录入2012年临汾市委老干部局主编的《夕阳生辉》一书）

十年漫漫集书路

——记襄汾县退休干部成永太、武玉兰夫妇

襄汾县有一对文弱书生的夫妻，在文人之间享有着很高的声誉。

这么一对伉俪：成永太，晋城泽州人，2002年从县委组织部副部长岗位上退居二线；武玉兰，长治沁源人，同年从县政协文史科科长岗位上退居二线。10年来，他们怀着对襄汾人民的热爱，致力于襄汾籍文化名人著作的搜集和整理，意图为襄汾人民办些有益的事情。为此他俩从大江南北到长城内外拜访了全国各地的襄汾籍文化名人，陆续搜集到252位现代人物的近千部著述，查找出124位古代人物的著述信息，编撰成一部《书香丁陶——襄汾本土人才著书概览》，由山西科学技术出版社出版，向新中国成立60周年献了厚礼。并免费寄送给全国各地图书馆，宣传和弘扬了丁陶文化，办了一件有益于襄汾文化事业的事情。

2006年6月22日，“牛夫妇”与本土著述人才中国石油报副总编王世伟（左二）、北航教授崔中兴（左三）在国家图书馆合影

成永太、武玉兰二人，均是童年时期跟随父辈来到襄汾的。为什么会对襄汾有如此执着的情感呢？用永太的话说：是因为“襄汾历史悠久，文化底蕴深厚”，使他深深地爱上了这里的山山水水与这里的人民。永太坦言：“丁陶大地人才辈出，为我们留下了一批值得拜读且弥足珍贵的著作，有些作品不仅叫响中国，还传播到世界各地。我们作为襄汾人，应该有收集和弘扬的义务！”所以，便怀着深情厚意与虔诚之心，对襄汾本地与襄汾籍在外人才及其优秀作品进行了搜集并整理成书，以展现其著述的轨迹和成就。

成永太对收集资料和书籍有着特殊的感情，他常为收集到完整的一份资料或淘得一本书而欣喜若狂。在他下决心收集襄汾籍人士的著作后，他知道本地的好寻找，在外地工作的襄籍人就得先搞清楚“谁著过书？在何处何单位工作？他现在住在什么地方？”为此，永太确实下了一番功夫，他查阅了《襄汾县志》、多本多年度的《襄汾籍在外人才录》，搞清了部分人士的住址或联系电话。随后，采用发信件、打电话的办法，毕恭毕敬地求书、索书，结果并不理想。为了更有效地办成此事，他决定亲自前往拜访查到的分布在全国各地的襄汾籍人才，在拜访中再扩大线索，争取尽量多的收集，完成自己的夙愿。于是，才有了他踏上漫漫淘书路之举。武玉兰支持丈夫，决定相伴而行，当其记录员和“摄影师”。2007年9月，夫妻俩探访东北襄汾籍老干部郭思敬时，因连夜乘车，又费尽周折好不容易找到郭思敬的家后，刚进门武玉兰却心脏病犯了，因忙乱中找不见自己带的药，这可吓坏了永太，多亏80岁高龄的郭夫人热情帮助，找到对症的药物并及时让玉兰服用，玉兰才转危为安。

为寻找到元曲四大家之一的郑光祖的作品，他俩费尽了周折。开始，他俩从襄汾赶到杭州，在杭州寻找无果，仅了解到北京可能有的线索。他们便又从杭州奔赴北京，最后在国家图书馆总算找到了其手写本的《倩女离魂》。这种书因年代久远，存量极少，为能得到一本，只有复印。要复印，价格不菲，永太还是咬了咬牙复印了一套这份珍贵的资料。对其他作品的寻找，也并不是一蹴而就，同样都费了不少周折，熬了不少心血。可以说，为了能找到更多的襄汾籍在外人才及著述，他俩真是颠簸无数，节衣缩食地简朴过

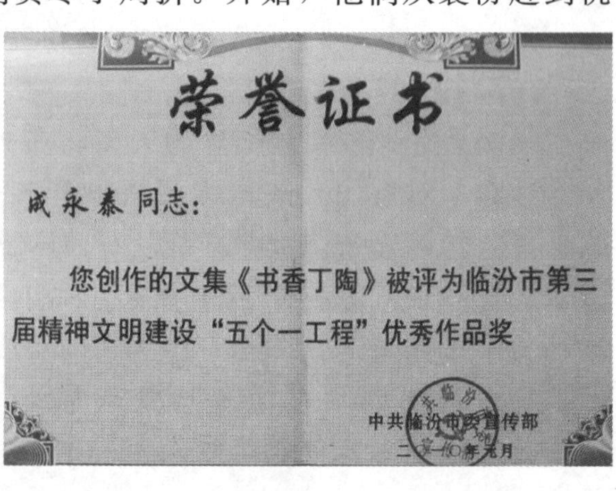

活。每到一处，住便宜店、吃简单饭，历尽了风霜雪雨。功夫不负有心人，总算搜集到了124位古代人物和252位现代人物的著述近千部，为编写《书香丁陶——襄汾本土人才著书概览》打下了坚实基础。

丰富的资料积累，加之老伴武玉兰的辛苦帮忙，他很快完成了《书香丁陶——襄汾本土人才著书概览》的初稿编著。但校对初稿并不是简单的事情，幸好有党组织的关怀和众多文友的帮忙，细心地校正，总算顺利杀青，成书出版。永太激动地说："著书的成功，是多人的心血。但老伴是第一读者，没有她的支持，《书香丁陶》不会顺利完成。"为更好地宣传襄汾文化，让更多的人了解襄汾，在《书香丁陶——襄汾本土人才著书概览》出版后，成永太免费赠送给全县近百所中、小学校和200多位有关著书作者。目前，这本书已被国家图书馆和多个省、市、县以及一些重点大学的图书馆收藏，并获得临汾市第三届精神文明建设"五个一工程"优秀作品奖。成永太说："文化是个无形的东西，历史和文化只有通过书籍传播，才能发挥作用。"他表示："要在有生之年，继续传播襄汾文化，让更多的人了解襄汾，了解襄汾文化，让丁陶文化走出国门走向世界。"这就是一对平凡夫妻为完成夙愿的"丁陶书香"情。

（作者：房桂花。此文刊登于2013年3月22日《山西日报》，2013年2月25日山西老干部工作网，2013年3月7日临汾新闻网）

一片真情暖夕阳

——记襄汾县委组织部副部长、老干部局局长王稳锁

2012年4月，一个春光明媚的日子，王稳锁同志服从组织安排，离开纪检委岗位，担任襄汾县委组织部副部长、老干部局局长。工作角色的变换，使他工作热情更高。他立足本职，围绕中心，服务大局，积极争取县委、县政府领导对老干部工作的重视，争取各单位部门的配合支持，迎难而上，不断开创襄汾老干部工作的新局面。

王稳锁是一位"学习型"的好干部，他深知"打铁先得自身硬"。为了做好老干部工作，他首先加强政治学习，加强个人修养，更是不断地、认真地钻研中央、省、市、县的有关老干部待遇政策和业务知识。

加强机关建设，提升服务质量

为把襄汾县委老干部局建成老干部的"爱心之家、幸福之家、欢乐之家"。一年来，他带着局内有关领导带头参加各个老干部团体的活动，及时向他们通报老干部局的工作，听取他们的意见和建议，并帮助他们解决工作中的实际困难。1. 针对各团体，反映在打印材料上经费不足，校对不方便的实际，局里新购置了打印、复印等整套文印设备，配备了工作人员，随时为老干部免费服务；2. 针对老干部年龄高，行动不便，爱唠叨等特点，局里规定每个工作人员都有帮扶老干部的职责，如上下楼梯搀扶，住院探望，定期家访等。每逢离休干部寿辰，王局长都亲自参加前往祝贺，离休干部去世，亲自前往慰问家属。要求老干部局每个工作人员都有倾听老干部"唠叨诉说"的义务，不得随意推诿，敷衍了事，做到爱心常在；

2014年12月25日老年书画家协会给老干部局赠匾

3. 在地方经费困难的情况下，针对老干部局东三楼下雨就漏水，同时也没很好地利用的情况，对三楼顶进行了防渗漏处理，室内外粉刷一新，利用现有面积建成了乒乓球室、麻将室、象棋室、扑克室。并给各个活动室配置电水壶、茶叶、脸盆、毛巾、香皂等物品，方便老干部使用。老年大学建立健全规章制度，购置了投影仪教学设备，开通了“东方银龄网”，为老干部学习提供了丰富的资源。书画班、舞蹈班、声乐班、文学创作班定期上课，焕发出了新的生机，老年大学逐步走向规范化轨道。通过以上工作，老干部局为老干部学习、活动创造了良好的条件和环境，受到了老同志们的一致好评，离退休老干部老有所为的事迹更多了。

王局长还经常和局有关人员多次深入基层，了解老干部情况，宣传那些积极上进的好人好事，鼓励身体好、有条件的老同志“老有所为”，为社会做出新贡献。如2012年11月到刘学智家参观、考察，并于12月在《山西老年》第12期发表《小院十年夕阳红》，为很多退休老干部树立了学习的榜样。有一位退休干部金秋热爱写作，但从未在山西老干部局网上发表过文章，王局长就亲手教她如何上网，这位七十多岁的老干部不到一年，已在老干部局网上发表了二十余篇纪实文学，既宣传了襄汾离退休老干部的先进事迹，她个人也获得了“老有所为”的乐趣。

积极采取措施　抓好待遇落实

王局长常说：“尽心尽责抓好老干部待遇的落实，是老干部工作的重要内容和服务宗旨。”他上任以来，严格贯彻执行中央和省市有关老干部的政策规定，并结合襄汾县实际，积极采取措施，认真抓好落实。

王局长刚上任时，就碰上离休干部张青海、贾文科反映的历史拖欠工资问题，影响了老干部的晚年生活，老干部写信到省里，要求解决。王局长急老干部之所急，他一方面深入调查将情况向县委、县政府报告，另一方面积极主动与有关部门协调，提出解决的办法和措施。经过努力，解决了我县南辛店供销社离休干部张青海、贾文科的拖欠工资。并同机关人员亲自送到张青海、贾文科家中，分别将拖欠的工资一次性交付给二人。两位老同志感激地说：“真是没想到，还以为这事，将永远成为历史问题。真是不知道该怎么感谢你？”王局长说：“这就是我应该干的工作。”

针对“双高期”老干部医药费高，住院报销周期长这一问题，王局长积极主动向县领导汇报，与有关部门沟通，争取县委县政府对老干部工作的重视及有关部门的支持。经研究讨论，提出了新的制度，门诊费由原来的每人每月90元增加到每人每月120元；医药费报销由原来的半年一次改为按季度报销，缩短了报销周期。此举受到广大离休干部的热烈欢迎和称赞。

2015 年 7 月，看望发挥作用模范退休干部曹文敏

在落实老干部待遇方面，他还有很多种做法：一是经常组织老干部学习时事政治，学习中央、省市重要文件，使老干部及时了解国内外形势，了解改革开放和经济建设情况；二是与老干部经常联系，在老干部生病时，第一时间掌握老干部的病情及所住医院，并及时到医院看望老干部；三是精心安排离退休干部参加集体活动，既让老干部感受到现代化建设的丰硕成果，同时又充分展现老同志的精神风貌；四是经常组织老同志开展文体活动，组织举办了老干部运动会、广场歌舞晚会、老干部书画展等，活跃老同志的精神文化生活。

加强自身建设，树立部门形象

王稳锁上任以来，他始终把加强县委老干部局自身建设作为一项重要工作，摆在重要位置。他从抓工作制度的完善入手，建立健全了各项规章制度。为做到用制度管人，用制度管事，让大家相互协作，进一步提高工作效率。老干部局先后制定和完善了 22 项制度，如：学习、考勤、卫生、接待、通讯报道制度等。特别是通讯报道制度，充分调动了全体工作人员宣传老干部工作的积极性。一年间该局在各类报纸杂志、网站共刊发信息报道等 345 篇，很好地宣传了老干部工作。在全市信息工作中襄汾县排在第一名。在社会上树立了老干部工作部门团结一致、争创一流、热情服务、奋发有为的良好部门形象。

他始终做到严于律已，率先垂范，把自己的言行置于干部职工的监督下。开展解放思想大讨论活动中，他严格要求自己，为全局同志树立了榜样。平时早来晚走，放弃双休日，中午和晚上加班加点，对他来说是家常便饭。

最近王局长又忙着带领大家建立老干部信息库、离退休干部手机短信平台、老干部工作网，创建市文明和谐单位，编纂老干部工作志。王稳锁同志在工作中总是走在前面，努力践行着“三个代表”重要思想和科学发展观，依然对自己的工作充满了激情、实劲和韧劲，在王局长的眼里，老干部的事业就如同一抹如火的夕阳，会越烧越红。

（作者：杨丽娟、房桂花。此文刊登于 2013 年《山西老干部工作》第 7 期，2013 年 6 月 25 日山西省老干部工作网，2013 年 7 月 1 日襄汾政府网）

赤诚的心　火热的情

——襄汾县委老干部局工作纪实

近两年来，襄汾县委老干部局一班人在王稳锁局长的带领下，以赤诚的心贴近老干部，以火热的情投身于老干部工作，开创了工作的新局面，赢得了老干部的赞誉，凝聚了社会正能量。

部门建设树形象

2012 年 4 月，王稳锁同志走马上任县委组织部副部长、老干部局局长。面对院子墙角化粪池上虚盖着的地砖，东三楼的屋顶雨水浸过的花痕一片一片，木做的门窗关不严，屋内尘土满地，他思忖良久。

局务办公会上，大家你一言我一语，对改变落后面貌有着更多的期待。经过讨论研究，局工作从改变面貌入手。随后东三楼南二楼的屋顶进行了防渗处理，更换了东三楼的门窗，办公室粉刷一新，院内的化粪池用混凝土封顶，整个院内的墙壁也整葺一新。

多年的纪检机关工作，使王稳锁体会到：一个单位不仅要有一个舒心的办公环境，而且更重要的是要有一整套机关运作的制度，有一班高素质的人才队伍。

他们结合工作实际制定和健全了考勤、信访、公务接待等 21 项制度，以《新闻报道奖励办法》为例，仅 2012 年全年在各类报纸杂志、网站共刊发信息通讯等 169 篇，名列全市前茅。2013 年刊发 440 余篇。山西省老干部工作网站 2012 年 7 月至 2013 年 12 月用稿 238 篇，在全省各县独占鳌头。如“五必访”，做到重大节日必访、生病住院必访、反映情况必访、生日去世必访、家中有事必访。通过必访，及时掌握老干部的各种需求。特别是老干部去世后，局领导班子成员都必须到场，以告慰老干部英灵，慰藉家属的心，体现党和政府的关怀。93 岁的离休干部赵录德同志去世后，班子成员前去吊唁，并帮其家属解决了老人去世前的药费及其它善后事宜，其家人很受感动。

每周一的集体学习，是雷打不动的制度。班子成员轮流辅导，对重大课题采取召开座谈会、讨论会等方式进行学习，确保学习效果。鼓励全体工作人员在完成本职工作后自觉主动学习，平时充分利用党报党刊、涉老报刊、电视广播以及网络等进行自学。此外，局里还为大家购买了相关学习资料，发放学习笔记本，定期检查学习情况。工欲善其事，必先利其器。通过学习，全局干部职工熟练掌握老干部工作的有关政策和规定，开阔了视野，提高了妥善处理问题的能力。

为提高大家工作积极性，制定了“三定三评两公开”方案，做到年初定盘子，年终要结果。将全年工作任务和工作重点细化到每一个月，责任分解到每个工作人员，每周一上午都要召开班子碰头会，检查安排工作，每月进行小结；年底进行全面的总结和检查考评。完成职责情况与个人考核奖惩挂钩，有效地激发了工作人员的积极性，形成比学赶超、创先争优的氛围。俗话说：人形成了环境，环境造就人。为使良好的工作环境促使工作人员更好地成长，今年老干部局还申报了市级文明单位，目前已通过验收。

倾听呼声解难题

“老干部的呼声、老干部的愿望就是咱老干部局的工作指南，要把解决老干部的困难作为第一要务。”这是王稳锁局长的一句口头禅，也是他工作的真实写照。

一个企业两名离休干部的工资在列入财政预算之前存在拖欠，这成了老人的心病。王稳锁上任后，经过多方奔走，协调相关单位，请示县领导，终于将二位老同志的问题彻底解决。拖欠款到账后，王稳锁又带队把拖欠的 59856 元工资亲自送到了老干部家中，老干部拉着他的手，热泪盈眶地说：“真没想到，我心里的疙瘩总算解开了，20 年的梦想总算实现了。”

过去，老干部每月90元的门诊费，医药费包干，住院报销半年一次。2012年6月上旬的一天，四位离休老干部找到王稳锁反映医药费报销周期长、门诊费标准低，针对这一问题，班子马上召开会议讨论研究，决定门诊费由原来的每人每月90元增加到每人每月120元；医药费报销由原来的半年一次改为一季度报销一次。老干部局班子成员以此事为警戒，一块谈情况，寻找自身服务老干部不足的地方，变上访为下访，主动解决老干部的困难，满足老干部的愿望，作出了一系列的整改。

针对涉老团体反映打印材料上经费不足，校对不方便的问题，局里新购置了打印、复印、扫描等整套文印设备，配备了工作人员，随时为涉老团体免费服务。针对老年合唱团反映，希望增加活动并需要用场地，决定由每周排练一次改为两次，并及时解决了场地不足的问题。局里专设了阅览室，增订了多种报刊杂志30余种，满足老同志们的学习需求。为丰富老干部的晚年生活，鼓励更多的老干部参与体育运动，利用活动室现有面积建成了乒乓球室、麻将室、象棋室。给各个活动室配置电水壶、茶叶、脸盆、毛巾、香皂等物品，深受老干部的欢迎。从2012年开始，每年重阳节期间都举办老干部运动会，目前已举办了两届。

北贾村夕阳红活动中心，多年来在回村老干部刘学智的带领下办得红红火火。去年重阳节期间，村里的老人们想到县城转转看看，可活动中心没经费来源，老人们家庭也多困难。了解到情况后，局里立即同相关单位联系，租车、找导游，圆了全村50多位老人游览襄汾丁陶广场、滨河公园、丁村等景观的梦想。

改革创新谱新篇

打开电脑，点击襄汾县老干部局工作网站，首先映入眼帘的是滚动跃出的一幅幅美丽的图画，那是襄汾独具特色的风光照片。接下来是图文并茂的最新动态、工作公告、政策指南、老有所为、创作园地、健康向导等12个项目。网站的建立对宣传党的路线方针政策，传达老干部工作信息，展示老干部精神风采起到了积极作用。并建立与县政府网、省市老干部工作网及生活保健等相关网站的链接，为老干部和老干部工作者学习交流、开阔视野、联系社会开辟了新的窗口。为更好地反映基层老干部工作动态，拓展网站信息来源，成立了由离退休老干部组成的老干部工作通讯组。

王稳锁局长说："改革是不懈的动力，创新是事业成功的源泉。只有改革创新才能把工作做得更好。"上任不久，他就带领一班人先后参观学习了太原、侯马、安泽、陵川等地老干部局。从报刊杂志、网络上搜寻老干部工作先进典型、先进经验、创新思维，并结合襄汾县的实际，积极探索利用现代信息网络技术，创新服务管理工作模式。

为了全面掌握全县老干部的身体状况、兴趣爱好、子女情况、家庭住址、通讯电话等基本信息，局里聘请专业人士，开发了电脑软件，建立了全县离退休干部信息库，4000多名老干部的详细情况一目了然。依托老干部信息库，创建手机短信群发平台，及时传送中央、省、市、县领导重要讲话精神和老干部工作会议精神，发送重大节日慰问贺信、活动信息以及灾害预警、卫生保健等关怀服务信息。手机短信平台的建立，加强了与老干部的联系，促进了老干部队伍的和谐稳定。

与东方银龄远程教育学校合作，在老年大学开设远程教育课程，让老干部们就近就能享用到全国良好的教学资源。远程教育开通后，深受老干部欢迎，应老干部要求，新增了戏剧舞蹈、诗词楹联等科目内容，书画班、音乐班新增了课时。通过现代科技技术，创新老干部服务管理模式，极大地提升了离退休干部服务管理工作科学化水平。

老有所为赴新程

赤诚的心温暖着老干部，火热的情燃烧着老干部，激起了老干部们的热情。

由 80 多位老干部组成的"老年合唱团"，心也顺了，气也顺了，真正把老干部当成了自己的家。团长刘淑宽说："老干部局为我们提供场地、供应开水、开放空调、免费复印歌词，咱可得做出点成绩啊。"炎热的夏天，他们坚持练歌不休息，有时星期天还加班，每天早晨还在景观桥旁吊嗓子，他们虽然年龄大了，但歌声嘹亮，优美动听。今年"七一"，老年合唱团在县城科技报告厅举办了一场晚会，县上领导、广大爱好者 400 余人挤满了报告厅，蔚为壮观。如今，老年合唱团已成为襄汾县一支特殊的文艺奇葩，吸引着众多的老年朋友，在众多的文艺活动和晚会现场都可以看到他们矫健的身影。

今年 9 月 20 日至 24 日，由县委老干部局和县老年书画家协会在临汾市老干部活动中心举办了"丁陶墨韵"书画展，虽然秋雨连绵，但参观者络绎不绝。看了展览后，纷纷留言，抒发自己的感想。有个叫张虎的，在留言簿上写道："襄汾书、襄汾画、襄汾书画甲天下；弟子规、行书草、张张书画水平高；观赏者、竖拇指，各个都称办的好。"这是襄汾老年书画首次走出襄汾办专场展览，展出的作品震惊四座，取得了轰动效应。襄汾县老年书画家协会，在退休干部柴聚才的带领下，已在各乡镇成立了分会，分会又分片成立了书社，目前，县老年书画家协会的会员已发展到 600 余人。襄汾县被省老年书画家协会命名为"老年书画之县"。

县老年体协，在全县设立了三个直属站，六个社区站，13 个乡镇老年人体育分会，全县 40％的村庄建立起了老年人体协组织。他们常年开展文体下乡活动，为活跃农村文化生活做出了积极贡献。

全县 700 多名离退休干部积极参与襄汾三晋文化研究会，全面深入地编撰、整理、出版反映襄汾历史文化和学术研究成果的系列图书和资料。他们每月定期组织学术报告会、研讨会、座谈会、交流会。主动向广大群众进行丁陶文化的普及宣传工作等。

在各个领域也涌现出了一批领头人物。撰史著述的邱文选、省级非物质文化遗产传承人梁铁锁、鼓车申遗者贾德亮、市"五个一工程"奖获得者成永太。另外还有好多老干部致力于县志、单位志、乡镇、村志的编撰工作。文联退休干部房桂花是一位笔耕不辍的女作家，现在已经编辑出版了 18 本书。她说："我要活到老、学到老、采访到老、写到老，继续为文化繁荣尽力发挥自己的余热，让自己的生活更加绚丽多彩！让襄汾老干部的形象更光辉！"

晚霞在天边燃烧，晚霞在天边跃动，晚霞带给人们美好的每一天。

（作者：杨丽娟　乔飞。此文刊登于 2014 年《山西老年》第 2 期）

让夕阳奏响华丽的乐章

——记襄汾县老年合唱团团长刘淑宽

2014 年 7 月 31 日晚，襄汾县丁陶文化广场人山人海，由县老年合唱团承办的庆八一“军民鱼水情”联欢晚会在百姓大舞台隆重举行。

县委书记王国平、县长张宏志、县委宣传部部长杨建廷、县委办主任范志军、县人武部政委穆书涛等县级领导与驻襄部队官兵及广大居民共同观看了演出。

刘淑宽用自费购买的钢琴进行练习

老年合唱团在一位头发花白，身材修长，指挥优雅的领队指挥下，圆满完成演出。场下不时爆发出雷鸣般的掌声和阵阵叫好声。

这位领队就是襄汾县退休干部、71 岁的老年合唱团团长——刘淑宽。她同一帮老伙伴让夕阳奏响了华丽的乐章。

退休后，年轻时的梦想涌上心头

刘淑宽，1944 年 5 月生于襄汾县南高村，运城农校毕业。1966 年参加工作，中共党员，曾任县妇联副主任、县卫生局副局长等职务。2000 年年初，刘淑宽从襄汾县卫生局副局长岗位上退休。

刚退休时，她也看看孙子做做饭，整天无所事事挺轻松，心里那个爽。然而好景不长，她总觉得缺少了点啥，心里空落落的。她从小喜爱唱歌，是学校的文艺委员，多少次登上舞台的感觉太美妙了，不断的登台表演和表现自我，成为她年轻时的梦想。她对音乐的那份执着和热爱，伴随着她的成长和退休。于是，她又拿出以前的歌本，不由自主地唱起来，心里骤然舒畅了许多。

2003 年 8 月 27 日，襄汾县老干部金秋艺术团（老年合唱团的前身）成立，因为歌唱得好，她欣然被聘任为教练。这次合唱团的成立，正好给她搭建了一个理想的平台，让她找到了适合自己的位置，年轻时的梦想再次涌上心头。

为了把歌教好，她先自费买了一台电子琴，后来又自费买了台电子钢琴。每逢周五下午的活动日，她抱着电子琴，老伴周保林用摩托车带着她，不管是炎炎盛夏的酷暑，还是寒风凛冽的严冬，从河西的家，来到河东老干部活动中心。她俩几乎成了三跨大桥上一道动人的风景线。后来她又自费买了一辆电动车，顶风冒雨，从不误带领大家练歌。

要想干成一项事业没有那么简单，参加艺术团的人只是出于爱好，识简谱懂乐理的寥寥无几，有的人只是图个热闹，个别人连哆、咂、咪、发、唆、拉、西都不知道是 1.2.3.4.5.6.7。面对这样薄的底子怎么办？她寝食难安，充满矛盾。但她内心一直坚信：只要坚持就一定能取得胜利。理清思路后，她首先是鼓励大家要有知难而上的信心和勇气，提高合唱团整体声乐水平。其次是引导大家学习掌握基础乐理知识，如音阶、音准、音色、节奏等，进一步学习科学发声法，掌握唱歌的要领，提高歌唱水平。

为了达到这个目标，她首先走出去，报名参加了临汾市老年合唱团和市老年大学的声乐班和钢琴班，自费学习，边学边教，边教边学。她把每次学到的音乐知识，传授给大伙，以求共同提高。

正是在她契而不舍的带动下，很多老年人通过合唱走上了另一个舞台，追忆青春的美好，体验生命的精彩。她教大家唱的第一首歌是《老年合唱团团歌》，“我们老当益壮、激情奔放，我们老有所为、追求高尚……一同欢乐一同歌唱，与时代同步，与人民同声，用歌声给人们带来鼓舞和希望”。这欢快激荡的旋律，这震撼心灵的歌词，仿佛把这些老年人又带回了风华正茂的青年时代。

危难时，柔弱的肩膀扛起重任

2011年春，刘淑宽担任合唱团团长，当时合唱团可谓困难重重。排练的场地、声乐的师资、运行的费用，还有大家的团结等。危难之时，她没有选择退缩，而是用柔弱的肩膀扛起重任。因为她觉得这是她的职责所在。

刘淑宽指导团员排练节目

合唱团最主要的任务就是集合大家一起练歌，但练歌总得有个落脚的地方。起初，他们找不到啥像样的“练歌房”，不得不凑合着在公园、广场练歌。“冬练三九，夏练三伏，这是我们当时真实的写照。”团员们说。但合唱团的成员们毕竟都是年过半百的老年人了，几个月后，因为排练环境太艰苦，很多成员打了退堂鼓，最后只剩下寥寥几个人。后来，她通过与老干部局沟通，得到大力支持。合唱团终于有了练歌房——老干部活动中心，平时星期二、星期五练歌，有演出前随时排练。

她虽然也教了团员们一些乐理常识，但总觉得不太理想。于是，她又聘请高级音乐专家梁铁锁、临汾市老年大学音乐教师吕彦宾、县退休干部李廷英等，给团员们传授专业的音乐知识，全体学员情绪高涨、精神集中、克服困难、专心学习。渐渐培养出一批掌握基本乐理知识、科学发声法的骨干力量。由最初各唱各的调，各拉各的弦到现在发声正确，发音准确，很好地完成了一首首分声部的合唱歌曲。

夏日清晨，汾河观光桥畔，一帮合唱团的学员们咿咿呀呀吊着嗓子。夏日傍晚，街道两旁的空闲地带，团员们就近排练着节目。

为了丰富节目的形式和内容，他们还排演了除合唱之外的独唱、舞蹈、戏剧、快板等文艺节目。

在她的领导和带动下，大家心往一块想，劲往一块使，形成一个团结的集体。新老班子成员杨桂林、卫廷杰、张月光、李广菊等大力支持，相互配合。团员们相互之间关心倍至，进教室上台阶时互相搀扶，进到教室互相让座，时而有人缺课了，总会有人打电话去询问。通过她和近百名团员的不懈努力，学会的歌曲达百首，参加各种形式的演出30多场。各级领导和广大群众普遍反映："老年合唱团已成为襄汾县地地道道的，名副其实的，丰富群众精神文化生活和文化强县建设中一支重要力量。"

成功了，欢快的掌声响成一片

功夫不负有心人，风雨之后见彩虹。

2013年"七一"，由县老年合唱团举办的庆"七一"文艺晚会在县城科技报告厅隆重上演。这是老年合唱团成立以来首次举办大型演出，阵营之大，节目之多，质量之高，都是合唱团建团以来最高水平的展示，团员们置身于自己的圆梦舞台，大合唱《我的祖国》《走向复兴》，舞蹈《中国美》《好年头》，诗朗诵《十年欢乐十年歌》，眉户表演《看戏》……每一个节目都展现出老年朋友们那种退而不休颂盛世，老有所为共圆梦的欢乐与成果。县上领导、广大音乐爱好者400余人挤满了报告厅，场面蔚为壮观。

演唱结束后，县领导上台与团员们握手致谢。作为团长的刘淑宽心潮澎湃，心酸的泪水、激动的泪水、幸福的泪水夺眶而出，从未有过的成就感油然而生。

县领导祝贺合唱团庆八一演出成功

这次成功的演出，给了她无比的自信，也给了团员们巨大的鼓舞。2013年11月，水韵花园、襄汾县电视台、帝尧文化传媒公司联合举办"唱美丽丁陶·圆中国之梦"水韵花园杯歌手大赛，老年合唱团的大合唱《襄汾我的家乡》、京剧版《没有共产党就没有新中国》、女声小合唱《映山红》、襄汾民歌《梦梦》都在这次大赛中参与了海选，进入了复赛，充分展示了老年人朝气蓬勃、奋发向上的精神风貌。体现出老年人紧跟形势，发挥余热，服务社会的精神状态。颁奖会上，襄汾县老年合唱团，荣获"最佳组织奖"。

2013年12月20日，在老干部局举办的道德大讲堂上，合唱团与老干部一起同唱《公民道德歌》，为演讲会增添了敬老、爱老的气氛。2014年"七一"，老年合唱团同老干部局全体人员联欢共庆"七一"，歌颂党和祖国，歌唱美好的生活。

近年来，刘淑宽带领着老年合唱团活跃在校园、活跃在社区、活跃在街头广场、活跃在河边公园……在"五一""十一"、元旦、除夕等大的欢庆节日里，到处都可看见他们矫健的身影，听到他们嘹亮的歌声。所到之处，欢快的掌声响成一片。如今，老年合唱团已成为襄汾县一枝特殊的文艺奇葩，成为襄汾最靓丽的一道风景。

刘淑宽说："我能置身于自己的圆梦舞台，同众多的老年人一道在欢乐祥和的氛围里发挥余热，这是我人生中最大的幸福，我会珍惜，会更加努力地把老年合唱团办好，让我们的晚年更加绚丽多彩，让夕阳奏响华丽的乐章！"

（作者：王稳锁、房桂花、杨丽娟。此文刊登于2014年11月14日《山西日报》，2015年《山西老年》第1期，2014年8月14日山西老干部工作网，2014年12月23日黄河新闻网，2014年8月21日《临汾日报》，2014年8月15日襄汾政府网）

老年合唱团的特殊团员

【写在前面的话】

襄汾县老年合唱团近来不断发展，已成为一支老有所为、奉献社会的快乐集体、综合艺术团队。这支队伍的壮大离不开县委老干部局的扶持帮助——

10月20日晚，在襄汾县城中心广场，一场"金秋欢歌，圆梦中华"的歌舞晚会，吸引了上千名观众观看。

开场《和谐中国，祝福祖国》的舞蹈，声势宏大，一下就把晚会推向了高潮。接着男声二重唱、女声小合唱、民歌、戏曲、诗朗诵、情景表演、舞蹈、大合唱等，形式不一的节目轮番上演，台下观众席上，不时爆发出雷鸣般的掌声和阵阵叫好声。

这场晚会之所以受到观众的高度赞誉，不仅是所有节目编排质量高、演出效果好，更重要的是，晚会演员都是襄汾县老年合唱团团员，大多数演员年逾六旬，而且是业余文艺爱好者。这支老年合唱团在襄汾县委老干部局的关怀扶持下，近年来不断发展壮大，已成了县里组织一些大型活动离不开的文艺演出队伍。

为庆祝一年一度的重阳节，襄汾县老年合唱团提早准备编排了一整套节目。演出当晚，大伙全身心投入，以最好的状态歌颂祖国、歌唱美好的新生活，展示当代老年人朝气蓬勃的精神风貌。

手持步枪、长矛、手榴弹、地雷、铁锨……在嘹亮的冲锋号角声中，人们仿佛被带到了炮火硝烟的抗日战场。这是为欢庆"九九"重阳节，襄汾县老年合唱团在县城中心广场举办的"金秋欢歌，圆梦中华"歌舞晚会上，情景剧《地道战》的场景。

六七十岁的老人们组成的合唱团精心策划，表演独唱、重唱、大合唱，舞蹈、戏剧、情景剧……每一个节目都浸透了团员们的辛劳与心血，现场观众无不对他们投以敬佩的目光。有人窃窃私语："这些演员年纪这么大了，演得这么精彩，真不简单啊！"了解实情的人会说："那是这个合唱团里有一个特别的人。他不是团员，但时时关心帮助合唱团，并为团里解决一系列遇到的难题。"他们所说的这个特殊团员就是襄汾县老干部局的王稳锁。而合唱团的老人们说起来，王稳锁就是他们中的一员。"没有襄汾县老干部局和王稳锁的支持鼓励，老年合唱团不可能有今天这样的规模和成果。"老年合唱团刘淑宽团长感慨地说。

“已成为合唱团的一分子”

提起王稳锁与襄汾县老年合唱团的关系，还要追溯到2012年。那时，王稳锁调到襄汾县委老干部局不久，他发现一些老同志每周五下午都按时到活动中心练歌，他们团结互助，练习得非常认真，不管是数九寒天还是炎热夏日，都能坚持从不间断。后来，他知道了这些老同志都是襄汾县老年合唱团的，老人们不仅周五练歌，每天早晨他们还在汾河公园景观桥旁吊嗓子，虽然年龄大了，但歌声嘹亮，执着精神感人。

出于好奇和尊敬，慢慢地，王稳锁和合唱团接触多了起来。没事的时候他会去听歌，跟他们聊天，有时也会吼上两嗓子。合唱团有困难，他总想方设法地帮助解决。作为民间团体，合唱团每花一分钱都是团员们自己出，就连自费打印和复印歌页都没有固定的地点。当时老干部局也没有复印设备，为此，他多方请示报告，最后同局班子成员研究解决方案，终于购置了打印、复印、扫描等整套文印设备，配备了工作人员，只要老干部们有需求，随时可以为他们免费服务。炎热的夏天到了，老干部局为参加排练的团员配备了纸杯、茶叶、热水壶，方便他们饮水。

在王稳锁的倡导下，每年劳动节、建党日、国庆节等，合唱团都要与老干部局的工作人员搞联欢，局里要求工作人员全部参加，多出节目，增进大家的了解，以更好地服务老年事业。王稳锁经常参加合唱，为了唱好歌，业余时间他一个人在家总要反复听唱、跟唱、独唱。联欢会上，为活跃气氛，他总要独唱几首，再与合唱团团员合唱。

2014年6月29日，县委老干部局、老年合唱团举行庆七一联欢活动

襄汾县委老干部局创建文明单位活动中，开办了道德大讲堂，王稳锁与老年合唱团同唱《公民道德歌》《你是顶天立地的人》《爱的奉献》等。如今，襄汾县老年合唱团在团长刘淑宽的带领下，活跃在校园、社区、街头广场、河边公园……王稳锁虽然不能每次都参加表演，但他总在关注着这支义务服务社会的演出队伍，尽可能地为合唱团派上车、配上医生、跟上工作人员，服务合唱团。老年演员们激动地说：“王局长已经成为合唱团的一分子了。”

合唱团在周边已小有名气

“王稳锁不仅关心我们合唱团的发展，而且还关心团里每位老干部的生活，他的细心周到太感动人了。”襄汾县老年合唱团团长刘淑宽说着眼眶湿润了。

今年2月的一天晚上，刘淑宽在襄汾广电演播厅看演出时不慎摔倒骨折。消息传到王稳锁耳中，他立即赶到医院看望，安慰她放下工作静心休养，鼓励她积极治疗早日康复。合唱团老团长王民、顾问梁铁锁等生病后，他都要去看望。

刘淑宽感慨地说：“王稳锁对合唱团精神上支持、工作上帮助，我们到他办公室，他总是放下手头的工作，给我们烧水沏茶、嘘寒问暖，把我们当亲人一样看待。合唱团有什么困难，他立马解决。真是我们的‘娘家人’。”

襄汾县老年合唱团成立于2003年8月，刚开始二三十人。起初也就是退休后的一些老干部在一起唱革命歌曲，老有所乐。随着时间的推移，合唱团成员不断增加，也随之出现了排练场地小、声乐老师少、演出设备短缺等一系列问题。自从王稳锁接触到合唱团，为了提高大家的演唱水平，他联系专业声乐教师吕彦宾以及本县乐理知识丰富的李廷英给大家授课。还邀请中国音乐家协会会员马小光为老年团员们开展乐理和指挥知识讲座，让大家开阔视野、感受音乐的魅力，对理论有了直观的理解，对技巧有了切实的掌握。

老年合唱团副团长卫廷杰说："我们在这里练唱歌，冬天有暖气、夏天有空调、唱歌有乐器、口渴有茶喝、想学有专家教。这里就如同自己的家一样舒心。"

老年合唱团在周边已小有名气，不仅在襄汾经常受邀请，临汾的一些工矿企业也邀请合唱团去交流演出。

合唱团可办整台晚会

襄汾县老年合唱团顾问梁铁锁告诉笔者："我们合唱团三年迈了三大步。这是前所未有的新气象，这是开拓创新的新成效，这是王稳锁参与策划努力的结果。"

从最初的只会合唱歌，到可以演一些节目，再到如今可以办整台晚会，而且内容丰富，节目形式新颖，一次比一次人员多、规模大、水平高，得到社会的广泛赞誉。

而谈起这其中的滋味，王稳锁感慨颇多。他说，老年人参加合唱大多只是出于爱好，有的人甚至只是图个热闹，识简谱懂乐理的寥寥无几。面对团员们这样薄的底子，要想举办晚会，谈何容易？尤其是举办第一台晚会时，他同合唱团的班子成员理清思路后，鼓励大家要有知难而上的信心和勇气，刻苦训练，反复排练，不断改进。为了丰富节目的形式和内容，他们还排演了除合唱之外的独唱、舞蹈、戏剧、快板等文艺节目，一下子就提升了演出水平。

2013年党的生日之际，襄汾老年合唱团庆"七一"文艺晚会在县城科技报告厅隆重上演。这是老年合唱团成立以来首次举办大型演出，阵容之大、节目之多、质量之高，都是合唱团建团以来最高水平的展示。团员们置身于自己的圆梦舞台，大合唱《我的祖国》《走向复兴》，舞蹈《中国美》《好年头》，诗朗诵《十年欢乐十年歌》，眉户表演《看戏》……每一个节目都展现出合唱团团员们那种退而不休颂盛世、老有所为共圆梦的精神风貌。县有关领导、广大音乐爱好者400余人挤满了报告厅。演出结束后，团长刘淑宽心潮澎湃，心酸的泪水、激动的泪水、幸福的泪水夺眶而出，从未有过的成就感油然而生。

这次成功的演出，给了刘淑宽团长和老年团员无比的自信。王稳锁牵头深入采访，九易其稿，为合唱团写出《让夕阳奏响华丽的乐章》的报告文学，更是给团员们以巨大的鼓舞，老干部们合唱的劲头更大了。之后，2014年建军节的军民鱼水情晚会，2015年纪念抗战胜利70周年文艺晚会，以及刚刚举办的庆重阳晚会成功演出，让作为襄汾县老年合唱团特殊团员的王稳锁格外自豪。他说，老年合唱团可谓是襄汾老干部老有所为、奉献社会的响亮名片。

（作者：房桂花、曹志恩、杨丽娟。此文刊登于2015年10月30日《山西日报》，2015年8月17日黄河新闻网）

“五老”与孩子

【写在前面的话】

襄汾县有一支特别的队伍，他们老有所为，关注社会公益事业，特别是非常关心青少年的成长，为留守、贫困、孤残儿童做了许多事。这支队伍就是襄汾县关工委，他们的领班人李志学从县领导岗位上退休后，经过一段时间休整，于 2013 年走马上任挑起了县关工委的重任。短短两年多时间，李志学带领关工委的“五老”们做了大量工作，特别是他们关爱学前儿童和中小学生，为这些孩子的健康成长费尽心机，临汾市、襄汾县的干部群众都看在眼里，心生敬佩。

襄汾县关工委的“五老”们关注社会公益事业，关心青少年成长，为特殊儿童和中小学生做了许多好事，关工委领头人李志学的事迹陆续在一些媒体上报道，临汾市老干部局还将李志学定为 2015 年度“离退休干部发挥作用先进典型”。初秋时节，我们一行人专程采访了李志学和襄汾县关工委的“五老”们。

关爱留守儿童

年近七旬的李志学，红光满面，精神矍铄。说起襄汾县的人口结构及青少年现状来头头是道，尤其是讲起留守、贫困、孤残儿童，他的话语低沉了许多。他说，多年来，襄汾县陆续有几万名青年农民外出打工，留下近 2 万多名留守儿童。县里还有孤儿 70 多名、残疾儿童 100 多名、弃婴也时有出现。这些孩子在成长中常常受到歧视、冷漠和不公平的待遇，是不容忽视的一个弱势群体。我们关工委想了很多办法，希望能把实实在在的关爱送给这些可怜的孩子。让他们和其他儿童一样，共享公平公正成长权利，拥有幸福童年和健康成长的环境。

今年“六一”，留守儿童小苗过得特别开心。她在李志学爷爷的安排下，在电脑视频上与妈妈“见面”了。像小苗一样“见到”父母的留守儿童还有甜甜、蛋蛋等十几个孩子。孩子们“见到”父母时，有的欢呼雀跃，有的泣不成声，还有的待在一旁一言不发。李志学说，少年儿童是祖国的花朵。对于留守儿童来说，虽然他们的父母因生活所迫不能陪在他们身边，但全社会都应该关心他们的健康成长。

襄汾县关工委会同社会有关部门积极开展多项送温暖活动。为确保留守儿童有幼儿园进、有学校上，他们积极协同县教科局、乡镇党委和村“两委”有计划地在永固、汾城、南贾等留守儿童较多的乡镇和村子，办起留守儿童寄宿制学校。

针对留守儿童精神上缺少父母关爱的实际，开展了留守儿童定期与父母视频见面活动，春节返乡家长联谊活动。永固、南贾等乡镇关工委还在幼儿园开展了为留守儿童过生日的亲情活动，使留守儿童及其在外打工的父母都受到了精神上的抚慰。

对进园、上学经济上有困难的留守儿童，“五老”们协同县民政局送去救助资金。各乡镇关工委还经常召开留守儿童爷爷奶奶专题会议，解决留守儿童的教育、安全等问题。

“五老”们还组织三公村、北贾岗、陈郭等村关工委进行有益探索，协同各村委将荒山荒沟、果园、蔬菜大棚承包给外出打工青年，吸引了1000多名父母回乡创业，有效地减少了留守儿童数量。

抚慰孤残儿童

襄汾县有孤儿70多名、残疾儿童100多名，还有一些弃婴。这部分儿童，国家政策上都有规定，要做到应养尽养，一个不少。县关工委为多名孤儿找到了生活保障，并协助有关部门对18名弃婴进行了鉴定，并送到临汾市福利院。“五老”们还对先后收养20多名弃婴和流浪儿童的退休干部史学谦和主动抚养4名弃婴的村民陈跃进予以表扬、鼓励，宣扬他们的事迹，在全社会形成了关爱弱势儿童的社会风尚。

李志学和关工委的“五老”们还十分关注因家庭变故致贫的贫困儿童成长。有的孩子父母智障、离异，有的孩子突遭天灾人祸，还有的孩子突患大病，造成他们的家庭一贫如洗。为解决这些贫困儿童的困难，襄汾县关工委促使一些农村关工委建立了助学基金，对贫困儿童予以资助。陶寺乡关工委发动企业家和贫困学生结对子，一对一地资助，直至完成学业。赵曲中学张同学和陶寺中学梁同学患白血病后，教科局关工委发动师生捐款20多万元，解了他们就医的燃眉之急。

李志学说，为留守儿童抚平心灵创伤，为贫寒学子和患大病儿童慷慨解囊，尽心抚养孤儿和弃婴，为弱势儿童撑起一片蓝天，是我们应尽的社会责任。

帮助中小学生

未成年人受教育的权利不能保证，而未成年人自我维权能力差，严重影响青少年的正常成长。襄汾县关工委在李志学的提议下，成立了未成年人法律无偿服务中心，聘请了多名司法系统退休干部提供无偿法律服务。几年来，已处理维权案件22起。

万荣县一名16岁的初中女生被襄汾县一青年拐骗，不能正常上学。襄汾县关工委法律服务中心接报后，会同县妇联及时赶到男青年家中做工作，使这位花季少女重返原籍上学。

襄汾县关工委会同教育部门和各乡镇关工委对全县农村学龄儿童进行调研，对应当上学的儿童，一个不能少地全部送进学校。大邓乡关工委还编排节目进行宣传。他们还会同人社局对工商企业用工情况进行检查，并对县城一家馍铺使用童工进行了处罚，禁止使用童工并及时将童工送到学校读书。

为了增强中小学生自我维权意识，关工委还组织“五老”宣讲团的同志深入学校，给学生们讲维权课，开展宣传活动，使学生们的法律知识和维权意识得到极大提高并学会自我保护。

网吧是严重影响和危害学生学习和健康的场所，襄汾县关工委深入县城和各乡镇摸清网吧底数，会同公安、文体等部门依法取缔了40多家黑网吧，对合法的21家网吧进行了整顿，严格禁止中小学生进网吧，并聘请了42名“五老”人员担任网吧管理监督员，有效地净化了中小学生的学习环境。

学校周边环境存在安全隐患，关工委的“五老”们不辞劳苦，对全县所有中小学进行安全督查。他们将查出的多条安全隐患梳理成10个方面，上报给县政府进行了专项治理，现在学校门前小摊小贩没有了，8所公路边的学校门前安装了安全带，危房、危墙都得到了修缮，县科教局还组织500多万元为各学校购买了20辆专用校车。

赵康中学曾有不法青年到校诈骗学生钱财，关工委及时报告派出所，将不法人员抓获。

襄汾县寄宿制学校多，仅公办的就48座，就餐学生3万多人，学生的安全就餐十分重要。在关工委主任李志学一班人的积极努力下，3万多名中小学生就餐条件得到改善。不少村办学校的环境也得到了改善。

南辛店乡北贾村关工委副主任刘学智组织本村50多位老年人义务为学生们修路、扫雪，还不时地到学校为孩子们表演节目，受到孩子们的欢迎和感谢。

（作者：王稳锁、房桂花、杨丽娟。此文刊登于2015年9月18日《山西日报》，2015年《山西老年》第9期，2015年5月28日《临汾日报》）

用自己的热情、真诚谱写服务老干部之歌

杨丽娟，是一位已有13年经历的年轻老干部工作者，她用自己的热情、真诚，谱写了一曲曲服务老干部之歌。老干部工作辛苦、琐碎、难干，她为老干部工作倾注了全部的爱，为老干部工作而学习、为老干部工作而写作，做出了许多骄人的成绩，受到老干部的一致好评。杨丽娟自从2003年到襄汾县委老干部局13年来，她把老干部当爷爷奶奶、叔叔阿姨一样关心，对待。

杨丽娟天天抽空写作老干部先进事迹

杨丽娟（右）教退休干部房桂花做音乐相册

作者感言：2016年3月中旬，我大女儿张丽从太原用微信给我发过来一个“旅游音乐相册”。我看后觉得很好，马上问：“怎么做?”她回：“回去后教给你。”我是个急性子，心想：你又没说什么时间回襄汾，让我等到什么时候？我立马去找老干部局办公室主任杨丽娟。我一见到她，就问：“你会制作音乐相册吗?”她放下打字的活儿，就边说边教我：“先点击订阅号、再击卡娃微卡、再击音乐相册、创建新相册、从相册选择照片、开始制作。”她怕我年龄大容易忘，还把步骤写在纸上。经过反复练习，我终于学会了，还做好发给亲朋好友们看，大家都称赞我快进入耄耋的老太太能干，我说：“这都是我的微信小老师杨丽娟的功劳!”杨丽娟是襄汾县委老干部局办公室主任，自从2003年调入老干部局工作后，始终以一名优秀老干部工作者和优秀共产党员的标准要求自己，任劳任怨、兢兢业业、恪尽职守，以严谨的工作态度和忘我的敬业精神，在平凡的工作岗位上默默地奉献着。她以自己的实际行动，展现了一名老干部工作者的精神风采。

加强学习，努力提高自身素质

到老干部局不久，局领导带着她到医院、到老干部家中慰问，那一枚枚用鲜血换来的荣

誉勋章，令她肃然起敬；那年老体弱的身躯和家中困难的情景，又令她感到自己所从事的工作的责任。她刚开始从事老干部医保办工作，医药费管理也刚出台新办法。这些工作政策性极强，它关系到党的老干部政策能否得到有效落实，也关系到广大老干部能否实实在在地享受到党的政策的关怀与温暖。于是杨丽娟开始学习钻研老干部政策，将有关政策书籍装在兜里，有空必读。不久，她由一名初来乍到的新手变成了老干部有问必答的小行家。2005 年，省市下达关于调整生活长期完全不能自理的老干部待遇的文件，根据文件精神，老干部上报后，老干部局人员必须走访到户，局里把这项工作交给分管的张书记和医保办。结果通知一下，报回 100 多户，当时好多离休干部家里都没电话，她就和张书记还有一名工作人员一一统计，分乡镇，每日下乡走访，经常早出晚归，登记情况，经过 20 多天的走访，终于摸清情况，为真正不能自理的离休干部增加护理费。她结合自身工作实际，认真做了上万字的读书笔记，撰写了多篇心得体会。通过系统的理论学习，进一步提高了政治思想素质，掌握了丰富的业务知识和熟练的业务能力，在综合分析问题、解决问题和沟通协调能力等方面都得到了进一步提高。2013 年 6 月，被襄汾县委组织部推选为“优秀学习型中青年干部”。

争创佳绩，默默奉献本职岗位

在有些人眼里，老干部局有什么事干？不就是看看报纸、聊聊天吗。即使干到退休也难有建树。但杨丽娟却不这么认为。她始终牢记，岗位没有高低贵贱，只有责任义务。13 年中，她全心全意为老干部服务的宗旨始终没有改变，时刻以一个共产党员的标准严格要求自己，以高度的责任心和事业心做好本职工作，不断创新工作思路，积极开拓进取，以过硬的业务素质和工作能力默默奉献在自己平凡的工作岗位。在实际工作中，她总是尽职尽责，努力做好办公室工作中的每一点每一滴。办公室是单位传递信息、落实政策、上下内外沟通协调的窗口，日常事务琐碎、繁杂、牵涉面广，稍一疏忽就会贻误工作。因此，她始终树立“办公室工作无小事，领导身边无小事”的意识，增强工作的前瞻性、主动性和服务性，高标准、高质量、高效率地做好每一项工作。她总是能够吃苦在前，享受在后，舍小家，顾大家，不计个人得失，爱岗敬业，无私奉献，在平凡的工作岗位上默默无闻地奉献着自己的光和热。

2012 年至今，老干部局在省、市老干部工作信息工作中名列前茅。她本人在《山西日报》发表人物通讯 3 篇，在《中国老年报》发表消息 18 篇，在山西新闻网、黄河新闻网、山西老干部工作网、襄汾政府网、《山西老年》《临汾日报》等刊登通讯及新闻千余篇，极大地宣传了老干部先进典型，为襄汾老干部信息工作做出了很大的成绩。通过和同志们以及老干部通讯组的老干部们一起深入采访，反复提炼，宣传重点人物，先后在《临汾日报》《山西老年》《山西日报》、临汾新网、山西新闻网、黄河新闻网等主流媒体以 3000 字左右的长篇通讯刊登，极大地调动了老干部老有所为的积极性，带动了一大批为党的事业奔走呼喊的老干部，为党的事业凝聚了共识，增添了正能量，促进了社会的和谐稳定，得到县委县政府肯定，受到老干部的好评。服务老干部，青春在奉献中闪光。

杨丽娟同志进入老干部局工作 13 年来，始终热情服务老干部，她坚信，只要拿出一颗真心去对待老干部，认真对待老干部工作，把他们当亲人一样对待，肯定能干好这份工作。2012 年，局长王稳锁上任，她负责局办公室工作。除了负责办公室日常工作外，同时还要负责计生、普法、组织宣传以及繁杂的机关管理日常事务和大量的文字资料、各类迎检接待服务等工作，面对这些繁杂事务，在办公室人少事多的情况下，她始终能做到每项工作都积极主动，不管领导安排哪项工作，总是认真负责，任劳任怨，及时完成各项工作任务，能干一行、爱一行、专一行、精一行，对每项工作都是兢兢业业地尽力去完成，从不叫苦叫累。本着全心全意为人民服务的宗旨，踏踏实实地做好本职工作，能真正做到“我的岗位我负责，我的工作请放心”。在工作中，团结同事，不计较个人得失，总是以大局为重，积极做好沟通协调，确保各项工作的贯彻落实。该同志加班加点是家常便饭。在工作中能够兼顾不同的工作岗位和职责，对每项工作都能根据轻重缓急进行合理安排，去认真落实。各种资料、档案整理、分类、装订得都是井井有条。工作总是兢兢业业，认真负责，吃苦精神强，工作热情高。老干部局的一般性事务工作也离不开她。除了办公室正常的工作外，在对老干部进行重大节日走访慰问及组织老干部开展文体活动、体检等活动中，都能看到她忙碌的身影。不少热爱写作、爱投稿的老干部，就常来办公室让她向这个报、那个杂志电脑发稿。有的老干部不会用电脑打字，写的字歪歪扭扭，还有繁体字，让她打印。她理解老年人的不容易，在尽可能的情况下，一定为他们解决困难。2015 年 11 月 20 日在“全县离退休干部网宣员第一期培训班”上，杨丽娟同志详细而耐心地讲了“微信的设置和各种功能”，但是老干部有的愿学但平时不接触此事，心中一片糊涂；有的则认为“手机只要能接进，能打出就行了”的思想，不想再费脑筋学新知识。有一位老人，他想学，一学就会，但不到 5 分钟就全忘光了。他不厌其烦，就给他写下程序：先点什么、再点什么……又让他实际操作几次，直到学会，他拿上纸上写的程序回家在自己的手机上慢慢练习，直到熟悉应用。这位老同志感动地说：“我很感谢杨主任，她教我微信使用方法，比我的儿女有耐心多啦!”她多年如一日都是对工作服从安排，对同志有求必应，随叫随到，从不叫苦，任劳任怨，从不计较个人得失，能够积极完成各项工作任务，深得各级领导、同事以及老干部的好评。那可真是：平凡岗位献真情，用心服务写忠诚。一片热忱打动人，对老干部真心帮。

（作者：房桂花。此文刊登于 2016 年 3 月 9 日山西新闻网，2016 年 6 月 3 日黄河新闻网，2016 年《丁香文化》第 2 期）

老有所为

——记襄汾县曹文敏丰富的退休人生

曹文敏于 1940 年 3 月生在襄汾县南辛店乡新民村，18 岁参加工作，兢兢业业为党为民耕耘达 42 年之久，花甲之年从县文联主席的岗位上退下来之后，又兼任了襄汾县老年学学会副会长、县关工委顾问等职，还担任县卫生局、县人民医院、县工商银行等单位的行风监督员，至今已操劳了 16 个春秋，他说：“今后，对于这条路还将执著地走下去，直至生命的最后一息。”

学习先进　宣传先进，为社会增添正能量

曹文敏退休后，他发现襄汾县为了家乡早日走上富裕道路而奉献余热的退休先进人物

很多，他就经常到各地进行采访，熬夜写了60多人、200多篇次的约40多万字纪实文章。比如，他写了一篇《德贵老》，说王德贵16岁就入了党，参加了革命工作，曾任三县县委书记，能干、能说又能写，享有“文化书记”的美名。家乡修复塔儿山宝塔时，王德贵号召、组织在外工作人为修复工作捐款几十万元。写了王德贵对家乡襄汾县经济社会发展很为关注，只要是襄汾县的事，有请必到，对襄汾在外地工作人员关心支持家乡建设起了很好的带头作用。

他写了曾在襄汾县任过县委书记的陈建民《走下政坛后》，陈建民致力于老年学的学习与研究，写出过数10篇优秀的学术论文和调查报告，荣获山西省老年学学会首届“双先”表彰大会先进个人奖。特别是陈老一篇《走出来的健康》论文，在全国、临汾市、襄汾县老年人中产生了巨大影响，也是人们效仿榜样。他采访写出了《老农业专家不老的红枣情》，叙写60年代毕业于山西农学院园艺系大学生，原科委副主任、副研究员退了休的郭兴家同志，亲手培育了3亩杂交优种枣树，建成良种枣树示范园，每年都有成百上千人前来参观、学习、引种，他从不收分文报酬，只为播撒农业科技火种，帮助农民育枣致富，受到广泛赞誉。他写出并发表了襄汾县陶寺乡敬老院院长李光荣的《悠悠敬老情》。李光荣55岁任院长，20多年、近30年他把一个乡级敬老院办成了全国模范敬老院，他本人亦荣膺全国模范敬老院院长称号。

原卫生局副局长刘学智，退休后，从2002年2月开始，他把北贾村100余名60岁以上的老人们组织起来，把自己的院子，自己的2层小楼作为“夕阳红”活动中心的活动场所，他以《放声高唱夕阳红》为题，刊登在《老友报》《临汾广播电视报》上，对农村老年文化生活起到了积极的推广和示范作用。他还写出发表了《长者风范》《杨老荫山印象记》《我的挚友李士昌》《“牛夫妇”漫漫淘书路》《痴迷根雕觅乐趣》《闪光的足迹》《襄汾编纂村党史第一人》《痴心创建文化村》《爱心托起夕阳红》《百姓的贴心专家》等等。

他是孝子　宣传孝子　为传承孝而呼喊

曹文敏本人就是一个大孝子，他从“给老妈找贴身伴儿”“常给老妈讲天下大事”“带着老妈上鼓楼”“给老妈唱‘世上只有妈妈好’庆妈90寿诞”“推着老妈散步斗蛐蛐”等方面逗妈乐。他的事迹被山西电视台录制成专题节目，在2004年大年初一的“欢度春节”特别节目中播放，社会反响强烈，群众赞不绝口，称他是“当代‘老莱子’”。襄汾县民政局原局长乔福生，1998年他母亲因脑动脉硬化患了老年精神病，狂躁、失眠、幻听、幻觉、恐惧，只能依靠镇静药控制。自2002年他退休以来，10多年悉心服侍“糊涂老妈”。曹文敏以《大孝无言》为题，写出了一个真实而动人的故事，在《临汾日报》宣传。引起社会上很多人的同情和赞扬。曹文敏退休后不愿赋闲，便把讲“孝”作为己任，自编一套“孝道经”，到学校，去农村，谁家有给老人过寿或子女结婚时，他有请必到。10多年中讲过500多场。为此，他被誉为“襄汾讲孝第一人”。2010年1月16日临汾电视台一套，在“百姓故事”栏目中播放。2009年8月，他荣登中国文明网“孝老爱亲”好人榜；临汾市首届十大道德模范提名奖。2016年4月18日，为了弘扬孝文化，李志学、吴永贤、曹文敏等人又组建了一个“孝子分享会”。其中还有乔福生、刘学智、杨水旺、刘春澍等23人谈了孝老事迹并签了名。

老学会中　调查研究　写好论文传播知识

曹文敏（左一）参加庆祝中国老年学学会成立二十周年迎接2007亚太地区老年学大会合影

曹文敏从县文联主席的岗位上退下来之后，担任了襄汾县老年学学会常务副会长。他积极认真搞老年人现状、问题和需求的调查，写出过许多有份量的论文，被收录在国、省、市的文集里。1999年《从盘道村老年协会发挥的作用看建立农村老年组织的必要性》在全国老年青岛会分组论坛指定发言。《关于县级老年学学会开展学术研讨活动的思考》一文于2000年在山西运城老年学大会发言获一等奖。《提高农村老年人生活与生命质量应做好十项工作》一文，于2001年在桂林会分组发言。他还写出过《重视发挥德高望重老年人在农村小康建设中的作用》一文，2003年在大同会上发言，荣获一等奖。他还曾写出过《创建和谐家庭之我见》《试论和谐家庭标准》《笔耕晚年奉献老龄》《提升老年人幸福指数的重要平台》《简论长寿文化》《用文化滋润 让夕阳生辉》《弘扬传统文化 营造孝老氛围》等24篇有价值的论文（约10万字）。曹文敏自退休以来，担任襄汾县老年学学会常务副会长、三晋文化研究会副会长特约研究员、襄汾老促会理事、山西省老年学学会理事、临汾市老年学学会常务理事、襄汾县关工委顾问、襄汾县“五老宣讲团”成员、卫生局、县医院、工商银行行风监督员10多项社会活动，项项都搞的很好。他曾荣获首届临汾市道德楷模提名、2008年12月入选“中国好人榜‘孝老亲爱’”、2009年8月获临汾市老有所为先进个人、两次襄汾优秀党员、襄汾关工委先进工作者。他退休15年出了《袖珍院笔札》《袖珍院情缘》《龙乡陶寺》《老八路冯作楫》《景观文化，汾城古十六景》《景观文化，襄陵古十景》《点亮人生演讲录》《传统文化的精华与社会热点》等9本书。还参加了襄汾县志的编纂工作。为宣传传统文化精华与社会热点宣讲100多场（听众达3.5万人次）。曹文敏有不老的人生，不减的激情。他常用诗而自勉：

半生呐喊走风尘，乌纱于我若浮云。

余年尚有动嘴力，矢志为党吐清音。

（作者：王稳锁　房桂花　杨丽娟。此文刊登于2016年《山西老年》第7期，2016年5月17日黄河新闻网；2016年6月24日《临汾日报》）

正能量的传播者

——点赞襄汾县退休干部房桂花

自从2012年4月，我被任命为襄汾县委组织部副部长、老干部局局长后，就开始关注、关心、服务全县200位离休干部和3701名退休干部的“老有所养、老有所医、老有所教、老有所学、老有所为、老有所乐”等六老事宜。房桂花同志的积极活跃与丰硕成就，引起了我的关注，令人赞叹、令人羡慕、令人鼓舞！我要点赞！

为党学习　为民写作

2016年3月，襄汾县文联退休干部房桂花同志又出版了一本《辣椒红了》新书，这是她退休21年来出版的第24本书。

房桂花在学习

《辣椒红了》这本书，主要包括四个部分。第一部分是《辣椒红了》长篇小说。该小说，刻划的是山西省农业大学蔬菜系毕业生龙梅和周涛，两位青年不仅考取了香汾县村官，并自愿到香汾县后山乡后进的古新村当村官。把在校所学的专业知识和当地的辣椒种植技术、土壤、气候、水利条件相结合，帮助村民脱贫致富，走共同富裕的道路。并且带动本村后进青年变为先进，成为古新村生产一线的主力军。书中还塑造了退休干部龙继祖（龙梅的爸爸）和王静雅（龙梅的妈妈），也自愿来到古新村帮助农民筹资、修路、打井、看病……帮助农民早点过上幸福日子的故事。《辣椒红了》是一部充满正能量的长篇小说。已经在晋江文学网、黄河新闻网、山西省老干部局网和襄汾县老干部局网上连载，襄汾县老干部局网已经连载完毕。第二部分是“纪实文学”。主要叙写出了襄汾县不同职业的退休干部，在经济战线、社会稳定、文化建设中所作出的骄人成绩。比如李志学、刘淑宽等优秀人物的先进事迹，已刊登在《山西文学》《山西日报》《临汾日报》及其他报刊、网站。提高了他们的知名度，为襄汾县的宣传工作、老干部工作增光添彩。促使更多的人学习先进、宣传先进、为社会传播正能量。争取在襄汾县早日实现“转型跨越迈大步，进军中部百强县”宏伟目标中，发挥自已的光和热。第三部分是房桂花读过35本书的“读书感悟”。书是人类进步的阶梯，尤其是经过历史检验过的世界名著和中国古典名著及近年受奖作品。学习经典、钻研经典、取其精华，不断充实自己，让自己的人生更精彩。第四部分是8位作者为房桂花出书的点赞。

房桂花多次到农村、进工厂、入学校采访，写作、发表襄汾各行各业的先进人物文章，为社会增添正能量。如96岁的离休教师邱文选老先生，离休后致力于晋国史的研究，并出版了《史坛耕耘集》三部，在海内外、高级知识分子中都享有很高的声誉。房桂花以《离而不休　探寻晋史》为题发表在《老人世界》《交流》杂志和山西老干部局网，对广大离退休干部在老有所为方面起到很大激励作用。

退休干部成永太、武玉兰夫妇经过千辛万苦出版一本《书香丁陶》，房桂花以《十年漫漫集书路》为题，发表在《山西日报》《临汾日报》、山西老干部局网上，彰显退休干部老有所为的事迹，引导、鼓舞退休干部从不同方面发挥潜力，服务社会。

退休干部刘淑宽是襄汾老年合唱团团长，带领百余名团员，把合唱团原来县上重大节庆中节目选不上，到现在能独立组织一场大型晚会。房桂花以《年逾古稀的老年合唱团团长》为题，发表在《山西日报》《山西老年》《临汾日报》、山西省老干部局网、黄河新闻网等几个报刊、网站。

她曾写出过：《皓首翰墨香》《老有所为剪纸忙》《书画奇才王殿奎》《让襄汾民歌荡漾在丁陶大地的上空》《文化功臣》《莫道桑榆晚为霞尚满天》《草根书法家》《一生绘画梦》《刘润恩的圆梦路》等500余篇歌颂老年人的文章，让人羡慕、感动。

退休近21年来，房桂花在《报告文学》《中国商报》《老人世界》《中国医药报》《山西文学》《山西日报》《晋阳文艺》《山西电视报》、人民网、山西老干部局网、黄河新闻网、晋江文学网等30余家报刊网站发表小说、散文、诗词、报告文学等3000余篇。已出版：《群星灿烂》《桂花小说选》《桂花纪实文学选》《桂花散文选》《辣椒红了》等24本书（计420多万字）。所写《情系城建 为民造福》一文，荣获2006年中国报告文学学会、《报告文学》杂志社联合举办的“先锋杯”大赛一等奖；所写散文《母女情深》，于2004年12月荣获《永恒的母爱》丛书二等奖；散文《衣裳》于2008年11月荣获临汾市老干部局举办的改革开放30年散文大赛“银奖”；2012年3月《保鲜爱情》一文荣获全国散文大赛三等奖，2012年5月荣获襄汾县委“文化强县建设突出贡献奖”；2013年3月《哑口无言》小说荣获首届“华文作家杂志社”全国中短篇小说一等奖等30多个奖项。

2002年4月，北京燕图联文化发展部聘她为“特约作家”；2004年10月《报告文学》杂志社聘她为“特约记者”。她还应邀参加了襄汾县关工委、老促会、老年学学会、司法监督、山西省第一批离退休干部网络宣传员、襄汾县老干部局通讯组组长、汾城镇智囊团等十余项社会活动。她说：“在展示阳光心态、体验美好生活、畅谈发展变化，为党和人民的事业增添正能量中，深深体会到自己的生活更有幸福感。我要为党学习，为民写作，创作激情才能永恒。”

学新知识　播正能量

2015年9月21日至24日，我局推荐房桂花同志参加了“全省离退休干部网宣员骨干培训班”。她说：“我深深感到这是一种鼓励和荣幸，同时也是一种压力和责任。在骨干培训班上，我学到了‘信息宣传稿件及编辑技能’、‘网络宣传相关要求’、听了‘准确把握老干部工作两个宣传提纲内涵’、‘老干部运用互联网＋发挥正能量’、‘创造属于自己的互联网时代’等精彩讲解后，明确了网络宣传的目标、任务和工作思路，决心作一个网络宣传的示范者和带头人。讲好中国好故事、弘扬中国精神、传播中国好声音，为党的事业增添正能量。”

她撰写的《襄汾“五老”与孩子们》《情系下一代领头雁》发表后，参加关工委的“五老”（老干部、老战士、老专家、老教师、老模范）越来越多，襄汾县关工委的工作已是全市、全省的先进单位。她写出《合唱团的特殊团员》，并发表在《山西日报》《山西老年》《临汾日报》、山西老干部局网、黄河新闻网、晋江文学网等七八个报刊网站，参加老年合唱团的人也越来越多，合唱团已成为襄汾县一支重要的宣传力量。

她作为全省特邀网宣员参加了“第二期全省离退休干部网宣员培班”。学习归来，她把岳卫东副局长的讲话、省委老干部局副巡视员李树林对中办发〔2016〕3号文件专题学习辅导、山西老年大学专职副校长杨文生同志做的老干部工作两个《宣传提纲》专题学习辅导、山西省委党校王建军教授作的《加强对中国特色社会主义的宣传》专题辅导、参观彭真生平暨中共太原支部旧址纪念馆后向党庄严宣誓及有关先进人物的发言反复研读，一方面继续加强学习，领会辅导精神，另一方面积极采访了我县退休干部曹文敏等先进事迹，写出《老有所为的退休人生》《让植物人继父站起来》《年轻的老干部工作者》等几篇宣传正能量的文章，并发表在《山西日报》《山西广播电视报》、黄河新闻网等几个报刊网站，用真人、真事告诉人们什么是真、善、美，怎么做才能激励广大离退休干部为全面建成小康社会，实现“两个一百年”奋斗目标和中华民族伟大复兴的中国梦贡献自己的智慧和力量。

房桂花是一位学习、写作均很投入的人，比如说她看书、看报有过误车，写作时把馍蒸过时，像忘吃饭、不理人、听不见的事情经常发生。房桂花另一个学习特点是敢于向现代科技挑战。过去，因为写作，她辛辛苦苦写下稿子，三遍五遍修改，改一遍就得誊写一遍，年龄大了，非常吃力。后来，她一心想用电脑打字，既快又便于修改，转换出来就是方块字。2008 年冬天正好县老年大学“电脑班”组织离退休老干部学电脑，她就积极参加，认真学习，努力实习，基本掌握理论。房桂花学习精神顽强，遇到拦路虎，她就查资料或向文友学、向身边的儿女、孙子外孙学。现在已基本掌握了文字打印、版面设计、查阅资料、文章插图、邮箱发稿等基本技术。锲而不舍的学习态度，使她的知识随着时间的推移，天天、月月、年年在增加；她的文学作品也一年比一年发表得多。

房桂花表态：“作为一个山西省老干部局的网络宣传员，我就更应该给老干部局网站采访、写作出更多故事好、质量高的好作品。我要把现在当作新的起点，继续向先辈学习，向文学大师学习，向任何长于自己的人学习，多炼笔、多采访、多写作，不断提高自己的写作水平，苛求自己写出的作品，尽量使社会效益性、趣味可读性、艺术技巧性融为一体。向更新的目标去奋争！向更新的高度去攀登!”

团结文友　共同进步

有不少同志向我反映，房桂花虽然是位女同志，为人处事却很仗义，有一种男子汉的气慨。比如说：她为文友实现出书梦。出书在文学圈里逐渐兴盛，但是发表文章少的出不成书，文章多的又因文人囊中羞涩出不起书，她就为文友们搭起一个亮相展艺的平台。她理解文友们的心愿，和文友合作出书有《汾水浪花》《百花盛开》《激情岁月》《当代丁陶诗词荟萃》《丁陶散文集锦》。凡是出过书的人都知道，出版书是一件非常耗时、费力、校对麻烦、筹措印刷资金难的系列工程。然而，这事却让一位家务繁重、社会活动多、年逾古稀的房老太太做成了。而且她出的书全部赠送给人，从不收一分钱，还说：“我出书目的很明确：就是为了宣传襄汾各行各业先进人物的先进事迹，如果再向受赠者收钱，那不是一个每月国家发工资养着的退休干部的所为。”此事，众文友们很受感动。她还鼓励退休干部老有所为，她帮助、鼓励过赵玉莲、吉德顺、张振昌、乔福生、张耀华、李金城、李善保、尉建华、张满喜、李彦、郭继昌、张满喜、高兰生、段玉龙、刘良弼等许同志撰写文章、发表文章、结集出书，充实自己的生活，做个对社会有用的人。很多人说她是文人中的楷模、大家学习的榜样。她具体帮助修改稿件、发表文章、联合出书的文友就有十几位。

房桂花有和谐的合作精神。尊重文友、平等与文友合作。我留心过她出的书，凡是合作的书，她都把别人的名子写到第一主编位置上；不论有多少篇文章，她的文章总是放在全书的最后边。所以与她合作过的人，不但合作共事中，有困难、有麻烦、需求人等等闹不下矛盾，而且越处越好，都亲切地尊称她是："房大姐"。

文友或文友爱人有病她就去看望，她看望过邱文选、孟文慧、曹文敏、段培武及他爱人孙启云、张登荣爱人屈彩霞、张耀华爱人陈秋芳、关旺子父亲、李金城等等；文友有事到家找她，她总是舍得把好吃的、好喝的拿出来让你吃喝。文友邱文选、孟文惠庆贺钻石婚；吴创基、张秋生、段培武、张振昌、邓学功、卢升基、曲富家、马玉胜、李金城、梁自兴、孙效法、杨水旺等文友古稀寿诞，她都前去祝贺。张振昌、邓学功、段玉龙、邱文选去世她都前去吊唁。文友们就把她当成是自己家里的大姐。她出版了新书或文友出版了新书，她还到临汾给襄汾籍文友王德贵、王宝臣、杨荫山、陈建民等送书；给她故乡在临汾的"老乡会"，太原、北京的同学朋友捎书，从不嫌麻烦。

房桂花说："老年人事情也不少，我是这样安排的：早晨5点前起床，洗漱完毕，我先把早上熬粥要用的大小米、豆子、枣、核桃洗干净放在锅中泡上；把早饭要吃的菜洗好放在案板上，前后不过一刻钟。接着我打开电脑开始写作两个小时；又到厨房打开煤气灶熬米汤，顺便把菜切好，等全家人都起来洗漱完毕，我的菜也炒好，早饭也上了桌，吃完早餐该上班的上班、该上学的上学，我收拾完碗筷，开始墩地抹桌子，什么都完事，也不影响我外出开会和采访。下午晚上是学习接待时间。"

房桂花表示："今后，我更要眼见点赞不骄傲、耳闻掌声不轻飘，时刻保持一个清醒的头脑，一如既往的要求自己活到老、学到老，采访到老，宣传到老！就像习近平总书记对我们广大老干部希望的那样：我们要珍惜光荣历史、永葆政治本色，继续以身作则，弘扬党的光荣传统和优良作风，继续为实现'两个一百年'奋斗目标、实现中华民族伟大复兴的中国梦作出积极贡献！"

啊！这就是房桂花多彩多姿、丰富绚丽的退休生活，还能够平均每年出一本书的保障和秘密。我衷心地希望房桂花同志健康长寿，再写出更加精美的、宣传正能量的文学作品，奉献给我们的中华盛世。

（作者：王稳锁。此文刊登于2016年6月6日黄河新闻网）

书香播文明　传递正能量

——退休教师刘春澍读书交流会侧记

近日，襄汾县老干部局的会议厅内，缕缕书香给炎炎盛暑送来了丝丝惬意，退休教师刘春澍读书交流会正有序地进行着。

本届读书会是由老松树文化社牵头，由县委老干部局、县关工委、县文联、县三晋文化研究会、县诗联协会协办，有关人员共40余人出席了会议。

主讲人刘春澍系中学高级教师，从教51年，全家有五代人从教，他的家庭是少有的教育世家。今天，他讲的题目是《话本的盛行及其中国古典小说的发展》。他的演讲思路清晰、知识面广、旁征博引、动人心弦，给全体与会人员奉献了一道香甜美味的文化大餐。他不仅把中国古典小说发展的五个阶段讲述得淋漓尽致，而且有详有略，把重点放在了“话本”上，讲到高潮处，台下不时爆发出阵阵热烈的掌声。

刘春澍讲罢，陆续由县文联原主席曹文敏，中国戏剧家协会临汾分会原副主席刘浩，县教育局教研室原主任、高中组原组长陈兴无，老松树文化社社长贾学平等进行了点赞评析。

从贾学平的发言中得知：在此之前，刘春澍已在老松树文化社进行过四届讲座，分别是：2012 年举办了《梆腔蒲韵戏曲乡》的讲座，之后，该讲稿又作为学术论文，在临汾市汇编的《根祖文化新探》发表；2013 年举办了《释疑解惑析红楼》的讲座，由于反映良好，又应邀在县三晋文化研究会举办的第 7 次文化沙龙上再次作了精彩的演讲；2014 年，举办了《纪念三晋戏研拓荒者刘鉴三诞辰 100 周年》的活动，为此，《蒲剧艺术》编辑部还出版了《专辑》；2015 年，举办了《评鬼析狐话聊斋》的讲座，对蒲松龄的《聊斋志异》进行了分析和探讨。

刘春澍的讲座举办得如此之好，有人不禁要问：其中的原因何在？朱熹诗云：问渠那得清如许，为有源头活水来；俗话说：要知今古事，须读五车书。在这里，我们似乎就可以推断先生是一位饱读诗书的大儒吧？为了一探究竟，于是，我们驱车参观了先生的书房。

进入先生的书房，天哪！我们一行人都惊呆了：他的三个书室，陈列着经、史、子、集 8000 多册图书，且分类明确、摆放有序；第一室：名著、剧本、工具书；第二室：政史、文学、综艺；第三室：戏剧、书法、绘画。在第二室中，还有一些线装古善本，如：《御批医宗金鉴》《饮冰室文集》《文心雕龙》《诗品》《古本金瓶梅》等，皆为藏书中之精品。

在第二室里，我们还看到国家、省、市、县四级政府给刘春澍先生颁发的两摞荣誉证书，数了一下，共计 60 余枚，这些，乃是先生智慧与汗水的结晶。多年来，先生在全国各级报纸杂志发表诗词歌赋、散文、小说、剧本、论文、楹联、小品计 2000 余篇（首）；著有《刘鉴三文集》《溯往镜》《梨园长歌行》《新春联》《临汾景观文化汾城古十六景》等。可谓“著作等身、名副其实”啊！

习近平总书记说：“我最大的爱好是读书，我们应该把读书当成是一种生活态度和一种工作责任。”刘春澍先生尽管年逾古稀，但仍然致力于习读经典、举办讲座，把不少原先在麻将桌边消磨时光的老年朋友都吸引到了文化社中来，一起为社会主义精神文明建设而发挥余热。他坦言，只要他一息尚存，就要把读书交流会一直举办下去。明年，他将举办《词的鉴赏》的讲座。最后，让我们相约 2017，再次聆听先生的讲座；并祝愿先生笔耕不辍、书香四溢、青春永驻、余热生辉……

（作者：王稳锁　房桂花　杨丽娟。此文刊登于 2016 年 7 月 27 日山西老干部工作网，2016 年 8 月 12 日山西新闻网，2016 年 8 月 12 日黄河新闻网，2016 年 8 月 4 日《临汾日报》，2016 年 8 月 12 日襄汾政府网）

襄汾县书画进校园作品巡回展纪实

金秋送爽，翰墨飘香。在这美好的时节，中共襄汾县委老干部局、县教科局、县老年书画家协会、县缘梦园文化传媒有限公司联合举办的“纪念中国共产党诞辰95周年暨红军长征胜利80周年书画进校园作品巡回展”活动，于10月19日、10月20日、11月3日分别在大邓乡上西梁小学、景毛中心小学和城关第一小学隆重举行。

开幕式由各校校长主持。参加的单位领导有：中共襄汾县委老干部局副局长张治文，县教科局副局长高金虎，县老年书画家协会主席王金虎、常务副主席秘书长李连生，副主席冯秋仓、关中和，副秘书长王春发，县缘梦园文化传媒有限公司总经理刘好管及各校师生共计5000余人。

开幕式在欢快优雅的音乐声中拉开序幕。县委老干部局副局长张治文首先致辞。他对举办这次书画进校园作品巡回展表示热烈祝贺，对县教科局的重视与支持表示诚挚的谢意。他指出开展这次活动的意义在于继承和发扬革命光荣传统，歌颂党的丰功伟绩，弘扬工农红军不畏艰险，不怕牺牲和勇于胜利的长征精神，以此推动我县“书画进校园”工作的顺利开展。

县老年书画家协会王金虎对这次活动做了具体介绍。他说，中国书画艺术博大精深，源远流长，如今已成为世界艺术，更是中华民族文化的瑰宝。写好中国字，做好中国人已成为当今时代对我们的要求。举办这次活动就是让全体师生近距离感受书画艺术的魅力，激发师生热爱书画的热情，使“汉”字在传统文化乃至世界文化中光辉灿烂，更加闪亮。

县教科局副局长高金虎指出，近年来党和国家高度重视中华民族优秀文化的继承和发展，明确提出了书画进校园、进课堂、进家庭。这充分说明书法学习一定要从青少年抓起。作为教育部门必须高度重视和大力支持，充分发挥县老年书画家协会“大手拉小手”作用，并积极投入到这一行动中来。这是时代赋予我们的历史使命，也是我们义不容辞的责任，应当一代一代地继承和传播下去。

阵阵热烈的掌声，张张欢乐的笑脸，充盈着开幕式。

走进展览大厅，160余幅书画作品高悬厅内，墨香扑鼻。有楷书、行书、隶书、篆书、草书，风格多样，体类齐全，笔意清新，体正势圆。绘画作品丰富多彩，韵味盎然。老年作品充分展示着老一代老有所爱，老有所学，老有所乐，乐中求为的精神风貌和艺术风采。师生作品充满活力，独有趣味，洋溢着灿烂浪漫的思想情感和大胆新奇的想象力，表现出对未来的向往和对党对祖国的无比热爱。

在参观展览的同时，笔会互动交流在大厅内如火如荼地进行着。老年朋友，挥毫泼墨，尽情书写，师生们积极参予互动，在执笔姿势、运笔技巧和用墨方法等方面相互进行了切磋和交流，给师生们留下了深刻印象。

书展期间，中共襄汾县委组织部副部长、老干部局局长王稳锁，县教科局局长郭志方，景毛乡党委书记刘东明、乡长樊国琴都亲临现场，参观指导，还特意参观了景毛中心小学举办的少年文化宫。刘东明书记即兴挥笔写下了毛泽东七律诗长征书法佳作，博得大家阵阵掌声。

这次巡回展虽然时间短，但效应明显，影响非凡。主要体现在以下三个方面：

一是这次巡回展是贯彻落实全国“两会”精神，大力推动书画进校园进程的具体行动，充分展示了老年朋友“翰墨丹青抒情怀，绚丽夕阳更出彩”的精神风貌，同时也抒发凝聚着我们老一代和新一代热爱党、热爱祖国、热爱中华民族文化的高尚情操。

二是这次巡回展主旋律响亮，正能量强劲，传播了时代强音。以纪念建党95周年和长征胜利80周年为主题，歌颂了党的丰功伟绩和长征胜利的伟大意义，教育下一代“把长征精神传下去”。这就是党的希望，国家的前途，人民的期盼。从而深化了导向性，增强了趣味性，体现了艺术性，突出了展示性，是一次丰富多彩的实践活动。

三是这次巡回展继承和传播了中华民族优秀的传统书画艺术，构建了美丽和谐的文化气息，营造了书香古韵满校园的浓浓氛围，体现了老一代对下一代的殷殷关爱，为传播正能量，践行社会主义核心价值观，实现中华民族伟大复兴的中国梦发挥其艺术和教育功能。

书道养根，翰墨育人。书画进校园是时代的需求，历史的呼唤，任重而道远。让我们携起手来，为践行时代赋予我们“关爱下一代就是关心祖国的未来”这一历史使命而努力奋斗吧！

（作者：李连生　杨丽娟。此文刊登于2016年11月15日《老友导报》，2016年11月2日山西新闻网，2016年11月1日黄河新闻网，2016年11月2日襄汾政府网）

第三节　理论调研及其他文章

在社会主义市场经济体制下必须加强对老干部的领导

老干部工作是党的整个干部工作的重要组成部分，是关系到干部队伍的新老交替与合作，促进政治稳定、经济发展的一项重要工作。当前，面临建设社会主义市场经济体制的大潮，老干部工作必须适应新情况，探索新路子。本文就新形势下如何加强对老干部工作的领导作些研究和探讨。

一是加强离退休干部的学习，提高他们的社会主义市场经济理论水平。建立和完善社会主义市场经济，是一个长期发展的过程，是一项艰巨复杂的社会系统工程，涉及到我国经济基础和上层建筑的许多方面。从计划经济到市场经济是一场深刻的社会变革，将引起人们的思想方式、行为规范、价值观念等的重大转变。在这场深刻的社会变革中，需要每个同志做出认真而又严肃的回答。离退休以后接触实际和系统学习的机会减少了，一时难以适应市场经济的需要。加强对老干部工作的领导，其实质就是要管好用好老干部，使他们老有所养、老有所为、老有所学、老有所乐。因此，各级党委要把组织老干部学习摆在突出位置来抓。当前，不仅要抓紧政治理论的学习，而且要抓紧经济知识、科学文化、经营管理等学习，更重要的是学好十四大精神。通过组织学习，把老同志的思想统一到建设有中国持色的社会主义理论和党的基本路线上来，切实有效地发挥老干部的作用。

二是加强对老干部服务和参与经济建设的组织协调，形成重视发挥老干部作用的群体意识。在社会主义市场经济体制下，加强对老干部的领导，关键是要摆正老干部工作与经济建设的关系，确立“老干部是潜在的生产力”的观念，采取各种有效措施大力开发，使他们的聪明才智尽快转化为现实生产力。组织老干部围绕经济建设发挥作用，尤其是发挥老干部的经验、技术、信息优势，因地制宜地兴办经济实体，是新时期老干部工作的一项内容。

三是加强对老干部的服务工作，为组织老干部在经济建设中发挥作用创造条件。在社会主义市场经济体制下，加强对老干部工作的领导，必须认真研究离退休干部在参加社会经济活动中遇到的新情况、新问题，从而采取有效手段，提供各种服务。在这方面，各级党委应抓好以下几方面的工作。1. 制定优惠政策，为老干部办实体提供方便。2. 坚持从本地区本部门实际出发，积极拓宽离退休干部在经济建设中发挥作用的渠道。3. 坚持实事求是，实行分类指导，区别对待，多形式、多层次、多渠道地提供服务。并要对做出突出贡献的同志给予重奖。

（作者：马庙来。此文刊登于 1994 年 4 月 20 日《临汾日报》）

三集中　使两项活动扎实有序
借东风　把两个待遇落到实处

——襄汾县委老干部局工作汇报

我们襄汾县共有离退休干部 1783 人，其中离休干部 603 人，离退休老干部党员 598 人。老干部党支部 20 个，党小组 7 个。

去年以来，我局根据省、地老干部工作的安排部署，在县委、县政府及有关部门的支持和配合下，集中时间，集中精力，集中人员，扎实有序地开展了第五届百日活动和新老干部心连心活动。在活动中，结合我县实际，采取得力措施，解决了老干部“两费”清理工作中原来留有的尾巴；解决了老干部特需费、活动经费不足的问题；建立起了老干部生活待遇落实责任制。通过这些重点、难点问题的解决，推动了全县老干部工作的开展。我们的主要做法是：

一、集中优势兵力，扎实有序地开展第五届“百日活动”

第五届“百日活动”的三个重点内容，就是我们工作的重中之重，也是我县老干部工作的难点问题。在百日活动中“两费”拖欠工作，从全县来讲是个“尾巴”，但对于个别老干部来说却是至关重要的大事情。“尾巴”割不掉，将会伤透老干部的心，给全县各项工作造成负面影响。

为此，县委站在讲政治的高度重视百日活动的开展。成立了第五届百日活动领导组，落实“两费”工作督查组，制定出县级领导分口分系统责任制。县委书记段克己主持召开了常委扩大会，专题研究第五届百日活动工作；分管老干部工作的县委副书记范荣发同志，召开了专题汇报会；县委组织部和我局联合向各乡（镇），县直各部、委、局、办，各大企业100余个单位下发了《关于开展第五届百日活动的通知》；印发了“清欠摸底表”，工作人员分头到有关单位一一核实，填好表让老干部过目后，方为有效，做到不漏一人、不缺一项，底子清，情况明。为了使全县老干部工作中的主要问题真正落到实处，我们还采取了三点措施：

一是借全县换届调整干部之机，坚持老干部工作一票否决制。过去，我县清欠“两费”的难点在个别亏损严重的企业。如县工业局下属的少数企业，包括老干部在内的所有干部职工长期发不了工资。尽管我局的同志跑断了腿、磨破了嘴，但企业和主管部门之间踢皮球，互相推诿，长期得不到解决。针对这个难题，我县借这次换届调整干部之机，实行老干部工作一票否决制，没有老干部局的认可，干部提拔一律“冻结”。县委组织部部长李燕丰同志说：“存在拖欠老干部生活待遇问题的单位，干部提拔坚决不予考虑；任职后，出现新的拖欠问题，立即免职，不讲情面，不留余地。”县文化局副局长张友良同志拟提拔为局党支部书记，因文化局离休干部王孝先还有1500元，未得到解决，组织部当即中断了考察。第二天，文化局领导拿着有王孝先签字的清欠单，报县委老干部局认可后，考察才继续进行。县工业局下属铁矿矿长周荣发拟提为工业局副局长，组织部部委会也已通过，当了解到工业局还欠离休干部梁福4000余元工资后，部委会当即撤销了原决定。老干部工作一票否决制的实行，不仅提高了老干部局在全县的地位和威信，更重要的是为落实老干部“两个待遇”提供了强有力的组织保障，深受全县老干部的好评。

二是采取一借（就是单位借款清欠）、二贷（单位以银行贷款清欠）、三顶（就是以实物顶欠）、四卖（就是单位变卖财产清欠）、五清（就是清理财务手续）、六收（就是收回承包、租赁费用于清欠）、七补（就是财政、劳动保险所拿出一部分资金，对特困企业老干部的遗留问题予以补助解决）的办法解决老干部的生活待遇问题。

三是在3月12日老干部工作例会日上，召开了有县委领导、组织、纪检、人事、劳动、财政、卫生等部门负责同志参加的第五届百日活动和心连心活动汇报、总结、评比会议，由以上同志和各乡镇、各单位参会同志，当场汇报，当场投票选出10名老干部工作先进个人，3个老干部工作先进单位，3个百日活动和心连心活动单项奖。拟在全县组织工作会议上予以表彰奖励，从而保证了“百日活动”和“心连心活动”既绚丽多彩，又扎实有序，不走过程。

通过采取以上强有力的措施，基本上解决了原来留下的“尾巴”“死角”。全县在1997年8—9月份清欠447990元的基础上，又查漏补缺清欠286500元；并拟在近日把1947年参加工作的24名企业离休干部的工资全部转由财政发放；从1998年起每年由县财政为老干部追加15000元的特需费和活动经费。

在解决热点、难点问题的同时，我们还在“百日活动”中组织举办了丰富多彩的“夕阳红”歌舞表演、迎春杯象棋赛等活动。春节期间组织老干部观看了20余场电影、戏曲和歌舞晚会；正月十五，县委、县政府邀请20余名老干部登上观礼台，观看了文艺会演；当日晚上，又邀请老干部在新县委大院参加了焰火晚会。春节前后，还投资3万余元为办公室、阅文室、球艺室、棋艺室购置、增添了新设备。

二、扎实有序的百日活动，把心连心活动推向新高潮

“新老干部心连心”活动的开展为第五届百日活动的开展起到了感情铺路的作用。同时，百日活动的开展，又把心连心活动推向新高潮，两项活动相得益彰。

“新老干部心连心”活动开展以来，我县成立了活动领导组，建立了活动档案，并制定出活动的内容、方法和步骤，取得了阶段性成果。全县新老干部互相尊重、互相支持、互相理解、互相关心，形成了融洽、和谐的新气氛。老干部积极为全县经济建设出谋出力，共出席县上咨询、研究会议20多次，提合理化建议160多条。在全县公路“三化”建设、“二变四”战略的实施、“两整两讲”活动的开展等重大工作中，直接或间接创经济效益2000多万元。县委、县政府以及有关各部门也积极为老干部办好事、办实事90多件，清欠“两费”1244671元，给15名1946年参加工作的企业离休干部转了财政，并在活动中谱写出一篇篇动人的凯歌。

1. 县委书记与老干部结对子传为佳话。

县委书记段克己同志与郭绍斌结成对子后，经常到郭绍斌家中了解情况，并向他征求对县委工作的意见。当了解到郭绍斌种植灵芝后，亲自为郭绍斌搜集这方面的技术资料送到家中。郭绍斌就全县实施“二变四”战略等重大决策向段书记提出了很好的建议。县委副书记范荣发与老干部李天民结成对子后，对李天民同志常年组织中老年人进行舞蹈培训，给予了赞扬并在场地、设备等方面给予了支持。李天民同志在落实老干部生活待遇，基层党组织建设等方面向范荣发同志提出了很好的建议。

2. 乡（镇）长为老干部盖房御冬寒，部局长为老干部借钱度年关。古城镇镇长乔铁柱与老干部薛闷结成对子后，了解到薛老干了一辈子工作，居然没有房子住，他就同薛老所在单位水利局联系，共同筹措3万元为薛闷同志建了5间新房。物资局局长杨水旺同志与下属木材公司（特困企业）老干部曹积文结成对子后，年终慰问时，除带上县上筹措的1500元外，还把自己的500元亲自送到曹积文家中，感动得曹积文泣不成声。

3. 老模范激出了新典型。粮食局是我县老干部工作的老先进单位。局长张月喜同志，长期坚持召开老干部工作会，每季度向老干部通报一次工作；重阳节、“七一”、春节都召开“新老干部心连心”座谈会。在粮局企业出现严重亏损的情况下，没有出现拖欠老干部“两费”的现象。局长张月喜说“心连心不能只做表面文章，不能掺假，我们有困难，但绝不能亏老干部。”农机公司是过去拖欠两费较严重的企业，年轻的经理任跃辉去年走马上任，在参加了几次老干部工作会议之后，提高了对老干部工作的认识，不甘落后，力争上游，在公司经济极为困难、在职人员只发50%工资的情况下，全额发放老干部工资，解决老干部医疗费用。并且根据有关文件精神，解决了历年拖欠老干部调资缺额15415元。贾立信等6位老干部激动地敲锣打鼓、燃放鞭炮，除为我局送来一块“全心全意为离休干部服务”的大匾外，还为公司送去一块“离休干部的温暖之家”大匾。并且表示，今后公司有用得着他们的地方，他们决不推辞，而且不要一分钱的报酬。

三、开展两项活动，极大地调动了全县老干部“余热兴县”的积极性

通过开展第五届百日活动和心连心活动，融洽了新老干部之间的关系，沟通了新老干部之间的感情，解决了我县老干部工作中的热点、难点问题，极大地调动了全县老干部积极参与县上的重大活动，为全县经济建设、社会发展献计、出力的积极性。我们在开展两项活动的同时，还利用广播、电视、图片展、报刊、各种会议等宣传媒体，大力宣传老干部的模范事迹，为老干部发挥余热营造良好的社会氛围。在晋国史专家邱文选、邓庄镇老年福利社等一批老典型的带动下，又涌现了一批新的模范个人和先进群体。

粮局干部尉建华离休后，受聘为县工会顾问，他创办了法律服务站，积极为企业离退休干部和职工排忧解难，经他个人调解的案件就有100余起。被全国总工会评为“全国工会系统劳动争议处理先进工作者”。

原副县长亢思聪离休后，被襄汾二中聘为社区教育委员会主任，他多次深入学校调查研究，积极工作，使社会教育、学校教育、家庭教育三者有机地结合起来，深受广大师生的好评。去年被省关工委授予“关心下一代标兵”。

卫生局干部郭成家离休后，被景毛乡聘为乡党校副校长，他坚持定期上党课，为农村基层党组织建设和党员的思想政治工作注入了活力。他还应邀到县直18个单位讲课，辅导青年干部搞好新闻写作，他编写的《怎样搞好新闻写作》一书，深受广大青年干部的欢迎。

老干部义务物价监督站成立一年多来，健全了机构，完善了制度，每月5日、6日组织检查。去年他们在5个单位、一条街中主抓了服务态度、明码标价、货真价实无假冒伪劣商品3项工作，维护了广大消费者的利益。

老年体协、舞蹈协会，在老干部李天民、李本植等的带领下，常年开展活动，活跃了县城的文体活动。去年组织了太极拳、太极剑、迪斯科、韵律操、交谊舞等表演活动，还与襄汾纺织厂进行了交流表演，在景毛乡陈郭村新办的农民文化活动中心举办了舞蹈培训班。在他们的带领下，县城上千人投入了全民健身活动的晨练中。

“夕阳红”宣传队，自编自演，歌颂我县的好人好事，每逢重大节日都登台表演。去年，他们还深入农村、机关演出了十余场次，受到全县人民的赞扬。

四、在开展两项活动的同时，部门建设进一步加强

为使老干部工作正常化、规范化、制度化、科学化，我们始终坚持四项制度不放松。一是县级党政领导参加离休干部活动日制度。每月15日为老干部活动日，县级主要领导轮流参加，通报工作、听取意见、解决问题。二是逢单月12日，召开全县老干部协理员会议。三是每周一全局工作人员例会制度。主要总结上周工作，安排本周工作。四是局领导分片包乡（镇）制度。

除此之外，我们还详细制定了岗位目标责任制、奖励制度、考勤制度、学习制度、廉政建设制度、车辆管理制度、处理来信来访制度等。使每项工作分解到人头，做到年初建账、年中查账、年底交账。我们还在全局开展了“四个一”活动，即对来访的老干部做到细致耐心、热情周到，问一声好，让一个座，倒一杯水，说一句再见。能办的事情马上就办，决不推诿扯皮。从而，规范了个人行为，加强了组织纪律性，使各项工作循序渐进，有条不紊，保证了老干部各项工作的顺利开展和圆满完成。

1998年3月12日

（作者：张治文。临汾市委老干部局检查工作时的汇报）

襄汾县从根本上保证离休干部生活待遇落实

襄汾县是革命老区之一，全县有离休干部近500名。县委、县政府高度重视离休干部生活待遇的落实，以“三个代表”重要思想为指针，把建立和完善“三个保障”机制作为贯彻实践“三个代表”重要思想的具体体现，县委书记徐树荣、县长陈玉士亲自管，分管副书记杨志威亲手抓，老干部局、财政局、卫生局等单位具体实施。在财政极其紧张的情况下，他们克服困难，建立起行之有效的离休干部离休费保障机制、医药费保障机制和财政支持机制，从根本上保证了离休干部生活待遇的落实。

一是建立完善离休费保障机制。实行离休费全部由财政发放：行政单位和全额财政事业单位离休干部的离休费由财政按月足额发放；企业及自收自支事业单位离休干部的离休费全部转由财政发放；在财政遇到困难的情况下，优先保障离休干部离休费的发放。

二是建立医药费保障机制。去年以来，在县委、政府的领导支持下，襄汾县委老干部局对建立医药费保障机制进行了积极探索。局长聂水生、支部书记张满仓亲自带队考察了晋城市四县一区的医药费管理办法。接着又多次下基层相关单位进行调查研究；多次召开老干部座谈会，倾听意见；及时地向县领导汇报有关情况。在充分掌握第一手材料的基础上，徐树荣书记、陈玉士县长召开由老干部局、财政局、卫生局负责同志参加的专题会议，研究制定了襄汾县离休干部医药费保障机制，并以政府文件发至全县贯彻执行。保障机制的主要内容是：成立由组织部、老干部局、财政局、卫生局等单位参加的离休干部医药费报销领导组；从2001年1月起，全县行政、事业及企业单位离休干部的医药费全部由财政包干，实报实销；离休干部凭医疗手册定点医疗，定点医院由老干部本人自主选择；县公医办每半年审核报销一次；由老干部局负责定期收缴医药费票据，发放报销款。具体时间为每年的1月、7月的前5天收缴医药费票据；1月、7月的25日以后报销兑现。在上述规定时间内，县城居住的离休干部到老干部局报销；乡村居住的老干部由乡镇老干部协理员负责办理报销。2001年报销兑现总金额130余万元。此外，保障机制还对转院、用药以及定点医疗机构的服务等作出了明确规定。

三是建立财政支持机制。在解决离休干部“两费”问题的过程中，襄汾县按照中办发61号文件的要求，建立了财政支持机制，而且是一次性到位，不管是行政、事业，还是企业单位，离休干部“两费”全部由财政包干解决。同时，所有企业及自收自支事业单位离休干部的护理费、各项补贴等从2002年1月起也全部由财政发放。

“三个保障”机制的实施，彻底消除了离休干部的后顾之忧，他们对党和政府的关怀感到无比欣慰，纷纷表示要积极发挥余热，为全县两个文明建设做出新的贡献。

（作者：聂水生、张治文。此文刊登于2002年《山西老干部工作》第2期）

发挥“德高望重”老年人在农村小康建设中的作用

——襄汾县五乡（镇）十村老年活动调查启示录

山西《老友报》2000年4月23日一版刊登了这样一条消息：襄汾县南辛店村有个“老干部议事会”。2001年春季，因粮食部门在南辛店村的土地上建设大型粮库，国家给这个村支付了几十万元的土地补偿费。村干部计划用这笔款为村小学兴建一栋高标准的教学楼，不足部分由社会集资解决。据此，村委召开村民小组代表会议征求意见，代表们一致认为：利用这笔款兴建教学楼是件好事，表示同意。但对此款能否保证用于兴建教学楼，有代表产生疑虑，并通过民主选举，选出了由9名在各个时期担任过村干部的老同志和在外工作离退休回村的老干部组成了“监理会”并形成决议：这笔款由“乡管村用老干部鉴定”。达到了乡领导、村干部和村民“三满意”。聚焦热点问题的解决，村委会领导受到启发。为了加强村民对村委权力的制约和监督，亦为了扩大村民有序的政治参与，他们决定建立一个能够对干部进行经常的、长期的、有效地监督的群众组织。于是，在建校监理会的基础上经过对个别人员的调整，南辛店村老干部议事会便应运而生了。从此，“议事会”的老人们，经常深入群众，走访村民，通过多种渠道、多种方式了解社情民意，及时向村委会反映民声民愿，两年时间提出重大建议30多项，多数建议得到了采纳，使“老干部议事会”成了村里名副其实的“参谋部”“村政协”和村民的“代言人”。

看罢《老友报》刊登的这条消息，笔者对南辛店村委重视发挥老干部作用以及颇有创意的“老干部议事会”产生了浓厚的兴趣。为此，深入该村进行了认真地调查。

从调查得知，这个村“老干部议事会”的9名成员大都是新中国成立以后在土改、合作化、改革开放等各个时期担任过村、乡、县领导干部的，他们具有三大特有优势：政治优势、阅历优势和情感优势。对党、对社会主义、对中国特色社会主义理论和“三个代表”重要思想衷心拥护，自然地能够弘扬爱国主义、集体主义和社会主义的强劲旋律；丰富的阅历和正反两方面的经验教训，又能够使他们在谏言献策时考虑得比较全面；特有的情感优势，又使他们出主意想办法处理问题，能够兼顾个人、集体和国家利益。还有一个更为突出的特点，这就是9名“老干部议事会”的成员，大都德高望重，群众基础好，人缘广，口碑佳，在干群心目中“有位置”，提出的意见既能反映群众意愿，又使干部们感到诚服，易于接受，譬如老干部议事会的会长董天龙，曾任襄汾县统计局局长多年，职称是高级统计师，由于职业的长期熏陶，加上他非常重视个人道德品质修养，养成了他自己“不会说假话，亦反对别人说假话；在策略上，既敢讲真话，又会讲真话”的鲜明个性。离休后回村居住，并被推举为“老干部议事会”的会长。村干部对他很崇敬，村民们对他很拥戴，再加上他在议政过程中坚持“帮助不越位、帮忙不添乱、议政不代政、商讨不强迫”的原则，做到了既为民代言，又为集体所谋，很受干部群众欢迎。

我国是个历史悠久的文明古国，中华民族是有着优良传统的古老民族，受儒家文化的长期熏陶，大多数人都把追求“德高望重”作为人生的目标，特别是到晚年希冀落个“德高望重”的好名声，不仅在城市即使在广大农村都有一批群众公认的德高望重的老人，可以把这部分人称作“德高望重老人族”。重视和发挥“德高望重老人族”在全国建设小康主会中的作用是一个不容忽视的问题。于是，笔者产生了应当尽快将“南辛店村老干部议事会”的经验推向全市全省与全国各地的想法。全面建设小康社会农村是大头，因此必须首先重视发挥“德高望重”老年人在农村小康建设中的作用。

选定如何发挥“德高望重老年人在农村小康建设中的作用”这个课题后，笔者除在南辛店村调查外，还深入到本县南辛店乡的北贾村，襄陵镇的黄崖村、薛村，古城镇的盘道村、南焦彭村，邓庄镇的上靳村，永固乡的永固村、南五村、南董村等5个乡镇的10个村庄，从调查各村“老年协会”发挥的作用入手，发现每个村都有几个至十几个德高盟重的老年人在本村经济与社会发展中起到极大的推动与促进作用，而且这种作用是其他社会阶层人士绝不可替代的。

调查显示，农村德高望重老年人中，不仅仅有退下来的60岁以上的老干部，还有60岁以上的老科技工作者、老教育工作者、老医务工作者、老新闻宣传工作者、老文学艺术工作者、老复转军人军干等等。

“德高望重老人族”尽管每个人各具自己的特色，但都有着共同的特性，即德高望重。所谓德高，是指这部分老人道德品质高思想境界高；所谓望重，是指这部分老年人在当地干部群众中有名望有威信，可以说他们是当地的“名人”。因为他们之中的不少人，除道德品质高尚外，还各有各的技术专长，且用自己的专长为村民办了不少好事。村民们打心眼里敬佩他们。平日里百姓用“口碑”赞颂他们，祝寿时百姓给他们惠赐敬悬书有“德高望重”“德艺双馨”“耆英望重”等金字牌匾，以表敬重之意。

党的十六大报告指出：全面建设小康杜会，开创中国特色社会主义新局面，就是要在中国共产党的坚强领导下，发展社会主义市场经济、会主义民主政治和社会主义先进文化，不断促进社会主义物质文明、政治文明和精神文明的协调发展，推进中华民族的伟大复兴。

襄汾县“德高望重老人族”们，在关系全面小康建设中的物质文明、政治文明和精神文明协调发展中，充分施展个人专长，心为小康所想，情为小康所系，利为小康所谋，发挥出了很大的作用。

一、关注增加农民收入，在调整农村产业结构中起示范带动作用。县科委原副主任、高级农艺师郭兴家，退休后回到家乡——邓庄镇上靳村，当他看到农民收人增长缓慢的现状，就心急如焚，遂即产生通过调整产业结构，帮助农民增加收入的想法。几十年从事农业科技推广，他悟出一个道理：光靠口头宣传号召去指导农民调产是难以奏效的。于是，他决定搞个样板田，带着农民干，做出样板让农民看。他承包了二亩土地，并拿出自己多年积蓄的一万多元搞了个“优种枣树示范园”。他西到陕西，东到山东，行程5000多公里，尝尽了引种路上的酸甜苦辣，引进回50多个优质枣种，并充分发挥自己的专业所长，把他的“优种枣树示范园”搞得很是诱人，亩收入可达2000元。招来了四面八方的众多引种人。他不仅懂农业科技善果树嫁接，还非常勤劳，为给枣树施足农家肥，他经常挑着自家和邻居家的茅粪往地里送，村民视他为一家人。他还有一手推拿治病的绝活，经常为村民义务治病。他品质高尚、技术高超，在村民中形象很好。因此，他搞农技推广，引导农民调产效果极佳。

二、关注农村政治文明，对村乡干部权力运作起监督作用。笔者在农村调查显示，列在农民关注的首选热点问题是“加强对村乡干部权力的制约和监督”。“德高望重老人族”，是农村的名人贤士。名人自会产生名人效应。这些老人们特有的政治优势，使他们敢于监督又善于监督。他们经常提醒村乡干部要保持“两个务必”，做到“执政为民”，经常督促村乡干部及时发布政务信息，对村务财务及时向村民公布，并将村民的意见开诚布公地反馈给村乡干部，使问题得到及时解决，从而维护了村乡干部的形象。干部们也把这些老人视为他们的参谋，经常主动征求老人们的意见。

三、关注提高农村干部素质，为村乡干部健康成长鼓劲呐喊。为使党的基层组织成为贯彻“三个代表”重要思想的组织者、推动者和实践者，不断提高党的基层组织的凝聚力和战斗力，一个急待解决的重要问题是提高乡村两级干部的素质。德高望重的离退休干遂即担起此重任。县政府办公室原主任郭成家是个勤于学习、勤于思考、能写善讲，颇有宣传鼓动能力的优秀干部，他离休后经常到农村搞调研，在调查中他发现农村干部的民主素质、法律素质、政策素质、科技素质、心理素质等急待提高。于是，他便编写了一套很有针对性，专为提高农村干部素质的理论辅导讲稿 20 讲，15 万余字。从 1996 年至今，他已给乡、村两级干部讲理论课 120 余场，听讲人数达 5000 余人次。他讲课有一个突出的特点，即针对性和通俗性的统一，注重用群众语言讲理论，把深奥的理论口语化。为此，他平时特别注意收集群众的顺口溜、民歌、民谣等。比如，他在讲《党的干部要坚持为人民服务的宗旨》一课时，他运用了“群众先富我后富，我为群众服好务”；在讲农村干部应具备的心理素质时，他说：“脸要黑心要宽，坚持原则脚跟坚”“吃苦吃亏能吃气，老婆叨叨别吭气”。讲到这些话，会场常常爆发出热烈的掌声，加之他在从政期间言行一致，作风过硬，因此他的报告使人感到心悦诚服。

四、关注社会治安的治理，呼吁创造良好的法治环境。县农机局退休干部张锁柱，是个坚持 30 多年为党报党刊写稿的业余新闻工作者，退休回村后，他骑一辆旧自行车在全县范围内进行采访，老百姓称他是“骑自行车的记者”。他既撰写反映农村新变化的好人好事，也代民言写一些建议和批评性稿件。比如他发现一些农村社会治安状况堪令民忧，就在一篇文稿中这样写道：“现在决定中国社会幸福不幸福的因素已经不是吃穿这些物质层面的东西，而是精神生活；有了委屈，遭遇了不公正，找不到说理的地方，找不到撑腰的地方，这是我国老百姓的最大苦恼，最大的不幸，它给老百姓的幸福打了一半折扣”。是啊，改革开放 20 多年，老百姓得到了数不清的实惠，倘若他们的精神压力再降下来，有着 5000 年文明历史的地大物博的中国该是怎样一块乐土！他还把我国社会文明进步的过程比喻成进入天堂的道路，现在只剩一道障碍，这道障碍就是法治环境。因此，他大声疾呼，政府要为老百姓创造一个良好的法治环境。张锁柱老人替民说话为民进言，产生了相得益彰的效应，既进一步提高了他在人民群众中的威望，又激发了他矢志捉笔为民代言的不懈热情。

五、关注农村思想道德建设，在培育下一代健康成长中起重要作用。全面实现小康目标，需要贯彻“依法治国与依德治国”相结合的方针，需要建立与社会主义市场经济相适应，与社会主义法制规律相协调，与中华民族传统美德相承接的社会主义思想道德体系。从农村调查获悉，“德高望重的老人族”呼唤加大贯彻实施《公民道德建设实施纲要》的力度，呼唤以诚信为重点，加强社会公德、职业道德和家庭美德教育，特别呼唤加强青少年的思想道德教育。在呼唤的同时，他们身体力行，用高尚道德的表率作用带动后代，用优良道德传统教育后代，言传加身教，播撒文明启迪后代。创造了多种教育形式去履行，去完成，去发挥自己应有的作用。比如，以老教育工作者为主体的关心下一代工作委员会，以老教师和老复转军干为主体组成的校外辅导员队伍。古城镇盘道村的老人还成立了“道德评议会”，弘扬真善美，抨击假丑恶，倡导文明新风，抵制腐朽思想对青少年的侵蚀。成为农村社会主义精神文明建设不容忽视的社会力量。

六、关注村风与家风建设，担负起民事纠纷调解员的角色。农村家庭内部与邻里之间的争吵斗殴时有发生，且“清官难断家务事”，每每遇到此类问题干部们感到很棘手，而此时德高望重的老人们出面调解，便可使双方息怒，由阴转晴，大都可化干戈为玉帛，重归于好。笔者所调查的几个村都建立了村级民调组织，且大都是由德高望重的老人们担任民调组织领导。一般纠纷由一二人去介入，重大的纠纷他们便发挥集体的威力，介入争斗双方，用法律和道德两种手段，合法合理合情地及时予以解决，避免了矛盾的激化，减少了上访事件的发生。

七、关心公益事业，倡导与带头为村民办实事办好事。国人固有“修路架桥积德行善”的遗训。长期受此国粹教育，德高望重的老人们，大都存有：人到晚年了，多积点德多行点善多给乡亲办点好事，留下美名传后世。又由于我国人民总体生活达到了小康水平，还有一部分人已经过上了宽裕型小康生活，离退休干部也因有良好的社会保障体系作保证，解除了后顾之忧，具备了为社会公益事业做奉献的物质条件。因此，他们近年来在捐资办学中，在铺路架桥中，在义务植树中，在扶困济贫中，在“希望工程”中等大都做出了力所能及的贡献。

八、关注“夕阳”们的自身利益，建立起了实行自我管理、自我服务、自我教育、自我保护的以老年协会为主要形式的老年群众组织。

经调查研究，笔者认为巩固和发展农村老年协会，不失为在全面建设小康社会中搞好农村老龄工作的一条重要途径。这是因为农村老年协会是一种不受行业、系统、党派限制的松散的群众组织，且其领导者又都是由老年人自己选出来的德高望重的老人。因此，在农村老年人中，比一般基层组织，更具有广泛性、代表性，甚至权威性。使他们成为乡、村党政部门贯彻党的方针政策的得力助手，成为农村老年人开展各种活动，实现“六个老有”的重要组织者。各级党政领导应当重视支持培育使其不断发展和完善。

（作者：孟精华　曹文敏。此文刊登于2003年《临汾月谈》第6期、7期合刊）

《山西老年》与我们夫妻的缘

说起《山西老年》来，还真和我们夫妻有“缘”。

我与丈夫结婚时，他是县委老干部局办公室的科员。之后几年的日子里，不管是下班，还是节假日，经常有老干部到家里找丈夫领取《山西老年》，我的家成了《山西老年》的一个发行点。时间长了，一些老干部总是无时无点地到家里来，我真有点烦，就埋怨丈夫："办公室里有几百本《山西老年》，可还是要一摞摞地搬回家，让老干部找到家里来，不嫌麻烦?"丈夫的脾气并不好，可在这件事上特别有耐心，他说："许多老干部不在城里住，来领不一定正赶的是上班时间，星期天来了，要让他们拿上。就是节假日休息了，他们顺便到城里来，也要让他们拿上。"他还不无幽默地对我嘀咕："不花钱给你订了本好杂志，也不说好好学习，还嫌麻烦!"丈夫是1984年学校毕业后就从事老干部工作的，《山西老年》从创刊开始，他是每本必读，后来还在《山西老年》发表过几篇小文章。

人讲"缘分"二字，也许和丈夫结婚就注定了我同《山西老年》的缘分。1990年的夏天，县委突然调丈夫到乡镇工作，那时老干部局的人手少，丈夫临走时把办公室的手续交了，唯独没有交《山西老年》发行室门的钥匙。他专门请求领导暂由我发行《山西老年》，理由当然是老干部熟、门路熟，方便。两年后，我正式调到了老干部活动中心，成了专职的《山西老年》发行员。我的家还是《山西老年》发行点，只不过发行的人变成了我，《山西老年》也可以说是陪伴我们全家走过了20个春秋。20年来，我的家中自然没有缺过《山西老年》杂志。我的大女儿今年17岁了，她在《山西老年》上学到了许多历史知识。调皮的二女儿今年12岁，每期《山西老年》来了，我和丈夫都要及时阅读"娱乐广场"这个栏目，不然就会被她考住。丈夫工作之余回到家中，《山西老年》是他最好的休闲杂志。那年，公公去世了，丈夫写了一篇题为《一棵苹果树》的散文怀念父亲。结果，该文在总第136期《山西老年》"难老泉声"栏目刊登了，使丈夫感受到了莫大慰藉。

如今，我做《山西老年》发行工作已经14个春秋，虽然人生没有许多个14年，虽然我仍是一名普通的发行员，但我却因《山西老年》获得了荣誉：1994年和1996年，中共山西省委老干部局授予我《山西老年》杂志"模范发行员"荣誉证书；1999年和2001年，中共山西省委老干部局授予我《山西老年》杂志"宣传发行员先进工作者"荣誉证书。我在不断读《山西老年》中成熟和成长，在不断读书的过程中，叹沧海桑田体味人生变化，悲气象万千感悟平淡是真。我的家庭也因有《山西老年》而文化氛围愈来愈浓。

《山西老年》，我伴你今生无悔，只因我们今生有缘!

（作者：马惠娟。此文刊登于2004年《山西老年》第8期）

积极探索　攻坚克难
不断规范离休干部医保机制

我们襄汾县是革命老区之一，现有离休干部346人。近年来，根据这些老同志大都已进入高龄、高发病期的实际，在县委、县政府的正确领导下，我们积极探索，勇于实践，逐步建立和健全离休干部医药费保障机制，且规范运行。较好地解决了全县离休干部的看病就医问题，我们的具体做法是：

积极探索，建立医药费保障机制

我县离休干部医药费保障大体分为三个阶段：第一阶段为2001年以前。那时，我县没有一个统一的管理办法，行政、事业单位离休干部医药费的报销分卫生局、财政局、教育局三块管理，企业离休干部仍由企业负责解决。此办法存在三个问题：一是一年解决一次，报销周期较长；二是解决问题不彻底；三是随着改革的深入，国有企业因种种原因大都效益不好，企业离休干部医药费难以做到按规定实报实销，医药费拖欠逐年增多。为此，全县离休干部曾怨声载道，不断上访。第二阶段为2001年1月至2002年11月。2001年1月根据中办61号文件精神和省、市有关部门的要求，针对我县的实际情况，时任县长陈玉士果断拍板，从县财政拿出200多万元清理了全县离休干部2001年底前的全部医药费拖欠。并责成有关部门深入研究，制定印发了《襄汾县公费医疗管理办法》，规定全县所有离休干部医药费由卫生局统一管理，离休干部凭离休证和医疗手册看病就医，所需经费由财政包干解决。这种办法实行一年多后，发现仍然存在管理不善、监督不力、操作性差等问题。出现了随意住院、大额票据、虚假票据等。2002年上半年，全县离休干部人均医药费支出达3000多元。尽管开支过大，老同志仍不满意。第三阶段为2002年12月至今。2002年12月，我局针对上述存在问题和县委书记陈玉士的要求，参考了晋城四县一市和吕梁三县的管理办法，在总结经验的基础上研究起草了《襄汾县离休干部医疗费管理办法》，并经县四大班子联席会议研究通过，以襄办发〔2002〕83号文件下发执行。主要内容是：从2003年1月1日起，在县委老干部局成立医疗保健办公室，确定由4名同志专门负责对全县离休干部医药费的管理；成立卫生所，方便老干部，尤其是慢性病人的就诊；县财政年初将医药费列入预算，超支年终增拨；住院费、门诊费分开管理。住院费按规定实报实销，每半年报销一次，门诊费按自愿原则，分类管理；每三年评选表彰一次健康老人。另外对离休干部住院、转院、用药以及医疗单位、人员的责任也作了明确规定。保障机制运行两年多来，离休干部人均年审核医药费支出3000余元，受到了全县离休干部的认可和好评。

我县现行的医药费保障机制与以前的管理办法相比有四个不同特点：一是管理的可操作性。离休干部住院前，有卫生所诊断书，有本人申请书；住院治疗中，医疗办工作人员跟踪服务，有情况说明；出院时，医院有回执。做到了事前、事中、事后都有跟踪监督和服务，有效地杜绝了随意住院、小病大治问题的发生。二是分类的科学性。住院费和门诊费虽同为医药费，但因发生的情况不同，分开管理，利于操作。门诊费，我们根据老干部的情况，分两类对待：慢性病患者，可在卫生所随时直接挂账就医；身体健康者，每月60元门诊费，按季度发放。离休干部可根据个人情况，自愿选择。这样既满足了老同志门诊要求，又杜绝了大额票据、虚假票据的发生。三是奖惩的激励性。保障机制有明确的奖惩制度，每三年评选表彰一次健康老人；对弄虚作假的医务人员及离休干部，一经发现从严处罚。这项制度出台以来，激起了老同志参与健身活动的热潮，他们根据各自的兴趣和爱好，积极参加各种形式的健身活动，既锻炼了身体，又促进了全县精神文明建设。其次，鞭策了医务人员，使之能按规定全心全意服务老干部。四是报销的时效性。我们规定，每年7月份报销上半年的住院费，1月份报销上年度下半年的住院费。门诊费按季度发放，每季度初老干部到医疗办公室领取，这样既能让老同志承受，又不存在拖欠问题。

加强管理，规范医药费保障机制

管理工作直接关系到医药费保障机制能否正常运转，在实际工作中，我们注意做好以下工作：

1. 协调关系，优质服务

首先，为了真正把县委、县政府对老干部的关怀落到实处，切实按管理办法的规定运行，2003年年初，在县委副书记杨志威的主持下，我局与县卫生局、县医院等相关部门召开了联席会议，会议就齐心协力，紧密配合，落实好管理办法进行了研究，并形成了会议纪要，对运行程序、各自的职责、医务人员的服务等进行了明确规定，有效地保证了管理办法各项规定的落实。同时我们把83号文件和会议纪要发送给每位离休干部，让他们明白各项规定，自觉按规定程序执行；其次，我们严格执行《离休干部医药费管理办法》规定的时间，取信于老干部。2003年1月初，在财政一时无法把第一季度门诊费划拨到位的情况下，我们不等不靠，多方筹措10万元，按时把门诊费发到老同志手中。这样较好地稳定了老干部，也维护了《离休干部医药费管理办法》的严肃性。第三，我们在严格规定的同时，也有一定的灵活性。如对一些急性病患者可先住院，后办手续。我们医疗办的工作人员在医院跟踪服务，及时帮助老干部及家属解决遇到的问题和困难；平时局里工作人员对来咨询或办理手续的老干部都热情服务，真诚对待；卫生所对那些行动不便的患者上门服务送医送药等。所有这些都体现了以人为本，优质服务的理念。

2. 严格把关，堵塞漏洞

①严把住院关。我局与县医院有关负责同志紧密配合，按照管理办法对住院的规定，对每一个要求住院的老干部都严格审查，认真登记。②严把票据审核关。根据《离休干部医药费管理办法》对报销凭证和用药的要求，认真审核，对不符合《离休干部医药费管理办法》要求的，一律不予报销。③严把程序关。对不符合规定程序的，一律不予办理报销事宜。

3. 规范手续，建立档案

在医疗办公室，我们建立了每位离休干部的病历档案，其每年一度的体检结果、住院情况、卫生所治疗情况、门诊费领取情况等都有案可查，有据可考。

与时俱进，创新医药费保障机制

2003年第一季度，在《离休干部医药费管理办法》执行之初，出现了一些新情况、新问题。一是少数慢性病患者认为门诊费不够用，不符合中央按规定实报实销的政策，有的甚至要上访告状。二是个别老同志小病大治。既领到了门诊费，又报销了住院费，无形中加重了县财政的负担。针对出现的新问题，我们不断总结创新，大胆提出在我局建立卫生所的设想，在县委陈书记和有关领导、有关部门的大力支持下，我县老干部卫生所于2003年4月初挂牌开张，并聘请县医院原业务副院长曹瑾大夫为坐班医生，全天候为老干部服务。为满足老同志看病需要，2005年，我们又扩修了卫生所。与此同时，在机制运行过程中，不断建立和完善了老同志慢性病的认定制度，住院、转院备案制度和老同志在卫生所住院治疗优惠制度等。在执行过程中，我们发现同一种疾病，在卫生所住院治疗只要少量医药费，如果在医院住院治疗则需两倍以上的医药费，可患者往往选择条件较好的医院治疗。针对这一问题，我们出台了老干部在卫生所住院，由本人或家属在处方上签字即可，不需垫付现金的优惠政策，吸引部分老干部自觉自愿地在卫生所住院治疗。仅此一项，一年节约医疗资金15万～20万元。

我县《离休干部医药费管理办法》运行两年多来，我们深深体会到，建立离休干部医药费保障机制，一是领导重视是关键。医药费保障机制的建立涉及面广，牵涉卫生、财政、劳动、医院等部门，并需大量的人力、财力，这就需要领导协调各方面关系，并给予大力支持。我县在建立"三个机制"过程中，县委书记陈玉士多次亲自批示，多次与有关部门的领导共同研究。县长乔建军、组织部部长郭宏等领导更是经常过问，具体解决一些难题和阻力。正是由于各级领导的关心和支持，医药费保障机制才得以顺利建立和正常运行。二是健全制度是保证。医药费保障机制的运行，必须有一套统一严密、环环相扣的制度，来确保机制的正常运行。三是在运行中要及时调整和改进，做到与时俱进。如在医药费保障机制运行一段时间后，我们发现小病住院的问题，就及时建立了老干部卫生所，并对住院规定进行补充。还有每月60元门诊费，有些老干部不够用，我们就建立了慢性病患者治疗规定等。

（作者：张治文。此文刊登于2005年《山西老干部工作》第4期）

塔儿山走出"雷锋团"

从上世纪60年代起，一个士兵的名字被人们时刻铭记在心，他全心全意为人民服务的伟大精神影响着一代又一代人，他就是雷锋。雷锋牺牲后，为了纪念他，其所在的团被命名为"雷绛团"。这支人民军队在雷锋精神的感召下，为保卫人民和建设国家做了大量工作，成为中国人民解放军的骄傲。鲜为人知的是"雷锋团"的根在襄汾，他的前身正是"襄陵独立团"。

今年是"雷锋团"建团60周年。日前，记者来到襄汾，走近那些仍然健在的"雷锋团"老战士，共同回味那段光荣的历史。

一封特殊的邀请函

"雷锋团"来信了！

今年5月初，一封来自抚顺、雷锋生前所在团的信件寄到襄汾县马玉胜的手中。这件事一时间引起了很多人的关注。

66岁的马玉胜，是襄汾县老区建设促进会的常务理事长。多年来，一直致力于"雷锋团"的宣传，为"雷锋团"的前身"襄陵独立团"的历史进行了多方面的考证，整理了大量的资料。

信件是现任"雷锋团"副政治委员颜显宏寄来的。其后，颜副政委又向马玉胜打过几次电话，表示今年是"雷锋团"建团60周年，团里需要一些建团的资料，希望得到马玉胜的帮助。同时，邀请老马到抚顺参加纪念大会。马玉胜告诉记者，从接到信件起，他已经向"雷锋团"寄去了36份书本、图片、文字等宝贵资料。

老马从1995年就开始系统整理"雷锋团"的资料了。因为"雷锋团"的根在襄汾，襄汾及周边县市籍的战士有很多。1995年时，他为“雷锋团”的老战士张铁军写回忆录，一向认真踏实的马玉胜为此走了很多地方，问了很多人。通过了解，他对这段历史产生了深厚的感情，并一发不可收拾，几乎访遍了每一位健在的“雷锋团”老战士，用心记录下“雷锋团”所经历的一次次战役。

值得提起的是，“雷锋团”的第一任团长兼政委姚登山就是襄汾人。以其为代表，崔生子、吴广信、王立学、张铁军等数十人都在襄汾。

就在1997年的9月1日，襄汾离休干部复转军人张铁军、王立学接到所在部队——“雷锋团”建团50周年的邀请。如今的张铁军已年过80岁，语言表达有了障碍。79岁的王立学还清楚地记得，他们重返军营时，看到全国上下学习雷锋的热情有增无减，看到军队的装备在变，但部队长久以来的革命传统始终没有变，他们心里满是欢喜。也就是这次出行，当得知他们是“雷锋团”的战士时，身边的人无不投来羡慕的眼光，并提供给他们一切帮助。他们说，以前为了身经百战而骄傲，今后以雷锋的存在而光荣。

马玉胜看来，“雷锋团”就是一个精神富矿。在随后的日子里，他多次组织这些“雷锋团”的战士到学校、企业给大家讲这段历史，勉励大家努力工作，时刻将雷锋作为自己学习的榜样。

马玉胜将出席“雷锋团”建团60周年活动的事，也得到了当地政府的高度重视。如今，老马还在精心准备着，就要看到真正的“雷锋团”了，并且是以嘉宾的身份出席，他的心里激动万分。

一段珍贵的历史

“雷锋团”远在抚顺，但雷锋团的根却在襄汾。

抗日战争时期，姚登山领导下的塔儿山游击队就活动在襄汾一带，称襄陵县保安大队，是由地方武装和穷苦农民组织起来的，后改名为“襄陵独立团”。日本投降后，“襄陵独立团”划归太岳军区19分区45团，1947年9月1日正式改编为中国人民解放军62军185师554团。之后，在党的领导下，部队迅速投入到伟大的解放战争中，该团先后参加了徐向前指挥的临汾战役、晋中战役、太原战役。随后乘胜进军西北，参加了彭德怀指挥的歼灭叛匪扶眉战役，接着南下入川，参加了贺龙指挥的歼灭叛匪等战斗。

1950年8月又进军贵州，参加了邓小平、刘伯承领导的黔东南剿匪。1951年7月，一部分官兵参加了抗美援朝战役。“雷锋团”在解放战争中，共参加大小战斗49次，毙敌1602名，俘敌7729名，取得了辉煌的战绩。同时，448名优秀的指战员为国捐躯，王立学、崔生子等7名同志荣立大功或特等功，王立学、崔生子等7人作为英模代表还受到了毛泽东主席的接见。

1952年3月，554团经中央军委批示改编为工程兵十团。在社会主义建设时期，无论在石家庄、秦皇岛修建飞机场，还是在辽宁、黑龙江等地搞国防建设，他们都是高质量地完成各项施工任务，多次受到沈阳军区、中央军委的表彰。

张铁军、主立学对自己所在的团队怀有深厚的感情，在他们的回忆文稿或谈话中多次提到，他们的团队在上世纪60年代培养出了伟大的共产主义战士——雷锋。1960年初，雷锋加入到这支团队，在其两年零八个月短暂的军人生涯中，10个月时他就入了党，先后担任副班长、班长等职，荣立二等功一次、三等功两次，被选为抚顺市第四届人大代表，被誉为“毛主席的好战士”。

1962年8月，雷锋因公牺牲后，国防部命名雷锋生前所在的班为“雷锋班”，毛泽东题词“向雷锋同志学习”。其后，雷锋的名字家喻户晓，妇孺皆知；《雷锋日记》成为几代人印象最深的书籍。这影响一直持续到现在。

1990年10月，江泽民总书记在该团视察时，再次强调：一定要继续在全国开展学习雷锋活动。之后，中央军委命名该团为“雷锋团”。

一支从塔儿山走出的部队，为新中国的解放浴血奋战，为新中国的建设出力流汗，并培养出了优秀的共产主义战士雷锋，这是塔儿山的骄傲，是临汾人民的骄傲，也是全国人民的骄傲。

颜显宏副政委在信末郑重写道：“愿生养英雄部队的襄汾沃土经济腾飞；愿父母一样的襄汾人民生活富足，幸福安康！祝‘独立团’的老同志健康长寿！”

一生最大的遗憾

“雷锋团”的临汾籍官兵不少，但真正跟雷锋打过交道的人并不多。王立学就是其中的一位，他给记者讲述了一些先前没有听过的故事。

“雷锋给我的第一印象就是很活泼，他的表演很出色，很让人喜欢”，79岁的王立学一提到雷锋就很激动。1960年初，王立学任工程十团的军士教导连指导员（设在抚顺营口）。当时规定，所有的新兵必须到军营训练3个月，再分配入伍。这年初，训练结束后向老兵表演节目时，新参军的雷锋表演了两个节目，其中一个是和其他5人的集体“青年舞”。

王立学回忆说：“雷锋个不高，很瘦，也很活泼”。接下来，雷锋又表演了一段双人快板——“工程兵”。王立学坐在领导席的前排，对这个“感觉特别好”的新兵产生了浓厚的兴趣，心想：“让雷锋当个通讯员肯定不成问题”。于是，王立学立即找到军务股长（专门管分配新兵）陈士珠，陈当即表示：绝对没问题，该陈也是襄汾人，而且和王立学的私人关系很好。

可是，等新兵都分配完了，就是不见雷锋报到，王立学马上打电话询问，才得知部队考虑到雷锋参军前就会操作推土机，再说也不能直接进机关，于是雷锋被分到了运输连。

事过一年，1961年底，王立学到抚顺团部时才知道有叫雷锋的要做报告。因为对这个名字很熟悉，他就到望化区中学观看。王立学说，那是一个面向全团的报告，主题是忆苦思甜。听后，感觉雷锋讲得非常好，事情很震撼人，逻辑性很强，许多人深受感动，雷锋本人也是边讲边哭。

就此事，王立学“很佩服这个人”，但不信是他自己写的，就向宣传股的吴广信了解情况。结果，得知确是雷锋自己写的，就写在他的笔记本上，没有什么材料。

后来，关于雷锋的宣传就逐渐多了起来。从勤俭节约到干一行爱一行，再到给灾区捐款，做好事不记名，几乎每天的广播都有雷锋的内容。雷锋也逐渐成了全团、全军的学习模范。

后来，雷锋到王立学所在部队做报告，做了两场，场场爆满。当地的一些学校和企业知道后也邀请他去做报告。每次做报告，都由王立学陪着。

1962年，蒋介石反攻大陆，军区进入一级战备，在营口集训的许多新兵也要早早结束训练，立即归队。组织便派运输连到营口接新兵，雷锋就在其中。一次，王立学见雷锋正在保养车，就问雷锋能不能合个影，雷锋很爽快地答应了。

遗憾也就从此而来，王立学回忆，当时和雷锋合影是有限制的，在得到允许后，在场的一位班长也参与了进来。照相时，雷锋还专门露出自己的车牌号：丁 7·24·13。拍照后，雷锋要求给自己冲洗一张。

和雷锋的合影照片在当时也很是珍贵，连里的士兵争着想看一看，于是便传开了。等王立学闲下来再找这张合影时，已经不知去向。

更大的遗憾在于，在合影十多天后，已经升任营指导员的王立学得到了雷锋同志牺牲的消息。

这个遗憾让王立学对雷锋有了更加特殊的感情，无论在部队还是转业到地方，雷锋成了他永远的榜样，工作中时刻要求自己要大公无私，立场坚定，全心全意为人民服务。

不论什么时候王立学都不会忘记，自己是“雷锋团”的一员，这种情怀一直到今天。

（记者：梁新红、赵文家。此文刊登于 2007 年 8 月 28 日《临汾日报》）

提升老年人幸福指数的重要平台

——山西省襄汾县创建老年社团组织创办农村文化广场的调查

襄汾县位于中国华北地区山西省临汾盆地南端，是一个内陆县份。

襄汾县总面积 1034 平方公里。全县辖 13 个乡镇，348 个行政村，513 个自然村，人口 50 万，其中 60 岁以上老年人 6.54 万人，占总人口的 13%。

这个县地处黄河中游地带，历史悠久，文化底蕴深厚，是东方黄种人类的发祥地，是中国国家起源地，也是黄河文明的起源地。

县境东傍塔儿山、西靠姑射山，汾河自北向南从中部流过，“两山”夹一川，地势平坦肥沃，自然资源丰富，发展经济具有得天独厚的优势。改革开放后，特别是“十五”期间，工业上建立了焦化、冶炼、铸造、建材四大园区；农业上形成畜牧养殖、大棚蔬菜、农产品加工和红枣四大主导产业。经济快速发展，综合实力显著增强，已步入山西省经济“八强县”行列。2005 年，全县国民生产总值 65 亿元，财政收入突破 10 亿元。2006 年财政收入可达 12 亿元。2005 年，农民人均纯收入 4006 元；2006 年农民人均纯收入可达到 4200 元。人民总体生活实现了小康水平。

当人们不再为衣食住行而忧愁时，当人们口袋里的票子日渐鼓起来时，当广大农民从党和政府一系列惠农政策中得到的实惠愈来愈多时，当老年人的休闲时间与日俱增时，便愈来愈多地关注起自己的精神享受和文化生活。有迹象表明，老百姓真切地感受到文化空间的扩大所带来的诸多好处，老年人希冀过上安逸愉悦幸福的晚年生活的欲望也愈来愈加强烈。

为了满足广大老年人不断增长的物质和精神需求，为了发挥老年人在全面建设小康社会中的作用，使全县老年人都能做到“老有所养、老有所医、老有所学、老有所教、老有所为、老有所乐”，共享经济社会发展的成果，实现积极、健康、和谐老龄化。襄汾县委、县政府面对人口老龄化实际，把发展公益性文化事业作为保障老年人权益的主要途径，从组织建设、队伍建设和阵地建设入手，建立了覆盖全县老年人的公共文化服务体系。

一、县、乡（镇）、村三级老年社团组织网络基本形成

从调查了解看到，这个县的老年社团组织已成网络化。在县级老年社团组织中，有以组织老年人开展老年学术研究和发挥老年人作用为宗旨的县老年学学会、老区建设促进会、关心下一代工作委员会。

以组织老年人开展文艺和文学创作活动为宗旨的社团有：文坛老友联谊会、颉苑书画研究会、老年书画家协会、老干部合唱团、老年体协、老年舞协、老年模特队、老松树文化社。

在乡镇中，以发挥老年文艺人才作用为宗旨的乡镇文学社团有：襄陵镇的荷风学社、景毛乡的灵泉艺社、西贾乡的“七一”艺社、赵康镇的汾水书画社、新城镇的丁源艺社等。

全县348个行政村中，已有98个村建立了老年协会。在村老年协会的组织与领导下，根据各村实际，分别组建了“夕阳红”活动中心、老年锣鼓队、老年秧歌队、老年柔力球队、老年门球队、老年合唱队、老年书画协会、老年戏曲演唱队等。

二、老年活动阵地建设初具规模

襄汾县城由于地理位置和地理条件的限制，可供县城居民休闲娱乐的场所原先只有一个很小的广场，2003年县城扩建时，将东大街拓宽，拆迁了部分建筑，兴建了东、西福康广场，县城居民始有了休闲娱乐场地。但广场窄小，很不适应县城居民不断增长的文化娱乐需求。县委、县政府下决心改变这种与时代发展不相适应的滞后局面，从2006年3月18日动工，用了200多天的时间，建造了一个占地12万平方米，集历史人文景观、会展中心、图书馆、博物馆、科技馆、休闲公园、步行街、地下商场等设施于一体，可容纳3万人的主广场以及六个可容纳3000多人的特色广场、3个下沉式花园和购物中心，兼具文化、集会、科教、会展、商务、休闲、娱乐等多种功能的“丁陶文化公园”。在这个公园里，不仅修建了青少年活动中心，还特别有一个专供老年人文化娱乐活动的“老年活动中心”。

老龄社会，农村老年人口占80%以上。老年人的休闲时间与其他年龄段的人口相比要更多一些。然而，过去在绝大多数农村却缺少老年人休闲活动的场所。传统的中国北方农村男性老年农民的休闲方式是夏天找背荫处，冬天到朝阳处，或三五人或七八人，聚在一起，旧时是抽着旱烟聊天，如今是吸着纸烟侃大山，摆龙门阵，消磨时间，等待上“天堂”。女性老年大多则窝居庭院宅屋，邀几个同龄老姐妹，东家长西家短地拉家常、扯闲话，苦度风烛残年。不少农村老年人说：“夏日找荫凉，冬日撵太阳；吃了上顿等下顿，熬到天黑熬天明。生活没滋没味数天天，活上一年算一年。”改革开放后，特别是近年来，农村兴起了“麻将热”，四人一摊，相聚庭院或堂室，“垒长城”，论输赢，日以继夜，通宵达旦。长时间一个姿势坐到散摊，不少老年人患上“麻将综合症”，或腰痛腿疼，或罹患高血压、高血脂、高血糖。加之，麻将场里吸烟人多空气污浊，所以因热恋麻将而患上心血管疾病者日渐增多，猝死之老年人亦非鲜见。

襄汾县城建起文化体育广场，清晨许多老年人相聚在一起，跳舞、唱歌、打太极拳，农村人看了很羡慕，他们企盼享受城里人的生活，也能锻炼锻炼、娱乐娱乐，希望村里早日建起农民文体活动场所。县委、县政府察民情、解民忧，于2002年制定了《襄汾县文化体育事业2003—2006年近期发展目标和远景规划》，先后下达《关于进一步加强村文化体育事业的意见》《关于建设"百村文化体育广场"的实施意见》，要求各乡镇尽快落实。在资金上，采取"县财政拨一点、乡村集一点、企业出一点"的办法，从2005年夏季开始，用了一年多时间，全县有108个行政村，建起可供健身、娱乐的宽敞、整洁、优美的园林式文化体育广场。广场里，健身器材一应齐备，花卉青草溢香滴翠，洋溢着浓郁的现代气息，被农民称为"精神乐园"。如：新城镇官滩村的广场建在一片老枣树林下，枣树枝繁叶茂，蔽日遮荫，好似一个天然的大氧吧。在这里，能够呼吸到新鲜空气，享受到活动的欢乐，成为全村老年人休闲娱乐的最佳场所。遍布全县农村的文化体育广场，既有统一标准，又各具特色。有的村在广场周围或村中主要街巷的墙壁上刷制了文化墙，主要内容有：新农村标准、村规民约、八荣八耻、"老年乐"歌谣等，广场上大都设有宣传栏、阅报栏。有的村还建有舞台、文化室、图书室、电脑室等。如今，农村文化体育广场已成为襄汾县社会主义新农村建设的一道靓丽的景观。

三、老年休闲文化活动丰富多彩

由于在县城兴建了中心文化广场和"丁陶文化公园"，解决了县城居民的活动场所问题；又由于在全县大多数农村创建了老年协会、兴建了文化广场，这个县从县城到农村，广大老年人的休闲文化活动近年来开展得丰富多彩，极大地提升了老年人晚年生活的幸福指数。文化生活的一个显著特点是：已由以往的逢年过节闹一闹、平常时节静悄悄的节日文化，逐步发展到有组织、有场所、有队伍、有制度、有器材、有益身心健康的常年坚持活动的城乡小康文化。

如今，襄汾县从县城到农村，广大老年人的休闲文化生活开展得异常丰富多彩。

清晨，居住在县城的老年人，纷纷云集广场，伴着优美悦耳的音乐，或唱歌跳舞，或做操打拳，或步上"三跨桥"散步晨练。春、夏、秋、冬四季，常年坚持活动。

在农村，老人们效法城里的做法，走进文体广场，或在健身器材上运动，或在广场里弯腰曲腿、舒展筋络，或伸臂扩胸深呼吸，做着自己喜爱的体操活动。意识超前的农村老人，也讲起时尚，像城里人那样跳舞、唱歌、扭秧歌、打门球、要柔力球等。

下午，是农村老年人活动的黄金时段。他们走进广场，走进文化室，走进"夕阳红活动中心"，根据各自的爱好，有的下棋，有的打扑克，有的读书看报，有的自拉自唱、自编自演……神情专注，精神亢奋，尽情尽兴，其乐融融。

县城老年活动带动着乡村。襄汾县老年体协和老年舞协的百十名文艺骨干，还经常深入农村，辅导农村老年人开展各种形式的文体活动，手把手地教农村老年人跳舞、唱歌、玩柔力球。

由县城喜爱演唱的老年人组成的"老干部合唱团"，每逢节假日，便粉墨化妆，穿上演出服，或在广场演出，或走进大礼堂登台表演，内容多是配合中心工作自编自导自演的节目，既愉悦了身心，又起到了宣传和鼓舞人们的作用。

为活跃全县城乡文化活动，襄汾电视台还专门开办了一个《襄汾大戏台》的栏目，开展戏曲擂台赛，唱蒲剧、唱眉户、唱豫剧，演唱者又大都是老年戏迷。

愈来愈多的老年人投入了文艺与体育活动，给他们带来的好处是：愉悦身心，陶冶情操，消除疾病，增强体质。不少人反映，吃饭香了，睡眠好了，腰不痛了，腿不酸了。许多原来有病的老年人，拐杖丢了，药锅扔了，麻将弃了，身体棒了。如南辛店乡北许村的20多位老年男女，自发组织了一个老年柔力球队，每到规定的活动时间，他们就集聚在一起全身心投入舞耍，尽享返老还童之乐。他们说柔力球好似魔力球。“要起柔力球，忘掉一切愁，心里乐悠悠。”南辛店乡北贾村“夕阳红活动中心”，经常组织老年人学习科学养生知识，如今洪昭光教授讲的“合理饮食、适量运动、戒烟限酒、心理平衡”的“健康四基石”已被村里大多数老年人掌握。这个村的老年活动中心，还办了一个科学养生黑板报，现已出版了266期，期期有主题，期期有记载，有的老人误看一期，过后还要把误了的一期找出来补上。由于坚持学习科学养生知识，老人们懂得了：良好的药物代替不了良好的心理状态，肢体运动代替不了全身各部位的运动，体力劳动不能代替体育锻炼，蔬菜不能代替水果，各种饮料不能代替白开水，补药代替不了营养品，药补代替不了食补，玩麻将、跳舞，看似享受娱乐，但代替不了良好的睡眠，强度锻炼代替不了适度锻炼，上集赶会代替不了天天散步。健康知识的普及促使农村老年人走出了生活误区，参加老年协会组织的文体活动已成为老年人的新时尚。襄汾县文化底蕴深厚，文化老人比较多，一些乡镇创建的书画协会或艺社，给老年人展示才华提供了平台。这些协会或艺社，有章程，有阵地，有固定队伍，经常开展吟诗、绘画、泼墨习书和文艺创作活动，即配合了中心工作，又陶冶了老人们的情操。

文化对人们的精神有抚慰和激励作用，对社会矛盾有疏导和化解作用，对社会成员有亲和与凝聚作用。从从调查中我们得知，凡是经常参加文体活动的老年人，自身综合素质都有明显提高，家庭成员间关系融洽，人际交往圈扩大。在调查中，我们还听到有些村庄的老年协会与相邻村的老年协会，还不时开展村际文化交流活动，老人像走亲串友般地相互走动，开展文艺演出和体育比赛，增强村与村之间的友谊。在互动中求和谐，在和谐中谋共进，发展产生和谐，和谐促进发展。

老年社团组织的社会功能和作用表现在以下五个方面：

（一）健康科学生活的理论导向作用。襄汾县老年学会是2000年12月组建的，组建6年来，全体理事紧密联系中国人口老龄化实际，紧紧围绕老年人“六个老有”的课题，开展学术研讨活动，先后撰写了30多篇学术论文和调查报告。这些论文由于非常贴近生活，贴近实际、贴近百姓，且观点新颖，富有创新性乃至超前性，因此对开展老龄工作具有很强的指导性。譬如，他们撰写的《重视发挥德高望重老年人在农村小康建设中的作用》《倡导“利导思维”》，对老年人提出凡事要从好处着想，即使有1000个理由哭泣，也要找10000个理由微笑；患了病即使有百分之一的治愈可能，也要抱百分之百的希望去治。这些理念，对老年人心理健康起到了理论导向作用。

（二）协调和化解社会与家庭矛盾的调解作用。由于老年协会的领导成员，大都是回村的离退休干部或长期在农村工作的老干部、老党员、老教师，他们德高望重，在村里说话有人听，因此解决家庭成员之间的纠纷，有时甚至比村干部还起作用。譬如，有的村里成立了由老协会成员组成的民事调解小组、道德评议小组、村政议事小组等。由于他们社会经验丰富，处理问题公道，谁家里发生矛盾，由他们出面解决，就可以很快化干戈为玉帛，转怒脸为笑脸，变吵声为笑声。

（三）青少年健康成长的教育作用。县、乡、村关工委和村老年协会大都由老干部、老党员、老教师、老复转军人、老专家等“五老”组成。他们又大都经历了抗日战争、解放战争、土地改革、社会主义革命和建设、“文化大革命”和改革开放等重要时期，经历坎坷，阅历丰富，是宝贵的精神财富。他们经常深入家庭，深入学校，给青少年进行爱国主义和革命传统教育，使中华民族的传统美德代代相传。

（四）优秀传统文化的传承作用。老年人是智慧和经验的象征，是优秀传统文化的继承者和传播者，这些老年人是活档案，不能让他们的经历、经验、智慧和品德随着生命的结束而被遗忘。因此，抓紧老人们的有生之年，让他们撰写回忆文章，著书立说至关重要。襄汾县近年来由老促会、关工委、老松树文化社等组织牵头，先后编辑出版了《我们的离退休生活》《襄汾县革命老区》《襄汾文史资料晋商专辑》等 30 多本传承优秀传统文化的书。

薪火相传需要后继有人，特别是非物质文化遗产，譬如：被列为全国首批非物质文化遗产的陶寺雄狮登塔（俗称狮子上板凳），这是一枝民间文艺奇葩，由 15 层板凳相叠，高 9 米余，艺人身披狮装，边舞边攀，登上 9 米多高的板凳顶端，然后在顶端倒立书写有喜庆内容的文字条幅，在表演临近结束时自上而下徐徐垂落。观之惊险，而又优美动人。这种绝活，是一代又一代民间艺术家不断创新发展，又一代代传下来的，但老人们年事渐高，后继乏人，陶寺村 63 岁的老艺人李登山，现正培养新人。

（五）开展文体活动与维护老年人权益的组织作用。各村老年协会领导班子成员，由全村老年人民主选举产生，他们有一个共同特点，即德高望重。他们关心国家大事，热爱老年人公益事业，善于做思想工作，有较高的组织协调能力，因此他们成为开展农村文化活动的主要和骨干力量，在维护老年人权益，推动尊老、敬老、孝老、养老、乐老等方面起到了重要作用。

从襄汾县创办老年社团组织，开展老年休闲文化活动，我们可以看出：

建立老年社团组织非常必要。这是因为：（1）老年社团是老年人自身活动的组织者与自身权益的保护者；（2）有“挑旗”的人便有人参与，没有组织就难以开展活动；（3）唯有老年社团才能将不同的爱好者组织起来。

要办好老年社团组织，使其充分发挥作用，就必须加强领导，使其不断巩固与完善。襄汾经验昭示：（1）县、乡（镇）、村三级领导重视支持是关键；（2）要成熟一个建立一个，要讲实效，不能图虚名，挂个牌子就算成立；（3）老年社团组织的领导人要成梯队式，否则就会形成丧失一个“挑旗”人就会跨掉一个组织；（4）一定要有活动阵地和必要的活动经费；（5）要开展好活动，关健在于有一批热心老年事业，乐于奉献的老年骨干队伍。

（作者：陈建民　韩扶邦　曹文敏　张登荣。此文 2008 年 1 月收录入《临汾市老年学 2006—2007 论文选集》第六集）

襄汾县老年大学显活力

襄汾县老年大学现有学员 1150 人，设有时事政治、养生保健、文学写作、体育舞蹈、书法绘画、音乐戏剧、电脑培训等班。几年来，老年大学一班人坚持“增长知识，丰富生活，陶冶情操，服务社会”的办学宗旨，不断探索办学模式和发展之路，逐步走上了“统分结合，学为并举”的办学新路。

“统”：一是统一阵地建设。老年大学建筑面积近 500 平方米，有教室、会议室、阅览室、排练厅等，同时购置了电教设施和价值 10 万元的舞蹈音响设备，备齐了办公用品。二是统一制度建设。统一制定了入学制度、课堂制度、教师聘用制度、班级管理制度、班主任职责等；三是统一目标要求。

“分”：各个班级在“统”的前题下有充分的自主权，可自主设定教学计划，自主设定办法和活动内容等，并报学校备案。

统分结合、学为并举的实践，取得了可喜成绩。

书法绘画班。这个班通过聘请书画名家授课，定期举办论坛，组织学员参观展览，创办《老年书画通讯》，一月召开一次班级会议等方式方法组织学员学习。以上措施增长了学员的书画知识，提高了书画水平，激发了创作热情。去年参加全国老年书画展，6 名学员获奖，其中一等奖二名、二等奖一名、优秀奖三名。同时书画班积极服务社会，每逢重大节日都组织书画展，如举办了纪念红军长征 70 周年和抗战胜利 60 周年书画展，以及庆祝建党 86 周年书画展等，并成功召开了临汾市纪念老年书画研究会成立二十周年暨襄汾现场会。书画班在县委、县政府的支持下编辑出版了《襄汾县书画集》，收录了 350 余人的 400 多件书画作品。

体育舞蹈班。体育舞蹈班的课目有健身球、柔力球、操、扇、手绢、秧歌、太极拳（剑、刀）和门球、交谊舞等。先后举办了“交通杯”“环保杯”大型老年人运动会，多次组织参加了省、市太极剑、拳和门球、健身球、健身秧歌、乒乓球、象棋等比赛，取得了较好成绩。其中柔力球获全国大赛优胜奖、山西省比赛金奖。今年 8 月 8 日，在广场举办了“全国亿万老年人健步走向北京奥运会”的启动仪式和“山西老年人运动会襄汾比赛”开幕式。该班倡导全民健身，先后在全县各乡镇、村庄建立活动场所 180 多个，并经常抽派骨干学员下乡推广科学健身知识、展示健身项目，受教育群众达 3 万人。

文学写作班。这个班学员自定题目，自编讲稿，轮流任教。如今年，学员李善保讲了如何写诗歌，张秋生讲了如何写散文，张锁柱讲了如何写通讯报道，段培武讲了“结合实际学论语”等。该班还编印出书，对襄汾县发挥作用的典型老干部进行了采访，整理出版了《我们的离退休生活》一书，收录了 29 名离退休干部的先进事迹，在社会上引起较大反响。学员张振昌、房桂华编辑出版了《百花盛开》，书中收集了 58 个襄汾籍作者的 180 篇文章，县委副书记王建中为该书写了《老圃百花晚节香》的序语。马玉胜是这个班的班主任，写了《襄汾革命老区》一书，全书 20 余万字。

音乐戏剧班。学习内容多是教唱革命歌曲、民歌及戏曲，并成立了“金秋艺术团”，经常组织学员下乡演出。如组织学员到红辣椒乡镇——赵康镇演出了自编的“赵康辣椒红”等节目，受到当地群众好评。

电脑培训班。为使老干部掌握计算机应用技能，适应现代信息社会的要求，2008年7月开设了电脑培训班，9月份正式开课。

（作者：襄汾县委老干部局。此文刊登于2008年9月23日《临汾老年教育》）

利用现代科技手段　创新老干部服务管理模式

当前，我国现代科技高速发展，进入互联网时代，各方面建设快速发展，民生建设逐步改善，为做好老干部工作创造了良好条件，提供了广阔空间。同时，随着离休干部普遍进入高龄期和退休干部人数的快速增加，如何利用现代科技手段，创新老干部服务管理模式，推动离退休干部工作科学发展已成为老干部工作部门的一个新的课题，也是全社会面临的一个新的挑战。两年来，我局通过深入走访老干部，召开座谈会，上网查阅先进典型等形式，在利用现代信息网络技术等手段，创新老干部服务管理模式方面进行了一些有益的探索。

一、全县离退休干部基本情况

截至2013年年底，我县共有离退休老干部4134人，分布在全县13个乡镇及县直各单位。其中退休干部3973人，离休干部161人，县级离退休干部24人，党员1563人。2012年，根据省市《利用社区资源做好离退休干部服务管理工作》文件精神要求，掌握离退休干部生活状况，更好地落实政治上尊重、思想上关心、生活上照顾老干部的政策，我们开展了离退休干部社区“四就近”的调研工作。通过开展问卷调查、座谈、走访社区、家访等方式，对离退休干部在思想、生活、家庭以及享受社区服务等方面的情况进行了调查，基本摸清了离退休干部的生活状况，为推进我局离退休干部“四就近”工作打下坚实基础，也为建立离退休干部信息库打下良好基础。

二、利用现代科技手段，创新老干部服务管理模式的探索与尝试

2012年以来，我局利用科技手段，创新服务管理模式，主要是建立了老干部工作网站、信息库、手机短信平台、远程教育网络，全方位改进服务管理模式。这也是我局向省市推荐的创新项目。实施以来运行良好。

（一）建立老干部信息库。通过走访，对全县4000余名离退休干部进行信息采集。内容包括身体状况、兴趣爱好、子女情况、家庭住址、通讯电话等基本信息。通过信息库的建立，全县老干部的详细情况一目了然，从而为有的放矢地开展工作提供了有力保障。并为各办公室配备了工作电话，便于联系老干部。

（二）创建老干部手机短信平台。针对当前手机使用普及的状况，依托老干部信息库，创建手机短信群发平台，定期传送中央、省、市、县领导重要讲话精神和老干部工作会议精神，发送重大节日慰问信、活动信息以及灾害预警、卫生保健等关怀服务信息。手机短信平台的建立，极大地满足了老干部日常生活和学习的需要，加强了与老干部的联系，促进了老干部队伍的和谐稳定。

（三）开辟老干部工作网站。2013 年，利用互联网信息量大的优势，新建襄汾县委老干部局工作网站，网站设有动态新闻、工作公告、政策指南、老有所为、创作园地、健康向导等 12 个栏目。网站的建立为宣传党的路线方针政策，传达老干部工作信息，展示老干部精神风采，起到了积极作用。并建立与县政府网、省市老干部工作网及生活保健等相关网站的链接，为老干部和老干部工作者学习交流、开阔视野、联系社会开辟了新的窗口阵地。为更好地反映基层老干部动态，拓展网站信息来源，老干部局还组织成立了由离退休老干部组成的老干部工作通讯组。

（四）利用网络远程教育资源。我局与东方银龄远程教育学校合作，在老年大学开设远程教育课程，让老干部们就近就能享用到全国良好的教学资源。远程教育开通后，深受老干部欢迎，应老干部要求，老干部局新增了戏剧舞蹈、诗词楹联等科目内容，书画班、音乐班新增了课时。极大地提高了教学质量，提升了办学水平及老干部学习的积极性。

三、几点建议

经过近两年的实践，利用现代科技，创新服务管理模式运行方面仍存在一些问题和不足。

一是要进一步加强自身工作队伍建设。网站、信息库工作是一项政治性、政策性、专业技术性都很强的工作，从事这项工作的同志不仅要政治素质高、业务能力强，而且要有乐于吃苦、甘于奉献的服务精神。

二是要进一步加强组织领导。信息库工作不是简单地统计几个数字、录入几个人头的事情，我们要进一步提高对信息库工作重要性的认识，切实加大领导力度，把这项工作抓紧抓好，抓出成效。推进信息库工作持续、稳步、健康发展。使信息库真正成为老干部工作的数据库和参谋部。

三是要进一步加强网站的维护和更新。老干部工作网站建立起来后，当前和今后的重点任务是要进一步强化管理、定期维护、发挥作用，使每个栏目有新的内容，网站不断完善和更新。

四是要进一步加强远程教育。目前，我们已与东方银龄远程教育学校合作，在老年大学开设远程教育课程。今后课程要与当前老干部工作要求和老干部的实际需求相结合，使利用现代科技手段服务离退休干部工作在实践中不断创新，取得实效。

（作者：王稳锁。此文刊登于 2014 年《山西老干部工作》第 6 期，2014 年 5 月 27 日山西老干部工作网，2014 年 10 月 21 日《老友导报》）

襄汾县离退休干部发挥作用问题研究

牢固树立为党的事业增添正能量的价值取向，充分发挥广大老同志在推进伟大事业中的积极作用，是老干部工作的中心任务。广大离退休干部是党执政兴国的重要政治资源和全面建成小康社会的重要力量。组织引导老同志通过各种方式为党的事业增添正能量，是新形势下党的事业所需，老同志自身所愿，老干部工作职责所在。新形势下离退休干部如何为党的事业增添正能量，充分发挥离退休干部的作用，对于全面建成小康社会维护社会稳定和促进经济社会又好又快发展具有深远的意义。结合我县老干部工作情况，通过认真研究探索老干部工作的特点和规律，现就如何有效发挥离退休干部作用为党的事业增添正能量的问题，做一些粗浅探讨。

一、襄汾县离退休干部发挥作用情况

广大离退休干部在党的长期教育培养下，无比忠诚于党的事业，政治坚定，作风优良，经验丰富，是党和国家的宝贵财富，是经济建设、政治建设、文化建设和社会建设的一个重要支柱和一支重要力量。老干部在长期的革命和建设中积累了丰富的实践工作经验，具有渊博的专业知识，他们虽然到了老年，仍然关心着中国改革开放的前途命运，在全面建成小康社会的历史进程中，他们仍然起到了不可替代的作用。

截至2014年底，襄汾县共有离退休老干部4411人，分布在全县十三个乡镇及县直各单位。其中退休干部4255人，离休干部145人，县级离退休干部24人，党员1617人。在襄汾县委、县政府的正确领导下，经过多年的努力，襄汾县老干部生活待遇得到了很好的落实。他们在颐养天年，享受晚年美好生活的同时，仍然心系襄汾经济、社会发展事业，不断地为襄汾社会发展做奉献。襄汾县成立了关工委、老促会、老年书画家协会、老年学学会、老年体协、老松树文化社、老年合唱团、老年舞协、老年戏协等组织，全县有一大批离退休干部参与其中，对推动襄汾地方经济、社会事业的发展做出了很大的贡献。

襄汾三晋文化研究会现有理事900余名，80%为老干部。他们制定和实施了襄汾三晋文化研究的规划，全面深入地研究，编撰、整理、出版反映襄汾历史文化史学和学术研究成果的系列图书和资料。他们每月定期组织学术报告会、研讨会、座谈会、交流会。主动向广大群众进行丁陶文化的普及性宣传工作等。

襄汾县老年书画家协会，在退休干部柴聚才的带领下，已在各乡镇成立了分会，分会又分片成立了书社，目前，县老年书画家协会的会员已发展到600余人。襄汾县被省老年书画家协会命名为“老年书画之县”。

县老年体协，在全县设立了三个直属站，六个社区站，13个乡镇老年人体育分会，全县40%的村庄建立起了老年人体协组织。常年开展文体下乡活动，为活跃农村文化生活做出了积极贡献。

在各个领域也涌现出了一批领头人物。撰史著述的邱文选、省级非物质文化遗产传承人梁铁锁、鼓车申遗者贾德亮，市“五个一工程”奖获得者成永太。另外还有好多老干部致力于县志、单位志、乡镇、村志的编撰工作，如郭成家、陈玉广、乔福生、贾学平等等。文联退休干部房桂花是一位笔耕不辍的女性作家，现在已经编辑出版了14本书。

县老干部合唱团、老年戏协等涉老组织都是由德高望重的离退休干部牵头，他们用先进的文化知识、科学的健身方法、有益的文体活动占领老同志的思想阵地，有力推动了襄汾三个文明建设的开展。同时，以县城中心广场和丁陶广场等场地，组织老干部积极开展文化创建活动，宣传党的方针政策，弘扬社会先进文化，倡导健康向上的生活方式，为襄汾转型跨越迈大步、进军中部百强县赶超目标的早日实现做出了贡献。

二、存在的问题与原因

近年来，我县老干部积极参与经济社会各项事业的发展，为我县经济社会的科学发展和构建和谐社会做出了积极的贡献，取得了可喜的成就。但同时在组织和引导老干部发挥作用方面也还存在一些不足：

一是要加强思想认识。从离退休干部数量上看，全县现有离退休干部4000多人，而且每年递增，这支队伍十分庞大，力量不可低估。从个人素质上看，广大离退休干部具有政治、经验、威信、智力等多方面的优势，尤其是伴随着一批专业技术人员的陆续退休，离退休干部队伍力量不断强大。从老干部自身愿望上看，大部分离退休同志身体比较健康，精力比较旺盛，大多数老干部有继续为社会奉献余热的良好愿望。但少数部门和单位在职领导对老干部发挥作用的重要性认识不足，认为老同志年龄大了，发挥作用微不足道，还会带来健康等其他问题；还有的认为老干部离退休了，主要任务是休息，老了还忙活啥。

二是部分老干部受思想观念约束，缺乏发挥作用的主动性。在离退休干部中，少部分的人没有发挥作用的愿望。许多老干部认为自己工作忙碌了大半辈子，在职时尽心尽力做工作，退下来应该好好休息，保持身体健康、精神愉快是退休后的主要任务，缺少“老有所为”，积极投身到经济和社会建设主战场的愿望。老干部家庭的支持是最难得的，也是最有效的。但一些家庭亲属认为离退后应该养老，不应再到社会上服务，应该在家含饴弄孙，好好“安享晚年”。这些观念制约和影响着老干部发挥作用。

三是组织引导老干部发挥作用要加强力度。由于缺少有效的组织形式和社会引导，导致了老干部人才资源的浪费和闲置，目前离退休干部大多数只是在本行业、本系统内零星发挥一些作用。有的单位在关心支持老干部发挥作用方面，仅仅停留在嘴上，没有落实到行动上，老干部发挥作用所需要房屋场地、器材设备、书报杂志、经费开支等方面支持力度不大，使老干部发挥作用的愿望和条件受到限制。

三、对策与建议

十八大报告中提出了“全面做好离退休干部工作”的要求，出台了一些这方面的政策，充分体现了党和政府对新时期老干部工作的高度重视，为我们做好新时期的老干部工作指明了方向。下面，我就离退休干部如何为党的事业增添正能量谈以下几点浅显的建议：

一是加强舆论宣传，营造离退休干部发挥作用的氛围。

通过新闻媒体广泛宣传老干部工作政策，让广大干部、群众了解老干部工作，充分认识老干部工作的重要性；大力宣扬老干部的丰功伟绩，营造全社会尊老、敬老的良好氛围；弘扬关心、爱护老干部的光荣传统，形成帮老、助老的良好风气。利用广播电视、报刊、网络等媒体，大力宣传离退休干部保持晚节、无私奉献的先进典型和感人事迹，引导他们树立“人生从六十开始”的观念，营造老有所为的舆论环境，激发老干部白首再创业的豪情壮志，把更多的老干部吸引到发挥作用的行列当中。

二是解决实际困难，激发离退休干部发挥作用的激情。

从思想上贴近、感情上亲近，想老干部之所想，急老干部之所急。落实好两个待遇，解决他们的后顾之忧，满足其精神需求，老干部从岗位上退下来后，在心理、生理、家庭、社会环境及各种待遇等方面发生了变化，我们要从各方面给予关心和照顾，关注他们的情绪和心理反映，要经常到老干部家中走走、坐坐，了解他们的想法和需求，及时解决生活中的困难。让他们有时间、有精力、有心情，保持轻松愉快的精神状态，把蕴藏的优势释放出来，余热奉献出来。

三是加强支部建设，大力支持离退休干部发挥作用。

加强离退休干部党支部建设。经常向离退休干部通报国内外形势和社会发展情况，让他们及时了解国内外大事，增强使命感和责任感，使他们始终保持政治坚定、思想常新、理想永存。同时，继续依托老年大学，构建终身教育体系，让老干部学习新知识，增长新本领，提高能力素质，跟上时代步伐，以适应市场经济发展需要，提高参与社会的能力。并依托各级培训机构举办各种培训班，传授各类实用技术，为老干部创业提供技术支持。

四是积极搭建平台，拓宽离退休干部发挥作用的渠道。

整合社会资源搭建平台，为我县老干部发挥作用创造良好的条件。从社会需求和老同志的专长、志趣爱好、工作经历、身体状况等方面的实际出发，广开社会门路，拓展服务经济发展的专业平台，深化服务社会的公益平台，提升精神文化生活的娱乐平台，畅通建言献策的话语平台，用其所长，尽其所能，发挥离退休干部在科学发展、和谐社会建设、弘扬传统文化、关心下一代等方面的积极作用，为党的事业增添正能量，为全面建成小康社会宏伟目标的实现立新功、创新业、谱新篇。

（作者：杨丽娟。此文刊登于2015年9月15日山西老干部工作网）

襄汾宣传老干部先进典型增添正能量

离退休干部队伍越来越大，离休干部整体进入高龄期，老干部工作面临着新形势、新任务、新要求。如何开拓创新，破解老干部工作难题，推动老干部工作科学发展，调研宣传工作显得尤为重要。近年来，襄汾县委老干部局通过在调研中发现问题、解决问题、总结经验；在宣传中发现典型、总结典型、推广典型做了大胆尝试，取得了一定成绩，得到县委、县政府肯定，受到老干部的好评。

一、加强领导，形成调研宣传工作新格局

襄汾老干部局始终把调研宣传工作作为一项基础性工作来抓，把调研和信息宣传列为全年工作的重要议程，明确了“以抓调研宣传促工作，以抓工作促调研宣传”的工作思路，形成了主要领导负总责、分管领导具体抓、调研宣传人员履行职责、全体人员共同参与的调研宣传工作格局。

2012年以来，局领导提出，调研宣传要创新观念、创新内容、创新形式、创新方法。县委组织部副部长、老干部局局长王稳锁同志多次召开局委会，对通讯报道工作进行全面布置，形成《新闻报道奖励办法》，加大了老干部工作信息宣传报道力度，极大调动工作人员的积极性。

局机关成立了老干部通讯组，由爱好写作的老干部担任成员，宣传老干部工作的先进典型。

二、强化措施，提升调研宣传工作水平

近年来，襄汾老干部局坚持把强化措施作为提升调研宣传工作水平的重要手段，不断强化“有为才有位”的意识，提高对调研宣传工作重要性的认识；采取“开思路、多交流、重奖励”的方法，有效提高了调研宣传工作水平。2012 年，我们宣传了退休干部刘学智，退休后在自家院子里创办活动中心的先进事迹。活动中心由初期的十余人发展到了 70 余人，组织活动 1000 余次，参加人数 17400 余人次，学习文件资料 2600 余篇。出黑板报、办壁报 420 余期，学唱歌曲、戏曲 200 余首。演绎了一曲感人的“十年春秋敬老情”。文章《小院十年夕阳红》在《临汾日报》《山西老年》等重大媒体及杂志刊登。2013 年，我们宣传了退休干部房桂花，《房大姐——记山西省襄汾县退休干部房桂花》一文在《临汾日报》《山西老年》等重大媒体及杂志刊登。房桂花同志退休后笔耕不辍，积极宣传老干部发挥作用的优秀人物，现在已经编辑出版了 14 本书。2014 年，我们宣传了退休干部刘淑宽，《一位年逾古稀的老年合唱团长》一文在《山西日报》发表，刊登了刘淑宽同志退休后置身于自己的圆梦舞台，同老年合唱团众多的老年人一道在欢乐祥和的氛围里发挥余热的事迹。如今，老年合唱团已成为襄汾县地地道道的、名副其实的、丰富群众精神文化生活和文化强县建设中一支重要力量，成为襄汾县涉老团体的一张亮丽的文化名片。2015 年宣传了退休干部李志学，他从人大常委会主任岗位上退休后，担任县关工委主任，立志践行习近平总书记的话：“实现我们的梦想，靠我们这一代，更靠下一代”。两年多来，他带领关工委这个优秀团队，做出了许多骄人的成绩，受到广大群众的点赞。实现春苗营养厨房全覆盖，为全县 3 万余名农村中小学生带来实惠，使农村孩子享受到营养厨房给他们带来的健康和快乐。文章《情系下一代领头雁》在《临汾日报》《山西老年》《山西日报》等重大媒体及杂志刊登。

三、注重实效，营造调研宣传工作良好氛围

调研宣传的目的是促进和推动工作。为充分发挥调研宣传对老干部工作的导向和推动作用，在调研和信息宣传中，我们注重对关心支持老干部工作的典型人物宣传。我们利用襄汾县委老干部局网站平台，宣传了各行各业老干部发挥作用的先进典型，并同襄汾县文联联合举办我身边的最美老干部征文活动，活动从 2015 年 9 月份开始到 2016 年年底结束，是襄汾县委老干部局开展的以“展示阳光心态、体验美好生活、畅谈发展变化”为党的事业增添正能量活动的一部分。主要征集离退休干部从工作岗位上退下来后发挥作用，为党的事业增添正能量的先进事迹。通过开展活动引导广大离退休干部在体验美好生活的同时，宣讲中国梦，传播好声音，为正能量点赞。

（作者：杨丽娟。此文于刊登于 2015 年《山西老干部工作》第 12 期，2015 年 12 月 24 日山西老干部工作网，2015 年 12 月 23 日黄河新闻网）

浅谈建立老干部发挥作用机制

老干部发挥作用是建立在社会需求和个人自愿相结合基础上的社会活动。在当前形势下，无论从社会需求还是从老干部这个群体的特殊情况以及老干部工作发展变化上看，建立老干部发挥作用机制已势在必行。

建立老干部发挥作用机制的条件

首先，社会需求是老干部发挥作用的基础。党的十七大提出了构建社会主义和谐社会的战略任务，并明确阐明了和谐社会的目标体系，即民主法治、公平正义、诚信友爱、充满活力、安定有序，人和自然和谐相处。既包括社会关爱的和谐，也包括人与自然关系的和谐，体现了民主与法制的统一，公平与效率的统一，活力与秩序的统一，科学与人文的统一，人与自然的统一。完成这样一个宏伟的目标体系，需要全社会各阶级各阶层的人们共同努力。还指出："努力形成全体人民各尽其能，各得其所而又和谐相处的局面，为发展提供良好社会环境"。老干部做为一个特殊群体，更应该、也能够为这个目标的实现发挥积极的作用。

其次，老干部的需求是老干部发挥作用的动力。从老干部的价值观上说，老干部大都有"一个人的价值，应当看他贡献了什么，而不应该看他索取了什么"正确的人生价值观念，有"不用扬鞭自奋蹄""春蚕到死丝方尽"的可贵精神，有为党、为人民、为社会继续奉献的强烈愿望。从老干部自身条件来说，老干部有资历、经验、知识、威望等方面无与伦比的优势，这就决定了老干部能在各行业各领域发挥不可替代的作用。从老干部生理条件说，人到老年大都会出现失落感、孤独感、疑惑感、抑郁感等，解决这些问题的最好办法就是多参加社会活动。在现实社会生活中，有无数例子都表明，离退休后积极参加社会活动，乐于发挥余热的老干部都身轻体健，红光满面；而整天不出门的老干部则显得老态龙钟，郁郁寡欢，这就说明老干部适当发挥作用，对老干部健康长寿，欢度晚年是有很大益处的。

第三，新形势下老干部工作需要建立老干部发挥作用机制，老干部工作的对象主体是离退休干部，随着时间的推移，主体对象已发生了明显变化，离休干部平均年龄越来越大，人数也越来越少，而退休干部的平均年龄相比较较小，人数也会越来越多。客观上发挥作用的主体已由离休干部变为退休干部。在有效地解决衔接问题的同时，越来越多的老干部发挥作用，也迫切需要有规范化、系统化的机制来保障。还有，近年来，随着社会保障体系的逐步健全和各级老干部工作人员的辛勤工作，老干部的生活待遇落实问题得到了有力的保障，落实老干部生活待遇工作已不再是老干部工作的主要内容，主要内容应是尽快建立老干部发挥作用机制。

建立充满活力的老干部发挥作用机制

这个伟大时代的发展需要我们老干部参与，老干部高尚的人生价值观念，需要在构建和谐社会的宏伟蓝图中得到体现，老干部工作形势的变化需要我们建立适合时代发展要求，满足老干部实现人生价值愿望的老干部发挥作用机制。襄汾县多年的工作实践，形成了以平台为中心，以团体为主流，以制度为保障的机制。

加强阵地建设。就是把老干部活动中心、老年大学、老干部党支部建设成为老干部发挥作用的平台，这些地方除完成好它们的具体职能外，还有一个就是老干部发挥作用的平台职能。在这些地方，老干部比较集中，我们可以通过建立老干部人才库，成立老干部发挥作用信息服务中心或老干部发挥作用管理办公室等，及时了解他们老有所为的情况，为他们发挥作用提供信患咨询服务，为他们牵线搭桥，排忧解难，使他们合理地分流到各个发挥作用的渠道，使老有所乐和老有所为有机地结合起来。同时在这里他们可以相互讨论，相互比较，相互学习，相互激励，相互促进，促进成老干部发挥作用的篷勃景象。我省10年规划指出把老干部活动中心、老的大学发展纳入当地经济和社会发展的总体规划，加大投入、加快发展的，开展了活动中心（室）达标创优活动和创建老年大学示范校活动。这些都为平台建设打下了良好基础。再一是加强老干部党文部建设，中组发〔1981〕17号文件指出，离休、退休、退职的党员同志，仍要按党员标准严格要求自己，主动参加党的组织生活，注意学习，继续保持革命精神，发杨党的优良传统和作风，积极宣传党有路线、方针、政策，自觉遵守国家的法律、法令，以自己的模范行动，影响和教育下一代，在四化建设中发挥积极作用。从这个意义上说，加强干部党支部建设，就是要动员广大老干部党员为改革、发展、稳定的大局做出力所能及的新贡献。襄汾县西贾乡老干部党支部按照新时期党支部建设和创先争优活动的要求，以“高举旗帜、围绕大局，发挥余热、服务群众”为工作思路，积极开展各项活动。并吸收全乡书法绘画、民间剪纸、石木雕刻爱好者成立“七一艺社”，为新农村建设做出了积极贡献。1. 加强学习教育，坚持活到老学到老。积极组织大家学习党在农村的方针政策、法律法规，学习袁纯清书记讲话、学习右玉精神等，使大家做到了思想常新，与时俱进。2. 积极开展活动，丰富老年生活。（1）坚持每月召开交流会。（2）外出参观观摩，请书画名家讲课，开阔大家视野。（3）举办书画展，宣传党的方针政策。（4）组织好文化下乡，丰富农村文化生活。3. 发挥支部作用，为新农村建设出力。（1）为全乡经济社会发展当参谋、出主意、想办法。（2）带头宣讲法律法规，宣传党的方针政策。（3）带头调解矛盾纠纷。（4）督察新农村建设工程。（5）为群众义务写春联。（6）帮助村里筹措资金，解决困难。支部的凝聚力、战斗力得到增强。

以团体为主流。就是在深入调研的基础上，根据老干部自身情况，科学地划分出老干部发挥作用的主流渠道，组建不同的老干部团体，以不断增加老干部发挥作用的需要和活力。这样就能让老干部就近，适时地根据自己的条件、兴趣、爱好做出选择，完成角色的换位。要重视社会组织建设和管理，而老干部在组建社会组织方面有着得天独厚的优势。襄汾县委老干部局多年来在这方面进行了积极探索，共组建了十个团体。为老干部发挥作用提供了很好的渠道。如三晋文化研究会、老年书画家协会、老年体协、关心下一代工作委员会、夕阳红宣讲团、金秋艺术团、老促会、老年学学会、老松树文化社、农村老年协会等，并通过县电视台、报纸等积极宣传。同时，每年都根据全县经济和社会发展规划在全县老干部及团体中开展相应的主题活动，促使老干部发挥作用的主流渠道畅通。

襄汾县老年书画家协会，以县城为中心，以乡镇为为基点进行活动，他们先后在城区、襄陵、景毛、南辛店、赵康、古城、西贾、汾城、永固、大邓等地成立了10个分会。分会又根据实际情况分片成立了书社，如汾城镇作为一个大镇，为了方便大家就进学习、活动，又分片成了半山书社、龙门书社、腴丰书社、鄂公书社、白杨书社等五个书社。目前，县老年书画家协会的会员已发展到士600余人。其中，国家级会员54人，省级会员29人，市级会员58人。襄汾县被省老年书画家协会命名为“老午书画之县”。西贾乡、赵康镇、古城镇、襄陵镇、南辛店乡等六个乡镇被市老年书画家协会命名为“老年书画之乡”。

县老年体协，在全县设立了3个直属站，6个社区站，13个乡缜老年人体育分会。全县40%的村庄建立起了老年人体育组织。还协助县乡新建、改建文体广场、戏台等活动场所256个，68%的村建有文体广场。他们以直属站、社区站、乡镇分会为依托，常年开展“三下乡”活动，一是节目演出；二是骨干培训；三是传授科学健身知识。目前参加老年文体活动的人数已达24000余人。他们还多次组队参加全国、全省、全市运动会，都取得了很好的成绩。

县关心下一代工作委员会建立健全了县、乡、村三级工作网络。组建了“五老宣讲团”，经常深入学校、机关、乡村进行爱国家、爱家乡、爱人民教育。组建了“未成年人无偿法律服务中心”，为维护青少年的合法权益提供服务。

县老促会依托乡镇及“五老人员”，在调查研究的基础上编辑出版了《老区风采录》《红色资源概况》。并在当地乡镇的帮助下，对古城、南辛店、刘村、邓庄东侯等四处的烈士陵园进行了重新修建，将42位烈士的灵柩重新入殓安葬；对55位烈士的坟墓进行了修整围砌；重修重建了3个烈士纪念碑。

县老年学学会现有理事43人，都为离退休干部，他们分布在城区及全县13个乡镇。以研究、服务老年人为目标，在调查研究的基础上，写出了《襄汾有支为党为民解愁的老年人才队伍》《从盘道村老年协会发挥的作用看建立农村老年组织的必要性》等文章，对开展老年工作有很好的指导意义。近年来，老年学学会先后为国家、省、市老年学术研究会撰写理论文章和调干研报告43篇，其中28篇入选全国老年学术研讨会。学会先后荣获全国、全省老年学学会先进集体奖。还有县老年舞蹈爱好者协会、老松树文化社、老年合唱团等老干部团体组织，也根据各自的职能，积极向乡镇、农村转移发展，为老干部“四就近”提供了极为便利的条件。

以上各老干部团体、协会为发挥作用的主流渠道，是襄汾县的一大特色。据统计，全县40%以上的村都在离退休干部的带动下办起了村老年协会。如南辛店乡的北贾村、南许村、北关村、南辛店村、西邓村、西梁村、崔村，相继成立了老年协会。特别是北贾村的老年协会极具特色。原县卫生局副局长刘学智退休回到北贾村后在自家院内自费办起了夕阳红活动中心，随后在协会和乡党支部的帮助下又挂起了了村戏剧歌舞协会、村老年书画协会、村志编撰小组、村老年体育协会等牌子。“村老年书画协会”已开展活动70余次，展出作品百余幅。北贾村被评为“老年书画之村”。“村老年体协”不定期举办台球、乒乓球、扑克、象棋等比赛。“村活动中心”经常排练文艺节目，每逢重大节日都举办活动。村志编撰小组现已完成10万余字的村志初稿。刘学智同志退而不休，在县相关老干部团体组织和乡镇党支部的帮助下，以真挚的感情和辛勤的工作谱写了一曲共产党员的奉献之歌。

以制度为保障。就是建立健全规章制度，以制度保障老干部发挥作用的规范性，如加入团体制度、工作制度、奖励制度等等，制度的建立要从解决新情况新问题出发，建立健全适合发挥老干部作用实际需要的规章制度，建立利于保障机制长期规范运行的保障制度，老干部发挥作用涉及各个方面，因其制度的建立一定要符合实际，根据实际情况而定。

襄汾县建立的以平台为中心，团结、吸纳、带动、指导、老干部发挥作用，以团体为主流渠道分流能发挥作用的老干部，使他们能很快地找到适合自己发挥作用的岗位和领域；以制度为保障，确保各项工作顺利开展的老干部发挥作用机制，有效地保障和促进了老干部发挥作用，为构建和谐社会做出了贡献。

高度重视老干部发挥作用

加强宣传，为老干部发挥作用营造有利的外部条件。利用广播电视、报刊、网络等媒体，大力宣传在各领域发挥作用的老干部先进事迹，宣传他们弘扬革命传统，无私奉献的高贵品质，大力宣传古今中外“老有所为”的典型事例，通过宣传引导老干部积极开创人生的第二春天，调动老干部发挥作用的积极性。

落实待遇，为老干部发挥作用营造良好的基础条件。认真落实党和国家对老干部的各项政治、生活待遇。在政治上要尊重老干部，思想上关心老干部，要定期向老干部通报工作及社会上普遍关注的热点、难点问题，要定期组织理论学习，适时组织参观视察，搞好重大节日的慰问等。生活上要照顾老干部，不折不扣落实好各项政策，对他们的困难要及时予以解决，为他们排忧解难。

牵线搭桥，为老干部发挥作用营造便利的实践条件。如阵地建设的完善，还有协调各部门、各单位的关系，让老干部更多地参与社会事务。更好地配合各部门、各单位开展工作等。

（作者：张治文。获得省委老干部局征文三等奖）

第八章　文献辑存

中共襄汾县委组织部　襄汾县卫生局
关于行政事业费开支的离、退休干部医药费报销的通知

老干部是国家的宝贵财富。解决好老干部的医药费，是保证老同志身体健康的重要一环。几年来，县委曾多次拨款，解决了老干部药费超支的问题。但有些单位掌握不严，使个别老干部的超支药费没有得到及时处理，为了解决好这一问题，县委决定，拨专款给组织部老干部组，负责解决老干部药费超支的问题。经组织部和卫生局研究，现将有关事项通知如下：

一、1982 年度药费

按照医药费开支的有关规定，每人三十元已由卫生局于今年四五月份将款拨给就诊医院，你的医药费已拨到医院，望你在指定医院就诊，对以前的票据，可到指定单位报销。

二、超支药费

1. 医药费超过规定数字的，需就诊单位出据证明，到县委组织部老干部组审报（原属教育系统的老干部在县教育局审报）。

2. 凡属国家规定自费药品范围的药品，一律自费处理，不能在公费中报销。

3. 严格执行国家有关医药费报销的规定，凡在非医疗单位买药的票据原则上不予报销，特殊情况，经领导审批。

三、就诊医院对老干部的疾病，不得借故推托，要热情接待，认真负责，积极治疗。

特此通知

1982 年 8 月 1 日

襄汾县人民政府关于贯彻执行晋政发〔1983〕33 号
《山西省人民政府关于接受、安置易地离休干部建房费的通知》的几点意见

襄政发〔1983〕99 号

各公社，县政府各委、局、室，检察院、法院：

根据晋政发〔1983〕33 号《山西省人民政府关于接受、安置易地离休干部建房费的通知》和省委老干部工作座谈会的精神，现对我县离休干部建房补助费提出如下意见：

一、离休干部回原籍农村安置的，地区级干部，发给个人建房补助费五千元；县级干部，发给个人建房补助费四千元；其他干部，发给个人建房补助费三千元，房产归己。离休后回原籍农村居住的干部，也发给建房补助费。

二、为了方便回原籍农村居住的离休干部的生活，他们的粮户关系转回原籍就近的有关部门和粮站。所占公房（包括机关住房）交还主管部门后，持主管部门手续方可领取建房补助费。

三、国务院〔1978〕104号文件下达后，1983年3月晋政发〔1983〕33号文件下达以前离休（包括退休改离休）的干部，暂不发给建房补助费，待省委下达细则规定后再执行。

四、根据省委老干部工作座谈会精神，在县城建私房的离休干部，暂不发给建房补助费，待上级有明确规定后再按上级规定办理。

五、原籍就在县城、家属至今仍为农业户口的，可视为在原籍农村居住，发给建房补助费。

六、离休干部所需建房补助费，由离休干部原工作单位开支。企业单位在单位营业外列支。行政、事业单位在本单位经费中开支。确实有困难的报财政部门解决，在单位“离休退休人员费用”项目内列支。

七、以上各条望贯彻执行。上级如有新的明细规定，按上级规定执行。

1983年11月7日

中共襄汾县委办公室关于启用“中国共产党襄汾县委员会党校”“中国共产党襄汾县委员会老干部局”印章的通知

襄办发〔1984〕32号

各公社党委、县直机关各部、委、办、局及各人民团体：

自即日起，启用“中国共产党襄汾县委员会党校”“中国共产党襄汾县委员会老干部局”印章。原“中国共产党襄汾县委员会党校”旧印章同时作废并缴回县委机要室。

1984年11月20日

中共襄汾县委老干部局关于春节期间慰问老干部的通知

襄老干字〔1985〕4号

为了贯彻好党对老干部的各项政策，认真落实老干部的政治待遇和生活待遇，充分体现我国社会主义制度的优越性，使老干部心情舒畅，延年益寿，余热生辉。各单位要在春节前对所属离退休干部进行慰问。现将注意事项通知如下：

一、慰问方法

采取县委、县政府和各部局、各单位慰问相结合的方法。1937年7月6日以前参加革命工作的离休干部、行政十八级以上的行政、事业单位开支的离休干部和关系已转回我县的外地离休干部，统一组织慰问。其余老干部，不论其工资关系在哪里，一律由原工作单位组织慰问。

二、慰问标准

慰问品一般应控制在五元以内。挂历和中堂画由我局统一发。各单位列出名册，到我局领取。

三、慰问要求

1. 各单位领导重视，制订计划，亲自把党的温暖、组织的关怀送到老同志家中。

2. 对本单位的离休干部要做到心中有数，不允许发生遗漏现象。

3. 在慰问过程中，及时了解老同志的情况，发现问题，就地解决。

4. 慰问结束，要及时总结经验，将慰问情况书面汇报我局。

特此通知

1985 年 1 月 24 日

中共襄汾县委组织部关于崔占奎等同志任职的通知

襄组干字〔1985〕106 号

有关乡镇党委：

为了进一步搞好老干部工作，充分发挥老干部在四化建设中的作用，经部务会议研究决定：

崔占奎同志任城关镇老干部协理员；

张安帮同志任陶寺乡老干部协理员；

裴万录同志任土地殿乡老干部协理员；

邢俊臣同志任大邓乡老干部协理员；

贾子珍同志任邓庄镇老干部协理员；

刘一民同志任贾岗乡老干部协理员；

石如基同志任永固乡老干部协理员；

张福金同志任赵康镇老干部协理员；

王丽青同志任景毛乡老干部协理员；

赵文俊同志任南辛店乡老干部协理员；

杨恩科同志任丰盈乡老干部协理员。

1985 年 10 月 12 日

中共襄汾县委老干部局
关于开展“学模范、献余热”活动的通知

襄老干字〔1986〕2 号

各乡镇，各委、局、办：

为了更广泛深入地宣传、学习全区离休干部模范张挺、李成林、邱文选、常志年、赵俊

杰 5 位老同志的先进事迹，特作如下通知：

一、各乡镇、各系统要组织全体离休干部认真学习 5 位老同志的先进事迹，开展一个“学模范、献余热”的活动。

二、在学习时，要围绕以下几点展开讨论：

1. 你单位为老干部服务的工作做得怎样，有什么成绩和经验，还存在什么问题。

2. 你单位离退休干部发挥作用有什么好典型，主要事迹是什么？

3. 离退休干部应向 5 位老同志学习什么？怎样保持晚节，发挥自己在两个文明建设中的作用。

三、各乡镇、各系统要把开展活动的情况写成书面材料，月底报回老干部局。

四、在开展活动的同时，要抓好典型，迎接地、县第三季度召开的“双先”会议，表彰老干部作用发挥好的先进单位和模范个人。

1986 年 3 月 20 日

中共襄汾县委老干部局 关于老干部协理员工作职责和要求的暂行规定

襄老干字〔1986〕3 号

一、老干部协理员是县委为搞好老干部工作而配备的专职人员。

二、工作上属党委领导，业务上与老干部局联系，接受老干部局对老干部工作的督促、检查和指导。

三、按时参加老干部局召开的各种会议，协同实现老干部局的工作计划和安排。

四、积极主动地协助同级党委和有关单位落实好老干部“两个待遇”的政策，使老干部安度晚年，健康长寿。

五、负责组织老干部认真学习党的路线、方针和政策，大力宣传党对老干部的政策，造成一个全社会尊老敬老爱老的良好风尚。

六、深入实际，调查研究，及时反映和解决老干部提出的实际问题。

七、及时反映情况。每月向《襄汾老干部》专刊写一份报道材料。每年要出一份有一定价值的调查报告和经验材料。

八、热情协助老干部协会开展各种有益活动，办好老干部活动室，鼓励老干部根据自己的志趣、爱好和特长，面向社会、面向基层、面向群众，做好老干部工作，在四化建设中充分发挥作用。

九、狠抓典型，不断发现和总结为老干部服务好的单位和个人，以及老干部发挥作用好的单位和个人。

十、建立健全老干部档案。包括健康状况，七十岁以上寿日档案等。

1986 年 5 月 8 日

中共襄汾县委老干部局
关于交纳企事业单位离退休干部特需经费的通知

各单位：

根据国务院劳动人事部〔1982〕10号文件："有离休干部的单位，每年按每个离休干部150元计算，由离休干部所在单位或上级主管部门作为特需经费列入预算，统一掌握"的规定和临汾行署财政局〔1984〕324号文件中"以每人50元计算"上交的标准，为了进一步组织好离休干部的政治学习、阅读文件、参观、开会、活动等，从1987年起，各公司、厂矿、粮站、供销社，按本单位离休干都人数，以每人50元计算，于每年3月底前上交县委老干部局，其余部分由各单位掌握使用。

1987年12月20日

中共襄汾县委组织部
关于春节期间慰问离退休老干部的通知

襄组干字〔1988〕2号

襄老干字〔1988〕2号

襄人字〔1988〕5号

各乡（镇），各部、委、局、办：

八八年春节即将来临，为了发扬中华民族尊老敬贤的传统美德，体现党和政府对离休、退休、病休同志的关怀，促进我县经济建设，巩固和发展安定团结的大好形势，根据省、地关于春节期间慰问老干部的通知精神，结合我县实际情况，现将有关事项通知如下：

一、慰问的对象和原则：

今年春节期间慰问的对象是所有离休、退休和病休干部。各有关单位接此通知后，要积极组织安排，代表县委、政府对本部门的所有离休、退休、病休干部进行慰问。原工作单位撤消的，工作合并到哪个部门，由哪个部门负责。十四级以上和担任过县团级实职的老干部以及离休后发挥余热有突出贡献的老干部，由县委、县政府领导亲自慰问。另外，各乡镇也要对从外地安置回本县的老同志进行一慰问。

二、慰问的方法和要求：

慰问活动可以采用多种形式。可以召开座谈会、茶话会、报告会，充分利用宣传工具，广泛宣传老同志的历史功绩和十一届三中全会以来做出的新贡献。各级领导干部要把春节慰列入自己工作的重要议事日程，亲自到老干部家中、病房进行慰问，要动员和发动全体干部、职工都来关心和爱护老干部，为老干部办实事，组织青少年"送温暖"，使他们高高兴兴欢度春节。

三、慰问的时间和标准：

慰问自二月一日开始至春节前结束。

慰问的标准各单位自定，不搞层层慰问，每一位离休、退休、病休干部只享受一份慰问品。县上决定，今年慰问离休干部必须带《山西省离休干部书法美术作品选》《白首新程》《新时期老干部政策摘编》三本书。请各单位到老干部局购领。

通过这次慰问，各单位要认真检查一下本部门的老干部工作，听取老干部的反映和要求，检查“两个待遇”的落实和深化服务的情况，进一步改进我们的工作，切实为老干部排忧解难、服务好。慰问结束后，各有关单位要将这次慰问情况和老干部反映的问题及解决情况，一并用书面材料于二月底前报县委老干部局。

1988 年 1 月 15 日

中共襄汾县委老干部局
关于在开展“两项活动”中评选模范的通知

襄老干字〔1988〕3 号

各乡镇和有关单位：

为了在深化改革中搞好对老干部的深化服务，深入开展争当模范老干部和为老干部服务的好儿女、好媳妇、好老伴、好领导、好单位的活动，现将评选条件通知如下：

一、凡符合下列条件之一者，均可评为模范老干部。

1. 在改革开放中大显身手，为发展生产力贡献突出者；

2. 为关心培养教育下一代做了大量工作，成绩突出者；

3. 离休后开辟新的事业、工作、生活领域，努力学习掌握新知识、新技能，带领群众致富效益显著者；

4. 保持革命晚节，甘做人民公仆，在群众中影响较大者；

5. 在文史研究、文艺创作等方面成绩突出者。

二、凡符合下列条评之一者，均可评为为老干部服务的好儿女、好媳妇、好领导、好单位。

1. 长年侍奉多病、瘫痪老干部，群众交口称赞者；

2. 本职工作成绩突出，处理家庭代际关系出色，为老干部安度晚年努力创造良好的环境与条件，事迹感人者；

3. 理解支持父母丧偶再婚，处理新家庭关系出色，受到老干部肯定者；

4. 为老年事业做出突出贡献，勇于维护老干部合法权益，成绩显著者；

5. 为老干部落实“两个待遇”，解决衣、食、住的问题，积极组织发挥作用，开展各项活动，成绩突出者。

凡被评选者，要将事迹写成典型材料，8 月底前报县委老干部局，迎接县、地表彰大会。

特此通知

1988 年 3 月 28 日

襄汾县编制委员会关于成立襄汾县老干部活动中心的批复

襄编字〔1992〕13 号

县委老干部局：

你局报告收悉。经研究，同意成立襄汾县老干部活动中心，为你局下属全额事业单位，规格股级，编制 5 人，人员由你局内部调整解决。

此复

1992 年 12 月 30 日

襄汾县计划委员会关于县委老干部局新建老干部活动中心楼基建计划的批复

襄计字〔1993〕40 号

县委老干部局：

你局关于新建老干部活动中心楼的报告收悉，在资金落实的情况下，经研究，同意其建设，现批复如下：

该活动中心建筑面积 500 平方米，投资 20 万元，资金来源为单位自筹，在建设期间应遵照下达的计划执行，不得擅自改变其建设内容。

望接文后，积极组织力量抓紧施工，争取早日投入使用。

特此批复

1993 年 10 月 23 日

中共襄汾县委组织部关于设立襄汾县委老干部局党支部的决定

襄组字〔1997〕47 号

县委机关工委：

经组织部部务会议 1997 年 10 月 31 日研究决定，设立襄汾县老干部局党支部，直属你工委领导。

1997 年 10 月 31 日

中共襄汾县委办公室关于印发中共襄汾县委老干部局职能配置、内设机构和人员编制方案的通知

襄办发〔2002〕29号

各乡（镇）党委，县委各部、委、局、办：

县委老干部局职能配置、内设机构和人员编制方案经县委同意，现予印发。

2002年6月25日

中共襄汾县委老干部局职能配置、内设机构和人员编制方案

根据《襄汾县县级党政机构改革方案》，设置中共襄汾县委老干部局，为正科级建制，是县委主管离退休干部（不含企业退休干部）工作的职能部门，属县委组织部管理的部门管理机构。

一、主要职责

（一）贯彻执行中央、国务院和省委、省政府关于离退休干部工作的方针、政策，落实省委老干部局制定的有关实施办法和细则。深入开展研究，为县委、县政府及有关部门对全县离退休干部工作决策提供情况和依据。

（二）负责对离退休干部工作的监督、检查、指导和协调；督促离退体干部的政治待遇和生活待遇的落实。

（三）检查督促指导离退休干部的党组织建设，加强离退休干部的学习教育，做好思想政治工作，组织指导离退休干部在两个文明建设中发挥作用。

（四）负责组织离退休干部的文体健身活动及医疗保健工作。

（五）指导全县离退休干部工作部门的自身建设。

（六）完成县委交办的其他工作。

二、根据上述职责，县委老干部局需完成下列工作任务

负责全县离退休干部（不含企业退休干部）工作的综合统计及综合性文件、报告及领导讲话的起草；负责机要、人事档案及文件资料、章印管理；负责局机关及直属单位的干部管理教育及人事劳资工作；负责局机关离退休人员的管理服务工作；负责局机关的行政后勤及车辆管理；负责上级来人和来县离休干部的接待工作；负责全县离退休干部来信来访的接待和处理并及时向领导汇报；负责老干部工作的宣传和调研；负责离退休干部的思想政治工作，组织引导离退休干部发挥作用；负责离退休干部易地安置工作；负责局机关的财务工作及对直属单位财务监督、指导、内部审计。

负责统计、督促、检查各单位离休干部的离休费、医疗费落实情况；负责离休干部的体检工作；负责组织离退休干部开展文体健身活动；负责离休干部医药费票据的收缴、审核、报销；负责局机关及直属单位工作人员的养老保险、医疗保险收缴、报销工作；负责管理和

使用各种医疗保健器材；负责组织定期举办老干部医疗保健讲座。

三、人员编制和领导职数

县委老干部局行政编制为 4 名。其中，局长 1 名，副局长 1 名。

2002 年 6 月 25 日

中共襄汾县委老干部局人员定岗分流实施办法

根据襄办发〔2002〕22 号文件精神，为做好我局机构改革中人员定岗工作，特制定本办法：

一、人员定岗的指导思想及基本原则

人员定岗要优化人员结构，发挥个人专长，提高工作效率，建设一支精干、廉洁、高效、高素质的老干部工作队伍。要坚持公开、平等、竞争择优和工作需要、群众参与、综合考评、组织决定的原则，做到“因职配人，人尽其才”。

二、定岗人员的基本条件

按确定职位选用人员的基本条件：1. 能够坚定地贯彻执行党的基本路线和国家的各项方针政策。2. 符合干部队伍结构，包括职务层次结构、专业知识结构和年龄结构的要求。3. 40 周岁以下人员，原则上应具有中专以上文化程度。4. 具有拟任职位所需的文化专业知识和理论政策水平、组织能力和文字、口头表达能力以及必要的工作经历。5. 有较强的事业心和高度责任感，努力为人民服务，工作实绩突出，廉政勤政，遵纪守法，团结同志，作风正派。6. 在机关干部年度考核中必须是被确定为称职以上等次。7. 身体健康，能坚持正常工作。

下列人员不得列为定岗对象：

①旷工或者无正当理由逾期不归连续十五天，或者一年内累计超过三十天的人员。

②连续病休一年以上的，且现在仍不能坚持正常工作的。

③连续两年考核不称职的。

④一般干部岗位上的工人。

三、人员定岗的办法

按照设置职位和行政编制数采取组织决定和双向选择办法确定人选，优先考虑学历较高人员和所学专业、所具备业务技术专长与职位要求相近人员。

工作人员要顾全大局，已经确定职位必须服从安排，对不服从组织安排，批评教育后仍无效的，可依据有关规定予以辞退。

中共襄汾县委办公室、襄汾县人民政府办公室
关于成立襄汾县老年大学的实施方案

根据全国组织部长会议精神和省委老干部工作领导组第七次会议提出的“关于各级各部

门要将老干部活动中心建设和老年大学发展计划纳入市政建设和精神文明建设的总体规划，通盘研究，组织实施”的要求，经县委、县政府研究，决定成立襄汾县老年大学，并制定如下实施方案：

一、指导思想

学习贯彻江总书记“七一”重要讲话，紧紧围绕我县“双十”任务目标，以“增长知识、丰富生活、陶冶情操、促进健康、服务社会”为办学宗旨，使广大离退休干部“政治坚定、思想常新、理想永存”，从而达到“老有所学、老有所乐、老有所教、老有所为”的目的，使他们能与时俱进，继续为我县经济发展和社会稳定做出新贡献。

二、组织机构

名誉校长：徐树荣（县委书记）
　　　　　陈玉士（县委副书记、政府县长）
校　　长：杨志威（县委副书记）
常务副校长：张志勇（县委常委、组织部部长）
副 校 长：聂水生（县委老干部局局长）
　　　　　杨耀水（县人大常委会原副主任）
　　　　　张忠元（县委老干部局副局长）
教 务 长：杨耀水（兼）
办公室主任：张忠元（兼）

三、学员对象和基本条件

学员对象主要是全县离退休干部。凡身体健康、自愿学习的离退休干部，均可报名参加；社会老年人也可报名参加。学员要办理入学手续，并遵守学校的规章制度。

四、课程设置

课程设置按照先易后难、先简后全的原则，逐步扩大学习范围。初步确定开设政治法律、养生保健、书法绘画、体育、舞蹈5门课程。对所学课程每两年一考核，对考核合格者颁发结业证书。

五、教学设施和经费来源。

老年大学以老干部活动中心为基地。老干部活动中心的所有设施，均可作为老年大学的配套设施。

老年大学所需经费每年年初由财政列入预算。

六、教师安排

老年大学教师实行聘用制。根据需要分为固定聘用和临时聘用教师两种。对聘用的教师均给予适当的报酬。

2002年7月12日

附：

襄汾县老年大学章程（2002 年）

一、指导思想

学习贯彻江泽民总书记“七一”重要讲话，紧紧围绕我县“双十”任务目标，以“增长知识、丰富生活、陶冶情操、促进健康、服务社会”为办学宗旨，使广大离退休干部“政治坚定、思想常新、理想永存”，从而达到“老有所学、老有所乐、老有所教、老有所为”的目的，使离退休干部能与时俱进，继续为我县经济发展和社会稳定做出新贡献。

二、组织机构

名誉校长：徐树荣（县委书记）
　　　　　陈玉士（县委副书记、县长）
校　　长：杨志威（县委副书记）
常务副校长：张志勇（县委常委、组织部部长）
副 校 长：聂水生（县委老干部局局长）
　　　　　杨耀水（县人大常委会原副主任）
　　　　　张忠元（县委老干部局副局长）
教 务 长：杨耀水（兼）
办公室主任：张忠元（兼）

三、学员对象和基本条件

学员对象主要是全县离退休干部。凡身体健康、自愿学习的离退休干部，均可报名参加；社会老年人也可报名参加。学员办理入学手续，并遵守学校的规章制度。

四、课程设置

课程设置按照先易后难、先简后全的原则，逐步扩大学习范围。先开设政治法律、养生保健、书法绘画、体育、舞蹈 5 门课程。对所学课程每两年一考核，对考核合格者颁发结业证书。

五、教学设施和经费来源

老年大学以老干部活动中心为基地。老干部活动中心的所有设施，均可作为老年大学的配套设施。

老年大学所需经费每年年初由县财政列入预算。

六、教师安排

老年大学教师实行聘用制。根据需要分为固定聘用和临时聘用教师两种。对聘用的教师给予适当的报酬。

七、襄汾县老年大学教学方案

为了不断提高教学质量、办学水平，使广大学员学有所长。特制定教学方案：

1. 指导思想

以“三个代表”思想为指针，以“增长知识、丰富生活、陶冶情操、促进健康、服务社会”为教学宗旨，使广大离退休老干部“政治坚定、思想常新、理想永存”，从而达到“老有所学、老有所乐、老有所教、老有所为”的目的，使他们能与时俱进，为我县经济发展和社会稳定做出贡献。

2. 教学方法

自学与辅导相结合，电化教学与面授相结合，集体上课与分班学习相结合。

3. 成立教务组

组　长：杨耀水

副组长：贾红利、马惠杰

成　员：柴聚才、张耀华、马玉胜、刘淑宽、梁麦生、邓玉英

4. 授课计划　课程设置

开设政治法律、养生保健、书法绘画、体育、舞蹈5门课程。

5. 授课内容

政治法律：学习《邓小平理论》、“三个代表”重要思想、《中华人民共和国老年人权益保障法》《中华人民共和国婚姻法》《中华人民共和国宪法》以及县以上重大会议精神。

养生保健：学习生理与心理、营养与健康、家庭急救、洪绍光教授讲座等。

书法绘画：学习书法基本入门、书写工具、书写姿势和运笔方法、怎样临帖等；绘画学习竹子、牡丹、梅花、鸟、虫、鱼等画法。

体育：学习太极拳、太极剑功法、门球、走与跑等。

舞蹈：学习交谊舞、健身舞等各种舞蹈。

6. 时间安排　教师聘用

老年大学教师实行聘用制，根据需要分为固定和临时聘用教师两种。聘用社会上有丰富经验的学者教授来授课。

7. 襄汾老年大学制定各种规章制度

①工作人员岗位责任制

②安全保卫制度

③财务管理制度

④卫生制度

⑤活动器材和设备维修制度

⑥档案管理制度

⑦固定资产及物品管理制度

⑧健身厅制度

⑨阅文室制度

中共襄汾县委组织部　中共襄汾县委老干部局
关于开展第十届为老干部
“送温暖、办事实、抓落实”深化服务百日活动的通知

襄组老字〔2002〕6号

各乡镇党委、县直各有关单位：

为了深入学习贯彻党的十六大精神，忠实实践“三个代表”重要思想，全面落实老干部的政治生活待遇，根据晋老字〔2002〕53号文件的规定，经研究决定从今年11月下旬到明年2月底，在全县范围内开展第十届为老干部“送温暖、办实事、抓落实”，深化服务百日活动。这届百日活动，以学习贯彻十六大精神，彻底解决离休干部的“两费”拖欠为主要内容，具体做好以下三方面的工作：

一、认真组织老干部学习贯彻十六大精神

党的十六大是我们党在新世纪召开的第一次代表大会，也是我党在开始实施加快社会主义现代化建设第三步战略部署的新形势下召开的一次十分重要的大会。组织老干部深入学习十六大精神，是老干部工作在当前和今后一个时期的首要政治任务。在活动中，各部门、各单位要采取召开座谈会、办读书班、请专家辅导等多种学习形式，认真组织好老干部的学习。要紧密联系老干部的思想实际，向老干部们通报十三届四中全会以来的新成就、新变化，不断引深学习。要用十六大精神统一老干部的思想和行动，坚持与时俱进，开拓创新，做好工作。

二、彻底清理离休干部的“两费”拖欠

目前，在县委、县政府的高度重视和大力支持下，我县所有离休干部的离休费、医药费、护理费等都已转由财政发放。存在的拖欠问题，主要是转财政以前的拖欠。各部门、各单位在活动中要克服“等、靠、要”的思想，把清理离休干部“两费”拖欠作为一项重要任务来完成，不管采取什么办法，在年底前务必彻底清理完离休干部“两费”拖欠，要做到一人不漏，一项不少，一分不欠。

三、组织好走访慰问老干部工作

元旦、春节期间，要组织好走访慰问老干部工作，采取登门慰问，或组织召开座谈会、茶话会、通报情况会等多种形式，加强与老干部的交流与联系。特别要注意解决他们的生活困难和易地安置老干部的实际问题。同时，要积极组织开展适合老干部特点的文体活动，丰富老同志的精神生活，让他们过一个祥和、愉快的节日。

各部门各单位要切实加强对“百日活动”的领导，广泛宣传发动，认真安排部署，制定具体落实计划，把这届活动扎扎实实开展起来。

这届百日活动结束后，各部门各单位要认真总结，于2003年3月10日前将活动开展情况书面报县委老干部局。

2002年11月20日

中共襄汾县委办公室　襄汾县人民政府办公室
关于印发《襄汾县离休干部医疗费管理办法》的通知

襄办发〔2002〕83号

各乡镇党委、政府，县直各有关单位：

《襄汾县离休干部医疗费管理办法》已经2002年12月24日县四套班子联席会议研究通过，现印发给你们，请认真贯彻执行。

2002年12月24日

襄汾县离休干部医疗费管理办法

襄政办发〔2001〕110号文件《关于印发〈襄汾县公费医疗管理办法〉的通知》执行一年来，为不断满足广大干部职工的基本医疗需求，特别是为确保离休干部老有所医发挥了积极作用。但也存在着如浪费资金、享受不公的问题。当前，随着离休干部高龄期、高发病期的到来，医疗费开支增长过快，增支较大。为严格落实中央关于离休干部“两费”的政策规定，充分体现党和政府的关怀，更好地保证离休干部看病就医，进一步加强管理，提高服务质量，经广泛征求广大老干部以及有关方面的意见，县委、县政府认真研究，特制定本办法：

一、总则

第一条：离休干部医疗费实行经费包干的原则。由县财政按每人每年2000元的标准列入预算，拨付老干部局统一管理使用。

第二条：作为职能部门和离休干部医疗费管理机构，老干部局要经常关心离休干部的身体健康，通过建立座谈、家访、探视、跟踪慰问等制度，积极为离休干部创造良好的看病就医环境。

第三条：老干部局要规范管理，加强监督，严格把关，堵塞漏洞，合理使用离休干部的医药费，努力提高资金效益，不得突破年度预算。

二、门诊和住院管理

第四条：离休干部的门诊费每人每月定为60元，由老干部局按季度发给本人，用于一般无需住院疾病的治疗。超支自理，节约归己。

第五条：住院治疗实行个人垫支，半年报销制度。

第六条：住院治疗的范围主要是国家规定的19个病种。各种病住院治疗时间和费用标准按省卫生厅制定的标准执行（附后）。

第七条：需住院治疗病症的确诊在县人民医院进行。首先由县人民医院有关的主治医师出具诊断建议书，分管副院长审查签字同意后，到老干部局填写“住院登记表”。经老干部局领导审核同意后，凭住院介绍，到指定医院住院治疗。

第八条：因本县医疗条件所限，确需外出诊治者，由指定的诊治医院出具诊断建议书，到老干部局填写“出县诊治登记表”，经局领导审核同意，方可去市人民医院、市中医院治疗；仍需转院者，由市级有关医院出具诊断书，到老干部局备案，填写“出市诊治登记表”，经领导审核同意方可去省医院、山西一院、二院、三院就诊。

第九条：对特殊危病急病需抢救者，可先行住院、转院治疗，然后补办有关手续。

第十条：易地安置和在外县居住的离休干部须在当地县级以上医院住院治疗；需转院者，需有转院手续。住院、转院均须在一周内告知县委老干部局备案，出院后一周内将药费收据及有关住院手续一并送县委老干部局，方可报销。

第十一条：医疗单位如有短缺药品，由指定医院设法提供。任何人非指定单位购药，均不予报销。特殊情况须经老干部局批准。

第十二条：报销凭证必须是“山西省医疗单位统一收费票据”和有国家税总局监制章的医药费普通发票。其他票据一律视为非报销凭证。所有报销的凭证须住院或转院手续齐全，并与病历档案、医药费存根相吻合。

第十三条：违犯本办法第五条至第十三条规定的，一律不予报销。

三、对医疗单位及医务人员的要求

第十四条：坚持全心全意为人民服务的宗旨，自觉遵守国家规定的各项医疗制度，为离休干部提供便捷、经济、满意的服务。

第十五条：在保证优质服务的前提下，尽量简化手续。严格执行“公费医疗开支范围”及相关规定，做到因病施治，对症用药，合理收费。

第十六条：严格管理和使用“山西省医疗单位统一收费票据”，开具的票据要注明收费日期，并加盖收费员专用章。

第十七条：对住院治疗的离休干部，要做到用药有处方，住院有病历，处方、病历、医疗手册、票据齐全相符。

第十八条：本县医疗单位对离休干部就医，挂号费、注射费、检验费、抢救费、护理费等要实行30%～50%的优惠。

第十九条：医务人员要按照《山西省医疗文书规范》中规定的常规量开药，不得开大处方，开人情单；不得随意提高药品价格，更不准“搭车”开药，乱开报销凭证。

第二十条：对管理不善、违犯规定、弄虚作假的单位和人员，给予违规违纪同等金额的经济处罚，并通报批评。对情节严重、数额较大的，给予降级、降职、停发奖金，直至辞退。

四、对离休干部的要求

第二十一条：全县离休干部要发扬优良传统，增强全局意识，体恤财政困难，自觉按规定就医用药。

第二十二条：自觉履行本办法的各项规定，维护我县离休干部医药费管理秩序。

第二十三条：对弄虚作假的个别干部，不予报销其本年度医药费。

第二十四条：每三年组织一次“健康老人”评选活动。对连续三年不住院的离休干部授予“健康老人”荣誉证书，并发给健康奖金。

五、其他

第二十五条：我县过去出台的离休干部医疗费管理办法中与本办法相悖的，以本办法为准。

第二十六条：本办法由襄汾县委老干部局负责解释。

第二十七条：本办法从 2003 年 1 月 1 日起执行。

离休干部 19 种病种平均住院日、平均费用

表 8—1

病　种	平均住院日	平均费用（元）
病毒性肝炎	30～50	2000
急性心肌梗塞	21～35	3500
慢性肺源性心脏病	30～40	5000
肝硬变食道静脉出血	30～50	5000
糖尿病硐症病酸中毒	14～28	1500
脑梗塞	30～40	3600
慢性胆囊炎伴胆囊结石	20	3500
各种癌病	早期 28 日，进展期 30 日	4500
老年性白内障	15—25	900
骨折	30～60	2000
前列腺增生	21～30	3000
流行性乙型脑炎	20～30	1500
细菌性痢疾	10～15	500
急性阑尾炎	8～12	1000
急性胃肠炎	10～15	1000
肺结核	30～45	3000
老慢支伴急性感染	10～15	1000
肠梗阻	10～15	1500
其他急危重病人抢救	7～10	1000

中共襄汾县委组织部　中共襄汾县委老干部局《襄汾县离休干部医疗费管理办法》补充规定

为给全县离休干部看病就医创造更加便利的条件和环境，特制定《襄汾县离休干部医疗费管理办法》补充规定如下：

一、县委老干部局本着“服务、便捷、奉献”的原则，成立“襄汾县老干部局诊所”（以下称诊所），并将诊所应上缴的房租、管理费等项费用让利给老干部。凡离休干部在诊所就诊（包括门诊）一律减免10%的医疗费用。

二、离休干部需住院治疗，必须先到诊所确诊，由诊所出具诊断建议书，经县委老干部局领导审核批准后，方可办理有关住院手续（特殊急危病人需抢救者，可先行住院，然后补办手续），否则不予报销。

三、离休干部在指定医院住院期间的医疗费报销范围是：床位费、必要的检查费、必要的药品、治疗费、手术费等。

四、离休干部住院治疗期间，必须使用劳动和社会保障部颁布的《国家药品目录》范围以内的药品。其中，使用甲类药品由指定医院主治医师、科室主任开具处方，使用乙类药品必须经分管副院长审批。否则不予报销。

五、住院期间，对已发放的门诊费按日核减，在报销住院费时予以扣除。

六、本年度内，同一种病两次以上住院（含第二次）所需的医疗费酌情处理。

七、自费范围：《国家药品目录》以外的药品；美容、整容、镶牙等费用；住院时私自购买的药品；打架、酗酒、交通肇事、医疗事故致病就诊的费用；车船费、食宿费、陪护费；出国探亲、进修、讲学期间就诊费以及不符合公费医疗规定的其他一切费用。

八、在外地居住的离休干部参照本办法执行。

2003年2月20日

中共襄汾县委老干部局设置襄汾县委老干部局卫生所请示报告

卫生局：

襄汾县委老干部局位于县城迎宾路3号，目前全县有离休干部400余名，平均年龄76岁，现70%患有不同程度的疾病。为了更加有效地为这些人民的功臣服好务，方便他们就医，且有效地控制医疗经费，减少医疗费用的流失，经县领导同意，拟成立襄汾县委老干部局卫生所。妥否请予批示。

此致

敬礼

2003年3月29日

中共襄汾县委组织部　中共襄汾县委老干部局
关于认真做好离退休干部“非典”预防工作的通知

襄组老字〔2003〕2号

各乡镇党委、县直各有关单位、各老干部协会：

当前，县委、县政府把“非典”预防工作，作为重中之重，全民动员，全力以赴，全面有效地控制疫情在我县的发生和蔓延。面对防治工作的严峻形势，各部门、各单位要按照县委、县政府的统一部署，高度重视离退休干部的“非典”预防工作，确保广大离退休干部的身体健康和生命安全。现将有关事项通知如下：

一、高度重视离退休干部这个特殊群体的“非典”预防工作

离退休干部是党和国家的宝贵财富，他们为社会主义革命和建设事业做出了巨大贡献。现他们年事渐高，尤其是离休干部普遍进入高龄期、高发病期，在抗击“非典”疫情的斗争中，他们比一般人群面临更多的困难。因此，各部门、各单位的领导要以“三个代表”重要思想为指导，高度重视本部门、本单位离退休干部的“非典”预防工作，要把这项工作作为当前一项重要的政治任务来抓。要充分认识做好离退休干部“非典”预防工作的重要性和紧迫性，要安排专人负责，落实好各项措施，确保无一名离退休干部感染“非典”，让广大离退休干部在抗击“非典”斗争中感到党的关怀和温暖。

二、积极向离退休干部做好预防“非典”的宣传工作

离退休干部有的远离工作单位，有的居住在乡村，及时向他们做好预防“非典”的宣传工作非常重要。要向他们宣传县委、县政府关于“非典”防治工作的安排部署，宣传《中华人民共和国传染病防治法》的规定要求，宣传预防和控制“非典”的科学方法。宣传要结合离退休干部的特点，多形式、多渠道进行，并注意做好离退休干部的思想政治工作，把广大离退休干部的思想统一到县委、县政府的要求和部署上来，增强预防意识，增强与“非典”疫情作斗争的决心和信心。要鼓励和引导离退休干部做好家人和周围群众的工作，维护社会稳定，团结一心，同全县人民一道，共同夺取“非典”预防工作的全面胜利。

三、制定和落实离退休干部预防“非典”的有效措施

各部门、各单位要制定科学的、切实有效的离退休干部“非典”预防方案，要加强领导，明确责任，突出重点，完善措施，堵塞漏洞，扎实做好离退休干部“非典”预防工作。按照县委、县政府的统一安排，给他们更多的关怀和帮助。县委老干部局近期已经采取给离休干部发放预防药品、预防资料、老年大学暂时停止集中授课等项措施。各部门、各单位近期要组织力量到所属离退休干部家中进行巡视和慰问，想方设法创造条件，切实帮助他们解决生活中的实际困难，坚决防止“非典”疫情在离退休干部中发生、蔓延。

县委组织部、县委老干部局将组织人员进行巡视和督查，发现对离退休干部“非典”预防工作不力的单位将予以通报批评。各部门、各单位要配合有关部门对所属离退休干部做好疫情监控，及时准确地掌握情况。县委老干部局坚持24小时值班，各部门、各单位每周四要向县委老干部局报告所属离退休干部“非典”预防情况。联系电话：0357-3622123。

2003年5月1日

中共襄汾县委老干部局
关于认真做好“两节”慰问和“两费”清欠工作的通知

各乡镇党委、县直各有关单位：

元旦、春节将至，为了充分体现县委、县政府对全县老干部的温暖和关怀，进一步做好“两节”慰问老干部和离休干部“两费”清欠工作，现通知如下：

一、认真组织，搞好“两节”慰问工作

2004年元旦、春节期间，各部门、各单位一定要认真组织，采取不同形式，搞好慰问工作。把县委、县政府的温暖和关爱送到老干部家中，让他们过一个祥和、愉快的元旦、春节。

1. 走访慰问。各部门、各单位党政一把手要对本部门、本单位的离退休干部进行一次登门慰问，帮助他们解决实际困难，加强与老干部的交流和联系，深化对老干部的服务。要向老干部通报工作情况，倾听他们的意见和建议。也可采用把老干部们请回来召开座谈会、茶话会、联欢会等形式对老干部进行慰问。

2. 要积极组织老干部开展各种有益身心健康、积极向上、丰富多彩的文体活动，让他们在祥和、热闹的气氛中度过“两节”。

二、高度重视，加大“两费”清欠力度

落实离休干部“两费”工作，是践行“三个代表”重要思想和贯彻十六大、十六届三中全会精神的具体体现，各部门、各单位一定要以“两节”走访慰问为契机，从我县改革、发展、稳定的大局出发，切实把“两费”清欠工作摆上重要位置，抓紧抓好，抓出成效。

近年来，在县委、县政府的亲切关怀和支持下，我县离休干部的“两费”都转由财政发放，较好地保证了离休干部生活待遇的落实。但还有一些单位仍存在部分历史性拖欠问题，在元旦、春节期间，各有关单位一定要把清欠工作作为一项为老干部办实事的重要工作，建立一把手责任制，采取积极有效的措施，加大清欠工作的力度，想尽一切办法，克服各种困难，调整支出结构，加大资金投入，力争在年底前彻底解决离休干部“两费”拖欠问题。

凡存在拖欠的单位，年底前要向我局写出书面报告。报告要写清历史性拖欠数额和这次清欠数额以及采取什么措施，有什么好的经验和做法等。未能解决的，要说明原因，制定清欠时间表，尽快清理。

2003年12月15日

中共襄汾县委老干部局
关于 2003 年全县离休干部医药费管理情况的报告

襄办发〔2002〕83 号文件《襄汾县离休干部医药费管理办法》自 2003 年 1 月 1 日实行以来，我局班子成员和医疗保健办公室人员开拓创新，想方设法，严格管理，堵塞漏洞，优化服务，细致工作，理顺情绪，化解矛盾，在 83 号文件执行过程中，使离休干部由持怀疑态度到逐步理解，由消极抵制到交口称赞，较好地保证了他们看病就医。一年来，发放门诊费 281520 元，报销住院费 548688 元，支付慢性病医药费 101572 元，共计 931780 元，与 2002 年全年 1555047.7 元医药费相比，为县财政节约医疗资金 623267.7 元。现将执行情况报告如下：

一、严格管理，堵塞漏洞

首先，为了真正把县委、县政府对老干部的关怀之情落到实处，切实按管理办法的规定操作运行，年初在杨志威副书记的主持下，我局与卫生局、县医院等相关部门召开了联席会议，会议就齐心协力，紧密配合落实好管理办法进行了研究，并形成了会议纪要，对运行操作程序、各自的职责、医务人员的服务等进行了明确规定，有效地保证了管理办法各项规定的落实。同时给老干部人手一份，让老干部明白各项规定，自觉按规定程序执行。其次，严把住院关，杜绝小病大治、小病住院的现象发生。我局与县医院有关负责同志紧密配合，按照管理办法对住院的规定，对每一个要求住院的老干部都严格审查，认真登记。第三，严格审核报销票据，根据《老干部医药费管理办法》对报销凭证和用药的要求，我局在报销药费时，认真审核，对不符合《老干部医药费管理办法》要求的和不符合我局住院审批手续的，一律不予报销。

二、理顺情绪，优化服务

《老干部医药费管理办法》开始实行时，受到一部分老干部的欢迎和好评，但也有一部分人持怀疑态度，有个别人等待观望，少数人甚至拒绝领取门诊费。为了取信于老干部，我们严格执行《离休干部医药费管理办法》规定的时间，2003 年 1 月初，在第一季度的门诊费财政一时无法划拨到位的情况下，我们不等不靠，多方筹措 10 万元，按时把门诊费发到了老同志手中。这样较好地稳定了人心，也维护了《离休干部医药费管理办法》的严肃性。同时，我们认真做好老干部的思想工作，理顺情绪，化解矛盾，逐步使管理办法良好运行。

三、创新机制，完善制度

2003 年第一季度，在《离休老干部医药费管理办法》的执行过程中，出现了一些新情况、新问题：一是少数慢性病患者认为《离休老干部医药费管理办法》中规定的每月 60 元门诊费不够用，不符合中央实报实销的政策，有的甚至要上访告状；二是个别人小病大治，小病住院。有几个离休干部 1 月份重感冒、肺部感染住了一次院，2 月份同样病又住进了医院，这样既领到了门诊费，又报销了住院费，无形中更加重了县财政的负担。

针对出现的新问题，我们不断创新，大胆提出在我局建立卫生所的设想，在县委陈书记和有关领导、有关部门的大力支持下，我县老干部卫生所于2003年4月初挂牌开张，并聘请县医院原业务副院长曹瑾大夫为坐班医生，全天候为老干部服务。卫生所成立之后，我们充分发挥其功能，进一步完善和建立了相关制度。一是慢性病的认定和服务制度。慢性病患者，个人写出申请，经卫生所确诊，局内审核后，填写慢性病患者认定表，确定为慢性病的患者，停发其每月60元的门诊费，可直接在卫生所就诊。医药费年在2000元内，实报实销，超出2000元部分，年终酌情解决。对那些行动不便的慢性病患者，卫生所上门服务，送医送药。二是进一步完善了住院制度。离休老干部患病后，必须在卫生所就诊，确需住院的，由卫生所出具诊断建议书，经局领导审核同意后，方可到指定医院住院治疗。三是在卫生所住院治疗优惠制度。在执行过程中，我们发现同一种疾病，在卫生所住院治疗只要少量医药费，如果在医院住院治疗则需两倍以上的医药费，可患者往往选择条件较好的医院治疗。针对这一问题，经我局局委会研究，出台了老干部在卫生所住院，由本人或家属在处方上签字即可，不需付现金的优惠政策（在其他医院由本人垫付，半年后报销），吸引部分老干部自觉自愿地在卫生所住院治疗。

通过采取以上有效措施，既方便了慢性病患者看病就医，又把住了住院的第一道关口，有效地解决了小病大治、小病住院的问题。仅此一项，一年为县财政节约医疗资金15万～20万元。

四、存在的问题

1. 编制人员尚未到位。现在，我局医疗保健办公室只有一人，致使《离休老干部医药费管理办法》规定的跟踪服务、家访等职能难以落实，在指定医院的住院费难以控制。

2. 卫生所设备简单、条件差，不能满足老干部就诊需要，急需扩大规模，改善条件。

3. 随着老干部高龄、高发病期的到来，每人每年2000元标准，低于中央和省规定的2500元的最低标准线，已不能满足老干部医疗要求。如2003年离休老干部王光裕患有心脏病，治疗费用达9万元。陈生华、杜守广、张国杰、卫兰田等癌症患者的医疗费在3～5万元间。2003年县财政拨付我局医疗费782000元，现还存在149780元的缺口亟需解决。

以上报告妥否，请批示。

2004年2月10日

中共襄汾县委老干部局
关于在全县离退休干部中开展“十个一”建功创业活动的意见

襄老字〔2004〕1号

各乡镇党委、县直各有关单位、各老干部团体：

为进一步发挥老干部的优势，充分调动他们的积极性，为全县经济和社会发展服务。经研究，决定在全县离退休干部中开展“十个一”建功创业活动。现将有关事项通知如下：

一、目的意义

2004 年是我县建设经济强县、教育大县、文化名县，迈向全省发达县第一方阵的关键之年，要实现县委、县政府 2004 年制定的全县经济和社会发展的宏伟目标，就需要全县上下万众一心，共同努力。离退休干部是经济和社会发展的一支不可忽视的力量，是党和国家的宝贵财富。围绕全县经济和社会发展的目标，在离退休干部中开展“十个一”建功创业活动，就是要让这笔宝贵的“社会财富”在我县经济和社会发展的过程中起到应有的作用，做出新的贡献。

二、活动内容

“十个一”建功创业活动，就是动员全县离退休干部发挥其阅历长、经验多，有不少老同事、老部下、老朋友的优势，紧紧围绕 2004 年全县经济和社会发展的目标，为实现五大突破，完成二十项重点任务，提供一条经济信息；引进一个项目；引进一笔资金；推广一项技术；推销一批产品；引荐一名人才；提出一条经济和社会发展的建议；进行一次经济和社会发展的调查研究；创办领办一个经济实体；联系扶持一个企业、村庄或学校。

三、活动要求

1. 各单位、各老干部团体要组织老干部认真学习襄发〔2004〕1 号文件（《关于 2004 年全县经济和社会发展的安排意见》）。同时要把开展此项活动的内容传达给每位离退休干部。

2. 有条件的单位要就近组织离退休干部参观考察我县工农业生产的一些重点项目。

3. 各单位要尽可能地为老干部参加此项活动提供便利条件。

4. 各单位、各老干部团体要把活动进展情况、活动中涌现出的先进典型以及老干部在活动中取得的成果及时书面报告县委老干部局。我局将认真总结，并把此项活动的开展情况作为评选老干部工作先进单位及模范老干部的重要依据。

2004 年 3 月 20 日

中共襄汾县委组织部　中共襄汾县委老干部局
关于进一步落实好新形势下老干部政治待遇的通知

襄组老字〔2005〕3 号

各乡镇党委、县直各有关单位：

去年 10 月份，胡锦涛总书记为全国老干部“双先”表彰大会作了重要批示，全文是“祝贺全国老干部先进个人和先进离退休干部党支部表彰大会的召开。老干部是党和国家的宝贵财富。广大老干部为我国革命、建设、改革做出了重大贡献，建立了卓越功勋。没有广大老干部的长期英勇奋斗，就没有今天我们党和人民事业蓬勃发展的大好局面。各级党委和政府一定要从贯彻‘三个代表’重要思想的高度，切实把老干部工作作为一件大事来抓，认真研究和解决老干部工作遇到的新情况和新问题，真正做到政治上尊重老干部，思想上关心老干部，生活上照顾老干部，进一步把中央关于老干部工作的各项政策措施落到实处。希望广大老干部大力弘扬党的优良传统和作风，为党和人民的事业继续发挥积极作用。祝广大老干部健康长寿，心情愉快，安度晚年。”为了认真贯彻胡锦涛同志的重要批示，进一步落实好老干部的政治待遇，促进我县老干部工作再上一个新台阶，现将有关事项通知如下：

一、高度重视老干部政治待遇落实工作

胡锦涛同志的重要批示，充分体现了中央领导集体对老干部的深切关怀。坚持老干部基本政治待遇不变，是党的老干部政策的基本原则；落实好老干部的政治待遇是老干部工作的重要内容。随着我县离休干部“三个机制”的建立健全和社会保障制度的逐步完善，更好地满足老干部的政治需求和精神文化需求，显得更加重要而紧迫。各部门各单位一定要从思想上高度重视老干部政治待遇落实工作，要像抓落实生活待遇工作一样，扎扎实实抓好老干部政治待遇的落实。

落实老干部的政治待遇，既包括老同志看文件、听报告、参观工农业生产、重大节日走访慰问等基本政治待遇的落实，也包括组织老同志学习政治理论，加强离退休干部党支部建设，加强和改进老干部思想政治工作，组织引导老同志发挥作用等更深层面、更宽领域的工作。各部门各单位的领导要从践行“三个代表”重要思想和讲政治、讲大局的高度，切实加强对老干部政治待遇落实工作的领导，不断拓宽工作思路，创新工作方法，将工作整体推进。

二、抓好老干部的政治理论学习

老干部学习政治理论，学习新知识，接受新观念，是丰富晚年生活，确保与时俱进的前提和基础，各部门各单位要围绕形势和任务的要求，结合先进性教育活动，组织老干部认真学习马列主义、毛泽东思想、邓小平理论和“三个代表”重要思想，特别要组织引导老干部认真学习、深刻理解“三个代表”重要思想的科学内涵和精神实质。同时，还要组织老干部广泛学习经济、科技、法律、历史、保健等方面的知识，为老同志开阔视野、更新观念奠定基础。

要不断改进和创新学习方法，把集中学习和个人自学相结合，通过举办培训班、报告会、专题讲座、知识竞赛等办法，激发老同志的学习热情；把学习和参观考察相结合，就近就地组织老干部参观工农业生产和诚市建设项目，使老同志进一步感受近年来我县经济社会发生的巨大变化，进一步增强践行“三个代表”重要思想的自觉性、坚定性。

广大老同志要进一步增强学习的自觉性，克服困难积极投身学习活动。通过学习提高思想认识，增强党性观念，做到政治坚定，思想常新，理想永存。

三、加强离退休干部党支部建设

离退休干部党支部是党的基层组织的重要组成部分，是党联系老干部的桥梁和纽带。多年的实践证明，离退休干部党支部在加强老干部思想政治工作，组织引导老干部发挥作用中具有不可替代的作用。各乡镇党委一定要把离退休干部党支部纳入党建整体规划，加强领导，狠抓落实，不断提高离退休干部党支部的创造力、凝聚力、战斗力，把党支部建设成贯彻“三个代表”重要思想的组织者、推动者和实践者。

四、增强老干部思想政治工作的针对性、实效性

老干部思想政治工作是党的思想政治工作的重要组成部分。各部门各单位要努力探索老党员、老干部长期接受教育，永葆革命本色的有效机制。要开展理想信念教育，使老同志进一步坚定共产主义理想和中国特色社会主义信念；开展保持共产党员先进性教育，引导老党员认真履行党员义务，积极行使党员权利，带头维护党的章程，遵守党的纪律，在保持共产员先进性方面取得新的成效。

老干部是特殊群体，思想教育要坚持正面教育和自我教育。把思想政治工作和解决实际问题，开展丰富多彩的活动结合起来。认真落实老干部生活待遇，广泛开展为老干部送温暖、办实事、解难题活动，解决好他们的实际困难。要结合老干部的兴趣爱好，组织开展各类文化体育活动，寓教于学、寓教于乐，不断提高思想政治工作的针对性和实效性。

五、组织引导老干部为实现我县“三县”“一方阵”目标做贡献

老干部有很强的政治优势、经验优势和智力优势。他们虽然离开了工作岗位，但仍然有继续为党和人民的事业做贡献的真诚愿望。各部门各单位要本着社会需要、自愿量力的原则，在保持老干部身心健康、安度晚年的同时，组织引导他们积极投身于我县经济和社会发展的各项工作中去。

要做好组织引导、信息提供等方面的工作，为老干部发挥作用搭建服务平台。对那些做出突出贡献的老同志要进行表彰奖励，并要及时上报县委组织部和老干部局。通过典型宣传，引导和带动更多老干部找准自己的所长和社会需要的结合点，为实现我县“三县”“一方阵”目标做贡献，为全面建设小康社会宏伟目标的实现立新功、创新业、谱新篇。

2005 年 4 月 5 日

中共襄汾县委办公室　襄汾县人民政府办公室
关于印发《襄汾县委老干部工作领导组会议纪要》的通知

襄办发〔2007〕44 号

各乡镇党委、政府，县直各部、委、局、办、中心：

经县委、县政府研究同意，现将《襄汾县委老干部工作领导组会议纪要》印发给你们，请认真贯彻执行。

2007 年 8 月 25 日

襄汾县委老干部工作领导组会议纪要

（2007 年 8 月 22 日）

襄汾县委老干部工作领导组会议于 2007 年 8 月 22 日在县委老干部局举行。县委副书记、县长张金凤，县委副书记王建中，县委常委、组织部部长毛跟云以及有关单位负责人参加了会议。

会议指出，襄汾的发展能有今天的成绩，是在老干部流血流汗奠定的基础上进行的。老干部局全体人员和全县老干部工作者，不辞劳苦，做了大量的工作，是有成绩的。但随着形势的发展，老干部工作仅靠老干部局是解决不了的，县委和县委老干部工作领导组，要把老干部工作抓在手上，摆在重要的议事日程，切实把老干部的事情办好。县长张金凤同志强调指出，老干部是党和国家的宝贵财富，老干部工作是党的干部工作重要组成部分，要做好老干部工作，一是要提高认识，二是要加深感情，三是要增强力度，四要讲求实效。会议对当前老干部工作的有关问题进行了认真的研究，并提出了具体的意见。

一、建立和实行老干部工作例会制度。会议确定，今后每半年召开一次老干部工作领导组会议，集中研究解决老干部工作遇到的新情况、新问题。每年县委常委要进行一次老干部工作专题会议，由老干部工作领导组将例会形成的意见提交县委常委会研究。

二、每年组织一次老干部代表对全县工农业建设项目、重点工程进行一次考察，每年1月15日、7月15日，县委书记、县长要分别向老干部通报工作，倾听建议和意见，不断改进县委、县政府的工作。

三、对各乡镇、各单位老干部的服务管理，由各乡镇、各单位负责，明确一名工作人员具体承办，县财政、劳动保险所要优先发放老干部的工资。

四、会议议定，县老干部活动中心和老年大学所需经费，由县财政列入年初预算。老干部局要加强对老干部活动中心和老年大学的管理，逐步完善设施，让老干部有一个门类齐全的、条件良好的活动场所。

五、会议要求，对老干部工作，各级各部门要从贯彻落实科学发展观、构建和谐社会的高度来认识，各单位党政一把手要亲自抓，想方设法解决实际问题。纪检、组织、人事部门要组织力量，进行监督检查，对于那些对老干部工作态度不积极，工作不扎实，欺上瞒下，顶着不办的要严肃处理。

六、春节、中秋等重大节日，县四套班子领导要对离退休干部进行慰问，把党和政府的温暖送到每个老干部心里。各单位要召集本单位的老干部召开座谈会、茶话会等，加强新老干部之间的联系，为构建和谐襄汾做出贡献。

中共襄汾县委老干部局
关于广泛开展“爱我襄汾、树我形象、建我家乡”主题活动的实施方案

为深入贯彻落实县委、县政府“爱、树、建”主题活动精神，确保该项活动在我局扎实有效开展，根据襄爱树建组发〔2010〕1号文件精神，结合我局工作实际，制定开展“爱、树、建”主题活动实施方案如下：

一、指导思想与目的意义

“爱、树、建”活动既是社会主义精神文明建设的重要载体，也是我局全面落实科学发展观的重要举措，旨在进一步提高全局人员文明素质，凝聚人心干劲，鼓舞士气斗志，加快科学发展、促进社会和谐，在全局形成崇尚文明、讲究礼仪、遵守秩序、爱护环境的社会风尚。开展“爱、树、建”主题活动，重点在我局开展以“三争三创”为载体的活动，即开展争做学习标兵，创建“学习型”机关活动；开展争做岗位标兵，创建“服务型”机关活动；开展

争做奉献标兵，创建“和谐型”机关活动，进一步激发全局干部职工的工作热情，树立文明、开放、和谐、向上的良好形象，为全县老干部工作科学发展，为全县经济社会又好又快发展提供坚强有力的保障。

二、组织领导

我局成立“爱、树、建”主题活动领导组。

组　长：柴明珠（局长）

副组长：毛俊峰（党支部书记）

张治文（副局长）

贾红利（副局长）

赵彩虹（纪检组组长）

成　员：乔　飞、马惠杰

领导组下设办公室。办公室主任由乔飞兼任。

三、活动内容

1. 开展争做学习标兵，创建“学习型”机关活动。按照全县“强素质、做表率、谋发展”主题读书活动的要求，精心制订学习计划，丰富学习内容，完善学习制度。一是每周五上午定为集中学习日，结合学习内容，由局班子成员轮流讲课。二是全局人员每天坚持学习一小时，每两月读一本好书，每年写10000字的读书笔记。三是定期进行政治理论、业务知识培训，不断更新知识，增长才干，创建“学习型”机关，以适应新形势下老干部工作的需要。

2. 开展争做岗位标兵，创建“服务型”机关活动。按照省、市老干部局的要求，结合全县开展的“文明和谐单位”创建活动，牢牢抓住“优质服务”这个重点，在全局干部职工中开展争做岗位标兵，为老干部提供优质服务活动，进一步树立部门良好形象。

3. 开展争做奉献标兵，创建“和谐型”机关活动。按照全县开展的“知荣辱、树新风、我行动”道德实践活动以及举办“一个大赛”活动的要求，结合我局实际情况，开展“三项活动”。一是开展老干部工作业务知识竞赛活动。具体组织一次全局人员参加的老干部工作业务知识竞赛测试。测试内容以《老干部工作政策选编》《老干部工作政策业务知识问答》为主。二是开展“以人人讲奉献，做贡献”为主题的活动，激发全局干部职工奉献爱心，为老干部提供优质服务的工作热情。三是开展羽毛球、乒乓球、象棋、扑克比赛等文体活动，力争人人参与。通过活动的开展，进一步提高全体人员整体素质，增进相互了解，进一步凝聚人心，营造文明和谐氛围，创建“和谐型”机关，推动我局各项工作顺利开展。

四、活动要求

1. 加强领导，精心组织。领导组成员要以身作则，率先垂范，全局人员要提高思想认识，积极参与活动，防止和克服厌倦心理、自满情绪，以强烈的政治责任感和饱满的精神状态投入到活动中来。

2. 加强宣传，营造氛围。通过新闻媒体、网络平台等，及时宣传我局“爱、树、建”活动进展情况，宣传我局自身建设的新气象和全体干部职工精神风貌的新变化，为活动的开展创造良好的氛围。

3. 统筹兼顾，促进工作。要正确处理开展活动与日常工作的关系，把开展活动作为推动我局工作更好发展的强大动力，统筹协调，合理安排，做到“两不误，两促进”。

2010 年 8 月 1 日

中共襄汾县委老干部局
关于开展纪念建党 90 周年活动的安排

襄老字〔2011〕4 号

各老干部团体、各乡镇老干部党支部、活动室：

今年是中国共产党成立 90 周年，也是“十二五”规划的开局之年，各团体、各单位要根据实际情况，把开展创先争优活动同我们的一系列活动结合起来，发挥好离退休干部在各条战线上的作用。现将活动内容安排如下：

一、指导思想

以“歌颂党的伟业，激扬时代精神”为主题，激励广大老同志做共产主义远大理想和中国特色社会主义共同理想的坚定信仰者、科学发展观的忠实实践者、社会主义荣辱观的自觉践行者、社会和谐的积极推进者。

二、活动时间

2011 年 2 月中旬—7 月上旬。

三、活动内容

1. 召开老干部座谈会，结合老干部党员各自经历，畅谈我党光辉历程，激发老干部爱党、爱国、爱社会主义的热情。

2. 邀请市委党校教授上党课、讲党史。

3. 举办襄汾民俗文化讲座。并组织老干部参观考察晋作家具文化产业——“唐人居”。让老干部们进一步了解我县悠久的文化历史及“转型发展”的成果。

4. 举办“忆党情·颂党恩”为主题的庆祝建党九十周年文艺晚会。

5. 举办离退休干部门球赛。

6. 举办离退休干部象棋赛。

7. 举办“庆七一·颂党恩”书画展，并邀请著名书画家为离退休干部举办书画讲座。

8. 慰问离休干部和退休干部中做出突出贡献的党员。

9. 编辑出版《丁陶大地夕阳红》，收集全县离退休干部先进事迹材料，旨在宣传离退休干部在社会各领域、各行业做出的突出业绩。

10. 举办“向杨善洲同志学习，做人民满意的好党员、好干部”座谈会。

2011 年 2 月 12 日

中共襄汾县委老干部局
关于开展党务公开工作的实施方案

为进一步发扬局机关党内民主，加强党内监督，促进机关效能建设，局机关决定在全局开展党务公开工作。现结合《中共襄汾县委办公室关于党的基层组织实行党务公开的实施方案》（襄办发〔2011〕20号）要求，对开展局机关党务公开工作提出如下实施方案：

一、指导思想和工作目标

（一）指导思想：以邓小平理论和“三个代表”重要思想为指导，以十七大提出的“全面做好离退休干部工作”为新任务，全面落实科学发展观，坚持党要管党、从严治党的方针，不断增强局机关党支部和党员队伍的创造力、凝聚力和战斗力，为襄汾科学发展提供坚强有力的政治保障和组织保障。

（二）工作目标：通过党务公开，建立完善党内情况通报、情况反映、重大决策征求意见和党内民主、监督管理制度，使党员群众的知情权、参与权和监督权等民主权利得到保障，形成以制度管权、管人、管事的良好局面。

二、党务公开的主要内容

（一）全局和中心工作：机关党内重大决策、决定、决议；党支部任期目标和阶段性工作重点；为民办实事的内容及进展情况等。

（二）思想建设：党内学习计划及落实情况；各种专题教育、党课教育和支部党员教育活动开展落实情况。

（三）组织建设：党支部换届选举、班子成员工作分工；评选表彰优秀党员及党务工作者情况；对党员的培养、推荐、使用情况；党费收缴情况；积极分子培养、党员发展情况。

（四）作风建设：党风廉政建设责任制、党员领导干部廉洁自律执行和述职述廉情况；重大事项报告制度执行情况；接待群众来信来访情况；党员违纪案件查处及领导班子民主生活会情况。

三、党务公开程序、形式和时限

（一）党务公开的程序：公开的内容、形式和范围由局党务公开工作领导小组审核批准，特别重大、敏感的事项要由党支部集体讨论决定。对于涉及党员、群众切身利益的重大问题采取党内公开或先党内、后党外的顺序进行公开。

（二）党务公开的形式：适宜在党内公开的通过召开党内有关会议、下发文件，或在活动室设立文件查阅处等形式进行公开。适宜对全社会公开的通过党务公开栏进行公开。同时，设置党务公开意见箱和公开投诉电话（0357-3622123），收集对党务公开的意见和建议。

（三）党务公开的时限：每季度第一个月10日前，公开上季度的内容；7月10日前公开上半年的内容，1月10日前公开上年全年的内容；需随时公开的事项要随时公开，对特殊事项需公开的要及时公开。

四、工作步骤

根据本机关的实际，党务公开工作从 7 月中旬全面展开，具体安排如下：

（一）筹备启动

1. 加强宣传，成立机构。为确保党务公开工作的顺利推进，决定成立老干部局党务公开工作领导小组。

组　长：毛俊峰（局党支部书记）

副组长：柴明珠（局长）

张治文（副局长）

贾红利（副局长）

成　员：赵彩虹（纪检组组长）

乔　飞（办公室主任）

2. 制定方案，落实部署。要根据本单位的实际情况，研究确定党务公开的内容和形式，制定本单位操作性较强的实施方案，并及时进行落实部署。

（二）组织实施

1. 设立党务公开栏。在机关内的醒目地方，设立统一规范的党务公开栏，设置党务公开意见箱。

2. 按程序进行公开。在党务公开实施中，对公开的内容先审核后公开，并按照不同内容在公开栏里进行公开。

3. 开展评先创优活动。要结合党务公开工作开展“党员示范岗”“党员服务岗”的创建以及“讲党性、重品行、作表率，树干部新形象”等活动，在窗口服务的共产党员，要公开党员身份和服务职责、服务标准，实行党员服务承诺制，提高服务质量，接受群众监督。

4. 完善措施，提高水平。在开展党务公开工作中，支部要结合群众所提的意见和建议，制定和完善工作措施，提高工作水平，争创党务公开工作先进典型。

五、监督保障

机关支部要采取有效措施，落实好党务公开各项制度，建立健全监督保障机制，对党务公开工作实行长效管理。

（一）党务预公开制度。在决定或办理与群众密切相关的重要事项时，要在作出决定或办理前将方案公布，充分听取群众意见。

（二）实名举报反馈制度。对党内有真实姓名举报的材料，要优先受理，并将处理结果告知举报人，听取其意见。

（三）党员服务承诺制度。明确服务承诺事项、服务承诺的完成时限等，自觉接受群众监督。

（四）党务公开申请制度。对党员、群众要求公开的事项，经支部研究，认为可以公开的，在一定范围内以适当形式予以公开。

（五）党务公开资料归档制度。建立好台账，将公开工作的文件、会议记录、领导批示、公开的内容、社会监督意见及处理反馈等资料及时归档备查。

在坚持上述制度的同时，本单位要从实际出发，不断完善机关内务管理制度以及首问责任制、服务承诺制、限时办结制、责任追究制等机关效能建设各项制度。

六、工作要求

（一）提高认识，明确责任。党务公开工作是一项长期性、系统性和基础性的工作，要深刻认识推行党务公开的重要性、必要性和紧迫性，把推行党务公开列入重要议事日程。要按照具体分工，明确职责，并落实专门人员负责公开内容的管理、公布工作，确保党务公开工作有序地推进。

（二）加强督查，创新思路。党支部要经常对党务公开工作的进展情况进行监督检查，及时通报开展工作情况。同时，要积极探索，勇于创新工作思路，不断提升党务公开工作水平。

（三）完善改进，有效推进。要加强调查研究，对老干部以及社会各界反映的意见和建议，要认真对待、积极处理、及时反馈，并将办理情况和结果在相应范围内公开。要结合本单位工作实际，不断细化和完善党务公开的具体内容，增强党务公开的针对性和可操作性，使党务公开工作更加扎实、有效。

2011年7月20日

中共襄汾县委老干部局
关于严禁大操大办婚丧喜庆事宜和借机敛财的通知

襄老字〔2011〕13号

各科、室、活动中心：

根据中央纪委五次全会、省、市、县党风廉政建设干部大会会议精神，为进一步加强我局党风廉政建设，促进党员干部廉洁自律，现就严禁我局工作人员大操大办婚丧喜庆事宜和借机敛财的有关问题通知如下：

一、充分认识大操大办婚丧喜庆事宜和借机敛财的危害性。近期以来，部分工作人员大操大办生日宴、祝寿宴、升学宴、乔迁宴和婚丧宴，不仅影响了正常的生产和工作秩序，而且败坏了社会风气；不仅加重了干部群众家庭经济负担，而且破坏了党群干群关系；不仅孳生了少数党员干部借机敛财的腐败行为，而且损害了党和政府在人民群众中的形象。各科、室、活动中心负责人要深刻认识其危害性，把狠刹大操大办婚丧喜庆事宜和借机敛财的歪风作为当前和今后的一项重要工作来抓。

二、要严格遵守中央和省、市、县有关廉洁自律的规定，严禁大操大办婚丧喜庆事宜和借机敛财。

1. 禁止利用本人及家庭成员工作调动、生日、祝寿、升学、乔迁等机会宴请宾客、挥霍浪费和借机敛财。

2. 不准利用婚丧嫁娶向单位及工作人员发请帖，不准收受其礼金礼品，禁止通知亲属以外的人员参加，禁止大操大办，禁止多处宴请。

3. 不准用公款公物操办婚丧喜庆事宜。公用车辆一律不准为私人迎亲送葬。不准讲排场、比阔气。

4. 不准参加亲友以外的婚丧宴请活动。

5. 不准搞封建迷信活动。

6. 党员干部和国家工作人员操办本人及其家属的婚丧事宜，邀请人员限制在亲属和至交好友范围内，宴请人数一般不超过150人。

三、严格履行申报程序，执行审批规定。

所有局机关单位工作人员，特别是党员领导干部操办婚丧喜庆事宜必须严格履行申报程序。按照干部管理权限，科级（含副科级）干部向县纪委监督室申报；一般党员干部和工作人员向老干部局纪检组申报。申报审批包括宴请缘由、时间、地点、人员和桌数等事项，待批准后方可办理。宴请结束后应及时上报结果，并在本单位公开栏中公布，接受群众和社会监督。除婚丧之外的事宜，均不在申报审批范围之内。

四、建立举报奖励制度。

局机关设立举报电话，实行举报奖励制度。凡举报大操大办婚丧喜庆事宜和借机敛财被查证属实的，对举报人给予适当奖励。县老干部局举报电话为：0357-3622123。

五、加强监督检查，严肃查处顶风违纪行为。

各科、室、活动中心负责人要加强对本部门工作人员大操大办行为的监督检查，对利用职务上的便利大操大办婚丧喜庆等事宜借机敛财，在社会上造成不良影响的，视其情节轻重建议有关部门给予相应的党纪政纪处分，并将收受亲友之外的钱物一律收缴财政。

六、加强教育，强化责任。

各科、室、活动中心负责人要加强对其工作人员发扬艰苦奋斗优良传统的教育，大兴厉行节约、制止奢侈浪费之风。党员领导干部要严格执行廉洁自律各项规定，带头移风易俗，倡导文明、节俭办家事的新风尚，带头抵制各种大操大办、借机敛财的不正之风，切实加强对本部门工作人员的教育、管理和监督。各部门要强化措施，明确责任，健全制度，严禁工作人员大操大办婚丧喜庆事宜和借机敛财。否则，除追究当事人责任外还要追究部门主要负责人的责任。

领导干部一定要做到讲党性、重品行、做表率，自觉抵制和坚决反对大操大办不良之风，严格遵守党员领导干部廉洁自律的各项规定，始终保持为民、务实、清廉的形象，以坚强的党性、良好的作风，推动社会风气根本好转。

2011年12月6日

中共襄汾县委老干部局
关于成立襄汾县老干部健康咨询委员会的通知

襄老字〔2012〕2号

我县老干部整体进入高龄期、高发病期，针对“双高期”老干部身体心理状况，为进一步确保老干部有病早发现、早治疗，满足老干部进行健康咨询的意愿，使老干部就近得到关心照顾。经研究，决定成立老干部健康咨询委员会。

成员组成如下：

主　任：张高健（县疾控中心原主任）

副主任：耿俊童（县医院副院长、心脑血管疾病专家）

秦俊明（县医院副院长、副主任医师）

郝松武（县医院大内科原主任医师）

郭　平（县医院骨科副主任医师）

王　敏（新城镇卫生院主治医师）

孙建红（赵曲精神病医院主治医师）

杨建岗（邓庄中心卫生院副主任医师）

魏全虎（张礼卫生院主治医师）

郭向荣（陶寺卫生院主治医师）

石保印（大邓中心卫生院副主任医师）

李新生（土地殿卫生院主治医师）

李宗义（古城中心卫生院主治医师）

原小强（曹家庄卫生院主治医师）

高跃泰（景毛卫生院医师）

郝红真（南辛店卫生院医师）

杨红庆（贾罕卫生院主治医师）

陈文明（襄陵中心卫生院主治医师）

赵红兵（浪泉卫生院医师）

曹建都（汾城卫生院主治医师）

王发家（贾岗卫生院主治医师）

刘惠荣（赵康中心卫生院医师）

程黎明（丰盈卫生院主治医师）

范黎明（西贾卫生院医师）

王卫东（南贾卫生院医师）

赵俊辉（永固卫生院医师）

2012 年 2 月 23 日

中共襄汾县委老干部局
关于加强行政效能建设优化发展环境的工作方案

为切实加强机关效能建设，优化发展环境，根据市纪委临纪发〔2012〕8 号文件和县纪委襄纪发〔2012〕17 号文件精神，制定本工作方案：

一、工作目标

紧紧围绕“作风转变年”活动，以推进依法行政、优化发展环境为主线，以转变工作作风、规范机关制度、提高工作效率为重点，以解决影响和制约发展环境方面的突出问题为切入点，加大行政效能建设力度，使全体工作人员依法行政意识进一步增强，工作作风进一步改进，工作效率和服务质量进一步提高。

二、工作任务

1. 保证政令畅通。本单位要严肃行政纪律，切实贯彻落实党和政府的重大决策、决议；认真执行法律、法规和政令，坚决查处和纠正有令不行、有禁不止、有法不依、违法不究等行为，确保政令畅通。

2. 抓好各项制度建设。要以制度建设为基础，不断推进依法行政。要从本机关基本工作职能和业务事项出发，建立健全岗位责任制、服务承诺制、政务公开制以及机关学习制度、考勤制度、请销假制度等几项基本制度，逐步形成比较完善的机关效能制度体系。做到以岗位责任制来明确工作职责，以承诺制来明确管理和服务要求，以公示制来推行政务公开，以效能考评制来强化民主监督。订立制度要规范化、标准化、科学化，增强针对性和可操作性，要充分体现制度的保障作用。

3. 进一步推进政务公开工作。要把老干部关心、社会关注的问题和环节作为政务公开的重点。当前，政务公开重点是干部任用、老干部医药费的审批报销、重大物品的采购等问题，不仅要公开办事依据、程序和结果，而且要公开办事机制和结果。

4. 建立各种便民、利民服务措施。要坚持全心全意为人民服务的宗旨，把老干部欢迎不欢迎，高兴不高兴，满意不满意作为开展这项工作的出发点和落脚点，特别是有关老干部接待和服务的股室，要根据工作特点，为老干部提供满意的服务。

5. 建立健全机关效能监督机制。单位成立机关效能建设领导小组办公室和投诉中心，负责对本机关效能建设工作开展情况进行监督检查，及直接受理社会各界对机关效能问题的投诉。充分发挥民主监督、群众监督和舆论监督的作用，切实做好群众的来信来访处理和接待工作，做到事事有着落，件件有回音。

三、工作实施步骤

本次活动从2012年5月底开始至12月结束，分三个阶段进行：

第一阶段：学习动员（5月底至6月上旬）。主要任务是进行广泛的思想发动，切实提高广大干部职工的思想认识，做到三个一：

1. 召开一次动员大会。召开单位“加强行政效能建设优化发展环境”活动动员大会，对活动进行全面部署，机关各股室要按照局动员大会的要求，切实把干部职工的思想统一到活动上来，提高开展活动的积极性和主动性。

2. 制定一个工作方案。根据县纪委襄纪发〔2012〕17号文件的要求，结合我局实际，围绕存在的问题，制定具有针对性、操作性、实效性的工作方案。

3. 组织一次专题学习。组织全体人员认真学习《中华人民共和国行政监察法》《中华人民共和国行政许可法》和省市县有关加强行政效能建设优化发展环境的各项规定，充分认识此项工作的重要性和必要性。

第二阶段：集中整治阶段（6月中旬至11月）。主要任务是针对查找出来的主要问题及导致问题存在的原因，采取有力措施，集中力量整改。

1. 人人开展自查自纠。每人都要认真写出自查自纠报告，认真查找自己存在的问题并剖析存在问题的原因。

2. 召开一次本单位各科室和部分工作人员座谈会，根据科室和工作人员在工作作风、工作效能、群众满意度情况，查找突出问题。

3. 召开一次服务对象——老干部座谈会，结合老干部反映的情况，查找突出问题。

4. 设立意见箱，收集社会上群众意见。

5. 制定切实可行的整改方案，认真抓好整改，落实整改责任。

第三个阶段：建立长效机制（12月）。主要任务是进一步加强整改，建立和完善各项制度。我局要针对在学习作风、思想作风、工作作风和纪律作风方面查找出的突出问题，结合《中华人民共和国行政许可法》以及《中华人民共和国行政监察法》的要求，建立健全岗位责任制、服务承诺制、政务公开制以及机关学习制度、考勤制度、请销假制度等几项基本制度，逐步形成比较完善的机关效能制度体系。

四、成立领导机构

为了保障此次活动的顺利进行，我局成立“加强行政效能建设优化发展环境”活动领导小组，名单如下：

组　长：王稳锁（局长）

副组长：赵彩虹（纪检组组长）

成　员：杨丽娟、乔飞、孙银香

办公室主任由杨丽娟担任。

2012年5月31日

中共襄汾县委老干部局
关于对新闻报道工作实行奖励的通知

襄老字〔2012〕12号

各老干部协会：

为了充分调动大家的工作积极性，进一步加大我县老干部工作宣传报道力度，营造尊老敬老的社会氛围，为我县转型跨越发展创造良好的舆论环境，结合我县实际，特制定本奖励办法。

第一条　奖励内容

对刊播在县、市级以上党报党刊、相关杂志、报刊以及工作通讯、信息，电视台、主流网站等新闻媒体，反映老干部及老干部工作的正面新闻宣传报道，包括各类新闻（图片）、信息、理论调研文章等。

第二条　奖励基数

每个工作人员每年的任务基数为：在市级以上新闻媒体上稿 2 条；在襄汾政府门户网站上稿 2 条，未完成任务者，不能参加通讯报道先进个人评选。

第三条　奖励标准

1. 襄汾政府门户网、襄汾老干部工作通讯采用的消息类稿件（图片）每条奖励 10 元；综合新闻、通讯类稿件每篇奖励 20 元；理论调研文章每篇奖励 30 元。

2. 临汾市政府门户网站、临汾老干部工作信息采用的消息类稿件（图片）每条奖励 20 元，综合新闻、通讯类稿件每篇奖励 30 元，理论调研文章每篇奖励 50 元。

3.《临汾日报》《临汾晚报》、临汾电视台、《山西老干部工作信息交流》《山西老干部工作网》《山西老干部工作》采用的消息类稿件（图片）每条奖励 30 元，综合新闻、通讯类稿件每篇奖励 50 元，理论调研文章每篇奖励 100 元。

4.《山西日报》《山西经济日报》《山西老年》《老友报》、山西电视台、《先锋队》采用的消息类稿件（图片）每条（篇）奖励 50 元，综合新闻、通讯类稿件每篇奖励 100 元，理论调研文章每篇奖励 300 元。

5.《中国老年报》以及其他中央各部门主办的新闻媒体采用的消息类稿件（图片）每条奖励 100 元，综合新闻、通讯类稿件每篇奖励 200 元，理论调研文章奖励 500 元。

6.《人民日报》《经济日报》等中央级党报、党刊、中央电视台采用的消息类稿件（图片）每条奖励 400 元，综合新闻、通讯类稿件每篇奖励 800 元，理论调研文章每篇奖励 2000 元。

刊播在中央、省、市新闻媒体头版头条的重大宣传报道，以及其他重头稿件，除正常奖励外，再予以重奖，具体办法由县老干部局局务会研究决定。

工作人员报送信息要经分管领导同意，同一内容信息以第一报告者为准。

第四条　稿件统计

各老干部团体、局各室将刊播稿件的信息及时报县委老干部局办公室。报送时需将所刊播的稿件登记造册，包括文章标题、刊播媒体、版面或栏目、作者、刊播日期等，并将媒体刊登的稿件及复印件、播出通知一并上报。每月 15 日前报上月刊发稿件。在统计稿件篇数时，以单人单篇为单位，二人或二人以上合作的作品，均按一篇计算。被多家新闻媒体刊播的内容相同的稿件，进行重复计算。

第五条　考核时限

所报送的新闻报道稿件，考核奖励时限从当年 1 月 1 日至 12 月 31 日为准。

第六条　奖励措施

所有报送作品由县委老干部局办公室进行整理、登记、审查，提出初步奖励意见，同时，根据当年通讯报道的数量及质量情况，评选出 3 至 5 名通讯报道先进个人，提交局务会审定后，召开专门会议发放奖金及获奖证书。

第七条　本办法执行中的有关问题由县委老干部局办公室负责解释。

2012 年 7 月 16 日

中共襄汾县委老干部局
关于举办迎接党的十八大召开老干部体育比赛的通知

襄老字〔2012〕15 号

各协会及社会团体：

在国庆节来临之际，为迎接党的十八大召开，弘扬中华民族的优良传统，丰富老干部的文体生活，展现我县老干部的精神风貌，经研究决定举办迎接党的十八大召开老干部体育比赛，现将有关事项通知如下：

一、主办单位：县委老干部局。

二、组织机构：

1. 组委会由举办单位有关领导组成。

2. 裁判由组委会聘请有关专家组成。

三、参赛对象：全县离退休干部。

四、报名时间自通知之日起至 2012 年 9 月 20 日。

五、具体比赛时间和地点另行通知。

六、参赛项目及奖励办法：

参赛项目有：门球、中国象棋、篮球定位投篮、扑克、乒乓球。

比赛奖励前三名。

七、报名地点：县委老干部局活动中心。

联系人：马惠杰　电话：15835740955

2012 年 8 月 24 日

中共襄汾县委老干部局
襄汾县离休干部医疗费管理办法补充规定

襄老字〔2013〕1 号

当前，随着离休干部高龄期、高发病期的到来，医疗费开支增长过快，增支较大。为严格落实中央关于离休干部“两费”的政策规定，充分体现党和政府的关怀，更好地保证离休干部看病就医，通过广泛征求老干部以及有关方面的意见，经局委会研究，特补充以下规定：

1. 离休干部医药费管理分为三种情况：一种是身体相对健康者，另一种是患有慢性病者，再就是住院治疗。

2. 对身体相对健康的离休干部，可领取门诊费，门诊费标准由原来的每人每月 90 元提高为每人每月 120 元，由老干部局按季度发给本人，用于一般不需住院的门诊治疗。节约归己，超支自负。

3. 凡患有慢性病的离休干部，经局领导审批同意后可在老干部局卫生所挂账就医，不得领取门诊费。慢性病确诊范围主要是县公费医疗有关办法规定的 34 种疾病。(附后)

4. 凡患病需住院治疗的离休干部，医药费实报实销，报销凭证必须是公立医院开具的“山西省医疗单位统一收费票据”，并要有住院或转院诊断证明，老干部局的批准手续，以及相应的病历复印件、费用明细。

5. 离休干部住院治疗费用实行个人垫支，出院后 20 天内将相应手续交回老干部局，报销周期由半年缩短为每季度报销一次。

6. 凡未经老干部局同意，自行购药的费用，一律不予报销，并请免开尊口。

2013 年 1 月

附：

离休干部慢性病认定病种

1. 白血病
2. 心脏换瓣膜术后
3. 重症肌无力
4. 帕金森氏病
5. 特发性紫癜
6. 恶性肿瘤术后
7. 血友病
8. 慢性中度及重度病毒性肝炎
9. 血管支架植入术后
10. 再生障碍性贫血
11. 甲状腺功能亢进
12. 肝硬化
13. 慢性肾功能衰竭透析期
14. 器官移植术后抗排异用药
15. 慢性新功能衰竭
16. 肺心病
17. 冠心病
18. 肾病综合症
19. 癫痫
20. 重度精神病
21. 银屑病
22. 白癜风
23. 风湿性心脏病

24. 老年痴呆症
25. 糖尿病
26. 慢性阻塞性肺气肿
27. 急性脑血管病后遗症
28. 系统性红斑狼疮
29. 慢性溃疡性结肠炎
30. 冠状动脉粥样硬化性心脏病
31. 高血压病（有心、脑、肾、眼并发症之一）
32. 心脏病并发新功能不全
33. 类风湿性关节炎（严重肢体功能障碍）
34. 活动性结核病（不含国家免费治疗病种）

中共襄汾县委老干部局　襄汾县财政局
襄汾县离退休干部“特殊困难帮扶专项资金”实施办法

（襄老字〔2013〕10号）

为进一步完善落实离退休干部生活待遇的保障机制，切实解决好离退休干部的特殊困难和实际问题，全面做好离退休干部工作，根据中组发〔2008〕10号《关于进一步加强新形势下离退休干部工作的意见》和省委老干部局、省财政厅（晋老字〔2008〕15号）《关于建立和完善特殊困难离退休干部帮扶机制的意见》、临老发〔2012〕26号文件要求，经研究，决定建立襄汾县离退休干部特殊困难帮扶专项资金（以下简称“专项资金”）。结合我县实际，现制定如下实施办法。

一、目的和意义

“专项资金”的设立，是全面做好离退休干部工作的重要举措，是维护国家改革开放、稳定大局和建设社会主义和谐社会的必然要求，是离退休干部共享改革发展成果的具体体现。“专项资金”的设立要坚持特殊救助、适当照顾、财政支持、专款专用的原则，及时解决特殊困难离退休干部的实际困难，帮助他们排忧解难，使他们安度晚年，健康长寿，充分体现县委、县政府对离退休干部的特殊关心。

二、主要帮扶对象

1. 离休干部和行政、事业单位退休干部。

2. 离休干部和行政、事业单位退休干部遗孀。

三、帮扶条件及范围

1. 年高体弱，生活不能自理，需长期雇请人员照顾，造成家庭生活特别困难的离退休干部。

2. 一年内因患有重大疾病，个人承担高额的自费用药超过2万元（含2万元），造成家庭生活特别困难的离退休干部。

3. 家庭突遇重大变故（如火灾、交通事故等），本人严重受伤或直系亲属丧失劳动能力，造成家庭经济困难的离退休干部。

4. 配偶无经济来源，与其共同生活的家庭直系亲属丧失劳动能力，人均生活费仅维持当地现行最低生活保障水平的离退休干部。

5. 无工作且无其他经济来源，与其共同生活的子女丧失劳动能力或下岗失业无力尽赡养义务，人均生活费仅维持当地现行的最低生活保障水平的离退休干部遗孀（不含离退休干部去世后再婚的）。

6. 无工作且无其他经济来源和医疗保障，因患有重大疾病，造成本人及子女家庭生活困难，人均生活费仅维持当地现行的最低生活保障水平的离退休干部遗孀（不含离退休干部去世后再婚的）。

四、帮扶标准

符合上述帮扶范围情况之一的人员可以申请特殊困难帮扶金，经审批视困难程度予以救助，标准为1000～3000元，原则上每人每年救助一次。连续两年救助的下一年不再救助。

五、帮扶金办理程序

1. 申报

离退休干部或离退休干部遗孀符合上述帮扶情况之一的，可向离退休干部所在单位的老干部工作部门提出个人书面申请。离退休干部所在单位根据申请人实际情况，填写“离退休干部特殊困难帮扶金申请表”或“离退休干部遗孀特殊困难帮扶金申请表”并附相关材料，经主管部门审核同意后，在单位公示7个工作日，无异议后，报县委老干部局审批。

每年10月份受理申请，遇危重疾病和突发意外事故的可随时申请救助。

2. 审核

县委老干部局会同相关部门深入需帮扶人员的所在单位、医院、家中对需帮助对象的相关材料进行调查核实，情况核实后，由县委老干部局研究确定帮扶对象及金额。

3. 发放

县委老干部局将审定后的帮扶人员登记造册，通知帮扶人员所在单位，由所在单位老干部工作人员到县委老干部局领取帮扶金。领取帮扶金时，需要携带留有存根的介绍信并写明需帮扶人员的救助金额。介绍信要有单位主管领导的签字。

帮扶金每年12月发放。

六、帮扶金的管理与监督

1. 帮扶资金暂按每年10万元由财政列入预算，财政局监督管理，专款专用；县委老干部局做好资金的申请、审核和发放工作。

2. 离退休干部及离退休干部遗孀主管部门，要认真负责，严格按照条件和程序进行核实把关，对需帮扶的对象要保证公开透明，严禁弄虚作假。一旦发现作假行为，将取消申请人救助申请资格，并对主管部门及相关责任人进行通报批评，单位一年内也不得申请救助。

3. 县委老干部局负责对相关资料进行整理并建立电子档案，做好跟踪服务。各单位负责建立本单位离退休干部及遗孀特殊困难动态信息库，以便有针对性地开展帮扶工作，保证帮扶的准确性和及时性。

本办法自 2013 年 10 月 1 日起实施。

附件：1. 帮扶对象所需材料

2. 离（退）休干部特殊困难帮扶金申请表

3. 离（退）休干部遗孀特殊困难帮扶金申请表

2013 年 10 月 10 日

中共襄汾县委老干部局
关于开展“学习型、服务型、创新型”机关创建活动的实施方案

襄老字〔2013〕13 号

根据临老发〔2013〕3 号文件提出的全面开展“学习型、服务型、创新型”老干部部门创建活动的总体要求，为全面加强机关建设，切实改进机关作风，着力打造与时俱进、勤政为民、锐意进取的干部队伍，制定“学习型、服务型、创新型”机关创建活动实施方案如下：

一、指导思想

坚持以邓小平理论、“三个代表”重要思想和党的十八大精神为指导，坚持以人为本，全面落实科学发展观，以创建“三型”机关为目标，深化机关思想建设、组织建设、队伍建设、制度建设和作风建设，切实解决机关建设中存在的突出问题，不断优化经济社会发展环境，促进各项工作协调有序发展，为开创老干部工作新局面提供精神动力和智力支持。

二、活动重点

1. 围绕创建“学习型”机关，争做“学习型”干部。引导广大干部职工牢固树立“终身学习、全员学习”的理念，始终把学习作为一种精神追求，深入学习政治理论、业务知识和政策法规，不断提升新境界、掌握新知识、增强新本领，真正做到学以增智，学以立德，学以创业。

2. 围绕创建“服务型”机关，争做“服务型”干部。引导广大干部职工牢固树立“机关就是服务”的意识，转变服务理念，强化服务职能，端正服务态度，改进服务方式，提高服务效能，提升服务质量，更好地服务老干部。

3. 围绕创建“创新型”机关，争做“创新型”干部。引导广大干部职工进一步解放思想，大力弘扬创新精神，冲破一切制约发展的条条框框，创新工作思路、创新工作机制、创新工作方式，破解发展过程中出现的新情况、新问题，努力开创各项工作新局面。

三、方法步骤

（一）学习动员阶段

结合老干部工作实际，制定创建实施方案，及时召开创建动员大会，迅速掀起创建“三型”机关高潮。同时要在充分动员的基础上，进一步创新学习形式，通过举办报告会、召开

座谈会，参观学习等多种形式，增强学习效果，营造学习氛围。要坚持把学习贯穿于活动始终。

（二）对照检查阶段

在学习讨论的基础上，组织机关全体党员干部要对照创建“三型”机关要求，深入查找学习意识、服务意识、创新意识方面存在的问题，认真分析原因，制定整改措施。党员干部要根据对照检查和征求意见建议情况，分别形成对照检查材料，并广泛征求上级部门，以及老干部的意见和建议。

（三）创建推进阶段

建立健全创建“三型”机关长效机制，增强机关的凝聚力、向心力和战斗力；完善干部职工自我约束、自我教育、自我提高的民主评议机制，建立鼓励先进、警示落后、严惩懈怠的激励机制，进一步规范机关干部队伍行为；把工作量化、措施硬化、责任细化，力争在制度创新上产生效益。

四、组织领导

1. 明确责任，加强领导。为了加强对创建“三型”机关活动的领导，成立机关创建活动工作领导小组，负责活动的组织实施。按照要求，成立以组织部副部长、老干部局局长王稳锁同志任组长，书记毛俊峰、副局长张治文、贾红利，纪检组组长赵彩虹为副组长的创建工作领导小组。日常工作由办公室协调联系，领导小组各成员也要切实负起责任，督促其分管科室及科室人员保质保量完成各阶段目标任务，确保创建活动收到预期效果。

2. 强化宣传，营造氛围。运用标语、报刊、网络等媒体，大力宣传创建活动的重要意义和目标要求，及时总结创建活动中涌现出来的先进典型和经验，充分发挥典型示范作用，营造浓厚氛围。积极挖掘、培养、宣传身边的典型，提炼有深度、有内涵、有影响的经验和做法，激发和调动广大干部职工参与活动的积极性和主动性。同时，对活动中的先进典型和经验做法及时进行宣传报道，努力营造良好的舆论氛围。

3. 突出实践，注重实效。创建“三型”机关是创先争优活动的延续和深化，要把创建活动作为创先争优活动的重要载体，贯穿于工作始终，坚持高标准、严要求，推动活动各项要求得以认真地贯彻和落实。把创建活动与推进重点工作相结合，与解决老干部反映强烈的热点难点问题相结合，将创建活动的成果转化为推动发展的强大动力，促进各项工作健康长足发展。

2013 年 12 月 31 日

中共襄汾县委老干部局
关于领导班子成员调整分工的通知

襄老字〔2014〕14 号

各乡镇及县直涉老团体，机关各中心、室：

为进一步提高工作效率，保障老干部工作有序开展，经局委会研究决定，局领导班子成员具体分工如下：

局长：王稳锁

主持老干部局全面工作。

支部书记：毛俊峰

负责离退休干部党支部和本局支部工作；组织机关工作人员学习；联系西南片及部分城区老干部。

副局长：张治文

分管机关办公室，负责后勤、安全，纪律作风；宣传、调研、信息、通讯报道、网站管理、短信平台等；异地安置老干部；负责编撰老干部工作志；负责联系老年书画家协会、关工委、老年学学会、老促会；联系河东片及部分城区老干部。

副局长：贾红利

分管老干部活动中心、老年大学、离休干部医疗保健办公室；利用社区资源，推进“四就近”工作；“文明单位”建设；负责联系老松树文化社、老干部合唱团、老年戏迷协会、老年体协、老年舞协；联系西北片及部分城区老干部。

纪检组组长：赵彩虹

分管纪律监察工作。

2014 年 11 月 4 日

中共襄汾县委老干部局 关于调整离休干部门诊费的决定

襄老字〔2014〕15 号

随着离休干部高龄期、高发病期的到来，门诊医疗费有所上升，为更好地保证离休干部看病就医，通过广泛征求老干部以及有关方面的意见，经局委会研究决定：原领取门诊费的离休干部，门诊费标准由原来的每人每月 120 元提高为每人每月 150 元，从 2015 年 1 月开始执行，由老干部局按季度发给本人，用于一般不需住院的门诊治疗。节约归己，超支自负。在局卫生所就诊的离休干部，仍按原规定执行。

2014 年 12 月 9 日

中共襄汾县委老干部局 关于在中秋、国庆节日期间强化“四风”问题监督检查的整治方案

襄老字〔2015〕9 号

为深入贯彻落实王岐山书记近期重要讲话精神，持之以恒纠正“四风”问题，经省委批准，省纪委以晋纪办发〔2015〕8 号文件对全省中秋、国庆节日期间（以下简称“两节”）贯

彻落实中央八项规定精神和纠正“四风”工作作出安排部署。根据县纪委《关于在中秋国庆节日期间强化“四风”问题监督检查的通知》（襄纪办发〔2015〕8号）文件精神，现将有关事项通知如下：

一、检查时间

2015年9月6日至10月10日。

二、检查内容及重点

针对当前出现的“四风”反弹问题及隐形变异新动向，重点检查8个方面内容：

（一）违规配备使用公务用车。重点检查：节假日公车封存制度不规范、不落实，公车私用；私车公养，以工作为由随意报销费用；公务车辆不挂牌照或使用套牌（公务时挂“正牌”，办私事用“假牌、套牌”）等问题。

（二）违规发放津补贴或福利。重点检查：巧立名目违规发放各类津贴补贴或福利；借重大活动筹备或节日庆祝之机，变相向干部职工普遍发放现金；违反规定向关联单位（企业）转移好处，再由关联单位（企业）以各种名目给机关干部职工发放津贴补贴或福利；为单位领导、财务人员等特殊群体报销应由个人支付的各类费用等问题。

（三）大办婚丧喜庆事宜。重点检查：婚丧事宜中将宴席化整为零，采取分批次、分地点，故意错开数天或数周，变相大操大办；大办谢师宴、升学宴；邀请非亲属人员参加生日、满月、乔迁等婚丧事宜等问题。

（四）违规收送礼品礼金。重点检查：公款送月饼、土特产、烟酒、鲜花、超市卡等节礼；微信红包、支付宝转账、电子礼品卡、充值点券、提货卡等新的送礼方式。

（五）公款国内、出国境旅游（利用公权力旅游）。重点检查：以培训、开会等工作为名故意延长时间和绕道公款旅游；打着爱国教育、党团活动等幌子，变相公款旅游；接受可能影响公正执行公务的旅游、健身、娱乐活动；个人及家庭旅游时，利用公权力让旅游地（点）免门票、免费提供食宿、提供车辆服务等问题。

（六）楼堂馆所违规问题。重点检查：弄虚作假超标准、超面积使用办公用房的各种变异形式，比如：在房间多放桌椅，伪装成多人一起办公，实际只有领导干部一人办公；分割房间作为走廊或会客室，却“名不符实”，造成“二次浪费”等问题。

（七）违规公款吃喝、接待。重点检查：转移到单位食堂、农村人家，以及公款雇人做饭，吃喝玩乐；公务接待中，陪餐人数过多；向各类酒店以会议费等形式拨付资金，变相接待；将大额消费拆分开具发票，“化整为零”逃避检查；采取阶段性结账、延期结账或先消费事后结账方式，“合零为整”规避查账等问题。

（八）其他方面。重点检查：设立“小金库”且用“小金库”资金送礼金、购礼品和商场预付卡、发放津补贴、报销吃喝和旅游费用等问题；违规出入私人会所；提供或接受超标准接待；接受或用公款参与高消费娱乐健身活动等。

三．检查方法

局纪检组将分别采取明察暗访、个别谈话、随机抽查、接受举报、查阅账目等方法全面展开监督检查。设立举报电话（0357-3530086），接受群众举报。

（一）对节假日未按规定封存、公车私用及公务车辆不挂牌照或使用套牌（公务时挂“正牌”，办私事用“假牌、套牌”）等问题，可通过到单位检查车辆封存情况，到住宅小区、饭店、超市、旅游景点及娱乐场所抽查等方式进行检查。

（二）对领导干部长期借用、占用下属单位或其他单位车辆等问题，可通过查阅车辆运行费、固定资产账等方式进行检查。

（三）对大办婚丧喜庆事宜问题，可通过到饭店、小区等相关地点暗访、巡回检查等方式进行检查。

（四）对违规收送节礼问题，可通过到超市、土特产店等相关地点暗访、税务部门抽查发票情况等方式进行检查。

（五）对违规发放津补贴或福利、公款送礼、公款旅游、违规公款吃喝、公款参与高消费娱乐健身活动以及私车公养等问题，可查阅单位“三公”经费、会议费支出情况。

（六）对楼堂馆所违规问题，主要通过实地察看，核对单位工作人员名单等方式进行检查。

（七）对利用公权力旅游问题，可通过查阅单位三公经费支出情况等方式进行检查。

（八）对设立“小金库”且违规使用“小金库”资金问题，重点核查单位收入入账情况，特别是楼房、门面房等固定资产租金入账使用情况。

四、工作要求

（一）加强组织领导。为保证专项整治行动有序开展，成立老干部局局长王稳锁同志任组长，纪检组组长赵彩虹同志为副组长，相关同志为成员的专项整治工作领导小组。领导小组下设办公室，办公室设在局纪检办公室，负责专项整治日常工作。

（二）加强协调配合。强化“四风”问题监督检查活动，涉及多个部门，各相关部门单位要按照本方案的有关要求，全面推进各项工作。

（三）加强监督检查。纪检组将采取明察暗访、重点抽查、集中谈话和个别约谈等方式，定期不定期对各部门进行监督检查，要从严明政治纪律，严守政治规矩的高度搞好专项整治工作。

2015 年 9 月 28 日

中共襄汾县委老干部局
2016 年党风廉政建设和反腐败斗争工作安排

襄老字〔2016〕2 号

2016 年是实施“十三五”规划的开局之年，是《准则》《条例》正式实施之年，是全面从严治党进入新常态的承启之年，面对依然严峻复杂的形势，面对新的要求和挑战，深入推进党风廉政建设和反腐败斗争，意义更加重大，任务更加艰巨。今年工作的总体要求是：全面贯彻党的十八大，十八届三中、四中、五中全会和习近平总书记系列重要讲话精神，按照十八届中央纪委六次全会、省纪委十届六次全会和市纪委三届六次全会的部署，坚持全面从严治党、依规治党，坚持问题导向、系统治理，坚持挺纪在前，实践“四种形态”，保持定力，忠诚履职，在深入推进纪律建设、责任落实、“四风”整治、纪律审查、自身建设五项基础工作的同时，把查处侵害群众利益的不正之风和腐败问题作为重中之重，深入推进基层党风廉政建设，以正风反腐的新成效，为努力开创弊革风清、富民强县新局面提供坚强保证。

一、以严明党的政治纪律为根本，推进党的纪律建设

要把纪律建设摆在更加突出的位置，深入学习《准则》《条例》，深入开展纪律教育，强化党内监督，切实把党的纪律立起来、严起来。

一要严明政治纪律。全局党员领导干部要强化看齐意识，增强政治警觉性和政治鉴别力，站稳立场、把准方向，始终忠诚于党，履行管党治党政治责任。加强对政治纪律执行情况的监督检查，坚决纠正上有政策、下有对策，有令不行、有禁不止，确保政令畅通；加大对违反政治纪律案件的通报曝光力度。把政治纪律条款分解细化，列入两个责任清单，实行月报告制度，坚决维护党的团结统一。

二要深入学习贯彻《准则》《条例》。结合开展“学党章党规、学系列讲话，做合格党员”专题教育活动，把学习贯彻《准则》和《条例》，作为重要内容，作为当前一项重要政治任务抓紧抓好。紧密联系老干部工作实际，自觉主动在学深悟透、融会贯通上下功夫，切实把廉洁自律要求和纪律处分规定刻印在心。加大对违纪行为的查处和警示教育力度。

二、以实施量化管理，强化责任追究为支撑，深化两个责任落实

落实“两个责任”，始终保持高位推进、高压传导的强大态势，推进“两个责任”落实具体化、制度化。

一要进一步细化市县纪委明、压、查、促、评责五项要求。建立完善高质量的清单体系。创新约谈工作，采取分层约谈，分类约谈，分段约谈，实现约谈对象、约谈内容、约谈时效全覆盖。就本单位党风廉政建设存在的重大问题、突出问题以及老干部关注的热点问题，进行书面提醒，督促落实主体责任。深化述纪述廉述作风述主体责任工作，重点开展现场“四述”工作，强化质询和评议力度。

二要严格实行“一案双查”，不断强化问责追责。把问责作为落实“两个责任”的利器，对落实上级决策部署要求不力，管党治党主体责任缺失、监督责任缺位，“四风”和腐败问题多发频发的，综合运用批评教育、诫勉谈话、通报批评、组织处理、纪律处分等方式，坚决追究主体责任、监督责任，追究领导责任、党组织的责任，形成问责常态。健全典型问题公开通报制度，抓好警示教育。

三、以立体围剿隐形变异为重点，深入推进“四风”整治

一要完善立体监督网络体系。建立“局委统一领导、纪委组织协调、部门各负其责、立体监督防控”的工作机制，密切注意“四风”问题新动向新表现，紧盯隐形变异，拿着放大镜去找，带着新问题去抓，督促相关职能部门逐一提出治理对策，加大治本力度，坚决扒下“四风”问题的隐身外衣，铲除“四风”问题滋生的隐蔽土壤。

二要释放越往后执纪越严的信号。对信访举报反映和执纪审查发现的“四风”问题线索，深挖细查，绝不放过，坚持露头就打。对不收手、不知止，规避组织监督，出入私人会所，组织隐秘聚会的一律从严查处，对参加聚会的要找本人谈话，令其在民主生活会或组织生活会上作出深刻检查。要坚持“一案双查”，对“四风”问题突出、禁而不绝的部门，要严肃追究主体责任和监督责任。对查处的典型案件，要点名道姓通报曝光，做到查处一个、警示一批、教育一片。

四、以保持高压反腐力度不减、节奏不变的态势，进一步强化执纪审查工作

一要坚定遏制腐败蔓延势头目标任务不动摇。当前，反腐败形势依然严峻复杂，中央提出“四种形态”，并不意味着标准降了、要求松了、力度减了，而是标准更高、要求更严、力度更大。惩治腐败要坚决做到无禁区、全覆盖、零容忍，形成持续威慑，坚决把腐败蔓延势头遏制住。监督执纪要冲着纪律去，执纪理念要从“以法律为底线”回归到“以纪律为尺子”，从“盯违法犯罪”向“盯违纪违规”转变，从管极少数向管大多数转变，在线索处置、纪律审查、执纪审理等各环节，都要把纪律和规矩立起来、严起来、挺起来。

二要突出纪律审查重点。对照“六项纪律”开列的“负面清单”，加大纪律审查力度。坚决查处违反党的政治纪律和政治规矩、组织纪律等行为，严肃查处权权交易、利用职权为亲属谋利等行为，以最鲜明的态度、最果断的措施减少腐败存量、遏制腐败增量。

2016 年 3 月 7 日

中共襄汾县委老干部局
关于为离休干部进行体检的通知

襄老字〔2016〕8 号

各乡镇、县直各有关单位：

为了搞好今年的离休干部体检活动，现将有关事项通知如下：

一、体检时间：9 月 6 日—9 日上午

二、体检地点：襄汾县人民医院体检中心

三、具体安排：

9 月 6 日—7 日：担任过县四大班子实职的离退休老干部和城区居住的离休干部。

9 月 8 日：新城镇、大邓乡、赵康镇、永固乡、汾城镇、西贾乡和外地居住的离休干部。

9 月 9 日：邓庄镇、古城镇、陶寺乡、南辛店乡、襄陵镇、南贾镇、景毛乡居住的离休干部。

四、注意事项

1. 各乡镇、各有关单位务必及时组织所属离休干部按时体检，过期不候。特别注意通知在外地居住的离休干部。

2. 每日体检时间为上午 8：00—12：00。

3. 体检前在县医院体检中心开取体检通知单。

4. 体检前，空腹，不吃饭，不喝水，尽量不吃药。

2016 年 8 月 25 日

中共襄汾县委老干部局
关于举办第五届老干部体育运动会的通知

襄老字〔2016〕9号

各乡镇及县直涉老团体：

为丰富我县老干部的文体生活，展现老干部的精神风貌，在国庆、重阳两节来临之际，决定举办襄汾县第五届老干部体育运动会，现将有关事项通知如下：

一、主办单位：县委老干部局。

二、组织机构：

1. 组委会由举办单位有关领导组成。

2. 裁判由组委会聘请有关专家组成。

三、参赛对象：全县离退休干部。

四、报名时间自通知之日起至2016年9月15日。

五、具体比赛时间和地点另行通知。

六、参赛项目及奖励办法：

竞技项目有：门球、中国象棋、篮球定位投篮、扑克、乒乓球。

趣味项目有：投飞镖、滚篮球、筷子夹乒乓球、套圈、吹蜡烛。

除门球和象棋比赛奖励前两名外，其余比赛奖励前三名。

七、报名地点：县委老干部局活动中心。

联系人：马惠杰

电话：15835740955

2016年8月29日

中共襄汾县委老干部局
关于襄汾县第五届老干部运动会比赛成绩的通报

襄老字〔2016〕10号

各乡镇及县直涉老团体：

2016年9月20日至10月9日，我县举办了第五届老干部运动会。本次运动会，共有180名离退休干部参加，进行了10个项目的角逐。通过全体运动员、裁判员、工作人员的共同努力，运动会取得了圆满成功。这次运动会，充分展现了老干部们团结协作、拼搏进取、老有所乐的精神风貌，比出了风格，赛出了水平。现将运动会比赛成绩通报如下：

一、团体比赛项目

（一）门球

第一名：郭会青　王月香　韩柳叶　邓巧英　范志龙　王焕香

第二名：卫荷花　刘根拽　李全福　贾连成　仇克赞　狄保顺　王小朵

（二）扑克

第一名：杨淑玲　李　秀

第二名：李跃宗　刘根才

第三名：张嘉祥　张胜宝

二、单项比赛项目

（一）乒乓球

第一名：柴吉林

第二名：张振山

第三名：刘振中

（二）象棋

第一名：李荣福

第二名：陈　杰

（三）吹蜡烛

第一名：狄孟荣

第二名：王建民

第三名：侯云龙

（四）套圈

第一名：牛　静

第二名：李志顺

第三名：杨改枝

（五）滚篮球

第一名：张爱玲

第二名：王含珍

第三名：牛　静

（六）篮球定位投篮

第一名：聂海保

第二名：屈保寿

第三名：狄孟荣

（七）筷子夹乒乓球

第一名：延继英

第二名：韩小花

第三名：侯云龙

（八）投飞镖

第一名：张振山

第二名：牛　静

第三名：柴　洁

2016 年 10 月 23 日

中共襄汾县委老干部局
关于全面推进精准扶贫工作的实施方案

襄老字〔2016〕11 号

为认真贯彻落实习近平总书记关于农村脱贫帮扶的重要讲话精神，紧紧围绕省委省政府提出的振兴发展全省经济，早日让群众脱贫致富奔小康这个总目标，根据省委省政府相关文件精神、县委《中共襄汾县委办公室关于进一步加强干部驻村帮扶工作和调整驻村帮扶工作队的通知》（襄办发〔2016〕19 号）和襄汾县脱贫攻坚领导小组办公室关于转发《山西省脱贫攻坚领导小组办公室关于做好近期驻村帮扶有关事项的通知》的部署和要求，切实组织实施好我局精准扶贫工作，推进我局扶贫工作取得新成效，结合我局实际，特制定本实施方案。

一、指导思想

高举中国特色社会主义伟大旗帜，以邓小平理论和“三个代表”重要思想为指导，深入贯彻科学发展观，结合“两学一做”等专题教育活动，改善党员干部的工作作风，密切党同人民群众的联系，进一步解放思想，转变观念，创新扶贫开发思路，以实现共同富裕和构建和谐社会为目标，以贫困户、贫困人口为工作对象，以增加贫困农户的收入为目的，实施扶贫开发“规划到户、责任到人”工作责任制，着力改善贫困群众的生产生活条件，提高贫困人口的自我发展能力，改善发展环境，加快脱贫致富奔小康步伐。

二、工作原则

为扎实推进精准扶贫工作，注重把握“五个结合”和“四个统一”的原则：即帮扶规划与社会主义新农村建设规划相结合，短期扶持与稳定脱贫相结合，开发扶贫与保障扶贫相结合，扶持发展与提高素质相结合，政府引导与全社会参与相结合；统一领导、统一思想、统一部署、统一行动。全局干部要把思想统一到县委、县政府的工作部署上来，严格按照工作方案，落实工作计划，按照统一步骤，统一帮扶行动，完成规定动作，确保精准扶贫工作协调有序开展。

三、目标任务

通过精准扶贫帮扶到户的实施，使被帮扶的贫困户有自我发展和稳定收入的主业，并实现稳定脱贫；抓好六个方面政策的落实：一是支持贫困劳动力接受职业技能培训，实现多渠道稳定就业；二是实施教育扶贫，资助贫困学生完成学业；三是实现异地搬迁，改变生存发展环境；四是帮助改善生产设施和生活条件；五是支持获得农业生产、公共服务保险和农村低保、社会救助等。确保每个贫困户至少享受一项帮扶措施。

四、工作内容

（一）精准识别

1. 扎实做好建档立卡。完善系统，建档立卡。完善贫困村、贫困户建档立卡资料，做到“一户一对策、一户一帮扶、一年一结果、一年一核查”，做到信息互通，资源共享，动态监测，分级管理。按照脱贫出、返贫进的原则，以年度为节点，以脱贫目标为依据，建立贫困帮扶档案，及时进行数据更新，做到有进有出、逐年更新、分级管理、动态监测。

2. 建立帮扶制度。对家庭没有劳动能力的农村生活困难户，给予农村最低生活保障扶持，根据有关政策切实做到“应保尽保”。对有劳动能力和劳动意愿的低收入户，要明确具体的到户帮扶措施和年度目标，采取各种扶贫开发方式和方法，扎实开展针对性的帮扶。

3. 建立帮扶台账。帮扶台帐要有帮扶责任人、帮扶措施、年度目标、帮扶投入、实施过程、实施结果和扶贫对象户收入变动等内容和指标。

（二）精准施策

1. 精心组织实施产业扶贫。

（1）因地制宜发展特色产业。参照扶贫的规定和要求，坚持宜农则农、宜商则商，大力发展果业、农业、苗木、山羊等特色优势产业和养殖业，培育主导产品，提高特色产业开发效益。

（2）促进扶持政策落实到户。对有劳动能力和劳动意愿的扶贫对象，要因地制宜，因户施策，采取以奖代补、提供种苗，以及提供信息、技术、服务等方式，有针对性地引导和帮助贫困户发展产业。

（3）探索建立产业发展带动机制。积极引导承包土地，向专业种养大户、家庭农场、农民合作社、农业龙头企业流转，增加贫困户财产性收入。

2. 积极开展就业扶贫。

（1）大力实施农村劳动力转移就业培训，根据企业用工需求，联系县人社局开展订单式免费技能培训，并对企业开展扶贫对象培训的给予适当的培训补贴。

（2）提升就业技能。提升贫困家庭劳动力创业就业技能；对贫困户家庭有需求参加职业教育的实行免费学习。

（3）协调劳动就业部门加大就业推介力度，协调城市新增的城管、环卫、园林等政府公益性就业岗位，联系一批农村公路养护、保洁、服务业、治安巡逻等公益性岗位，用于扶持贫困人口就业。

3. 大力实施保障扶贫。

（1）完善最低生活保障制度。对符合农村低保条件的贫困群众做到“应保尽保”，提高管理服务水平。

（2）根据城乡居民社会养老保险制度，逐步将贫困人口纳入代缴范围，让贫困对象实现“老有所养”。

（3）将建档立卡贫困户全部纳入农村住房保障体系，优先安排危旧房改造指标，对特困扶贫对象住房救助要政策叠加。

4．实行精准结对帮扶扶贫。

（1）实行驻村帮扶贫困户制度。科级干部作为长期驻村蹲点的工作人员，结合实际，帮扶贫困村发展优势产业，发展壮大集体经济，带动贫困人口增收。

（2）实行科级领导干部结对帮扶贫困户制度。坚持重点帮扶与联系帮扶相结合，除无劳动能力的联系帮扶对象外，对有劳动能力和意愿的贫困户实行重点帮扶，做到责任到人。根据县委、县政府结对帮扶贫困户工作要求，结对帮扶干部每月要不少于4次上户帮扶，要根据所结对的贫困户实际情况，制定出具有针对性、操作性的脱贫路子，充分解决好贫困户的教育、就业，力争帮助每户贫困户推荐1名以上劳动力就业。

五、工作要求

（一）强化领导，落实责任。成立全面推进精准扶贫工作领导小组，由王稳锁同志任领导小组组长，毛俊峰同志为副组长，张治文、贾红利、赵彩虹为成员。

（二）建强队伍，竭力帮扶。加强扶贫工作机构和队伍建设，健全扶贫工作保障机制，切实帮助解决工作中的实际困难和问题。帮扶干部拿到名单后，要携带帮扶联系卡及时与帮扶对象取得联系，摸清底数，找准“贫”因，尽早进入角色，开展帮扶工作。要严明纪律，帮扶期间需自带伙食费，不得加重村上负担。

（三）密切配合，强化协作。认真履行职责，发挥行业和职能优势，衔接县直部门从人才、资金、技术、项目、信息等方面为贫困户提供扶持，确保帮扶措施和任务的落实。要切实加强沟通协作及时研究解决工作中出现的新情况、新问题，确保精准扶贫工作顺利开展、全面推进。

（四）加强宣传，营造氛围。要广泛动员全社会积极行动起来，弘扬关爱文化，关心贫困群众。要加大对精准扶贫的宣传力度，特别是要注重选树典型，注重宣传励志脱贫，加大能人致富宣传力度，营造浓厚工作氛围。

2016年12月20日

后 记

修志问道，以启未来。30 多年来，在历届县委、县政府的领导支持下，在省、市委老干部局的关心帮助下，通过全体老干部工作人员的辛勤工作，老干部工作伴随着改革开放不断深入发展，尊老敬老的传统在全社会得到了弘扬。《襄汾县老干部工作志》既记述了 30 多年来襄汾县的老干部工作，也记录了老干部在社会主义革命和建设时期，以及改革开放时代的积极贡献，体现了老干部的情怀与风采。

为完成《襄汾县老干部工作志》的编纂工作，县委、县政府领导给予了大力支持。成立了编纂委员会，确定了主编、副主编和工作人员，邀请县志办王建刚同志为总编审，聘请了退休干部贾学平、陈玉广、房桂花等同志为编辑。张治文同志带领工作人员先后在组织部、人事局、教育局、档案局、党史办以及市委老干部局等单位查阅收集了相关历史文献、档案资料、工作总结、会议记录等资料 1500 余册、卷。组织老干部局工作人员先后深入到全县 13 个乡镇查询离休干部相关材料。编辑过程中先后向马庙来、聂水生、柴明珠、杨胜茂、张满仓、郭成家、尉建华、成永太、马玉胜、刘春澍等老同志征求了意见和建议。经过编辑们的辛勤工作，先后九易其稿，最终完成。在此，谨向关心、支持、帮助、参与《襄汾县老干部工作志》编纂工作的所有单位和同志，表示衷心的感谢！

在编纂工作中，尽管编辑人员查阅了大量档案文史资料，并精心细致地工作，但是由于历史跨度大，有些资料零散，有些资料残缺，难以全面系统地反映出老干部工作的整个面貌。加之时间紧、任务重、涉及内容繁杂，对一些资料未能深度挖掘，综合提炼，疏漏不当之处，在所难免。同时由于编辑人员对志书编纂的专业知识和工作经验不足，不能做到尽善尽美。对此，敬请读者批评指正。

编 者

2016 年 12 月

后记